최창익 연구

심지연 지음

2009
백산서당

책을 내면서

　남과 북을 막론하고 주권의 상실과 회복, 해방과 분단, 그리고 열전과 냉전이 교차되는 파란만장한 현대사에서 우리는 수도 없이 많은 인물들을 잊고 살아왔다. 주권 상실에 앞장섰던 인물들을 잊고 지내는가 하면, 주권 회복을 위해 신명을 바친 고귀한 얼들을 기리는 과업을 소홀히 했다. 그리고 분단을 막기 위한 노력을 평가하는 데도 인색했을 뿐만 아니라, 전쟁의 상흔을 치유하고 우리의 삶을 윤택하게 만들기 위해 기울였던 열정도 애써 외면하는 행태를 보여 왔다. 구체성이 결여된 이념 과잉의 연구 자세가 빚어낸 하나의 현상이라고 할 수 있다.
　이 같은 현상을 극복한다는 명분을 내걸고 '과거청산'이나 '현대사 바로 알기' 또는 '역사 바로 세우기' 작업이 전개되었다. 그리고 최근에는 명칭과 형식만 달리했을 뿐 '교과서 논쟁'이 그 뒤를 이어 가고 있다. 그러나 이들 작업이 학문적 영역을 떠나 정치적 의도와 목적에서 출발한 데다, 하나같이 운동 차원으로 전개되는 바람에 구체성이 결여될 수밖에 없는 운명을 지니고 있다고 생각한다. 실증적 자료를 가지고 사실(史實)을 분석한 후에 얻은 객관적인 결론에 기초하여 역사를 정리하는 것이 아니라, 목적의식적인 접근을 통해 특정 사관을 관철하겠다는 자세로 역사를 재구성하려 하기 때문이다.

정치 과잉이 빚은 또 하나의 한계라고 할 수 있는데, 이러한 현상은 시급히 극복되지 않으면 안 된다. 아직까지도 밝혀지지 않아 공백으로 남아 있는 부분이 산적해 있는 상황에서 '청산'을 역설하거나 '논쟁'에 뛰어들기에 앞서 실체를 규명하는 작업에 나서는 것이 무엇보다 시급하다고 생각하기 때문이다. 그리고 실체 규명을 통한 구체성이 확보되지 않는다면, 정권의 향배에 따라 현대사를 새로 써야 하는 소모적인 풍토가 지속될 것이고, 이런 풍토가 종식되지 않는 한 과거를 부정하는 행태는 되풀이될 것이라고 생각하기 때문이다.

이와 같은 생각에서 최창익이라는 인물의 삶과 행적을 살펴보았다. 개인적으로 볼 때 그는 이념과 정치를 떠나 현대사에서 유의미한 삶을 영위했음에도 불구하고, 오랜 기간 망각 상태에 놓여 있던 인물 중 하나였다. 이념과 정치의 과잉으로 인해 그가 이룩했던 업적과 그가 추구하고자 했던 이상이 우리의 뇌리에서 잊히고 만 것인데, 이로써 그의 인생역정으로부터 좋은 의미에서건 나쁜 의미에서건 어떤 교훈을 찾을 수 있는 길이 없어지고 말았다.

망각에 묻힌 인물의 궤적을 추적하는 것이 필자로서는 능력에 부치는, 쉬운 작업은 아니라는 것을 물론 알고 있었다. 그럼에도 불구하고 이 일에 매달린 것은 잊었던 인물과 그와 관련된 사실을 밝힘으로써 '논쟁'을 떠나 역사의 구체성을 확보하는 작업에 조금이라도 기여해 보겠다는 소박한 생각에서였다. 이념 과잉의 현대사, 정치 과잉의 현대사가 아닌, 다양한 삶의 정취를 느낄 수 있는 현대사를 구성해 보겠다는 의도에서였다.

그러나 막상 작업을 끝내고 보니 의욕만 앞선 나머지 역사를 왜곡하는 잘못을 저지르지는 않았는지, 그리하여 의욕 과잉의 일들이 언제나 그러하듯이 새로운 '청산'이나 '논쟁'의 소재가 되지는 않을 것인지 하는 두려움이 앞선다. 이에 대한 모든 평가와 판단을 현명한 연구자와 사려 깊은 독자에 맡기면서, 이 책이 나오기까지 물심양면으로 도와주신 기관과 여러분들에게 고마움을 표하고 싶다.

우선 이 연구는 "2007년도 경남대학교 연구년 연구비 지원에 의한 것"임을 밝혀 둔다. 경남대학교의 연구비 지원으로 필자는 미국 뉴저지에 있는 Fairleigh Dickinson University에 1년간 머물면서 이 책에 대한 구상을 할 수 있었고, 이 대학에서 지낸 덕분에 책에 대한 구상을 마무리할 수 있었다. 이 대학의 부총장인 Malcolm L. Sturchio 박사를 비롯하여 대외협력처장인 Irwin R. Isquith 교수, 그리고 국내에서는 구할 수 없는 많은 자료를 필자가 요청할 때마다 성의껏 구해 준 이 대학 도서관 관계자들의 도움이 없었다면 아마도 이 작업은 마치지 못했을 것이라고 생각한다. 이 점에서 경남대학교와 Fairleigh Dickinson University에 충심으로 감사를 드린다.

평소 국회도서관 소장 자료를 자주 이용하고 있는 필자로서는 이번에도 적지 않은 도움을 받았기에 이 자리를 빌려 고마움을 표하고자 한다. 특히 이향은 과장과 김유향 박사가 자신의 일처럼 많은 편의를 봐 주어 자료상의 문제들을 극복할 수 있었다. 일본 慶應義塾大學에서 박사학위 논문을 마무리 중인 김영곤 학형도 관련 자료를 입수하느라 많은 수고를 해주었기에 진심으로 감사드린다. 이밖에도 필자가 재직하고 있는 경남대학교와 북한대학원대학교 동료 교수들의 성원에 힘입은 바 크다. 마지막으로 필자 가족들의 헌신적인 희생과 후원에 의해, 그리고 백산서당의 지속적인 격려로 이 책이 빛을 보게 되었다는 것을 말씀드리고 싶다.

2009년 1월 30일
삼청동 연구실에서 심지연

최창익 연구

책을 내면서 · 3

제1장 서 론 …………………………………………………… 13

제2장 청년운동 ……………………………………………… 19
  1. 학창 시절 · 19
    1) 학 력 · 20
    2) 학우회 순회강연 · 23
  2. 청년운동 · 26
    1) 강연과 청년단체 조직 · 26
    2) 대진청년회 창립과 신민보 사건 · 35

제3장 공산주의운동 ………………………………………… 39
  1. 공산당 입당 · 39
    1) 두 개의 공산당 · 40
    2) 모스크바로 출발 · 43
  2. 3차 공산당사건 · 46
    1) 3차 공산당 결성 · 47
    2) 3차 공산당 검거 · 50
    3) 코민테른과의 관계 · 52

제4장 중국 망명과 항일투쟁 ……………………………… 55
  1. 중국 망명 · 55
    1) 중국행 · 56

2) 조선민족혁명당 입당 · 58
　2. 조선의용대 창설과 동북노선 · 60
　　1) 조선의용대 창설 · 61
　　2) 동북노선과 연안행 · 66
　3. 항일투쟁 · 75
　　1) 화북조선청년연합회 창립과 조선의용대 화북지대 편성 · 76
　　2) 화북조선독립동맹으로 개칭 · 78
　　3) 독립동맹과 의용군의 투쟁사 · 81
　4. 종전과 귀국 · 83
　　1) 종　전 · 84
　　2) 귀국과 철수 · 86

제5장　해방과 건국활동 ·· 89
　1. 귀국과 정치활동 · 89
　　1) 모스크바 3상결정 지지 · 90
　　2) 독립동맹 강령 정리와 신민당으로의 명칭 변경 · 92
　　3) 공산당과의 차별성 강조 · 95
　　4) 통일전선의 역사성 해설 · 97
　2. 정세분석 · 100
　　1) 해방의 유래와 해방의 국제성 · 101
　　2) 국제정세 분석 · 105
　　3) 국내정세 분석 · 108
　3. 북한정권 수립과 북로당 창당 · 113
　　1) 북한정권 수립 · 114
　　2) 북로당 창당 · 121
　4. 대남 정치공작 · 127
　　1) 토지개혁 선전 · 128
　　2) 독립동맹 활동상 선전 · 131
　　3) 남한 정치지도자 비판 · 134
　　4) 사로당 비판 · 138

제6장 북한정부 출범과 숙청 ··· 143
　1. 재정상 취임 · 143
　　1) 1948년도 예산총결 · 144
　　2) 1949년도 예산총결 · 147
　2. 3·1운동 재평가와 국토완정 강조 · 151
　　1) 3·1운동 재평가 · 151
　　2) 국토완정 강조 · 154
　3. 8월 종파사건과 숙청 · 157
　　1) 부수상 겸직 · 158
　　2) 8월 종파사건 · 161
　　3) 숙　청 · 164

제7장 공산주의운동사 정리 ··· 169
　1. 민족해방투쟁으로서의 공산주의운동 · 169
　2. 공산주의운동의 기원 · 171
　　1) 해외에서의 운동 · 172
　　2) 국내에서의 운동 · 173
　3. 조선공산당 창당과 해소 · 175
　　1) 조선공산당 창당 · 176
　　2) 조선공산당 검거 · 178
　　3) 조선공산당 해소 · 181
　4. 조선공산당과 신간회 · 183
　　1) 신간회 조직 · 184
　　2) 신간회 해소 · 186
　5. 공산당 재건운동과 공산주의운동 평가 · 190
　　1) 공산당 재건운동 · 191
　　2) 공산주의운동 평가 · 194

제8장 역사인식과 혁명단계론 ··· 199
　1. 역사인식 · 199

1) 종교 부인 · 200
　　2) 계급투쟁론 · 202
　　3) 아시아적 생산양식 · 204
　2. 혁명단계론 · 206
　　1) 코민테른의 지침 · 207
　　2) 부르주아 민주주의혁명 단계론 · 212
　3. 계급과 민족통일전선론 · 218
　　1) 계급 분석 · 219
　　2) 민족통일전선론 · 224
　4. 애국적 역량과 애국적 혁명전통 · 228
　　1) 애국적 역량 · 229
　　2) 애국적 혁명전통 · 234

제9장 일제 식민통치와 반일운동 분석 ·········· 241
　1. 일본의 침략과 망국 · 241
　　1) 일본의 침략 · 242
　　2) 조선의 망국 · 243
　2. 무단통치와 3·1운동 · 245
　　1) 무단통치 · 246
　　2) 3·1운동 · 247
　3. 문화통치와 무산계급운동 · 249
　　1) 문화통치의 실상 · 249
　　2) 무산계급운동 · 252
　4. 전시 동원체제와 반일투쟁 · 254
　　1) 전시 동원체제 · 255
　　2) 반일투쟁 · 258

제10장 결 론 ·········· 261

자료편 : 최창익 관련 자료

부록 1 남한 출판물

1. 조선청년총동맹 임시대회 제안 · 268
2. 통일과 임정에 대한 태도 · 269
3. 토지개혁의 역사적 의의 · 271
4. 연안시대의 독립동맹 · 276
5. 민주의원의 정체 · 286
6. 민주적 민족통일전선의 역사성에 대하야 · 289
7. 봉건적 인습에 관하야 · 295

부록 2 북한 출판물

(1) 보고 및 토론

1. 북로당 강령초안 보고 및 질문에 대한 답변 · 300
2. 남조선 민주주의 3정당 합동에 관한 보고 · 303
3. 조선민주주의인민공화국 1948년도 국가종합예산 총결과 1949년도 국가종합예산에 관한 보고 · 306
4. 조선민주주의인민공화국 1949년도 국가종합예산 집행 총결과 1950년도 국가종합예산에 관한 보고 · 328
5. 조선민주주의인민공화국 1956년 국가예산에 관한 보고에 대한 토론 · 344
6. 조선로동당 중앙위원회 사업 총결보고에 대한 토론(1956년 4월 25일) · 347

(2) 논문

1. 인민교원들의 모임에서 강연한 一編 · 358

2. 당 세포생활의 강화문제에 대하야 · 364
3. 인민검열국의 창설과 그 사업 · 371
4. 인민은 역사의 기본 추진력 · 384
5. 3·1운동 30주년에 제하여 · 397
6. 절약은 중요한 경제적 과업의 하나이다 · 409
7. 조선인민은 조선민주주의공화국의 기치 아래 조국통일을 위하여 분투 매진한다 · 417

(3) 단행본

1. 8·15 이전 조선 민주운동의 사적 고찰 · 429
2. 조선민족해방투쟁사 · 459

* 숙청

1. 최창익·윤공흠·서휘·리필규·박창옥 동무들의 종파적 음모행위에 대하여 · 545
2. 최창익·윤공흠·서휘·리필규·박창옥 동무들에 대한 규률문제를 개정할 데 관하여 · 550

부록 3 중국 출판물

1. 조선에서 일본 침략자본의 현황 · 552
2. 중한 민족 항일연합전선 문제 · 559

최창익 연보 · 563
찾아보기 · 569

제1장 서 론

    오늘날 북한 현대사에 관한 연구는 대부분 김일성을 중심으로 이루어지고 있다. 이러한 현상은 비단 국내에서 이루어진 연구1)에만 한정된 것이 아니라, 국외에서 이루어진 연구2)도 이런 범주에서 크게 벗어나지 못하고 있다고 할 수 있다. 1945년 9월 19일 귀국하여3) 소련군의 도움으로 권력을 장악한 이후 1994년 7월 8일 사망할 때까지 각 방면에 미친 그의 영향력이 너무나도 컸기 때문이다.
    더군다나 그의 사후 그의 아들 김정일에 의한 유훈통치가 실시되면

---

1) 이의 가장 전형적인 것으로는 김학준, 『북한의 역사 1: 강대국 권력정치 아래서의 한반도 분할과 소련의 북한군정 개시』(서울대학교 출판부, 2008)를 들 수 있다. 여기에서는 해방 이후의 북한을 김일성의 귀국과 권력 장악과정에 맞추어 목차를 구성하고, 이에 따라 북한정부 수립과정을 기술하고 있다.
2) 대표적인 것으로는 다음과 같은 연구를 들 수 있다. 鐸木昌之, 『北朝鮮: 社會主義と傳統の共鳴』(東京: 東京大學出版會, 1992); Andrei Lankov, *From Stalin to Kim Il Sung* (London: Hurst & company, 2002); Bruce Cumings, *North Korea, Another Country* (New York: The New Press, 2004).
3) 김일성은 소련군함 푸카쵸프호를 타고 원산항으로 들어왔다. 한국일보 편, 『證言: 金日成을 말한다』(한국일보, 1991), 53쪽.

서 북한 현대사는 김일성·김정일 부자의 역사(役事)에 의한 역사(歷史)로 정착되어 연구자들로 하여금 김일성을 통하지 않고는 북한의 현대사, 특히 북한정부 수립과정에 대해서는 접근할 엄두조차 내지 못하게 하는 분위기가 조성되고 말았기 때문이다. 이와 동시에 김일성 유일지도체계를 확립해 나가는 과정에서 그의 정적들이 모두 제거되어, 김일성과 그의 추종자 이외의 정치지도자는 북한 현대사에서 단편적인 자료조차 찾을 수 없게 되었기 때문에[4] 더욱 그러하다고 생각한다.

남한의 경우와 마찬가지로 북한에도 해방 직후에는 다양한 정치세력이 존재하고 있었다. 김일성을 중심으로 한 빨치산파뿐만 아니라 국내파 민족주의자와 공산주의자들로부터 중국과 소련에서 활동한 연안파와 소련파에 이르기까지 여러 세력이 다양하게 분포되어 있었다. 초기에 이들 여러 정파가 연합하여 정부를 수립한 것이 조선민주주의인민공화국이었다. 그러나 한국전쟁 직후 이루어진 남로당계 숙청을 시발로 소련파와 연안파, 마침내는 김일성의 동지로 알려졌던 갑산파마저 제거되고 말았다. 이로 인해 김일성을 제쳐 놓고 북한을 연구하는 것은 무의미하다는 인식마저 들 정도로 북한은 '김일성의 나라'로 되어 버렸기 때문에,[5] 김일성이 북한 연구의 핵심적인 주제가 되고 있는 것이다.

이와 같은 김일성 위주의 북한 연구는 북한 현대사에 대한 접근을 크게 제약하는 요인으로 작용하고 있다고 생각한다. 정부수립 초기 북한에서 활동했던 많은 인물과 그들의 다양한 노선과 정책, 그리고 그를 둘러싸고 전개된 대립과 갈등은 사상된 채, 오로지 김일성의 정책과 노선에만 관

---

4) 8월 종파사건 이후 당과 행정기관, 학교에 해방 후부터 1958년까지 반당계 전체 출판물을 색출하라는 지시가 내려왔다. 그리하여 최창익, 김두봉 등의 사진과 이들의 출판물을 소각했는데, 이는 각 기관 도서의 3분의 1을 소각한 것이나 마찬가지였다. 許東粲, 『金日成評傳: 虛構와 實像』(北韓研究所, 1987), 383쪽.

5) 이를 빗대어 북한을 '왕조국가'라고 기술하고 있는 연구자도 있다. 林隱, 『北朝鮮王朝成立秘史』(東京: 自由社, 1982).

심을 기울이게 하기 때문이다. 결론적으로 김일성과 그의 추종자 외에는 모두 반동이나 종파주의자로 단정해 버리고 있는 북한의 현실이 연구자의 시각과 방법론을 극도로 제한함으로써 객관적이고 종합적인 북한 연구가 이루어지기 어렵게 만들고 있다는 것이다.

이러한 범주에 드는 전형적인 인물 가운데 하나가 바로 학산(學山) 최창익(崔昌益)이다.6) 그는 일본의 조선 침략이 노골화되던 시기인 1896년 함경북도 온성군 남양면에서 가난한 농민의 아들로 태어난 것으로 되어 있다.7) 그가 태어났다는 해에는 독립협회가 설립되어 민중의 애국심을 발동하는 애국운동과 각종 개혁운동을 이끌고 있었다. 독립협회는 대외적으로는 반일·반로운동을 전개하고 대내적으로는 내정개혁을 요구하고 정부의 무능과 부패를 탄핵했는데, 이와 같은 시대정신을 타고났는지 그의 일제에 대한 적개심만큼은 어느 누구에게도 뒤지지 않았다.

반일운동에 앞장섰던 그는 1928년 발생한 제3차 조선공산당사건에 연루되어 7년 가까이 옥고를 치르기도 했고, 중국으로 망명한 후에는 중국공산당 근거지인 연안에서 조직활동을 하며 항일투쟁을 전개한 경력의 소유자였다. 해방이 되자 북한으로 귀국한 그는 북한정권 수립에 적극 참여했을 뿐만 아니라 북조선노동당의 창당에도 깊이 관여하며, 그에 수반되는 각종 이론적 근거를 정연하게 제시하기도 했다. 이와 같이 이론과 실천 양면에서 북한정권 수립에 크게 기여한 사실을 감안할 때, 그는 북한 현대사에서 빼놓을 수 없는 존재의 하나임에 틀림없다고 생각한다.

---

6) 최창익은 공산주의자로서는 호를 가진 몇 안 되는 인물 중의 하나로, '학산'이라는 호는 그가 신문에 기고하면서 그 자신이 직접 썼다. 이후 그는 호를 전혀 사용하지 않았다. <獨立新報> 1946년 5월 21일.

7) 그의 출생년도가 1896년이라는 것은 단 한군데만 나오고 있다. 高俊石 監修·文國柱 編著, 『朝鮮社會運動史事典』(東京: 社會評論社, 1981), 526쪽. 그러나 1930년 재판을 받을 때 그의 나이가 30살이라고 되어 있기 때문에 1896년에 태어났다는 것이 확실하다고 보기는 어렵다.

이처럼 '건당'과 '건국'의 과정에서 중요한 역할을 했음에도 불구하고 오늘날 북한에서 그는 '반당 종파분자'로 규정되어 비판받고 있다.8) 그리고 그가 집필한 역사는 추악한 종파적 목적에서 출발하여 '영광스러운 민족해방투쟁의 역사 연구 사업'에 많은 왜곡과 해독을 끼쳐 놓는 것으로 비판받아 아무런 흔적도 찾을 수 없는 존재가 되고 말았다. 즉 조선 노동운동에서 종파가 끼친 해독을 은폐했을 뿐만 아니라 도리어 '혁명전통'으로 분식하려 하였고, 김일성을 선두로 한 견실한 공산주의자들의 항일무장투쟁을 왜곡 · 과소평가 · 말살하려고 하였다는 것이다.9)

이로 인해 그가 항일 독립운동과 북한정부 수립에 기여한 정치인으로서의 면모는 고사하고, 각종의 정치노선을 제시한 공산주의 이론가로서, 그리고 민족의 항일투쟁사를 집필한 역사가로서의 자취는 흔적도 없이 사라지고 말았다. 김일성의 권위에 도전했다는 이유로 숙청되어 모든 기록이 말살되었기 때문이다. 그러나 이와 같은 상황에 놓여 아무런 자취도 찾을 수 없는 인물이 북한에서 최창익 하나만은 아니기에 문제의 심각성은 더욱 크다고 생각하며, 이러한 현상은 하루속히 시정되지 않으면 안 된다고 생각한다. 권력투쟁의 결과라고는 하지만, 이를 그대로 수용한다는 것은 북한 현대사에 대한 또 하나의 '왜곡과 해독'을 끼치는 것이 아닐 수

---

8) 북한 노동당은 최창익에 대해 "우리 당 안에 기여들어 정치적 야심을 실현해 보려고 기회만 노리던" 인물로, 그리고 "1920년대부터…… 종파행동을 일삼았으며 1930년대 와서는 혁명투쟁의 불길을 피하여 안전한 곳만 찾아다니면서 자기의 종파세력을 늘이는 데 몰두…… 남조선 로동운동에까지 마수를 뻗치였으며 로동당 창립 후에도 양봉음위의 교활한 수법으로 반당 반혁명적 종파책동을 계속"한 인물로 묘사하고 있다. 조선로동당 중앙위원회 당력사연구소, 『조선로동당략사』(조선로동당출판사, 1979), 439-440쪽.

9) 최창익은 '반당 종파분자'로, "추악한 종파적 목적으로부터 출발하여 이 부문 력사(조선 인민의 영광스러운 민족해방투쟁의 력사) 연구사업에 많은 의곡과 해독을 끼쳐 놓았다"는 것이 북한의 공식 평가이다. 리나영, "저자 서문," 『조선민족해방투쟁사』(東京: 학우서방, 1960).

없기 때문이다.10)

일반적으로 역사단계에서 나타났던 운동형태를 특정인 위주로 기술하고, 모든 것을 일원론적으로 설명하는 것은 진정한 역사 기술이나 학문적 태도가 아니라고 생각한다. 왜냐하면 어느 시대, 어느 나라를 막론하고 역사적인 사건이나 사실이라는 것은 특정 개인의 유일적 지도하에서만 전개되는 것이 아니라 많은 사람들의 다원적인 참여와 다양한 노력으로 이루어지는 것이고, 그러한 것의 총체로서 민족해방운동사가 있기 때문이다.

우리의 민족해방운동에는 민족주의와 사회주의 이외의 이념도 있었으며 운동의 형태도 다양하고 다원적이었다. 사회주의와 그 영향 아래 있던 노동자, 농민, 학생, 인텔리들의 운동에도 그것을 통일적으로 지도할 전위당은 없었으며, 민족주의운동도 중일전쟁의 와중에 수시로 거점을 옮겼던 임시정부가 통일적으로 지도한 것은 아니었다. 그리고 어느 한 시기에 어느 한 개인이 태어났다는 것은 그야말로 우연에 불과한 것이므로, 그 한 개인의 권위를 높이기 위해 그 외의 사람들은 그의 지시에 따르는 단순한 도구로만 묘사하는 것은 글자 그대로 학문의 종말, 역사의 일탈이라고 할 수밖에 없다.11)

지도자는 대중 앞에 늘 자기를 비우는 것에 의해서만 대중의 신뢰와 존경을 받는 법인데, 북한의 경우 이와는 정반대의 상황이 전개되고 있다. 이와 같이 사상적 경직성이 극에 달한 북한 현대사 연구에서 탈피하기 위해서는 북한의 다양한 인물과 노선에 대해서도 관심을 기울여야 한다고 보며, 바로 이와 같은 의미에서 최창익에 관한 연구는 반드시 필요하다고 생각한다. 공산주의 이론가로서, 역사가로서, 그리고 실천적인 정치지도자로서 활동했던 최창익의 면모를 종합적으로 살펴봄으로써 북한 연구의 지평을 넓히고, 이를 토대로 북한 현대사에 대한 단선적이고 경직된 기술을

---

10) 姜在彦, "序文: なぜ1930年代か," むくげの會, 『朝鮮1930年代研究』(東京: 三一書房, 1982), 5쪽.
11) 姜在彦, "序文: なぜ1930年代か," 6쪽.

극복하는 것이 학문의 최종적인 목적에 부합하는 것이라고 보기 때문이다.
    그가 남긴 글이나 그에 관한 자료가 대부분 망실된 시점에서 그의 역사인식이나 혁명단계론 등을 객관적으로 분석한다는 것은 극히 어려운 일이 아닐 수 없다. 그러나 부분적이고 단편적이나마 그의 사고와 활동의 일단을 살펴볼 수 있는 기록이 있기에 이를 근거로 하여 접근해 보려고 한다. 역사에 대해 그가 가지고 있던 인식이 무엇이었는지, 조선공산당에 참여하여 어떠한 활동을 했는지, 그리고 해방정국에서 그가 수행하려 했던 혁명은 어떠한 것이었는지를 살펴봄으로써 우리의 현대사 속에서 차지하고 있는 그의 위상을 재조명해 보려는 것이다.
    이와 같은 작업이 축적될 때 당시의 정치상황을 객관적으로 그리고 종합적으로 재현해 낼 수 있으며, 특정인 중심의 역사기술을 지양할 수 있다고 생각한다. 그리고 이를 통해 북한 현대사, 나아가서는 한국 현대사 전반에 대한 관점을 재정립할 수 있다고 확신하며, 이것이 바로 '역사 바로 세우기'나 '역사 바로 알기'의 출발점이 되어야 한다고 본다.

제2장 청년운동

1. 학창 시절

　　최창익의 학력에는 불분명한 점이 많아 정확하게 어디까지가 사실인지 밝히기 어렵다. 그의 나이를 비롯하여 그에 관한 대부분의 자료가 그렇듯이 직접적인 확인이 불가능한 사항이 많기 때문이다. 시대적 상황이 그로 하여금 개인적인 기록을 남길 만한 여유를 주지 않았기 때문에 그럴 것이라고 추측은 하고 있으나, 그 자신이 이를 해명하기 위해 적극적으로 노력하지 않은 것으로 보아 그에게도 어느 정도 책임은 있다고 생각한다.
　　그렇지만 그가 선진 문물을 배우기 위해 일본에 유학을 간 것은 틀림이 없다. 일본 유학생들로 구성된 학우회의 회원으로서, 그는 학우회가 여름방학 기간 중 동아일보사의 후원을 받아 전국을 순회하며 개최하는 순회강연 대회에 연사로 참가하여 강연한 사실이 이를 입증하기 때문이다. 그가 한 강연은 제목 외에는 내용이 구체적으로 알려지지 않고 있으나, 강연내용 중에 불온한 언사가 있다고 하여 경찰에 구류를 당하는 일이 생긴 것으로 미루어보아 일제의 식민통치를 규탄하거나 독립문제를 언급했던 것으로 판단된다.

1) 학 력

　　최창익의 학력에 관해서는 극히 단편적인 것밖에는 알려지지 않고 있다. 고향에서 가정 살림을 돌보다가 1917년 서울로 와서 중앙고보를 다녔으나, 그가 2학년 때인 1919년에 발발한 3·1운동에 참가했기 때문에 퇴학을 당했고 이 때문에 일본으로 건너간 것으로 알려져 있다.[1] 공식적인 기록은 3차 공산당사건으로 체포되어 수사기관에서 조사를 받는 과정에서 그가 진술한 내용이 유일하며, 그밖에는 자료마다 달라 정확한 것은 알기 어렵다. 공식기록도 그의 활동 시기와 장소 등을 고려할 때 진위가 의심스러운 점이 있기 때문에 그의 학력은 수수께끼로 남아 있다고 할 수 있다.
　　수사기록에 따르면 그는 일본 동경에 있는 정칙(正則)영어학교를 1년간 다닌 다음, 일본대학(日本大學) 정치경제학과를 졸업한 것으로 되어 있다.[2] 정칙영어학교는 그가 태어났다는 해인 1896년 완전한 영어를 활용할 수 있는 인재를 양성하기 위해 설립한 일종의 특수학교로 3년제의 '보통과'와 2년제의 '고등과', '영문학과', '교육과', '야학과' 등 5개의 정규과정 외에 중도에 입학하려고 하는 학생이나 학력이 불충분한 학생들을 대상으로 한 '급외생' 제도가 있었다.[3] 최창익이 언제 이 학교에 입학했는지에 관한 기록은 없으나, 그가 1년 동안 다녔다고 나와 있는 것으로 보아 급외생으로 수학했을 가능성이 있는 것으로 판단된다.
　　당시 일본의 대학 학제는 고등학교를 거치지 않는 경우 고등예과 1년

---

1) "崔昌益: 獨立同盟 及 義勇軍·要人의 略歷," 『新天地』(1946년 3월), 242쪽. 그러나 중앙고등학교에 문의한 결과 1917년 입학생 명단에 최창익이란 이름은 없는 것으로 돼 있어 이 부분도 추가로 확인이 필요하다고 생각된다.

2) "ML黨事件 判決全文 ③," <東亞日報> 1930년 9월 7일.

3) 東京都, 『都史紀要 十七: 東京の各種學校』(東京都, 1968), 130-131쪽.

반(半)을 수료한 후 대학에 진학하여 3년 과정을 마치도록 되어 있었다. 만일 이러한 과정을 밟지 않으려면 정칙영어학교 같은 특수학교에 입학해 영어, 수학, 일어 등의 기초를 닦은 후 일본의 중학교에 편입하여 3년의 중학 과정을 마치고 고등예과로 진학하는 것이 하나의 코스처럼 되어 있었다.4)

이로 인해 정칙영어학교는 학기 중도에 입학하려 하거나 정규 중학 과정을 마치지 않고 고등교육을 받으려는 학생들이 주로 다녔는데, 이 중에 조선인으로서는 김성수(金性洙)와 송진우(宋鎭禹)도 포함되어 있었다. 이들 두 사람은 이곳에서 영어와 수학을 배우는 한편, 일어는 따로 개인지도를 받은 것으로 알려졌다.5) 게다가 이 학교는 수업료가 싼 편이고 중학교 편입을 지도하기 때문에 조선에서 처음 유학을 온 학생들은 으레 거치는 곳처럼 되어 있어,6) 최창익도 이곳을 거쳤을 것이라고 생각된다.

판결문에는 최창익이 정칙영어학교를 1년간 다닌 다음 일본대학을 졸업했다고 기록되어 있는데, 이 점에 대해서는 몇 가지 사실을 확인할 필요가 있다. 왜냐하면 공식적으로 그의 일본대학 졸업을 입증할 만한 자료가 없기 때문이다. 그는 결코 자신의 대학 입학년도와 졸업년도를 밝힌 적이 없는데, 단지 한 자료에는 그가 1925년에 일본대학을 졸업했다고 기록되어 있다.7)

이 기록이 사실이라면 1925년에 대학을 졸업하기 위해서는 1921년부터 적어도 4년간은 일본에 있어야 한다는 결론이 나온다. 그러나 그는 1923

---

4) 李敬南, 『雪山 張德秀』(東亞日報社, 1981), 52-53쪽.
5) 이들은 1908년 이 학교에 입학하여 1년간 공부한 후 1909년 4월 중학교에 입학했다. 仁村紀念會, 『仁村 金性洙』(仁村紀念會, 1976), 69쪽.
6) 金學俊, 『古下 宋鎭禹』(東亞日報社, 1990), 47쪽. 정칙영어학교의 수업료는 보통과가 1학기 1엔이었는데, 급외생도 똑같이 1엔을 받았다. 東京都, 『都史紀要 十七: 東京の各種學校』, 132쪽.
7) 高俊石 監修・文國柱 編著, 『朝鮮社會運動史事典』(東京: 社會評論社, 1981), 526쪽.

년과 1924년 서울에서 활동하다가 1924년에 만주로 갔고, 1925년에 다시 서울로 돌아왔다가 1926년에는 모스크바에 가기 위해 러시아로 갔다.8) 이처럼 국내외에서의 활동시기와 일본대학 재학시기가 중복되기 때문에 1925년에 대학을 졸업한다는 것은 사실상 불가능하다.

만일 그가 일본대학을 졸업했다고 한다면 시기적으로 그 이전에 한 것이 되는데, 이 역시 가능하지 않다. 약력에는 중앙고보 2년 재학 중인 1919년 3·1운동에 참가했기 때문에 퇴학을 당해 그 해 말 일본에 간 것으로 나와 있는데,9) 이것이 사실이라고 한다면 그는 1920년에야 정칙영어학교에 입학할 수 있었으며, 다시 고등예과 과정을 마치려면 1년 반의 세월이 필요하게 된다. 이를 감안할 때 그는 1923년에 일본대학에 입학했다는 결론이 나오는데, 이미 이때 그는 서울에서 활동하고 있었기 때문에 졸업 자체가 불가능했다.

1923년에 발생한 관동대지진으로 그 당시 졸업생 명부를 포함하여 이전의 것은 일체의 자료가 소실되었고, 그 이후의 졸업생 명부에는 그의 이름이 실려 있지 않기 때문에,10) 일본대학 졸업에 대한 공식적인 확인은 불가능하다. 그러나 1923년부터 1926년까지는 그가 일본을 떠나 있었기 때문에, 적어도 일본대학에 입학은 했을지 몰라도 졸업했다는 것은 사실이 아닐 가능성이 높다고 할 수 있다.

또 다른 자료에는 그가 일본대학 사회과를 졸업한 것으로 되어 있는

---

8) "崔昌益: 獨立同盟 及 義勇軍·要人의 略歷," 『新天地』, 242쪽. 그가 모스크바로 간 것은 공산대학에 입학하기 위해서가 아니라 코민테른의 인준을 받기 위해서였다.

9) "崔昌益: 獨立同盟 及 義勇軍·要人의 略歷," 『新天地』, 242쪽.

10) 필자는 일본대학에 崔昌益의 졸업 확인을 의뢰했는데, 1923년 9월 1일 발생한 관동대지진으로 그가 졸업했다고 간주되는 시기의 서류 일체가 소실됐기 때문에 사실 확인이 불가능하다는 회신을 받았다. 日本大學校友會本部事務局校友課長, "回答; 崔昌益氏の卒業確認について"(2008년 1월 25일).

데,11) 당시 일본대학에는 사회학과가 없었기 때문에 이 역시 신뢰할 수 없다. 그리고 대부분의 인터넷 자료나 인명사전에는 그가 일본 와세다(早稲田)대학을 졸업한 것으로 나와 있는데,12) 확인해 본 결과 그의 이름은 1917년부터 1930년까지 와세다대학 졸업생 명단에 실려 있지 않았다.13) 이런 점을 종합적으로 미루어볼 때 그가 일본대학에 입학은 했을지 몰라도, 일본대학을 졸업했다는 것은 사실과 다르다고 분석된다. 왜냐하면 일본 유학생 자격으로 활발한 활동을 전개했기 때문인데, 학우회의 순회강연이 바로 그것이다.

2) 학우회 순회강연

일제강점기 상당수의 학생들이 청운의 큰 뜻을 품고 일본에 유학을 가서 새로운 문물과 사조를 접하고 귀국했다. 당시 동경에 있던 유학생들은 이국에서의 외로움을 달래고 친목을 도모하기 위해 출신 도별로 친목단체를 결성하고 있었다.14) 이러한 단체가 연합체를 구성하기로 하여 1912년 10월 학우회로 통합했는데, 학우회는 기관지 겸 학술지로 『學之光』을 발간하기도 했다.15) 이 잡지는 조선에서 지식을 갈구하는 많은 청년들에

---

11) "崔昌益 獨立同盟 及 義勇軍·要人의 略歷," 242쪽.
12) 'Daum백과사전'과 '위키백과', 'NAVER백과사전', 그리고 『民族文化大百科事典』과 『한국사회주의인명사전』에는 모두 崔昌益이 早稲田대학 경제과 또는 정치경제과를 졸업했다고 되어 있다.
13) 필자가 早稲田대학에 崔昌益의 졸업 여부를 문의한 결과 崔昌益에 관해서는 아무런 학적 자료가 없다는 회신이 왔다. 早稲田大學 敎務部長, "調査結果報告書"(2007년 11월 3일).
14) 이들 친목단체는 湖南茶話會(전라), 洛東親睦會(경상), 鐵北親睦會(함경), 浿西仁親睦會(평안), 海西親睦會(황해), 三漢俱樂部(경기·충청), 嶺友俱樂部(강원) 등 모두 7개이다. 仁村紀念會, 『仁村 金性洙』, 79-80쪽.

게 신문화를 소개하는 등 학술계와 사상계에 적지 않은 영향을 미쳤는데, 동아일보사는 학우회의 이러한 계몽적인 역할에 착안하여 이들을 연사로 하는 전국 순회강연을 계획했다.

회장을 김준연(金俊淵)으로 한[6) 학우회의 제1회 순회강연은 1920년 7월 10일부터 7월 28일까지 실시되었다.[17) 이에 대한 청중과 언론의 반응이 예상보다 좋게 나타나자,[18) 동아일보사는 다음해인 1921년에도 이를 후원하기로 했다. 1회 때에는 전국 각지를 순회한 후 서울에 와서 개최된 강연회에 청중이 수천 명에 달해 경찰이 해산 명령을 내릴 정도로 성황을 이루었기 때문이다.[19)

동아일보사는 학우회 제2회 강연의 연사로 동경의 유수한 대학 유학

---

15) 申翼熙 등이 편집한 『學之光』은 연 2회 발간했는데, 1914년 4월 창간돼 28호까지 내고 한동안 휴간되었다가 1930년 4월 更生號를 내고 종간되고 말았다. 柳致松, 『海公 申翼熙一代記』(海公申翼熙先生紀念會, 1984), 106-107쪽.

16) 당시 동경제국대학 재학생이던 金俊淵은 학우회의 강연 목적은 여름휴가를 이용해 귀국해서 그 동안 배운 내용을 전하려는 것일 뿐 정치적 의미는 없다고 밝혔으나, 경찰당국은 연사의 대부분이 3·1운동 당시 구속된 경력이 있기 때문에 이들이 학술강연이라는 미명하에 정치적 선전운동을 할지 알 수 없어 경계의 눈초리를 보냈다. <朝鮮日報> 1921년 6월 24일.

17) 당시 순회강연에 예정된 연사로는 金俊淵, 卞熙瑢, 安在鴻, 崔元淳, 金年洙, 田榮澤 등이 있었는데, 강연을 예고한 기사에는 "各 方面의 新知識을 包容한 靑年 先覺者가 血誠으로 同胞에게 부르짖는바 熱烈한 그 雄辯은 吾人에게 神益을 寄與함이 果然 多大하리라"고 쓸 정도였다. 강연 장소는 부산, 김해, 마산, 진주, 대구, 경주, 공주, 청주, 예산, 서울, 개성, 사리원, 안악, 재령, 해주, 황주, 평양, 진남포, 안주, 정주, 선천, 의주, 춘천, 철원, 원산, 함흥, 강경, 전주, 군산, 광주, 나주, 목포였다. <東亞日報> 1920년 6월 26일.

18) 동아일보사가 주최하는 학우회 강연에 대해 조선일보사조차 사설에서 청년 선각자들이 조국을 위하여 피가 마르고 근육이 다하도록 민족정신을 환기하려는 정성을 동포들이 가뭄에 단비를 기대하는 것과 같고 갈증에 물을 마시는 것과 같다고 높이 평가할 정도였다. <朝鮮日報> 1920년 6월 20일.

19) <東亞日報> 1921년 7월 11일.

생 중 학술과 사상이 가장 우수한 학생을 선발했다고 예고했다.[20] 일본을 출발한 학우회 강연단은 1921년 7월 14일 부산에 도착했는데,[21] 강연단에는 최창익도 포함되어 있어 객관적으로 그는 우수한 일본 유학생으로 인정받았음을 알 수 있다.

최창익은 호남지역을 순회하며 강연하는 순회강연단 제1대에 소속되었는데, 제1대의 첫 강연은 1921년 7월 19일 강경에서 개최되었다. 이 날 연사는 모두 세 명이었는데, 최창익은 두 번째 연사로 나서 '문화교육'이라는 주제로 강연을 했다.[22] 강경에서의 강연이 끝난 다음 연사 3인은 7월 21일 전주에서 강연을 했다.

그러나 이 날 전주에서 최창익을 포함한 연사 3인은 강연 내용에 불온한 언사가 있다는 이유로 경찰에 체포되어 15일간 구류처분을 받았다.[23] 이에 대해 강연단은 구류처분에 불복해 정식재판을 청구했다가 이를 취하하고 7월 25일 전주 감옥에 수감되었다.[24] 정식재판을 할 경우 구류시일이 늦어져 더 불리하다고 생각했기 때문인 것으로 판단된다. 이들은 15일의 구류를 살고 8월 6일에 출소했으며, 출소한 다음날인 8월 7일 최창익은 강연을 계속하기 위해 군산으로 출발했다.

---

20) 강연단은 3개 대로 나뉘어 전국을 순회했다. 제1대는 강경, 이리, 전주, 군산, 정읍, 광주, 나주, 목포였고, 제2대는 개성, 사리원, 재령, 해주, 평양, 안주, 정주, 선천, 의주였으며, 제3대는 춘천, 철원, 원산, 영흥, 함흥, 북청, 성진, 청진이었다. <東亞日報> 1921년 7월 11일.
21) <東亞日報> 1921년 7월 15일.
22) 이 날 수백 명의 청중이 방청하여 성황을 이루었다고 보도되었는데, 최창익 외의 연사와 주제는 각각 다음과 같다. 崔元淳: '개성의 발휘와 현대의 문화', 姜濟東: '조선 청년의 각오' <東亞日報> 1921년 7월 22일.
23) <東亞日報> 1921년 8월 7일.
24) <朝鮮日報> 1921년 7월 28일.

2. 청년운동

　1921년 7월과 8월 학우회 순회강연단의 일원으로 주로 호남지역을 돌며 강연을 했던 최창익의 그 다음 행적에 대해서는 구체적으로 알려진 바가 없다. 다만 1923년 4월부터는 서울에서 다시 본격적으로 활동한 것으로 보아 아마 학업을 계속하기 위해 일본으로 돌아갔다가 귀국한 것으로 짐작된다. 귀국한 그는 노동문제와 농촌문제에 많은 관심을 가지고 서울과 지방을 순회하며 그와 관련된 주제로 강연을 했는데, 이 과정에서 경찰에 여러 차례 연행되기도 했다.
　노동문제와 농촌문제뿐만 아니라 청년문제에도 관심을 가지고 있던 그는 조선청년총동맹 창립에 적극 참가했으며, 이후 각종 강연을 통해 일제 식민통치의 문제점을 지적하고 사회주의 사상을 보급하기 위해 노력했다. 이러한 그의 활동은 국내에 그치지 않고 만주와 러시아로까지 이어졌는데, 일제를 반대하고 사회주의를 전파하는 이와 같은 일련의 활동을 통해 그는 조선공산당과도 깊은 관련을 맺게 되었다.

1) 강연과 청년단체 조직

(1) 강연활동과 폭행사건

　최창익은 조선노동공제회가[25] 1923년 4월 26일 경운동 천도교 대강

---

　25) 조선노동공제회는 3·1운동 다음해인 1920년 2월 11일 조선 최초로 설립된 노동

당에서 개최한 강연회에서 '자본주의와 사회운동'이라는 제목으로 강연을 했다.26) 이 날 차금봉(車今奉)27)이 그와 함께 연사로 나온 것을 볼 때, 그리고 그 이후에도 계속해서 노동문제를 주제로 강연을 한 것으로 보아 그는 노동운동에 많은 관심을 가지고 있었던 것으로 분석된다. 즉 1923년 6월 16일 노동대회가 서울에서 주최하는 강연회에서 '무산자의 활로'라는 제목으로 강연을 했으며,28) 8월 23일에는 인천에서 열린 강연회에 참석하여 '무산계급과 노동운동'이라는 제목으로 강연한 것으로 보아 노동운동을 통해 사회를 변혁하려 했던 것으로 분석된다.29)

이처럼 노동문제로 서울과 지방을 오가며 강연을 하던 최창익은 1923년 8월 25일 서울 인사동에 있는 장안여관에서 북성회30) 회원들로부터 집

단체로 지식 계발, 품위 향상, 저축 장려, 위생 장려, 기타 일반 노동 상황의 조사 등과 같은 계몽주의적 사조를 지향했다. 노동공제회는 1922년 10월 15일 조선노동연맹이 조직되자 이에 합류함으로써 해산되었다. "朝鮮勞動共濟會," 李錫台 編, 『社會科學大辭典』(文友印書館, 1948), 602-603쪽.

26) <東亞日報> 1923년 4월 26일.
27) 1899년 서울에서 빈민의 아들로 태어난 車今奉은 노동자 출신으로 조선 노동운동사상 첫 파업시위를 조직했으며, 각종 노동조합을 지도하며 활발하게 노동운동을 전개한 인물이었다. 1923년에는 조선노동대회를 발기했으며, 1924년 조선노동총동맹을 창립하는 데 중심적인 역할을 하며 경향 각지의 조직활동을 지도했다. 이후 조선공산당 책임비서로 추대되어 활동하다가 일경에 체포되어 고문으로 옥사했는데, 노동자로서 공산당 최고 간부가 된 것은 그가 유일했다. "車今奉," 李錫台 編, 『社會科學大辭典』, 672쪽.
28) 이 날 그와 함께 강연한 연사와 강연 제목은 다음과 같다. 蔡奎桓: '勞動力 搾取', 金燦: '救世主 勞動者'. <東亞日報> 1923년 6월 15일.
29) 崔昌益은 강연 중 경찰로부터 여러 차례 주의를 받기도 했으나 무사히 끝난 반면, 그 다음 연사인 張赤波는 마르크스의 이론으로 '노동자의 생존권문제'라는 제목의 강연을 하다가 중도에 제지를 당하기도 했다. <東亞日報> 1923년 8월 26일.
30) 동경 유학생들로 구성된 북성회 역시 여름방학을 이용하여 순회강연을 계획했는데, 북성회의 초청연사로는 일본인으로 布施辰治, 北原龍雄 등이 있었고, 조선

단구타를 당하는 사건이 발생했다. 이로 인해 그는 2주간의 치료를 요하는 부상을 당했다는 진단을 받았다.31) 이른바 '장안여관 사건'으로 이전부터 최창익이 북성회를 아무런 근거도 없이 비방·중상하는 낭설을 퍼뜨리고 다닌다고 생각한 북성회 회원들이 이에 대한 불만으로 그를 폭행한 것이다.32) 사건을 접한 경찰이 폭행에 관련된 혐의로 5명을 구속하고 추가로 5명을 수배하는 바람에 큰 사건으로 비화되었다.33)

이 사건이 있기 하루 전날인 8월 24일에도 북성회 회원들과 서울청년회 회원들 사이에 폭행사건이 발생하여 경찰이 조사를 하고 있던 중이었다.34) 그러지 않아도 주도권 문제로 두 단체 사이의 관계가 좋지 않은 데다35) 구타하는 사건까지 일어나자 사상단체들 간에 개인적인 감정문제가

인으로는 金若水, 鄭又影, 金鍾範, 白武 등이 있었다. <東亞日報> 1923년 7월 25일. 북성회는 후일 '마르크스사상의 보급과 무산대중의 1개의 능동적 계급으로 조직함'을 목표로 내세우고 북풍회라는 새로운 사상단체로 발전했다. <東亞日報> 1923년 9월 12일.

31) <朝鮮日報> 1923년 8월 28일.
32) 북성회 회원은 사회주의자를 자처하는 사람이 동지를 중상하고 그 단체를 비방하는 것은 도덕에 위반되는 것이므로, 崔昌益에게 사실 여하를 묻고 앞으로는 그런 행동을 하지 말라고 한 것이 언쟁이 되어 사건이 일어났다고 말했다. <朝鮮日報> 1923년 10월 1일. 이에 대해 崔昌益은 자신이 그들을 중상하는 말을 지어냈을 리가 없음에도 불구하고 자신을 구타한 것은 가당치 못한 일이라고 주장하고, 흑백은 자연히 가려질 것이므로 누구이 변명하지 않겠다고 말했다. <朝鮮日報> 1923년 10월 2일.
33) 경찰에 구속된 5명은 裵德秀, 孫永極, 金章鉉, 金若水, 李逵榮 등이다. <東亞日報> 1923년 8월 28일.
34) 1923년 8월 24일 서울청년회와 형설회 회원들이 합동으로 북성회 회원들을 집단 구타하는 이른바 '낙양관 사건'이 발생했다. 이들은 "그놈들을 죽이지 못한 게 恨이다"고 할 정도로 서로 상대방에 대해 적개심을 가지고 있었다. <東亞日報> 1923년 8월 27일. 낙양관 사건 관련자에 대한 재판은 1923년 11월 19일에 열렸는데, 피고들에 대한 형량을 다음과 같다. 許一·金榮萬 각 징역 1년, 姜乙烈·金光薰·李昌一 각 징역 6개월. <朝鮮日報> 1923년 11월 20일.

지 겹쳐 파란곡절을 면치 못할 것이라는 추측이 나돌 정도였다.36) 장안여관 사건은 9월 11일 검사가 출장하여 피의자들을 직접 심문함으로써 구속의 가능성이 높아졌다고 보도되었다.37)

결국 구타와 관련되어 취조를 받던 9명 중 3명이 구속되고 말았다.38) 최창익을 구타한 혐의로 구속된 이들 3인에 대한 구형 공판은 1923년 11월 2일 열렸으며 이들에게 각각 징역 1년이 구형되었다.39) 한편 11월 5일 열린 선고공판에서 3인 모두에게 징역 5개월이 선고되었는데,40) 이에 불복한 피고들은 모두 항소를 제기했다.41)

북성회 회원들과 구타사건을 일으켰던 최창익은 1923년 10월 18일 노농대회를42) 조직하고 이를 위한 문서를 준비하는 과정에서 다른 3명과 함

---

35) 북성회와 서울청년회 양 파의 갈등은 양 파가 각각 자신의 세력을 확장해 나가는 과정에서 발생했다. 국제청년데이 행사의 주도권 문제라든지 상대방의 지방조직을 자파로 흡수하려는 공작 등이 누적되어 패싸움으로까지 발전하게 된 것이다. 이에 관해서는 金俊燁·金昌順, 『韓國共産主義運動史』 2권(청계연구소, 1986), 51-53쪽 참조.

36) <東亞日報> 1923년 8월 28일.

37) <東亞日報> 1923년 9월 12일. 崔昌益 구타사건에 대해 기소된 피의자들을 위해 金炳魯, 金用茂, 李仁 3인의 변호사가 무료변론을 맡았다. <朝鮮日報> 1923년 10월 10일.

38) 구속된 金若水, 裵德秀, 孫永極 3명은 상해 및 가택침입죄로 기소되고, 鄭雲海, 宋奉瑀, 金鍾範, 金章鉉, 李遂榮, 李廷允 6명은 불기소처분으로 석방되었다. <東亞日報> 1923년 10월 1일.

39) <朝鮮日報> 1923년 11월 3일.

40) <東亞日報> 1923년 11월 6일.

41) 그러나 金若水는 11월 10일 항소를 취하했다. <朝鮮日報> 1923년 11월 11일.

42) 노동 및 농민운동자들이 노동단체와 농민단체를 망라한 대회를 열고 운동의 방향과 정신을 일치하게 결정하는 동시에 모든 문제를 해결하자는 취지로 노동대회준비회를 결성했는데, 이들은 1924년 1월 30일부터 이틀간 서울에서 전조선노농대회를 소집하려고 계획했다. <朝鮮日報> 1924년 1월 18일.

께 제령위반 혐의로 체포되었다.43) 노동자·농민의 계급의식이 고양됨에 따라 전국적으로 이들을 결합하기 위한 움직임이 여러 갈래로 추진되었는데, 그 중 하나였던 노농대회를 조직하는 작업에 그가 참여했다가 체포된 것이다. 그러나 그를 포함한 4명은 10월 29일 증거불충분으로 석방되었는데,44) 그가 준비했던 노농대회는 예정보다 두 달여 늦은 1924년 4월 15일 전국 각지의 80여 노농단체가 참가한 가운데 개최되었다.45)

한편 1924년 3월 24일 최창익은 서울청년회가 주최하는 조선청년당대회 1주년 기념강연회에서 '조선의 청년운동에 대하야'라는 제목으로 강연을 했다.46) 조선청년당대회는 최창익이 회원으로 있는 서울청년회를47) 비롯한 19개 단체가 조선청년연합회를48) 사회주의의 방향으로 개조하려다가 뜻을 이루지 못하자 연합회를 탈퇴하고,49) 사회주의적 해방투쟁을 철

---

43) 검찰에 구속된 4명은 崔昌益 외에 張日煥, 姜宅鎭, 李時琓이다. <東亞日報> 1923년 10월 19일.

44) <東亞日報> 1923년 10월 31일.

45) <朝鮮日報> 1924년 4월 16일.

46) <東亞日報> 1924년 3월 23일.

47) 구타사건 당시 崔昌益은 서울청년회 회원이 아니며 단지 회원 중에 친한 사람이 많을 뿐(<東亞日報> 1923년 8월 28일)이라는 보도와 회원이라고 하는 보도(<東亞日報> 1923년 8월 27일)가 엇갈려 독자들을 혼란에 빠뜨렸으나, ML당 사건 발표과정에서 그가 서울파로 지목을 받았다고 보도(<東亞日報> 1929년 11월 1일) 됨으로써 객관적으로는 서울청년회 회원이 확실한 것으로 분석된다.

48) 3·1운동 이후 결사의 자유가 허락되자 자연발생적인 청년단체들이 전국 각지에서 많이 조직되었는데, 이러한 청년단체들을 전국적으로 결합시키기 위해 1920년 6월 28일 吳祥根, 安廓, 張德秀, 朴一秉 등이 발기하여 출범시킨 단체이다. 처음에는 6백여 단체가 가입했으나 그 다음해에는 450여 단체로 감소했고, 주로 문화·계몽활동만 하였기에 계급적 자각에서 나온 것이 아니라는 비판을 받았다. "朝鮮青年聯合會," 李錫台 編, 『社會科學大辭典』, 616쪽.

49) 서울청년회는 조선청년연합회가 서울청년회의 임원개선 요구안을 거부하자 연합회에 탈퇴서를 제출했다. <東亞日報> 1922년 4월 6일.

저히 실행할 것을 목표로 1923년 3월 27일 소집한 대회였다.[50] 조선청년당대회는 대회 마지막 날은 공기가 불온하다는 이유로 경찰에 의해 해산당하기도 했다.[51]

(2) 청년단체 조직

이처럼 사회주의 성향의 단체를 창립하는 데 참여했고, 또 이를 기념하는 대회에서 강연한 것으로 미루어 보아 이 무렵부터 최창익은 사회주의운동에 투신하기로 결심한 것으로 분석된다. 이를 입증이라도 하듯이 그는 조선청년총동맹의 조직에 적극 나섰다. 이는 여러 갈래로 나뉜 청년단체들이 주의와 주장이 서로 통일되지 못하고 또 감정문제로 항상 분규와 충돌이 그칠 사이가 없는 청년운동은 대동단결해야 한다는 여론에 따르기 위해 취한 조치라고 할 수 있다.[52]

청년총동맹은 대중 본위인 신사회의 건설을 기도하며 조선 민중해방운동의 선구가 되기를 기한다는 강령을 내세우고, 1924년 4월 21일부터 약 5일간 창립대회를 갖는다고 밝혔다.[53] 창립대회는 223개 단체가 참가한 가운데 열렸는데, 단체의 성격상 대회장에는 사복과 정복 경관이 다수 참석하여 고양된 대회 분위기를 엄중 감시할 정도였다.[54]

이처럼 청년총동맹 조직에 적극적으로 임한 결과 최창익은 집행부

---

50) 청년당대회는 서울청년회가 주도하여 소집된 대회로, 대회 개최를 알리는 주최문에서 민중을 떠난 단체와 운동은 생명 있는 존재가 되지 못한다고 전제하고, 인간으로서의 당연한 요구인 동시에 세계 대세와 합치되는 조선민족 해방에 큰 동기가 될까 하여 청년당대회를 소집한다고 밝혔다. <東亞日報> 1923년 1월 30일.
51) "朝鮮青年黨大會," 李錫台 編, 『社會科學大辭典』, 614-615쪽.
52) <東亞日報> 1924년 2월 14일.
53) <朝鮮日報> 1924년 4월 9일.
54) <朝鮮日報> 1924년 4월 22일.

선출을 위해 10명으로 구성되는 전형위원에 6번째로 선출될 수 있었고,55) 25명의 집행위원이 호선으로 선출한 5명의 상임위원 중 서무를 담당하는 1인의 상임위원으로 뽑힐 수 있었다.56) 청년총동맹의 출범에 대해 언론은 신사회 건설의 책임을 진 청년들이 민중해방운동의 선구가 되기 위해서는 단결이 유일한 무기이므로, 청년단체들이 대동단결할 것을 강력히 주문했다.57)

    1924년 4월 24일에 속개된 대회에서 최창익은 청년문제와 사회 및 경제문제에 관해 장문의 제안을 발표했다. 여기서 그는 청년단체에 민중적 정신을 고무하고 계급의식을 주입함으로써 필연적 도정(道程)을 밟게 하는 것을 청년운동의 근본방침으로 할 것을 제안했으며, 종교가 민중을 마취시켜 참다운 각성을 방해한다는 주장과 함께 타협적 민족운동의 배격과 혁명적 민족운동의 찬성이 필요하다고 역설했다.58) 그는 또 세계 무산청년운동의 발단을 기념하기 위해 제정된 '국제청년데이'를59) 청년운동 기념일로 하자고 제의함으로써 청년총동맹의 목표가 제국주의와 군국주의

---

55) 무기명으로 선출한 10명과 이들의 득표수는 다음과 같다. 李英(89), 金錣洙(88), 韓愼敎(82), 金敎英(77), 任鳳淳(65), 張彩極(50), 崔昌益(49), 朴一秉(44), 鄭魯湜(40), 崔淳鐸(36). <朝鮮日報> 1924년 4월 24일.

56) 5명의 상임위원의 명단과 직책은 다음과 같다. 李英, 崔昌益(서무), 曺奉岩(교육부), 任鳳淳(조사부), 金燦(사회부). <朝鮮日報> 1924년 4월 25일.

57) <朝鮮日報> 1924년 4월 24일.

58) <東亞日報> 1924년 4월 26일.

59) 朴憲永은 제국주의 전쟁에 반대하는 무산계급 청년들이 1915년 4월 제2인터내셔널에 의해 해체된 청년인터내셔널을 부활시키기로 결의하고, 이들이 자본주의 전쟁에 대한 최대의 대중적 항의를 단행한 것을 기념하기 위해 정한 것이 '국제청년데이'라고 설명했다. 그는 제1회는 1915년 10월 3일에, 제2회는 1916년 9월 3일에, 제3회는 1917년 9월 2일에 각각 기념대회를 개최하고 시위운동을 전개했는데, 10월혁명 이후에는 더욱 성대하게 기념식이 개최되었다고 말했다. 朴憲永, "國際靑年데에의 意義," 『開闢』 51호(1924년 9월), 25-26쪽 참조.

반대에 있음을 분명히 나타내고자 했다.60) 이와 같은 내용의 제안문 낭독으로 장내의 공기가 극도로 긴장된 순간, 경찰의 명령으로 대회는 그만 중도에 해산되고 말았다.

청년총동맹은 출범 후 집행위원회를 개최하려 했으나 경찰의 집회금지 조치로 열지 못하고, 대신 1924년 7월 11일 집행위원회 간담회를 개최하고 소작쟁의가 발생한 암태도에 상무집행위원 임봉순(任鳳淳)과 집행위원 전도(全濤) 2명으로 구성된 조사단을 파견하기로 하는 등의 결정을 했다.61) 최창익 자신은 조사단의 일원으로 암태도까지 가지는 않았다. 그러나 7월 14일 노농총동맹과 청년총동맹이 공동으로 주최하는 암태도 소작쟁의를 동정하기 위해 개최된 연설회에서 '소작인의 참상'이라는 제목으로 강연을 했다.62)

이는 최창익의 관심이 노동문제에 이어 농민문제로까지 확대되고 있음을 나타내는 것이라고 할 수 있다. 9월 20일에도 그는 조선기근대책강구회가 주최하는 연설회에 참가하여 '한재(旱災)와 농촌문제'라는 제목으로 강연함으로써63) 일제의 수탈로 인해 피폐해지는 농촌의 실상을 청중들에게 알리기 위해 노력했다.

최창익은 1924년 10월 6일 종로 청년회관에서 서울청년회가 주최하는 창립 4주년 기념식장에 참석했다가 경찰에 체포되는 일을 겪기도 했다. 이 날 행사장에는 '반제국주의의 선봉' 등 여러 가지 구호가 내걸렸고, 서울

---

60) '국제청년데이'를 기념일로 하자는 崔昌益의 제의는 결실을 보아, 그 다음해인 1925년 9월 6일 조선청년총동맹은 성대한 기념식을 거행하기 위해 서울 인근의 청년단체들로 협의회를 구성하기로 했다. <朝鮮日報> 1925년 8월 29일.
61) 이 날의 결정사항은 이 외에 경비에 관한 건, 기관지 발행에 관한 건, 하기 순회 강연에 관한 건, 세칙 통과 등이었다. <朝鮮日報> 1924년 7월 17일.
62) 崔昌益 외의 연사와 강연 제목은 다음과 같다. 姜宅鎭: '암태도 소작쟁의의 경과 보고', 李廷允: '쟁의와 동정.' <東亞日報> 1924년 7월 13일.
63) <東亞日報> 1924년 9월 20일.

청년회의 활동상을 축하하는 여러 사람들의 축사와 이에 대한 답사가 있었다. 그러나 발언내용이 불온하다고 하여 정백(鄭栢)은 그 자리에서 체포되었고, 최창익은 그 다음날인 10월 7일 체포되었다가[64] 당일로 석방되었다.[65]

조선청년총동맹의 상임위원으로 청년단체의 조직과 대중강연에 열중하던 최창익은 러시아 10월혁명 7주년을 맞은 1924년 11월 7일 청년총동맹과 조선노동총동맹이 연합하여 혁명기념 대강연을 개최할 것을 기획했다. 강연회에서 그는 '노농 노국(露國)과 세계 무산계급'이라는 주제로 강연하기로 했으나,[66] 내용이 불온하다고 하여 집회가 금지되는 바람에 강연회는 무산되고 말았다.[67]

사회주의에 대한 최창익의 관심이 보다 구체적으로 나타난 것은 1924년 12월 6일 창립된 사회주의자동맹을 통해서였다. 해가 갈수록 무산계급의 해방운동이 점점 치열해져 감에 따라 이를 더욱 견실하고 정당하게 지도하여 보다 큰 조직을 만들 필요가 있다는 뜻에 공감하는 사람들이 중심이 되어 사회주의자동맹을 창설했는데, 그는 이 단체의 집행위원으로 선출되었다.[68] 이 단체 창설을 계기로 조선에서 사회주의를 표방하는 운동이 본격적으로 출현하게 되었다.

---

64) <朝鮮日報> 1924년 10월 8일.

65) <東亞日報> 1924년 10월 9일.

66) 崔昌益 외에 예정된 연사와 강연제목은 다음과 같다. 姜宅鎭: '11월혁명과 노농 로서아', 任鳳淳: '1917년 전의 로서아', 權五卨: '오늘은 11월 7일', 張埈: '11월 7일과 조선 무산계급', 鄭栢: '1917년 후의 노농 로서아.' <朝鮮日報> 1924년 11월 5일.

67) <朝鮮日報> 1924년 11월 7일.

68) 여기서 崔昌益은 崔昌淳이라는 이름으로 나오는데, 이밖에도 그는 崔昌錫이라는 이름을 쓰기도 했다. 崔昌益 외의 집행위원 명단은 다음과 같다. 李廷允, 朴衡秉, 韓愼敎, 李英, 鄭栢, 金解光, 李赫魯, 李丙儀, 金兢準, 姜宅鎭, 金榮萬, 元世萬, 林政鎬, 金裕寅, 趙紀勝, 李樂永, 任置淳, 張彩極, 安秉禧, 崔昌燮. <東亞日報> 1924년 12월 8일.

이처럼 청년단체를 조직하고 전국 각지를 순회하며 강연을 통해 대중을 의식화하는 일에 열중하던 그는 사회주의를 공개적으로 천명하는 사회주의자동맹이 창립되자 만주로 출발했다. 본격적으로 사회주의운동에 몰입하기 위해서라고 분석되는데, 그가 떠난 후 사회주의자동맹은 선언과 강령을 발표하려 했으나 경찰에 의해 발표가 금지되었다.69) 사회주의자동맹에 대한 경찰의 탄압은 이것만이 아니었다. 1925년 5월 1일에는 메이데이 행사를 하기 위해 여러 가지 준비를 했으나, 이 또한 경찰의 금지로 개최하지 못하고 말았다.70)

2) 대진청년회 창립과 신민보 사건

당시 최창익이 간 만주지역의 민족운동은 일종의 정부형태인 부(府)의 형식으로 전개되면서 이 단체가 일반대중의 이해를 직접 대변하고 있었는데, 참의부(參議府)와 정의부(正義府), 신민부(新民府)가 그것이었다. 이 3부의 특성을 개괄적으로 보면 참의부는 임시정부를 지지하는 젊은 무장군인이 조직의 근간을 이루며 무장투쟁 우선주의를 표방한 데 반해, 정의부는 임시정부에 비판적인 태도를 취하며 자치를 표방하고 있었고, 신민부는 주민이나 기존 사회주의 계열과 갈등을 일으키면서 무력적인 행동으로 문제의 해결을 시도하려 했다.71)

이들 3개 부 중에서 서울을 떠난 최창익이 접근한 것은 신민부였다.72)

---

69) <東亞日報> 1925년 3월 5일.
70) 경찰에 의해 선언과 강령의 발표가 금지되자 사회주의자동맹은 초고의 제목만 발표했는데, 이는 8시간 노동, 노동조합 공인, 소작권 확립, 악법안 철폐, 언론·집회·결사의 자유, 東拓 이민 철폐 등이다. <東亞日報> 1925년 5월 1일.
71) 신주백, 『만주지역 한인의 민족운동사』(아세아문화사, 1999), 62쪽.
72) 崔昌益은 吳樧이 지도한 신민부 내의 진보적 분자들은 3·1운동 이후 급속히 앙

신민부의 경우 대한독립군단을 이끌고 만주에서 활발한 무장투쟁을 전개했던 김좌진(金佐鎭)이 그 지역에서 활동하던 각 단체를 규합하여 결성을 주도한 것이었는데, 여기에는 최창익이 가입해 있는 대진청년회도 들어 있었다.73) 그가 어떠한 경로를 거쳐 만주로 갔는지는 구체적으로는 알려지지 않고 있다. 그러나 1925년 초 그는 만주에서 박두희(朴斗熙), 박중해(朴重海) 등과 함께 김좌진을 책임자로 하는 공산주의자동맹을 조직한 것으로 알려졌으며,74) 1925년 1월 19일 길림성 영안현(寧安縣)에서 창립된 대진청년회의 중앙집행위원으로 선출될75) 정도로 활발하게 활동한 것만은 틀림없는 사실이다.

대진청년회라는 명칭은 대진국(大震國), 즉 발해(渤海)의 옛터인 영고탑(寧古塔)에서 창립되었기 때문에 '대진'이라 지은 것으로 알려져 있다.76) 청년회는 만주에 거주하는 동포들의 애국심을 고취하는 강연회를 개최하기도 했고,77) 정기총회에서는 조선에서 결성되는 청년연합회에 가맹할 것

양된 신흥 무산계급운동에까지 합류하게 되었다고 주장했는데, 이를 볼 때 그가 신민부를 높이 평가했음을 알 수 있다. 崔昌益, "日本帝國主義 大陸侵略戰爭行程에 있어서의 反日武裝鬪爭," 白南雲·朴時亨 외, 『朝鮮民族解放鬪爭史』(金日成綜合大學校, 1949), 384쪽. 다른 자료에는 신민부의 위원장은 吳爀이 아니라 金爀으로 되어 있어 추가 분석이 필요하다. 坪江汕二, 『改訂增補 朝鮮民族獨立運動秘史』(東京: 巖南堂書店, 1966), 102쪽.

73) 신민부 결성 논의에 참가한 단체는 대한독립군단, 북로군정서, 중동선교육회, 대진청년회 등이다. 坪江汕二, 『改訂增補 朝鮮民族獨立運動秘史』, 101-102쪽.

74) "滿洲ニ於ケル共産主義運動史," 『姜進外4人調書』(1932), 392쪽; 신주백, 『만주지역 한인의 민족운동사』, 61쪽에서 재인용.

75) 朝鮮總督府警務局, 『北滿地方思想運動槪況』(1929년 6월), 50쪽; 金俊燁·金昌順, 『韓國共産主義運動史』 4권, 247쪽에서 재인용.

76) 신문은 영고탑에 거주하는 동포들이 대진청년회를 창립했다는 것은 매우 深長한 감격을 주는 바라고 그 의의를 높이 평가하고, 그 단체의 지도자들이 수시로 변동되는 고국의 풍운에 순응하고 또 고국의 풍운을 지배하는 것이 중요한 현안이라고 지적했다. <朝鮮日報> 1925년 1월 29일.

과 동포들이 거주하는 만주지역 촌락을 1주일간 순회하며 강연을 하기로 결정하기도 했으며,[78] 홍수로 큰 수재가 난 조선에 구호금을 보내기 위해 모금운동을 벌이기도 했다.[79]

조직을 정비한 신민부는[80] 1925년 4월 1일부터 기관지 『新民報』를 창간하고 정치, 경제, 교육 등에 관한 투고를 환영한다고 밝혔다.[81] 이처럼 만주에서 신민부가 출범했다는 사실이 신문 보도를 통해 국내에 널리 알려진 시점에서 김좌진의 부하 몇 명이 비밀리에 서울에 들어왔다는 첩보가 입수되어 경찰이 삼엄한 경계를 펴는 일이 발생했다. 5월 1일 메이데이 행사를 앞두고 신민부의 밀사가 김좌진이 서명한 격문을 조선에 배포하기 위해 몰래 잠입했다는 소문이 돈 것이다.[82]

이와 같은 경찰의 엄중한 경계 때문이었는지 최창익은 체포되었다. 만주 길림성 영고탑에서 중대한 사명을 띠고 1925년 9월 서울로 돌아와 활동하다가,[83] 이영(李英)과 함께 종로경찰서에 검거되었다고 보도된 것이다.[84] 이 사건과 관련하여 또 이경호(李京鎬)와 정백(鄭栢)이 체포되었으며

---

77) 대진청년회는 1925년 1월 31일 강연회를 개최했는데, 이 날 金白朱는 '한글과 세계'라는 제목으로, 崔正浩는 '조선청년의 역사적 사명'이라는 제목으로 연설을 했다. <朝鮮日報> 1925년 2월 3일.

78) 대진청년회는 1925년 2월 11일 정기총회를 열고, 이 외에도 잡지를 발행하고 조선의 각 청년대회에 축사를 보낼 것 등을 결의했다. <朝鮮日報> 1925년 2월 19일.

79) <朝鮮日報> 1925년 7월 29일.

80) 신민부의 행정구역은 남은 安圖縣으로부터 북은 遼河縣에 이르는 방대한 지역이며 중앙조직은 위원제를 채택했는데, 각 부서와 그 책임자는 다음과 같다. 특별부 수뇌: 李範允, 군사부 수뇌: 金佐鎭, 중앙집행위원장: 金爀. <東亞日報> 1925년 4월 8일.

81) <東亞日報> 1925년 4월 7일. 新民報의 주필은 崔京浩였는데, 이는 崔昌益이라는 주장도 있다. 신주백, 『만주지역 한인의 민족운동사』, 92쪽의 각주 131 참조

82) <東亞日報> 1925년 4월 12일.

83) 梶村秀樹・姜德相 編, 『現代史資料: 朝鮮 5』(東京: みずす書房, 1972), 413쪽.

정백에 대해서는 가택수색도 이루어졌다고 보도되었다.85) 그러나 엄중한 사건이라는 신문의 보도내용과 달리 이영과 정백 등 3인은 혐의가 없다고 하여 석방되었고, 최창익과 함께 귀국한 것으로 알려진 한빈(韓斌)도 석방될 것이라고 보도되었다.86) 신문이 보도한 대로 최창익은 구속된 지 27일 만인 11월 10일 오전 종로경찰서에서 석방되었다.87)

최창익과 한빈이 서울에 온 것과는 별도로 신민부는 동포의 독립사상을 고취하고 국내와의 연락을 취하며 독립운동을 촉진할 목적으로 다수의 선전물을 휴대한 밀사를 파견했다는 소문이 또다시 돌아 경계를 강화하는 일이 다시 발생했다.88) 그러나 만주로부터의 밀사가 아니라 엉뚱한 곳에서 우연히 발생한 폭행사건으로 인해 공산당과 공산청년회 조직이 발각되고 간부와 당원이 대규모로 구속되고 말았다. 1925년 11월 22일 밤 신의주의 한 식당에서 발생한 신만청년회 폭행사건이 바로 그것이었다.89)

---

84) <東亞日報> 1925년 10월 22일.
85) <東亞日報> 1925년 10월 31일.
86) <東亞日報> 1925년 11월 5일.
87) <東亞日報> 1925년 11월 11일.
88) <朝鮮日報> 1925년 11월 26일.
89) 이는 신의주 경성식당에서 신만청년회 회원 28명이 술을 마시다가 다른 자리에 있던 일본 경찰을 폭행한 후 붉은 완장을 흔들며 "이것이 성공했다"고 소리 지르며 도망가자, 이를 수상히 여긴 경찰이 이들을 붙잡아 조사하는 과정에서 고려공산청년회 관련 서류가 나와 金在鳳, 朴憲永을 비롯한 고려공청 및 조선공산당 관련자들이 대거 구속당한 사건을 말한다. "朴憲永外十人調書," 金俊燁·金昌順 編, 『韓國共産主義運動史』 資料編 I(高麗大學校 亞細亞問題研究所, 1979), 673-675쪽 참조

제3장 공산주의운동

1. 공산당 입당

    만주에서 활동하다가 1925년 9월 서울로 돌아온 최창익은 서울파가 주도하는 공산당에 입당했다. 그가 귀국한 시점 국내에는 이미 화요회파 공산당과 서울파 공산당, 두 개의 공산당이 존재하고 있었는데, 양 파는 서로 상대방을 인정하지 않고 독자적으로 코민테른의 공식 지부로 인준을 받기 위한 노력을 경쟁적으로 하고 있었다. 여기서 먼저 행동에 나선 것은 화요회파였다.

    이 같은 상황에서 서울파도 뒤늦게 행동에 나섰는데, 이 과정에서 최창익은 코민테른에 파견할 서울파의 대표로 선임되어 1926년 비밀리에 모스크바로 갔다. 화요회파 공산당과는 별도로 서울파 공산당을 코민테른의 지부로 승인받기 위한 활동을 하기 위해서였다. 이러한 서울파의 노력이 어느 정도 효과가 있었는지, 코민테른은 서울파가 주도한 공산당도 하나의 콤그룹으로 승인했다. 1국1당 원칙을 천명한 코민테른의 의도와는 달리 조선에 두 개의 공산당이 존재하는 기이한 양상이 전개되는 단초를 만들어 놓은 것이다.

1) 두 개의 공산당

전국 223개 청년단체의 대동단결을 기하기 위해 결성된 조선청년총동맹은 1924년 7월 10일에 첫 집행위원회를 개최하려고 했으나, 경찰의 집회금지 조치로 회의를 열 수 없었다. 집행위원회를 열지 못하게 된 청년총동맹은 사업을 진행하기 위해 집행위원회 대신 다음날인 7월 11일 집행위원간담회를 열고 여러 가지 사항을 토의·결의한 후, 결정한 일체 사항의 실천문제는 상무집행위원회에 일임하기로 했다.[1]

이 날의 간담회를 계기로 서울파와 화요회파는 다 같이 공산당 조직 준비에 착수했는데, 이는 통합된 청년단체를 자파의 영향력 하에 두고 공산주의운동의 주도권을 장악하려는 의도에서 나온 것으로 분석된다. 서울파의 경우 1924년 10월에는 김사국(金思國)[2]을 책임비서로 하는 간부진을 완료했으며, 이를 토대로 다시 각 도별 책임자를 선임하고 후일 최창익(崔昌益), 최익환(崔益煥) 등을 입당시키는 한편, 이정윤(李廷允)을 책임비서로 하는 공산청년회를 조직했다.[3] 이에 맞서 화요회파도 뒤늦게 공산당 조직에

---

1) <朝鮮日報> 1924년 7월 17일.
2) 金思國은 1892년 11월 9일 충남 출신으로 어머니를 따라 금강산 유점사에 들어가 한문을 배웠으며, 서울 보성학교에 들어갔으나 중퇴했다. 한일합방 후 만주와 시베리아로 유랑하다가 3·1운동 전에 귀국했으며, 국민대회 사건으로 투옥되었다가 1920년 출옥했다. 1920년 조선노동대회 간부가 되었고, 1921년에는 서울청년회를 조직했으며, 1923년에는 전조선청년당대회를 개최했다. 이 일로 경찰의 체포를 피해 블라디보스토크, 만주 등을 전전하며 활동하다가 1924년에 귀국했다. 귀국 후 조선청년총동맹에서 활약하는 한편 서울파 공산당을 조직하는 데 중심적인 역할을 하다가, 1926년 5월 8일 서울에서 사망했다. "金思國," 李錫台 編, 『社會科學大辭典』(文友印書館, 1948), 508쪽.
3) 서울파 공산당의 간부진은 다음과 같다. 책임비서: 金思國, 조직부: 金思國, 선전통신부: 李英, 교양부: 金裕寅·鄭栢, 청년부: 李廷允, 사회부: 朴衡秉, 노동부: 李

나섰으나 주동자 일부가 사전에 체포되는 바람에 1925년 4월 17일이 되어서야 김재봉(金在鳳)을 책임비서로 하는 당을 결성할 수 있었고, 다음날인 4월 18일에는 박헌영(朴憲永)을 책임비서로 하는 공산청년회를 출범시킬 수 있었다.4)

이렇게 해서 1925년 4월에는 서울파의 공산당과 공청, 화요회파의 공산당과 공청, 두 개의 공산당과 공청이 존재하게 되었는데, 이런 상황에서 공산주의운동의 주도권을 장악하기 위해 양 파는 치열한 경쟁을 전개했다. 화요회는 사상운동을 하던 신사상연구회가 사업을 조직적으로 하기 위해 명칭을 바꾼 것으로,5) 원래 신사상연구회는 사회의 모든 불합리한 현상을 신(神)이나 운수(運數)에 돌릴 것이 아니라 제도에 돌려 깨달은 후 참 이치에 맞는 사회를 건설할 것을 목적으로 하여 결성된 사상단체였다.6)

기본적으로 서울파는 해외인사를 불신하고 배격하는 배타주의를 견지했으나, 북성회는 일본 유학파들이 다수를 차지하고 있었던 데다 일본인 동지 및 좌익단체들과도 동맹해야 한다고 주장했고,7) 신사상연구회는

丙儀, 민족부: 金榮萬, 연락부: 李恒發, 검사부: 姜宅鎭. 方仁厚, 『北韓 ·朝鮮勞動黨'의 形成과 發展』(高麗大學校 亞細亞問題研究所, 1967), 25쪽.

4) 화요회파 공산당 및 공청의 간부진은 다음과 같다. ◇공산당 책임비서: 金在鳳, 조직부책임: 趙東祐, 선전부책임: 金燦, 무임소간부: 金若水·朱鍾鍵·兪鎭熙·鄭雲海. ◇공산청년회 책임비서: 朴憲永, 조직부책임: 金丹冶, 선전부책임: 曺奉岩, 무임소간부: 洪增植·權五卨·林元根·金燦. "金洛俊調書," 金俊燁·金昌順 編, 『韓國共產主義運動史』 資料編 I(高麗大學校 亞細亞問題研究所, 1979), 16-17쪽.

5) 이들은 신사상연구회라는 명칭이 연구단체이기 때문에 이를 사상단체로 고쳐 화요회라고 했다고 밝혔다. <東亞日報> 1924년 11월 20일. 다른 자료에는 마르크스의 생일이 화요일이었기 때문에 명칭을 화요회로 한 것이라고 되어 있다. 金正明 編, 『朝鮮獨立運動 V: 共產主義運動篇』(東京: 原書房, 1967), 333쪽.

6) 신사상연구회의 발기인은 洪增植, 洪命憙, 尹德炳, 金炳億, 李載誠, 李昇馥, 趙奎洙, 李準泰, 姜相熙, 具然欽, 洪憙裕, 元友觀, 朴敦緖, 金燦, 朴一秉, 金鴻南 등이다. <朝鮮日報> 1923년 7월 11일.

7) 이러한 특성으로 인해 북성회는 순회강연에 일본인들을 연사로 초빙했던 것이

해외로부터 입국한 인사들과의 회동으로 성립된 단체였기 때문에 서울파와는 생리적으로 어울리기 어려운 관계였다.8) 따라서 서울파가 독자적으로 세력 확대에 나선 것과는 반대로, 화요회파는 북풍회와9)의 제휴를 통해 세력 확대를 도모했다.

결론적으로 말해 화요회파 공산당은 북풍회와 연합하여 결성된 것이라고 할 수 있는데,10) 양 파가 통합을 모색한 예는 화요회와 북풍회 등 4개 사상단체의 합동총회에서도 단적으로 나타났다.11) 당시 이들이 전개하는 사상단체의 통일운동에 대해 언론은 큰 관심과 기대를 보이며 다른 사상단체에 대해서도 동참을 촉구할 정도였다.12)

이처럼 객관적으로 우열을 가리기 어려운 두 개의 공산당이 존재하

다. <東亞日報> 1923년 7월 25일.

8) 金俊燁·金昌順, 『韓國共産主義運動史』 2권(청계연구소, 1986), 220쪽.

9) 북풍회는 1924년 11월 25일 성립된 사상단체로 당면 목적을 마르크스 사상의 보급과 무산대중을 하나의 능동적 계급으로 조직하는 것에 두었는데, 북성회 출신이 대부분이었다. 북풍회의 집행위원은 다음과 같다. 徐廷禧, 鄭雲海, 金若水, 林世熙, 裵德秀, 李利奎, 金鍾範, 宋奉瑀, 金章鉉, 南廷哲, 馬鳴, 孫永極, 朴昌漢 <東亞日報> 1924년 11월 27일. 북풍회라는 명칭은 "북풍이 불면 빈대 기생충은 다 날아가 버린다"는 속담에서 유래한 것으로, 당시 난립한 군소단체의 분쟁을 내버려두기보다는 이의 통일을 기한다는 의미에서 이 이름을 택했다는 설명도 있다. 金正明 編, 『朝鮮獨立運動 V: 共産主義運動篇』, 333쪽.

10) 화요회파 공산당의 결성 경위 및 인적 구성에 관해서는 方仁厚, 『北韓 '朝鮮勞動黨'의 形成과 發展』, 27-29쪽 참조

11) 화요회와 북풍회, 무산자동맹, 노동당 등 4개 사상단체는 서로 합동·단결할 것을 결정하고 합동총회를 개최했다. <東亞日報> 1925년 4월 27일.

12) <東亞日報>는 "四 思想團體의 合同"이라는 제목의 사설에서 이들의 합동은 '天來의 福音'이라고 높이 평가하고, 같은 목적을 가지고 같은 방향으로 나아가는 개인이나 단체는 서로 합동하고 결속하여 진퇴를 같이하는 것이 당연한 일이라고 주장함으로써 간접적으로 서울파의 동참을 촉구했다. <東亞日報> 1925년 4월 29일.

는 상황에서 남은 문제는 어느 쪽이 코민테른으로부터 코민테른의 조선지부로 공식 승인을 받느냐 하는 문제로 귀착될 수밖에 없었다.13) 양 파가 세를 과시하기 위해 경쟁적으로 청년단체와 노동단체, 농민단체 등을 조직했으며14) 이 과정에서 폭행사건까지 발생했던 점을 감안할 때, 이 문제는 양 파 모두에게 결코 양보할 수 없는, 사활이 걸린 성질의 것이었다. 이로 인해 양 파 사이의 경쟁은 국내에 한정되지 않고 국제무대로까지 확대되는 양상을 빚게 되었다.15)

2) 모스크바로 출발

양 파가 코민테른의 인준을 받기 위한 방안을 강구하는 가운데 먼저

---

13) 코민테른에 가입하기 위해서는 레닌과 지노비에프에 의해 기초된 21개 조항의 가입조건을 충족시켜야 했는데, 기본적으로 이는 제2인터내셔널과의 차별성을 나타내고 이에 속한 정당의 코민테른 가입을 막기 위해 고안한 것이었다. 이 중에는 민주집중제의 원칙에 따라 당을 조직해야 하며, 당의 기관지는 코민테른 집행위원회의 중요 공식문서를 반드시 게재해야 하며, 특히 각국 공산당의 강령은 코민테른과 코민테른 집행위원회의 승인을 받아야 한다는 조항도 있는데, 이를 근거로 코민테른은 각국 공산당의 내부문제에 개입해 영향을 미칠 수 있었다. Kermit E. McKenzie, *Comintern and World Revolution 1928-1943* (New York: Columbia University Press, 1966), p.31.

14) 1926년 6월 현재 북풍회·화요회 계열에 속하는 단체는 청년단체 13, 여성단체 1, 직공노동조합 4, 기타 등 합계 44개였고, 서울청년회 계열에 속하는 단체는 청년단체 11, 여성단체 2, 학생단체 2, 직공노동단체 6 기타 등 합계 37개였다. 京畿道 警察部, 『治安槪況 1926年』, 8-9쪽; 方仁厚, 『北韓 '朝鮮勞動黨'의 形成과 發展』, 22쪽에서 재인용.

15) 코민테른의 인준을 받기 위한 양 파의 경쟁이 지나친 나머지 "국제당에서 대추태를 연출한 일도 있었다"라고 지적되었다. 장복성, 『조선공산당 파쟁사』(돌베개, 1984), 27-28쪽.

행동에 나선 것은 화요회파 공산당이었다. 이들은 당을 조직한 지 약 1개월 만인 1925년 5월 조동우가 기초한 당 규약을 토의하고 코민테른의 승인을 받기 위해 조동우를 모스크바로 파견하기로 결정했으며, 이에 앞서 1925년 4월에는 국제공산청년동맹의 승인을 얻기 위해 조봉암을 상해로 보냈다.16) 당의 결정에 따라 조동우는 6월 초순 모스크바로 가 공산당 창당 사실을 알렸는데,17) 코민테른은 1926년 6월 이를 공식 승인하였다.18)

　화요회파가 코민테른의 승인을 받기 위해 조동우와 조봉암을 파견한 것을 뒤늦게 안 서울파 공산당도 이에 대한 대책 마련에 착수했다. 그리하여 화요회파의 승인을 방해하는 동시에 자파의 승인을 위해 김영만과 최창익을 코민테른에 파견할 서울파의 대표로 선출했다.19) 당의 결정에 따라 모스크바로 가게 된 최창익은 1926년 동아일보사 목포지국장 임모(林某)에게서 30원(圓)을 빌려 원산으로 가서 배를 타고 모스크바로 간 것으로 알려졌다.20) 코민테른의 인준을 받기 위한 최창익과 김영만의 노력은 어느 정도 성과가 있었다고 분석되는데, 이는 코민테른은 서울파 공산당 역시

---

16) "金洛俊調書," 47쪽.

17) 李炫熙, 『趙東祜 抗日鬪爭史』(청아출판사, 1992), 268쪽.

18) 趙斗元, "朝鮮共産黨의 創立과 그 發展 ③," <解放日報> 1946년 4월 18일. 그러나 金錣洙는 1926년 초에 코민테른의 승인을 받았다고 趙斗元과는 다른 주장을 했다. 한국정신문화연구원 현대사연구소 편, 『遲耘 金錣洙』(한국정신문화연구원, 1998), 7쪽.

19) 方仁厚, 『北韓 '朝鮮勞動黨'의 形成과 發展』, 30쪽.

20) 판결문에는 그가 모스크바 공산대학에 입학하기 위해 林某로부터 돈을 빌린 것으로 나와 있으나, 공산대학에 입학한 사실이 없는 것으로 보아 코민테른 인준을 목적으로 모스크바로 가기 위해 돈을 빌린 것으로 분석된다. "ML黨事件 判決全文 ③," <東亞日報> 1930년 9월 7일. 판결문에 나오는 林某는 전남 담양 출신으로 1924년 6월 동아일보에 입사하여 정치부 기자와 광주지국장을 역임하고 목포지국장을 하고 있던 林玟鎬이다. 東亞日報社, 『東亞日報社史』 卷一(東亞日報社, 1975), 425쪽.

1개 콤그룹으로 승인한 것에서 알 수 있다.[21]

이로써 조선에는 코민테른의 지부로 공인된 공산당과 역시 코민테른의 인정을 받은 1개 공산주의자 그룹이 병존하는 상태가 빚어지고 말았는데, 이에 대해 조두원(趙斗元)은 다음과 같이 설명했다. 첫째, 두 편이 동일한 정강을 가진 것, 둘째, 두 편이 동일한 군중을 조직하여 투쟁에 동원하는 것, 셋째, 동일한 정강으로 동일한 군중 속에서 동일한 투쟁을 전개하면 분리·결합이 이루어질 것이라는 등의 이유로 코민테른이 양쪽 모두를 인정했다는 것이다.[22]

조두원은 코민테른이 화요회파를 공산당으로, 서울파를 콤그룹으로 승인한 것에 대해서도 역시 설명했다. 첫째, 조선의 모든 부문의 분산적 경제투쟁이 목적의식적 정치투쟁으로 비약할 수 있는 단계에 도달한 까닭에 혁명의 주체를 세우는 것이 가능하다고 본 것이며, 둘째, 두 편이 어느 한 편의 지령으로 통합할 수 없으며, 결합한다고 해도 의미가 없기 때문에 두 편 중 조금이라도 우수한 쪽을 택하여 지부로 하고 다른 한편을 콤그룹으로 인정하여 투쟁시키고 투쟁과정에서 콤그룹이 당에 접근, 흡수되도록 하려는 것이며, 셋째, 공산주의적 토대를 가지고 있는 당 외의 그룹을 해체시킬 경우 분파적 혼란이 증대되며 운동의 발전에 해를 끼칠 것이므로 당 밖에 콤그룹의 존재를 용인했다는 것이다.[23]

판결문에는 모스크바로 간 최창익은 김철수의 권유로 1927년 1월 초

---

21) 趙斗元, "朝鮮共産黨의 創立과 그 發展 ③," <解放日報> 1946년 4월 18일.

22) 趙斗元, "朝鮮共産黨의 創立과 그 發展 ③," <解放日報> 1946년 4월 18일.

23) 이 외에도 趙斗元은 공산당과 콤그룹의 차이는 첫째, 화요회파의 전술이 옳은 반면 서울파는 분파적 성격을 띠고 있으며, 둘째, 화요회파는 상해파, 북풍회 등을 포용하고 해외투사와의 제휴로 분파성을 청산하려는 태도를 보인 반면 서울파는 해외 분파투쟁에 대한 과도한 배격으로 오히려 그 분파적 성격을 더욱 노골적으로 나타내는 과오를 범했기 때문이라고 분석했다. 趙斗元, "朝鮮共産黨의 創立과 그 發展 ③," <解放日報> 1946년 4월 18일.

순에 공산당에 입당했다고 나와 있다.24) 그러나 그는 이미 그 이전에 서울파 공산당에 입당해 있었고, 이에 대한 코민테른의 공인을 받기 위해 모스크바로 갔기 때문에 이는 사실과는 다른 것으로 분석된다. 그가 모스크바에 가서 공산당에 입당했다고 진술한 것은 아마도 화요회파 공산당에도 입당했다는 것을 의미하는 것이 아니라면, 자신의 공산주의운동 경력이 일천하다는 것을 나타냄으로써 형량을 적게 받기 위해 한 말이라고 생각된다.

2. 3차 공산당사건

서울파 공산당의 인준을 위해 모스크바로 갔던 최창익은 1927년 12월에 귀국했다. 귀국 후 그는 각 파가 연합하여 사상 세 번째로 결성되는 공산당의 중앙위원으로 피선되었으며, 자신의 집에서 세포회의를 개최하는 등 활발하게 공산주의운동을 전개하다가 1928년 2월 2일 경찰에 체포되었다. 3차 공산당사건, 이른바 ML당 사건에 연루된 혐의로 체포된 것이다.

이 사건으로 그는 징역 5년형을 선고받았다. 판결문에는 그를 포함한 피고인들이 공산주의 사회를 실현하기 위해 먼저 일본제국주의의 지배를 배제하고 조선의 독립을 도모한 것으로 되어 있어, 이들이 단순히 공산주의운동만 한 것은 아니라는 것을 알 수 있다. 당시 상당수의 공산주의자들이 그러했듯이 이들도 독립운동의 일환으로 공산주의를 받아들인 측면도 간과할 수 없다는 것이다. 5년형을 마치고 1934년에 출소한 그는 한때 함경남도 영흥지방에서 활동하다가 종적을 감추고 말았는데, 이후 그는 중국에서 모습을 드러내게 된다.

---

24) "ML黨事件 判決全文 ③," <東亞日報> 1930년 9월 7일.

1) 3차 공산당 결성

신만청년회 사건으로 공산당에 대한 1차 검거가 이루어진 다음 1926년 6·10만세사건으로 인한 2차 검거로 화요회파 공산당과 공청 간부들이 대거 체포되자, 화요회파는 거의 궤멸상태에 놓이게 되었다. 이러한 기회를 이용하여 서울파는 세력 확장을 도모했는데, 이때 마침 동경에서 활약하던 일월회[25] 회원인 안광천(安光泉), 하필원(河弼源) 등이 귀국하여 정우회 선언을 통해 각 파벌들의 통합을 제창했고,[26] 이에 서울파 일부와 김철수(金錣洙), 김강(金剛) 등 상해파 일부도 동조하게 되었다. 이들은 1926년 12월 6일 당대회를 개최하고 안광천을 책임비서로 하는 중앙간부를 선임하고 코민테른의 인준을 요청, 승인을 받았다.[27] 세 번째로 공산당이 출범하

---

[25] 일월회는 1925년 1월 동경에 있는 조선인 마르크스주의 학생인 金世淵, 韓偉建, 安光泉, 河弼源, 朴洛鍾, 宋彦弼, 李如星, 韓林 등이 조직한 단체로, 공산주의 연구 및 선전을 위한 각종 출판물을 내는 동시에 기관지를 발행하는 등 계몽사업에도 많은 노력을 기울였으며 일본 무산계급운동과도 활발히 제휴하고 활동했다. 조선에서 화요회파와 서울파가 대립·경쟁하자 일월회는 중립을 표방하고 양 파의 통일을 제창하고 이를 위해 安光泉, 河弼源, 朴洛鍾 등을 귀국시켰다. "一月會," 李錫台 編, 『社會科學大辭典』(文友印書館, 1948), 536-537쪽.

[26] 정우회는 합법적인 사상단체로 1926년 4월 14일 서울에서 결성되었으며 8월에 정우회 선언을 발표했다. 선언의 중심 내용은 분파투쟁의 청산과 사상단체의 통일, 경제투쟁으로부터 정치투쟁으로의 전환, 비타협적인 민족주의 세력과의 제휴 등으로 민족진영과의 제휴를 주장한 것은 이른바 '방향전환론'으로 당시 사상계에 큰 영향을 미쳤다. 高俊石 監修·文國柱 編著, 『朝鮮社會運動史事典』(東京: 社會評論社, 1981), 245-246쪽.

[27] 이 날 선임된 간부진은 다음과 같다. 책임비서: 安光泉, 선전부장: 金俊淵·韓偉建, 조직부장: 河弼源·權泰錫. 吉野藤藏, "ML共産黨組織의 全貌와 그 顚末," 池中世 編譯, 『朝鮮思想犯檢擧實話集』(1936), 57쪽. 코민테른은 1927년 봄에 이를 인준했다. 이반송·김정명 편저, 『식민지시대 사회운동』(한울림, 1986), 19쪽.

게 된 것이다.[28]

3차 공산당은 1차나 2차 공산당 때보다는 비교적 여러 파벌을 안배한 것으로 알려졌다. 코민테른의 지시에 따라 서울파와 상해파, 그리고 일월회 3파가 연합하여 조직했기 때문이라는 것이다.[29] 세 번째로 구성된 공산당은 모스크바의 승인을 받은 후 본격적인 활동에 나선 결과, 강원도를 제외하고는 각 도에 간부를 두었고 세포 40여 개에 4백여 명의 당원을 확보했으며, 남만에는 남만총국을, 상해에는 상해부를, 일본에는 일본부를 설치한 것으로 알려졌다.[30]

이처럼 3개 파의 통합으로 공산당이 출범했다고는 하지만, 당 운영에 대한 안광천의 전횡이 늘게 되자 내부적으로 그에 대한 불만이 높아 갔다. 그 중에도 특히 서울파의 불만이 가장 높았는데, 사태의 심각성을 깨달은 안광천은 책임비서 자리를 김준연(金俊淵)에게 물려주고 간부를 개선토록 하였다.[31] 그러나 개선된 간부진[32]에 대해서도 계속해서 불만이 제기되자,

---

28) 파벌들이 연합해 3차 공산당이 출현한 것에 대해 북한은 "서울파에서 갈라져 나온 자들과 일월회 및 기타의 종파분자들로 구성된 엠엘파는 화요파의 주동분자들이 검거당한 틈을 타서 공산당 지도부를 차지하고 분열책동에 몰두하였다"고 비판했다. 필자 미상, 『政黨史』(혁신사, 1964), 31-32쪽.

29) 당시 신문은 화요회가 중심이 돼 출범시킨 1·2차 때와는 달리 3차 공산당은 상해파와 서울파, 그리고 동경의 일월회 등 각 파를 망라한 비교적 넓은 범위의 조직이라고 분석했는데, 이 중 李東輝가 이끄는 상해파는 민족주의자와는 가장 말이 잘 통하는 단체로 간주되었다. <東亞日報> 1929년 11월 1일.

30) <東亞日報> 1929년 11월 1일.

31) 方仁厚, 『北韓'朝鮮勞動黨'의 形成과 發展』, 43-44쪽. 金俊淵은 민족의 자주독립을 위해 일본세력을 분쇄하자면 소련의 공산세력을 이용하는 것이 상책이라고 생각하고 있었으며, 자신이 공산당에 입당한 것도 일본을 꺾는 데 있었다고 주장했다. 金俊淵, 『나의 길』(東亞出版社, 1966), 17-18쪽.

32) 개선된 간부 진용은 다음과 같다. 책임비서: 金俊淵, 선전부장: 韓偉建, 선전부원: 安光泉·梁明, 조직부장: 崔益翰, 조직부원: 河弼源·金世淵. 吉野藤藏, "ML共産黨組織의 全貌와 그 顚末," 57-58쪽.

간부진은 총사직하고 양명(梁明)에게 조직의 책임을[33] 맡겼지만 이 역시 반발은 여전했다. 이로 인해 다시 간부진을 경질하는 사태가 발생했다.[34]

이처럼 간부진의 개선이 1년 동안 세 차례나 이루어졌음에도 불구하고 공산당 내부의 대립과 갈등은 종식되지 않았다.[35] 공산주의자 내부의 갈등은 특히 서울파와 화요회파 사이에 두드러지게 나타났는데, 이는 서울파가 당의 주도권을 계속해서 장악하려고 한 반면 화요회파는 이전의 세력을 만회하려고 했기 때문이다.

이와 같이 간부진의 구성을 놓고 내홍이 끊이지 않는 상황에서 1927년 봄 간도에서 서울파의 김영만(金榮萬)과 화요회파의 김찬(金燦), 김단야(金丹冶)가 만나, 앞으로 파쟁을 계속하면 당의 발전이 없으므로 양 파가 마르크스·레닌주의 당으로 통일하기로 하고 1927년 8월에 당대회를 개최하기로 잠정적인 합의를 본 바 있다.[36] 1927년 8월에 개최하기로 한 당대회는 제때에 열리지 못하고 연기되어 12월에 개최하기로 가까스로 합의를 봄에 따라, 해외에 체재하던 서울파와 화요회파 회원들이 대회 참가를 위

---

33) 새로 개선된 간부 진용은 다음과 같다. 책임비서: 梁明, 조직부책임자: 金孝破, 조직부원: 林炯日, 선전부책임자: 高俊, 선전부원: 河弼源. 吉野藤藏, "ML共産黨組織의 全貌와 그 顚末," 58-59쪽.

34) 3차로 개선된 당 간부 진용은 다음과 같다. 책임비서: 河弼源, 조직부책임: 金哲, 조직부원: 高俊·趙起勝, 선전부책임: 林炯日, 선전부원: 宋彦弼·溫樂中. 吉野藤藏, "ML共産黨組織의 全貌와 그 顚末," 59쪽.

35) 이는 3차 공산당이 각 파의 형식적 연합으로 출범한 연합체였기 때문에 서로 실권을 장악하기 위해 암투를 벌이는 바람에 나타난 현상이라고 분석되었다. 이반송·김정명 편저, 『식민지시대 사회운동』, 20쪽.

36) 이처럼 양 파가 마르크스·레닌주의 정당을 만들자고 하여 출현한 당을 ML당이라 부르게 되었다. 吉野藤藏, "ML共産黨組織의 全貌와 그 顚末," 59-60쪽. 이와 달리 ML당은 서울파의 李廷允과 崔昌益이 기존의 당 조직에 반기를 들고 마르크스·레닌주의를 연구하는 당을 조직하고 기존 파벌과는 관계없이 활동하던 공산주의자들을 규합했는데, 이 과정에서 일월회가 가입하기로 하여 결성되었다는 분석도 있다. <東亞日報> 1929년 11월 1일.

해 속속 귀국하게 되었다. 모스크바에 있던 최창익이 귀국한 것은 바로 이 무렵이었다.[37]

그러나 양 파가 합동하여 대회를 개최하기로 했지만, 또다시 견해차이로 합의를 보지 못하는 바람에 양 파는 결국 별도로 모임을 갖고 간부진의 구성에 나설 수밖에 없었다. 이 중 하나가 김세연을 책임비서로 한 간부진의 구성이었는데,[38] 이 명단에서 특징으로는 서울파의 참여가 두드러졌다는 것을 들 수 있다. 최창익, 최익한 등을 비롯하여 서울파 10명 가까이가 참여한 것으로 알려졌는데, 일본 경찰은 이들이 서울파에서 화요회파로 넘어간 것으로 파악했다.[39]

2) 3차 공산당 검거

1927년 12월에 개최될 당대회를 대비하기 위해 서울파와 화요회파는 별도로 모임을 갖고 대책을 협의했다. 화요회파는 서울 연지동에 있는 한 위건의 집에서 매일 만났으며, 서울파는 마땅한 장소가 없어 영등포 근처

---

37) 이때 20여 명이 귀국했는데, 이들 중 밝혀진 명단은 다음과 같다. 서울파: 尹滋英・金榮萬・崔昌益, 화요회파: 金丹冶・金燦. 吉野藤藏, "ML共産黨組織의 全貌와 그 顚末," 61쪽.

38) 3차 당 간부 진용은 다음과 같다. 책임비서: 金世淵, 임원: 崔益翰・梁明・金相斗・韓偉建・金炳璘 외의 간부로는 金俊淵, 金泳植, 崔昌益, 安光泉, 河弼源, 權泰錫, 金鐵洙, 李丙儀, 李雲, 李仁秀, 金炳一, 金越星, 溫樂中 등이 있다. 吉野藤藏, "ML共産黨組織의 全貌와 그 顚末," 62쪽.

39) 일본 경찰은 崔益翰, 李樂永, 李丙儀, 金俊淵, 李雲赫, 金炳璘, 權泰錫, 李仁秀, 金炳一, 金越星 등이 서울파에서 화요회파로 갔다고 분석했다. 吉野藤藏, "ML共産黨組織의 全貌와 그 顚末," 62쪽. 최창익이 3차 공산당에서 활동한 것을 들어 북한은 "최창익은 이미 1920년대부터 처음에는 서울파에, 그 다음에는 엠엘파에 가담하여 종파행동을 일삼았으며……"라고 비판했다. 조선로동당 중앙위원회 당력사연구소, 『조선로동당 략사』(조선로동당출판사, 1979), 440쪽.

에 있는 산에서 매일 만나 대책을 강구하는 실정이었다.40) 사전에 이들의 집합장소를 알고 일거수일투족을 빼놓지 않고 감시하고 있던 경찰은 1928년 2월 2일 새벽에 출동하여 피의자 27명을 체포했다.41) 일본 경찰은 이들을 한 곳에 구금할 경우 서로 밀담을 나눠 증거를 인멸시킬 우려가 있다고 하여 종로경찰서와 경기도 경찰부 두 곳으로 나누어 유치했다.42)

최창익은 이날 체포된 27명에 들어 있었다. 학우회 강연을 시발로 이미 여러 차례 경찰에 체포돼 구류를 산 적은 있지만, 본격적으로 구속되어 재판을 받는 것은 그로서는 이번이 처음이었다. 이들이 체포된 지 20개월 가까이 지난 1929년 10월 28일에서야 당국에 의해 'ML당사건 예심결정서'가 발표되었다. 이에 의하면 최창익은 최창석(崔昌錫)으로도 활동했으며, 1927년 1월 초 공산당에 입당했고 최익한, 김성현과 함께 이낙영을 책임자로 하는 세포에 소속되어 활동했으며, 1927년 12월 1일경에 서울 계동에 있는 자신의 집에 모여 세포회의를 개최하고 공산당의 목적을 수행하기 위해 획책했다고 되어 있다.43)

이 사건은 변호사 허헌(許憲), 이인(李仁), 그리고 김병로(金炳魯)가 담당했다. 허헌과 이인 변호사 2인은 1929년 11월 4일 9명의 피고인을 면회했는데, 이들은 만나고 온 두 사람은 옥중에서 2년 가까운 세월을 보냈기 때문에 이들의 건강상태가 매우 순조롭지 못하다고 전했다.44) 한편 신간회에

---

40) 吉野藤藏, "ML共產黨組織의 全貌와 그 顚末," 61쪽.
41) 경찰이 주목한 인물은 金世淵, 金俊淵, 金哲, 溫樂中, 金炳一, 韓偉建, 崔昌益, 崔益翰, 李廷允 등이었는데, 韓偉建과 金榮萬은 현장에서 도주하는 바람에 체포하지 못했다. 吉野藤藏, "ML共產黨組織의 全貌와 그 顚末," 64-65쪽.
42) <朝鮮日報> 1928년 2월 10일.
43) <東亞日報> 1929년 11월 2일.
44) 許憲과 李仁이 만난 피고는 金俊淵, 金南洙, 河弼源, 金世淵, 崔昌益, 崔益翰, 金東柱, 鄭志鉉, 韓林 9명으로, 이 중 金南洙, 鄭栢, 崔益翰, 金世淵은 병세가 아주 좋지 않다고 말했다. <朝鮮日報> 1929년 11월 6일.

서 재무책임자로 활동하고 있던 김병로는 1930년 1월 11일 피고인 15명을 면회했다. 이들을 면회한 김병로는 15명 중 7명이 병으로 신음하고 있다면서 피고인들의 말을 전했는데, 변호인을 접견한 자리에서 최창익은 건강에는 아무런 문제가 없으나 공산당에 입당한 사실이 없다면서 예심결정서의 내용이 사실이 아니라고 주장했다고 한다.45) 1930년 7월 16일에 열린 구형공판에서 최창익은 징역 6년을 구형받았으나,46) 8월 30일에 열린 선고공판에서 5년 징역형을 언도받았다.47)

기본적으로 그를 포함한 피고인들은 일찍부터 사회과학에 관한 서적과 잡지 등을 탐독한 결과 또는 빈곤한 환경으로부터 공산주의에 공감하여 사유재산제도를 철폐하고 공산주의사회를 실현할 것을 목적으로 삼고 있었으며, 이를 위해서는 먼저 혁명과 어울리지 않는 일본제국주의의 지배를 배제하고 조선의 독립을 도모함으로써 사유재산제도를 부인하고 프롤레타리아 독재사회를 수립하여 공산주의사회를 실현을 하려는 목적의 달성을 바라던 자들이라는 것이 법원의 판단이었다.48)

3) 코민테른과의 관계

3차 공산당과 코민테른의 관계가 처음 공개적으로 알려진 것은 1928

---

45) 金炳魯가 면회한 피고인 중에서 崔昌益과 鄭益鉉은 예심결정서의 내용이 사실이 아니라고 부인한 반면, 崔益翰·鄭栢·金剛·林炯日·金華坤·姜炳昌·姜東柱·朴洛鍾·洪浦容 등은 예심결정서와 큰 차이가 없다고 말했다. <東亞日報> 1930년 1월 13일.

46) <朝鮮日報> 1930년 7월 17일.

47) 선고공판에서 金俊淵·金聖鉉·河弼源·姜東柱·崔益翰은 징역 6년을, 金니콜라이·李樂永·溫樂中·金華坤은 징역 5년 6월을, 金炳一·崔昌益·宋彦弼은 징역 5년을, 鄭益鉉·林炯日은 징역 4년을, 姜炳昌·白南杓·洪浦哲·李平權은 징역 3년 6월을, 李仁秀·姜大洪·康守盛·朴自甲은 3년을, 鄭志鉉·李廷允·金昌洙·金應水·金南洙는 2년을 각각 선고받았다. <東亞日報> 1930년 9월 2일.

48) "ML黨事件 判決全文 ①," <東亞日報> 1930년 9월 5일.

년 2월 2일에 체포된 인물 중에 블라디보스토크에서 온 국제공산당원 박응칠(朴應七)도 포함되어 있다는 보도를 통해서였지만,[49] 그는 후일 발표된 29명의 피고인 명단에는 들어 있지 않았다. 이후 신문의 보도를 통해 국제공산당의 지시로 서울파와 상해파, 일월회 3파가 연합하여 3차 공산당을 조직했다는 것이 알려짐으로써[50] 코민테른이 공산당과 밀접한 관련이 있다는 것이 판명되었다. 이는 비단 공산당뿐만 아니라 공산청년회도 해당되는 사항으로, 코민테른의 지시에 따라 조선의 공산주의자들이 움직였다는 것을 입증하는 자료가 된다고 할 수 있다.

이와 같은 사실은 3차 공산당 관련자에 대한 신문과 가택수사에서도 그대로 나타났다. 판결문에는 이들로부터 압수한 물품 중 일본은행 1백 원권 20매와 10원권 32매, 그리고 조선은행 1백 원권 1매가 있었는데,[51] 이는 총 2,420원에 달하는 액수로 당시로서는 거액에 해당되는 것이어서 개인으로서는 쉽게 마련할 수 있는 금액이 아니었다. 일차로 경찰은 온낙중(溫樂中)의 집을 수색하는 과정에서 현금 400원과 외국으로부터 온 편지, 그리고 사회주의에 관한 십수 종의 서적을 압수했다.[52] 이외에도 다른 곳에서 수백원의 현금과 예금통장을 발견한 것으로 보도되었다.[53]

온낙중은 처음에는 이를 당비라고 주장했으나, 조사결과 코민테른이 제공한 것으로 판명되었다. 코민테른은 1927년 11월 30세가량의 독일 여성을 동경에 파견하여 동경에 거주하고 있던 박낙종(朴洛鍾)과 접선하도록 했고, 박낙종은 다시 서울에 있던 최익한을 불렀으며 동경에서 부름을 받은 최익한은 1927년 11월 11일 일본으로 갔다. 최익한은 박낙종과 함께 동경

---

49) <東亞日報> 1928년 2월 3일.
50) <東亞日報> 1929년 11월 1일.
51) "ML黨事件 判決全文 ①," <東亞日報> 1930년 9월 5일.
52) <朝鮮日報> 1928년 2월 5일.
53) <朝鮮日報> 1928년 2월 8일. 신문에 발표된 다른 곳이란 金世淵이었음이 후일 판명되었다. 吉野藤藏, "ML共産黨組織의 全貌와 그 顚末," 70-71쪽.

우에노(上野)공원의 지정된 장소에서 독일 여성과 50세가량 되는 미국인으로부터 일본은행권 2,800원을 받아가지고 서울로 돌아왔다.54)

서울에 온 최익한은 이를 김세연에게 전달했는데, 김세연은 이 중 900원을 김철에게 주어 공청 비용으로 쓰도록 하고, 나머지는 자신이 보관하고 있다가 체포되어 압수된 것이다. 전후의 사정으로 보아 일본 경찰은 이는 조선공산당이 쓴 경비는 상당한 액수에 달했을 것으로 보았고, 최익한이 동경에서 자금을 수수한 것은 코민테른에 지원을 요청하여 이루어진 것으로 파악했다.55)

코민테른은 식민지 및 반식민지 국가의 혁명운동을 지원했는데,56) 극동지역의 혁명운동을 지원하기 위해 극동지부를 설치했다. 처음 하바로프스크에 설치했던 극동지부는 후에 블라디보스토크로 옮겼고, 상해에는 연락사무소를 두었다. 1920년대에 코민테른 극동지부는 베를린에 있는 서유럽지부를 통해 자금과 지시를 받았는데,57) 독일 여성이 돈을 전달한 것으로 보아 조선공산당에 대한 코민테른의 자금지원도 이와 같은 경로를 통해 이루어진 것으로 판단된다.

---

54) 吉野藤藏, "ML共産黨組織의 全貌와 그 顚末," 70쪽 및 <朝鮮日報> 1930년 6월 25일.
55) 吉野藤藏, "ML共産黨組織의 全貌와 그 顚末," 70-71쪽.
56) 코민테른이 식민지 및 반식민지 국가의 혁명운동을 지원한 것은 서구에서 연이은 혁명의 실패로 레닌이 눈을 동양으로 돌린 것에 기인한다. 레닌은 서구의 선진 자본주의 국가에서 혁명이 성공하기를 기대했으나 실패로 끝나자, 후진 지역의 가장 과격한 민족부르주아지를 지원하는 쪽으로 방향을 선회했고, 이들 지역이 혁명에서 보다 큰 역할을 할 것이라고 기대했다. Milorad M. Drachkovitch, *The Revolutionary Internationals, 1864-1943* (Stanford: Stanford University Press, 1966), p.174.
57) Günther Nollau, *International Communism and World Revolution: History and Methods* (New York: Frederick A. Praeger, 1961), p.141.

제4장 중국 망명과 항일투쟁

1. 중국 망명

3차 조선공산당 사건으로 징역 5년을 선고받은 최창익이 어느 곳에서 복역했는지, 그리고 출소 후 어디서 무슨 활동을 했는지에 관해서는 전혀 알려지지 않고 있다. 단지 1934년에 출소한 후 그는 함남 영흥에서 활동한 것으로 알려졌을 뿐이며,1) 1935년 8월 20일에는 종로구 팔판동에 주거를 두고 있다가 도주 중인 중대 사상범과 연락한 혐의로 동대문경찰서에 다른 3명과 함께 검거되었다는 보도가 있을 뿐이다.2)

이후 그에 관한 행적이 알려진 것은 아내 허정숙(許貞淑)과 함께 한 중국에서의 활동을 통해서였다. 그러나 언제 어떤 경로를 통해 그가 중국으로 갔는지 역시 알려지지 않고 있으며, 이미 여러 차례 결혼한 바 있는 허정숙과의 결혼도 풀어야 할 수수께끼 중 하나이다.3) 두 사람이 언제 어

---

1) "獨立同盟 及 義勇軍 要人의 略曆: 崔昌益,"『新天地』1권 2호(1946년 3월), 242쪽.
2) <朝鮮日報> 1935년 8월 22일.
3) 崔昌益과 동시대에 살았던 張建相의 증언에 의하면 許貞淑의 첫 남편은 林元根이며, 崔昌益은 일곱 번째 남편이라는 것이다. 김학준 해설, "靑海 장건상,"『혁명가들의 항일회상』(민음사, 2005), 253쪽.

떤 상태에서 결혼했는지 현재로서는 전혀 알 길이 없으나, 부인 허정숙과 함께 항일독립운동 전선에 나선 것만은 어느 누구도 부정할 수 없는 사실이다.

1) 중국행

최창익이 중국으로 망명한 시기에 대해서는 자료마다 다르게 되어 있기 때문에 정확한 연도는 알 수 없는 실정이다. 자신의 개인적인 신상문제에 대해 그 스스로 밝힌 바도 없을 뿐만 아니라, 어느 누구도 이에 관한 유권적인 자료를 제시하지 않고 있기 때문이다. 단지 조선에서 그에 관한 행적이 마지막으로 알려진 것은 1935년 8월 20일이었기 때문에 그 이후에야 중국으로 떠날 수 있었을 것이라는 추측만 할 뿐이다.

시기적으로 가장 앞선 것은 1935년 설(說)로, 이 자료에 따르면 최창익은 1934년에 출옥하여 다음해인 1935년까지 함경남도 영흥에서 활동을 계속하다가 그 해 말 중국으로 건너갔다는 것이다.[4] 이 자료는 독립동맹에 관한 특집에서 최창익뿐만 아니라 김두봉, 무정, 한빈 등을 비롯하여 11명의 독립동맹 주요 인물의 경력을 소개하고 있기 때문에 비교적 광범위한 탐문과 많은 자료를 참조했을 것이라고 판단되어 어느 정도 신빙성이 있다고 할 수 있다. 그러나 나이 문제에서 차이가 나고 있어 완전하다고 할 수는 없다.[5]

그 다음으로 1936년에 그가 중국으로 망명했다는 설인데, 두 곳에서

---

4) "獨立同盟 及 義勇軍 要人의 略曆: 崔昌益," 242쪽.

5) 이 자료에는 1946년 현재 崔昌益의 나이가 48세라고 되어 있다. 그러나 재판기록에 의하면 그가 재판을 받을 당시인 1930년에 그의 나이가 31세였으므로 1946년에는 47세가 됐어야 했다. 國學資料院, "第三次 朝鮮共産黨判決," 『日帝暗黑期統治史料集』 6(韓國史料研究所, 1970), 60쪽.

이를 주장하고 있다. 하나는 조선통신사에서 펴낸 연감의 "정계인명록"에 실려 있는 것으로, 그는 1935년에 출옥하여 1936년 '中國에 轉進'했다고 되어 있다.6) 다른 하나는 중국 측 문서를 수록한 자료집에 실려 있는데,7) 1936년 조선공산당 간부를 자청한 이건우(李健宇)8)와 그의 처 허정숙 및 왕지연(王志延)9) 3인이 조선에서 왔다고 되어 있다. 이처럼 1936년 설을 주장한 자료가 두 개나 되지만, 이를 입증할 만한 객관적인 증거가 없어 확정적이라고 할 수는 없다.

마지막으로 1937년 설을 주장한 자료인데, 이는 최창익이 1945년 1월 외국 기자의 요청에 의해 집필한 독립동맹의 유래와 활동상에 관한 글인 "延安時代의 獨立同盟"을 실은 신문 지면에 편집자가 쓴 해설에 나오고 있다.10) 그러나 해설에는 그가 7년간 옥중생활을 마치고 1937년 해외로 탈출했다고 했는데, 그가 선고받은 형기는 5년이었기 때문에 편집자가 정확하게 해설했다고 보기는 어렵다.

따라서 현재로서는 최창익이 1935년부터 1937년 사이에 중국으로 가서 그곳에 있는 항일단체에 가입하여 활동했다고 보는 것 외에는 달리 확인할 방도가 없다. 그가 글을 많이 남기기는 했지만, 자신의 개인적인 신상문제에 관해서는 전혀 언급하지 않았기 때문에 생기는 현상이라고 할 수 있다.

---

6) 朝鮮通信社,『朝鮮年鑑』1948年版(朝鮮通信社, 1947), 471쪽.
7) "韓國各政黨現況," 秋憲樹 編,『資料 韓國獨立運動』2(延世大 出版部, 1972), 78쪽.
8) 중국에서 崔昌益은 李健宇 또는 健宇라는 이름으로도 활동했다. 강만길·성대경 편,『한국사회주의운동인명사전』(창작과비평사, 1996), 506쪽.
9) 韓斌은 韓미하일로 불렸는데, 중국에서는 王志延이라는 이름으로 활동했다. 林隱,『北朝鮮王朝成立秘史』(東京: 自由社, 1982), 130쪽.
10) <獨立新報> 1946년 5월 21일.

2) 조선민족혁명당 입당

중국에 도착한 최창익과 한빈 등은 처음에는 코민테른과 연락하여 조선공산당을 재건하는 데 목표를 두었다. 그 자신이 한때 서울파의 대표로 모스크바에 파견되어 코민테른과 접촉한 경험이 있었기 때문에 코민테른의 지원을 기대하고 그와 같은 목표를 세운 것으로 분석된다. 이러한 목적을 달성하기 위해 한빈은 주중 소련대사와 만나 이에 관한 의견을 교환했으나, 반응이 시원치 않자 김원봉(金元鳳)과 제휴관계를 맺기 위해 그가 이끄는 조선민족혁명당에 합류하게 된다.11)

의열단을 창설해 일제의 식민통치에 직접 관련된 인물이나 기구에 대한 암살 및 파괴운동으로 커다란 성과를 올렸던 김원봉12)은 민족운동전선의 통일이 필요하다고 생각해 1932년 11월 10일 발족한 한국대일전선통일동맹에 참여했다.13) 사회주의 색채를 띠고 있던 의열단과14) 우익성향의

---

11) 林隱, 『北朝鮮王朝成立秘史』, 130쪽. 崔昌益이 민족혁명당에 가입한 것은 공산당을 결성하기보다는 진보적 입장을 가지고 있던 민혁당에 가입하는 것이 낫겠다는 소련대사의 권유로 이루어졌을 가능성이 있다는 주장도 제기되고 있다. 염인호, 『김원봉연구: 의열단, 민족혁명당 40년사』(창작과비평사, 1993), 199쪽.

12) 1918년 중국으로 간 金元鳳은 1919년 11월 9일 길림성에서 동지 12명과 함께 조선의 독립과 세계의 평등을 위하여 신명을 희생하기로 한 義烈團을 창설했다. 의열단은 암살의 대상으로 조선 총독 이하 고관, 군부 수뇌, 대만 총독, 매국적, 친일파 거두 등을 지목하고 파괴의 대상으로는 조선총독부, 동양척식회사, 매일신보사와 각 경찰서 등을 지목했다. 朴泰遠, 『若山과 義烈團』(白楊堂, 1947), 26-28쪽.

13) 1932년 10월 12일 한국독립당과 의열단 및 한국광복동지회 대표들이 중국에 있는 각 민족운동 단체가 통일해야 한다는 데 의견의 일치를 보고, 여러 차례 논의한 끝에 출범시킨 단체이다. 이들은 결성 선언문에서 일본제국주의의 통치를 전복하고 독립과 자유를 획득하는 데 가장 중요한 것은 전선의 통일이라고 주장했

한국독립당 등이 참여한 통일동맹은 후일 더 견고한 통일전선을 이루기 위해 스스로 해체하고, 1935년 7월 5일에는 남경(南京)에서 민족혁명당이라는 하나의 정당으로 출범하게 된다.15)

　창립 이래 민족혁명당이 가장 긴급한 일로 생각한 것은 민족해방군의 창설이었는데, 민족해방군을 양성하여 다가오는 전쟁에 이들을 직접 참가시켜 해방을 쟁취하겠다는 태세를 가지고 있었다. 이 같은 목적에서 민족혁명당 중앙위원회는 학생들을 모집하여 중국의 군관학교에 입학시키기로 결정하고 학생을 보냈으나, 일본의 반발로 중국 측이 난색을 표하는 바람에 학생들이 자퇴하는 일까지 발생했다.16) 이 일로 민족혁명당은 초기에 보였던 의욕이 크게 감퇴되는 가운데, 한국독립당 계열의 조소앙(趙素昻) 등이 창당 3개월 만에 탈당하는 사태마저 발생했다. 당의 운영을 의열단계가 전횡하고 있는 데다 민족주의 독립운동은 사회주의자의 국제관과 원칙적으로 어울릴 수 없다고 생각한 때문이었다.17)

다. 이에 관해서는 강만길, 『조선민족혁명당과 통일전선』(和平社, 1991), 46-50쪽 참조

14) 義烈團 단장 金元鳳은 1938년 조선에서 망명해 온 ML파의 安光泉을 상해에서 만나 상호 제휴하여 조선공산당을 조직하기로 협의하였으며, 그 후 자금을 가지고 북경에 온 동지와 함께 조선공산당 재건동맹을 조직하고 부설 교양기관으로 레닌주의 정치학교를 개설하여 학생들을 교육할 정도로 공산주의를 신봉했다. "義烈團經營の南京軍官學校の全貌," 鮮總督府高等法院檢事局思想部, 『思想彙報』 第4號(1935년 9월), 128쪽.

15) 민족혁명당은 창당 선언문에서 창당이 3·1운동의 실패 후 통일된 지도와 혁명역량의 집중을 위해서 통일된 당을 결성하려는 계획을 세워 노력해 왔던 결과라고 평가하고, 그 의의를 민족의 열렬한 혁명의 필요와 각성의 표현이며 통일운동에 대한 일반 혁명가의 열망과 노력의 결정이라고 평가했다. "韓國民族革命黨創立大會宣言," 朝鮮總督府高等法院檢事局思想部, 『思想彙報』 第7號(1936), 69-70쪽.

16) 염인호, 『김원봉연구: 의열단, 민족혁명당 40년사』, 196-197쪽.

17) 趙素昻은 1935년 10월 5일 발표한 '告黨員同志'(당원동지에 고함)이라는 성명에서 민족주의자는 사회주의자와 결코 상호 용납할 수 없기 때문에 민족혁명당을

한독당의 탈당에 이어 당의 한 축이었던 이청천(李靑天)계 또한 견해 차이로 민족혁명당을 떠나 1937년 5월 조선혁명당을 창당함으로써 민족통일전선을 지향한 민족혁명당은 그 위상이 축소되는 상황에 놓이지 않을 수 없었다. 이에 김원봉은 당의 명칭을 조선민족혁명당으로 바꾸고 자신이 총서기에 취임했는데,[18] 정확한 날짜는 알려지지 않고 있으나 최창익 일행이 중국에 도착한 것은 바로 이러한 시점이었다고 분석된다. 시기적으로 우익진영의 탈당으로 민족해방운동의 통일을 기한다는 목적으로 결성된 민족혁명당에 분열이 일어나 민족통일전선을 새로 결성해야 하는 때에 중국 남경으로 온 그가 조선민족혁명당에 입당한 것이다.

2. 조선의용대 창설과 동북노선

최창익의 중국에서의 활동은 1937년 7월 7일 중일전쟁의 발발과도 밀접한 관련이 있다. 이를 계기로 일본의 중국침략이 노골화되고 그 동안 대일항전에 미온적이던 중국 국민당정부가 중국 민중의 거센 여론을 등에 업고 항일전쟁에 본격적으로 나섰는데, 이 과정에서 중국이 조선인 항일단체를 지원함으로써 조선인의 항일투쟁도 그 활동반경이 크게 넓어졌고 그에 따라 최창익이 활동할 수 있는 공간도 마련되었기 때문이다.

조선의용대 창설이 바로 그것으로, 의용대 내부에서 동조자를 규합한 최창익은 이들을 이끌고 조선동포들이 많이 거주하고 있는 동북 만주지방으로의 진출을 도모하는, 이른바 동북노선을 제창했다. 조선민족혁명당과

탈퇴한다고 선언했다. 성명의 전문은 朝鮮總督府高等法院檢事局思想部, 『思想彙報』 第7號, 79-90쪽 수록.
18) 염인호, 『김원봉연구: 의열단, 민족혁명당 40년사』, 201쪽.

조선의용대 내부에서 그는 이 동북노선을 관철시키기 위해 많은 노력을 기울였으나 여의치 않게 되자, 자신의 노선에 동조하는 세력만을 이끌고 중국공산당 근거지인 연안으로 가고 말았다.

1) 조선의용대 창설

중국의 항일전쟁이 본격화되자 김원봉은 중국국민당의 장개석(蔣介石)을 만나 조·중 간의 합작방침을 논의했는데, 이 자리에서 김원봉은 중국의 중앙육군군관학교에 조선인 청년들을 입학시켜 군사훈련을 받게 할 것을 건의해 승낙을 받았다. 이에 백수십 명의 조선 청년들이 6개월간의 훈련을 받기 위해 성자군관학교 특별훈련반에 입소해 훈련을 받았다.[19] 특별반에 입소한 조선 청년들의 수는 도합 3백여 명이나 되었는데, 그 중 약 1백 명 정도가 김원봉이 이끄는 의열단 소속이었다.[20]

군관학교에 입학한 조선 청년들은 1938년 5월 24일 6개월간의 훈련을 끝내고 졸업했다. 이들 졸업식에 참석하기 위해 김두봉과 최창익을 비롯한 조선민족혁명당 간부 8명은 1938년 5월 17일 군관학교 특별훈련반이 있는 호북성 강릉(江陵)으로 가서, 학생들의 졸업 후의 공작방침과 당의 통일문제 등에 관해 이들의 견해를 수렴했다.[21] 이에 대해 대다수 학생들은 조선동포들이 많이 거주하는 만주로 진출하여 동북항일의용군과 연락할 것을 결정했고, 당의 통일문제에 대해서는 점진적으로 단결을 공고히 할 것을 결의했다.

---

19) 염인호, 『김원봉연구: 의열단, 민족혁명당 40년사』, 208-209쪽.
20) 金弘壹, 『大陸의 憤怒』(文潮社, 1972), 317쪽.
21) 간부 8명의 이름은 金元鳳, 王海公(申翼熙), 王現之, 崔錫淳, 李集中, 李春岩, 金斗奉, 李健宇(崔昌益) 등이다. "在支朝鮮義勇隊의 情勢," 朝鮮總督府高等法院檢事局思想部, 『思想彙報』第7號, 159쪽.

졸업생들의 의견을 청취한 후 조선민족혁명당은 5월 19일부터 3일간 강릉에서 제3차 임시대표대회를 개최했다. 임시대회에서 조선민족혁명당의 운동은 조선 전체 운동의 일부로 전개되어야 하며, 전체 운동과 유기적인 관련을 맺기 위해서는 만주에서 주력부대를 발전시켜야 하며, 동북지방으로의 직접적인 진출이 단시일 내에 불가능할 경우에는 직접 중국 항일전쟁에 참가하여 공적을 세워 대외적인 위신을 향상시킴으로써 조선 내 운동과의 연결 및 동북 진출문제를 해결토록 한다는 것 등을 결의하고 임원을 개선했다.22)

임시대회는 또한 훈련을 마친 학생들이 동북 만주에 진출해 그곳에 거주하는 조선동포들을 무장화하며 조선에 있는 일본제국주의를 박멸할 것을 확인하고, 그 진로에 대해 부단히 연구·협조하며, 동북 방면으로의 진출을 원칙으로 한 이상 동북 진출에 편리한 지역에 진주할 수 있도록 할 것 등을 특별반 주임에게 요구할 것을 제안하기로 했다.23) 최창익이 평소에 주장하던 동북노선에 특별반 졸업생들이 동조한 것이라 할 수 있다.

그러나 김원봉의 생각은 이와 달랐다. 자신의 영향력을 유지하기 위하여 당대회의 결정에 근거한 동북 만주 진출을 달갑지 않게 여긴 그는 중국국민당과 타협한 청년당원들을 이끌고 중국 내의 공작으로 선회하려고 했다.24) 김원봉의 이러한 방침에 불만을 품은 최창익과 신익희, 김학무

---

22) 이 날 중앙집행위원 17명과 후보위원 4명, 중앙검사위원 5명과 후보 2명을 개선했는데, 그 명단은 다음과 같다. 중앙집행위원: 王志延, 王逸曙, 金令湖, 金元鳳, 王通, 崔錫淳, 申翼熙, 金斗奉, 李範奭, 鄭日明, 成三園, 金世日, 陳義□, 崔昌錫(健宇), 金元吉, 尹世冑, 李蘇氏. 후보위원: 李東華, 劉光雲, 金□泰, 李義興. 중앙검사위원: 李集中, 金仁哲, 尹奇燮, 石成才, 朴孝三. 후보위원: 馬春植, 李賢壽. "在支朝鮮義勇隊の情勢," 161쪽.

23) "在支朝鮮義勇隊の情勢," 161쪽.

24) "在支朝鮮義勇隊の情勢," 162쪽. 이에 대해 金弘壹은 의용대원들의 뜻과는 달리 중국은 군사교육을 받은 조선청년들이야말로 장차 조선이 독립을 쟁취하는 데 꼭 필요한 중요한 간부들이므로 중국의 형편이 아무리 어렵다고 할지라도 그들

(金學武)를 비롯한 당원과 특별반 졸업생 35명은 1938년 6월 10일 조선민족혁명당 탈퇴를 선언했다. 이들은 '재한구(在漢口)조선청년전시복무단'이라는 단체를 조직하고 자력으로 만주 진출을 결행할 것을 선전하며 각 파 청년들과의 연계를 도모하다가 7월 4일에는 자파 세력의 일부를 무창(武昌)으로 옮겨 '재무한(在武漢)조선청년전시복무단'으로 개칭했다.[25]

사태가 예상치 않은 방향으로 심각하게 전개되자, 김원봉은 중국 군사위원회에 조선의용대를 조직하여 이들을 각 전구에 배속하고 제1선 공작에 진출시킬 것을 요구했다. 이에 중국 측은 조선 민족단체 전부의 합동을 전제로 이에 찬동한다는 뜻을 밝혔다. 김원봉은 이러한 뜻을 김구가 이끄는 한국광복운동단체연합회와 최창익이 이끄는 전시복무단에 전하고 협력을 구했다. 김구는 이 제안을 거절한 반면 경제문제로 어려움을 겪던 전시복무단은 이에 찬동했다.

조선민족혁명당을 탈당한 최창익은 재정적 지원을 얻기 위해 한때 한구(漢口)에 있는 중국공산당 조직과 비밀리에 접촉했으나 거부당한 바 있었다.[26] 국민당과 항일민족통일전선을 결성하고 있는 상황에서 공산당으로서는 전위동맹의 독자 행동에 동의하기 어려웠으리라 분석된다.[27] 그러나 최창익과 함께 중국에 와 있던 한빈의 경우는 다른 생각을 가지고 있었다. 민족혁명당 내 공산주의자들의 중심인물인 그는 당 전체를 완전히 공산당 단체로 바꾸어야 한다고 주장하고 최창익의 그러한 행위에 반

을 함부로 위험한 제1선 전투부대에 참가시켜 희생시킬 수 없다고 생각했기 때문에, 이들을 위험한 전투에는 참가시키지 않고 선전과 포로 심문만을 담당시키기로 한 것이라고 주장했다. 金弘壹, 『大陸의 憤怒』(文潮社, 1972), 318쪽.

25) "在支朝鮮義勇隊の情勢," 162쪽. 일본 측 자료에는 35명이 탈퇴했다고 되어 있으나, 중국 측 자료에는 60여 명이 탈퇴했다고 되어 있다. "韓國各政黨現況" 秋憲樹 編, 『資料 韓國獨立運動』 2, 79쪽.

26) 金正明 編, 『朝鮮獨立運動』 2(東京: 原書房, 1967), 618-619쪽.

27) 염인호, 『김원봉연구: 의열단, 민족혁명당 40년사』, 216쪽.

대했던 것이다.28)

　전시복무단은 중국공산당의 지원 거부와 한빈의 반대 등으로 상황이 어려워지자, 1938년 9월에는 명칭을 다시 조선청년전위동맹으로 바꾸고 민족단체의 통합으로 출범한 조선민족전선연맹29)에 참가했다. 이와 같이 조선인 항일단체가 통합하기로 합의하여 민족전선연맹의 출범이 확실시되자, 조선인 민족단체의 통일이 이루어졌다고 판단한 중국 측은 조선의용대 조직을 승인했다.

　이에 1938년 10월 1일 이후 중국 군사위원회 정치부원 5명과 조선민족혁명당의 김원봉, 전위동맹의 최창익, 해방동맹의 김규광, 그리고 조선혁명자동맹의 유자명(柳子明)은 연일 회의를 열고 조선의용대의 규약, 강령 초안, 경비문제, 그리고 조직방법 등을 협의했다. 그 결과 1938년 10월 18일에는 만반의 준비를 완료하기로 하고, 10월 10일 조선의용대 창립대회를 개최한 것이다.30)

　조선의용대는 본대와 제1구대 및 제2구대로 편성되었으며, 각 구대는

---

28) 민족혁명당을 공산화하려는 한빈에 대해 당은 그에게 무기 정권처분을 내렸다. 이에 한빈이 이끄는 청년 10여 명은 1940년 여름 민족혁명당을 탈당했다. "韓國各政黨現況," 秋憲樹 編, 『資料 韓國獨立運動』 2, 72쪽.

29) 조선민족전선연맹은 1938년 1월 중순부터 柳子明이 중국 관내 조선 혁명단체의 통일을 촉진하기 위해 노력하던 것으로 조선민족혁명당과 전위동맹, 그리고 해방동맹 3개 단체가 합의함으로써 1938년 9월에 결성되었다. 강만길, 『조선민족혁명당과 통일전선』, 231-232쪽. 해방동맹은 조선민족해방운동자동맹을 가리키는 것으로 金奎光, 朴健雄 등이 1936년 상해에서 결성한 단체이다. 해방동맹은 전략적 임무로 '전 민족적인 반일통일전선의 수립'과 '조선공산당의 건립'을 정해 놓고 있었다. 강만길, 『조선민족혁명당과 통일전선』, 233쪽.

30) 조선의용대는 지도위원회에 중국 군사위원회 정치부원 5명, 민족전선연맹 이사 4명 외에 비서 韓一來를 임명했으며, 의용대 본부대장은 金元鳳, 기밀주임 申榮三, 총무조장 李集中, 정치조장 金奎光을 각각 임명했다. 조선의용대의 조직 및 활동에 관한 중국 신문의 보도에 대해서는 "在支朝鮮義勇隊의 情勢," 162-164쪽 참조

3개 분대로 구성되었다. 이들은 중국군의 각 전구에 배속되어 일본인 포로의 취조, 일본군에 대한 반전 선전, 중국군에 대한 선전, 기타 임무를 수행했는데, 최창익은 김학무 등 대원 26명과 함께 하북(河北)·하남(河南)·섬서(陝西)지역을 담당하고 있던 중국군 제1·제2전구에 배속되었다.31)

2) 동북노선과 연안행

(1) 동북노선과 운동단체의 통일

이처럼 조선민족전선연맹이 결성되고 그 결과 조선의용대가 창립되어 중국군 각 전구에 배속되어 활발한 활동을 전개하고 있던 무렵 중국 관내에 있던 7개의 항일운동단체들은 통일전선 결성문제를 다시 논의하기 시작했다.32) 이 논의는 1939년 봄부터 중경에서 이루어졌는데, 통일방식에 대한 견해차이로 7개 단체가 5개 단체로, 다시 5개 단체가 3개 단체로 축소되어 이들 3개 단체만 통합하기로 합의를 보았다.33) 최창익은 7당 통일회의에 직접 참가하지는 않았다. 이러한 논의가 이루어질 무렵 그는 연안에 가 있었기 때문인데,34) 그가 속한 조선청년전위동맹은 7당 회의에 참가했

---

31) "在支朝鮮義勇隊의 情勢," 163쪽.
32) 7개의 단체는 조선민족전선연맹에 가입돼 있는 조선민족혁명당(成周寔, 尹世胄), 조선혁명자동맹(柳子明, 李河有), 조선민족해방동맹(金奎光, 朴健雄), 조선청년전위동맹(申翼熙, 金海岳) 4개 단체와 한국광복운동단체연합회에 가입한 한국국민당(趙琓九, 嚴恒燮), 한국독립당(洪震, 趙素昻), 조선혁명당(李靑天, 崔東旿) 3개 단체이다. 이들 7개 단체에서 대표 2명씩 참석, 총 14명이 모여 통합문제를 논의했다. 강만길, 『조선민족혁명당과 통일전선』, 250쪽.
33) 결국 3개 단체만 통합하여 한국독립당이 출현하게 되었다. 이에 대해서는 강만길, 『조선민족혁명당과 통일전선』, 250-257쪽 참조.
34) 崔昌益이 연안으로 떠난 날짜는 나오지 않고, 단지 12월 연안으로 갔다고만 되

다가 중도에 탈퇴하고 말았다.35)

그러나 당시 동북으로 진출할 것을 주장한 최창익의 노선을 비판하는 문서가 나돌아 노선상의 문제를 놓고 전위동맹 내부에 갈등과 대립이 매우 심각했다는 것을 알 수 있다.36) 이 문서는 중국 관내 민족단체 내부의 노선대립이 무의미한 투쟁이나 지도자의 일시적인 착오로 인해 우연히 생긴 것이 아니라 객관적 환경에 대한 분석의 차이와 이 시기에 취해야 할 정책의 차이에서 발생한 것이라 전제하고, 구체적으로 동북노선 정책과 관내 단체의 통일문제에서 의견이 갈라졌다고 주장했다.37)

기본적으로 문서는 최창익이 주장하는 동북노선이 구체적 환경과 실제 조건에서 볼 때 정확한 것이 아니라 부정확한 것이라고 지적했다. 첫째, 중국 항전은 조선 혁명운동가에게 전에 없던 새로운 임무를 부여했는데, 동북노선은 이를 망각하고 중국 관내 운동의 한 역할로서 국제적 연계의 중요성을 고려하지 않았다는 것이다. 둘째, 동북행의 실제 가능성과 행로에 대해 충분히 사색하고 주도면밀하게 생각한 것이 아니라 단순히 정열과 희망만 가지고 모험적인 구호를 부른 것일 뿐이라는 것이다. 동북노선

어 있다. 김중생, 『조선의용군의 밀입북과 6·25전쟁』(명지출판사, 2001), 39쪽. 다른 자료도 마찬가지로 1938년 그가 연안으로 갔다고만 되어 있다. "獨立同盟 及 義勇軍 要人의 略曆: 崔昌益," 242쪽 및 楊昭全·李輔溫, 『朝鮮義勇軍抗日戰史』(高句麗, 1995), 142쪽.

35) 전위동맹의 7당 회의 탈퇴는 崔昌益의 주장이 전위동맹 내부에서 관철된 증거라고 염인호는 보았다. 염인호, 『조선의용군의 독립운동』(나남출판, 2001), 86쪽.
36) 문서의 공식명칭은 "前盟 內部의 意見 分岐"로 필자는 나와 있지 않고, 趙素昻이 수집·보관하고 있던 자료 속에서 발굴되었다. 문서에서 崔昌益의 동북노선과 연맹식 통일방안을 비판하고 있는 것으로 보아 그의 노선에 반대하는 전위동맹 내부의 간부라고 예상될 뿐, 이름을 확인할 길은 없다. 이 문서는 韓國精神文化硏究院 編, 『韓國獨立運動史資料集: 趙素昻篇』4(1997), 201-240쪽에 수록되어 있다. 이하 "前盟 內部의 意見 分岐"로 표기.
37) "前盟 內部의 意見 分岐," 202-203쪽.

의 구호가 나온 지 1년이 넘도록 이를 실시하지 못하고 있는 것이 그 노선이 부정확하다는 증거라고 문서는 단언했다.38) 이처럼 부정확하고 실현 가능성이 없음에도 불구하고 최창익은 그 구호와 정책을 바꾸지 않고 고집하며 착오를 시정하려 하지 않는다는 것이다.

이와 동시에 문서는 1938년 10월 10일 전위동맹이 조선의용대 창립에 가담했을 때는 사실상 동북노선을 양보한 것이며, 이미 그때부터 동북노선은 그 의의와 시간성을 상실했고 구호도 행동으로 작용할 수 없게 되었다고 주장했다. 그럼에도 불구하고 최창익은 동북노선이 원칙상 정확하며 당장 동북에 간다는 말이 아니라 우선 서북(西北)에 집중하고 투쟁을 통해 동북으로 간다고 말하고 있는데, 이처럼 한편으로 중국 항전에 참가하면서 다른 한편으로는 "동북으로!"라는 구호를 외치는 것은 목전의 임무를 수행하는 데 있어 주의를 분산시키는 행위로밖에는 볼 수 없다고 비판했다.39)

그리고 문서는 전위동맹이 동북노선을 반대하는 측을 중국 관내만 중시하고 조선 일에는 무관심하다고 비난하고 있는데, 사실은 이와 반대라고 주장했다. 즉 현 단계에서 가장 중요한 임무인 일제를 타도하는 데 있어 시급한 일은 지금 현재 발을 붙이고 있는 관내에서 전체 민족혁명자와 공고한 동맹을 맺고 공작하는 것이라는 논리를 편 것이다. 결국 동북노선이 '원칙상 정확하다'고 하더라도 이미 행동 구호로서의 성질을 상실했으며 중국 항전에 참가한 이 순간에 정책으로 수립되지 않는다는 것을 인식해야 한다는 논리였다.40) 이는 당시 최창익의 반대파들이나 임시정부 요인들이 중국 관내에서의 운동을 기초로 조선 및 동북과 결부되어야 하고 중국과 공고한 반침략 통일전선을 결성하는 것이 더 시급하고 중요하

---

38) "前盟 內部의 意見 分岐," 205쪽.
39) "前盟 內部의 意見 分岐," 207-209쪽.
40) "前盟 內部의 意見 分岐," 209쪽.

다는 인식을 가지고 있음을 나타내는 것이라고 할 수 있다.

　문서는 또한 동북을 중시하는 논리에는 동북에 다수의 동포가 거주하고 있으며 이 지역이 정치·경제·지리상으로 조선의 연장일 뿐만 아니라 이곳에서의 운동은 적의 심장에 화살을 꽂는 것과 같다고 하는 데는 이견이 없으나, 7·7사변 이후에는 새로운 정세가 전개되었기 때문에 반드시 그럴 필요는 없다는 것을 예로 들어 설명했다. 즉 조선동포는 이미 중국 오지에까지 이주해 살고 있으며, 중국의 해안 일대와 철도 연변은 사실상 동북의 연장과 같으며, 이곳에서의 혁명운동 발동 또한 일제에 커다란 타격을 줄 수 있는 것이므로 구태여 동북까지 갈 필요가 없다고 주장했다.[41] 실제로 중요한 문제는 어떻게 중국 관내에서의 운동을 조선과 동북아 운동에 결부시키며 고립상태에서 구해낼 것인가 하는 것이지, '동북으로'라고 외치면서 도약하듯이 그곳으로 이동하는 것은 아니라는 것이다.

　중국 관내에서의 투쟁이 동북에서의 투쟁 못지않게 중요함에도 불구하고 계속해서 동북 구호를 외치는데, 동북 어디로 가자는 것이며, 무슨 연계를 가지고 가며, 그리고 현 상황에서 다수의 귀중한 간부를 무의미하게 희생시키지 않으면서 가는 것이 가능하겠느냐고 이 문서는 반문했다. 그리고 문서는 동북노선을 주장하고 있는 최창익에 대해 동북으로 가기 위해 의용대에 참가한 것인지 아니면 혁명을 유희로 알았는지를 묻고, 목전에 놓인 중요한 공작과 투쟁을 방기하는 것은 큰 착오라고 비판했다. 따라서 동북노선은 관내 운동과는 관련성이 없는, 민족의 역량을 갉아먹는 분산적 행동이며 국제적 신의를 개의치 않는 행동이라고 반박했다.[42]

　관내 운동단체의 통일문제에 대한 최창익의 입장과 노선에 대해서도 문서는 비판을 가했다. 최창익은 통일전선 문제는 연맹이 타당하다고 주장하고 정당 형태의 통일을 반대했다. 이에 대해 문서는 일본제국주의라

---

41) "前盟 內部의 意見 分岐," 213쪽.
42) "前盟 內部의 意見 分岐," 217쪽.

는 적을 향해 모든 역량을 집중해야 할 시점으로 전선의 통일을 기하는 것이 무엇보다 중요하다고 주장했다. 군중적 토대가 있건 없건, 어떤 단체 이건 간에 그 존재를 존중하는 통일전선이 결성되어야 한다는 것이다. 최창익이 주장하듯이 각 단체의 대표로 연합위원회, 즉 연맹을 구성할 것이 아니라, 통일적인 한 개의 정당을 결성해야 관내 운동의 가속도적인 발전과 공작의 확대를 기할 수 있다는 논리였다. 각계각층의 혁명적 분자를 총망라한 민족통일 정당을 구성하는 것이 더 적합하다고 제안한 것이다.[43]

이를 위해 문서는 민족적 기치 밑에 중국정부와 보다 유력한 반침략 연합을 구성해야 하며, 현 계단 임무 수행에서 인재·경제의 집중을 이루고 그리고 통일적 지도와 공작 전개에 주력해야 한다고 역설했다.[44] 그리고 전체의 통일을 주장하는 것은 우경 기회주의적인 것이며 반동적 음모에서 나온 것이라고 비판하고 통일에는 원칙이 있어야 한다고 최창익은 주장하고 있으나, 이러한 주장은 잘못된 것이라고 지적했다. 통일전선이라고 하여 반드시 고정된 형식이 있는 것은 아니며 실제 환경과 조건에 맞게 운용하는 것이야말로 진정한 마르크스주의자가 취해야 할 바라고 주장했다.[45]

통일전선이라고 하여 반드시 대표로만 구성하라는 법은 없으므로, 일정한 공동강령 밑에 반제운동의 여러 임무를 다하면 어떤 연합이든 문제가 없다는 것이다. 단지 당내에 광범한 민주주의를 보장하고 사상과 선전의 자유를 보장한다는 약속 밑에 연합하자는데, 이를 반대하고 합류하지 않는 것은 이해하기 어렵다고 문서는 지적했다.[46]

최창익이 주장하는 각 단체의 독립성에 대해서도 문서는 비판했다. 우선 해외에 있는 각 단체는 조선과 격리된 형편이며, 공산주의자 조직이

---

43) "前盟 內部의 意見 分岐," 224쪽.
44) "前盟 內部의 意見 分岐," 224-225쪽.
45) "前盟 內部의 意見 分岐," 227쪽.
46) "前盟 內部의 意見 分岐," 229-230쪽.

독립성을 가진다고 하더라도 그 독립성이 명실이 부합되는 것이 아니며 독립성이 직접 조선 군중에게 영향을 미치지 못한다는 것을 지적했다. 이 때문에 공산주의자들이 말하는 독립성이란 사실상 실제 운동과 결부되지 못하고 대지에 근거한 독립이 아니라, 운동과는 고립된 독립으로, 독립성을 갖는다는 실제 목적을 발휘하지 못하고 있다는 것이다. 따라서 명실이 부합되지 않는 각 조직의 독립성을 고수하는 것보다 서로 단결하여 목전의 임무인 중국 항전에 참가하고 적 점령지역에서의 군중동원을 수행하는 데 힘을 합쳐야 한다면서 문서는 최창익의 노선을 비판했다.47)

(2) 연안행

자신이 주장하던 동북노선이 관철되지 않고 조선의용대가 1구대와 2구대로 나뉘어 중국군 각 전구에 배속되자, 최창익은 1938년 12월 중국군 배속지역을 떠나 독자적으로 10여 명의 의용대원을 이끌고 연안으로 갔다.48) 일설에는 그가 중국국민당이 통치하는 지역에 김구와 김원봉이 활동하는 한 공산주의자에게는 활동의 여지가 없다는 것을 깨닫고 동지 18명과 함께 서안(西安)으로 떠나갔다고 되어 있다.49) 그러나 아마도 이는 그가 서안을 거쳐 연안으로 갔다는 것을 나타내는 것으로 분석된다.

연안으로 간 대원들 모두가 전술적인 문제에서 최창익의 동북노선을 지지한 것은 아니었다. 대표적인 예가 한빈인데, 한빈은 동북노선에 반대했던 것으로 알려졌다.50) 연안에서도 최창익은 군중 없이 어떻게 투쟁을

---

47) "前盟 內部의 意見 分岐," 235쪽.
48) 楊昭全·李輔溫,『朝鮮義勇軍抗日戰史』(高句麗, 1995), 142쪽. 동북행을 반대한 대원도 있었으나, 대부분 젊고 혈기왕성한 데다 동포들이 많이 살고 있는 만주 땅으로 가기 위해 崔昌益을 따라간 것이라는 분석도 있다. 이기봉 편저,『전 북한 인민군 부총참모장 이상조: 증언』(선일정보, 1989), 25쪽.
49) "韓國各政黨現況," 秋憲樹 編,『資料 韓國獨立運動』2, 79쪽.

성과 있게 할 수 있겠느냐는 질문을 던지면서, 화북지방으로 망명하는 조선 청년들의 숫자가 제한되어 있기 때문에 조선인들이 많이 살고 있는 동북으로 가야 한다고 계속 주장했다. 이에 대해 한빈은 동북에는 동북의 공산주의자가 있으므로 그곳에서는 그들이 투쟁하게 두는 것이 좋다고 말하고, 자신들이 동북으로 진출한다고 해서 거기에서 투쟁의 성과를 올릴 수 있다는 확실한 보장이 없으며, 현재에는 중국 본토에 있으므로 이곳에서 효과적으로 투쟁하는 방법을 찾는 것이 옳다고 주장했다.

이는 최창익의 동북노선과 한빈의 현실노선이 충돌한 것인데, 여기서 최창익은 한 걸음 물러서는 현실적인 태도를 보였다. 원칙적으로 동북노선이 정확하지만 지금 당장 동북으로 가자는 것이 아니라, 우선 서북에 집중하고 투쟁을 통해 역량을 쌓은 다음 동북으로 간다는 전술로 선회한 것이다. 전술을 바꾼 그는 중경에 있는 동지들에게 연안으로 올 것을 권유하는 내용의 편지를 보냈다.[51]

1차로 그는 1939년 1월 15일 제1전구에 있는 동지들에게 편지를 보내 조직의 앞날과 조선혁명 전체의 시각에서 원칙대로 할 것을 요구했다. 이에 대해 문서는 최창익이 조선혁명 전체의 이해에 입각하여 의용대 공작을 하는 것보다는 연안으로 떠나는 것이 더 정확하다고 주장하고 있으며, 현재 중국군에 배속되어 맡고 있는 공작지대를 버리고 오로지 전위동맹의 발전을 위해서 연안으로 떠날 것을 촉구한 것이라고 비판했다.[52] 최창익은 특히 제5전구에 있는 동지들에게 동북 진출을 촉구했다.[53] 이는 중국군

---

50) 林隱, 『北朝鮮王朝成立秘史』, 135쪽.
51) "前盟 內部의 意見 分岐," 207-208쪽.
52) 崔昌益은 편지에 "當面한 問題에 趣味도 津津할가 하오나 우리 組織의 前途와 朝鮮革命 全體的 利害感을 考慮하와 万事를 勇敢하게 原理대로 解決해 주기를 誠望합니다"라고 하면서 의용대원의 연안행을 촉구했다. "前盟 內部의 意見 分岐," 219쪽.
53) "前盟 內部의 意見 分岐," 216쪽.

제5전구가 장강 이북지역에 주둔하고 있어54) 다른 지역에 배속된 의용대원들보다 연안으로 이동하는 것이 수월했기 때문이라고 분석된다. 그가 이와 같이 편지를 보낸 결과, 1939년 3월에 제2구대에 소속되어 있던 전위동맹 동지는 소수를 제외하고는 대부분 서북으로 이동했는데, 이에 대해 문서는 '엄중한 착오'를 낳았다고 비판했다.55)

문서에는 당시 최창익의 권유에 따라 1전구와 5전구 동지 30명이 의용대의 공작업무를 방기하고 연안으로 갔다고 나와 있다.56) 그러나 최창익은 1938년 가을부터 1939년 여름까지 연안의 항일군정대학에 적을 둔 조선 혁명청년은 40명에 달했다고 주장했다.57) 이처럼 의용대원들이 국민당 통치지역을 벗어나 모택동이 이끄는 공산당의 활동지역으로 간 것은 고국과 가까운 지역인 동북에서 활동하자고 주장한 것이 의용대원들에게 설득력이 있었던 데다 일반적으로 조선 청년들 사이에 장개석보다는 모택동을 미래 지향적인 인물로 생각하고 있던 분위기도 하나의 원인이라고 할 수 있다.58)

---

54) 제5전구에는 조선의용대 제2구대장 일행 및 제2·제3분대원 李鐵重, 崔萬成, 周恩龍 등 모두 15명이 있었다. "在支朝鮮義勇隊의 情勢," 163쪽.

55) "前盟 內部의 意見 分岐," 215쪽.

56) "前盟 內部의 意見 分岐," 215쪽.

57) 崔昌益, "延安時代의 獨立同盟 ①," <獨立新報> 1946년 5월 21일. 崔昌益은 독립운동자들을 연안으로 끌고 가려고 선동했으며, 이에 반대하는 사람들을 연금하며 폭력을 가하고 강제로 연안으로 데려가려 했다는 주장도 제기되었다. 申貞媛, 『海公 그리고 아버지』(成進社, 1981), 75-78쪽.

58) 당시 조선의 사상적 분위기가 "蔣介石을 가리켜 旣成 中國의 産物이라면 毛澤東은 新興 中國의 産物"이라고 생각하고 있었던 것도 이들의 연안행에 영향을 미쳤을 것이라고 분석된다. 安炳珠, "蔣介石과 毛澤東," 『批判』 4권 5호(1936년 7월), 42쪽.

(3) 항일연합전선론

최창익은 일본 파시스트 군벌의 중국침략이 확대되면 될수록 동방 피압박민족의 항일혁명 임무는 갈수록 강대해지고 있다고 전제하고, 이런 때일수록 조선 인민과 중국 인민은 연합전선을 펴야 한다는 항일연합전선론을 주장했다.[59] 중국의 항일역량이 질적·양적으로 증대되고 있을 뿐만 아니라 일본 내부의 모순은 더욱 첨예해지고 있으며 조선의 민족해방운동도 고조되고 있다고 분석하고, 이에 덧붙여 그는 영국과 미국이 극동에서 자신들의 이권을 지키기 위하여 군비를 강화하고 있는 점도 들었다. 따라서 일제의 중국침략은 바로 일제가 자멸해 가는 마지막 수라고 그는 분석했다.

그리고 일제가 중국에 대해 벌이는 침략전쟁의 실패는 일제의 전반적인 괴멸뿐만 아니라 동양 피압박민족 해방의 중요한 조건이라면서, 항일전쟁의 승리를 위해서는 중국 민족의 독자적인 항일세력뿐만 아니라 전 세계의 모든 반일세력, 더욱이 동양의 피압박민족을 망라하는 항일연합전선을 결성해야 한다고 그는 주장했다. 특히 조선과 중국 양국 인민의 항일연합전선 결성은 공동의 적인 일본제국주의를 이기기 위한 요구에서 필연적으로 나오는 것으로, 이 연합전선은 대일작전상 아주 중요한 전략적 문제라고 주장했다.

그는 양 민족의 항일연합전선 결성은 약소민족 해방의 국제적 연관성에만 있는 것이 아니라 혁명 이익의 구체적인 실현을 위해서도 필요하다고 역설했다. 중국 민족으로서는 항일역량을 강화하고 최후의 승리를 위해, 그리고 조선 민족으로서는 독립전쟁의 승리를 위해 양 민족의 항일역량을 연합해야 한다는 것이다. 연합전선은 이처럼 현 단계에서 혁명의

---

[59] 健宇, "中韓民族抗日聯合戰線問題," 『朝鮮民族戰線』第二期(1938년 4월 25일), 7-8쪽: 독립기념관 한국독립운동사연구소, 『韓國獨立運動史資料叢書』 第2輯(1988), 171-172쪽에서 재인용. 이하 개별 각주 생략.

공통성에 기인한 구체적인 산물이라고 단언한 그는 약소민족끼리의 항일 연합전선은 반드시 각 민족 간의 혁명적 신뢰감이 바탕이 되어야 한다고 주장했다.

조선과 중국 민족이 상호 신뢰할 수 있는 사례를 그는 각각 열거했다. 중국 민족은 항일전쟁을 영광스럽게 전개하여 동방 피압박민족 연합전선의 중심세력으로 되었으며, 주변 약소민족의 해방운동에 위대한 행동을 모범으로 보여주었고 이로 인해 영도적 지위를 차지하게 되었다는 것을 들었다. 한편 조선민족은 1928년부터 1935년까지 체포되고 투옥된 혁명동지들이 1만 6천여 명에 달했으며, 일제의 가혹한 탄압에 2만여 명에 이르는 조직적인 군중들이 희생되었음에도 굴하지 않고 드높은 반일정서와 견결한 투쟁으로 용감하게 혁명운동에 나서고 있는 것을 들었다.

그는 양 민족의 이러한 투쟁을 바탕으로 항일연합전선 결성에 대해 쌍방은 상호 신뢰하며 혁명의 동맹자 의식을 가지고 구체적으로 인식하는 것이 절대적으로 필요하다고 주장했다. 그러나 혁명의 공통성에 대한 인식에만 머물 것이 아니라 이를 어떻게 실천하는가 하는 문제가 더 중요하다면서, 그러한 실례로 그는 동북지역에서 이루어지고 있는 양국 인민의 항일의용군 합작을 들었다.

항일연합전선 결성을 강조하고 그 예로 동북지역에서의 항일의용군을 거론한 것을 볼 때 최창익의 동북노선은 적어도 1938년 4월 이전부터 구상되었다고 할 수 있다. 그는 항일연합전선의 원칙으로 첫째, 중국에서 조선의 혁명동지들은 항일연합전선 형식 아래 직접 항일전쟁에 참가해야 하며, 둘째, 중국은 마땅히 조선 혁명 무장조직을 적극적으로 원조하며 독립적인 작전정신을 발휘할 수 있게 해야 하며, 셋째, 항일연합전선 세력은 약소민족의 혁명적 연관성과 공통의 적에 대한 공통의 투쟁임무에 입각해야 하며 마땅히 양국 민족의 혁명적 특수성을 고려해야 한다는 것 등의 3개 항을 제시했다.

최창익이 주장한 항일연합전선은 내용적으로 볼 때 동북노선을 비판했던 전위동맹 내부에서 작성된 문서, 즉 중국 관내에서 전개되는 항일전에 참가해야 한다는 주장과 일맥상통하는 점이 있다. 그러나 기본적으로 중국에서 전개되는 항일전에 적극 참가해야 한다는 점은 같으나 합작의 대상이라는 측면에서 볼 때 최창익은 중국 팔로군을 염두에 두었던 반면, 문서는 중국국민당군을 합작 대상으로 삼고 있어 양자는 상호 융합되기 어려운 노선이었다고 할 수 있다.

3. 항일투쟁

중국공산당 근거지인 연안으로 간 최창익은 중경에 남아 있는 의용대원들에게 연안행을 촉구하는 편지를 보내는 한편, 연안에 온 의용대원과 조선 청년들을 아우르는 조직으로 화북조선청년연합회 창립을 주도하며 본격적인 항일투쟁에 나섰다. 이와 동시에 그는 8로군이 주둔하고 있는 지역에서 8로군과 함께 항일투쟁을 하고 있는 의용대원들의 활동상을 대외적으로 알리기 위한 저술활동에 전념하는 모습을 보이기도 했다.

청년연합회는 그 활동의 범위가 점차 확대되고 그에 가입하는 조선 청년들의 수가 늘어남에 따라 명칭을 화북조선독립동맹으로 바꾸고 새롭게 출범했으며, 조선의용대도 그 규모가 점차 확대됨에 따라 명칭을 조선의용군으로 바꾸었다. 이는 보다 광범위하게 활동하고 조직을 확대하기 위한 의도에서 취한 조치라고 할 수 있는데, 독립동맹의 경우 정치적인 조직으로서의 위상을 지닌 데 반해 조선의용군은 군사적인 조직으로서의 위상을 지녔다. 최창익은 독립동맹의 부주석으로 활약하며 항일투쟁에 전념했다.

1) 화북조선청년연합회 창립과 조선의용대 화북지대 편성

　　의용대원을 포함하여 연안으로 온 조선 청년들은 중국공산당 영도 하에 있는 항일군정대학에서 학습을 받았으며, 학습을 마친 청년들은 중국 8로군과 신4군의 활동지역 내의 각 전선에 배치되어 직접 항일무장투쟁을 전개하였다.60) 1939년 7월에는 항일군정대학이 연안에서 전방으로 이동함에 따라 당시 연안에서 공부하고 있던 조선 청년학생 다수도 전방으로 가게 되었는데, 그 중 한 곳이 8로군의 작전지역인 산서성(山西省) 진동남(晉東南)이었다. 연안 동쪽에 있는 진동남에서 청년들은 항일전쟁에 참가하여 한편으로는 전쟁 기술을 배우고, 다른 한편으로는 사상과 의식 훈련을 받았다.

　　당시 8로군 전방총사령부는 진동남에서 활동하는 조선 혁명청년들로 하여금 반일민족통일전선적 성격을 띤 군중단체를 조직하도록 도와주었는데, 그 결과 1941년 1월 10일 중국 홍군시대부터 참여했던 조선 동지들과 조선 혁명청년 21명이 모여 화북조선청년연합회를 창립하게 되었다. 최창익은 무정(武亭), 이유민(李維民) 등과 함께 청년연합회 창립을 주도했는데,61) 이는 중국공산당이 장악하고 있는 항일근거지 내에서 처음 생긴 혁명단체였다. 청년연합회 결성을 계기로 조선의 혁명운동은 새로운 환경

---

60) 崔昌益, "日本帝國主義 大陸侵略戰爭行程에 있어서의 反日武裝鬪爭," 白南雲·朴時亨 외, 『朝鮮民族解放鬪爭史』(金日成綜合大學校, 1949), 402쪽.

61) 尹逸模, "獨立同盟과 義勇軍의 鬪爭史," 『新天地』 1권 2호(1946년 3월), 199쪽. 연안에서 崔昌益은 武亭과 사이가 좋지 않았으며 이로 인해 崔昌益이 항일 중심지에서 멀리 떨어진 연안에 머물렀다는 연구도 있다. 염인호, "남과 북, 내가 쉴 땅은 어디인가? 최창익," 『역사의 길목에 선 31인의 선택』(푸른 역사, 1999), 291-292쪽.

하에서 새로운 발전을 지향하며 비약하는 첫걸음을 내딛게 되었다고 최창익은 주장했다.62)

청년연합회는 창립대회에서 3가지 공작방침을 수립했다. 첫째가 간부의 급속한 양성이었고, 둘째가 중국 관내 조선 혁명단체의 통일이었고, 셋째가 화북지역에 살고 있는 조선 동포들을 혁명전선으로 조직하고 확대하는 것이었다.63) 청년연합회는 이러한 방침을 집행하기 위해 동지들을 중경과 낙양으로 보내 그곳에서 활동하고 있는 혁명단체 및 혁명동지들과 연락하는 한편, 동포들을 대상으로 활발한 공작을 진행했다.

이런 공작을 벌인 결과 창립된 지 반년도 채 되지 못해 중경과 낙양 등지에서 활동하던 조선 각 혁명단체의 동지 다수가 화북지역으로 와서 청년연합회에 가입함으로써 그 규모가 대폭 확대되었다고 최창익은 주장했다.64) 또한 그는 청년연합회 창립 당시와 비교할 때 10배 이상 그 수가 늘어났다고 주장했는데,65) 글자 그대로 이를 받아들일 경우 창립 당시 21명이던 회원이 6개월 뒤에는 2백여 명으로 크게 늘어났다는 결론이 나온다.66)

최창익은 당시 낙양과 중경 방면에서 조국 독립운동에 용감하게 참가하여 싸우고 있던 각 혁명단체의 많은 동지들이 주관적 역량과 객관적 정세를 감안하고, 관내 조선 혁명운동의 발전 전도를 깊이 고려한 끝에 새로운 공작방침 밑에서 화복지대에서 공작하기로 결의하고 북상의 길에 오르게 된 것이라고 설명했다.67) 그리고 이러한 현상은 관내 조선 혁명운동

---

62) 崔昌益, "延安時代의 獨立同盟 ②," <獨立新報> 1946년 5월 22일.
63) 尹逸模, "獨立同盟과 義勇軍의 鬪爭史," 200쪽.
64) 崔昌益, 『八·一五以前 朝鮮民主運動의 史的 考察』(革新出版社, 1946), 59쪽.
65) 崔昌益, "延安時代의 獨立同盟 ②," <獨立新報> 1946년 5월 22일.
66) 정확한 수는 나와 있지 않으나, 당시 중경 등지에서 수백 명이 참가하였으며 화북지역에 거주하는 동포 수백 명도 청년연합회에 참가했다는 주장도 있다. 尹逸模, "獨立同盟과 義勇軍의 鬪爭史," 200쪽.

의 진보를 의미하는 것이며, 화북지역에서 진행되고 있는 조선 혁명운동의 발전을 촉진하는 역량이 아닐 수 없다고 주장했다.

임시정부 산하의 청년들을 포함하여 새로운 동지들이 많이 참가하게 되자 청년연합회는 전투부대를 새로 편성할 필요성을 느끼게 되었고, 이러한 필요성에 입각하여 1940년 7월 조선의용대 화북지대가 편성되었다.68) 여기서 조선의용대라는 명칭 뒤에 '화북지대'라는 말을 붙인 것은, 무한에서 창설되어 중국국민당 근거지에서 활동하고 있는 조선의용대와 구별하기 위해서 붙인 것이라고 분석된다.

조선의용대 화북지대는 무장선전대를 조직하여 항일선전공작을 개시했고, 다른 한편으로는 단기 훈련반을 조직하여 새로 들어온 동지들의 교육을 진행했다. 실제적인 공작과정에서 청년연합회와 의용대는 질적으로나 양적으로 건실한 발전을 도모했는데, 최창익은 이것은 자신들의 힘만으로 된 것이 아니라 중국공산당 영도 하에 있는 항일근거지 내의 정당과 정부, 그리고 군(軍)과 민(民)의 원조와 협력이 있어서 가능했다고 겸손하게 주장했다.69)

2) 화북조선독립동맹으로 개칭

청년연합회의 항일역량이 지속적으로 확대됨에 따라 이들의 공작활동 범위는 점차 확대되게 되었다. 이러한 발전 형세에 부응하여 청년연합회는 제2차 대표대회를 소집하기로 하고 1942년 초부터 대표대회 개최를

---

67) 崔昌益, "延安時代의 獨立同盟 ②," <獨立新報> 1946년 5월 22일.
68) 崔昌益, "日本帝國主義 大陸侵略戰爭行程에 있어서의 反日武裝鬪爭," 403쪽. 이 자료에는 단순히 1941년 7월 '朝鮮義勇軍의 組織的 發足'을 보았다고만 기록되어 있으나, 정확한 명칭은 '조선의용대 화북지대'이다.
69) 崔昌益, 『八·一五以前 朝鮮民主運動의 史的 考察』, 59쪽.

준비했다. 청년연합회는 1942년 7월 10일에 대회를 열었는데, 대회는 과거의 공작을 검토한 결과 얻은 경험과 교훈을 기초로 하여 앞으로 나아갈 두 가지 새로운 공작방침을 수립했다. 첫째가 청년연합회를 화북조선독립동맹으로 개칭하는 것이고, 둘째가 조선의용대 화북지대를 조선의용군 화북지대로 개편하여 긴급한 임무로 내부적으로는 간부 양성사업을, 대외적으로는 적구(敵區)공작을 하기로 결정했다.70)

2차 대회는 "각 당 각 파를 망라하여 항일애국자는 총 단결하라," "어제까지는 친일파였더라도 자기 과오를 청산하고 진정한 조선 사람이 된 사람은 이를 허용하고 전취하자"는 두 개의 구호를 내걸었다.71) 이는 계급의 구별 없이 주의와 신앙의 차이를 가리지 않고 민족해방과 독립을 위한 모든 단체와 정당, 모든 혁명가와 애국자가 총 단결한 대중적인 혁명단체로 성장하겠다는 것을 나타낸 것이라고 할 수 있다. 대회에서 최창익은 독립동맹의 부주석으로, 그리고 그의 처 허정숙은 독립동맹의 집행위원으로 선출되었는데, 개편된 기구와 간부의 명단은 다음과 같다.72)

<화북조선독립동맹>
주석 : 金斗奉
부주석 : 崔昌益, 韓斌
집행위원 : 武亭, 許貞淑, 李維民, 朴孝三, 朴一禹, 金昌滿, 楊民山, 朱春吉, 方禹鏞, 金漢中, 河仰天, 李春岩, 張振光, 金浩

<조선의용군>
총사령 : 武亭
부사령 : 朴孝三, 朴一禹

---

70) 崔昌益, "延安時代의 獨立同盟 ③," <獨立新報> 1946년 5월 24일.
71) 尹逸模, "獨立同盟과 義勇軍의 鬪爭史," 201쪽.
72) 尹逸模, "獨立同盟과 義勇軍의 鬪爭史," 201쪽.

최창익은 독립동맹의 성격은 어느 한 계급의 기초 위에 건립된 계급정당이나 특정 계급의 이익만을 위해 생긴 존재가 아니라 민족의 해방과 독립을 위해 조직된 혁명단체로, 그 투쟁대상은 일본제국주의라고 규정했다. 그리고 민족의 자유와 독립을 위해 일제의 조선통치에 맞서 싸우는 한 개의 혁명단체이며, 반일통일전선 내의 부분적인 역량에 불과하다고 주장했다.[73] 그렇기 때문에 맹원을 가입케 할 때 어떠한 주의와 사상을 가졌느냐를 묻지 않고, 다만 일제의 조선통치를 반대하고 조국의 독립과 해방을 위해 싸우는 사람이면 누구든지 동맹원의 자격이 있다고 그는 설명했다.

그는 독립동맹의 특성을 이해하는 데 도움이 될 수 있는 조문 4가지를 제시하고 이에 따른 결사의 성격을 규정했다.[74] 첫째, 조선민족의 독립을 위해 투쟁하는 조선 사람으로 결성되었고, 그 조직은 조선 사람에게만 국한하는 까닭에 민족적 결사라는 것이다. 둘째, 민족의 독립을 전취하기 위해 혁명적 수단으로 조선 내에서 일제의 통치세력 구축과 식민지적·노예적 사회관계 청산을 기본임무로 하는 까닭에 혁명적 정치결사라는 것이다. 셋째, 자각적 혁명분자와 광범한 반일대중을 흡수하여 혁명적 실천을 전개하고 실천 가운데서 대중의 혁명적 훈련을 도모하는 까닭에 대중적 결사라는 것이다. 마지막으로 조선의 각 혁명적 계층의 공통 이익을 위한 투쟁을 일상생활의 기본정신으로 하는 까닭에 반일민족통일전선적 성질을 내포한 결사라는 것이다.

이처럼 독립동맹의 특성을 분류한 최창익은 조선혁명의 성질은 자산계급성 민족민주혁명 계단이라고 단언하고, 혁명의 기본적 투쟁대상은 일본제국주의이며 혁명의 당면 임무는 조선민족의 독립과 해방이라고 주장했다. 이와 동시에 민족의 독립과 해방의 문제는 조선 혁명전략 계단에서 나오는 반일민족통일전선의 기본적 정치강령이며, 독립동맹의 기본적 정

---

73) 崔昌益, "延安時代의 獨立同盟 ④," <獨立新報> 1946년 5월 25일.

74) 崔昌益, "延安時代의 獨立同盟 ④," <獨立新報> 1946년 5월 25일.

치강령이기도 하다고 주장했다.75)

　　최창익은 독립동맹이 조선 혁명운동의 기본역량이 되고 동맹원이 혁명투쟁의 선봉대가 되는 것이 아니라, 그 중심역량의 한 부분에 불과하다고 말했다. 즉 혁명운동의 '선봉대'라기보다는 진실한 혁명대오 중의 한 부분이라고 보는 것이 적당하다는 것이다. 그리고 한 개의 진보된 혁명 계급정당이 아니고, 한 개의 진보된 군중적 정치단체라고 겸손하게 주장했다. 그는 이렇게 말한다고 해서 독립동맹이 과소평가되는 것도 아니고 동맹의 발전 전도를 무시하는 것도 아니라고 강조했다.76)

3) 독립동맹과 의용군의 투쟁사

　　최창익은 독립동맹이 발전을 거듭해 1944년 말에는 모두 10개의 분맹을 두게 되었는데, 이들 모두는 8로군 또는 신4군이 있는 지역에 조직된 것으로 각 분맹은 이들 중국군과 협력하여 혁명공작을 하고 있다고 말했다. 이외에도 그는 일본군이 점령하고 있는 중국 각 지방에도 동맹의 조직 사업은 크게 발전하고 있으나, 일본군 점령이라는 사회환경을 고려하여 발표할 수 없다고 부연했다. 그는 8로군과 신4군 지역에서 자유롭게 활동하고 있는 동맹원은 이미 수천 명을 넘었다고 말하고, 화북과 화중의 일본군 점령지역 내에 있는 조선 동포들이 독립동맹의 깃발 아래로 홍수처럼 모여들고 있다고 주장했다.77)

　　최창익은 독립동맹과 조선의용군이 일본군과 투쟁한 내용과 형식을 기록했는데, 그가 우선적으로 든 것은 선전공작이었다. 그는 선전공작의

---

75) 崔昌益, "延安時代의 獨立同盟 ⑤," <獨立新報> 1946년 5월 26일.
76) 崔昌益, "延安時代의 獨立同盟 ⑥," <獨立新報> 1946년 5월 27일.
77) 10개의 분맹이 있는 지역은 延安, 晋東南, 晋察冀, 冀東, 太岳區, 魯東, 山東, 華中區, 晋西北, 廣東이다. 崔昌益, "延安時代의 獨立同盟 ③," <獨立新報> 1946년 5월 24일.

기본은 일제의 야만적 폭압정치의 내용과 강도적 침략전쟁의 성질을 폭로하며 국내의 동포들에게 민족해방사상과 독립의식을 넣어 주는 것이었다고 설명했다. 그리고 조선 동포에게 동맹의 존재와 동맹의 정치강령을 선전하고 일제 조선통치의 본질과 파시스트 침략전쟁을 폭로하는 것도 중요한 과업 중의 하나였다고 말했다.

선전활동의 내용으로 그는 삐라를 뿌리거나 벽에 전쟁을 반대하는 표어 등을 써서 반전의식을 고취하고, 적 점령구 내에 사는 중국인들을 모아 놓고 항일전쟁 정세를 설명하거나 좌담회를 개최하여 항일사상을 불러일으키는 등 여러 가지 형식과 내용으로 선전전을 벌여 커다란 효과를 보았다고 주장했다. 그는 선전공작은 일본군 점령구역 내에 사는 조선 동포들에게는 반일 독립사상을 고취하고, 중국 인민에게는 항일의식을 주입하며, 일본 병사들에게는 철저한 반전사상을 불어넣는 것이 최대 목표였다고 요약했다.[78]

선전공작과 더불어 특기할 만한 것으로 최창익은 무장 선전공작을 들었다. 이는 중국공산당의 항일근거지 내에서 많이 진행된 선전방식의 하나로, 의용군과 중국군의 배합으로 구성된 수십 또는 수백 명의 무장대오가 일본군이 점령한 지역으로 가서 한편으로는 일본군을 위협하고, 다른 한편으로는 인민을 집합시켜 연설과 문서 등의 방법으로 이들에게 항일사상을 선전하는 것이라고 그는 설명했다.

무장선전을 하는 과정에서 일본군과 마주쳐 전투를 하는 경우도 있었고, 어떤 때는 일본군 대부대에 포위당해 위험한 상태에 빠진 때도 있었는데, 이 과정에서 전사자와 부상자도 많이 나왔다고 그는 말했다. 그는 의용군의 무장선전대가 일본군에 커다란 타격을 주었기 때문에 일본군은 무장선전대를 가장 두려워했다고 주장했다.[79] 그리고 무장선전대가 일본

---

78) 崔昌益, "延安時代의 獨立同盟 ⑦," <獨立新報> 1946년 5월 28일.

79) 崔昌益, "延安時代의 獨立同盟 ⑦," <獨立新報> 1946년 5월 28일.

군을 쳐서 물리친 예로 호가장(湖家莊)전투, 원씨촌(元氏村)전투, 요문구(要門口)전투, 백초평(百草坪)전투, 그리고 화순(和順)전투 등을 들었다.

4. 종전과 귀국

최창익이 연안에서 어떻게 지냈고 어떤 활동을 했는지에 관해서는 알려지지 않고 있다.[80] 독립동맹의 부주석으로서 조직을 유지·관리하고 맹원들을 교육하며 독립동맹과 조선의용군의 활약상을 정리하는 작업에 몰두했을 것으로 추측되나, 구체적인 내용은 알 길이 없다. 당시 연안에는 조선인 외에도 일본인, 몽고인, 그리고 남방의 여러 민족이 우호적인 분위기에서 섞여 살고 있었기 때문에 일종의 국제사회의 축소판과 같았다는 기록이 있고,[81] 최창익 자신도 외국 기자의 요구에 의해 독립동맹의 투쟁사를 집필했다고 한 것으로 보아,[82] 대외활동과 저술활동에 상당한 시간을 보냈으리라고 분석된다.

그러나 연안에서의 생활은 갑자기 찾아온 종전과 함께 막을 내리게 되는데, 최창익을 비롯한 맹원들은 감격스럽게 해방을 맞이해야 함에도 불구하고 자신들의 손으로 일제를 타도하지 못한 것을 너무나 애석해했다.

---

[80] 독립동맹원들의 연안에서의 생활이 구체적으로 알려진 바는 없으나, 상하의 구별 없이 누구나 자급자족을 위해 노동에 종사했으며, 식생활은 수수밥이나 옥수수죽에 산나물을 소금에 찍어 먹는 정도였고, 하루에 두세 시간의 독서시간이 있어 규칙적으로 공부하며 독서를 한 뒤에는 반드시 그 내용을 기록하도록 했다고 되어 있다. 尹逸模, "延安에서의 生活鬪爭," 『新天地』 1권 2호(1946년 3월), 202-204쪽.

[81] 尹逸模, "獨立同盟과 義勇軍의 鬪爭史," 202쪽.

[82] 崔昌益, "延安時代의 獨立同盟 ①," <獨立新報> 1946년 5월 21일.

"기쁜 일임에는 틀림없으나 웬일인지 맥이 빠진다"는 표현이 더 적합한 공기가 일순간 이들 사회를 지배했던 것이다.83) 독립동맹과 의용군 일행은 종전과 동시에 귀국을 서둘렀다. 그러나 그들이 조선에 도착했을 무렵, 국내에는 이미 새로운 권력구조가 자리를 잡아 가고 있었다.

1) 종 전

조직을 계속 확대해 나가면서 항일투쟁을 전개했던 독립동맹은 1945년 8월 29일 국치일을 기해 제3차 대표대회를 연안에서 개최하기로 했다. 나날이 변해 가는 국제정세에 비추어 가장 적절한 전략·전술과 투쟁방침을 결정하며, 일본의 항복이 멀지 않았다는 판단에서 의용군을 거느리고 조선에 진격하여 일제를 완전히 소탕할 계획 및 조선 독립의 노선과 방침을 확정하기 위해 대표대회를 개최키로 한 것이다.84)

그러나 이러한 대회 준비는 모두 허사가 되고 말았다. 1945년 8월 11일 오후 5시 무전으로 연합국 통신을 접한 연안의 전신기사가 일제의 항복 소식을 전했고, 이것이 곧바로 독립동맹 본부에도 전해졌기 때문이다.85) 일제의 항복 소식을 들은 대원들은 서로 얼싸안으며 해방의 소회를 나누었으며, 밤이 되자 횃불을 만들어 운동장에 모여 누군가가 시작한 의용군 행진곡을 따라 불렀다.

중국의 광활한 대지 우에 조선의 젊은이 행진하네
발을 맞춰 나가자. 다 앞으로
지리한 어둔 밤이 지나가고, 빛나는 새 아침이 밝아 오네

---

83) 高贊輔, "日本鬼子投降了,"『民聲』2권 9호(1946년 8월), 10쪽.
84) 金命時, "海外鬪爭의 血劇史," <解放日報> 1945년 12월 28일.
85) <現代日報> 1946년 8월 13일.

우렁찬 혁명의 함성 속에 의용군 깃발이 휘날린다
나가자 피 끓는 동무야, 뚫어라 원수의 철조망
양자와 황하를 뛰어넘고, 피 묻은 만주 결전에
원수를 동해로 내어 몰자
전진, 전진 광명한 저 앞길로

이 날 밤 대원들의 박수 속에 등장한 독립동맹의 주석 김두봉은 기쁜 소식을 들었음에도 불구하고 우리들의 원수를 우리 손으로 무찌르지 못하고 외국의 힘을 빌려 타도했기 때문에, 해방을 온몸과 온정신으로 맞이하지 못하고 있다고 자신의 소감을 밝혔다.86) 그리고 그는 진정한 싸움은 이제부터라고 주장했다. 온갖 고통 속에서 조국해방을 위해 준비한 보람이 없어진 것을 통탄해하면서도 귀국 후에는 인민의 이익을 위해 투쟁해야 한다는 것을 강조했다.

한편 대회 개최 방침에 따라 각 독립동맹의 지방 분맹에서 연안으로 가던 대원들은 도중에 일제의 항복 소식을 전해 듣고 행군을 중지하며 대기하고 있다가, 연안으로 오지 말고 봉천으로 집결하라는 명령을 받았다.87) 연안에 있는 8로군 총사령부가 총사령 주덕(朱德) 명의의 명령 제6호를 통해 조선의용군들은 조선에 들어가 조선 해방전쟁에 참가하라는 다음과 같은 명령을 내렸기 때문이다.88)

연안총부명령 제6호
중국 및 조선 경내에 진군하여 싸우는 쏘련 붉은 군대에 배합하고 조선 인민을 해방하기 위하여 나는 지금 화북에서 대일작전을 벌리고 있는 조선의용대의 사령원 무정, 부사령원 박효삼, 박일우에게 즉시 소속부대를 통솔하여 8

---

86) <現代日報> 1946년 8월 14일.
87) 金命時, "海外鬪爭의 血劇史," <解放日報> 1945년 12월 28일.
88) "연안총부명령 제6호," 『在遼瀾的中國大地上』(延辺人民出版社, 1987), 681쪽.

로군 및 원동북군 X부대와 함께 동북으로 출병하며 적과 괴뢰군을 소멸함과 아울러 동북의 조선 인민을 조직하여 조선을 해방하는 임무를 완수할 것을 명령한다.

총사령 주덕
중화민국 34년 8월 11일 12시

해방은 되었지만, 조선의용군 전원이 일시에 갈 수가 없어 우선 의용군 4개 대대와 정치부만으로 제1진을 구성하여 1945년 9월 3일 봉천을 향해 출발했다.[89] 최창익도 이들과 함께 떠난 것으로 분석된다. 이들의 출발에 앞서 연안에서는 중국공산당 주최로 환송회가 열렸다. 이 자리에서 중국공산당의 모택동 주석은 "조선의 완전 독립이 없이 중국의 독립은 있을 수 없다. 그러나 조선의 동지들의 목적 달성은 우리보다 앞설 것이다. 최후의 목적 달성을 위해서 건투해 주기 바란다"는 요지의 송별사를 해 독립동맹과 조선의용군 전원을 감격시켰다.[90]

2) 귀국과 철수

연안을 떠난 의용군 일행은 출발한 지 38일 만인 1945년 10월 11일 1차 집결지인 장가구(張家口)에 도착하여, 화북지방 각지에 흩어져 있던 의용군 및 독립동맹원들과 만나 대오를 정비했다. 이곳에서 이들은 또다시 도보로 행군, 10월 26일 승덕(承德)에 도착하여 처음으로 기차를 탔으나 1945년 11월 2일 봉천에서 한 정거장 못 미친 신거(新居)에서 내리지 않을 수 없었다.[91] 봉천이 소련군 점령지역이어서 소련군 허락 없이는 어느 누

---

89) 〈現代日報〉 1946년 8월 19일.

90) "抗日血鬪 十星霜, 獨立同盟의 全貌," 〈朝鮮人民報〉 1945년 12월 19일.

91) 〈現代日報〉 1946년 8월 19일. 선발대가 봉천에 도착한 것은 12월 7·8일이라는

구도 병력을 이동시킬 수 없었기 때문이다.

8·15해방 당시 의용군의 수는 2천 명 정도였으나,92) 해방 이후 북경과 천진 등에 있던 청년들이 의용군으로 몰려오고 화북 일대 일본군에 소속되어 있던 학병과 징병들이 일제히 의용군으로 들어와 11월 중순경에는 그 숫자가 8만 명으로 늘어날 정도였다.93) 이들은 장거리를 도보로 이동하고 패잔한 일본군과 여러 차례 교전을 벌였음에도 불구하고, 군기를 엄숙하게 지켜 도처에서 중국 인민의 환호를 받은 것으로 알려졌다.94)

전열을 갖춘 의용군 선발대 1,500명은 온갖 어려움 끝에 1945년 11월 말 신의주에 도착했으나,95) 이들이 전혀 예기치 못한 사건이 그 날 밤 발생했다. 온갖 역경과 싸워 가며 천신만고 끝에 도착한 꿈에 그리던 고국에서의 첫날밤에 신의주 보안부대에 의해 무장해제를 당하고 만 것이다. 이로써 이들은 다시 만주로 철수하지 않을 수 없었다.96)

이에 대해 김두봉은 무장해제의 쓰라림을 단 한 줄로 표현했다. 일본이 저항을 포기하기 전에 소련군과 나란히 입국하려던 계획이 실현되지 못하고 겨우 선발부대 1,500명이 신의주에 도착했으나, "기대했던 우군에게 무슨 관계로든지 무장해제까지 당했다가 부득이 도로 출국하게 되었다"고만 말한 것이다.97)

보도(<朝鮮人民報> 1945년 12월 19일)도 있으나, 러시아 혁명기념일인 11월 7일 봉천에서 의용군의 시가행진이 있었던 전후의 정황으로 보아 이는 11월 7·8일의 오기라고 분석된다.

92) 金弘壹, 『大陸의 憤怒』, 353쪽.
93) <自由新聞> 1946년 2월 17일.
94) "抗日血鬪 十星霜, 獨立同盟의 全貌" <朝鮮人民報> 1945년 12월 19일.
95) 民戰事務局, 『朝鮮解放年報』(文友印書館, 1946), 146쪽.
96) 이들의 무장해제 경위에 대해서는 金昌順, 『北韓十五年史』(知文閣, 1961), 61-65쪽 참조
97) <現代日報> 1946년 3월 25일.

항일전에 참가했고 8로군과 합동작전을 전개했던 공로로 연합군의 당당한 일원이라고 할 수 있었음에도 불구하고 소련군의 인정을 받지 못하는 처지를 가슴 아프게 생각한 것이다. 이는 비단 김두봉뿐만 아니라 최창익을 포함하여 독립동맹과 의용군 모두가 느꼈을 것이라고 생각된다.

예기치 못하던 사건이 발생하자 김두봉을 비롯한 간부 일행은 평양으로 가서 소련군과 협상을 벌였다. 그러나 정부 없는 민족에 군대가 있을 수 없다는 소련군의 단호한 주장에 밀려 간부들만 그대로 평양에 남고, 대부분은 다시 만주로 철수하고 말았다.98) 최창익도 제1진 39명에 포함되어 귀국한 다른 간부들과99) 함께 평양에 남아 해방된 조국의 미래를 구상하는 작업에 몰두했다.

만주로 철수한 의용군에게 8로군 총사령부로부터 "봉천에서 확군사업을 하며 부대의 군사훈련을 강화하여 전투력을 높여 새로운 과업을 대기하라"는 새로운 명령이 하달되었다.100) 이는 만주 전체를 8로군의 점령지역으로 만들려는 전략에서 나온 것으로 의용군에게 새로운 임무를 맡기기 위한 조치였다. 여기서 새로운 임무란 첫째, 화북과 만주에 있는 수백만 조선 동포를 보호하는 것이고, 둘째, 의무병제에 의해 이 지역 청년들을 의용군에 편입하는 것이었다.101)

---

98) 民戰事務局, 『朝鮮解放年報』, 146쪽.
99) 독립동맹과 의용군의 간부들로서 1945년 말까지 평양에 온 1진 39명의 명단은 김중생, 『조선의용군의 밀입북과 6·25전쟁』(명지출판사,2001), 121-127쪽 참조
100) 현룡순, "조선의용군," 『조선족 백년사화』 제2집(遼寧人民出版社, 1984), 634쪽.
101) 尹逸模, "延安에서의 生活鬪爭," 204쪽.

제5장 해방과 건국활동

1. 귀국과 정치활동

중국공산당의 근거지인 연안에서 결성된 독립동맹의 부주석으로 항일활동을 전개하던 최창익은 해방이 되자 일행과 함께 귀국길에 올랐다.[1] 그러나 중국에서의 망명생활과 항일활동을 정리하고 귀국길에 오른 이들의 발길이 마냥 가볍고 순탄한 것만은 아니었다. 일본군의 방해와 국민당군의 비협조, 그리고 입국하는 과정에서 예기치 않게 당한 무장해제가 이들의 전도를 불투명하게 만들었기 때문이다.

권력구조의 면에서 볼 때 이들이 귀국한 시기 북한에는 소련의 지원을 받아 이들보다 먼저 귀국한 김일성을 중심으로 권력이 재편되고 있었다. 따라서 최창익 일행은 당분간 정세를 관망하는 수밖에 없었다. 이러한 정치상황에서 1945년 12월 말 모스크바 3상결정이 발표되자, 독립동맹은 이에 대한 지지를 통해 정치현안에 대해 처음으로 자신의 견해를 발표했고, 이를 계기로 최창익도 북한에서 본격적인 정치활동에 돌입하게 된다.

---

1) 귀국도 하기 전에 그는 김일성, 무정과 함께 조선공산당 정치국원으로 이름이 올라 있었다. 이를 볼 때 그의 항일투쟁 경력은 남한에도 상당히 알려졌던 것으로 분석된다. 장복성, 『조선공산당 파쟁사』(돌베개, 1984), 46쪽.

1) 모스크바 3상결정 지지

    1945년 12월 모스크바에서 개최된 미, 영, 소 3개국 외상회의에서 조선을 3년간 신탁통치하기로 결정했다는 보도가 나오자, 많은 국민들은 이를 식민통치와 같은 개념으로 받아들여 반대했다. 남한에서는 우익진영은 물론이고 공산당을 포함한 대부분의 좌익진영도 신탁통치 반대성명을 낼 정도로 반탁 분위기가 고양되어 있었다.[2] 북한도 이러한 분위기에서 크게 벗어나지 않았으나, 공개적으로 이를 나타낼 수 있는 여건이 되지 못했다. 언론의 자유가 극도로 제한된 상태였기 때문이다. 이는 탁치를 반대했던 조만식을 연금한 소련군의 조치에서도 알 수 있다.[3]
    이와 같은 시점에 3상결정을 적극적으로 지지하고 나선 것이 독립동맹이었다. 독립동맹의 주석 김두봉은 1946년 1월 2일 평양방송을 통해 3상결정을 지지하며 조선의 자주독립에 매진하겠다는 내용의 성명을 발표했다. 그는 그 동안 침묵을 지킬 수밖에 없었던 것은 국내사정을 바로 알기 전에는 경솔하게 언동할 수 없으며, 현실적으로 해야 할 사업의 착수에 바빴기 때문이라고 말하고, 3상결정은 국가독립 완성에 유리하고 또한 호의적이며 정의로운 결정으로 찬성하지 않을 수 없다고 주장했다.[4] 그리고

---

[2] 중앙인민위원회는 1945년 12월 28일 오후 긴급회의를 개최하고 탁치반대 결의를 하고 이를 담화로 발표했다가, 1946년 1월 2일에는 3상결정을 지지하는 쪽으로 태도를 바꾸었다. 이처럼 태도를 바꾼 것에 대해 李康國은 3상결정의 내용을 제대로 파악하지 않은 상태에서 민중의 여론에 추수하여 혼란을 일으켰다고 사과했다. 李康國, 『民主主義 朝鮮의 建設』(朝鮮人民報社 厚生部, 1946), 94-95쪽.

[3] 소련군과 김일성은 3상결정을 지지하도록 조만식에게 갖은 압력을 가했으나, 조만식이 매국적인 탁치는 받아들일 수 없다며 거절하자 그를 연금 조치했다. 吳泳鎭, 『蘇軍政下의 北韓』(中央文化社, 1952), 114-115쪽 및 曺靈岩, 『古堂 曺晩植』(政治新聞社, 1953), 66쪽.

신탁통치란 말은 후견이라는 말이 와전된 것이라고 말하고, 전 민족이 노력하여 5년간의 후견기간을 단축시켜 독립을 촉진해 나가자고 호소했다.

김두봉의 성명에 이어 독립동맹도 1946년 1월 16일 "조선동포에 고함"이라는 성명을 통해 3상결정 지지를 선언했다. 독립동맹으로서는 3상결정이 조선을 독립국으로 부흥·발전케 하기 위한 방법임을 인정한다는 것이었다. 그리고 민주주의 조선임시정부 수립을 위해 적극 노력하며 반민족적 친일분자들을 제외한 민족통일전선 결성에 적극 참가할 것이라고 밝혔다.5)

독립동맹의 부주석인 한빈은 1946년 1월 29일 서울에서 가진 기자회견에서 독립동맹으로서는 국제적·국내적 제반 정세에 대한 과학적인 판단에 입각할 때 3상결정은 조선 자주독립의 구체적인 조건을 보장해 주는 것으로 인정했기 때문에 이를 지지한 것이라고 설명했다.6) 즉 3상결정은 연합국들이 조선을 급속히 독립한 국가로 발전케 하려는 호의에서 나온 것으로, 공허한 독립이 아니라 민족의 참된 행복과 자유와 부강을 보증하는 완전한 독립을 약속하는 것이라고 주장했다.

3상결정에 대한 독립동맹의 지지성명과 주석 및 부주석의 성명은 독립동맹의 지도체제로 볼 때, 그리고 북한의 정치상황을 감안할 때, 단순히 개인 차원에서 나온 것이 아니라 간부들의 회의를 통해 나온 독립동맹의 집단적 의사표현이라고 분석된다. 따라서 최창익은 개인 명의로 이를 지지한다는 성명을 내지는 않았으나, 전후의 정황으로 볼 때 그가 이러한 내용에 동의한 것만은 틀림없다고 판단된다.

왜냐하면 친일분자나 민족반역자를 배제하고 소수 특권계급의 전단을 배제하는 동시에 전 인민의 총의에 선 민주적 통일정부의 수립은 3천만

---

4) <朝鮮人民報> 1946년 1월 10일.
5) 柳文華 編, 『해방 후 4년간의 國內外 重要 日誌』(民主朝鮮社, 1949), 22쪽.
6) <해방일보> 1946년 2월 1일.

민족의 요구일 뿐만 아니라 국제적으로 요구되는 것인데, 이것이 모스크바 3상회의에서 구체화되었다고 한 그의 주장7)과 독립동맹의 성명 내용이 일치하고 있기 때문이다. 그리고 남한에서 민중으로부터 고립되고 유리된 일부 세력이 터무니없이 반탁운동을 일으켜 민중을 미혹케 하고 있다는 비판에서도 이를 확인할 수 있다.8)

그에 의하면 반탁운동은 결과적으로 3상결정을 위반하는 배신적 행위로 조선 내에서 친일적·파쇼적 반동세력과 제휴하여 민족 내부를 분열시키며 민주조선 건설을 방해하는 것이라는 것이다. 여기서 더 나아가 그는 미국이 3상결정을 위반하는 배신적 행위로 친일적 반동세력과 제휴하여 민족 내부를 분열시키며 민주조선 건설을 방해하고 있다고 말하고 미국의 이러한 반민주적인 정치태도를 질책하지 않을 수 없다고 주장함으로써,9) 3상결정에 대한 지지의사를 분명히 나타냈다.

2) 독립동맹 강령 정리와 신민당으로의 명칭 변경

3상결정에 대한 지지성명을 발표한 후 독립동맹은 본격적인 정치활동에 돌입했는데, 여기서 중심적인 역할을 한 인물이 최창익이었다. 연안에 있을 때부터 독립동맹의 조직 유래와 아울러 활동 및 투쟁약사를 정리할 정도로10) 그는 독립동맹에 대한 애착이 강했을 뿐만 아니라, 각종 글을 통해 독립동맹이 통일전선에서 중요한 역할을 해야 한다고 역설했다. 그

---

7) <現代日報> 1946년 5월 27일.

8) <現代日報> 1946년 5월 28일.

9) 崔昌益, "人民敎員들의 모임에서 講演한 一編," 八·一五解放 一週年記念 中央準備委員會, 『解放 一週年記念 反日鬪士演說集』(農民新聞社 出判部, 1946), 73쪽.

10) 최창익은 이를 해방 후 남한의 신문에 "延安時代의 獨立同盟"이라는 제목으로 6회에 걸쳐 연재했다. <獨立新報> 1946년 5월 21, 22, 24, 25, 26, 27일.

리고 독립동맹의 투쟁과 활동상을 강조한 책자를 펴내기도 했다.[11]

그는 중국 무한(武漢)에 근거를 두고 항일활동을 전개하던 조선 혁명단체 청년들이 1938년 가을부터 1939년 여름까지 중국 동북지역으로 가서 중국공산당 영도 하에 있는 항일군정대학에서 학습을 받고 8로군과 신4군 지역에서 항일공작에 직접 참여하며 역량을 증대시켜 온 사실을 들고, 이들 항일군정대학을 마친 청년들이 1941년 1월 10일 화북조선청년연합회를 조직했는데 이것이 발전하여 1942년 7월 10일 조선독립동맹이 되었다고 기술했다. 즉 청년연합회가 중국공산당 영도 하에 있는 해방구에서 항일투쟁을 전개했는데, 이러한 활동에 동조하는 중국 관내 각 혁명단체들의 동지 다수가 화북의 항일근거지로 와서 청년연합회에 가입함으로써 조직 역량이 확대되었고, 이에 조응하여 명칭을 독립동맹으로 고쳤다는 것이다.[12]

이후 독립동맹은 최전선의 전투 환경에서 민주정치의 실시와 민주역량의 기초 위에서 꾸준히 투쟁을 전개한 결과 많은 성과를 거두었다고 그는 자부했다. 그리고 국외에서 전개된 30여 년에 걸친 투쟁에서 얻은 역사경험과 교훈으로부터 배우고 해외 여러 곳에 나누어져 있던 우수한 동지들의 힘이 합해진 성과로 나온 것이 독립동맹이라고 말함으로써, 독립동맹이 항일운동의 정통성을 잇고 있는 단체임을 암시했다. 그렇다고 해서 독립동맹만이 유일한 독립운동단체라고 주장한 것은 아니다. 단지 민족해방진영의 하나의 대오로서 반일민족통일전선 내의 유력한 역량으로 존재하며, 민족의 독립과 해방을 위한 투쟁을 그 임무로 삼고 있을 뿐이라고 겸손하게 주장했다.[13]

---

11) 해방 이전 독립동맹을 소개하기 위한 책자를 내려고 했던 최창익은 중국에서의 출판이 여의치 않자 해방 후인 1946년 5월 이를 평양에서 소책자로 펴냈다. 崔昌益, 『八·一五以前 朝鮮民主運動의 史的 考察』(革新出版社, 1946).
12) 崔昌益, 『八·一五以前 朝鮮民主運動의 史的 考察』, 59쪽.
13) 崔昌益, 『八·一五以前 朝鮮民主運動의 史的 考察』, 60쪽.

이같이 독립동맹의 유래를 밝힌 최창익은 비록 초고 상태이기는 하지만 독립동맹 강령도 정리하여 기록했다.14) 그는 이 강령을 정리하는 작업이 독립운동 진영 내의 일익으로서 조국의 독립을 위하여 일체를 바칠 것을 다짐하고 전 민족의 공동요구에 따라서 한 것이라고 밝혔다. 5개 장으로 된 강령은 민족해방을 위해, 민족의 적을 타도하기 위해, 반일 무장투쟁을 전개하기 위해, 일제가 조선에서 전개하고 있는 전시정책에 적극 투쟁하기 위해, 그리고 자주독립의 강성한 민주공화국 건립을 위해 필요하다고 간주되는 사항들을 구체적으로 열거해 놓았는데, 이는 독립동맹이 장차 취할 정치노선을 암시한 것이라고 볼 수 있다. 강령은 민주공화국 건립을 위해서 일본인 및 친일파로부터 은행, 철도, 광산 등 대규모 기업을 몰수하여 국가에서 이를 경영·관리하며 몰수한 토지를 농민에게 분배한다고 밝혔다. 이러한 조항은 독립동맹이 해방 후에 취한 정치노선과 일치하고 있는데, 이를 볼 때 독립동맹의 강령이 북한에서 실시되는 제반 개혁에 어느 정도 영향을 미쳤다고 할 수 있다.

독립동맹은 1946년 2월 16일 그 명칭을 조선신민당으로 바꾸었다.15) 과거 청년연합회가 반파쇼전쟁의 임무를 집행하기 위하여 명칭을 독립동맹으로 바꾼 것과 마찬가지로 현 단계의 투쟁임무는 조직체의 발전적 변화를 강요하고 있다는 것이다. 그리하여 독립동맹은 신민당 명의로 강력한 조직체로 건국대업의 임무를 완수하기 위하여 명칭을 바꾼다는 내용의 '조선신민당 선언'을 발표했다.16) 독립동맹이라는 명칭은 군사적 전투단체 겸 정치단체의 성격을 띠고 있는 것으로, 귀국 후 군사적 전투단체의 성격이 불필요하게 된 마당에 과거의 명칭을 고수할 이유가 없다는 것이다.17) 즉 독립동맹이라는 명칭이 일제를 타도하는 과정에서 형성된 것이

---

14) 崔昌益,『八·一五以前 朝鮮民主運動의 史的 考察』, 61-64쪽.
15) 柳文華 編,『해방 후 4년간의 國內外 重要 日誌』, 31쪽.
16) 선언의 전문은 <解放日報> 1946년 3월 12일 및 13일에 수록.
17) <서울신문> 1946년 3월 7일.

기 때문에, 일제가 물러난 시점에서, 그리고 건국사업을 진행하는 시점에서는 적합하지 않다고 판단했기 때문에 명칭을 바꾼다는 것이다.

선언에서 신민당은 비록 명칭을 변경하기는 했지만 독립동맹의 투쟁 전통은 계속 발휘할 것이라고 밝히고 당면한 주장을 세 가지로 요약했는데, 전후의 문맥으로 보아 최창익의 논지로 보아도 무방하다고 분석된다. '당면 주장'은 첫째, 현재 부여되는 임무는 민주정권의 수립에 있고 이를 완성하기 위해 민족적 대동단결이 요구되며, 둘째, 농민에게 토지를 분배하는 방향으로 민족경제의 합리적 재편성이 요구되며, 셋째, 일제 및 파쇼 문화의 잔여세력을 청산하여 민족문화를 부흥·발전시킬 것이 요구된다는 등 세 가지였다. 이는 최창익이 평소 주장하던 내용을 그대로 옮겨놓은 것이라고 할 수 있다. 그는 3·1운동 이후 조선은 무산계급이 주동적으로 자산계급성 민주주의혁명을 추진하고 있다고 주장하고,[18] 이를 완수하기 위해서는 반일민족통일전선을 강화할 필요가 있으며 조선의 민족해방운동은 농민해방운동이므로 이들의 요구사항을 관철해야 한다고 역설했기 때문이다.

이처럼 독립동맹의 강령과 신민당의 당면 주장을 정리하는 과정에서 주도적인 역할을 함으로써 최창익은 신민당의 이론가로서의 위상을 굳히게 되었다. 이는 일본 유학시절에 습득한 공산주의 이론에 관한 지식에서, 그리고 조선공산당을 조직하고 항일투쟁을 전개하면서 체득한 경험에서 비롯된 것이라고 분석된다.

3) 공산당과의 차별성 강조

최창익은 신민당과 공산당이 사상과 주의에서 동일한 성질을 가진

---

18) 崔昌益, 『八·一五以前 朝鮮民主運動의 史的 考察』, 17쪽.

정당이 아니냐는 질문이 사회 일부에서 제기되자, 양 당은 별개의 존재라는 것을 분명히 주장했다. 그의 설명에 의하면 공산당은 무산계급의 토대 위에 건립된 계급정당으로 자본주의적 생산관계를 변혁하고 공산주의를 최고이념으로 한 노동계급의 전위정당인 반면, 신민당은 조선사회의 역사성에서 규정된 정당으로 계급과 계층을 불문하고 진보적 민주주의 사상을 가진 사람은 누구나 다 참가할 수 있는 정치결사라는 것이다.[19]

따라서 신민당은 어느 한 계급의 정당도 아니며, 한 주의(主義)의 정치결사도 아니고, 민주적 통일전선의 정당으로 민족적 자주독립과 민주주의 정권수립을 목표로 하는 진보적 민주정당이라는 것이다. 신조선을 건설함에 있어 상호 신뢰하는 우의적 정당들과 공동보조를 취하는 것은 자산계급성 민족민주혁명의 역사적 임무를 공동 집행하는 데 있다고 말한 그는 민족민주혁명의 임무를 수행해야 하는 현 계단에서 민주적 통일전선은 계급적으로는 무산계급과 진보적 자산계급의 합작을 요구하며, 정당적으로는 진보적 자산계급적 성질을 가진 정당과 공산당의 합작을 의미하고 있다고 단언했다. 그리고 그러한 합작은 민족 내부에서 발생되는 각 계급의 이해와 공통되고 있기 때문에 신민당의 존재의의가 있는 것이라고 그는 설명했다.[20]

이처럼 신민당의 기본 성격을 설명한 그는 민주주의적 통일정권이 수립된 이후에도 신민당은 계속 존재할 필요성이 있다고 역설했다. 신민당의 존재가 현 조선의 역사성에서 규정되었다면 그 역사성이 존재하는 한 신민당의 존재도 지속될 가능성이 예상되며, 자산계급성 혁명이 일정한 시기에 그 임무가 완수된다면 그때는 신민당만이 그 존재 여부가 문제될 것이 아니라 모든 정당의 존재가 문제가 될 것이라는 이유에서였다. 그

---

19) 崔昌益, "民主的 民族統一戰線의 歷史性에 對하야 ③," <獨立新報> 1946년 6월 21일.

20) 崔昌益, "民主的 民族統一戰線의 歷史性에 對하야 ④," <獨立新報> 1946년 6월 22일.

러므로 현실을 떠난 과대한 예견도 불필요하며 조급한 판단도 무의미하다면서, 역사계단의 현실성에서 자신의 임무수행에 충실한 것이 정당한 과학적 태도라고 단언했다.[21] 민주주의를 충실하게 실시하는 한 인민의 옹호를 받을 것이고, 통일전선에 충실하는 한 인민의 존경을 받아 존속할 것이라는 논리였다.

이어서 그는 해방 이후 각 정당과 사회단체가 현 계단의 역사성에 대한 정확한 인식에서 신조선 건설에 충실해 왔기 때문에, 이들이 상호 신뢰하는 입장에서 합심 협력할 수 있었다고 주장했다. 이러한 설명을 통해 그는 공산당과 신민당의 차별성을 설명하고, 양 당이 민주적 민족통일전선의 정치노선을 공동으로 실천하고 있다는 것을 강조했다.

4) 통일전선의 역사성 해설

최창익은 통일전선의 결성이 역사계단마다 그 구성요소가 다르게 나타나는 현상을 '통일전선의 역사성'이라는 말로 규정하고, 각종 복잡한 투쟁이론이 배출될 때 가장 신뢰할 수 있는 의견은 과학적인 관점이라고 주장했다. 이러한 관점에 근거하여 그는 역사계단에서 하나의 현상이 어떻게 발생했으며, 어떠한 계단을 경과하였는가를 주시해야 한다고 강조했다. 이러한 과학적 고찰방법에 입각하여 분석할 때 그는 조선에서 요구되는 혁명은 자산계급성 민주혁명이며, 이를 달성하기 위한 방법은 민족통일전선의 결성이라고 단언했다.[22]

조선이 일본의 식민통치 하에 있을 때 민족의 당면한 요구대상은 독

---

21) 崔昌益, "民主的 民族統一戰線의 歷史性에 對하야 ④," <獨立新報> 1946년 6월 22일.

22) 崔昌益, "民主的 民族統一戰線의 歷史性에 對하야 ①," <獨立新報> 1946년 6월 19일.

립이었다고 말한 그는 이를 실행하기 위해서는 민족역량의 단결이 가장 중요했다고 분석했다. 그런데 그 단결의 기준은 각 계급, 각 계층, 각 정당, 각 당, 각 파를 불문하고 일제의 조선통치에 반대하며 조선 민족의 독립을 주장하는 것이기 때문에, 일체의 반제(反帝) 요소를 망라한 반일민족통일전선의 결성이 무엇보다 우선한다고 보았다. 이처럼 반일민족통일전선 결성은 충분히 사회적 근거를 가지고 있는데, 이는 민족 내부의 계급적 모순보다 이민족 통치에 대한 민족적 모순이 더 컸기 때문이라는 것이 그의 분석이었다.

즉 민족 내부에 지주와 소작인 간에, 자본가와 노동자 간에 모순이 있었음에도 불구하고 제국주의 식민통치로 인해 발생하는 민족 간의 모순이 고위(高位)를 점하고 있고, 그러한 조건 아래서 소수의 친일파를 제외하고 반일민족통일전선 결성이 가능했다는 것이다. 그리고 당시의 역사계단에서 부여되는 자산계급성 민주혁명의 내용은 일제의 조선통치를 타도하고 민족의 해방과 독립을 쟁취하는 데 있었으며, 그러한 계단에서 반일민족통일전선을 보장하며 이를 보강하기 위해서는 반제투쟁 임무가 앞에 놓이고, 반봉건투쟁 임무는 그 다음 순위에 놓일 수밖에 없다는 것이 그의 주장의 핵심이었다.

이러한 상황에서 연합국의 승리로 일제가 패망하고 조선이 해방되었지만, 조선은 아직 완전한 자주독립을 쟁취하지 못했다고 최창익은 보았다. 이 때문에 또다시 통일전선의 결성이 요구된다고 그는 주장했고, 이러한 관점에서 통일전선의 역사성을 제기했다. 그는 자산계급성 민주혁명의 완수를 위해서는 신조선 민주정권을 수립해야 한다고 보았고, 이를 위해서는 친일적·파쇼적·봉건적인 구조선의 반동적 통치세력의 잔재를 소멸하고 민주적인 신조선을 건설해야 하며, 이러한 의미에서 민족적 단결이 있어야 할 것이라고 주장했다.[23]

---

23) 崔昌益, "民主的 民族統一戰線의 歷史性에 對하야 ②," <獨立新報> 1946년 6월

그는 해방 후의 시점에서 요구되는 민족단결은 각 계급, 각 계층, 각 당, 각 파를 불문하고 신조선의 민주정권을 수립하기 위해 분투하는 모든 세력을 규합하는, 즉 민주적 민족통일전선의 결성이라고 주장했다. 내부적으로 계급적 모순이 증대하고 있는 것은 사실이지만, 민족 내부의 계급 간 모순은 현 순간의 역사계단에서 규정되는 민족적 이해를 초과할 수 없다는 이유에서였다.

그는 해방 이후의 시점에서 요구되는 민족통일전선은 8·15 이전의 반일민족통일전선보다 고도로 수립되는 정치노선이라고 주장했다. 조선혁명의 성질이 기본적으로 자산계급성 민주혁명의 역사성을 공동으로 지니고 있기는 하지만, 해방으로 인해 민족의 지위가 바뀌었고 투쟁의 대상이 갈렸으며 단결의 기준이 다르게 되었기 때문이라는 것이다. 따라서 합리적으로 투쟁을 실천하는 데 심각한 주의를 기울여야 한다고 강조했다.

이처럼 통일전선 결성을 강조했지만, 계급적 기초가 다른 각개 정파가 민족통일전선을 결성하는 문제와 이를 영도하는 문제가 결코 쉬운 일은 아니라는 것을 그는 현실적으로 인정했다. 이는 북한에서 공산당과 신민당이 통일전선 결성의 주도권 문제를 놓고 어느 정도 내부적인 갈등이 있음을 암시하는 구절로 간주된다. 이런 의미에서 그는 혁명성과 비혁명성을 판별하지 못한 민족통일전선론이 혼란을 일으키고 있고, 투쟁대상과 교육대상을 구별하지 못한 배격과 허용이 아무런 기준 없이 진행되고 있는 북한의 현실을 개탄했다.

이어서 그는 남한의 정치현실에 대해서도 문제점을 지적했다. 민족통일전선의 영도방법에서 주·객관적 현실을 정확히 분석하지 못하고 종파적 감정에 흘러 협애한 영도방식으로 자신의 이익에 급급하여 반동진영에 어부지리를 주고 있다는 것이다.[24] 이처럼 그가 종파문제를 거론하며 비

20일.

[24] 崔昌益, "民主的 民族統一戰線의 歷史性에 對하야 ③," <獨立新報> 1946년 6월 21일.

판한 것은 서울에 있는 공산당 내부에서 주도권 문제를 놓고 갈등이 빚어지고 있는 사태를 염두에 둔 것이라고 분석된다.25) 해방 후 서울에서 조선공산당을 재건하는 과정에서 재건파와 장안파로 나뉘었고 양 파가 통합을 이루었다고 공식적으로 발표한 후에도26) 갈등이 완전히 해소되지 않고 있었기 때문이다.

2. 정세분석

귀국 후 정세를 관망하다가 3상결정 발표를 계기로 정치활동을 개시한 최창익은 일제강점기에 집필해 두었던 각종 글을 연달아 발표했고, 중국에서 전개했던 항일투쟁의 실천적 경험에 입각하여 국내외 정세를 분석했다. 정세분석에서 그가 가장 중점을 둔 것은 해방의 유래였다. 기본적으로 그는 소련의 대일전 참전이 해방의 결정적 원인이라고 확신했으며, 김일성의 무장투쟁과 독립동맹의 항일투쟁은 부수적인 것으로 간주했다.

그는 또한 소련의 참전은 2차 대전을 연합국의 승리로 이끄는 원동력이었다고 분석하고, 이를 계기로 세계 약소민족이 해방되었다는 생각을 가지고 있었다. 이로 인해 새로운 민주주의가 도래한 반면, 미국을 비롯한 제국주의 진영은 식민지를 지속적으로 착취하려 한다고 그는 보았다. 미국과 소련에 대한 이런 상반된 인식의 연장선상에서 그는 남·북한의 정

---

25) 공산당 내부의 갈등에 대해서는 김남식, 『南勞黨 硏究』(돌베개, 1984), 26-34쪽 참조

26) 조선공산당은 1945년 9월 19일 기관지인 <解放日報> 1면에 "朝鮮共産黨은 마침내 統一 再建되엿다"라는 제목의 논설을 통해 1945년 9월 8일 개최된 공산당 열성자대회에서 여러 그룹과 요소는 공산당 재건준비위원회에 합류·흡수되기로 결정함으로써 분열은 극복되고 통일은 실현되었다고 주장했다.

세를 분석, 북한은 민주주의를 착실히 건설해 나가는 데 반해 남한은 그와 반대의 길을 걷고 있다고 주장했다. 그리하여 조선은 전체적으로 민주 대 반민주의 투쟁이 전개되고 있다고 보았다.

1) 해방의 유래와 해방의 국제성

최창익은 기본적으로 파시스트 국가들의 식민지 재편 야욕으로 인해 세계대전이 발생했기 때문에 어느 한 민족의 해방문제는 고립무원의 상태에서 단독적인 힘으로 해결될 수 있는 것이 아니고, 국제적 관련성 속에서, 즉 세계 반파쇼전쟁의 승리과정에서 해결될 문제라는 인식을 가지고 있었다.[27] 독일, 이태리 같은 파시스트 국가들의 패망 없이 그들의 통치 하에 있던 여러 민족과 국가가 해방될 수 없는 것과 마찬가지로, 동양에서 일제의 통치와 침공을 받은 조선이나 중국도 일제의 패망 없이는 해방될 수 없다는 것이었다. 이런 의미에서 최창익은 조선해방의 국제성을 강조한 것이다.

그는 민족의 독립운동이 국내외에서 끊이지 않고 전개되었음을 누차 강조했다. 그러나 그와 같은 민족의 투쟁이 해방의 결정적 요인으로 작용하지는 못했다고 단언했다.[28] 즉 조선의 해방이 조선 민족의 주관적 힘으로 이루어진 것이 아니라 연합국의 승리에 기인했다는 것, 특히 소련의 대일전 참전에 의해 이루어진 것임을 강조했다. 유럽에서 히틀러 군대가 타도된 것도, 군국주의 일본이 격파된 것도, 반파쇼전쟁을 수년간 단축시키고 연합국의 승리를 이끌어 낸 것도 모두 소련군대가 결정적인 역할을 했

---

[27] 崔昌益, "쏘련의 對日戰爭과 朝鮮解放," 白南雲·朴時亨 외, 『朝鮮民族解放鬪爭史』(金日成綜合大學校, 1949), 422쪽.

[28] 崔昌益, "人民은 歷史의 基本 推進力," 『근로자』 9호(1947년 9월); 國史編纂委員會 編, 『北韓關係史料集』 43(2004), 508쪽.

기 때문이라는 것이었다. 그는 만일 소련이 2차 대전에 참가하지 않았더라면 세계 파시스트들을 타도하지 못했을 것이고, 따라서 조선의 해방도 어려웠을 것이라고 주장했다.29)

　이처럼 국제적 관련성 속에서 조선문제를 분석하기는 했지만, 그렇다고 해서 최창익이 조선 민족의 항일투쟁을 인정하지 않은 것은 아니었다. 반세기 동안 꾸준히 일제와 싸웠으며 무수히 많은 피를 흘린 것도 사실이며, 전 세계 인민들도 조선 민족의 그러한 투쟁을 의심하지 않았다는 것을 분명히 했다. 그리고 조선 민족의 이러한 투쟁을 인정했기 때문에 연합국들이 조선의 해방을 보장했다고 주장했다. 그렇지만 민족의 반일 투쟁역량이 강대한 일본을 넘어뜨릴 만한 그러한 결정적인 힘은 되지 못했다는 것이 그의 분석이었다. 국내외를 막론하고 조선 민족의 반일 투쟁역량은 일제라는 강적을 넘어뜨리고 역사를 전환시킬 만한 결정적인 커다란 힘이 되지는 못했다는 것이다. 단지 김일성의 항일무장유격대와 조국광복회의 활동, 그리고 독립동맹과 조선의용군의 투쟁 및 국내에서의 반제투쟁 등은 모두 소련을 주력으로 한 세계 반파쇼 반침략전쟁 진영 내의 일개 대오로서 의의를 지닌다는 것이 그의 지론이었다.30)

　그는 보다 구체적으로 조선해방의 국제성을 설명했다. 소련을 침공한 히틀러 군대가 소련군의 공격으로 패주한 것이 독일 파멸의 결정적인 원인이 되었으며, 이러한 정세 하에서 얄타회담이 열렸고, 여기서 독일이 항복하거나 유럽에서 전쟁이 종결된 후 소련은 대일전에 참전할 것을 약속했다는 것이다.31) 그 후 몇 달이 지나지 않아 독일이 항복하였고 그 여세를 몰아 연합국이 일본에 항복을 요구하였으나, 일본이 이를 수락하지 않자 얄타에서 한 약속에 의해 소련이 1945년 8월 8일 일본에 대해 선전포고

---

29) 崔昌益, "人民은 歷史의 基本 推進力," 508쪽.
30) 崔昌益, "쏘련의 對日戰爭과 朝鮮解放," 422쪽.
31) 崔昌益, "쏘련의 對日戰爭과 朝鮮解放," 433쪽.

를 한 것이라고 보았다.

이와 같이 소련의 참전으로 인해 일본이 연합국에 무조건 항복을 한 것이고, 이로 인해 조선은 일본의 압제로부터 해방되었고 조선 민족의 역사는 새로운 단계로 접어들었다는 것이 그의 설명이었다. 즉 소련의 참전으로 독일, 이태리, 일본 파시스트들의 통치 아래 있던 모든 민족과 그들의 침공 하에 있던 모든 국가들이 파쇼통치의 참화에서 해방되었다는 것이다.

이러한 맥락에서 그는 조선해방의 국제적 관련성을 주장했고, 일제를 굴복시키고 조선 민족을 해방시키는데 결정적인 역할을 한 것은 소련군이라는 것을 다시 한 번 강조했다.32) 특히 최창익은 1938년 7월 장고봉(張鼓峰) 부근에서 있었던 소련군과 일본군의 전투에서 일본군이 소련군의 결정적인 타격으로 섬멸되었다는 것을 강조하고, 이를 계기로 일본은 소련군의 위력을 알게 되어 감히 소련을 침공하지 못했다고 주장했다.33)

전쟁을 수행하면서 소련이 겪은 막대한 희생의 결과 조선 민족이 일제의 기반(羈絆)으로부터 벗어나게 되었다는 것이다. 그리고 만일 소련이 2차 대전에 참가하지 않았더라면 세계 파시스트들을 타도하지 못했을 것이며, 이럴 경우 조선의 해방도 어려웠다고 그는 주장했다.34) 이렇기 때문에 조선의 해방은 국제적인 관련성, 즉 국제성을 띠지 않을 수 없었다는 것이다. 국내외를 막론하고 조선 민족의 반일 투쟁역량은 일제라는 강적을 넘어뜨리고 역사를 전환시킬 만한 결정적인 힘은 되지 못했다는 것이

---

32) 崔昌益, "人民檢閱局의 創設과 그 事業,"『人民』2권 4호(1947년 5월); 國史編纂委員會 編,『北韓關係史料集』13(1992), 491쪽.

33) 崔昌益, "쏘련의 對日戰爭과 朝鮮解放," 418-419쪽. 이에 대해 일본은 소련군과 교전이 있을 때마다 소련군을 패퇴시켰으며 반격을 가해 소련군에 막대한 피해를 입혔다고 주장했다. 朝鮮總督府 警務局 編,『最近に於ける 朝鮮治安狀況: 昭和八年・十三年』(東京: 巖南堂書店, 1986), 156-158쪽. 그리고 소련은 사태가 불리하게 돌아가자 일본이 제의한 정전협정을 받아들였다는 것이다. 內務省警保局 外事警察課, "張鼓峰事件の顚末,"『外事警察報』第194號(1938년 9월), 138쪽.

34) 崔昌益, "人民은 歷史의 基本 推進力," 508쪽.

그의 결론이었다.35)

소련의 참전으로 해방되었다고 하는 그의 결론은 김일성의 인식과 하등의 차이도 없었다. 김일성은 1951년 평양시에서 거행된 8·15해방 6주년 기념식에서 위대한 소련군대가 근 반세기 동안 일제의 노예상태에서 신음하던 조선인민을 해방시켜 주었으며 5년 가까이 평화적 민주건설을 실행할 수 있도록 모든 조건을 만들어 주었다고 소련을 아주 높게 평가했다.36) 연설의 끝부분에서 김일성은 "위대한 쏘련군대의 무력에 의하여 우리 조국이 일제의 통치기반으로부터 해방된 8·15 6주년 만세!"를 선창하며,37) 소련 인민의 수령 스탈린 대원수에게 감사와 영예를 드린다고 말했다.

해방에 대한 김일성의 이와 같은 언명이 있은 지 10년도 채 되지 않아 "김일성 원수는 조선인민혁명군을 령솔하고 쏘련군대와 함께 해방된 조선인민의 절대 환호를 받으면서 고국에 개선하였다"는 표현이 추가되었다.38) 최창익을 비판하고 김일성에 의해 조선이 해방되었다는 식으로 역사를 서술하기 위한 전 단계의 조치로 이와 같은 서술이 나온 것이다.

그러나 이는 그에 따르는 오류는 인식하지 못한 기록이라고 하지 않을 수 없다. 왜냐하면 조선인민혁명군이 주력이 되어 조선을 해방시켰다고 한다면, 왜 그때 그들이 한반도 전체를 해방하지 않고 38도선에 머물러 비극의 근원인 분단을 만들어 놓았을까 하는 초보적인 의문이 그대로 남

---

35) 崔昌益, "人民檢閱局의 創設과 그 事業," 493-494쪽.
36) 김일성,『위대한 쏘베트 군대에 의하여 해방된 8·15 6주년 기념보고』(조선로동당출판사, 1951), 3쪽. 김일성의 연설에서 이처럼 소련의 역할을 높이 평가하며 소련의 참전으로 해방이 되었다고 한 부분은 후일 전부 삭제되었고, 제목도 "8·15해방 6돐 기념 평양시 경축대회에서 한 보고"로 바뀌었다.『김일성전집』14(조선로동당출판사, 1996), 26-45쪽.
37) 김일성,『위대한 쏘베트 군대에 의하여 해방된 8·15 6주년 기념보고』, 31쪽.
38) 리나영,『조선민족해방투쟁사』(東京: 학우서방, 1960). 437쪽.

기 때문이다.[39]

북한은 미군의 점령 때문에 분단되었다고 주장하고 있다. 그러나 미군이 한반도에 진주한 것은 종전 후 20여 일이 지난 1945년 9월 8일이었기에 북한의 주장은 전혀 근거가 없다. 따라서 최창익이 김일성의 혁명투쟁을 과소평가했다는 주장은 설득력이 없다고 할 수 있다.

2) 국제정세 분석

최창익은 러시아의 10월혁명을 세계사의 전환점으로 인식하고, 이러한 역사관에 입각하여 국제정세를 분석했다. 러시아에서 사회주의혁명이 성공한 후 세계는 자본주의체제와 사회주의체제 양 진영으로 크게 분열되었고, 세계 민주주의운동도 그 내용에 있어 성질을 달리하게 되었다고 보았다.

그는 두 가지 점을 들어 차이를 설명했다.[40] 첫째, 러시아혁명 이전의 세계 자산계급 민주혁명은 자산계급 내지 소자산계급의 영도 하에 있었으나, 러시아혁명 이후의 세계 자산계급성 민주혁명은 무산계급 영도 하에 속하게 되었다는 것이다. 둘째, 러시아혁명을 계기로 하여 국제환경이 근본적으로 변화하여 자산계급은 이미 반동화하고 신흥 무산계급은 민주혁명의 추진자가 되었다는 것이다. 이와 같은 인식에 입각해서 그는 제2차 세계대전이 종결된 이후의 국제정세는 노동계급이 주도세력이 되지 않을 수 없다고 주장했다.

그는 전쟁기간 중 독, 이, 일의 파쇼전선과 소, 영, 미를 중심으로 한 반파쇼전선으로 나뉜 것 자체가 세계 자본주의의 붕괴과정을 실증하는 현

---

39) 姜在彦, "序文: なぜ1930年代か," むくげの會, 『朝鮮1930年代硏究』(東京: 三一書房, 1982), 7쪽.

40) 崔昌益, 『八·一五以前 朝鮮民主運動의 史的 考察』, 16-17쪽.

상이라고 주장했다. 즉 세계 자본주의는 이미 노쇠기를 경과하여 사멸해 가는 운명에 직면해 있다는 것이다.[41] 그리고 세계 경제공황이 일찍이 독일과 이태리의 침략전쟁을 발동케 함으로써 2차 대전이 발발했는데, 이것이 제국주의의 총체적 위기라는 것이다. 이처럼 자본주의 경제체제의 총 파탄적 공황과 자본주의의 불균형적 발전의 결과 전쟁이 야기되었던 것이라고 그는 주장했다.

즉 자본주의적 발전이 비교적 뒤늦은 독일, 이태리, 일본 등 파시스트 국가들이 자본주의적 모순과 위기를 모면하기 위하여 무력적 수단에 호소하게 되어 전쟁이 발발했다는 것이다. 이들 파쇼국가가 도발한 침략전쟁은 세계자본주의 내부에서 부르주아민주주의 진영과 파쇼 진영의 대립을 형성하였는데, 침략전쟁이 여기서 끝나지 않고 소련을 침공함으로 말미암아 부르주아 국가들의 반파쇼전쟁은 소련의 반파쇼 조국전쟁과 합세되지 않을 수 없게 되었다는 것[42]이 최창익의 국제정세 분석의 출발점이었다.

독일의 소련 침공으로 인해 전쟁이 전 세계적인 규모로 확대되어 세계대전이 되었으나, 사회주의 국가 소련과 자본주의 국가인 미국 및 영국 집단은 그 체제가 본질적으로 다르기 때문에 전쟁목적을 규정하는 것도 달리했다고 그는 스탈린의 말을 인용해서 설명했다. 즉 소련은 독일, 일본 등 제국주의를 분쇄하고 파시스트를 근멸하여 유럽의 민주질서를 부흥·발전시키는 데 목적을 둔 반면, 미국은 영국과 함께 세계시장에서 독일, 일본과 같은 경쟁자를 배제하고 자신들의 자본주의 독점의 지배적 지위를 공고히 하려는 데 두었다는 것이다.[43]

이와 같은 전쟁목적의 차이로 인해 연합국 진영 내에서 영·미 집단은 전쟁을 진행하는 과정에서 불성실한 태도를 취했다고 최창익은 주장했

---

41) 崔昌益, 『八·一五以前 朝鮮民主運動의 史的 考察』, 44쪽.
42) 崔昌益, "쏘련의 對日戰爭과 朝鮮解放," 436-437쪽.
43) 崔昌益, "쏘련의 對日戰爭과 朝鮮解放," 437쪽.

다. 사전에 약속한 대로 서부유럽에 제2전선을 조속히 구축하지 않았을 뿐만 아니라 전후 태세에 있어서도 미국의 세계 재패를 꾀하는 방향으로 임했다는 것이다.

이러한 국제정치 환경의 변화와 맞물려 세계 피압박민족의 해방운동은 소련을 주력으로 한 세계 반파쇼진영의 일환으로 편입되었으며, 약소민족의 해방운동은 무장투쟁이 주력으로 되어 왔다고 그는 주장했다. 그리고 소련의 승리와 함께 파시스트 통치 아래 있던 모든 민족과 국가들은 파쇼전쟁의 재난에서 구출되었고 파쇼통치의 참화에서 해방되었다고 분석하고, 이런 의미에서 소련의 조국전쟁은 피압박민족 해방을 위한 정의의 전쟁이었다고 단언했다.44)

이와 같은 분석을 바탕으로 최창익은 소련은 세계 민주진영의 근간으로서 '민주, 단결, 평화'의 슬로건을 걸고 세계 파시스트 잔재를 숙청하여 새로운 침략전쟁의 음모를 억제하고 있다고 주장했다.45) 소련에 대한 이러한 인식과는 반대로 미국은 제국주의 국가라는 인식을 그는 가지고 있었다. 미국은 반파쇼전쟁을 진행하던 시기에는 진보적 역할을 하였으나, 태평양선언을 이행하지 않았으며 3상결정을 배신하는 행위를 하고 있다는 것이다. 이로 인해 그는 조선 민족 내부가 분열되고 있다고 보았다. 미국이 이처럼 국제적 신의를 위배하고 반파쇼전쟁 승리의 열매를 독점하려는 야망을 보이는 것은 제국주의 정치가들의 본질적 성격이라고 그는 주장했다.46)

이처럼 그는 세계를 민주진영 대 반민주진영의 대립으로, 그리고 이것이 국내정치에 그대로 연결되고 있는 것으로 파악했다. 그렇지만 민주진영 대 반민주진영의 투쟁·대립은 시일이 가면 갈수록 국제적으로나 국

---

44) 崔昌益, "쏘련의 對日戰爭과 朝鮮解放," 438쪽.
45) 崔昌益, "人民教員들의 모임에서 講演한 一編," 71쪽.
46) 崔昌益, "人民教員들의 모임에서 講演한 一編," 73쪽.

내적으로 반민주진영은 고립되고, 민주진영은 강성하게 될 것이라고 그는 내다보았다.47) 이는 세계자본주의의 분열과 급속한 붕괴과정에서 나타나는 불가피한 현상이라는 것이 그의 분석이었다. 즉 국제적으로는 파시즘이 괴멸상태에 들어가고 민주역량이 결정적 승리를 거두고 있으며, 이와 같은 상황이 전개된 것은 소련의 영향이라는 인식을 그는 가지고 있었다.

3) 국내정세 분석

(1) 기본 인식

국내정세에 대한 최창익의 분석은 해방의 유래 및 국제정세에 관한 그의 분석과 깊이 연관되어 있다. 앞서 살펴본 바와 같이 기본적으로 그는 소련이 주도한 연합국 진영이 승리함으로써 일제의 압제로부터 조선이 해방되었다는 인식을 가지고 있었다. 그리고 소련은 피압박민족과 약소민족의 해방을 위해 노력하고 있는 반면, 미국과 영국 등 자본주의 국가들은 자신의 기득권을 지키기 위해 노력하고 있다고 보았다.

이와 같이 소련이 민주진영의 근간이라는 인식을 기초로 하여 그는 소련과 연계된 국내 정치세력은 민주역량으로 규정하고, 이에 대립되는 진영은 반민주세력으로 규정했다. 즉 국내정세에 대한 분석에서 국내적 민주역량은 국제적 민주역량과 긴밀한 연계를 가지며, 국내적 반민주세력은 국제적 반민주세력과 결탁함으로써 국내적·국제적으로 민주진영 대 반민주진영이 격렬한 투쟁을 전개하고 있다는 것이다.48) 이러한 이분법적 인식을 토대로 해서 그는 국내정세를 분석했다.

---

47) 崔昌益, "人民敎員들의 모임에서 講演한 一編," 76쪽.

48) 崔昌益, "人民敎員들의 모임에서 講演한 一編," 71쪽.

그의 분석에 따르면 민주진영은 자주 독립 강성 번영한 민주조선의 건립을 목표로 하여 각 정당, 사회단체 및 광범한 진보적 인민층을 망라하여 통일전선을 강화하고 있는 반면, 반민주진영은 제국주의 침략세력과 결탁한 친일분자, 파쇼분자, 반동지주, 반동자본가 등을 총망라하여 민주조선의 건설을 각종의 모략행위로 방해하고 있다는 것이다.[49] 그는 이들 반민주진영은 소련군이 주둔하고 있는 북한이 아니라 미군이 주둔하고 있는 남한에서 주로 발호하고 있다고 단정적으로 선언했다.

왜냐하면 해방된 상태에서 전 인민이 "모든 권력을 인민에게로"라는 구호 밑에 자신들의 창발성을 고도로 발휘하여 인민의 정권인 인민위원회를 불과 반 달 만에 전국 각지에 조직하고 건국의 터전을 닦기 시작한 상황에서 38선으로 남북이 분담됨으로써 남과 북에 전혀 다른 정치상황이 전개되었다고 보았기 때문이다.[50] 이는 그가 해방된 조선인민들은 몸서리처지고 참담하던 과거의 망국 노예생활을 회상할 때마다 더 한층 분발하여 조국 재건운동에 열성적으로 사업을 하였기 때문에, 만일 외세의 개입이 없었다면 통일된 민주조선이 급속히 건립되었을 것이라고 확신했기 때문이다.

(2) 북 한

최창익은 북한에 진주한 소련군은 주권을 즉시 인민에게 넘기고 조선의 민주적 발전을 여러 가지 면에서 방조해 주었다고 분석했다. 인민위원회에 행정권과 치안권을 이양함으로써 소련군은 기본적으로 민족의 원수인 친일파와 민족반역자를 철저히 숙청한 후 인민으로 하여금 진정한 민주주의적 온갖 자유를 향유케 하고 행복한 생활을 누리게 하는 가운데

---

49) 崔昌益, "人民敎員들의 모임에서 講演한 一編," 71-72쪽.
50) 崔昌益, "人民은 歷史의 基本 推進力," 509쪽.

빛나는 많은 민주과업들을 성공적으로 완수하게 했다는 것이다.51) 그리고 이와 같은 경이적인 성과를 더 한층 공고히 하고 새로운 발전을 촉진시켜 인민공화국 창건의 기본 토대를 구축해 주었다고 그는 보았다.

그러한 예로 최창익은 1946년 2월 8일의 북조선임시인민위원회 성립, 3월의 토지개혁, 6월의 노동법령 공포, 7월의 남녀평등법령 공포, 8월의 중요산업 국유화조치, 11월의 각급 인민위원회 위원 선거, 1947년 2월의 북조선인민회의 창립과 북조선인민위원회의 발전적 창건 등을 들었다. 그리고 이러한 민주적 건설의 성과 위에 인민의 물질적 기초를 한층 더 발전시키기 위하여 1947년도 인민경제계획을 수립, 이를 초과 달성하기 위해 노력하고 있다고 주장했다.52) 그는 이러한 것들은 인민들 스스로 자신의 역사를 전변시킨 것이며, 새로운 민주주의 민족 역사를 창조하고 발전시키는 것이라고 주장했다.

북한의 정세가 바로 이렇기 때문에 그는 1,300만 북한 인민들은 정치, 경제, 문화 등 모든 부문에서 완전히 주인공 노릇을 하고 있으며, 세계의 모든 인민들과 굳게 악수하고 새로운 세계사를 꾸미고 있다고 분석했다. 이와 같은 현상은 일정한 역사발전 법칙을 따라 인민들이 역사를 전변시킨 것이며 인민의 힘으로 추진된다는 것을 입증한 것이라고 최창익은 주장했다. 세계사적으로 허다한 혁명의 성공은 오직 인민의 힘으로 이루어졌고, 러시아 10월혁명의 승리 및 2차 세계대전에서 소련 인민과 전 세계 근로인민의 위대한 역할이 바로 그 예이며, 북한을 비롯한 동구라파의 민주건설이 이를 여실히 입증한다는 것이다.53)

이처럼 인민의 힘이 위대하며 인민을 떠난 역사발전이란 있을 수 없다고 하면서도, 그는 지도자의 역할을 강조하는 것을 잊지 않았다. 역사발

---

51) 崔昌益, "人民은 歷史의 基本 推進力," 509쪽.
52) 崔昌益, "人民은 歷史의 基本 推進力," 510-511쪽.
53) 崔昌益, "人民은 歷史의 基本 推進力," 511쪽.

전의 객관적 합법칙성 위에 능동적으로 활동함으로써 인민을 교육하고 조직하며, 이를 옳은 방향으로 이끌고 나가는 지도자가 있어야 한다는 것이다. 비록 역사가 인민의 손으로 전변되고 인민의 힘으로 전진되는 것이기는 하지만, 지도자의 올바른 영도 하에 인민이 굳게 단결하고 지도자가 가리키는 노선을 향하여 전진해야만 인민의 역량이 최고도로 발휘된다는 것이다.54)

최창익이 이처럼 지도자의 역할을 강조한 것은 북한에 김일성과 같은 "위대한 애국자이며 영명한 지도자의 올바른 지도가 없었더라면 빛나는 민주건설의 승리는 거두기 어려웠을" 것이라는 주장을 하기 위해서였다. 레닌을 떠나 10월혁명을 논할 수 없고 스탈린을 떠나 반파쇼 세계전쟁에서의 승리를 말할 수 없는 것과 마찬가지로, 김일성을 떠나 새로운 조선역사의 창건을 운위할 수 없다는 것이다.55) 인민은 스스로 자기 역사를 만들지만, 탁월한 영도자의 지도 아래서만 인민은 자기의 역할을 다한다는 것이 그의 결론이었다. 그리고 이러한 역사행정(行程)이 북한에서 그대로 나타나고 있다는 것이 그의 북한정세 분석의 골자였다.

(3) 남 한

최창익은 남한은 외래 제국주의 침략세력과 결탁한 반민주세력이 민주조선 건설을 방해하고 있는 지역이라고 분석했다. 중국과 만주 등지에서 일본군대의 앞잡이로 활약하던 친일분자, 파쇼분자와 전쟁범죄자들이 8·15 직후 38선 이남으로 도주했고, 북한에 있던 민족반역자들이 남한의 미군정지역으로 도망했는데, 미군정이 이들을 기탄없이 용납하고 있는 것에서 이는 분명히 입증된다고 주장했다.56)

---

54) 崔昌益, "人民은 歷史의 基本 推進力," 512쪽.
55) 崔昌益, "人民은 歷史의 基本 推進力," 512쪽.

그는 또한 38선 이남에 수립된 미군정이 조선의 독립을 방해하며 조선 인민의 이익을 파손하는 친일적·파쇼적인 민족반역자들의 반민주적 활동을 방임할 뿐만 아니라 오히려 그들을 군정기관에 등용하고 있는 것을 볼 때, 이는 우연한 일이 아니라 미제국주의의 본질에서 나온 것이라고 주장했다.57) 미국 내 반민주적인 반동자본가들의 정치태도에서 이 모든 것이 비롯되었다는 것이다. 이와 같은 미군정의 태도로 말미암아 북한에서와 달리 남한에서는 반동적인 친일파와 민족반역자들이 권력을 잡게 되었다고 그는 비판했다. 이들 반동진영의 권력 장악으로 인해 남한 인민들은 초보적인 민주주의 권리조차 박탈당했으며, 일제시대와 다름없는 불행한 처지 위에서 여전히 착취와 억압을 받고 있다는 것이 그의 분석의 골자였다.58)

그는 이처럼 어려운 환경에 처해 있음에도 불구하고 남한 인민들은 절대로 굴하거나 물러서지 않고 피로써 싸우고 있다고 주장했다. 그러한 예로 그는 1946년 10월의 인민항쟁과 1947년 3월의 24시간 총파업 등을 들었다. 이 과정에서 수많은 애국지사들이 검거·투옥되고 수많은 투사들이 테러에 희생되었지만, 그럴수록 인민들은 더 한층 과감하게 투쟁하고 있다고 그는 주장했다. 한번 해방된 민족은 절대로 또다시 식민지화하지 않을 것이라는 굳은 신념 하에서 많은 애국지사들이 투쟁하고 있다는 것이다.59)

남한 인민들이 이처럼 용감히 싸우고 있는 것은 역사는 항상 전진하는 것이 철칙이며, 동시에 역사의 기본 추진력은 인민이라는 것과 인민만이 역사를 전변시킨다는 진리를 굳게 믿고 있기 때문이라고 그는 보았다. 그리고 이러한 진리를 위해 목숨을 아끼지 않고 있기 때문이라는 것이다.

---

56) 崔昌益, "人民敎員들의 모임에서 講演한 一編," 72쪽.
57) 崔昌益, "人民敎員들의 모임에서 講演한 一編," 72쪽.
58) 崔昌益, "人民은 歷史의 基本 推進力," 509쪽.
59) 崔昌益, "人民은 歷史의 基本 推進力," 510쪽.

결론적으로 그는 남한 인민들이 이렇게 열심히 투쟁하는 것은 북한에서 실시한 것과 같은 제반 개혁을 남한에도 그대로 실시함으로써 진정한 민주주의적 자유와 해방을 쟁취하려는 열망 때문이라고 단언했다.[60] 친일파와 민족반역자를 철저히 숙청한 후 진정한 민주주의적 자유를 향유하고 행복한 생활 가운데 많은 민주과업을 완수하겠다는 의지로 불타고 있다는 것이다. 이로 인해 그는 남한 인민들의 민주주의 역량은 날로 장성되어 글자 그대로 압도적인 우위를 점하게 되어, 남한 인민들은 반동분자들의 최후 발악을 무찌르면서 민족의 새로운 역사를 창조하기 위하여 노력하고 있다고 분석했다.

3. 북한정권 수립과 북로당 창당

독립동맹을 정비하고 정세를 분석했던 최창익은 북한정권 수립과 북로당 창당에도 적극 참여했다. 그는 북한정권 수립의 의의를 역설하는가 하면, 검열국을 창설하여 정권수립 과정에서 발생하는 제반 부작용을 처리하는 데도 앞장섰다. 이 과정에서 그가 역점을 둔 것은 인민의 추진력과 함께 지도자의 영도문제였다. 이 단계에서부터 모든 권력이 김일성에 집중되고 개인숭배 현상이 나타나기 시작했음을 알 수 있다.

정권수립의 의의를 강조한 최창익은 북로당 창당에도 깊이 간여했다. 북한정권을 더욱 공고히 하기 위한 차원에서 실시된 북로당 창당과정에서 그는 중국공산당의 경험을 살려 북로당 강령을 기초했고, 당생활을 보다 철저히 하기 위한 방안으로 세포활동을 열심히 할 것을 강조하기도 했다.

---

60) 崔昌益, "人民은 歷史의 基本 推進力," 510쪽.

1) 북한정권 수립

(1) 민주개혁의 의의 강조

북조선임시인민위원회가 중심이 되어 추진한 각종 개혁의 의의를 최창익은 높이 평가했다. 임시인민위원회 성립 이후 추진된 토지개혁, 노동법령, 남녀평등법령, 중요산업 국유화 등은 세기적인 민주과업으로 조선 근로인민들의 무진장한 민주역량의 구체적 표현이며, 그들의 위대한 창발력에 의해 이루어진 것이라고 강조한 것이다.[61]

그 중에서도 그가 가장 높게 평가한 것은 토지개혁이었다. 낡은 세력과 새로운 세력, 즉 봉건적인 보수세력과 반봉건적인 민주세력이 서로 대립·저항하여 역사적인 변혁과정에 처해 있는 상황에서 당면하고 있는 가장 큰 문제는 봉건적 잔재를 소탕하는 것인데, 이 점에서 토지개혁이 '가장 영단적인 대수술'이라는 것이다.[62]

토지개혁은 경작하는 농민에게 토지를 나누어준다는 것 말고도 다각적인 의의를 지니는 것이라는 설명을 그는 곁들였다. 우선 그는 토지개혁이 봉건적인 토지소유관계를 폐지하고 사회경제의 합리적 재편성을 통해 조선 민족자본주의의 새로운 발전을 촉진하려는 데 의의가 있다고 보았다. 이를 볼 때 토지혁명이라는 것은 사회주의의 최고 목적이 아니라 자본주의의 최고 목적이라고 그는 주장했다.[63]

그러나 그는 과거 서구에서 실시된 토지개혁과 북한에서 실시되고

---

61) 崔昌益, "人民은 歷史의 基本 推進力," 510-511쪽.
62) 崔昌益, "封建的 因襲에 關하야," 『人民評論』 2호(1947년 2월), 122쪽.
63) 崔昌益, "土地改革의 歷史的 意義 ㊤," <現代日報> 1946년 4월 26일.

있는 토지개혁은 같은 점과 다른 점이 있음을 분명히 했다. 양자가 봉건적인 토지관계를 청산하고 자본주의의 발전을 촉진한다는 점에서는 동일하지만, 자본주의적 역사계단이 과거와는 다른 조건 하에 있는 만큼 토지개혁 이후에 나타나는 사회발전의 역사적 전망에 있어서는 차이가 난다는 것이다.

여기서 그는 역사발전 계단에서 일어나는 자산계급 민주주의혁명과 자산계급성 민주주의혁명을 구분했다.[64] 18세기 이래 서구에서 부르주아들이 주도했던 혁명을 그는 자산계급 민주혁명이라고 규정하고, 이는 봉건사회 체제를 전복하고 자본주의적 생상관계를 산출한 것, 즉 자본주의의 발생과 그 순리적 발전을 전제로 한 것이라고 설명했다. 이와 달리 북한에서 진행되고 있는 혁명은 자산계급성 민주혁명으로 세계자본주의의 말기, 즉 제국주의가 몰락하는 단계에 나타나는 반봉건적 사회체제의 변혁이라고 주장하고, 이는 조선의 민주주의정권 수립문제와 그 정권의 물질적 기초의 준비로서 대두되는 것임을 분명히 했다.[65]

그는 또한 서구에서 진행된 민주혁명은 자산계급이 영도권을 장악하고 있었기 때문에 토지혁명이 끝까지 완수되지 못했지만, 북한에서 실시되는 토지혁명은 무산계급이 영도권을 장악하고 있기 때문에 철저히 시행되고 있다고 단언했다. 즉 북한의 토지개혁은 명실상부한 것으로 봉건적 토지관계의 폐지와 자본가적 토지겸병의 방지 등 민주주의적 신정권 수립의 물질적 기초를 완비하고 있다는 것이다.

이처럼 토지개혁은 인구의 8할을 점하고 있는 농민에게 토지를 분배함으로써 농민문제를 해결하고, 나아가 민족문제를 해결하는 보다 큰 의

---

[64] 이처럼 '자산계급 민주주의혁명'과 '자산계급성 민주주의혁명'을 명확하게 구별했음에도 불구하고 그는 혼용해서 쓰고 있다. 즉 '자산계급성 민주주의혁명'을 자산계급 민주혁명 또는 부르주아 민주주의혁명으로, '자산계급 민주주의혁명'을 부르주아혁명으로 쓰고 있기 때문에 주의가 요구된다.

[65] 崔昌益, "土地改革의 歷史的 意義 ㊥," <現代日報> 1946년 4월 27일.

의가 있는 개혁이라고 그는 주장했다. 그리고 봉건적 인습의 발원지인 지주 대 소작인의 관계를 일소함으로써 반민주세력이 의거하고 있는 봉건적 잔재를 소탕하며, 다른 한편으로는 봉건제도의 사회의식 형태인 낡은 문화, 도덕, 미신, 습성까지도 숙청하는 획기적인 의의를 갖는 것이라고 보았다. 토지개혁과 같은 각종 민주개혁으로 반민주적 세력의 기반을 형성하고 있던 봉건적 토지소유관계가 북한에서 형적을 감추고 봉건적 인습이 발붙일 곳이 없어져, 새로운 부강한 민주국가와 새로운 과학적 문화를 수립할 수 있게 되었다는 것이 그의 결론이었다.66)

(2) 북한정권 수립 참여

최창익은 북한에 진주한 소련군이 주권을 즉시 조선 인민에게 넘기고 조선의 민주발전을 방조해 준 결과, 북한에 새로운 조선이 건설되고 있다고 주장했다. 즉 제반 민주개혁과 각종 선거로 북한에 민주정치, 민주경제, 민주문화가 건설되었다는 것이다. 이로써 위로부터 아래에 이르기까지 북한의 인민정권을 완전히 법적 기초 위에 확립시키는 세기적인 위업을 달성했다고 그는 단언하고,67) 이에 적극 참여하며 합리화하는 내용의 글을 집필했다.

그는 북한의 정권기관인 인민회의와 인민위원회가 창립되고 인민이 그 주위에 굳게 뭉침으로써 민주건국의 토대가 완성된 것으로 보았다. 그리고 이것이 모스크바 3상결정을 가장 구체적으로 실천한 것이라고 주장했다. 이로써 조선 민족이 자체의 힘으로 민족의 생활을 영위하고 이를 향상·발전시켜 나갈 수 있으며, 능히 독립할 수 있다는 것을 전 세계에 과시했다는 것이다. 즉 각종 개혁이 실시된 후 1946년 11월에 실시된 도·

---

66) 崔昌益, "封建的 因襲에 關하야," 123쪽.
67) 崔昌益, "人民檢閱局의 創設과 그 事業," 492쪽.

시·군 인민위원회 위원 선거, 1947년 2월의 북조선인민회의의 창립과 북조선인민위원회의 발전적 창건 등을 통해 민주주의인민공화국 창건의 기본토대를 구축했다는 것이다.[68]

그리고 이러한 민주건설의 경이적인 성과 위에 인민정치의 물질적 기초를 더 한층 공고하게 발전시키기 위해 1947년도 인민경제계획을 수립했으며, 이를 초과 달성하기 위해 매진하고 있다고 그는 주장했다. 해방 후 불과 2년이라는 가장 짧은 시일 내에 이처럼 건설한 것은 세계사상 빛나는 일이라고 강조한 그는 그 원인을 두 가지로 설명했다. 인민의 위대한 힘과 탁월한 지도자의 역할이 바로 그것이다.

그에 의하면 북한의 민주건설 승리는 인민의 위대한 힘의 결정(結晶)이 아닌 것이 없으며, 이는 곧 인민들 자신이 역사를 전변시킨 것이고, 새로운 민주주의 민족역사를 창조하고 이를 한층 더 발전시킨 것이라고 한다. 즉 반동적인 사학자들의 기만과 달리 역사는 개인의 힘과 관념적 사유에 의해 움직이는 것이 아니라, 일정한 역사발전 법칙에 따라 인민들이 역사를 전변시키는 것이며 인민의 힘으로 추진된다는 것을 웅변으로 입증한 것이라고 주장했다.[69]

이처럼 인민사관을 강조한 것과 동시에 그는 역사발전에 있어 탁월한 지도자의 역할도 강조했는데, 이는 김일성에 대한 개인숭배를 강요하는 문구라고 분석된다. 김일성이 항상 인민대중과 굳게 연결되어 있으며 가장 충실하게 인민의 이익을 옹호하고 인민에게 복무하고 있기 때문에, 인민 스스로 그를 민족의 유일하고도 위대한 영도자로 추대했다는 것이다.[70] 그리고 김일성의 주위에 굳게 뭉쳐 새로운 민족역사를 창조하고 있다고 말하고, 이렇기 때문에 인민은 자기 역사를 스스로 만들게 되는 것이

---

68) 崔昌益, "人民은 歷史의 基本 推進力," 510쪽.
69) 崔昌益, "人民은 歷史의 基本 推進力," 511쪽.
70) 崔昌益, "人民은 歷史의 基本 推進力," 512쪽.

라고 주장했다. 이를 볼 때 김일성에 대한 개인숭배 현상은 일찍부터 북한에 정착되었다고 할 수 있다.71)

인민과 지도자, 북한정권 수립의 토대가 되었던 두 가지 요인 중에서 최창익이 더 강조한 것은 인민이었다. 인민이야말로 역사의 기본 추진력이며, 민족의 완전 자주독립은 인민의 힘에 의해서만 전취할 수 있는 것이라는 그의 주장72)에서 이를 확인할 수 있다. 이처럼 수립된 북한정권을 모태로 통일된 정부를 수립하기 위해 노력해야 한다고 그는 주장했다.

(3) 인민검열국 창설

최창익은 1947년 2월 17일 북한 최고정권기관으로 북조선인민위원회가 수립되면서73) 창설된 북조선인민위원회 인민검열국의 책임자인 검열국장에 취임했다. 정권기관이 수립됨에 따라 제반 행정업무를 입안·추진·집행하는 과정에서 발생하는 문제점을 점검하기 위한 의도에서 인민검열국을 신설한 것인데, 그가 이 기관의 책임자가 된 것이다. 그는 검열국 설치의 목적을 건국과정에서 세계사상 유례없는 승리를 거두기도 했지만, 부분적으로 부족한 점이 나타남에 따라 이를 시정하기 위해서라고 설명했다.

그는 민주건설 과정에서 부족한 점이 나타나게 된 원인을 세 가지로 들었다.74) 첫째, 그는 건국에 관한 경험이 없다는 점을 들었다. 인민의 대다수가 민주주의에 대한 인식이 박약했고 건국사업에 대한 경험을 얻을

---

71) 이와 반대로 김일성이 북한 주둔 소련군에 의해 1945년 12월 말 공산당 북조선분국 책임비서로, 1946년 2월 북조선임시인민위원회 위원장으로 된 후에도 그는 형식상의 지도자에 불과했으며, 소련군의 영향력과 권위는 절대적이었다는 견해도 제시되고 있다. Andrei Lankov, *From Stalin to Kim Il Sung*, pp.58-59.

72) 崔昌益, "人民은 歷史의 基本 推進力," 513쪽.

73) 朝鮮中央通信社, 『朝鮮中央年鑑』 1949(朝鮮中央通信社), 85쪽.

74) 崔昌益, "人民檢閱局의 創設과 그 事業," 492-494쪽.

기회가 없었으며, 반일투사들은 일제 타도를 위한 투쟁에 몰두했기 때문에 해방이라는 새로운 환경을 맞아 다소간 착오를 범할 수밖에 없었다는 것이다. 즉 일제의 탄압으로 혁명운동은 부득이 지하에서 수공업적인 잠행을 하지 않을 수 없었는데, 이로 인해 편협한 관념과 신경질적인 경향이 혁명투사들의 머릿속에 박히게 되어 결점이 나타났다는 것이다.

둘째 원인으로 그는 해방의 특수성을 들었다. 해외에서 독립투쟁은 있었으나 국내에서는 이에 호응해서 싸우지 못했으며, 국내외를 막론하고 조선민족의 반일역량이 일제를 타도하고 역사를 전변시킬 만한 결정적인 힘은 되지 못했다는 것이다. 이처럼 주체적 역량이 취약하고 객관적 조건에 비해 내재적 역량이 부족함으로 말미암아 민주건설 과정에서 부분적으로 결함이 나타나, 이를 시정할 필요가 있다는 것이다.

셋째, 그는 일제의 가혹한 착취와 억압으로 인해 조선인이 아름답지 못한 얼을 갖게 된 것을 원인으로 들었다. 민족적 견지에서 여하한 수단과 방법을 취하든 간에 일제를 속여야만 했는데, 이러한 습성이 해방 이후에 완전히 청산되지 못했다는 것이다. 될 수 있는 한 일제를 속여 굶주림과 헐벗음을 면하려고 하는 경향을 가졌으며 이러한 생활태도는 소극적이나마 반일사상의 한 표현이었는데, 이러한 습성을 일부 사람들이 해방 후에도 완전히 청산하지 못하고 있어 바로잡아야 한다는 것이다.

그는 이러한 원인들로 인해 일꾼들의 사업작풍 가운데는 부분적으로 관료주의적인 유습이 남아 있으며, 이색분자들이 인민기관 내에 잠입하여 계획적으로 파괴공작을 시도하거나, 일반대중 가운데 무능한 건달이나 의식적인 태공분자들이 있어 이들을 근멸시킬 필요에서 설치한 것이라고 검열국 설치의 당위성을 설명했다. 또한 남북통일에 의한 완전 자주독립을 달성하기 위해, 그리고 북한에 완수해 놓은 민주과업을 한층 공고히 하며 남한에도 북한과 같은 민주개혁을 실시하기 위해, 민주과업의 실천상황을 제때에 정확하게 검열하여 잘못한 것은 시정시키고, 잘한 것은 이를 북돋아서 민주건설을 적극적으로 추진시키는 것이 필요하다고 역설했다.[75]

이러한 사회적 필요성에 입각해서 창설된 검열국의 기본 목적과 사업 종별, 그리고 사업 범위를 그는 다음과 같이 구분하여 설명했다. 그는 검열국의 기본 목적은 책벌에 해당하는 것을 찾아내는 데 중점을 두는 것이 아니라 이를 미연에 방지하는 데 있다고 주장했다. 각급 기관이나 개인의 허물을 들춰내서 처벌하는 것이 목적이 아니라, 잘못을 제때에 비판하고 시정시킴으로써 부정행위를 사전에 방지하여 책벌에 해당하는 자가 없도록 하겠다는 것이다. 기관의 사업이나 개인의 일을 돕는 교육적인 취지 아래 검열공작을 전개할 방침이라는 것을 그는 밝혔다.76)

검열국의 사업 종별에 대해 그는 체계상 행정검열, 경제검열, 재정검열 등 3개 부문으로 나누었다.77) 행정검열 사업은 북조선인민위원회에 소속된 각종 기관이 각 영역에서 북조선인민회의의 법령이나 결정 및 지시를 옳게 실행하느냐, 못하느냐를 검열하는 것이라고 설명했다. 경제검열 사업은 경제계획을 실시하는 데 있어 지도방침이나 방법에 문제점은 없는지, 그리고 국영기업소나 공공단체들이 인민위원회의 경제계획대로 실행하고 있는지, 개인기업소나 일반 자유 상업기관들이 인민경제계획의 목표를 달성하기 위해 노력하고 있는지, 이 과정에서 부정은 없는지를 검열하는 것이라고 말했다. 재정검열 사업은 각급 기관이 재정규율을 엄격히 준수하며 국가재정을 문란케 하는 일은 없는지를 검열하며, 국영기업소나 공공단체가 인민위원회의 재정정책을 충실히 이행하며 부당지출이라든지 부정행위는 없는지를 살피고, 개인기업소나 자유 상업기관들이 악질적인 탈세행위 등은 하지 않는지를 살피는 것이라고 설명했다.

검열국의 사업 범위에 대해서 그는 정치, 경제, 문화, 기타 모든 방면에 걸쳐 광범위하게 검열한다고 주장했다. 사건의 취급과 처리방법에 대

---

75) 崔昌益, "人民檢閱局의 創設과 그 事業," 495쪽.

76) 崔昌益, "人民檢閱局의 創設과 그 事業," 496쪽.

77) 崔昌益, "人民檢閱局의 創設과 그 事業," 497-499쪽.

해서 그는 우선 사업에 대한 시비곡절을 밝히고 사건의 성질에 따라 자아비판 시킬 것은 즉시 비판하여 시정케 하고, 행정적 처분에 해당한 것은 소속 기관으로 하여금 행정 처분하게 하며, 악질분자에 대해서는 검찰기관이나 보안기관에 연락하여 법적 절차를 밟아 단호한 책벌을 가할 것임을 밝혔다.[78]

검열원의 공작태도에 대해서도 설명하는 것을 그는 잊지 않았다. 인민검열국은 글자 그대로 인민을 위한 인민의 검열기관이므로, 검열원의 태도 역시 인민을 위해 만전을 기한다는 성실한 태도를 가질 것을 당부했다. 즉 검열원 자신이 공(公)을 위해 사(私)를 떠나는 공평무사한 객관적 입장을 견지해야 하며, 검열공작에서 개별적인 사실보다 전체적인 사업 면에 치중해야 하며, 검열관이라는 흔히 가지기 쉬운 우월감을 극복해야 한다는 것이다.[79] 그리고 그는 자기의 한계를 분명히 하고, 타 기관의 권위를 침범하는 일이 있어서는 안 된다고 강조했다.

2) 북로당 창당

(1) 강령 기초

최창익은 북로당 창립대회 이틀째인 1946년 8월 29일 북로당 강령 초안을 발표했다. 그는 당의 강령이라는 것은 투쟁의 일반적 목적을 표시함과 동시에 투쟁목적의 이론적 기초를 천명하는 것이라 정의하고, 이런 의미에서 북로당의 강령은 민주주의적 완전 자주독립 국가를 수립하고 진보적 민주주의의 제반 과업을 수행하는 데 필요한 일반적 목적을 분명히 할

---

78) 崔昌益, "人民檢閱局의 創設과 그 事業," 501쪽.
79) 崔昌益, "人民檢閱局의 創設과 그 事業," 502-503쪽.

것이라고 밝혔다.80)

　이를 감안하여 그는 강령은 광범한 근로대중의 이익을 옹호하며 정치, 경제, 문화, 군사, 외교 등 각 방면에 걸쳐 부강한 민주국가 건설을 목적한다고 말했는데, 이는 북조선임시인민위원회를 적극 지지하고 그 정책을 보장하는 정당으로서 김일성의 20개 정강에 의거한 것이라고 말했다.81) 그리고 북로당은 근로대중의 정치적 경제적 요구를 현실적으로 내세우며 그 과감한 실천을 통하여 광범한 노동자·농민·지식분자들을 당의 대열에 참가시키며, 근로대중을 당의 주위에 집결시킴으로써 당면한 민주주의 제과업을 완수할 수 있다고 보고했다. 그는 당의 강령은 근로대중이 요구하는 민주주의적 기본과제이며, 이 중에서도 경제에 관한 항목이 많은 것은 근로대중의 현실생활에서 필연적으로 요구되는 조건일 뿐 아니라 경제개혁이 민주주의 건설의 기본이 되기 때문이라고 설명했다.82)

　그는 이러한 강령을 실천하는 데 있어 반동진영을 비롯하여 반민주적 파쇼분자들의 반대와 저항이 있으며, 자산계급의 기회주의적 저항이 있을 수도 있다고 주장했다. 그리고 그는 당의 강령은 민주주의 투쟁목표인 만큼 당의 통일과 당 공작의 집중을 위하여 무조건적으로 과감한 투쟁을 요구하며, 이러한 투쟁을 승리로 이끌 때까지 당의 강령은 성공적으로 완수될 것이라고 단언했다.

　강령에 대한 최창익의 보고가 끝난 후 그에 관한 몇 가지 질문과 이에 대한 답변이 있었다.83) 강령 제3조에서 몰수할 토지의 대상으로 민족반역자가 포함되었느냐는 질문에 대해, 그는 이것이 포함된 것은 당연하며 이

---

80) 國土統一院 編, 『朝鮮勞動黨大會資料集』 第1輯(國土統一院, 1980), 57쪽.

81) 『朝鮮勞動黨大會資料集』 第1輯, 58쪽.

82) 모두 13개 강령 중에서 경제와 관련된 강령은 토지개혁, 일본인 및 민족반역자 재산 국유화, 은행 및 금융기관 국유화, 8시간 노동제와 남녀동등 임금제 등 4개 항이었다.

83) 최창익의 답변은 『朝鮮勞動黨大會資料集』 第1輯, 62-63쪽 수록.

것을 더 넣는 것도 좋다고 생각한다고 대답했다. 제7조 선거권과 피선거권의 부여 문제에서 '20세'를 '만 18세'로 하는 것이 좋지 않겠느냐는 질문에 대해, 그는 불명확한 점이 있지만 원안대로 '만'이라는 글자를 넣지 않고 20세로 하는 것이 좋을 것 같다고 말했다. 민족군대와 징병제의 차이점을 물은 데 대해 그는 같은 개념은 아니라고 대답했다. 그리고 강령 제10조 인민교육의 개혁부문에서 '봉건제'를 넣지 않고 '일본제국주의 교육제도'라고 한 것에 대해 그는 일본제국주의라는 말에는 봉건제도도 포함된 것이며, 민족문화가 향상되지 못한 실정에 비추어 볼 때 봉건제라는 말을 넣게 되면 조선 사람의 풍속 습관까지도 없애 버리는 것처럼 오해를 불러일으킬 것 같아서 넣지 않았다고 설명했다.

마지막으로 그는 북로당 창립대회에서 한 김일성과 김두봉의 보고에 강령의 근본정신이 뚜렷이 나타났다고 말하고, 김일성의 보고에 나오는 "량당의 합동은 북조선 민주주의적 기초를 튼튼히 할 뿐 아니라 남조선에까지 민주과업을 완수해서 전 조선의 자주독립을 완성함에 있다"는 문구가 강령의 기본정신을 충분히 설명한 것이라고 부연했다.[84] 북로당 강령은 북한만 아니라 한반도 전체를 포괄하는 목표를 수립해야 한다고 주장한 것이다.

북조선공산당과 조선신민당의 합당으로 이루어진 북로당 창립대회는 대회 3일째인 1946년 8월 30일 중앙 지도기관을 구성하고 폐막되었다. 이 날 최창익은 43명 중앙위원의 일원으로 선출되었다. 김두봉, 김일성, 주녕하에 이어 4번째 서열이었다.

(2) 세포활동의 중요성 강조

북로당 강령을 기초하여 보고했던 최창익은 당원들에게 세포활동을 강화할 것을 강조했는데, 이는 당이 인민 속에서 성장하는 데 있어 당원들

---

84) 『朝鮮勞動黨大會資料集』 第1輯, 63쪽.

의 세포활동이 매우 중요하다는 것을 인식시키기 위한 의도에서 집필한 것이었다. 공산당의 경우 당을 구성하는 핵심적 요소는 세포인데,85) 이는 원래 러시아 공산당이 창안한 것으로 1924년 1월 21일 코민테른 집행위원회는 전 세계 모든 공산당은 이를 당의 기본조직으로 채택할 것을 제의했고 각국 공산당은 이에 따라 세포를 당조직의 기본으로 삼았다.86)

최창익은 코민테른의 이러한 조직원리에 충실했다. 그리하여 그는 북로당은 근로인민의 전위분자로 결성된 전위정당으로 그 조직형식은 직장세포가 기초로 되어 있다고 말하고, 바로 이 점에서 다른 정당과는 성격이 다르다는 것을 분명히 했다.87)

그는 북로당이 중심이 되어 1946년에 인민회의 대의원 선거를 성공적으로 완수하였으며, 각종 개혁을 성공적으로 추진할 수 있었고, 기타 정당 및 사회단체와 제휴하여 통일전선을 강화함으로써 근로인민을 민주조선의 건설방향으로 인도했다고 주장했다. 당이 이와 같은 역할을 하게 된 것은 세포생활을 강화한 결과라고 그는 단언했다. 당세포의 활동은 당조직의 기본인 동시에 당의 실제 사업 중에서 전개된다고 설명한 그는 당세포가 하는 일을 열거했다.88)

---

85) 세포에 관한 설명은 Maurice Duverger, *Political Parties* (London: Metheun & Co. Ltd., 1967), pp.27-31 참조.

86) 코민테른 집행위원회는 공산당의 최종 목표는 부르주아 지배의 종식과 노동계급의 권력 장악 및 공산주의의 실현이라고 주장하고, 이를 위해 공산당 조직의 기초는 직장세포에 두어야 한다고 결정했다. Jane Degras (ed.), *The Communist International 1919-1943 Documents* Vol Ⅱ(London: Frank Cass & Co. Ltd., 1971), p.8.

87) 崔昌益, "黨細胞生活의 强化問題에 對하야," 『근로자』 2호(1946년 11월); 國史編纂委員會 編, 『北韓關係史料集』 42 (2004), 182쪽. 남로당의 경우에도 세포를 당의 기본조직으로 보고 생산단위에 따라 세포를 조직했다. 남로당은 공장, 직장, 광산, 철도, 선박, 농장, 농촌, 군대, 상점, 학교, 기관 등 생산 장소와 직업에 5인 이상의 당원이 있을 때에는 세포를 조직했고, 이를 '공장 직장세포'라고 불렀다. 박일원, 『남로당의 조직과 전술』(世界, 1984), 55쪽.

즉 당세포는 당의 일체 문제를 토론할 수 있으며 결정할 수 있고, 당원을 흡수하며, 당비를 징수하고, 당원 등록업무를 맡으며, 당원교육을 실시하고, 당원의 공작을 검사하며, 세포생활을 상급 당부에 보고하며, 상급 당의 지시를 세포당원들에게 전달할 의무 등을 갖고 있다는 것이다. 이러한 세포활동을 통해서 당원의 당성은 강화되고 정치의식은 견고해지며, 당과 군중의 긴밀성이 확보되며, 당의 정치노선 집행이 강화된다고 그는 설명했다.

그는 또한 세포는 당의 최저조직이며 기본조직이라고 주장했다. 세포는 당원이 당생활을 실현하는 기본조직이며, 당원이 전투임무를 집행하는 기본단위라는 것이다. 이 때문에 당원은 세포생활을 떠나서는 조직성을 표현할 근거가 있을 수 없으며 전투성을 발양할 토대가 있을 수 없다고 단언했다. 그렇기 때문에 그는 당이 세포활동을 통해서 제반 민주과업을 실시하며 동시에 당은 민주과업의 실시를 통해서 당의 사상적 통일을 보장하며, 단결을 도모하고 나아가 당 밖의 광범한 근로인민과 긴밀한 관계를 조성할 수 있다고 주장했다. 따라서 군중 속에 근거를 두고 있는 세포당원들의 활동 여하에 따라서 당과 군중의 관계 여하가 달려 있다고 그는 보았다.[89]

또한 그는 세포는 당의 기본조직일 뿐만 아니라 당의 임무를 지탱하는 기본적 전투단위라고 분석했다. 세포는 자신의 임무를 집행하기 위해 당원들에게 공작을 분배하며 세포에 소속된 당원들로 하여금 공작을 진행하게 한다는 것이다. 이러한 원칙에 따라 북로당의 각 직장세포는 군중 속에 들어가 실제 공작을 전개함으로써 당이 근로인민의 이익을 대표하여 투쟁하는 성격이 전면적으로 나타났다고 그는 말했다.[90]

그는 민주건국의 역사적 과업을 수행하는 시점에서 북로당에 부여된

---

88) 崔昌益, "黨細胞生活의 强化問題에 對하야," 183쪽.
89) 崔昌益, "黨細胞生活의 强化問題에 對하야," 185쪽.
90) 崔昌益, "黨細胞生活의 强化問題에 對하야," 185쪽.

세 가지 기본임무를 들고, 이를 설명했다.[91]

첫째, 당세포는 군중 속에 깊이 들어가 군중과의 공작을 잘했는가, 당의 근본노선을 옳게 실시하였는가 하는 것으로 세포사업이 잘되었는지, 못되었는지를 구분하는 척도로 삼아야 한다고 주장했다. 모든 당원이 군중공작을 적극 전개하여 군중으로 하여금 당의 영향을 받게 해야 한다는 것이다.

둘째, 당세포는 당원을 흡수하는 기본조직이라는 것을 그는 분명히 했다. 당세포의 당원 흡수는 당의 역량을 확대하는 것이고, 당의 장성을 보장하는 것이며, 민주운동의 발전을 촉진하는 것이므로 신 당원의 흡수는 당세포의 주요 공작이며 세포당원의 임무라는 것이다. 이에서 더 나아가 그는 신 당원을 흡수하는 데 그칠 것이 아니라, 당원교육을 강화하여 당의 정치적 품질을 제고할 것도 당부했다.

셋째, 그는 당세포는 당원을 훈련하는 학교라고 정의했다. 당원은 세포생활을 떠나서는 사상적으로나 공작상으로 조직적 훈련을 받을 곳이 없다고 말하고, 당원교육은 사상교육과 문자교육으로 진행하여 각각의 당원에게 당적 임무를 주어 각 당원으로 하여금 헌신적으로 인민에게 복무하도록 할 것을 당부했다. '일면 공작, 일면 학습' 제도를 통해 당원의 정치의식과 문화수준을 향상시키는 임무를 수행해야 한다는 것이다.

각급 당이 세포생활을 영도하는 문제에 대해서도 최창익은 언급했다. 그는 당은 수많은 세포조직의 기초 위에 건립된 유일한 통일적 조직체인 까닭에 각급 지방 당부는 각 세포의 사회적 기초를 명백히 인식함으로써만 정확한 영도를 보장할 수 있을 것이라고 주장했다.[92] 즉 공장, 광산, 철

---

91) 崔昌益, "黨細胞生活의 強化問題에 對하야," 186-187쪽. 세포의 기본임무에 대해 남로당도 이와 유사한 인식(세포는 당과 대중을 단결하는 핵심이며, 당원을 흡수하는 기관이며, 당원을 교육하는 학교)을 가지고 있었고, 이는 당 학교 교재에 규정돼 있다고 주장했다. 박일원, 『남로당의 조직과 전술』(世界, 1984), 56쪽.

92) 崔昌益, "黨細胞生活의 強化問題에 對하야," 188쪽.

도, 농장, 제작소, 각급 인민위원회, 각종 사회단체 내에 근거를 두고 조직된 허다한 세포의 각기 다른 임무를 정확히 인식하는 것이 필요하다는 것이다.

그는 이러한 인식 하에서만 옳은 영도방침이 채택될 것이라는 신념을 가지고 있었다. 즉 각급 지방 당부는 자기 관할구역 내에 있는 각개 세포의 영도에서 매개 세포의 군중환경과 공작정형을 잘 알아야 하며, 매 세포에 포괄되고 있는 당원들의 사회성분, 정치의식, 문화 정도, 군중관계를 충분히 이해해야 한다는 것이다. 그래야만 자신이 영도하는 세포들의 선전사업이나 당 정책의 지시가 어떻게 집행되고 있는지를 알 수 있다는 것이다.

당세포위원회의 세포영도에 대해서도 그는 주의를 기울였다. 세포가 당의 최저 기본조직인 만큼 세포위원은 직접 당원과 한 장소에서 조직생활을 진행하며, 당원군중과 한 단위의 전투대열로 당의 임무를 집행하는 당일꾼이라는 것이다. 근로대중의 경제생활과 정치동향을 주시하며 그들의 요구조건을 부단히 청취하여 당원의 군중공작 상 교육자료로 삼아야 한다는 것이다. 그러는 한에 있어서만 안으로는 당원의 단결을 도모할 수 있고 공작능력을 제고할 수 있으며 당원과 군중의 관계를 정확히 수립할 수 있고, 밖으로는 당의 위신을 제고하며 당 주위에 군중을 집결할 수 있고 군중 속에 당의 조직적 발전을 확보할 수 있다고 주장했다.[93]

4. 대남 정치공작

북로당 창당과 북한정부 수립에 앞장섰던 최창익은 남한에 대한 정

---

93) 崔昌益, "黨細胞生活의 强化問題에 對하야," 189쪽.

치공작도 게을리 하지 않았다. 기본적으로 이러한 작업은 신문과 잡지에 대한 기고를 통해 이루어졌다. 독립동맹의 활동상을 남한 신문에 소개함으로써 남한 내에 독립동맹 노선에 동조하는 세력을 부식하려 했고, 이와 동시에 북한에서 추진되고 있던 각종 개혁의 의의를 설명함으로써 북한체제의 우월성을 선전하는 일도 빼놓지 않았다. 남한의 정치상황에 대한 비판을 통해 남한체제를 북한처럼 변혁하려는 의지를 강하게 드러낸 것이다.

이와 같은 그의 정치공작은 일차적으로 이승만과 김구에 대한 비판에서 전형적으로 드러났다. 이들의 활동이 반민족적이고 반민주적이라는 것이다. 그는 또한 북로당의 통합모델에 따라 남한에서 추진되는 좌익진영의 3당 합당과정에도 간여했는데, 사로당 추진세력에 대한 비판이 그것이었다. 그리고 간접적이기는 하지만 박헌영에 대해서도 비판, 남한 정계 전반에 영향력을 행사하려 했다.

1) 토지개혁 선전

최창익은 새로운 조선을 건설하는 과정에서 민주정권 수립문제와 토지개혁 문제는 병진하는 것이라고 주장하고, 북한에서 실시된 토지개혁은 경작하는 농민에게 토지를 나누어주는 것 외에 다각적인 의미를 지니는 것이라고 설명했다.[94] 그리고 토지개혁이 단순히 사회주의 제도를 도입하려는 것이 아니라 봉건적 토지소유관계를 폐지하고 사회경제를 합리적으로 재편성함으로써 자본주의의 새로운 발전을 촉진시키는 것이라고 주장했다.

그는 북한에서 실시된 토지개혁에 대해 두 가지 오해가 있다고 주장했다. 첫째, "토지는 농민에게로"라는 구호 아래 실시된 토지개혁은 사회주의를 실시하기 위한 것이 아님에도 불구하고, 사회주의를 실시하려는

---

94) 崔昌益, "土地改革의 歷史的 意義 (上)," <現代日報> 1946년 4월 26일.

것으로 본다는 것이다. 이러한 오해는 파쇼분자와 반동지주의 이익을 옹호하려는 모략에서 나온 것이라고 그는 비판했다. 단지 자산계급성 민주주의혁명을 무산계급이 영도하고 있는 까닭에 토지개혁이 철저히 실시되고 있을 뿐이라는 것이다. 그는 명실상부한 토지개혁으로 봉건적 토지소유관계를 폐지하고 자본가적 토지겸병을 방지함으로써 민주주의적 신조선 정권의 물질적 기초를 완비하는 것이라고 주장했다.[95]

둘째, 그는 토지개혁을 토지소유관계에 대한 단순한 개량적인 방법으로만 인식하고 있는데, 이 역시 오해라고 주장했다. 지주 대 소작인 관계의 폐지, 토지매매권 불허, 경작자에 한정한 토지분배 등은 결코 단순한 개량적인 의미가 아니고 토지소유관계와 토지생산관계에 대한 근본적인 개혁이라는 것이다. 이에 곁들여 그는 일반적으로 토지개혁에는 지주와 소작인 간에 유혈전이 있는 법인데, 북한에서는 그와 같은 참담한 투쟁이 없으므로 토지혁명이 아니고 토지의 개량적 개혁이라고 말하고 있는데, 그러한 관점은 옳지 못하다고 주장했다.[96]

그는 국제적으로는 파시스트 세력이 패배하고 민주주의 세력이 승리하였으며, 국내적으로는 일제 통치세력이 박멸되고 민주정권이 수립되는 과정에 있는 시점에서 민주정권 수립문제와 아울러 토지개혁 문제는 극히 유리한 조건을 구비하고 있다고 보았다. 그리고 17, 18세기 서구의 토지개혁과 달리 북한에서 토지개혁이 평화적으로 진행되었다고 해서 불철저하다고 규정해서는 안 된다고 주장했다. 자본계급이 영도하는 토지개혁이냐, 무산계급이 영도하는 토지개혁이냐 하는 것이 토지혁명의 철저·불철저를 구별하는 근본 기준이 된다는 것이다. 이런 의미에서 그는 북한의 토지개혁은 결코 농민만을 위해 진행하는 것이 아니고, 신조선 민주주의 건설의 물질적 기초를 준비하는 개혁, 즉 조선 민족경제를 재편성하기 위한 토

---

95) 崔昌益, "土地改革의 歷史的 意義 ㊤," <現代日報> 1946년 4월 27일.
96) 崔昌益, "土地改革의 歷史的 意義 ㊦," <現代日報> 1946년 4월 29일.

지개혁이라고 주장했다.

그는 조선 인구 중 최대 다수를 점하고 있는 농민을 봉건적 토지소유관계에서 해방하는 것은 세 가지 의미를 지닌다고 보았다.[97] 첫째, 토지개혁은 민주정치의 실현을 가능하게 하는 인적 요소, 즉 농민의 대중적 동원을 결정하는 의미를 지닌다는 것이다. 둘째, 부패한 봉건지주층의 기생충적 생활을 제거하여 그들로 하여금 신경제 부분으로 전환시키며, 농민에게 토지를 주어 생산력을 향상시킴으로써 조선의 부강을 촉진하는 의미가 있다는 것이다. 셋째, 조선 민족의 신문화운동을 저해하는 낙후한 봉건문화의 물질적 기초를 제거하는 의미를 갖고 있다는 것이다. 이와 같이 중요한 의미를 지녔기 때문에 토지개혁의 철저한 수행이야말로 조선 민족의 신정치, 신경제, 신문화운동 전개에 있어 기본적 기동력이 되는 것이라고 주장했다.

그로서는 남한의 절대다수를 차지하고 있는 농민을 대상으로 하여 북한에서 실시된 토지개혁의 의의를 이와 같이 설명함으로써 남한 농민으로 하여금 토지개혁에 대한 열망을 불러일으키고, 나아가 북한체제를 동경하도록 하려는 것이었다. 이는 북한에서 토지개혁 법령이 발표된 후 남한 좌익진영의 정당과 단체들이 북한식 토지개혁을 요구하는 성명을 발표한 데서 아주 잘 나타났다.[98]

토지개혁의 의의를 설명한 최창익이 다시 역점을 두고 설득하려 한

---

97) 崔昌益, "土地改革의 歷史的 意義 (下)," <現代日報> 1946년 4월 29일.
98) 1946년 3월 10일 조선공산당은 중앙위원회 명의의 성명에서 북한의 토지개혁 내용을 설명하고 남한에서도 토지개혁을 실시할 것을 미군정에 촉구했다(<解放日報> 1946년 3월 15일). 조선인민당은 3월 17일 담화를 발표하고 북한의 토지개혁을 지지한다고 밝혔고(<解放日報> 1946년 3월 19일), 민주주의민족전선도 같은 날 북한에서 실시한 토지개혁을 지지한다는 내용의 성명을 발표했다(<解放日報> 1946년 3월 21일). 또 1946년 4월 23일 전국인민위원회 제2차 대표자대회는 북한의 토지개혁 실시를 절대 지지한다는 내용의 성명을 발표했다. 柳文華 編, 『해방 후 4년간의 國內外 重要 日誌』, 297쪽.

것은 봉건적 인습의 타파였다. 2차 대전이 파쇼진영에 대한 민주진영의 승리로 막을 내렸으나 아직도 반민주세력은 완전히 제거되지 못하였으며, 특히 조선에 일제 잔재가 봉건적 잔존세력과 결탁하여 완강한 반동세력을 형성하고 있다고 생각했기 때문이다.

따라서 민주주의적 노선이 당면하고 있는 과제는 무엇보다 봉건적 잔재를 소탕하는 것이며 토지개혁법령이야말로 그 점에 있어 가장 영단을 내린 것이라고 그는 주장했다.99) 종류를 불문하고 봉건적 인습은 그 물질적 기초를 토지관계에 두었기 때문이라는 이유에서였다. 그의 주장에 의하면 지주와 소작인의 관계는 일반 인민, 심지어 진보적 분자에 이르기까지 가족적으로나 사회적으로 봉건적 인습에 젖게 만드는 물질적 기초이므로 무엇보다 먼저 토지개혁을 하지 않을 수 없다는 것이다.

이처럼 그는 토지개혁을 통해 지주·소작관계를 일소함으로써 낡은 세력, 즉 반민주세력이 의거하고 있는 봉건적 잔재를 소탕하며 봉건제도의 사회의식 형태인 낡은 문화, 도덕, 미신, 습성까지도 깨끗이 숙청해야 한다고 보았다.100) 이 때문에 그는 남한에서도 북한과 같은 토지개혁이 실시되기를 바란 것이다. 그리하여 토지개혁법령 실시를 계기로 북한에는 반민주세력의 태반(胎盤)을 형성하고 있는 봉건적 토지관계가 형적을 감추고 봉건적 인습이 발붙일 곳이 없어졌고, 부강한 민주국가와 새로운 문화를 수립할 물질적 조건이 구비되었다고 선전했던 것이다.

2) 독립동맹 활동상 선전

최창익은 남한의 한 신문에 독립동맹의 유래와 항일활동 내용을 소

---

99) 崔昌益, "封建的 因襲에 關하야," 122쪽.
100) 崔昌益, "封建的 因襲에 關하야," 122쪽.

상하게 설명하는 글을 실었다.101) 그가 이처럼 자신이 부주석으로 활동했던 독립동맹의 활동상을 소개한 것은 객관적으로 항일 독립운동의 정통성을 확보하고, 이를 통해 남한 내부에 독립동맹에 대한 지지세력을 확산하려는 의도에서 비롯된 것이라고 분석된다.102)

그는 독립동맹은 중국 무한(武漢)에 근거를 두고 활동하던 여러 혁명단체가 반일민족통일전선 조직을 목표로 노력한 결과 1938년 10월 10일 조직된 조선의용군이 지속적으로 항일투쟁을 전개하면서 발전·확대되어 출현한 것이라고 그 유래를 설명했다. 이들 조선의용군이 중국 항일전선에 참여하여 활동하다가 전쟁의 형세가 불리하게 되자 그중 일부가 무한을 떠나 중국공산당 지도부가 있는 연안으로 가서, 항일군정대학을 마치고 1940년 초 8로군에 소속되어 전쟁에 종사하게 되었다는 것이다.103)

당시 8로군 총사령령부는 항일근거지 내에서 활동하고 있던 조선 청년들을 도와 반일민족통일전선 성질을 가진 군중단체의 조직을 촉진시켰고, 그 결과 1941년 1월 10일 화북조선청년연합회의 창립을 보게 되었다고 그는 설명했다. 이를 계기로 중국 내에서 전개된 항일운동은 새로운 발전을 맞이했다는 것이다. 당시 청년연합회에 제기된 문제는 중국 관내에 있는 조선 혁명운동 단체의 통일과 중국에 있는 조선동포에게 반일의식을 넣고 독립사상을 높이는 것이었는데, 이러한 임무를 달성하기 위해 청년연합회는 조선 혁명단체들과 연락하여 중국 관내 조선 혁명운동의 통일에 힘썼

---

101) 그는 <獨立新報>에 "延安時代의 獨立同盟"이라는 제목의 글을 7회(1946년 5월 21, 22, 24, 25, 26, 27, 28일)에 걸쳐 연재했다.

102) 독립동맹의 부주석인 韓斌은 1946년 1월 25일 서울에 도착한 후 각종 정치집회와 환영대회에 참석하며 적극적인 조직활동에 나섰다. 이러한 활동에 힘입어 1946년 2월 5일에는 서울에서 독립동맹 경성특별위원회(위원장 白南雲, 조직부장 沈雲, 선전부장 高贊輔)가 결성되었다. 이에 관해서는 심지연, 『朝鮮新民黨 硏究』(동녘, 1988), 76-80쪽 참조.

103) 崔昌益, "延安時代의 獨立同盟 ①," <獨立新報> 1946년 5월 21일.

으며 일본군이 점령하고 있던 지역의 동포들을 대상으로 각종 공작을 진행했다는 것이다.104)

이와 같은 활동에 힘입어 중경과 낙양에 있던 혁명단체의 동지들이 참여하여 조선의용군의 숫자가 늘어났고, 이에 따라 공작범위가 커져 1942년 7월 10일 새로운 공작방침을 수립하게 되었다고 그는 말했다. 즉 조직역량의 발전에 비추어 또 장래 혁명공작의 방편에 의해 화북조선청년연합회를 화북조선독립동맹으로 개칭하고, 조선의용대 화북지대를 조선의용군 화북지대로 개편했다는 것이다. 이와 같은 결정에 따라 사업이 진행된 결과 1944년 말 중국공산당 점령지역 내 독립동맹의 분맹(分盟) 수는 10개에 달했고, 조직원도 수천 명에 달했다고 그는 주장했다.105)

독립동맹의 성격에 대해 그는 어느 한 계급의 기초 위에 건립된 계급정당이 아니며, 어느 한 계급의 이익만을 위해 생긴 존재도 아니고, 단지 민족의 해방과 독립을 위해 조직된 혁명단체일 뿐이라고 주장했다.106) 맹원을 가입시킬 때 어떠한 주의와 사상을 가졌는가를 묻지 않고, 다만 일제의 조선통치를 반대하고 조국의 독립과 해방을 위해 싸우는 사람이라면 누구를 막론하고 동맹원의 자격이 있다고 간주했기 때문에 받아들였다는 것이다.

독립동맹의 성격을 이렇게 규정한 최창익은 독립동맹의 혁명적 임무는 조선의 혁명임무가 규정하는 것이라고 전제하고, 현재 조선은 식민지·반봉건사회이므로 조선혁명의 성질은 자산계급성 민족민주혁명이며, 혁명의 기본적 투쟁대상은 일본제국주의이고, 혁명의 당면임무는 조선민족의 독립과 해방이라고 주장했다.107) 그렇기 때문에 민족의 독립과 해방의 문제는 조선혁명 전략계단에서 결정된 반일민족통일전선의 기본적 정

---

104) 崔昌益, "延安時代의 獨立同盟 ②," <獨立新報> 1946년 5월 22일.
105) 崔昌益, "延安時代의 獨立同盟 ③," <獨立新報> 1946년 5월 24일.
106) 崔昌益, "延安時代의 獨立同盟 ④," <獨立新報> 1946년 5월 25일.
107) 崔昌益, "延安時代의 獨立同盟 ⑤," <獨立新報> 1946년 5월 26일.

치강령이며, 이와 동시에 독립동맹의 기본적 정치강령이라고 단언했다.

그는 독립동맹이 조선 혁명운동의 기본역량이 되고 혁명투쟁에 있어 선봉대가 된다고 하는 주장하는 것은 과장이며, 그렇게 말하는 것은 진실하지 않다며 겸손한 자세를 취했다. 단지 혁명운동의 기본세력이 아닌 중심역량의 한 부분, 혁명운동의 선봉대라기보다는 혁명대오 중 한 부분이라고 말했다. 그는 이렇게 말한다고 해서 독립동맹이 과소평가되는 것도 아니며, 독립동맹의 발전전도를 무시하는 것도 아니라고 주장했다.108) 그로서는 반일민족통일전선 내의 일부분인 이상 용감한 투쟁을 통해 발전할 전도가 있으며, 혁명적 임무를 완수하는 데 광명한 전도가 있을 것이라는 확신을 갖고 있었기 때문이다.

독립동맹의 투쟁활동에 대해 그는 적에 대한 선전전, 선전활동, 무장선전공작 등으로 분류하며 다양하게 설명했다. 이러한 선전활동은 일본의 점령지역에 와 있는 조선 동포에게는 반일 독립사상을 고취하고, 중국 인민에게는 항일사상을 주입했으며, 일본 병사들에게는 철저한 반전사상을 일으키는 것을 목표로 삼았다고 말한 그는 각종 선전활동과 무장투쟁으로 독립동맹은 일본 파시스트 군대에 커다란 타격을 주었으며, 조선 민족에게는 독립전쟁의 승리를 가져올 수 있는 전투정신을 유산으로 남겨주었다고 주장했다.109)

3) 남한 정치지도자 비판

최창익은 남한을 미제국주의자가 점령하고 있는 지역으로 분석한 것의 연장선상에서 남한의 정치와 정치지도자들을 비판했다. 그가 중점적으

---

108) 崔昌益, "延安時代의 獨立同盟 ⑥," <獨立新報> 1946년 5월 27일.
109) 崔昌益, "延安時代의 獨立同盟 ⑦," <獨立新報> 1946년 5월 28일.

로 비판한 것은 1946년 2월 14일 출범한 '남조선 대한국민대표 민주의원'(민주의원)과 이승만, 김구였다. 그는 해방된 시점에서 전 국민이 바라는 것은 통일정권의 조속한 수립이라고 말하면서도, 통일정권이라고 해서 아무것이나 받아들이는 것이 아니라 통일정권의 성질을 먼저 고려할 필요가 있다는 단서를 붙였다.110) 친일분자나 민족반역자까지 포함한 통일정권이거나 일부 특권계급만으로 구성된 정권이 아니라, 친일분자나 민족반역자를 제외하고 특권계급의 전횡을 배제한 각계각층을 망라한 민주적 통일정권이 되어야 한다는 것이었다.

그는 만일 이와 같은 민주적 통일정권이 아니고 친일분자나 민족반역자들까지도 받아들이는 정권이거나 민중의 이익을 농단하는 특권계급으로만 된 전제정권이 나오게 된다면, 일제시대를 되풀이하게 되어 인민은 다시금 암흑과 질곡의 구렁텅이에 빠질 것이라고 주장했다. 그리고 그는 전 인민의 총의에 입각한 민주적 통일정권은 3천만 민족의 요구일 뿐만 아니라 국제적으로도 요구되며 3상회의에서 구체화된 것이라고 단언했다. 그는 이러한 민주적 노선에 입각하여 민주적 통일정권 수립을 전제로 북조선임시인민위원회가 발족했다고 강조한 다음, 남한의 정세를 분석할 때 반민주적인 반동세력이 정권을 잡으려고 집요한 책동을 계속하고 있다고 주장했다. 그 실례로 그가 든 것은 민주의원이었는데, 이것은 이승만과 김구가 중심이 되어 만든 기관으로 반동세력의 총집결체라는 것이다.111)

이승만의 경우 귀국하자마자 독립촉성중앙협의회를 구성했으나, 전 민족의 신망과 기대를 저버림으로써 매장되고 말았다고 그는 비판했다. 김구 역시 망명정부를 그대로 옮겨놓으려고 했으나, 1개월이 채 못 되어 민중 앞에 무능과 무책을 폭로함으로써 신망은 완전히 땅 위에 떨어지고 말았다고 평가했다. 그에 의하면 민중은 이승만과 김구에 대해 기대와 환

---

110) 崔昌益, "民主議院의 正體 (上)," <現代日報> 1946년 5월 27일.
111) 崔昌益, "民主議院의 正體 (上)," <現代日報> 1946년 5월 27일.

상을 가졌으나, 정작 그들이 민중의 전면에 나타남에 따라 포부와 역량을 시험해 보자, 무정견, 무능력, 기만과 모략 외에는 없다는 것을 알고 환멸을 느끼게 되었다는 것이다. 미국 또는 중국에서 재외 조선 인민들의 반일 투쟁을 박해했고, 매국음모를 일삼고 있다가 해방 후 입국하여 자칭 '지도자', 자칭 '애국자' 연하면서 인민을 호령하고 인민 앞에 군림하고 있기 때문이라는 것이다.112)

그는 이 두 사람이 민중으로부터 유리되고 고립되게 되자 가만히 있지 않고 만들어 낸 것이 민주의원이라고 단언했다. 1945년 말 신탁통치 반대운동을 일으켜 민중을 미혹케 하던 그 여세를 몰아 1946년 2월 1일 비상국민회의를 결성했으나, 여기에 진보적 인민은 하나도 참가하지 않고113) 정권욕에 사로잡힌 엽관배와 일제 주구로 주목되는 인물들까지 끼어들었다고 지적하고, 이러한 반민주적이고 반동적인 모임을 계기로 하여 이승만과 김구는 정권을 노리기에 급급했다고 비판했다.114)

최창익은 해방 이전부터 이승만과 김구를 좋지 않게 생각하고 있었다. 이들이 반파쇼전쟁의 승리를 예견하는 고담준론을 논하면서도 실제로 반파쇼전쟁은 실천하지 않고 의뢰적인 외교 독립운동에 만족하며, 혁명과 정치는 사리사욕을 만족시키는 일종의 수단으로 알고 있다는 것이다.115) 그리고 반일민족통일전선을 요구하면서도 민족분열을 감행하며, 자주독립을 절규하면서도 국제적인 반동세력과 결탁하며 독립사업을 방해하고 있다는 것이다. 그렇기 때문에 애국이라는 간판 밑에 숨어 국외의 조선동

---

112) 崔昌益, "人民은 歷史의 基本 推進力," 507쪽.

113) 조선인민당의 呂運亨, 白象圭, 黃鎭南 3인은 비상국민회의 참여는 사실무근이라고 주장했으며(<朝鮮人民報> 1946년 2월 15일), 임시정부 요인 金元鳳, 成周寔, 張建相, 金星淑 4인도 민주의원이 비민주적이라고 비판하는 성명을 내고 민주주의민족전선에 참가했다(<朝鮮人民報> 1946년 2월 16일).

114) 崔昌益, "民主議院의 正體 下," <現代日報> 1946년 5월 28일.

115) 崔昌益, 『八·一五以前 朝鮮民主運動의 史的 考察』, 51쪽.

포를 기만하는 빙공영사(憑公營私)를 능사로 하는 것이 바로 이들의 정체라고 그는 비판했다.116)

그는 김구의 임시정부에 대해서는 구태여 말하고자 하지 않는다고 말했다. 정부라고 하면 노동자, 농민, 학생, 지식인 등 모든 인민을 대표하는 것이라야 비로소 정부라고 할 수 있는데, 임시정부는 그렇지 않다는 생각에서였다.117) 이러한 생각은 과거에도 그러했고 지금도 그러하며 앞으로도 그럴 것이라고 말함으로써 연안에서부터 가지고 있던 임시정부에 대한 부정적 태도를 계속 견지했다.

그는 정권문제에 있어서는 이승만이 김구보다 훨씬 더 크게 작용했다고 분석했다. 입국하기 전부터 미국과 모종의 연락을 가졌다고 할 수 있는 인물은 이승만 혼자이기 때문이라는 판단에서였다. 그리고 민주의원이 성립된 1946년 2월 14일에 일반은 단지 미군정의 자문기관이 생기는 것으로 믿었는데, 비상국민회의에서 만든 최고정무위원회를 그대로 간판만 바꾸어 민주의원이라는 명칭을 들고 나왔다고 비판한 그는, 이와 대조적으로 1946년 2월 15일 결성된 민주주의민족전선(민전)은 민중의 지지를 받는 민주적인 기관이라고 주장했다.

민주세력을 무시하고 이승만, 김구의 지명에 의해 28명으로 구성된 민주의원이 하는 일이라곤 의자 다툼으로 허송세월한 것뿐이라고 단언한 그는 민주의원 수립을 계기로 해서 이승만, 김구는 반동의 권화로 낙인찍혔다고 비판했다. 입으로는 민족을 생각한다고 외치고 있으나, 아직도 이조 말년의 매국매족의 악습을 청산하지 못하고 있다는 것이다. 따라서 이승만, 김구를 전 민족의 이름으로 매장해야 하며 그들의 사교클럽에 지나지 않는 민주의원은 통일정권과는 거리가 멀 뿐만 아니라 그와 정반대되는 파쇼노선을 걷고 있기 때문에, "타도 김구, 타도 이승만, 타도 민주의원"

---

116) 崔昌益,『八·一五以前 朝鮮民主運動의 史的 考察』, 52쪽.

117) 尹逸模・徐丙坤, "金日成將軍部隊와 朝鮮義勇軍 中堅幹部의 座談會,"『新天地』 1권 2호(1946년 3월), 237쪽.

의 깃발 아래 무자비한 투쟁을 전개해야 할 것이라고 선동했다.[118]

4) 사로당 비판

북조선공산당과 조선신민당의 합당으로 북로당이 창당되자 남한의 좌익진영 3개 정당도 통합에 나섰다. 북한에 정부를 수립하는 과정에서 지도적인 역할을 담당할 기관이 필요하다는 인식에서 당을 창당한 것인데, 이와 같은 모델을 남한사회에도 그대로 적용하려 한 것이다. 그러나 이러한 시도는 미군정의 견제로 좌익진영이 위축되어 정국을 주도해 나갈 여력이 없었고, 좌익진영 내부의 갈등으로 소기의 성과를 거둘 수 없었음에도 불구하고 그는 남한에서 추진되는 합당과정에 간여했다.[119]

그는 북로당 창당 3일째인 1946년 8월 30일 "남조선 민주주의 3정당 합동에 관한 보고"에서 3당이 박헌영 위주로 통합할 것을 강력히 촉구하고, 그에 반대하는 세력을 강하게 비판했다.[120] 보고에서 그는 남한의 진보적 민주주의 정당인 공산당, 인민당, 신민당 3당의 합동이 추진되는 것은 내외의 반동세력과 투쟁을 지속하는 과정에서 민주주의 통일전선 진영의 단결을 보다 공고히 하고 투쟁조직을 보다 강하게 하기 위한 필연적 요청이라고 전제했다.

이어 그는 남한의 객관적 조건이 불리하기 때문에 3당 합당을 진행하는 데 많은 지장이 있으리라는 것은 예상할 수 있지만, 그럼에도 불구하고

---

118) 崔昌益, "民主議院의 正體 ㊦," <現代日報> 1946년 5월 28일.
119) 북한 고위관리 출신인 徐容奎는 중앙일보와의 인터뷰에서 崔昌益이 韓斌과 함께 서울을 넘나들며 3당 합당을 추진했다고 증언했다. 중앙일보 특별취재반, 『秘錄 조선민주주의인민공화국』(중앙일보사, 1992), 253쪽. 그러나 당시의 상황으로 보아 이는 사실과 다르다고 판단된다.
120) 崔昌益의 보고 전문은 『朝鮮勞動黨大會資料集』 第1輯, 76-77쪽 수록.

합당은 무조건 요청되는 것이라고 주장했다. 따라서 불리한 조건을 신속히 극복하고 보다 더 큰 단결의 위력을 발휘해서 합당사업을 급속한 시일 내에 성공적으로 완수하는 것이 무엇보다 중요하다고 말했다. 합당이 이처럼 중요하기 때문에 그는 민주진영 내부에는 어떠한 조건도 합동을 불가능하게 할 만한 근거가 될 수 없다면서, 사소한 문제로 합당사업을 지연시킨다면 그 책임이 어디에 있든 간에 커다란 손실이 있음을 지적하지 않을 수 없다고 강조했다.

보다 구체적으로 그는 공산당 내부에서 일부 분열행동이 있어 합당사업의 진행에 불리한 영향을 주고 있는 사실을 지적, 유감을 표명하고 그에 대해서는 엄중한 비판이 있어야 한다고 주장했다. 그는 1946년 8월 5일 강진, 김철수 등 6인이 발표한 성명서[121]를 예로 들어 이들을 신랄하게 비판했다. 첫째, 이들의 주관적 의도가 어디에 있든지 객관적 합당사업에 지장을 주는 나쁜 결과를 초래한 데 대해 엄중히 비판하지 않을 수 없다고 말하고, 공산당 중앙의 그들에 대한 조치[122]가 가장 적당하다고 그는 주장했다. 둘째, 이들 6인의 성명이 나오자 반동진영에서는 이를 민주진영을 모략하는 자료로 이용했다고 밝히고,[123] 이를 볼 때 실제로 6인의 행위는

---

121) 공산당의 姜進, 金槿, 金綴洙, 文甲松, 徐重錫, 李廷允 6인은 "合黨問題에 對하여 黨內 同志諸君에게 告함"이라는 성명서를 <靑年解放日報> 1946년 8월 5일자 호외로 발표했다. 이들은 성명서에서 당 지도부의 관료주의적·트로츠키주의적 경향은 당의 발전을 저해하고 분열의 위기로 몰아넣었다고 지적하고, 당내 분파주의자들은 합당의 중대한 순간을 그들의 관료적 지위를 강화하고 확대하는 수단으로 활용하고 있다고 비판했다. 이들은 "우리 派만으로 合黨工作을 遂行하지 않으면 안 된다"는 朴憲永의 발언을 비난하고, 李舟河, 金三龍, 李鉉相 3인을 합동교섭 및 준비위원에서 제외할 것을 요구했다. <東亞日報> 1946년 8월 7일.

122) 朴憲永은 1946년 8월 7일 기자회견을 갖고 합당공작을 방해하는 반당분자에 대해서 단연히 조치하지 않을 수 없다면서, 李廷允은 당으로부터 제명, 金綴洙 등 5인에 대해서는 무기정권 처분을 내렸다고 밝혔다. <東亞日報> 1946년 8월 9일.

123) 한민당은 1946년 8월 9일 성명을 통해 3당이 합당하려는 것은 '인민공화국' 창

민주진영을 혼란케 하며 합당사업을 지연시키려는 적에게 어부지리를 주었다고 비난했다. 셋째, 이들 6인이 당의 책임 있는 일꾼임에도124) 불구하고 엄중한 순간에 당내의 대립을 모순 격화시킨 것에 대해 큰 책임을 져야 할 것이라고 그는 비판했다.

세 가지 이유를 들어 공산당 내 박헌영 반대파를 비판한 최창익은 이들 6인은 무자비한 자기비판 위에 책임을 져야 하며, 당으로서는 마땅한 조치가 있어야 할 것이라고 주장했다. 최창익이 공산당 내의 반대파만을 비판한 것은 아니다. 이는 인민당, 신민당 어느 당을 불문하고 합당사업을 방해하고 지연시키는 분자들의 행위에 대해서는 엄정한 비판과 함께 무자비한 투쟁을 전개할 것을 선포한다고 밝힌 것에서 잘 나타났다.

이어서 그는 합당사업의 완수를 위해 일체를 희생시켜야 한다고 말하고 진영 내부의 사소한 문제를 더 이상 표면화시키는 것은 옳지 못하다고 주장했다. 모든 것을 합당사업의 성공적인 결속을 위해 희생시켜야 하며 그 밖의 문제는 민주적 실천을 거침으로써 능히 해결될 수 있다는 것이다. 결론적으로 그는 통일적인 민주주의 완전 자주 독립국가 건설을 위해서는 급속한 시일 내에 3당 합당사업이 성공적으로 완수되어야 한다고 주장했다.

최창익의 보고가 끝난 후 토론에서 김일성은 최창익의 보고가 가장 정확하고 적당하게 남한정세를 분석한 것이라고 말하고, 반당적 성명을 낸 6인은 합당을 방해하는 것이라고 비판했다.125) 김일성이 최창익의 보

립, 신탁통치 찬성, 위조지폐사건 등 온갖 죄악을 일으킨 공산당이 자체의 이름으로는 민심을 수습할 수 없으므로 노동당이라는 미명으로 출현하는 것이라고 비판하고, 공산당의 중진들이 반(反)박헌영 운동을 일으켜 애국적 공산당으로 전환할 가능성이 있는 것은 주목할 만한 현상이라고 주장했다. <東亞日報> 1946년 8월 10일.

124) 姜進은 공산당 중앙위원회 정치국위원이었고 金槿, 金綴洙, 文甲松, 徐重錫, 李廷允 5인은 중앙위원회 조직국위원이었다. <朝鮮日報> 1946년 8월 8일.

고 내용을 지지하자, 주녕하는 최창익의 보고에 기초하여 "남조선에서 3당이 통일당으로 합동하는 사업진행에 대한 북조선로동당 창립대회 결정서"를 발표했다.126) 결정서에서 북로당은 공산당 내에서 종파적 활동을 한 6인을 중앙위원으로부터 제명한 공산당 중앙위원회의 결정은 정당하다고 선언하고, 남한 3당의 지도자와 당원들에게 반동파들의 파괴행위를 극복하고 합당사업을 신속히 진행시킬 것을 호소했다.

이처럼 최창익이 박헌영을 중심으로 추진되는 합당사업을 지원하자 박헌영의 합당작업은 단연 활기를 띠게 되었고, 그를 반대하는 사로당 추진세력은 구심점이 약화되어 갈 수밖에 없었다. 이 상황에서 9월 총파업과 그 뒤를 이어 발발한 10월항쟁은 사로당 추진세력을 더욱 곤경에 몰아넣었다.127) 박헌영의 강경투쟁 전략에 따른 '정당방위의 역공세'라는 의미를 지닌 '신전술'을 반대할 명분이 없어졌기 때문이다. 공산당 지도부의 의도와는 별도로 민중 차원에서 전개되는 항쟁이 박헌영을 비롯한 당 지도부의 지반을 공고히 하는 쪽으로 작용한 것이다.

미군정과 경찰의 개입으로 남한의 소요사태가 진정되면서 합당문제가 정계 전면에 다시 부상했고, 반(反)박헌영 진영의 구심점이 약화된 가운데 합당은 남로당을 중심으로 순조롭게 진행되었다. 합당의 주도권 문제를 놓고 남로계열과 사로계열이 우열을 가릴 수 없는 상황에서 나온 최창익의 보고는 남로계열의 승리를 초래하는 데 결정적인 요인으로 작용한 것이다.

여기서 다시 북로당의 사로당 비판서가 발표되자128) 사로당은 존재

---

125) 『朝鮮勞動黨大會資料集』第1輯, 79쪽.
126) 결정서의 전문은 『朝鮮勞動黨大會資料集』第1輯, 79-80쪽 수록.
127) 9월 총파업 및 10월항쟁과 3당 합당의 역학관계에 대해서는 심지연, 『대구 10월항쟁 연구』(청계연구소, 1991), 12-13쪽 참조.
128) 북로당은 1946년 11월 16일 박헌영을 수위로 한 정치노선이 가장 정당한 노선임을 선언하며 이를 지지한다고 밝히고, 사회노동당을 조직한 분자들의 분파행

의의를 잃고 말았다. 두 갈래로 추진되는 합당작업에서 북로당이 박헌영의 손을 들어 주었기 때문이다. 이로 인해 김철수, 여운형, 이정윤, 백남운 등 사로당 창당에 앞장섰던 인물들은 속속 자기비판이나 정계은퇴 성명을 발표하는 수밖에 없었는데,[129] 이는 북로당이 남한 좌익진영의 세력판도에 결정적인 영향을 미치는 요인이 되었다. 한반도 전체 좌익진영의 주도권이 북로당으로 완전히 넘어가고 만 것이다.

동은 적의 반동정책을 방조하는 것이라고 비판하는 내용의 "남조선 '사회노동당'에 관한 결정서"를 채택했다. 이 결정서는 11월 26일 남로당 선전부에서 발표했다. 결정서 전문은 <獨立新報> 1946년 11월 27일 수록.

129) 북로당의 결정서 발표 이후 사로당 지도부의 개별적인 활동에 대해서는 沈之淵, 『朝鮮革命論 研究』(실천문학사, 1987), 89-92쪽 참조

제6장 북한정부 출범과 숙청

1. 재정상 취임

　최창익은 1948년 9월 9일 출범한 북한정부의 초대 재정상에 취임하여, 당시 북한헌법 제55조 5항에 규정된 '유일 국가예산의 편성 및 국가예산과 지방예산에 들어오는 조세와 수입의 편성' 임무를 맡았다. 북조선인민위원회의 검열국장으로서 행정기관의 제반 업무에 대한 검열사업을 담당한 경험이 있었기 때문에, 이러한 경력이 그로 하여금 국가 살림을 총괄하는 재정업무의 책임자가 되게 한 것이라고 분석된다.
　재정상으로서 그는 최고인민회의에서 1948년도와 1949년도 두 차례에 걸쳐 국가예산 집행 전반에 관한 매듭을 짓고 결론을 내리는 일을 했다. 예산편성에 관한 보고를 하기에 앞서 그는 한반도 전체의 예산을 종합적으로 편성하지 못하고 북반부에만 편성하게 되었지만, 남북을 통해 전체 인민의 지지를 받고 수립된 정부의 최초 예산이기 때문에 그 의의는 실로 거대하다고 주장했다.

1) 1948년도 예산총결

최창익은 1949년 4월 19일 오후 3시에 개최된 최고인민회의 제1기 3차 회의에 참석하여 1948년도 예산총결과 1949년도 예산에 관한 보고를 했다.[1] 이 자리에서 그는 1948년도 예산의 기본방향은 인민의 부담이 되는 세수입을 경감하는 반면 국가경제기관으로부터의 수입을 적극 늘리며, 재정지출 면에서는 인민경제계획 완수 및 사회문화사업 발전에 역점을 두었다고 설명했다.[2] 그는 1948년도 예산총액 138억 8,050만 2천 원에 대해 수입총액은 155억 7,134만 원이며 지출은 136억 5,403만 5천 원으로, 19억 1,130만 원의 수입초과를 보였다고 말하고, 이는 1947년도 실적에 비해 세입은 169%, 세출은 192% 증가를 보인 것이라고 주장했다.

그는 세입실적이 초과 달성되었는데, 이는 정부의 옳은 시책으로 말미암아 북한의 농촌경리가 급속히 발전되었고 인민의 소득이 나날이 증진되어 물질생활이 개선되고 향상된 결과 이룬 것이라고 설명했다. 그리고 이는 북한 농민들의 열성적인 농업현물세 납부를 비롯하여 전체 인민들의 자각적인 납세의욕이 날로 높아 가고 있다는 것을 표현해 주는 것이라고 단언했다.[3]

---

[1] 이 날 회의장에는 최고인민회의 의장 허헌, 부의장 이영·김달현, 최고인민회의 상임위원회 위원장 김두봉, 수상 김일성, 부수상 박헌영·홍명희·김책 등을 비롯하여 각 상 및 상임위원이 참석했다. 國土統一院 編,『北韓最高人民會議資料集』第1輯(國土統一院, 1988), 319쪽.

[2] 최창익, "조선민주주의인민공화국 一九四八년도 국가종합예산 총결과 一九四九년도 국가종합예산에 관한 보고,"『근로자』제4권 5호(1949년 5월); 國史編纂委員會 編,『北韓關係史料集』38(2002), 156쪽.

[3] 최창익, "조선민주주의인민공화국 一九四八년도 국가종합예산 총결과 一九四九년도 국가종합예산에 관한 보고," 157쪽.

세출예산의 집행에 대해서도 그는 1948년도 지출실적은 1947년도 실적에 비해 141%가 증가했다고 분석하고, 1948년도 인민경제계획의 초과달성을 재정적으로 보장하였다고 주장했다. 그는 농림업 발전을 위해 대규모 관개사업을 벌이며, 국영농장의 발전을 위해 중요한 건설공사를 성공적으로 진행하고 있고, 교통운수의 발전을 위해 철도 전기화 공사를 추진하며 철도공장을 확충하고 있다고 설명했다. 그는 또한 사회문화사업비도 1947년도 실적에 비해 58%의 성장을 보였는데, 특히 보건부문에서는 병원만 해도 17개소가 증설되었고 의사 260명이 증원되어 농촌에 이르기까지 의료기관이 설치되었다고 보고했다.[4]

　　북한에서 단행된 화폐개혁에 대해[5] 그는 자주적인 민족화폐 제도를 수립하기 위해 1948년 12월 6일부터 12일까지 신화폐를 발행하여 구화폐와 교환하는 사업을 성공적으로 전개했다고 주장하고, 이러한 화폐교환의 결과 북한에 유통되는 화폐는 북조선중앙은행권으로 통일되고 물가는 저하되었다고 보고했다.[6] 그리고 예산을 집행하는 데 경비절약 투쟁을 광범히 전개한 결과, 14억 3,700만 원의 경비가 절약되었다고 말하고, 이러한 절약부분은 국가재정을 튼튼히 하는 재원으로 되었다고 주장했다.

　　예산을 집행하는 과정에서 결점이 있었다는 것도 그는 솔직하게 시인했다. 첫째, 세원을 적극적으로 포착하려는 노력이 부족했으며, 둘째, 국영기업소들이 국고에 납부해야 할 공제금을 납부하지 않고 있으며, 셋째,

---

4) 최창익, "조선민주주의인민공화국 一九四八년도 국가종합예산 총결과 一九四九년도 국가종합예산에 관한 보고," 160쪽.

5) 북한은 해방 후 일제강점기 발행된 각종 화폐가 유통되고 있었기 때문에 가치가 떨어진 조선은행권이 남한에서 다량 유입될 조건을 조성했으며 또 위조지폐가 다량 혼용되어 물가조절에 곤란을 겪었다고 말하고, 이러한 문제를 극복하고 통화조절의 자주권을 확보하기 위해 화폐개혁을 단행했다고 설명했다. 조선중앙통신사, 『조선중앙년감』 1950년판, 303쪽.

6) 최창익, "조선민주주의인민공화국 一九四八년도 국가종합예산 총결과 一九四九년도 국가종합예산에 관한 보고," 161쪽.

독립채산제를 채택한 국가경제기관들이 원료, 자재 등을 필요 이상으로 보유하고 있으며, 넷째, 국영기업소 중에는 수립한 계획과 예산이 부정확하고 실제에 부합되지 않는 것이 있으며, 다섯째, 계획한 공사를 제때에 끝내지 못해 생산에 지장을 주고 있으며, 여섯째, 원가 저하에 대한 노력이 부족했고, 일곱째, 경비절약에 대한 노력이 부족했다는 것 등을 들었다.[7]

그는 1949년 1월에 채택된 인민경제 2개년계획을 수행하는 데 막대한 재정이 요구된다고 전제했다. 그리하여 1949년도 예산편성은 2개년 인민경제계획을 재정적으로 보장하며 민족 자립경제 토대를 더욱 튼튼히 함으로써 전체 인민들의 당면과업인 국토완정을 위한 투쟁을 보다 강화하려는 데 있다고 주장하고,[8] 1949년도 예산을 집행하는 데 따르는 기본과업 7가지를 들었다.

이는 첫째, 인민경제적 축적을 더욱 증강해야 하며, 둘째, 인민들 가운데 세금을 자진하여 납부하는 아름다운 기풍을 배양하도록 하며, 셋째, 경비절약을 더욱 철저히 하며, 넷째, 지방재정을 건실하게 하기 위해 재원을 널리 탐구해야 하며, 다섯째, 화폐유통을 정상적으로 통제할 수 있도록 고려해야 하며, 여섯째, 통계보고를 더욱 정확하고 신속하게 해야 하며, 일곱째, 재정검열 사업을 더욱 강화해야 할 것 등이었다.[9]

결론적으로 그는 1949년도 예산이 실시됨에 따라 민족경제는 한층 더 발전할 것이고, 인민의 물질생활과 문화는 더욱 향상될 것이며, 민족보위는 더욱 튼튼해질 것이라고 주장했다. 그리고 이로 인해 북한에서 형성되고 있는 인민민주주의적 사회제도를 공고·확대하는 결과를 가져올 것이

---

7) 최창익, "조선민주주의인민공화국 一九四八년도 국가종합예산 총결과 一九四九년도 국가종합예산에 관한 보고," 162-163쪽.

8) 최창익, "조선민주주의인민공화국 一九四八년도 국가종합예산 총결과 一九四九년도 국가종합예산에 관한 보고," 165쪽.

9) 최창익, "조선민주주의인민공화국 一九四八년도 국가종합예산 총결과 一九四九년도 국가종합예산에 관한 보고," 178-180쪽.

며 남한에 수립된 정부를 타도하고 국토완정을 촉진하는 강대한 힘이 될 것이라고 말하고, 김일성 주위에 단결하여 국가예산을 완수하기 위해 전력을 다해야 할 것이라고 강조했다.10)

2) 1949년도 예산총결

1950년 2월 25일에 개최된 최고인민회의 제1기 5차 회의에서 최창익은 전년도에 이어 1949년도 예산집행에 관한 총결과 1950년도 예산에 관한 보고를 했다. 그는 1949년도 예산은 조국의 평화적 통일과 민주주의적 자주 독립국가 건설의 물질적 기초로 되는 인민경제계획을 달성하기 위한 인민들의 투쟁이 찬란한 승리를 쟁취한 환경 속에서 성공리에 집행되었다고 보고했다.11) 2개년 인민경제계획의 1949년도 계획을 실행하는 데 있어 국영산업의 생산계획은 1948년도에 비해 139.6% 성장했으며, 노동생산율은 1,20.3% 성장했고 생산원가는 현저히 저하되었다는 것이다.

농업부문에서는 영농방법의 개선과 화학비료의 풍부한 공급에 의하여 높은 수확률을 보장했으며, 산업과 농업의 발전에 따라 상품유통도 1948년에 비해 156.4% 성장했다고 보고했다. 대외무역에서는 소련과의 경제협정 체결로 말미암아 경제건설에 필요한 원자재 및 기계류가 다량 수입되어 산업발전에 커다란 도움을 주었으며 무역의 물자교류가 활발하게 이루어졌다고 말하고, 인민경제 2개년계획의 첫 해인 1949년도 계획이 성공적으로 마무리된 것은 소련의 물질적·기술적 원조와 김일성의 올바른

---

10) 최창익, "조선민주주의인민공화국 一九四八년도 국가종합예산 총결과 一九四九년도 국가종합예산에 관한 보고," 181쪽.

11) 최창익, "조선민주주의인민공화국 一九四九년도 국가종합예산 집행 총결과 一九五0년도 국가종합예산에 관한 보고,"『근로자』제5권 3호(1950년 3월); 國史編纂委員會 編,『北韓關係史料集』40(2003), 30쪽.

지도 밑에 전체 인민들이 열성을 발휘하여 증산투쟁에 적극 참가한 결과라고 주장했다.12)

그는 1949년도 세입예산을 집행하는 과정에서 국가경제기관으로부터 들어오는 수입이 현저하게 증가함에 따라 인민들이 내는 세금을 격감시키도록 노력했다고 보고했다. 그럼에도 불구하고 세입은 1948년도보다 많이 늘어났는데, 이는 2개년 인민경제계획의 성과에 의해 북한의 산업과 상업이 성장했고 노동자, 사무원의 임금수입이 증가되었을 뿐만 아니라 민간 개인업자들의 소득도 급속히 성장하고 있다는 것을 증명해 주는 것이라고 지적했다. 이와 반대로 그는 남한은 매국정책에 의하여 산업은 파괴되고 물가는 천정부지로 등귀했으며 농촌은 황폐화되었다고 주장했다. 뿐만 아니라 인민의 구국투쟁을 탄압하며 인민소득에 대한 과세를 30%나 인상하는 정책을 감행했다고 비난했다.13)

세출예산의 집행에 대해 그는 인민경제와 사회문화사업에 대한 지출을 보장하는 데 깊은 관심을 돌렸는데, 인민경제와 사회문화사업을 위한 지출이 전체 지출의 61.5%를 차지하고 있다고 보고했다. 이와 반대로 남한은 국군과 경찰이 총예산의 54.4%를 사용하고 있으며 문화사업비라는 명목으로 지출되는 예산은 총예산의 8.6%에 불과하다고 지적했다.14) 이외에도 그는 남한은 산업발전을 위한 건설비는 전혀 계상하지도 않았고, 총예산의 20%에 이르는 막대한 금액을 유엔조선위원단에 대한 뇌물비와 일제와의 야합을 위한 비용으로 탕진하고 있다고 비난했다. 이처럼 남한의 예산에서 국방비가 차지하는 비율을 지적하고 비난한 것과 달리 그는 북한

---

12) 최창익, "조선민주주의인민공화국 一九四九년도 국가종합예산 집행 총결과 一九五0년도 국가종합예산에 관한 보고," 31쪽.

13) 최창익, "조선민주주의인민공화국 一九四九년도 국가종합예산 집행 총결과 一九五0년도 국가종합예산에 관한 보고," 32쪽.

14) 최창익, "조선민주주의인민공화국 一九四九년도 국가종합예산 집행 총결과 一九五0년도 국가종합예산에 관한 보고," 35쪽.

의 예산에서 국방비가 차지하는 비율에 대해서는 전혀 밝히지 않고 있는데, 이로 보아 그의 비난은 적실성을 잃은 정치공세라고 지적할 수 있다.

1949년도 예산을 효율적으로 집행했지만 그는 부분적인 결점이 없지 않았다고 시인했다. 재정일꾼들이 인민의 소득을 정확히 파악하려는 노력이 부족하여 과세에 정확을 기하지 못했으며, 공장기업소들이 예산에 납부해야 할 거래세와 수입을 제때에 납부하지 않았고, 기업소와 건설기관이 부과된 계획과제를 제때에 실행하지 못했으며, 예산을 집행하는 과정에서 자금을 사장시킴으로써 전체 예산사업에 지장을 주는 일들이 있었고, 행정기관과 국가기관에서 낭비와 재정규율 위반 등의 현상이 근절되지 못했고, 일부 기관에서는 소정 금액을 초과 지출하여 경비를 낭비하는 사례가 적지 않았다는 것이다.15)

그는 1950년도 예산안은 자주독립국가 건설의 물질적 토대로 되는 1949년도 인민경제계획의 성공적 완수와 남한 인민들의 빨치산투쟁이 전개되고 있는 환경 속에서 편성되는 것인 만큼 커다란 정치적 의의가 있다고 전제했다.16) 즉 1950년도 예산안은 인민경제계획의 모든 과업에 부응하여 편성되었으며, 인민경제의 모든 분야에서 높은 발전속도를 보장할 것을 예견하여 편성했다는 것이다. 이 중 특기할 만한 것은 차관수입을 계상해 놓고 있는 것인데, 그는 이것은 소련과의 경제협정에 의한 차관이라고 말하고 산업발전에 필요한 기계를 도입할 것이라고 설명했다.17)

---

15) 최창익, "조선민주주의인민공화국 一九四九년도 국가종합예산 집행 총결과 一九五0년도 국가종합예산에 관한 보고," 36쪽. 절약문제와 관련해서 그는 이미 절약은 사상문제와 밀접히 관련되어 있기 때문에 1946년 이후 전개된 건국사상운동에서 하나의 중요한 문제로 취급되어 왔다고 그는 주장했다. 최창익, "절약은 중요한 경제적 과업의 하나이다,"『근로자』제12호(1949년 6월); 國史編纂委員會 編,『北韓關係史料集』50(2006), 18쪽.

16) 최창익, "조선민주주의인민공화국 一九四九년도 국가종합예산 집행 총결과 一九五0년도 국가종합예산에 관한 보고," 36-37쪽.

17) 최창익, "조선민주주의인민공화국 一九四九년도 국가종합예산 집행 총결과 一

한편 세출예산을 각 분야별로 설명한 그는 이러한 편성으로 국영산업 생산은 급속히 발전될 것이며 인민들의 생활필수품도 다량으로 생산될 것이고, 과학적인 영농방법의 실시로 농업은 높은 수확량을 보장하게 될 것이며 교통운수사업은 더욱 원활하게 될 것이라고 주장했다. 결론적으로 북한 인민들의 물질문화 생활은 현저히 향상될 것이라고 보고한 반면, 남한은 일체 산업을 파괴하고 귀속재산까지 모리간상배에게 팔았다고 비난했다.[18]

그는 예산을 효율적으로 집행하는 데 가장 중요한 것은 화폐가치를 제고하는 것이라고 주장하고 화폐교환 사업을 단행한 이후 화폐가치는 매년 제고되고 물가는 저하되어 전체 근로대중의 물질적 생활이 크게 향상되었다고 보고했다. 그리고 경제기관과 기업소는 독립채산제를 강화하며 노동생산율을 높여 상품의 질을 향상시키는 동시에, 유동자금의 회전율을 제고하여 원가를 저하시키려는 노력이 있어야 한다고 제안했다. 또한 기본건설공사를 제때에 끝내는 것은 계획된 생산과제를 완수하는 기본조건이며, 국가재산을 합리적으로 이용하는 것이 되므로 반드시 기한 내에 준공해야 한다고 강조했다.[19]

예산 심의사업은 조국통일을 신속한 시일 내에 쟁취해야 하는 투쟁임무와 연관되어 있다고 말한 그는 남한에서 미군을 몰아내는 동시에 국토완정을 실현하기 위해서는 북한의 민주기지를 튼튼히 하는 2개년 인민경제계획을 성공리에 완수해야 한다고 주장했다. 북한의 민주기지를 강화하는 것은 남한 인민들의 영웅적인 구국투쟁을 고무할 뿐만 아니라 민주주의적인 조국통일사업을 촉진하는 기본토대로 되기 때문이라는 이유에서였다.[20]

九五0년도 국가종합예산에 관한 보고," 38쪽.
18) 최창익, "조선민주주의인민공화국 一九四九년도 국가종합예산 집행 총결과 一九五0년도 국가종합예산에 관한 보고," 42쪽.
19) 최창익, "조선민주주의인민공화국 一九四九년도 국가종합예산 집행 총결과 一九五0년도 국가종합예산에 관한 보고," 47쪽.

2. 3·1운동 재평가와 국토완정 강조

정부 출범 이후 재정상에 취임한 최창익은 예산의 편성과 집행을 통해 북한체제를 공고화하기 위한 노력을 기울이는 한편, 절약에 무관심한 것은 착취계급의 사상잔재가 남아 있기 때문이라고 말할 정도로 절약의 중요성을 강조하기도 했다. 그리하여 절약에 대해 정확한 인식을 가질 것을 요구했으며, 절약문제를 옳게 집행하기 위해서는 생산부문에서 정확한 계획을 수립하는 것이 무엇보다 필요하다고 주장했다.[21]

최창익은 또한 3·1운동을 재평가하면서 두 개의 투쟁과업을 제시했는데, 하나는 남한에 주둔하고 있는 미군을 철퇴시키고 남한정부를 타도하여 국토를 완정하기 위한 투쟁을 전개하는 것이었고, 다른 하나는 북한의 2개년 경제계획을 완수하기 위한 투쟁이었다. 그는 이 두 가지는 북한의 발전도상에서 일상적인 투쟁임무라고 주장했다. 이와 동시에 그는 조국통일민주주의전선에서 제시한 평화적 통일방안을 남한이 받아들이지 않을 경우 다른 방법을 써서라도 소멸시킬 것이라고 단언함으로써 통일을 위해서는 전쟁도 불사해야 한다는 각오를 강력하게 다짐했다.

1) 3·1운동 재평가

최창익은 반동사가들이 3·1운동의 원인을 미국 대통령 윌슨의 민족

---

20) 최창익, "조선민주주의인민공화국 一九四九년도 국가종합예산 집행 총결과 一九五0년도 국가종합예산에 관한 보고," 48쪽.
21) 최창익, "절약은 중요한 경제적 과업의 하나이다," 21쪽.

자결주의나 파리 강화회의 같은 객관적 추동에 의해 일어난 것으로 설명하나, 이는 당시 조선사회의 식민지적 경제조건과 광범한 애국인민들의 반일 혁명정서를 사상해 버리고 민족자결주의의 반동적 기만성과 파리 강화회의의 식민지 재분할운동을 은폐하려는 제국주의의 대변에 불과하다고 비난했다.22) 그리고 3·1운동사를 33인의 역사로 대체하려고 한다든지 종교단체 지도인물들의 역사로 전도한다든지 하는 것 역시 반인민적 사가들의 오류라 지적하고, 이러한 주장은 독립운동이 발발한 내재적 조건을 부정하는 처사라고 지적했다.

그는 러시아 10월혁명의 승리로 인해 세계 자본주의체제가 붕괴하기 시작하고 국제 혁명정세가 급격히 앙양되는 객관적 상황과, 고종의 서거 및 동경 유학생의 2·8독립선언으로 인해 반일기세가 고도로 앙양되는 주관적인 상황이 종합적으로 결합되어 30만 반일군중이 동원되는 독립운동이 전국적으로 일어난 것이라고 설명했다.23) 그리하여 비록 실패로 끝났지만, 3·1운동은 러시아 사회주의 10월혁명의 뒤를 이어 세계 피압박민족 해방운동 진영 내의 1개 대열로서 반제투쟁 임무를 이행하는 영광스러운 역사를 갖는다고 그 의의를 높이 평가했다.

이와 같이 3·1운동을 재평가한 그는 3·1운동 기념식은 형식적인 것이 되어서는 안 되며, 과거의 투쟁경험을 현실투쟁에 연계시키는 기념식이 되어야 한다고 주장했다. 역사적으로 제공되는 투쟁경험은 고정적인 것이 아니고, 항상 새로운 투쟁임무와 결부되어 발전적으로 새로운 의의를 부여하기 때문에 현실에 연계시켜야 한다는 것이다. 현실적인 투쟁과업으로 그는 국토완정을 위한 투쟁과 2개년 경제계획을 완수하기 위한 건설적 투쟁 두 가지를 들었다.24)

---

22) 최창익, "3·1운동 30주년에 제하여,"『근로자』제4호(1949년 5월); 國史編纂委員會 編,『北韓關係史料集』48(2006), 15쪽.
23) 최창익, "3·1운동 30주년에 제하여," 21-22쪽.
24) 최창익, "3·1운동 30주년에 제하여," 24쪽.

국토완정을 위한 투쟁과업에 대한 설명에서 그는 소련은 민족의 자주독립을 급속히 실현시켜 주기 위해 1948년 12월 16일까지 북한에서 군대를 완전히 철거한 반면, 미군은 군대를 계속 주둔시키고 있기 때문에 국토완정은 지연되고 남한의 경제는 파산하고 있다고 주장했다. 그 결과 남한 인민들은 미군의 비호 아래 있는 정부의 횡포와 약탈 및 박해로 비참한 재난에 봉착해 있다고 말하고, 바로 이 때문에 30년 전 3·1운동 당시 자유와 독립을 위해 거족적인 투쟁을 전개했던 것처럼 국토완정과 자주독립을 쟁취하기 위해 최대의 투쟁을 준비해야 한다고 그는 역설했다.[25] 이와 같은 투쟁이 승리한다는 믿음을 주기 위해 그는 러시아 10월혁명의 승리로부터 세계 자본주의체계는 붕괴하기 시작했고, 세계 무산계급과 피압박민족의 해방운동은 급격히 앙양되어 제국주의 침략자들은 언제나 패망한다는 것을 지난 역사는 가르쳐 주었다고 주장했다.[26]

경제건설 투쟁에 대해 그는 "부강한 민주주의 독립국가로 건설하기 위해 외래 독점자본가들의 경제적 예속정책을 반대하고 인민의 물질적 복리를 향상시키며 경제적 번영과 정치적 및 민족적 독립을 보장할 수 있는 자주적인 민족적 인민경제체제를 수립할 것"이라는 김일성의 연설을 인용하여 설명했다.[27] 이와 동시에 그는 남한에서 전개되고 있는 애국투쟁과 보조를 맞추어 북한 인민들은 2개년 경제계획을 성공적으로 완수하기 위한 노력을 강화함으로써 북한의 물질적 토대를 튼튼히 해야 한다고 역설했다.[28]

---

25) 최창익, "3·1운동 30주년에 제하여," 25쪽.
26) 최창익, "3·1운동 30주년에 제하여," 27쪽.
27) 최창익, "3·1운동 30주년에 제하여," 24쪽.
28) 최창익, "3·1운동 30주년에 제하여," 28쪽.

2) 국토완정 강조

1949년 5월 12일 남로당을 비롯하여 북한으로 지도부를 옮긴 남한 측 8개 정당·사회단체는 미군철수와 통일독립을 위해 투쟁하는 전체 정당·사회단체들의 역량을 총집결하여 조국통일민주주의전선을 결성할 것을 제의했다.29) 이러한 제의에 대해 북조선민주주의민족통일전선은 중앙위원회를 열고 이를 적극적으로 지지하기로 결의했는데, 이에 따라 평양에서 1949년 5월 25일에는 준비위원회 1차 회의가,30) 6월 7일에는 2차 회의가 개최되었다.

조국통일민주주의전선 결성대회는 남북의 71개 정당·사회단체의 대표 704명이 모인 가운데 1949년 6월 25일 평양에서 개최되었다. 대회에서 허헌은 '국내외정세와 우리의 임무'라는 제목으로 보고를 했는데, 보고에서 그는 미국에 의해 조성된 정치정세의 위기를 타개하고 조국의 평화적 통일과 독립을 쟁취하기 위한 구국대책을 수립해야 한다고 역설했다.31) 이어 그는 북한에는 인민이 정권을 장악하고 국가의 주인으로 된 반면 남한에는 인민의 정치적 자유는 찾을 길이 없다고 단언하고, 남한에서 전개되고 있는 비참한 현실에 대해 테러로 대항하지 않으면 안 된다고 다음과 같이 주장했다.

---

29) 8개 정당과 사회단체는 남조선노동당, 민주독립당, 조선인민공화당, 근로인민당, 남조선청우당, 사회민주당, 남조선민주여성동맹, 조선노동조합전국평의회이다. 조선중앙통신사,『조선중앙년감』1950년판, 232쪽.

30) 1차 회의에서 박헌영의 경과보고를 듣고 준비위원회 지도부로 위원장에 金斗奉, 부위원장에 許憲·洪命憙·金達鉉·李英 등을 선출했다. 조선중앙통신사,『조선중앙년감』1950년판, 232쪽.

31) 그의 연설 전문은 조국통일민주주의전선 중앙상무위원회 서기국,『조국통일민주주의전선 결성대회문헌집』(朝鮮民報社, 1949), 20-62쪽 수록.

테로를 테로로서 대답하여야 한다는 진리는 남반부 인민들에게 있어서는 자기의 경험에서 너무나 분명하게 되어 있습니다. 테로를 테로로서 대답하지 아니하면 닥쳐올 것은 항구적인 노예의 상태뿐이요, 대답하지 아니하면 찾아올 것은 망국노의 설움뿐이라는 것을 조선인민은 너무나 잘 알고 있습니다. 조선인민들이 해방 후 4년 동안 허다한 피어린 투쟁들을 전개한 것은 자기들의 머리 위를 내려치는 잔인무도한 테로를 정의의 테로로서 대답한 것입니다.32)

허헌의 이러한 보고내용은 그때까지 없던 가장 선동적이고 투쟁적인 것이었다. 특히 테러는 테러로 맞서야 하며 투쟁의 방법으로라도 통일을 달성해야 한다는 강경한 어조는 조국전선의 결성이 앞으로 대남투쟁을 적극적으로 전개하기 위한 데 있음을 시사한 것이었다고 할 수 있는데,33) 최창익도 이러한 노선을 거의 그대로 견지한 내용의 글을 발표했다. 아마도 이는 그 자신이 조국전선의 중앙위원으로 선출되었기 때문에,34) 조국전선의 노선과 입장을 반영한 글을 발표한 것으로 분석된다.

최창익은 해방 이후 민주조국을 건설함에 있어 남북한의 민주역량은 서로 다른 각도에서 역사적 임무를 수행해 왔다고 전제했다. 남한의 민주역량은 미국에 대한 반침략투쟁을 전개했고 북한의 민주역량은 민주건설투쟁을 전개했는데, 조국전선이 결성됨으로써 서로 특수한 투쟁임무를 실천하는 역량이 통일되었다고 주장했다.35) 즉 과거에는 남북의 민주정당과

---

32) 조국통일민주주의전선 중앙상무위원회 서기국, 『조국통일민주주의전선 결성대회문헌집』, 58쪽.
33) 김남식, 『朝鮮勞動黨研究: 1945~1950』(國土統一院, 1977), 447쪽.
34) 총 99명의 중앙위원 중 최창익은 김일성, 김두봉, 허가이, 김책에 이어 5번째로 중앙위원회 위원으로 선출되었다. 이들의 명단은 조국통일민주주의전선 중앙상무위원회 서기국, 『조국통일민주주의전선 결성대회문헌집』, 16-17쪽 참조
35) 최창익, "조선인민은 민주주의인민공화국의 기치 아래 조국통일을 위하여 분투매진한다," 『근로자』 제15호(1949년 8월); 國史編纂委員會 編, 『北韓關係史料集』

사회단체들이 별도 통일전선의 지도 아래 반침략투쟁을 전개해 왔으나, 조국전선이 결성됨으로써 '국토완정', '민족통일', 그리고 '완전 자주독립'을 당면한 긴급과제로 내세우고 전국적으로 인민들을 총동원하여 거족적인 투쟁을 전개할 수 있게 되었다는 것이다. 이에 입각하여 그는 전 민족적인 범위 내에서 전국적 민주역량을 총동원하여 통일사업을 추진할 것을 호소하고, 평화통일을 방해하는 미국의 침략정책과 이승만 정부를 반드시 타도해야 한다고 주장했다.[36]

그는 이러한 정치문제 해결에 대한 시한은 투쟁의 강도가 결정하는 것이라고 말했다. 투쟁이 강하면 강할수록 문제 해결의 시간은 단축될 것이고, 투쟁이 약하면 약할수록 시간적으로는 더욱 지연된다는 논리였다. 즉 민주조국 건설투쟁의 역사적 행정을 단축하기 위해서는 거족적으로 결정적인 투쟁을 강력히 전개하지 않으면 안 된다는 것이다. 상황이 이러하기 때문에 그는 국토완정과 민족통일, 그리고 완전 자주독립을 쟁취하기 위해 투쟁할 것을 호소했다. 그는 목전의 형세에 비추어 볼 때, 방어적인 자세를 취할 것이 아니라 공격적인 태도를 취해야 할 것이라고 주장함으로써[37] 테러는 테러로 대답하지 않으면 안 된다는 허헌의 주장을 거의 그대로 반복했다.

그는 조국전선이 제기한 평화통일 방안은[38] 선전에 그치는 선언이

50(2006), 436쪽.

36) 최창익, "조선인민은 민주주의인민공화국의 기치 아래 조국통일을 위하여 분투 매진한다," 444쪽.

37) 최창익, "조선인민은 민주주의인민공화국의 기치 아래 조국통일을 위하여 분투 매진한다," 446쪽.

38) 조국전선은 선언서에서 평화통일을 방해하는 미군이 철퇴할 것과 유엔위원단이 물러나며 남북을 통한 통일적 입법기관 선거를 동시에 실시할 것을 제의하고, 이 선거는 평화통일을 원하는 민주적 정당·사회단체의 대표로 구성된 위원회의 지도 아래 실시할 것을 주장했다. 조국통일민주주의전선 중앙상무위원회 서기국, 『조국통일민주주의전선 결성대회문헌집』, 13쪽.

아니라 실천을 약속하는 선언이며, 적을 위협하는 선전이 아니고 적을 소멸하는 선언이라고 주장했다. 그리고 반동진영이 국토양단과 민족분열을 고집한다면 다른 방법으로 소멸할 것이라고 단언했는데,[39] 이는 전쟁까지도 염두에 두고 한 발언이라고 분석된다. 조국전선의 평화적 통일사업을 방해한다면 다른 방법으로 처단할 것이라고 천명한 데서도 이러한 의도는 분명하게 나타났다. 결론적으로 그는 인민공화국의 기치 아래 조국전선의 강령과 선언을 투쟁과제로 하여 국토완정, 민족통일, 그리고 완전 자주독립을 위해 분투 매진할 것을 주장했다.

3. 8월 종파사건과 숙청

전쟁까지 염두에 두어 가며 국토완정과 민족통일을 역설했던 최창익은 전쟁 기간 중인 1952년 11월 18일 부수상에 임명되었다.[40] 그리고 전쟁이 끝난 후에는 조국의 자유와 독립을 수호하는 조국해방전쟁의 승리를 보강하는 데 특출한 공훈을 세운 공로를 인정받아 노력훈장을 수여받았다.[41] 전쟁이 막바지에 이르게 되면서 그는 지난 4년간의 예산집행 내역과

---

[39] 최창익, "조선인민은 민주주의인민공화국의 기치 아래 조국통일을 위하여 분투 매진한다," 446쪽.

[40] 최창익은 최고인민회의 상임위원회 정령에 의해 부수상으로 임명됐는데, 이 날 그와 함께 정일룡도 부수상으로 임명됐다. 조선중앙통신사, 『조선중앙년감』 1953년판, 103쪽.

[41] 김두봉, 박정애, 박창옥, 최용건, 홍명희, 정일룡에게는 국기훈장 제1급이 수여되었고, 최창익은 박의완과 함께 그보다 한 등급 아래인 노력훈장을 수여받았다. 이들이 훈장을 수여받은 날짜는 나와 있지 않으나, 앞뒤의 문맥으로 보아 1953년 7월 28일에서 8월 13일 사이라고 추측된다. 조선중앙통신사, 『조선중앙년감』 1954-1955년판, 410쪽.

경제복구를 위한 예산을 편성하여 보고했는데, 이처럼 재정상과 부수상으로 북한의 경제발전과 체제 공고화를 위해 노력해 온 공로를 인정받아 훈장까지 받은 것이다.

그는 1955년에는 국가검열상에 취임하여 국가기관에 대한 검열업무를 맡았고,[42] 1956년 들어서는 김일성이 소련과 동구라파 여러 나라를 친선 방문한 것을 계기로 북한체제를 개혁하려고 시도했다. 그러나 이러한 시도가 사전에 발각되어 거사가 실패로 끝나는 바람에 그를 비롯하여 많은 사람들이 숙청되고 말았다. 이른바 '8월 종파사건'이 발생한 것인데, 그는 주동자로 몰려 당에서 제명되고 말았다. 이후 그는 북한의 역사에서 용납될 수 없는 인물 즉, 혐오와 비난의 대상이 되고 말았다.

1) 부수상 겸직

최고인민회의 정령을 통해 부수상으로 임명된 최창익은 휴전협정이 조인되기 전인 1953년 4월 20일부터 23일까지 평양에서 개최된 최고인민회의 제7차 회의에서, 전쟁으로 인해 하지 못했던 1950·1951·1952·1953년 국가예산 집행 결산 및 1954년도 예산에 대해 보고했다.[43] 그의 보고에 대한 토론에서 토론자들은 북한 재정정책의 방향이 인민경제의 복구·발전과 인민들의 물질·문화생활 향상, 그리고 조국의 평화적 통일을 위한 인민들의 염원의 달성에 두었다고 분석했다.

그리고 지난 4년간의 예산집행이 미국의 무력침공에 반대하는 가혹한 전쟁기간이었음에도 불구하고 해마다 전선과 인민경제 복구·발전 및 인민의 생활향상에 소요되는 자금을 원만히 보장함으로써 북한 재정정책의 우월성을 보여주었다면서 이를 높이 평가했다.[44] 토론자들은 또한

---

42) 洪泰植, 『韓國共産主義運動硏究와 批判』(三省出版社, 1969), 352쪽.

43) 조선중앙통신사, 『조선중앙년감』 1954-1955년판, 411쪽.

1954년도 예산에 대해서는 북한의 발전과 융성과 인민의 이익에 완전히 부합되는 인민적 성격을 포함하고 있다고 역설하고, 3개년 인민경제계획의 첫해인 1954년도의 예산을 효율적으로 집행할 것을 건의하기도 했다.

최창익의 이러한 보고는 부수상 겸 재정상으로 한 것이었는데, 이러한 겸직은 그의 보고가 이루어진 지 1년 후에야 비로소 최고인민회의 상임위원회의 추인을 받았다. 즉 1954년 3월 23일 최고인민회의 상임위원회는 전후 인민경제 복구건설사업의 급속한 발전과 아울러 내각을 보강하고 사업을 강화하기 위하여 부수상들에게 일부 상을 겸임케 했는데, 그가 이에 해당된 것이다.45)

이후 그는 부수상직을 수행하면서 재정상을 겸임하게 되었는데, 그는 1954년 10월까지만 재정상을 겸직했던 것으로 분석된다. 왜냐하면 1954년 10월 28일부터 개최된 최고인민회의 제8차 회의에서 그는 부수상 자격으로 도(道)의 분할 및 신설과 일부 시·군·리 변경에 관해 보고했기 때문이다.46)

1956년 3월 10일부터 13일까지 개최된 최고인민회의 제11차 회의에서 최창익은 재정상 리주연의 1956년 예산보고에 대해 토론을 했다. 토론에서 그는 1955년도 예산집행에서 거둔 성과는 인민민주주의적 사회경제제도의 생활력과 우월성에 기초하고 있다고 말하고, 1956년도 예산은 인민의 생활향상을 보장하며 이를 위한 국가자금의 합리적 이용을 적극 촉진하는 방향에서 작성되었다고 말했다.47)

---

44) 조선중앙통신사, 『조선중앙년감』 1954-1955년판, 411쪽.

45) 부수상으로 상을 겸임한 인물은 최창익 외에도 박창옥(국가계획위원회 위원장), 김일(농업상), 정일룡(중공업상), 박의완(경공업상)이 있다. 조선중앙통신사, 『조선중앙년감』 1954-1955년판, 413쪽.

46) 최창익이 한 보고의 정식 명칭은 "조선민주주의인민공화국 북반부지역에 있어서 도를 분할 및 신설하며 일부 시, 군, 리(읍 및 로동자구)를 변경함에 관하여"였다. 조선중앙통신사, 『조선중앙년감』 1956년판, 101쪽.

47) 國土統一院, 『北韓 最高人民會議資料集』 第1輯(國土統一院, 1988), 789쪽.

그리고 인민경제 각 분야에서 축적을 제고하기 위하여 원가와 유통비를 저하시키며 원료와 자재를 더욱 절약하고 일체 비경제적인 지출을 허용하지 말 것과 경제관리에서 책임성을 높이고 독립채산제를 보다 강화해야 한다고 주장했다. 이와 아울러 그는 인민경제 발전을 보장하는 데 필요한 식량과 원료를 해결하는 데 있어, 그리고 국가예산의 집행에 극히 중요한 문제로 되고 있는 농업생산의 증대를 위하여 당과 정부가 실시하고 있는 중대한 대책을 반드시 성공적으로 집행해야 한다는 것을 강조했는데,[48] 이로써 그는 후일 중공업 위주의 경제정책을 반대했다고 비판받을 소지를 남겨둔 셈이 되었다.

최창익은 1948년 3월 2차 대회가 있은 후 8년 만인 1956년 4월 23일부터 28일까지 개최된 노동당 3차 대회 3일째인 4월 25일 토론을 했다. 토론에서 그는 당사업 총결에 대한 김일성의 보고는 인민민주주의 건설도상에 있는 북한 사회발전의 합법칙성 및 그 성과와 국내외 원수들과의 투쟁에서 당이 달성한 승리에 대해 마르크스·레닌주의적으로 명확한 분석을 주었다고 높이 평가하고,[49] 인민의 물질·문화생활 향상·발전을 위한 당의 정책에 대해 토론하고자 한다고 밝혔다. 대회 마지막 날인 4월 30일에 그는 71명의 중앙위원으로 선출되었다.[50]

그는 당이 평화적 건설시기나 전쟁의 불길 속에서를 막론하고 인민의 물질적 문화적 복리향상을 위해 최대의 배려를 했기 때문에 인민이 당의 모든 시책을 지지하고 있으며 북한정부만이 인민의 행복을 보장하며 조국의 발전을 가져올 수 있다고 굳게 믿고 있다고 주장하고, 당은 전후경제를 복구·발전시킴에 있어 온갖 대책을 강구했으며 그 결과 거대한 성과를 성취했다고 자부했다.[51] 그리고 남한의 광범한 근로대중과 애국인사

---

48) 『北韓 最高人民會議資料集』 第1輯, 790쪽.
49) 國土統一院, 『朝鮮勞動黨大會資料集』 第1輯(國土統一院, 1980), 433쪽.
50) 중앙위원과 후보위원 명단은 <로동신문> 1956년 4월 30일 수록.
51) 『朝鮮勞動黨大會資料集』 第1輯, 438-439쪽.

들은 평화통일을 염원하며 인민민주주의적 통일 독립국가의 실현을 위해 투쟁하고 있다고 말하고, 이들의 정당한 요구와 완강한 투쟁은 어떠한 힘으로도 막지 못할 것이라고 단언했다.

결론적으로 그는 김일성의 보고에 제시된 인민경제 복구발전 3개년계획의 마지막 해인 1956년 국가계획을 초과 완수할 것과 그 토대 위에 수립될 1차 5개년계획을 성공적으로 수행하기 위해 헌신적으로 투쟁할 것을 제의했다. 그리고 평화통일의 물질적 토대가 되는 민주기지의 한층 더 공고한 발전과 새로운 승리를 쟁취하기 위해 당 중앙위원회 주위에 굳게 뭉쳐 당이 가리키는 길로 매진할 것을 호소했다.[52]

2) 8월 종파사건

스탈린 사망 이후 1956년 2월 14일 개막된 제20차 소련공산당 대회에서 흐루시초프는 스탈린을 공개적으로 비판했다. 소련공산당 대회에서 있었던 스탈린 비판은 공산권 전체에 영향을 미쳐 각국 공산당은 개인숭배주의에 대한 비판에 나서게 되었고 그 영향이 북한에도 미쳐 개인숭배주의에 대한 비판 분위기가 싹트기 시작했는데,[53] 그 중심에 선 인물이 최창익이었다.

당시 북한당국은 국제정세의 추이가 사회주의 진영과 평화 애호적인 국가들에게 유리하게 전변되는 환경에서 대외적으로 평화 애호정책을 채택함으로써 이들 나라와의 친선 단결과 연대성을 강화하며 제국주의자들의 발악적 시도를 저지하는 데 기여하였고, 이를 통해 북한의 위신은 더욱

---

52) 『朝鮮勞動黨大會資料集』 第1輯, 442쪽.

53) 이에 대해 북한은 국내·국제적으로 복잡한 정세가 조성된 기회를 이용하여, 특히 현대 수정주의와 발맞추어 최창익을 두목으로 하는 반당·반혁명 종파도당들이 머리를 들고 일어났다고 기록하고 있다. 조선로동당 중앙위원회 직속 당력사연구소, 『조선로동당 력사교재』(조선로동당출판사, 1964), 370쪽.

제고되었다고 주장했다.54) 특히 사회주의 국가들과 친선 협조관계를 강화 발전시키기 위해 노력했으며, 그 일환으로 1956년 6월 1일부터 7월 19일까지 김일성이 북한정부 대표단을 이끌고 소련을 비롯하여 9개국을 친선 방문했다고 기록했다.55)

북한 당국의 이러한 공식적인 평가와는 달리 소련에서 시작된 개인숭배 비판운동은 김일성이 국내에 없는 틈을 타서 북한에서도 구체화되기 시작했고,56) 이 모의에는 최창익을 실질적인 지도자로 하는 연안파뿐만 아니라 박창옥을 비롯한 소련파들도 가담했다. 스탈린 비판은 이제 부정할 수 없는 국제적인 추세가 되었고, 이러한 흐름이 김일성 반대파들을 고무시켰던 것이다.57)

최창익은 김일성을 제거하기 위한 계획을 알리기 위해 평양에 있는 소련대사관을 방문했다. 이 자리에서 그는 김일성이 당과 국가의 다른 집행부서들의 창의성을 마비시켰으며, 모든 사람들을 협박하여 아무도 그 어떤 문제에 대해 자신의 견해를 말할 수 없게 했다고 비판했다.58) 그는

---

54) 조선중앙통신사, 『조선중앙년감』 1957년판, 67쪽.

55) 북한은 "회담들에서는 미제를 우두머리로 하는 제국주의자들의 '전쟁접경정책'과 '량면전술'의 본질을 똑바로 인식하고 그의 침략과 파괴책동, 전쟁정책을 반대하여 공동으로 투쟁할 데 대하여 강조되였으며 아세아와 구라파에서 평화를 고수하기 위한 일련의 중요한 문제들이 토의되였다"고 주장했다. 김일성의 방문국가 및 방문일자는 다음과 같다. 동독(6. 7~6. 13), 루마니아(6. 13~6. 17), 헝가리(6. 17~6. 20), 체코슬로바키아(6. 21~6. 25), 불가리아(6. 25~6. 29), 알바니아(6. 29~7. 2), 폴란드(7. 2~7. 6), 소련(7. 6~7. 16), 몽고(7. 16~ 7.19), 사회과학출판사, 『조선민주주의인민공화국 대외관계사』(사회과학출판사, 1985), 195쪽.

56) 북한은 이들 모두가 국제종파와 결탁된 수정주의자들인 동시에 교주주의자들이었고 사대주의자들로서 외부세력을 등에 업고 당을 공격하려 했다고 비난했다. 『김일성동지 략전』(동경: 구월서방, 1972), 568-569쪽.

57) 스탈린 사망 이후 소련에서 제기된 개인숭배 비판에 대한 북한 내부의 움직임에 대해서는 서동만, 『북조선 사회주의체제 성립사 1945~1961』(선인, 2005), 553-558쪽 참조.

또 김일성 개인숭배가 당 내부에 깊이 파고들어 민주적 정통성을 파괴했으며 집단지도에 관한 레닌의 원칙은 지켜지지 않고 있다고 말했다. 그리고 김일성이 모든 국가권력과 당 권력을 장악하고 있기 때문에 그와 함께 일하는 것이 어렵다고 지적하면서, 인민의 대부분을 굶주리게 만드는 공업화정책을 날카롭게 비판했다.59)

최창익을 비롯한 김일성 반대파들이 소련대사관을 드나들며 김일성을 제거하려는 계획을 알고 있던 김일성파는 이들의 거사계획을 무산시키기 위해 전원회의 소집일자를 하루 전인 1956년 8월 29일에야 공포했다.60) 8월 30일의 전원회의에서 김일성은 소련 및 동구 방문결과에 관한 보고를 했고, 박금철은 인민보건사업을 강화할 데 대한 보고를 했다. 이들의 보고가 끝난 후 윤공흠이 예정에도 없던 발언권을 요청, 단상에서 김일성의 오류에 대해 강도 높게 비판했다.61) 윤공흠은 소련공산당 20차 대회의 결정 정신에 입각하여 당 3차 대회에서 채택한 제반 정책을 비판하고 당 중앙위원회가 소련공산당 20차 대회의 결정을 의식적으로 이단시했다고 지적했다. 이른바 '8월 종파사건'이 발발한 것이다.

이처럼 전원회의에서 윤공흠이 김일성을 비판하자마자 최용건을 비롯한 김일성파 들이 거세게 반발했고 윤공흠, 서휘, 이필규 3인은 회의 도중 퇴장하여 도주했다. 최창익과 박창옥이 윤공흠을 옹호하며 반론에 나

---

58) Andrei Lankov, *From Stalin to Kim IL Sung* (London: Hurst & Company, 2002), p.160.
59) Andrei Lankov, *From Stalin to Kim IL Sung*, pp.169-170.
60) 정태수·정창현, "평양주재 소련대사 이바노프 비망록이 전하는 북한 최대의 권력투쟁 '8월 종파사건'의 전모," *WIN*(1997년 6월), 149쪽.
61) 윤공흠은 인민생활이 망쳐질 대로 망쳐졌으며, 중공업도 발전시켜야 하지만 인민생활과 관련되는 농업과 경공업에 더 많은 자금을 투지해야 한다고 역설했다. 그리고 김일성이 전쟁에서 승리를 거두었다고 허황되게 날조하고 있으며 동지를 대하는 김일성의 허위성과 잔인성에 대해서도 날카롭게 폭로했다. 呂政,『붉게 물든 대동강』(東亞日報社, 1991), 81-82쪽.

섰지만 역부족이었다. 김일성 지지자들이 사전에 반대파들의 움직임을 파악하고 대응을 철저히 했기 때문이다.

소련에서 스탈린 비판이 제기되자 자신에 대한 개인숭배를 이제 막 시작한 김일성으로서는 소련에서의 개인숭배 청산이 마음에 들지 않았기에,[62] 나름대로 준비를 하고 있었던 것이다. 그리하여 자신에 대한 비판이 제기되자 전원회의에서 선수를 쳐 반대파들의 활동을 가차 없이 초기에 제압해 버린 것이다.[63] 이로써 반대파들의 거사는 수포로 끝나고 말았으며, 윤공흠을 비롯하여 서휘, 이필규, 김강 등 신변의 불안을 느낀 4인은 당일 중국으로 망명을 하고 말았다.

3) 숙 청

김일성에 대한 비판이 무위로 끝난 다음 속개된 전원회의에서 김일성은 반대파에 대한 대대적인 숙청작업을 벌였다. 서휘, 윤공흠 등이 출석하지 않은 채 67 대 8의 찬성으로[64] 이들에 대한 제명과 직위해제를 결전한 것이다. 전원회의는 반대파들에 의한 김일성 비판을 종파적 음모행위로 규정하고 그에 대한 심의를 마친 후 "최창익, 윤공흠, 서휘, 리필규, 박창옥 동무들의 종파적 음모행위에 대하여"라는 '결정'을 발표했다.[65]

'결정'은 최창익과 윤공흠 등이 오래 전부터 직위에 대한 불평불만을 품고 암암리에 집단행동을 하다가 당과 정부의 중요 지도자들이 없는 틈

---

62) 안드레이 란코프, 『평양의 지붕 밑』(연합통신, 1991), 47쪽.
63) 안드레이 란코프, 『평양의 지붕 밑』, 48쪽.
64) 고준석, 『북한현대사입문』(함성, 1990), 132쪽.
65) 공식 명칭은 "최창익·윤공흠·서휘·리필규·박창옥 동무들의 종파적 음모행위에 대하여"로 이는 『1956년도 조선로동당 중앙위원회 전원회의·정치·상무·조직위원회 결정집 전원회의 결정』에 실려 있다. 그 전문은 國史編纂委員會 編, 『北韓關係史料集』 30(1998), 784-789쪽에 수록. 이하 개별 각주 생략.

을 이용해 당과 정부를 반대하는 종파적 음모를 노골적으로 감행하는 길에 들어섰다고 비판했다. 그리고 자신들의 음모를 실현하기 위해 당의 정책을 비난하며 당과 정부의 지도자들을 중상·모해하며 각종 요언을 날조하여 유포시킴으로써 민심을 혼란시키려 했으며, 병원, 사택, 사무실 등에서 비밀회담을 진행하며 자신의 측근과 불순분자들을 규합하여 반당적 음모를 조직하기 위한 비밀과업을 주는 등 온갖 수단과 방법으로 반당활동을 계속해 왔다는 것이다.

또한 '결정'은 이들이 당의 노선과 정책을 정면에서는 다 옳다고 지지하고 뒤에 가서는 이를 왜곡·비방하고 다녔으며, 자신들의 반당적 음모를 정당화하기 위하여 개인숭배 문제를 들고 나왔고, 자신들의 반당적 음모를 달성하기 위하여 아무 근거 없이 당과 정부의 지도자들을 이간·중상·모해함으로써 당의 핵심을 헐어 버리려고 책동했으며, 자신들의 종파행동을 합리화하기 위해 과거 종파행동으로 인해 당의 비판을 받은 동지들을 찾아다니며 동정심을 표시함으로써 자기편에 끌려 했고, 자신들이 맡아 보는 기관에 불평분자, 불순분자들을 규합하여 자기들의 음모에 이용하며 그 부문에서 당의 정책이 왜곡 집행되도록 책동하는 '죄행'을 저질렀다고 비판했다. 그리고 국내 형편이 어려운 틈을 이용하여 당과 정부의 지도자를 반대하고 자신들의 추악한 정치목적을 달성하려 하였다고 비난했다.

결론적으로 '결정'은 최창익을 당 중앙위원회 상무위원과 중앙위원회 위원으로부터 제명하고 내각 부수상의 직책에서 철직시킬 것을 내각에 제기하기로 했고, 박창옥과 윤공흠, 서휘, 이필규를 당에서 제명하여 출당시키고 정부 직책에서 철직시키기로 했다. 이와 동시에 이들과 직접 연계된 사람들은 당 중앙위원회 검열위원회에서 계속 심의하기로 결정하고, 당내에서 불순한 종파행동은 무조건 금지되어야 하며 종파행동은 아무리 사소한 것이라 할지라도 당의 통일을 와해하는 범죄적 행동으로 단호히 배격해야 한다고 강조했다.

전원회의에서 최창익과 윤공흠, 박창옥 등을 제명하는 사태가 일어나자, 마침 중국공산당 8차 대회에 소련공산당 대표단을 이끌고 참석한 미코얀이 이 문제를 해결하기 위해 중국의 팽덕회(彭德懷)와 함께 평양으로 갔다. 미코얀과 팽덕회는 김일성을 만나 그에게 공산당 내에 비판과 자아비판이 없으면 발전이 정지되고 당은 변질된다고 말하고, 당과 정부의 전도, 그리고 혁명의 전도를 걱정하고 당내문제를 비판했다는 사실 때문에 수십 년 동안 충직하게 혁명사업을 해 온 동지들을 출당시키고 잡아 가두는 것은 공산당의 취지에 맞지 않는다고 지적했다.66)

비판한 사람을 귀하게 여기지 않고 잡아 가둔다면 조선혁명의 전도는 없다는 미코얀과 팽덕회의 조언을 김일성은 일시적으로 받아들였다. 그리하여 1956년 9월 23일 당 전원회의가 다시 개최되어 8월 전원회의 결정을 재심의하게 되었다. 전원회의는 최창익 등이 범한 과오는 엄중했으나, 이들의 문제를 처리함에 있어 신중성이 부족했으며 처리방법이 간단하였고, 과오를 범한 동무들을 교양적 방법으로 시정시키기 위한 인내성 있는 노력이 부족하였다는 것을 인정한다는 '결정'을 내렸다.67) 그리고 비록 이들의 과오가 엄중하다고 할지라도 그들을 관대하게 포옹하여 그들로 하여금 반성할 기회를 주며, 그들이 과오를 시정하고 올바른 길에 들어서도록 꾸준히 교양하기 위해 최창익과 박창옥을 당 중앙위원회 위원으로 회복시키며, 윤공흠, 서휘, 이필규의 당 생활을 회복시킨다고 결정했다. 이로써 종파사건은 마무리되는 듯했다.

그러나 1956년 10월 헝가리 사태의 발발로 국제정세가 변화됨으로써 김일성 반대파들이 의지하던 중국과 소련의 지원도 끊기고 말았다. 헝가

---

66) 呂政, 『붉게 물든 대동강』, 86쪽.

67) 공식 명칭은 "최창익・윤공흠・서휘・리필규・박창옥 동무들에 대한 규률문제를 개정할 데 관하여"로, 『1956년도 조선로동당 중앙위원회 전원회의・정치・상무・조직위원회 결정집 전원회의 결정』에 실려 있다. 그 전문은 國史編纂委員會 編, 『北韓關係史料集』 30(1998), 796쪽 수록.

리 봉기를 무력으로 진압한 후 흐루시초프는 형제국들의 내정문제는 간섭하지 않겠다는 선언을 했고, 이로 인해 김일성은 소련과 중국의 눈치를 볼 필요가 없어졌다.68) 이처럼 소련이 다른 나라 문제에 신경을 쓰지 않겠다고 한 것을 기회로 김일성은 1956년 말부터 당증 교환사업을, 그 다음해 2월부터는 집중지도를 실시하여 당내의 소련파와 연안파, 그리고 남로당계의 잔여 분자를 찾아내 이들을 완전히 괴멸시키는 작업에 착수했다.69)

반대파 제거작업을 마무리하기 위해 1958년 3월 평양에서 전당 대표자회의가 열렸다. 이는 최창익 등에 대한 반종파투쟁을 벌이기 위해 동원된 대회로, 여러 사람이 나서서 최창익을 비판했다. 1954년에 함경북도에 기근이 생겼을 때 중앙을 대표해서 내려가서는 아무 것도 하지 않고 술만 마셨다는 비판이 제기되었는가 하면, 그의 부인 허정숙에게 회유와 협박을 가해 그녀로 하여금 '최창익의 역사적인 죄악 폭로 제강'을 읽게 하는 방식으로 비판한 것이다.70) 비판을 받은 후 그는 돼지농장의 관리인으로 좌천된 것으로 알려졌다.71)

북한은 당시 김일성 비판에 나섰던 사람들을 '최창익 종파도당'이라고 명명했는데, 이들이 정권기관, 직업동맹, 인민군대에 대한 당의 영도를 반대하면서 그것들을 당에 대립시키고 당 위에 올려 세우려 했다고 비판했다. 즉 당과 인민정권의 동격론을 말하면서 인민정권에 대한 당의 영도를 거부했으며, 직업동맹이 당보다 큰 조직이므로 당 기관에서 일하는 사람은 모두 직맹의 영도를 받아야 한다고 주장했고, 인민군대는 통일전선

---

68) 헝가리에서 반소봉기를 무력으로 진압한 흐루시초프는 앞으로 형제국들의 내정문제는 간섭하지 않겠다고 선언했다. 이로써 소련과 중국의 눈치를 볼 필요가 없어진 김일성은 김두봉, 최창익을 비롯한 연안파를 모두 제거할 수 있게 되었다. 한국일보 編, 『證言: 金日成을 말한다』(한국일보, 1991), 121쪽.
69) 鐸木昌之, 『北朝鮮: 社會主義と傳統の共鳴』(東京: 東京大學出版會, 1992), 34쪽.
70) 呂政, 『붉게 물든 대동강』, 90-91쪽.
71) Andrei Lankov, *From Stalin to Kim IL Sung*, p.175.

의 군대라고 하면서 군에 대한 당의 영도를 거부했다는 것이다.72) 그리하여 최창익은 철두철미 사대주의적이고 수정주의적이며 반혁명적인 목적을 추구한 인물로 규정되었으며,73) 북한의 역사에서 절대로 용납될 수 없는 존재로 되고 말았다.

그의 숙청에 대해 남한에서는 "북한 괴뢰정부는 28일 전 부수상 최창익이 영도하는 일단의 공산지 도자들이 정부전복 음모를 하였다고 발표하였다"는 평양방송 내용을 청취한 동경 소식통을 인용하여 보도했다.74) 이들이 정부전복을 목적으로 반당활동 음모를 했다는 것은 1957년 9월 26일 평양에서 열린 선전책임자대회에 제출된 보고를 기초로 한 것이었다. 평양방송은 박헌영이 주도한 음모가 발각된 이래 고위당원이 반국가행위에 연계된 것은 이것이 처음이라 밝혔지만, 그들에 대해 어떠한 조치가 내려졌는지는 밝히지 않았다고 보도했다.75)

후일 '북한 괴뢰집단의 내분'이라는 해설에서 남한의 한 신문은 이 사건은 스탈린 격하사건을 계기로 각 위성국가는 인민 생활수준 향상을 위하여 중공업 편중정책을 경공업 치중정책으로 전환하려는 사조가 팽배함에도 불구하고 북한은 구호대책을 강구하기는커녕 국민들을 가일층 혹사하기에 급급함으로써 김일성에 대한 불만이 고조되는 것을 간취한 최창익 일파가 차제에 김일성을 타도하려고 획책했던 것이라고 설명했다.76) 이에 덧붙여 김일성파에 속하는 분자와 최창익파에 속하는 분자 사이에 개별적인 감정과 반목도 어느 정도 작용한 것으로 분석했다.

---

72) 사회과학원 력사연구소, 『조선전사』 28(과학·백과사전출판사, 1981), 291쪽.
73) 조선로동당 중앙위원회 당력사연구소, 『조선로동당 략사』(조선로동당출판사, 1979), 442쪽.
74) <朝鮮日報> 1957년 9월 29일.
75) <東亞日報> 1957년 9월 29일.
76) <東亞日報> 1957년 10월 2일.

제7장 공산주의운동사 정리

1. 민족해방투쟁으로서의 공산주의운동

최창익은 민족해방투쟁사를 정리하면서 적지 않은 분량을 할애하여 공산주의운동에 대한 정리를 시도했다. 당시 대부분의 공산주의자들이 그러했던 것처럼 그 역시 민족해방투쟁의 일환으로 이루어진 것이 공산주의운동이었고,[1] 공산주의 이념 자체가 일제로부터 민족을 해방하기 위한 수단의 하나였다는 것을 입증하기 위해 노력한 것이다. 이와 같은 인식에서 그는 조선에 공산주의 이념이 도입된 배경과 함께 조선공산당의 창당에 이르기까지 있었던 각종 단체의 활동 및 이와 연관된 국내외의 동향과 운동의 양상을 당사자의 입장에서 기록으로 남겼는데, 이는 식민지 쟁탈에 급급하여 약소민족의 실정을 외면하고 있는 서구 자본주의진영보다 외관상으로 약소민족의 해방을 외치는 소련의 입장에 경도되어 공산주의를 수용

---

1) 曺奉岩은 사회주의를 연구한 이후 일제의 침략과 수탈이 어떻게 이루어지는지 알게 되었다고 말하고 자신은 사회주의자가 되어 일제를 반대하고 독립을 전취할 것을 결심했으며, 소비에트 혁명을 알고 난 후에는 러시아와 협력하고 러시아의 지원을 받아야겠다고 작정하고 공산당 조직에 나섰다고 회고했다. 조봉암, "내가 걸어온 길," 『죽산 조봉암전집』1(世明書館, 1999), 341-356쪽.

하게 된 결과라고 할 수 있다.2)

　일제강점기 공산주의운동에 직접 참여한 인물 중에서 공산당과 관련된 기록을 남긴 인물이 많지 않다는 점을 감안할 때,3) 그리고 분단 이후 남과 북에서 전개된 정치상황이 공산주의운동에 관한 기록을 남기지 못하게 하거나 남겼더라도 특정인 위주의 일방적인 기록만 남아 있는 실정임을 고려할 때, 최창익이 남긴 자료는 한국 공산주의운동사를 정리하는 데 매우 유용한 자료라고 하지 않을 수 없다.

　더군다나 공산주의운동에 관한 연구가 대부분 일본 검찰이나 경찰의 수사기록에 의존해서 이루어지고 있는 현실임에 비추어 비록 부분적이기는 하지만, 그가 남긴 자료는 1차 자료로서 충분한 가치를 지닌다고 할 수 있다. 최소한 그의 기록은, 일본의 한 연구자가 실토한 것처럼, 지배자가 남긴 자료에 의존해서 피지배자의 민족운동을 연구하는 하나의 아이러니를 연출하는 일4)만은 피할 수 있는 단서를 제공하고 있기 때문이다. 이처럼 그가 남긴 자료는 그 의의가 막중함에도 불구하고, 오늘날 북한에서는 역사를 왜곡하고 해독을 끼친 연구로 분류되어 말살되는 운명을 맞았다.

---

2) 李起夏, 『韓國共産主義運動史』 I(國土統一院, 1976), 63쪽. 이러한 현상에 대해 許憲은 일제가 조선의 민족정신을 거세하고 민족분열을 유도하기 위해 공산주의자들의 민족해방투쟁을 단순히 계급투쟁인 것 같은 인상을 주입하려 했다고 주장했다. <解放日報> 1946년 4월 21일.

3) 조선공산당과 직접 관련된 인물 중에서 공산당 활동에 관해 참고할 만한 기록을 남긴 인물은 曺奉岩과 金鎔洙 두 명 정도이며, 나머지는 단편적인 기록만 남겼을 뿐이다. 曺奉岩의 경우 『希望』이라는 잡지에 회고록 형식으로 세 차례 글을 실었다. 曺奉岩, "내가 걸어온 길," 정태영·오유석·권대복 엮음, 『죽산 조봉암 전집』 1(세명서관, 1999), 325-370쪽. 한편 金鎔洙의 경우 한국정신문화연구원의 주선으로 가진 면담 석상에서 자신의 활동 내용을 구술했다. 한국정신문화연구원 현대사연구소 편, 『運耘 金鎔洙』(한국정신문화연구원, 1988).

4) 水野直樹, "解題," 朝鮮總督府 警務局 編, 『最近に於ける朝鮮治安狀況: 昭和11年5月』(東京: 不二出版, 1986), 1-2쪽.

최창익은 1930년대 후반 중국으로 망명했기 때문에, 그 이후 국내에서 전개된 공산주의운동에 대해서는 그 역시 간접적으로밖에는 기록할 수 없는 한계가 있다. 그러나 1928년 조선공산당이 해소된 이후 조선에는 코민테른의 지부로 공식승인을 받은 1개 공산당으로서의 조직적인 활동보다는 공산당을 재건하기 위한 소그룹 위주의 활동만 있었기 때문에, 그의 기록에 의존한다고 하더라도 공산주의운동의 큰 흐름을 파악하는 데는 커다란 무리가 없다고 판단된다.

전반적으로 최창익은 코민테른의 권위에 대한 절대적인 인정과 공산당에 대한 애정을 가지고 공산주의운동사를 정리했다. 자신이 직접 참여했던 조직과 운동이었기 때문에 그럴 수도 있으리라 생각되지만, 그렇다고 해서 그가 조선 공산주의운동이 안고 있던 문제점을 지적하지 않은 것은 아니다. 이는 각종 분파활동에 대해 그가 예리한 비판을 가한 것을 보아도 알 수 있다. 그러나 당시의 엄혹한 상황에 비추어 대부분의 운동이 그러하듯이 공산주의운동도 분파성을 띠지 않을 수 없었던 요인에 대해서도 언급함으로써 애정 어린 비판을 했다고 할 수 있다.

2. 공산주의운동의 기원

최창익은 선진 자본주의 국가와 비교해 볼 때, 조선의 무산계급은 역사가 짧고 역량이 유약하며 투쟁경력이 미숙함에도 불구하고 1920년대 들어서면서부터는 양적으로 증대되고 질적으로 제고되었다고 분석했다.[5] 대내적으로는 일제의 가혹한 착취에 대한 투쟁으로 인해, 대외적으로는

---

5) 崔昌益, "朝鮮無産階級運動," 白南雲·朴時亨 외, 『朝鮮民族解放鬪爭史』(金日成綜合大學校, 1949), 319쪽.

러시아 사회주의 혁명의 승리로 인한 세계 무산계급운동의 앙양에 조응하여 조선 무산계급운동이 양적·질적으로 발전되었다는 것이다.

그리하여 조선 무산계급은 자신의 혁명적 당이 없는 경제적·정치적으로 자기의 이익을 옹호하는 투쟁을 할 수 없으며, 식민지 무산계급의 처지에서 민족해방투쟁의 승리를 가져올 수 없다는 것을 명백히 깨닫게 되었다고 말했다. 즉 노동계급의 전위부대인 공산당이 없다면 일제와 투쟁할 수 없으며, 기회주의적이고 투항주의적인 분자들과도 투쟁할 수 없다는 것을 깨달았기 때문에 공산당 창당에 착수했다는 것이다.

1) 해외에서의 운동

최창익은 공산당을 결성하려는 움직임은 국내에서 시작된 것이 아니라 해외에서 시작되었다는 것을 분명히 밝혔다. 조선이 일제의 침략을 받은 이후 3·1운동에 이르기까지 수많은 애국지사들이 국외로 망명한 데다 10월혁명 이후 세계 무산계급 혁명운동과 식민지 민족해방운동이 앙양된 국제환경에서 그들이 국제적인 혁명조류에 직접 접촉할 수 있었기 때문에 공산주의운동은 국내보다는 해외에서 먼저 일어날 수밖에 없었다는 것이다. 즉 소련의 연해주와 중국의 상해 및 만주에 있던 조선인들 가운데 무산계급 사상을 받아들인 인사들이 조국의 해방을 위하여 새로운 결사와 운동을 개시했는데, 이것이 공산주의운동이 일어나게 된 배경이라고 그는 설명했다.

역사적으로 1920년 중국 상해에서 이동휘(李東輝)가 중심이 되어 고려공산당을 조직했고, 이와 별도로 러시아 이르쿠츠크에서 한명세(韓明世)가 중심이 되어 고려공산당을 조직한 것이 해외에서 결성된 최초의 공산당 조직이라고 보았다. 그러나 이들이 조직한 공산당은 계급적 토대가 없는 국외 환경에서 생성된 것인 데다 민족주의적 관념을 지양하지 못한 일부 망명 지식분자들이 객관적 정세를 맹목적으로 따라 진행한 결사이기 때문에 노동계급의 전위적인 정당이 될 수 없었다고 그는 단언했다.6)

해외에서 그 후 1923년 봄 이동휘는 한명세 등과 함께 다시 공산당 조직사업을 전개하였으나 큰 성과를 거두지 못했으며, 1924년 봄에 또다시 이동휘, 남만춘(南萬春) 등이 공산당 조직을 시도했으나 불리한 주관적·객관적 조건의 제약으로 기대했던 성과를 거두지 못하고 말았다고 기록했다. 이처럼 1920년 이후 조선 무산계급운동은 근로대중운동의 장성과 함께 무산계급의 전위부대인 공산당 조직운동이 해외에서 부단히 지속되었지만, 소기의 성과는 거두지 못하고 말았다는 것이 그의 분석이었다.

2) 국내에서의 운동

국외에서 있었던 공산당 결성 움직임을 정리한 최창익은 국내에서 공산당 창당에 이르기까지의 과정과 분위기도 기록했다. 일제의 식민지로 전락된 이후 조선은 일제 침략자본의 공세로 민족경제가 전면적인 파멸과정을 밟게 되어 인구의 대부분이 무산계급으로 전락되었다고 그는 주장했다. 그리고 일반대중의 극도로 빈곤한 생활불안은 이들로 하여금 민족의식과 계급의식을 각성시켰다고 그는 보았다.7)

그리하여 3·1운동 이후 조선의 무산계급은 계급의식이 각성되어 독자적인 계급운동을 전개했다는 것이다. 즉 1922년부터 조선에 노동운동과 농민운동이 본격적으로 일어났는데 그 배후에는 코민테른과의 비공식적

---

6) 崔昌益, "朝鮮無産階級運動," 321쪽. 이에 대해 金鏴洙는 두 개의 공산당 모두 해산시키고 조선 안에서 공산당을 결성하라는 결정을 내렸다고 회고, 崔昌益과는 의견을 달리했다. 한국정신문화연구원 현대사연구소 편, 『運耘 金鏴洙』(한국정신문화연구원, 1998), 79쪽.

7) 崔昌益, 『八·一五以前 朝鮮民主運動의 史的 考察』(革新出版社, 1946), 23쪽.

인 접촉이 있었고, 1922년 가을부터는 공산당이 조직되어 코민테른과 밀접한 연락이 있었다는 것이다.[8]

이러한 배경으로 인해 조선의 무산계급은 식민지 사회조건 밑에서 필연적으로 반일 민족해방투쟁의 선봉적 역할을 하게 되었다는 것을 그는 강조했다. 그리하여 1924년부터 무산계급운동은 좌익진영의 영도 아래 획기적인 조직운동으로 전개되었으며, 전국적인 성질을 가진 군중단체가 조직되기 시작했다고 분석했다.[9]

일차적으로 그는 조선노농총동맹이 조직된 것을 들었는데, 이는 전국 각지에 산재한 노동조합과 농민단체가 그들의 투쟁역량을 집중시키기 위하여 조직한 단체였다. 1924년 4월 15일 82개 단체 대표 77명이 모여 논의한 결과, 전 조선의 노동운동과 농민운동 단체를 총동맹으로 통일하기로 합의했는데, 이 합의에 따라 1925년 4월 17일 167개 단체 204인의 대표가 참석하여 결성대회를 갖고 조선노농총동맹을 출범시킨 것이다. 조선노농총동맹은 노동문제, 소작 및 소작료문제, 동척 이민문제 등에 관한 강령을 채택하고 활동했지만,[10] 노동운동과 농민운동은 계급적 분야가 다르므로 별개의 단일조직이 필요하다고 보고 후일 조선노동총동맹과 조선농민총동맹으로 분리하게 되었다.

그 다음으로 그는 조선청년총동맹이 결성된 것을 들었다. 조선청년총동맹은 1920년 12월 1일 민족문화적인 강령 아래 전국에서 자연발생적으로

---

8) 朝鮮共産黨中央機關紙部 朝鮮事情研究會, "朝鮮社會運動史: 合法組織より非合法組織運動へ," 朝鮮總督府 警務局 保安課, 『高等警察報』 第四號(1935년), 281-283쪽.

9) 崔昌益, 『八·一五以前 朝鮮民主運動의 史的 考察』, 24쪽.

10) 조선노농총동맹은 노동문제에 대해 노동운동의 근본정신과 배치되는 異流단체는 파괴하고 노동자의 계급의식을 철저히 한다는 등의 강령을, 소작문제에 대해서는 소작인단체를 각 지방에 조직하며 소작인 상황을 조사하며 소작운동의 본지와 배치되는 異流 소작인단체에 대해서는 파괴하고 소작인 교양은 노동자 교양과 대동소이하게 한다는 등의 강령을 내세웠다. "朝鮮勞農總同盟," 李錫台 編, 『社會科學大辭典』(文友印書館, 1948), 602쪽.

일어난 6백여 단체를 망라하여 조직된 조선청년연합회의 진보적인 분자가 조선청년당과 연합하여 330여 명이 참석한 가운데 1924년 4월 21일 결성한 단체이다. 여기에는 전국의 사회주의적 청년단체는 거의 망라되었는데, 일제의 집회금지 명령에 따라 중앙에서는 표면적인 활동을 하지 못했으나 지방에서는 활발한 활동을 전개하다가 1931년 5월에 해소결정을 내림으로써 소멸하고 말았다. 조선청년총동맹은 강령에서 대중본위의 신사회 건설을 기도하며, 조선 민중해방운동의 선구가 되기를 기한다고 밝혔다.[11]

이밖에도 그는 조선여성동우회와 조선형평사 등 각종 단체가 조직되어 광범한 근로대중과 각 분야 인민의 반일적 혁명역량의 집결에 나섰다고 주장했다. 무산계급운동이 이처럼 축적되어 일정한 단계에 도달하자 필연적으로 무산계급은 자신들의 혁명적 정당을 요구하게 된 것이 공산당 결성의 배경이 되었다고 그는 분석했다.[12] 그는 공산당이 조직되기 이전에는 국내외에서 사상단체로 불리는 각종 단체가 당 조직운동의 과도기적 역할을 해 왔으나, 이들이 진정한 마르크스주의적인 서클이 되지 못했기 때문에 당 조직운동에 많은 파란곡절과 실패를 거듭하지 않을 수 없었다고 비판했다.

3. 조선공산당 창당과 해소

최창익은 코민테른이 1924년 말부터 직접 공산당 조직사업을 지도한

---

11) 이 외에도 조선청년총동맹은 대중의 역사적 사실을 완성함에 필요한 새 세력을 가진 청년의 조직단체에 민중적 정신을 고무하고 계급의식을 주입함으로써 필연의 途程을 밟게 하는 것을 청년운동의 근본방침으로 한다고 내세웠다. "朝鮮靑年總同盟," 李錫台 編, 『社會科學大辭典』, 615-616쪽.

12) 崔昌益, "朝鮮無産階級運動," 322쪽.

결과 1925년 4월 17일 조선공산당이 창당되었다고 주장했다. 그는 공산당 창당이 국내 무산계급의 독자적인 노력에 의한 것이 아니라 코민테른의 지도 아래 이루어진 것으로 보았으며, 1925년 4월 18일 출범한 고려공산청년회도 독자적으로 된 것이 아니라고 생각했다.13) 공청이 조직된 것 역시 국제공산청년동맹의 직접적인 지도하에 이루어졌다는 것이다.

그는 공산당이 창당된 이후에도 코민테른의 지도방침에 따라 활동했으며 무산계급운동의 통일도 코민테른의 영도를 받아 이루어진 것으로 파악했다.14) 그러나 지속되는 일제의 검거로 공산당 조직이 거의 와해상태에 처하게 되자, 코민테른은 당을 재조직하라는 지침을 내렸고, 이로 인해 조선공산당은 창립 3년 만에 해소되는 운명을 맞게 되었다. 이후 공산주의자들은 당을 재건하기 위한 노력을 끊임없이 전개했으나, 이러한 노력에도 불구하고 공산당은 해방될 때까지 재건되지 못한 것을 그는 안타깝게 생각했다. 이처럼 그는 공산당의 창당과 해소, 그리고 재건에 이르기까지 코민테른이 지대한 역할을 한 것으로 분석했다.

1) 조선공산당 창당

최창익은 1920년 이후 국내외에서 사회주의를 지향하는 많은 수의 사상단체가 결성되었지만, 이들이 분파작용으로 인해 공산당을 창건하는 데는 실패했다고 분석했다. 이러던 것이 1924년 봄에 와서 좌익진영의 주도로 근로대중운동의 통일이 추진되었으며, 이러한 대중운동의 통일을 통해 반일적인 혁명역량이 집결됨으로써 혁명적 정당이 요구되는 분위기가 조성되었다고 보았다. 이와 같은 정세 하에서 코민테른이 공산당 조직사업을 직

---

13) 崔昌益, "朝鮮無産階級運動," 322쪽.
14) 崔昌益, "朝鮮無産階級運動," 323쪽.

접 지도해 온 결과 무산계급의 전위분자들이 노동계급의 조직적 토대 위에서 공산당을 창립한 것으로 분석했으며, 코민테른의 지도로 창립된 조선공산당은 1926년 3월 코민테른의 지부로 승인되었다고 그는 기록했다.15)

공산당의 조직과 아울러 공산청년운동의 조직도 그는 국내가 아니라 해외로부터 발단된 것으로 보았다. 1920년 중국 상해에 있던 좌익청년들이16) 국제공산청년동맹의 직접적인 지도 아래 청년운동을 전개했고 이들이 국내에 진입하여 조직사업을 부단히 전개해 온 결과 고려공산청년 중앙총국이17) 창건되었고, 창건과 동시에 국제공산청년동맹 조선지부로 승인되었다는 것이다.18)

공산당은 창건된 이후에도 코민테른의 직접적인 지도하에 당의 기반을 공고히 하기 위하여 백방으로 노력하면서 반제·반봉건투쟁을 강력하게 전개했다고 그는 주장했다. 그 결과 1926년 대규모 반일시위인 6·10만세운동이 공산당의 주도로 진행되었으며, 실제 투쟁을 통해 공산당은 반일민족통일전선 결성을 촉진했다고 주장했다.19) 이는 순종의 국장을 계기

---

15) 崔昌益, "朝鮮無産階級運動," 322쪽. 공산당 창당과정에서 코민테른의 역할을 강조한 것과 달리 崔昌益은 지도부의 구성에서 나타난 각 파벌의 안배문제 등에 관해서는 일체 언급하지 않았다.

16) 崔昌益은 구체적으로 '中國 上海에 있던 朝鮮 左翼靑年들'의 이름을 밝히지는 않았다. 그러나 朴憲永에 대해 작성된 일제의 신문조서에 따르면, 상해에 있던 좌익청년들은 金萬謙이 코민테른의 후원을 받아 상해에 설립한 사회과학연구소를 중심으로 활동했던 인물인 朴憲永, 林元根, 金泰淵 등을 가리킨 것이라고 분석된다. "朴憲永外十人調書," 金俊燁·金昌順 編, 『韓國共産主義運動史』 資料編 I(高麗大學校 亞細亞問題硏究所, 1979), 681쪽.

17) 崔昌益은 '高麗共産靑年 中央總局'이라고 기록하고 있으나, 朴憲永을 책임비서로 선출한 공청의 정확한 명칭은 '高麗共産靑年會'였다. 이처럼 崔昌益은 朴憲永의 이름을 구체적으로 적지 않고 '좌익청년'이라 했고 공청의 명칭도 다르게 기록했는데, 아마도 이는 책이 출판된 1949년에 북한에서 朴憲永은 견제의 대상이었기 때문에 그런 것이라고 생각된다.

18) 崔昌益, "朝鮮無産階級運動," 322쪽.

로 과거 3·1운동 때와는 달리 공산주의자들이 민족운동의 주도권을 장악한다는 의도 아래 일제의 식민통치를 규탄하는 내용의 전단을 제작·살포하여 만세운동을 일으킨다는 전략을 수립하고,20) 이를 실천에 옮겼던 사실을 지적한 것이다.

공산당과 함께 공청도 투쟁을 통해 근로대중 속에서 위신을 제고시키는 한편, 코민테른의 지도방침에 따라 당 밖에 있는 서울파에 대한 통일 공작을 추진했다고 그는 분석했다. 그 결과 서울파의 공청 조직은 1926년 8월에 고려공청에, 서울파는 1926년 11월에 조선공산당에 편입됨으로써 코민테른의 영도 아래 비로소 무산계급운동의 전국적인 통일을 보게 되었다고 주장했다.21)

이처럼 조선공산당과 고려공산청년회가 창립된 지 1년여 만에 공산주의운동의 통일을 보게 되었는데, 그는 이런 성과를 보게 된 것은 전적으로 코민테른의 영도가 있었기 때문이라고 단언했다. 최창익은 코민테른의 지도와는 별도로 국내에서 많은 청년들이 공산당을 결성하기 위한 노력이 있었음에도 불구하고 이들에 대해서는 전혀 언급하지 않고 있다. 아마도 이는 공산주의운동의 정통성이 국내 공산주의자들에 있는 것이 아니라 김일성과 연안파를 비롯한 국외 공산주의자들에 있음을 암시하려는 의도에서 나온 것이라고 분석된다.

2) 조선공산당 검거

최창익은 공산당이 창당된 이후 4차에 걸친 검거를 간략하게 언급하

---

19) 崔昌益, "朝鮮無産階級運動," 322-323쪽.
20) 慶尙北道 警察部, 『暴徒史編輯資料: 高等警察要史』(慶尙北道 警察部, 1934), 289쪽.
21) 崔昌益, "朝鮮無産階級運動," 323쪽.

고 이로 인해 공산당과 공청은 그 발전전도에 치명적인 상처를 받게 되었다고 기록했다. 1차로 공산당과 공청은 일제의 엄중한 감시와 통제 하에서 결성된 지 반년도 채 되지 못해 신의주에서 발단된 사건으로 인해 대거 검거되는 사태를 맞았다.22) 이에 대해 최창익은 공산당에서는 김재봉(金在鳳)과 주종건(朱鍾鍵)이, 공청에서는 박헌영을 포함하여 전위당원 30여 명이 투옥되었다고 말하고, 이 사건 이후 공산당에 대한 일제의 감시와 탄압은 더욱 심해졌다고 기록했다.23)

공산당에 대한 2차 검거는 6·10만세운동 이후에 이루어졌다. 1926년 4월 25일 조선왕조 최후의 왕인 순종이 서거하자 공산당은 그의 장례일인 6월 10일을 기해 전국적인 반일시위를 계획했고, 이에 따라 전국에서 "대한독립 만세"를 외치며 일본의 식민통치를 규탄하는 대규모 만세운동이 전개되었다. 사건의 배후를 조사한 결과 공산당과 공청의 주도로 이루어진 것이 드러남에 따라 일제는 이들에 대한 대대적인 검거에 나섰다.24) 2차 검거사태로 인해 공산당에서는 강달영(姜達永)이, 공청에서는 권오설(權五卨)을 비롯한 전위당원 60여 명이 투옥되었다고 그는 기록했다.

공산당에 대한 3차 검거는 1928년 2월에 있었다. "思想犯은 一時 全滅하였다 하여도 반드시 再建運動이 있다는 것은 누구나 다 推測하는 일"25)

---

22) 신의주사건이란 1925년 11월 22일 신의주의 한 식당에서 우연히 일어난 폭행사건 관련자의 가택을 수사한 결과 공청 중앙집행위원 명단과 상해로 보내는 통신문 등이 발견됨으로써 공산당 및 공청 조직이 경찰에 검거되게 되는 단서를 제공한 사건을 말한다. "朴憲永外十人調書," 673-675쪽 참조.

23) 崔昌益, "朝鮮無産階級運動," 323쪽.

24) 6·10운동은 3·1운동의 자연발생적인 무내용성을 폭로하고 근로계급의 전위인 조선공산당의 지도하에 민족해방운동을 혁명적인 본궤도에 올려놓은 획기적인 운동이었다는 평가도 있다. "六十運動," 李錫台 編, 『社會科學大辭典』, 486-488쪽 참조.

25) 吉野藤藏, "ML共産黨組織의 全貌와 그 顚末," 池中世 編譯, 『朝鮮思想犯檢擧實話集』(1936), 54쪽.

이라는 일제 경찰의 확신 그대로 2차 공산당이 검거된 후 검거를 면한 공산주의자들은 김준연을 책임비서로 하여 공산당을 재건했다.26) 이 사건에는 최창익을 포함하여 모두 27명이 검거되었음에도 불구하고,27) 그는 자신의 이름은 빼고 공산당에서 김세연(金世淵)과, 공청에서 이인수(李仁秀), 김강(金剛) 등 30여 명이 투옥되었다고만 적었다.28) 이처럼 그가 자신의 이름을 뺀 것은 아마 파벌투쟁으로 일관했던 3차 공산당에29) 자신의 이름이 오르내리는 것을 원치 않았기 때문이라고 분석된다.

    3차 검거가 있은 직후인 1928년 2월 27일 코민테른 지도원의 입회 아래 차금봉을 책임비서로 한 공산당이 재건되어 3·1운동 기념투쟁을 준비하는 과정에서 또다시 검거되는 사태를 맞았다.30) 4차 공산당 검거에 대해 최창익은 당에서 차금봉을 비롯하여 전국적으로 검거·투옥된 공산당원 및 공청원은 300여 명에 달했다고 주장하고, 이 외에도 조선공산당 만주총국 검거사건과31) 일본총국 검거사건으로 수많은 공산당원과 공청원이 일

---

26) 金俊淵은 자신이 책임비서로 선출된 것은 그가 1925년 소련을 다녀와 <朝鮮日報>에 "勞農露西亞의 現狀"이라는 기행문과 부하린의 "都市와 農村과의 關係"라는 논문을 48~49회에 걸쳐 연재했는데, 이를 본 소련이 조선공산당에 지령을 내려 그를 포섭하라고 해서 이루어진 것이라고 회고했다. 金俊淵,『나의 길』(東亞出版社, 1966), 14-16쪽.

27) 吉野藤藏, "ML共産黨組織의 全貌와 그 顚末," 64쪽.

28) 崔昌益, "朝鮮無産階級運動," 323-324쪽.

29) 세칭 'ML黨'으로 불리는 3차 공산당은 재건 직후부터 내분이 끊이지 않아 간부진이 총사직한 후 金世淵을 책임비서로 선출했다. 吉野藤藏, "ML共産黨組織의 全貌와 그 顚末," 58쪽.

30) "朝鮮共産黨," 李錫台 編,『社會科學大辭典』, 601쪽.

31) 조선공산당 만주총국은 2차 조선공산당 검거사건에서 체포를 면한 安基成을 비롯한 공산당 간부들이 1926년 11월 만주 龍井에서 부활시킨 것으로, 만주지방을 중심으로 활동하던 공산주의자들이 1927년 10월 1일 만주 일본 영사관에 체포됨으로써 전모가 드러나게 되었다. 간부들이 체포된 후에도 남은 당원들이 만주총국을 재건하여 활동했으나, 코민테른의 1국1당 노선에 따라 중국공산당에 편입

제 경찰의 독수에 체포·투옥되었다고 기록했다.32)

3) 조선공산당 해소

조선공산당은 그것이 검거나 기타에 의해서 간부나 당원을 잃게 되더라도 체포와 발각을 면한 나머지 당원들에 의해 곧 후보당원을 보충하여 새로 간부 조직을 구성하고 코민테른의 승인을 얻음으로써 결코 당의 절멸을 기할 수 없다는 평가가 있었지만,33) 해마다 지속·확대되는 검거 사건으로 인해 커다란 희생을 내게 되자 공산당은 많은 문제점을 나타내게 되었다고 그는 기록했다. 즉 내부적으로는 종파적 대립이 재현되어 무산계급 진영을 정비할 수 없었고, 외부적으로는 날이 갈수록 포악해지는 일제 경찰의 탄압으로 조직사업을 지속할 수 없었던 데다 당의 혁명비밀을 지키기 어려운 형편에 처했다는 것이다.34) 대내외적으로 공산당의 존립이 어려운 상황이 초래되어 당을 재조직해야 하는 국면에 이르렀다는 설명이다.

이와 같은 상태에 처하게 되자 코민테른은 1928년 가을에 부득이 조

되고 말았다. "朝鮮共産黨 滿洲總局," 李錫台 編, 『社會科學大辭典』, 601쪽.

32) 崔昌益, "朝鮮無産階級運動," 324쪽.

33) 慶尙北道 警察部, 『暴徒史編輯資料: 高等警察要史』, 301쪽.

34) 공산당이 당의 비밀을 지키기 어려웠다고 하는 점은 崔昌益뿐만 아니라 당시 상당수의 공산주의자들이 공통적으로 느끼고 있던 것이다. 이에 대해 1934년 9월 조선공산주의자 주도그룹을 자처한 한 단체는 코민테른에 보낸 기고문에서 일제 경찰은 내부에 첩자를 들여보내 당을 약화시키고 간부들과 당원들을 체포하고 있다고 지적하고, 이로 인해 당의 파벌투쟁이 지속되고 있다고 주장했다. Initiative Group of Korean Communists, "The Factional Struggle among Korean Communists," *International Press Correspondence* Vol.14 No.48 (14th September,1934), pp.1265-1267.

선 공산주의자들에게 공산당 해소를 명령하고 무산계급 해방운동의 새로운 방침을 수립하게 했다고 그는 기록했다.[35] 최창익이 이처럼 코민테른의 12월테제를 공산당의 해체 지시로 받아들인 데 대해 후일 연구자들은 12월테제가 당을 해체하라는 지시가 아님에도 불구하고 이를 해체 지시로 잘못 해석했다고 주장하고 있다. 즉 12월테제가 조선공산당을 제명한다는 것에 대해서는 한마디도 언급하지 않았음에도 이를 잘못 해석했거나,[36] 조선공산당이 코민테른 지부로서 충분히 기능하지 못하기 때문에 재조직을 지시한 것뿐임에도 코민테른이 조선공산당 해산을 명령했다고 오해했거나,[37] 당의 해산을 지령한 것이 아니라 당 세력의 결집을 용이하게 할 목적으로 조선에서 공산주의자 활동의 기본방침을 제시한 문서에 불과하다는 것이다.[38]

이러한 외부 연구자들의 분석과는 달리 당사자들은 12월테제를 당 해체 지시로 받아들인 것은 사실이다.[39] 그리하여 1928년 이전의 공산주의 운동은 여러 가지 점에서 결함이 적지 않았다고 반성하고 12월테제의 정치노선에 따라 이를 실천하기에 열과 성을 다한 결과, 1945년 9월 11일 지하공작을 하던 진정한 공산주의자들을 중심으로 조선공산당을 재건할 수 있었다고 주장했다.[40] 당사자들의 이러한 해석이 아니라도 객관적으로도

---

35) 崔昌益, "朝鮮無産階級運動," 324쪽.
36) 서대숙, 『한국공산주의운동사 연구』(이론과실천, 1985). 107쪽
37) 梶村秀樹, "資料解說," 姜德相, 『現代史資料: 朝鮮 5』 29(みすず書房, 1972), Xii쪽.
38) 村田陽一, 『コミンテルン資料集』 第4卷(東京: 大月書店, 1981), 617쪽.
39) 한국정신문화연구원 현대사연구소 편, 『遲耘 金錣洙』, 87쪽. 이와 달리 북한의 한 자료는 일제의 탄압과 종파분자들의 분열책동으로 말미암아 해산되었다고 주장, 朴憲永을 중심으로 한 국내파 공산주의자들을 통틀어 비판했다. 필자 미상, 『政黨史』(혁신사, 1964), 34쪽.
40) 朴憲永은 당이 소부르주아 및 인텔리로 충만되어 원칙성이 지배하는 진정한 혁명적 전위의 역할을 하지 못했으며, 이론적인 면에서 명확한 견해가 서지 못했다고 비판했다. 朴憲永, "朝鮮과 朝鮮共産黨: 21週年 記念日에 祭하야 ③," <解放日

코민테른은 조선공산당 해체를 결정한 것으로 해석했다.[41] 이처럼 당사자들이 당을 해체하라는 의미로 받아들였고, 조선공산당 외에도 코민테른의 해체 지시를 받은 공산당이 있는 것으로[42] 미루어 보아 12월테제는 공산당 해체 지시로 보는 것이 적확하다고 분석된다.

코민테른의 이러한 지시에 따라 조선공산당은 창당 후 4년간에 걸친 조국독립과 민족해방을 위한 영용한 투쟁에도 불구하고 반제·반봉건투쟁의 선봉적 역할을 끝까지 수행하지 못하고 자진 해소하게 되었다고 설명했다. 비록 공산당은 해소되었지만, 광범위한 근로대중 속에서 고도화한 비밀 조직운동으로서 반제·반봉건투쟁을 계속 전개했다는 것이다.[43]

4. 조선공산당과 신간회

최창익은 신간회가 조선공산당 주도로 조직된 민족통일전선체로, 여기에는 좌우를 막론하고 민족주의적인 요소가 망라되어 있으며 일체의 기회주의적이거나 개량주의적인 요소는 배격했다고 주장했다. 그리고 신간

報> 1945년 4월 19일.

41) 조선공산당은 파벌주의로 인해 코민테른으로부터 추방되었고 그 이후에는 코민테른의 인준을 받지 못했다고 Glenn Page는 주장했다. Glenn Page, "North Korea and Sino-Soviet Behavior," A. Dock Banett (ed.), *Communist Strategies in Asia* (New York: Frederick A. Preager, 1963), pp.230-231.

42) 1938년에는 폴란드공산당이 코민테른의 해체 지시를 받았다. Kermite E. McKenzie, *Comintern and World Revolution 1928-1943* (New York: Columbia University Press, 1966), p.34.

43) 崔昌益, "朝鮮無産階級運動," 324쪽. 공산당 1차 검거 이래 1930년 9월 재조직운동에 이르기까지 공산당 조직사건으로 검거돼 송치된 것은 총 30건, 1,444명에 달했다. 朝鮮總督府 警務局 保安課, 『高等警察報』第二號, 11쪽.

회는 공산당의 영도 하에 근로대중을 결합하여 반일투쟁을 강력하게 전개했는데, 이러한 투쟁의 전형적인 것으로 그는 1929년 1월의 원산 총파업과 1929년 11월 광주에서 발단된 학생 반일운동을 들었다. 이 두 사건은 1920년대 이후 최대 규모의 반일투쟁이었다는 것이다.

신간회가 이처럼 강력한 반일투쟁을 전개하자 일제는 신간회를 탄압했으며, 그는 이 기회를 틈타 기회주의자들이 신간회의 지도부로 등장했다고 주장했다. 그 결과 신간회는 일제의 어용단체로 전락할 위험성이 노후해졌는데, 그는 이러한 사태를 방지하기 위해 신간회를 해소하지 않을 수 없었다고 단언했다. 신간회 해소는 새로운 형태의 통일전선을 결성하기 위한 불가피한 조치라는 논리였으나, 해소 이후 해방될 때까지 어떠한 형태의 통일전선체도 결성되지 못했다.

1) 신간회 조직

최창익은 1924년 4월 조선청년총동맹이 창립된 이후 무산계급 진영 내에서 민족통일전선 문제가 전면에 나서게 되었다고 보았다. 임시대회에 제출된 결의문 초안은 최창익이 직접 작성한 것으로 이 날 대회는 민족운동에 대해 토론한 결과 "타협적 민족운동은 절대로 배격하며 혁명적 민족운동은 찬성한다"는 내용의 결의문을 채택했다.44) 그는 여기서 말하는 혁명적 민족운동자란 민족주의를 표방하는 인사 중에서 개량주의적 민족운동자는 배격하고 비타협적인 민족운동자는 지지한다는 것을 의미하는 것이라고 부연 설명했다.45)

그리고 조선청년총동맹 창립 이후 마르크스・레닌주의에 대한 연구

---

44) <東亞日報> 1924년 4월 26일.
45) 崔昌益, "朝鮮無産階級運動," 326쪽.

가 한층 더 심화되었는데, 이는 마르크스·레닌주의적 국제혁명 이론을 기계적으로 조선에 이식하는 것이 아니라 과학적으로 조선사회에 결부시켜 적용하려는 노력이 한층 더 제고된 것을 의미한다고 주장했다. 특히 조선공산당이 창립된 1925년 이후에 공산당은 무산계급 내부의 반제·반봉건 투쟁역량을 정비하는 한편, 식민지 조건 하에서 급속히 파산되어 가는 광범한 소자산계급의 반일역량을 포괄하는 반일민족통일전선 결성을 촉진시키기 위해 온갖 노력을 집중했다고 역설했다. 이의 전형적인 예로 그는 6·10만세운동을 들었다. 6·10만세운동은 공산당의 직접적인 영도 하에 진행된 반제투쟁일 뿐만 아니라 반일민족통일전선에 대한 정치노선을 실제 투쟁으로 연결시킨 것이라는 것이다.[46]

이처럼 그는 공산당은 식민지 민족해방운동의 옳은 노선이 반일민족통일전선의 결성임을 깨닫고 이를 결성하기 위해 노력했다고 역설했다. 그리고 공산당의 이러한 노력에 영향을 받아 1926년 말에 민흥회와 신간회가 발기되었는데, 공산당이 이 두 개의 반일단체를 통일하여 1927년 2월 신간회가 조직되었다고 단언했다. 신간회 성립 이후 공산당의 영도 하에 열린 전국사회단체중앙협의회 석상에서 신간회를 반일민족통일전선 단체로 결정했다고 그는 주장했다.[47] 그러나 대회가 계속되지 못하고 중도에 해산당하는 바람에 전국의 사회단체들이 신간회를 통일전선체로 공식 승인했는지에 대해서는 확인되지 않고 있다.[48]

---

46) 崔昌益, "朝鮮無産階級運動," 327쪽.

47) 崔昌益, "朝鮮無産階級運動," 327쪽.

48) 崔昌益이 말한 '전국사회단체중앙협의회'는 '조선사회단체중앙협의회'를 말하는 것으로 이 단체는 기존의 투쟁을 자연발생적인 것에서 목적의식적인 것으로, 경제투쟁에서 정치투쟁으로 전환시키기 위해 1927년 5월 16일 서울에서 소집된 협의체이다. 여기서 반자본주의적인 무산계급운동과 반일적인 민족운동이 협동하여 공동전선을 펴자는 방향으로 논의가 이루어졌으나, 경찰의 제지로 대회 2일째인 5월 17일에는 회의를 열지 못하고 말았다. 따라서 그가 말한 대로 신간회를 정식 통일전선단체로 결정했는지에 대해서는 확인되지 않은 상태이나, 당시

그는 신간회가 공산당의 영도 아래 일체의 반일역량을 포섭하며 통일하기 위해 노력한 결과, 전형적인 기회주의자들을 제외하고 민족주의를 표방하는 인사들과 비타협적인 애국인사들은 거의 신간회에 망라되었다고 주장했다.49) 기회주의자들은 신간회에 참가하지 않았을 뿐만 아니라 은연중에 또는 공공연히 신간회와 대립하는 형세를 취했다고 그는 보았다.

2) 신간회 해소

최창익은 신간회는 개인 단위의 정당형태로 조직되었다고 설명했다. 공산당의 영도 하에 있는 노동조합, 농민조합, 청년단체, 여성단체 및 형평사를 비롯한 각종 사회단체에 포괄되어 있는 광범위한 근로대중이 개인자격으로 참가하였다는 것이다. 그러나 신간회의 활동이 확대되면서 각 사회단체는 형식적으로만 존재하고 신간회와 그 지부가 각종 사회단체의 역할을 대신하는 경향으로 흐르게 되었다는 것을 그는 구체적으로 지적했다.50)

그 결과 일부는 신간회를 민족단일당으로 인식했고,51) 다른 일부는

토의안건이 ① 무산계급 투쟁의 전반적 전개, ② 파벌 청산, ③ 전 민족적 단일전선 결성, ④ 이론투쟁 등인 것으로 미루어보아 그런 방향으로 논의되었을 가능성은 충분히 있다고 분석된다. "朝鮮社會團體中央協議會," 李錫台 編, 『社會科學大辭典』, 606쪽.

49) 崔昌益은 민족주의자의 범주로 기독교의 李商在 일파, 천도교의 權東鎭 일파, 불교의 韓龍雲 일파를 들었고, 기회주의자의 범주로는 천도교의 崔麟 일파, 수양단의 李光洙 일파, 동아일보의 宋鎭禹 일파를 각각 들었다. 崔昌益, "朝鮮無産階級運動," 328쪽.

50) 崔昌益, "朝鮮無産階級運動," 328-329쪽.

51) 신간회가 만족단일당이라고 표방했기 때문에 외국인이 와서 조선에 민족적 단체가 있느냐고 물을 때 신간회를 가리켰다는 것이다. 申興雨, "新幹會 解消와 朝

신간회 내에 노동부, 농민부, 청년부, 부녀부 등을 설치하고 정치, 경제, 문화 등 일체의 운동을 신간회에서 전개하려고까지 했으며,52) 또 다른 일부는 노동조합, 농민조합을 해산하고 일체의 근로대중을 신간회에 편입시키려는 기도를 했다고 그는 비판했다.53) 이에서 한 걸음 더 나아가 일부는 계급운동을 철회하고 민족운동만을 하자고 주장했으며,54) 다른 일부는 조선혁명은 부르주아 민주주의혁명인 까닭에 혁명운동의 헤게모니를 부르주아에게 주어야 한다고55) 역설하기까지 했다면서 그러한 주장에 대해 반박했다.

이러한 정세 하에서 공산당의 열성분자들은 한편으로는 좌익진영 내부의 비전투적인 타협주의 분자들과 투쟁했으며,56) 다른 한편으로는 개량

鮮 社會運動의 今後 展望: 現實鬪爭으로," 『彗星』 1권 4호(1931년 6월), 7쪽.

52) 安在鴻은 노동조합과 농민조합의 확대 강화라는 것을 신간회운동과는 전혀 다른 특수한 것이라고 기대할 수는 없다고 말함으로써 신간회운동이 종국적으로는 노동운동과 농민운동을 포괄하는 방향으로 나가야 한다는 것을 암시했다. 安在鴻, "解消 絶對反對," 『三千里』(1931년 2월), 8쪽.

53) 林元根은 신간회가 소부르주아 집단이기 때문에 노농대중의 투쟁력을 말살하거나 위축시킨다는 것은 도무지 조선의 객관적 정세를 모르는 말이라고 비판했다. 그리고 신간회를 떠난 노동총동맹과 농민총동맹의 역사는 과연 어떠했는지 살펴보아야 한다면서 노농대중의 잘 훈련된 부분을 신간회로 보내면 노농대중은 그 역사적 사명을 더욱 잘 발휘할 수 있다고 주장, 노농운동의 중심을 신간회에 둘 것을 제의했다. 林元根, "解消云云은 認識 錯誤," 『三千里』(1931년 2월), 17쪽.

54) 金炳魯는 단일적 의식과 극치적 이론에 치중하는 것보다는 민족의 당면 권익을 대표하여 가능한 최대한도의 투쟁을 협력 전개하는 것이 일정한 목표를 달성하는 데 더 바람직하다고 주장, 계급운동보다는 민족운동에 우선순위를 둘 것을 제의했다. 金炳魯, "集中된 力量의 潰散을 避하자," 『三千里』(1931년 2월), 7쪽.

55) 盧正煥은 일부 부르주아 책사들이 조선의 현 단계 운동은 부르주아 민주주의혁명이기 때문에 노동자는 부르주아를 지지하지 않으면 안 된다고 말하고 있기 때문에 이를 경계하지 않으면 안 된다고 주장했다. 이를 볼 때 부르주아가 운동의 헤게모니를 장악해야 한다는 논리는 당시 상당히 확산되어 있었다고 분석된다. 盧正煥, "新幹會와 그에 對한 任務," 『朝鮮之光』 73호(1927년 11월), 8-9쪽.

주의적 민족운동자들의 통일전선 파괴운동에 대해 강력히 투쟁했다고 최창익은 주장했다. 즉 열성당원과 근로대중은 공산당의 정치노선 고수와 반제 민족통일전선 강화를 위해 1927년 8월에는 조선노농총동맹을 조선노동총동맹과 조선농민총동맹으로 분립시켜 투쟁의 대상과 강령을 명확히 규정했으며,57) 청년총동맹은 종래의 좌경적 강령을 청산하고 종교 청년단체까지도 포괄하는 광범한 청년조직체로 발전시켰다는 것이다.

이와 같이 조직을 정비한 공산당은 노동자, 농민, 지식인, 학생 등의 대중운동을 정치적 반일투쟁으로 추진시키기 위해 노력했다고 그는 기록했다. 그 결과 1929년 1월 13일 원산에서 대규모 노동총파업이 발생했고, 1929년 11월 3일 광주에서 발생한 조선학생과 일본학생 사이의 충돌은 전국적인 대규모의 학생 반일운동으로 전개되었다고 주장했다.58) 이 두 개의 사건은 공산당의 주도로 1920년 이후에 발생한 최대의 총파업이고 최대의 학생 반일운동이었다는 것이다.

이처럼 반일민족통일전선 내에서 주도적인 역할을 하던 조선공산당이 일제의 탄압으로 거대한 희생을 내고, 광주학생운동과 관련하여 허헌,

---

56) 崔昌益은 공산당 내의 비전투적인 타협분자로 安光泉, 金南洙 등을 들고 이들은 반일민족통일전선에 대한 올바른 인식을 갖지 못했기 때문에, 계급 상호간의 결합에 있어 정치적 사상투쟁을 회피하고 융화적 접근방식으로 이를 실현하려 했기에 공산당의 정치활동을 약화시켰고 사회단체의 역할을 감소시켰으며 반일민족통일전선의 강화에 지장을 주었다고 비판했다. 崔昌益, "朝鮮無産階級運動," 330쪽.

57) 1926년 4월 22일 조선노농총동맹을 노동총동맹과 농민총동맹으로 분리하기로 결의했으나, 일제가 분립대회의 집회를 허가하지 않는 바람에 1927년 9월 7일 書面大會로 분리하게 되었다. "朝鮮勞農總同盟," 李錫台 編, 『社會科學大辭典』, 602쪽. 9월 7일의 서면대회에는 車今奉, 印東哲 이하 10명이 참석하여 노동총동맹의 중앙집행위원장에 李樂永, 농민총동맹 위원장에 印東哲을 각각 선출했다. <東亞日報> 1927년 9월 9일.

58) 崔昌益, "朝鮮無産階級運動," 331쪽.

홍명희 등 주요 간부들이 검거·투옥되자 기회주의자인 김병로(金炳魯) 일파가 신간회에 침입하여 지도적 지위에 등장했다고 그는 지적했다.59) 이를 계기로 신간회는 개량주의자들의 노리개가 되었을 뿐만 아니라 일제의 어용단체로 전환될 위험성이 농후해졌다는 것이 신간회에 대한 그의 최종적인 분석이었다.60) 즉 일제는 악랄한 탄압정책과 민족분열정책으로 반일민족통일전선의 발전을 극도로 방해했는데, 그 결과 기회주의분자들이 신간회 지도부를 농단하게 되었다는 것이다.

그는 합법적 운동이 결코 용납되지 않는 일제의 탄압 아래 이처럼 신간회가 그 투쟁력을 상실하고 기회주의적 민족개량주의자들의 놀이터로 바뀌는 퇴영적 길을 밟게 되자, 신간회 해소문제가 제기되어 1931년 5월 17일 전체대회에서 역사적인 해소를 보게 되었다고 기록했다. 이와 아울러 신간회 해소로 반일민족통일전선운동이 종식된 것이 아니라 "새로운 조건 하에서 새로운 형태를 띠고 전개되었다"고 그는 주장했다.61)

그러나 신간회 해소 이후 국내에서 새로운 형태의 통일전선이 출현하지 못한 것으로 미루어볼 때, 신간회에 대한 그의 평가는 객관성이 결여

---

59) 崔昌益, "朝鮮無産階級運動," 332쪽. 신간회 중앙집행위원장으로 활동했던 金炳魯에 대해 金學俊은 기회주의자라고 평가한 崔昌益과 달리 "식민지 조선의 독립운동사, 그리고 통일국가 수립 운동사에서 매우 중요하고 값진 역할을 수행했던 훌륭한 지도자"로 아주 높이 평가했다. 金學俊, 『街人 金炳魯評傳』(民音社, 1988), 223쪽.

60) 崔昌益은 金炳魯와 함께 金性洙를 호남재벌로 지칭하며 그도 개량주의적 민족운동자의 범주에 넣었다. 崔昌益, "朝鮮無産階級運動," 332쪽.

61) 崔昌益, "日本帝國主義 大陸侵略戰爭行程에 있어서의 反日武裝鬪爭," 白南雲·朴時亨 외, 『朝鮮民族解放鬪爭史』(金日成綜合大學校, 1949), 377쪽. 코민테른 집행위원회는 1930년 9월 18일 "조선에서 혁명적 노동조합운동의 임무에 대한 결의"를 통해 신간회는 <조선일보>나 <동아일보>와 마찬가지로 민족개량주의적인 조직이라고 지적했는데, 이후 신간회 해소문제가 제기되었다. 村田陽一, 『コミンテルン資料集』第5卷, 472쪽.

되었다고 할 수 있다. 이로 인해 해소론자들은 다른 조직체의 결성을 준비해 두었다가 해소가 되면 그것을 내세워야 하는데, 그러한 준비도 없이 해소를 단행하고 다른 조직체를 결성한다는 것이 객관적으로나 주관적으로 매우 곤란하게 되었다는 비판을 피할 수 없게 되었다.62)

신간회가 해소된 이후 조선 공산주의운동은 더욱더 지하화하고 비합법적인 수단에 의존하게 되었고, 중앙당 조직에 중점을 두지 않고 지방 조직에 치중했다. 즉 지방에서 노동자를 결합하여 노동조합을 조직하고 노동쟁의를 적극 일으켰으며, 농민조합을 조직하여 소작쟁의에 개입하는 등 새로운 조직형태로 나아간 것이다.63)

5. 공산당 재건운동과 공산주의운동 평가

최창익은 공산당이 해소된 이후 공산주의자들이 당을 재건하기 위한 운동을 꾸준히 전개한 사실을 들었다. 일제의 탄압에도 굴하지 않고 적색노동조합과 적색농민조합을 조직하는 사업을 지속해 왔으며, 이를 지도하여 전국적으로 파업투쟁과 소작쟁의를 일으켰다는 것이다. 당시 공산주의자들이 당 재건의 지침으로 삼은 것은 코민테른의 12월테제였다고 말하고, 이에 기초하여 공장과 농촌으로 파고들어가 많은 성과를 거두었다고 그는 주장했다.

그는 공산당이 반제·반봉건투쟁의 선봉적인 역할을 한 것에 대해 높이 평가했으나, 당 내부에서 파벌투쟁이 적지 않았고 이로 인한 피해가 컸

---

62) 朴熙道, "新幹會解消와 朝鮮 社會運動의 今後 展望: 時機가 일넛다," 『彗星』 1권 4호(1931년 6월), 9쪽.

63) 朝鮮總督府 警務局 編, 『最近に於ける朝鮮治安狀況: 昭和 八年·十三年』(東京: 巖南堂書店, 1986), 9-10쪽.

다는 것을 부인하지는 않았다. 그러나 당시의 사회적 조건에서 볼 때 파벌의 대립과 갈등은 불가피한 점도 있었다고 변호했는데, 아마 이는 자신도 파벌의 일원으로 활동했던 사실에서 비롯된 것이라고 추측된다. 파벌투쟁을 지지한 것은 아니었지만 일제의 야만적 탄압으로 한계가 있었다는 것인데, 바로 이 점에서 그는 비판받을 소지를 마련했다고 할 수 있다. 종파가 끼친 해독을 은폐했을 뿐 아니라 도리어 이를 인민의 혁명전통으로 분식했다는 비판이 그것이다.64)

1) 공산당 재건운동

최창익은 1920년대부터 앙양되기 시작한 조선 무산계급운동은 1930년대에 들어와서도 지속되었으며, 1931년 만주사변 발발 이후에는 일제가 무산계급운동에 대한 탄압을 한층 강화했음에도 불구하고 노동자·농민의 반제투쟁은 더욱 확대되었다고 기록했다. 이의 실례로 그는 1928년부터 1935년까지 조선총독부 경무국이 발표한 사상사건의 수 및 검거인원 수를 인용하여 제시했다.65)

이와 같이 날로 가혹해지고 광폭해지는 일제의 탄압으로 공산당이 파괴되었으며, 노동조합, 농민조합, 청년동맹, 문화단체 등 일체의 사회단체가 강제 해산되고, 언론·출판·집회의 자유는 완전히 박탈당해서 모든 운동이 지하로 들어가지 않을 수 없었다고 그는 주장했다. 이러한 조건으

---

64) 리나영, "서문: 저자로부터," 『조선민족해방투쟁사』(동경: 학우서방, 1959).
65) 이에 따르면 사상사건의 건수와 검거인원은 1928년에 229건에 1,592명, 1929년에는 252건에 1,742명, 1930년에는 397건에 4,025명, 1931년에 436건에 3,659명, 1932년에는 345건에 4,989명, 1933년에는 214건에 2,641명, 1934년에는 157건에 ,2285명, 1935년에는 178건에 2,021명으로, 총 2208건에 22,955명이었다. 崔昌益, "日本帝國主義 大陸侵略戰爭行程에 있어서의 反日武裝鬪爭," 367쪽 참조

로 인해 그는 일부 소부르주아 지식인들은 혁명전선에서 탈락하였으며 민족개량주의자들은 일제와 전면적인 타협의 길로 들어섰다고 그는 비판했다.66) 그는 전자의 예로 밀정단체인 '대동민우회'가 조직되어 민간 특무역할을 한 것을 들었고, 후자의 예로는 '연정회'와 '시중회' 등이 조직되어 일제에 대한 협력과 충성의 대가로 참정권을 구걸하는 현상을 지적했다.67)

이와 같이 일제의 야만적 폭압과 민족개량주의자들의 발호, 소부르주아 지식인들의 전향 등과 같은 악조건에도 불구하고 무산계급운동은 한층 더 발전된 형태를 띠고 전개되었다고 설명했다. 무산계급운동이 이처럼 활성화된 직접적인 계기가 된 것으로 그는 코민테른의 12월테제를 들었다. 테제가 발표된 이후 조선의 공산주의자들은 민족해방운동과 조선 혁명운동의 역사적 계단 및 성질, 동력, 투쟁방법 등에 대해 정확히 파악하고 이를 실천하기 위해 온갖 희생을 무릅쓰며 투쟁했다는 것이다.68)

12월테제라는 역사적 문헌에 기초하여 공산주의자들이 자신의 약점을 극복하고 당을 재건·강화하는 방향으로 사업하였다는 것이 그의 분석이었다. 그리하여 종래의 합법운동을 버리고 지하투쟁으로 전환하였으며 공장으로, 광산으로, 교통·운수기관으로, 그리고 농촌으로, 어촌으로 깊이 파고들어갔다고 그는 기술했다. 비록 통일적인 당은 존재하지 못했을지라도, 전국의 많은 지역에서 공산주의자들의 지도 밑에 혁명적 노동자·농민으로 구성된 비밀조직들이 맹렬히 광범위하게 활약했다는 것이다.

---

66) 崔昌益, "日本帝國主義 大陸侵略戰爭行程에 있어서의 反日武裝鬪爭," 368쪽.

67) '大東民友會'는 車載貞이 일제의 조종 하에 조직한 밀정단체였고, '硏政會'는 崔麟, 金性洙, 宋鎭禹, 曹晩植 등이 자치운동을 표방하고 조직한 단체이며, '市中會'는 연정회가 인민의 공격으로 자취를 감추게 되자 1933년 崔麟 일파가 일제의 대륙침략 정책을 찬양하기 위해 조직한 단체라는 것이 崔昌益의 설명이다. 崔昌益, "日本帝國主義 大陸侵略戰爭行程에 있어서의 反日武裝鬪爭," 368쪽.

68) 崔昌益, "日本帝國主義 大陸侵略戰爭行程에 있어서의 反日武裝鬪爭," 369쪽.

그는 당시 노동자들의 파업투쟁과 농민들의 소작쟁의는 첨예한 반제적 성질을 띠었다고 주장하고, 1931년부터 1935년 사이에 일어났던 파업투쟁과 소작쟁의의 통계수치를 인용했다.[69] 공장지역에 적색노동조합이 결성되고, 농촌지역에 적색농민조합이 결성되는 것 등은 공산주의자들의 활동이 이미 공장과 농촌으로 깊숙이 침투해 갔음을 단적으로 나타내는 증거라는 것이다. 그리고 전국에서 치열한 노동운동이 전개되고 있고 또 이것이 더욱더 앙양되고 있는 것은 비록 통일된 당으로까지 나아가지는 않았지만 공산당 재건공작과 결부된 것이라고 단언했다.[70]

이를 입증하기 위해 최창익은 공산당이 해소된 이래 공산당을 재건하기 위한 투쟁의 일환으로 일어났던 사건들을 구체적으로 기술하고, 이외에도 공산당 재건을 위한 사건은 해방 때까지 이루 다 적을 수 없을 만큼 빈번하게 속출했다고 주장했다. 이처럼 당이 해체된 이후에도 공산주의자들은 무산계급을 지도했으며 1930년 이후 당을 재건하기 위한 활동을 꾸준히 전개했다는 것을 강조했다.[71] 이는 공산주의자들의 분파행동의 불가피성을 역설한 논리의 연장선상에서 공산당을 재건하기 위한 활동을 높이 평가하기 위해 주장한 것이라고 분석되나, 이에 대한 반론도 적지 않았다. 당 재건운동이라는 간판 뒤에 숨어서 계속 파벌싸움을 벌였다는 비판이 바로 그것이다.[72]

---

69) 이에 따르면 노동파업과 소작쟁의는 1931년에는 205건과 57건이, 1932년에는 151건과 51건이, 1933년에는 167건과 66건이, 1934년에는 199건과 106건이, 1935년에는 170건과 71건이 각각 발생했다. 崔昌益, "日本帝國主義 大陸侵略戰爭行程에 있어서의 反日武裝鬪爭," 373쪽.

70) 崔昌益, "日本帝國主義 大陸侵略戰爭行程에 있어서의 反日武裝鬪爭," 373쪽.

71) 崔昌益, "日本帝國主義 大陸侵略戰爭行程에 있어서의 反日武裝鬪爭," 373-374쪽.

72) 리나영은 공산주의자들이 12월테제의 권위를 종파적 목적에 이용하기 위해 교묘한 책동을 전개했으며 재건운동이라는 간판 뒤에서 추악한 파벌싸움을 벌였고, 내부로부터 비밀이 폭로되어 대부분 일제 경찰에 체포되거나 전향하여 탈락했다고 비판했다. 그리고 이러한 종파주의적 파쟁으로 말미암아 1930년대 들어

2) 공산주의운동 평가

최창익은 조선의 무산계급은 반제·반봉건투쟁을 통해 가장 선봉적인 역할을 한 당당한 주력군이라고 높이 평가했다.73) 이러한 무산계급이 과감한 반제·반봉건투쟁을 통해 광범위하게 근로대중을 교육했으며, 혁명적 대중조직의 토대 위에서 무산계급의 전위부대인 조선공산당을 창당했다는 인식을 토대로 그는 공산주의운동을 평가했다. 이와 같은 배경 하에서 창당된 공산당이 민족해방운동에 기여한 바가 많다는 점을 일차적으로 들고 난 후 그는 공산당이 안고 있는 문제점에 대해서도 비판을 아끼지 않았다. 그러나 전반적으로는 그렇게 될 수밖에 없었다는 상황논리를 들어 공산당을 변호하는 데 상당부분을 할애했다.

공산당에 대한 평가에서 그는 당이 민족해방운동의 선봉대로 등장했으며, 근로대중을 근간으로 하여 그 주위에 일체의 반일역량을 총집결시켰고 자신의 영도 하에 광범한 반일민족통일전선을 결성, 조국의 독립과 자유를 위하여 일본제국주의의 조선통치를 타도하는 영웅적 투쟁을 전개했다고 평가했다. 이와 동시에 조국의 완전독립을 저지하고 방해하며 반혁명적 길을 걷는 개량주의자들과 무자비한 투쟁을 전개했다고 기록했다.

와서도 당은 재건되지 못했을 뿐만 아니라 국내에서 당 창건사업을 더욱 곤란하게 만들었다고 주장했다. 리나영, 『조선민족해방투쟁사』, 365-366쪽. 이에 대해 일본의 한 연구자는 파벌투쟁 때문에 해방될 때까지 공산당이 재건되지 못했다는 것을 부인하지는 않았지만, 코민테른이 1국1당 원칙을 기계적으로 적용하는 바람에 해외에 거주하는 조선인 공산주의자들이 그 나라의 공산당에 가입하게 되었고 이로 인해 조선공산당 재건의 동력이 약화된 것도 하나의 원인이 된다고 주장했다. 掘內稔, "1930年代朝鮮共産黨の再建運動," むくげの會, 『朝鮮1930年代 研究』(東京: 三一書房, 1982), 44쪽.

73) 崔昌益, "朝鮮無産階級運動," 332쪽.

그러나 공산당 1차 검거사건 이래 수많은 당원이 검거·투옥되는 과정에서 비밀이 드러나는 바람에 거대한 타격과 손실이 있었음을 시인했다.[74] 이러한 정세 때문에 무산계급운동은 비밀운동으로 들어가지 않을 수 없었지만, 그럼에도 불구하고 혁명대중운동은 더욱 확대되고 반제투쟁은 더욱 치열하게 추동되었다는 것이 공산당에 대한 그의 평가였다.

그는 공산당 내부에서 분파대립의 역사가 매우 복잡한 것은 사실이었다고 시인했으나, 이러한 분파의 알력은 내용상으로 볼 때는 오히려 단순한 편이었다고 주장했다. 내부의 분파와 대립이 사상적 대립이나 이론적 대립이 아니라 인간문제였기 때문이라는 이유에서였다.[75] 그는 분파문제를 논평할 때 방법론상으로 대립하는 정파 간에 발생하는 시비문제에서 출발할 것이 아니라 분파와 대립을 가능하게 한 사상적 근거와 종파성을 규명해야 한다고 말했다. 그리하여 무산계급운동의 발생기에 동등한 성질을 가진 여러 종파를 낳게 한 사회적 근거를 먼저 밝히는 것이 중요하다고 보고, 이를 다음 다섯 가지로 열거했다.[76]

첫째, 후진국의 처지에 놓여 있던 조선 무산계급은 대부분 현대 프롤레타리아적 성질을 다 갖추지 못한 소시민과 농민이 변한 것으로, 이들이 봉건사상의 잔재를 완전히 청산하지 못했을 뿐만 아니라 생활환경도 소농 또는 소상인적 경제체제에서 이탈하지 못한 점을 들었다. 말하자면 한 가정 내에서도 상업과 농업이 분리되지 않고 서로 얽매여 있는 조건이기 때문에 근로대중은 소부르주아적 인텔리들의 봉건적 종파의식을 용이하게 극복할 수 없었다는 것이다.

---

74) 崔昌益, "朝鮮無産階級運動," 333쪽. 이에 대해 리나영은 당내에 간첩, 파괴·암해분자들이 잠입하게 됨으로써 당내 비밀을 고수할 수 없었다고 비판했다. 리나영, 『조선민족해방투쟁사』, 296쪽. 1930년대 공산당을 재건하려는 측에서도 이와 유사한 문제를 제기한 바 있었다. 7장 각주 34) 참조.

75) 崔昌益, "朝鮮無産階級運動," 333-334쪽.

76) 崔昌益, "朝鮮無産階級運動," 334-337쪽 참조.

둘째, 조선 사회경제의 반봉건적·식민지적 낙후성은 불가피하게 식민지 민족해방운동의 선구적 역할을 소부르주아적 인텔리들에게 담당시켰으며, 무산계급운동에서도 지도적 역할을 소부르주아적 인텔리에게 맡기지 않을 수 없는 상황이었다는 것을 들었다. 이러한 인텔리들은 운동을 근로대중 속에 뿌리박으려는 것보다도 사상운동으로 전개시키는 경향이 있기 때문에 분파가 생겨났다는 것이다.

셋째, 인텔리들은 그 대부분이 농민, 소지주, 수공업자, 소상인 등 잡다한 계급 출신이었으며 생활의식 면에서 전근대적 봉건 이데올로기에서 완전히 탈피하지 못했다는 점을 들었다. 이러한 낙후한 사상적 잔재 때문에 그들이 진정한 마르크스·레닌주의를 파악하는 데 지장이 있었으며, 이러한 것이 그들로 하여금 개인 영웅주의적 또는 지방할거주의적 경향을 조장하게 했다는 것이다.

넷째, 일제의 야만적 탄압으로 말미암아 공산주의운동은 처음부터 극단적인 비밀형태를 취할 수밖에 없었고, 이로 인해 극히 제한된 친척·친구 간에 수공업적·정신적 결합에서 벗어나지 못했다는 점을 들었다. 바로 여기에 인물 중심의 종파 구성이 얼마든지 가능할 수밖에 없었다는 것이다.

마지막으로 초기의 무산계급운동이 근로대중 속에 깊이 뿌리를 박지 못하고 근로대중의 정치의식이 비교적 낮은 수준에 있었다는 사실을 그는 지적했다. 바로 이러한 조건으로 지도층 사이의 지리멸렬한 분파운동을 비판·극복하지 못하고 말았다는 것이다.

그의 분석에 의하면, 후진국 처지에 있던 조선의 무산계급 내에는 비무산계급적 성분을 가진 이색분자가 잡다하게 혼재해 있었고, 또 무산계급 자신의 유약성과 지도역량의 빈약성으로 인해 계급운동 진영 내에 야기된 분파대립을 신속하게 극복하지 못했다는 것이다.[77] 특히 일제의 야

---

77) 崔昌益, "朝鮮無産階級運動," 336쪽.

만적 탄압과 일제에 의해 언론·출판·집회·결사의 자유가 박탈된 조건이었기 때문에 계급진영 내부의 분파대립을 종파적 성격으로 지속하게 하였으며, 이것이 계급운동의 통일을 방해하고 반제역량을 약화시켰다고 그는 주장했다. 사회적 여건으로 인해 파벌투쟁이 어느 정도는 불가피했다는 것인데, 그가 이처럼 말한 것은 그 자신이 파벌의 일원이었다는 사실을 어느 정도 반영한 것이라고 분석된다.[78]

그렇다고 해서 그가 당시의 분파투쟁을 순전히 사회조건 탓으로만 돌리거나 군중에 전가한 것은 아니었다. 그와 반대로 종파의 발생을 가능하게 한 조건을 개변하지 못하고 도리어 그러한 조건에 무능하게 제약된 것은 당시의 사회운동자들, 특히 각 파 지도층 인물에 그 책임을 추궁하지 않을 수 없다는 것을 그는 분명히 했는데,[79] 아마도 이 부분은 화요회의 일원으로 활동했으며 해방 이후에도 당내의 분파대립을 해소하지 못했던 박헌영과 그 측근들을 겨냥한 것이라고 분석된다.

왜냐하면 최창익은 일하는 과정에서 과오를 범하지 않는다고 단언할 수는 없다고 전제하고, 과오를 범한 것은 큰 잘못이지만 과오를 과오로 알고 고치는 것은 과감한 일이라고 높이 평가했기 때문이다.[80] 그리고 과오를 고치는 일은 진보하려는 혁명자들만이 능히 할 수 있는 일이라고 주장함으로써 분파투쟁의 과오를 시인하고 이를 고칠 것을 촉구했기 때문이다.

---

78) 이러한 경력을 반영하여 북한의 공식문헌은 崔昌益에 대해 "이미 1920년대부터 처음에는 서울파에, 그 다음에는 엠엘파에 가담하여 종파행동을 일삼았으며 1930년대에 와서는 혁명투쟁의 불길을 피하여 안전한 곳만 찾아다니면서 자기의 종파세력을 늘이는 데 몰두하였다"고 비판했다. 조선로동당 중앙위원회 당력사 연구소, 『조선로동당 략사』(조선로동당출판사, 1979), 440쪽.

79) 崔昌益, "朝鮮無産階級運動," 336쪽.

80) 崔昌益, "朝鮮無産階級運動," 337쪽.

제8장 역사인식과 혁명단계론

1. 역사인식

　최창익은 유물사관을 굳게 신봉했고, 이러한 유물론자로서의 면모는 그가 집필한 여러 편의 글에서 잘 나타나고 있다. 유물사관에 입각해서 그는 역사란 지배자와 피지배자 사이의 계급투쟁의 역사라고 기술했으며, 종교에 대해서도 부정적 시각을 가지고 있었다. 그렇다고 해서 종교를 공개적으로 비판하지는 않았는데, 이는 전술적 차원에서 종교단체에 접근하기 위해서였다.
　착취계급과 피착취계급의 대립과 투쟁은 어느 사회에나 있어 왔다고 생각한 그는 세계사뿐만 아니라 조선의 역사도 유물사관에 따라 전개된 것으로 파악하고 그에 따라 서술했다. 이러한 유물론자로서의 면모는 조선을 아시아적 생산의 정체성 위에 봉건제가 오래 지속돼 왔다는 주장에서, 그리고 역사의 물결은 쉬지 않아 봉건사회는 결국 사멸의 길로 들어서게 되었다는 분석에서 극명하게 나타났다.

1) 종교 부인

최창익은 원칙적으로 종교를 부인했다. 이는 종교가 민중을 마취시키며 민중의 참다운 각성을 방해한다고 생각했기 때문이다. 그리하여 그는 조선청년총동맹 임시대회에서 발표한 제안을 통해 종교가 민중에게 해를 끼친다고 주장했다.[1] 그러나 실제에 있어서는 적극적으로 배척하지 말고, 단지 그와 같은 폐단이 있다는 것을 일반청년에게 이해시킬 것을 당부했다. 그리고 순수한 종교단체나 종교적 색채를 띤 단체에 대해서는 적대적 태도를 취할 것이 아니라, 그들로 하여금 계급적 의식을 고취케 하여 청년운동의 근본정신을 깨닫도록 할 것을 제안했다.[2] 종교에 대한 이와 같은 식의 접근은 전술적 태도에서 나온 것으로, 가능한 한 많은 청년단체들을 포괄해서 출범해야 하는 청년총동맹의 입장을 반영한 것이라고 분석된다.

종교를 부인하는 그의 인식은 "종교는 인민의 아편"[3]이라고 하는 마르크스의 종교관을 그대로 수용한 것으로, 박헌영의 경우도 거의 같은 시기에 그와 마찬가지로 종교를 부인하는 견해를 나타낸 바 있다. 박헌영은 기독교가 계급의 종교로 전락하여 봉건사회에서는 제후와 영주를 옹호했고, 자본주의사회에서는 자본가계급의 이익을 옹호했으며, 현대에 와서는 영토확장을 위한 제국주의의 수족이 되었고 자본주의적 국가 옹호의 무기가 되었다고 지적했다. 그리고 사회과학운동에 열중하는 자각한 사회운동자는 기독교라는 미신을 퇴치하려고 반기독교운동을 격렬히 전개하고 있

---

1) 崔昌益, "朝鮮青年總同盟 臨時大會 提案," <東亞日報> 1924년 4월 26일.
2) 崔昌益, "朝鮮青年總同盟 臨時大會 提案," <東亞日報> 1924년 4월 26일.
3) Karl Marx, "A Contribution to the Critique of Hegel's Philosophy of Right: Introduction," Joseph O'Mally (ed.), *Marx, Early Political Writings* (Cambridge: Cambridge University Press, 2006), p.57.

으며, 최근에 이르러 조선학생들 사이에 반종교운동의 소리가 높게 된 것도 한 가지 새로운 사회상이라고 주장했다.4) 이는 종교를 부인하는 최창익의 제안을 전폭적으로 수용하고 전개되는 청년운동을 새로운 사회상으로 보고, 이에 대한 지지를 표명한 것이라고 분석된다.

최창익은 이처럼 종교를 부인하고 종교단체들로 하여금 계급적 의식을 갖도록 해야 한다고 주장했다. 이와 반대로 노농운동은 적극적으로 후원하며 부인운동의 촉진을 도모하고, 교육은 민중 본위로 하며 노동자교육과 의무교육을 실시할 것을 주장하고, 백정들이 봉건적인 신분타파를 위해 전개한 형평운동5)에 대해서는 이를 계급적 방면으로 인도하는 동시에 원조할 것을 제안했다. 종교에 대해 전술적 관점에서 접근할 것을 강조함과 동시에 사회단체들에 대해서는 계급적 관점에서 접근한 것인데, 이는 레닌의 종교관6)과도 일맥상통하는 면이 있다고 할 수 있다.

---

4) 朴憲永, "歷史上으로 본 基督敎의 內面," 『開闢』 63호(1925년 11월), 70쪽.
5) 衡平運動은 고려 말기, 조선 초기 이래 특수집단으로 갖은 학대를 받아 오던 백정들이 1920년 이후 사회주의운동이 강력하게 발전되자 자신들의 인권을 회복하기 위해 해방운동을 일으킨 것으로, 1923년 4월 25일 진주에서 형평운동자 80여 명이 모여 형평사연맹을 결성함으로써 출발했다. 이 운동은 무산자로서 백정은 다른 계급운동과 밀접히 결탁하며, 모든 백정은 총 단결하여 인권해방운동에 매진한다는 사상적 조류 밑에서 출발했다. "衡平運動," 李錫台 編, 『社會科學大辭典』 (文友印書館, 1948), 753쪽.
6) 레닌은 평생 동안 땀 흘리고 고통을 받은 사람에게 종교란 천국에서 보상받을 것이라는 말로 위로하며 지상에서 굴욕과 인내를 가르친다고 비판하고, 종교는 자본의 노예로 하여금 인간적 형태를 버리고 고상한 인간생활에 대한 요구를 거부하게 만드는 아편과 같은 정신적 독주(毒酒)라고 주장했다. Howard Selsam & Harry Martel (eds.), *Readers in Marxist Philosophy: From the Writings of Marx, Engels, and Lenin* (New York: International Publisher, 1963), 245쪽.

2) 계급투쟁론

최창익은 수천 년의 역사를 돌이켜볼 때 노예사회 이래로 어느 시대를 막론하고 소수 특권계급이 대다수 민중을 착취하고 억압해 왔다고 보았다.[7] 이 때문에 피압박민중들은 자유를 쟁취하기 위해 소수 특권계급과 투쟁을 꾸준히 전개해 왔으며, 이러한 투쟁을 통해서 낡은 사회제도를 변혁하고 새로운 사회를 역사의 계단 위에 올려놓았다고 단언했다. 즉 계급투쟁에 의해 원시사회로부터 자본주의사회로까지 발전했다는 것인데, 이러한 주장은 마르크스의 계급투쟁론[8]을 그대로 수용한 것이라 할 수 있다.

즉 그는 인간이 인간을 착취하며 압박하는 계급사회에서 착취계급에 대한 피착취계급의 대립과 투쟁은 어느 시대에나 다 있었다고 주장했다. 노예와 노예주, 귀족과 평민, 영주와 농노, 두목과 도제의 관계처럼 압박자와 피압박자는 모두 상호 대립하고 상극하는 가운데 부단히 투쟁해 왔으며 또 투쟁을 계속하고 있다는 것이다.[9]

그는 원시 씨족공동체가 붕괴하고 노예사회가 출현한 것은 역사발전

---

7) 崔昌益, "人民은 歷史의 基本 推進力," 『근로자』 9호(1947년 9월); 國史編纂委員會 編, 『北韓關係史料集』 43(2004), 500쪽.

8) 마르크스는 지금까지 모든 사회의 역사는 계급투쟁의 역사로 자유인과 노예, 귀족과 평민, 영주와 농노, 匠人과 도제, 한마디로 압제자와 피압제자가 끊임없이 상호 대립했으며 때로는 은밀하게 때로는 공공연하게 투쟁해 왔는데, 이러한 투쟁은 매번 사회 전반의 혁명적 변혁으로 막을 내리든지 또는 대립하는 계급의 공멸로 끝났다고 주장했다. Karl Marx, "Manifesto of the Communist Party," Terrell Carver (ed.), *Marx, Later Political Writings* (Cambridge: Cambridge University Press, 2006), pp.1-2.

9) 崔昌益, "朝鮮無産階級運動," 白南雲·朴時亨 외, 『朝鮮民族解放鬪爭史』(金日成綜合大學校, 1949), 309쪽.

단계상 당연하고도 필연적인 것이며, 일정 시기에 이르러 내재적 모순으로 노예사회가 붕괴하고 봉건사회가 건립되었으며, 봉건사회 역시 내부적으로 싹트기 시작한 자본주의적 상품생산으로 인하여 자산계급(부르주아계급)의10) 민주혁명이 일어나 타도되었다고 주장했다. 그리고 1789년부터 1793년에 이르는 5년 동안에 있었던 프랑스의 자본주의혁명이야말로 세계 사상 새로운 역사를 창조해 놓은 것으로, 이 자산계급 민주혁명의 승리에 의해 시민사회가 구성되었다고 그는 단언했다.11)

이와 같은 자산계급 민주혁명을 추진함에 있어 초기에 자산계급은 자유, 평등, 동포 등의 구호를 내걸고 광범한 인민을 동원하여 봉건계급과 싸워 승리함으로써 전제적인 군주 대신 부르주아 민주주의정권을 쟁취했다고 그는 분석했다. 그러나 일단 부르주아들이 정권을 장악한 후에는 종래 부르짖던 자유와 평등의 권리를 자신들만 독점하고 인민에게는 제한하며, 새로운 형태의 착취와 압박을 감행했다고 그는 주장했다. 부르주아 민주주의혁명을 수행하는 과정에서 제일선에서 가장 용감하게 싸우고 직접 피를 흘린 것은 근로인민이었음에도 불구하고 혁명이 성공한 후에는 근로인민의 기대와는 전연 상이한 사회를 수립했다는 것이다.

이를 볼 때 자본주의사회는 봉건사회보다 한층 더 발전된 사회이기는 하나 소수의 자본가가 다수 인민의 고혈을 짜서 부를 축적하는 모순된 사회이며, 약소민족을 침략하여 강대국의 자본가계급을 살찌게 하는 불평등한 사회라는 것이 그의 분석이었다.12) 전제적 봉건군주 대신에 새로운 착취자로서 자본가들이 근로인민 위에 군림하기 때문에 부르주아 데모크라시라는 것은 한 개의 형식적인 구호에 지나지 않았으며, 자본주의사회의 모든 법률은 근로인민을 속박하기 위해 만들어 낸 것이고 자본가들은

---

10) 최창익은 부르주아계급을 자산계급이라는 중국식 용어로 표기했는데, 여기서는 상황에 따라 부르주아계급 또는 자산계급으로 표기하기로 한다.
11) 崔昌益, "人民은 歷史의 基本 推進力," 501쪽.
12) 崔昌益, "人民은 歷史의 基本 推進力," 502쪽.

자기 마음대로 인민을 착취하고 억압하는 도구로 이를 사용했다는 것이다.
그는 자본주의사회의 이러한 모순에 분노하여 전 세계 근로인민이 진정한 민주주의적 자유와 평등을 찾기 위해 총궐기하였고 새로운 적들과 과감한 투쟁을 전개했다고 단언했다. 그러한 예로 그는 1871년 3월의 파리 코뮌과13) 1905년의 러시아혁명을 비롯하여 세계 각국의 무수한 혁명운동과 약소 민족국가 근로인민들의 민족해방운동을 들고, 이것이 바로 인민들이 새로운 자기 역사를 창조하려는 인민혁명이라고 주장했다. 특히 1917년 러시아 사회주의혁명의 승리는 20세기 들어 인민의 위력으로 역사를 추진시키고 전변시킨 산 표본이었고, 이는 러시아 근로인민뿐만 아니라 전 세계 인민들에게 무한한 희망을 주었다고 분석했다. 러시아 10월혁명의 승리는 실로 인류사상 신기원을 지은 것이며, 인민이야말로 역사의 기본 추진력이라는 것을 입증했다는 것이다.14)

3) 아시아적 생산양식

최창익은 마르크스의 역사발전 단계론에 나오는 아시아적 생산양식이라는 용어15)를 그대로 받아들였으나, 마르크스와 마찬가지로 이에 대한

---

13) 마르크스는 생산자의 정치적 지배는 사회적 노예제도의 영속화와 함께 공존할 수는 없다고 말하고, 코뮌은 계급의 존재, 그로 인한 계급지배가 기초하고 있는 경제적 기초를 뿌리 뽑는 하나의 방편으로 봉사하게 되었다고 분석했다. 그리고 코뮌에 의해 노동이 해방됨으로써 모든 사람은 노동하는 사람이 되었고 생산적 노동은 계급적 속성을 띠지 않게 되었다고 주장했다. Karl Marx, "The Civil War in France," Terrell Carver (ed.), *Marx, Later Political Writings*, p.187.
14) 崔昌益, "人民은 歷史의 基本 推進力," 502쪽.
15) 마르크스는 실제로는 아시아적 생산양식에 대해 자주 언급하지는 않았으나, 아시아적 생산양식은 관개기술과 중앙집권화된 관료주의의 관계가 생산력의 주요 원천이 되는 것이라고 암시했다. 그러나 이러한 경제구조와 생산력 사이의 관계

구체적인 설명은 하지 않았다. 단지 조선에는 완만한 아시아적 생산의 정체성(停滯性) 위에 유구한 봉건제가 지속되어 왔다고 분석하고,16) 이처럼 정체된 상태의 조선에 대해 19세기 말부터 외부로부터 문호개방 요구가 있었으나 그에 대비할 만한 아무런 내부적인 물질적 준비가 없었기 때문에 20세기 초 조선은 일제의 식민지로 전락하고 말았다고만 주장했다.

이와 같은 상황에 처해 조선 인민들이 어떻게 자신의 역사를 추진시켜 왔으며, 어떻게 민족역사를 창조하고 있는지에 대해서도 그는 분석을 시도했다. 일차적으로 그는 낙후한 봉건제도 아래서 신음하던 피압박민족은 선진국가에서와 같은 민주혁명을 일으킬 만한 힘이 부족하다는 것을 인정했다. 주체적 역량이 부족한 데다 외국 침략세력과 싸우지 않으면 안 되는 특수성 때문에 서구에서와 같이 부르주아 민주주의혁명을 위한 운동을 활발하게 전개하지 못했다는 것이다.17)

역량부족으로 민주주의혁명을 전개하지 못하고 있던 상황에서 그는 19세기 후반 조선조 전제정부는 철저한 쇄국정책을 써 가며 구정치계급에 대립되는 일체의 세력을 탄압했지만, 역사의 물결은 쉬지 않아 봉건사회는 결국 사멸의 길을 밟게 되었다고 주장했다. 민중은 점차 정치적 각성을 높여 봉건사회 타도운동을 전개했으며, 이에 맞서 사멸에 직면한 봉건 통치계급은 외래 침략세력과 결탁함으로써 생명 유지에 급급했다는 것이다.18) 이런 정세 하에서 농민을 비롯한 일반대중의 반봉건·반침략의식은 고양되어 구사회제도를 변혁하고 외래 침략세력을 구축하여 민주주의적 기초 위에 자주독립국가를 세우려는 자본계급 민주주의혁명이 전국적으

에 아무런 역동적 요소도 없기 때문에, 일반이론과는 부합되지 않는다는 비판이 제기되고 있다. Jon Elster, *Making Sense of Marx* (Cambridge: Cambridge University Press, 1985), p.274.

16) 崔昌益, "封建的 因襲에 關하야," 『人民評論』 2호(1947년 2월), 121쪽.
17) 崔昌益, "人民은 歷史의 基本 推進力," 503쪽.
18) 崔昌益, "人民은 歷史의 基本 推進力," 503쪽.

로 일어났다고 보았다. 이러한 운동의 전형적인 것으로 그는 갑신정변과 농민전쟁, 그리고 3·1운동을 들었다.

2. 혁명단계론

최창익은 자산계급성 민주주의혁명 단계론을 주장했는데, 이는 식민지 및 반식민지 국가에서는 부르주아 민주주의혁명을 수행해야 한다는 코민테른의 방침을 그대로 따른 것이다. 1928년 9월 코민테른 6차 대회는 "식민지 및 반식민지 국가에서의 혁명운동에 관한 테제," 이른바 '쿠시넨 보고서'를[19] 채택했는데, 여기서 코민테른은 중국과 인도를 포함하여 모든 식민지·반식민지 국가는 생산력의 발전과 노동의 사회화가 비교적 낮은 수준이기 때문에 부르주아 민주주의혁명을 수행해야 한다고 규정했다.[20]

쿠시넨 보고서 외에도 코민테른 집행위원회는 1928년 12월 10일에 발표한, "조선문제에 관한 집행위원회의 결의," 이른바 '12월테제'를[21] 통해

---

19) 코민테른 6차 대회의 제3주제인 "식민지의 민족혁명운동"에 대해 핀란드 사회민주당원으로 코민테른 집행위원회 동양서기국 책임자인 Otto Kuusinen(1881-1964)에 의해 초안이 마련되었다고 해서 '쿠시넨 보고서'라고도 불린다. Jane Degras (ed.), *The Communist International 1919-1943 Documents* Vol II(London: Frank Cass & Co. Ltd., 1971), p.526.

20) Jane Degras (ed.), *The Communist International 1919-1943 Documents* Vol. II, p.528.

21) '12월테제'가 나오기 전인 1928년 11월 코민테른 집행위원회는 "조선공산당 조직문제에 관한 결정"을 통해 조선공산당의 유일 지도권을 인정할 만한 물질적으로 그리고 사실적으로 충분한 증거가 있을 때까지 조선 내에서 투쟁하는 공산주의자 그룹 중 어느 하나도 국제공산당 지부로서의 승인을 거부한다고 결정했다. 이 결정의 텍스트는 일본 외무성 외사경찰의 자료 말고는 원문을 찾을 길이 없다는 주장이 나오고 있다. 村田陽一, 『コミンテルン資料集』第4卷(東京: 大月書店,

조선의 공산주의자들에게 공산당의 재조직과 함께 부르주아 민주주의혁명을 수행할 것을 강력히 촉구했다. 조선 공산주의자들이 취해야 할 기본방침을 구체적으로 제시하는 과정에서 조선에 적합한 혁명으로 다시 한 번 이를 확인한 것이다. 이와 같은 코민테른의 방침과 노선에 따라 최창익은 부르주아 민주주의혁명 단계론을 제창하고 이의 당위성을 설명했다.

1) 코민테른의 지침

(1) 쿠시넨 보고서

쿠시넨 보고서는 기본적으로 제국주의의 식민지정책, 중국과 인도 등 아시아·아프리카의 식민지·반식민지 여러 나라의 정세, 민족해방운동의 현황과 발전방향 등을 분석한 것으로, 보고서의 작성과정에서 제국주의가 식민지에 미치는 영향, 즉 '탈식민지론'을 놓고 격론을 벌이기도 했다.[22] 보고서에서 그는 제국주의의 착취가 극심해지고 있는 가운데서도 민족해방운동은 더욱 격화되고 있다고 전제하고, 제국주의 정책이 식민지의 공업화를 초래하는 것이 아니라 그와 반대로 예속화를 심화시킨다고

1981), 607쪽.

22) '탈식민지론'이란 제국주의의 식민지정책이 식민지의 공업화를 촉진시킨다는 이론으로, 식민지가 공업화되면 식민지의 민족부르주아지와 제국주의가 정치적으로 일치하기 때문에 이들 민족부르주아지를 반제국주의 통일전선에서 배제해야 한다는 '좌익적인' 주장이다. 이에 대해 쿠시넨은 인도의 예를 볼 때, 제국주의가 공업화를 추진하기는커녕 역으로 예속화를 심화시키고 토지혁명이 결여된 인도 농촌의 빈곤이 공업발전에 장애가 되고 있다고 지적하고, 민족부르주아지는 객관적으로 대중운동에서 일정 정도 역할을 할 수 있으므로 현 단계에서 공격의 대상은 민족부르주아지가 아니라 민족개량주의자라 주장하고, 민족개량주의자의 유해한 영향과 투쟁하지 않으면 안 된다고 강조했다. 村田陽一, 『コミンテルン資料集』 第4卷, 600-601쪽.

주장했다. 그리고 식민지의 민족부르주아지는 객관적으로 대중운동을 일으키는 데 어느 정도 역할을 할 수 있지만, 대중운동에 대해 나쁜 영향을 미치는 민족개량주의자들과는 투쟁할 필요가 있다고 역설했다.23) 현 단계에서 주요한 투쟁대상은 민족부르주아지가 아니라 지배적인 제국주의 불럭이기 때문에 양심적인 민족부르주아지와는 협력할 수 있다는 것이다.

보고서는 또한 식민지·반식민지의 혁명적 해방운동은 혁명적 프롤레타리아와 동맹하는 것 외에는 해결방안이 있을 수 없다는 것을 뼈저리게 경험했기 때문에, 소비에트연방의 기치 아래 집결하고 있다고 분석했다. 그 대신 소련의 프롤레타리아와 코민테른에 의해 영도되는 자본주의 국가의 노동운동은 제국주의자들의 멍에로부터 자유를 쟁취하기 위한 투쟁에서 식민지 인민들을 돕고 있으며, 앞으로도 모든 식민지와 종속적인 인민들의 해방투쟁을 효율적으로 도울 것이라고 말했다.24)

한편 식민지국가에서 공산주의자들의 전략과 전술에 대해 쿠시넨 보고서는 프롤레타리아독재와 사회주의혁명을 준비하기 위한 필수조건으로 부르주아 민주주의혁명 단계를 설정하고, 이와 관련하여 부르주아 민주주의혁명의 일반적 업무로 네 가지를 제시했다.25) 첫째, 힘의 상호관계를 프롤레타리아에 유리하게 이동시킬 것, 둘째, 농업혁명을 실행할 것, 셋째, 공업·운수 등의 발전 및 그와 연관된 프롤레타리아트의 성장에 부응하여 노동조합과 공산당을 확대할 것, 넷째, 민족평등 및 남녀평등의 실현 등이 그것이었다.

보고서는 또한 식민지국가에서 부르주아 민주주의혁명은 제국주의 지배에 대한 민족해방운동과 유기적으로 연결되어 있기 때문에, 독립국가에서의 부르주아 민주주의혁명과 구별된다고 보았다. 식민지·반식민지

---

23) Jane Degras (ed.), *The Communist International 1919-1943* Vol. II, p.538.

24) Jane Degras (ed.), *The Communist International 1919-1943* Vol. II, pp.532-533.

25) Jane Degras (ed.), *The Communist International 1919-1943* Vol. II, p.536.

국가에서 민족적 요소는 혁명과정에서 상당한 영향력을 행사한다는 것이다. 즉 민족적 요소는 한편으로는 민족적 억압이 혁명적 위기의 성숙을 재촉하고 노동자·농민의 불만을 심화시키며 그들을 동원하고 혁명적 폭발에 인민혁명의 감정적 요소를 부여하며, 다른 한편으로 민족적 요소는 노동계급과 농민계급의 운동에 영향을 미치며 혁명의 진행과정에서 다른 모든 계급의 태도를 수정한다는 것이다.26)

민족해방운동과 함께 토지혁명은 발전된 식민지국가에서 부르주아 민주주의혁명의 한 축을 형성하고 있기 때문에, 공산주의자들은 농업위기의 발전과 토지에 대한 계급모순의 심화에 대해 크게 주의를 기울여야 한다고 보고서는 또한 강조했다. 그렇기 때문에 공산주의자들은 처음부터 노동자의 불만과 초기 농민운동에 의식적으로 혁명적 방향성을 부여해야 하며, 이를 제국주의자의 착취와 속박, 그리고 다양한 자본주의 전 단계의 질곡에 대한 반대운동으로 전환시켜야 한다고 주장했다.27)

보고서는 후반부에서 조선문제에 대해서도 언급했다.28) 이에 의하면 조선이나 그와 유사한 식민지에서 혁명과정은 처음에는 부르주아 민주주의혁명을 필요로 하며, 그 후에 사회주의혁명으로 전환하게 된다는 것이다.29) 그리고 조선의 공산주의자는 프롤레타리아트 진영 내에서 활동을 강화하고 노동조합을 재조직하고 경제투쟁을 정치적 요구와 결합시켜야 하며, 동시에 민족해방의 요구와 농업혁명의 슬로건을 견고하게 결합할 것을 요구했다. 또한 천도교와 대종교 같은 민족적 종교단체에 소속된 근로대중을 대상으로 혁명적 계몽활동을 함으로써 그들을 민족개량주의적

---

26) Jane Degras (ed.), *The Communist International 1919-1943* Vol. Ⅱ, p.537.

27) Jane Degras (ed.), *The Communist International 1919-1943* Vol. Ⅱ, pp.537-538.

28) 토론과정에서 파벌투쟁으로 인해 조선에 진정한 공산당의 출현이 방해를 받고 있다는 말도 있었으나, 이 내용은 보고서에는 채택되지 않았다. 村田陽一, 『コミンテルン資料集』第4卷, 600쪽.

29) 고준석, 『조선공산당과 코민테른』(공동체, 1989), 31쪽.

지도자의 영향으로부터 이탈시키고, 모든 혁명조직에 대해 공산주의의 영향력을 강화할 것을 당부했다.

이와 아울러 보고서는 개인자격을 기초로 하여 민족단일당을 건설하려 할 것이 아니라, 공동행동위원회를 수단으로 하여 여러 민족 혁명조직의 활동을 조정 통합하여 프롤레타리아적이고 공산주의적인 지도 아래 진정한 혁명적 분자의 블록을 구축하는 데 주력해야 한다는 지침을 제시했다.[30] 또한 공산당에 새로운 세력을 끌어들일 것, 특히 공업노동자를 끌어들일 것을 요구했는데, 이는 당을 볼셰비키적으로 발전시키는 가장 좋은 보장책이기 때문이라는 이유에서였다.

(2) 12월테제

코민테른 집행위원회는 서기국 명의로 조선의 혁명적 노동자·농민에게 보내는 결의를 발표했는데, 이는 조선의 공산주의자들에게 커다란 영향을 미쳤다. 일차적으로 당이 해체되고 이후 조선 공산주의운동은 이 테제를 중심으로 전개되었기 때문이다.[31] 이 테제는 말하자면 조선 공산주의자들이 공산주의운동을 하는 데 반드시 지켜야 하는 하나의 지침으로서 위상을 지닌 문서라고 할 수 있다.[32]

테제에서 코민테른은 조선의 혁명운동은 오랫동안 곤란하고도 위험한 길을 걷고 있다고 전제하고, 공산주의운동은 야만적 백색테러라는 외부의 적에 의해 파괴될 뿐만 아니라 내부로부터도 분쇄되고 있다고 지적,

---

30) 村田陽一, 『コミンテルン資料集』 第4卷, 444쪽.

31) "十二月 테-제," 李錫台 編, 『社會科學大辭典』, 398쪽.

32) 당시 조선 공산주의자들은 '프로핀테른 9월테제' 및 '太勞 10월서신'과 함께 '12월테제'에 나와 있는 지침에 따라 전략과 전술을 수립할 정도로 '12월테제'는 조선 공산주의운동에 아주 커다란 영향을 미쳤다. 朝鮮總督府 高等法院檢査局思想部, 『思想彙報』 第6號(1936년 3월), 24쪽.

우선적으로 조선 공산주의운동의 파벌성을 규탄했다.[33] 노동자와 농민이 궐기하여 투쟁하고 있음에도 불구하고 이를 지도하는 지위에 있는 공산주의운동은 내부적으로 분열되어 있기 때문에 혁명적 투쟁을 지도할 수 없다는 것이다. 그리고 혁명가와 근로대중이 긴밀하게 연결되어 있지 않는 한, 농민 가운데 당의 영향이 공고히 되지 않는 한, 당이 민족혁명운동에 조직적 영향을 미치지 못하는 한, 공산당은 혁명적 투쟁의 주창자가 되거나 조직자 또는 지도자가 될 수 없다고 주장했다.

테제는 또한 조선의 혁명은 일본제국주의에 대해서뿐만 아니라 조선의 봉건제도에 대해서도 투쟁하지 않으면 안 된다고 주장했다. 전(前)자본주의적 유물과 잔재의 청산, 토지관계의 근본적 변혁, 전(前)자본주의적 예속으로부터 토지의 해방이 혁명의 목표가 되어야 한다는 것이다. 여기서 테제는 조선혁명의 객관적이고 역사적인 내용은 제국주의 타도와 토지문제의 혁명적 해결이라고 분석하고, 조선에서의 혁명은 부르주아 민주주의혁명이라고 명백히 규정했다.[34] 따라서 조선의 프롤레타리아는 토지문제와 민족혁명을 조직적으로 결합해야 하며, 이러는 한에 있어서만 부르주아 민주주의혁명은 프롤레타리아의 헤게모니 밑에서 사회주의혁명으로 발달할 수 있다고 테제는 밝혔다.

당원의 구성에 대해 테제는 조선공산당은 지식층과 학생층이 다수를 차지하고 있기 때문에 노동자와의 관계가 소홀하다는 것과 공산주의자가 비밀공작을 조직할 줄 모른다는 점을 지적했다. 이와 동시에 공산주의자는 공산주의적 강령을 끊임없이 선전하면서 일상투쟁의 슬로건은 일제에 반대하고 민족의 완전한 독립을 목표로 하는 데 두어야 하며, 프롤레타리아 및 농민의 민주주의적 집권을 목표로 하는 토지혁명의 수행, 그리고 공장·기업·철도의 국유화 등을 목표로 하여 비타협적인 투쟁을 기본 슬로

---

33) 村田陽一, 『コミンテルン資料集』 第4卷, 487쪽.
34) 村田陽一, 『コミンテルン資料集』 第4卷, 489쪽.

건과 연결시켜 투쟁할 것 등을 지시했다.[35]

테제는 조선공산주의자들이 현 정세로부터 시시각각 부여되는 임무에 양심적으로 진지하게 임할 것과, 과거의 병폐를 극복하고 코민테른 집행위원회의 결정에 따라 조선공산당을 재건하고 확립하는 데 힘쓸 것임을 확신한다고 밝혔다. 그리고 코민테른 집행위원회는 조선공산주의자들이 코민테른 결의를 실행하고 투쟁을 통해 강철의 부대인 공산당을 만들 것을 기대한다면서 코민테른은 그러한 투쟁을 지원할 것이라고 단언했다. 마지막으로 공산당을 재건하고 확립하는 일 없이는 나라를 일본제국주의의 멍에로부터 해방하고 토지혁명을 수행하기 위한 시종일관하고 확고한 투쟁은 불가능하다고 주장,[36] 공산당을 재조직할 것을 요구했다.

2) 부르주아 민주주의혁명 단계론

최창익은 코민테른이 각종 테제에서 제시한 노선에 따라 조선혁명의 성질은 부르주아(자산계급성) 민주주의혁명이라고 규정했다.[37] 부르주아 민주주의혁명은 8·15 이전 시기와 마찬가지로 8·15 이후에도 똑같이 지속되는 역사성이 있다는 것이다.[38] 단지 부르주아 민주주의혁명의 역사적 계단에서 민족의 지위가 바뀌었고 투쟁대상이 갈렸으며 단결기준이 바뀐 것뿐인데, 이는 현실적으로 조선 민족의 사회적 변화로 인해 야기된 현상

---

35) 村田陽一, 『コミンテルン資料集』第4卷, 494쪽.

36) 村田陽一, 『コミンテルン資料集』第4卷, 445쪽.

37) 원래 崔昌益은 '資産階級性 民主主義革命'이라는 용어를 썼는데, 이는 부르주아 민주주의혁명을 중국식으로 표기했기 때문이다. 여기서는 용어상의 혼란을 피하기 위해 부르주아 민주주의혁명으로 통일하여 표기했다.

38) 崔昌益, "民主的 民族統一戰線의 歷史性에 對하야 ③," <獨立新報> 1946년 6월 21일.

에 불과하다는 것이 그의 분석이었다. 동일한 부르주아 민주주의혁명단계지만 사회관계에 변화가 발생했기 때문에 투쟁실천의 합리적 적응에 심각한 주의를 기울여야 한다면서, 역사상 부르주아 민주주의혁명의 범주에 드는 사건들을 들고 이에 대한 설명을 구체적으로 했다.

그는 봉건세력 와해기에 청나라와 결탁된 수구세력을 타도하기 위해 일본을 배경으로 하여 정변을 일으켰다가 3일천하로 실패하고 만 1884년의 갑신정변을 부르주아 민주주의혁명의 서막으로 평가했으나,39) 그것이 안고 있는 문제점에 대한 지적도 잊지 않았다. 상층귀족 청년 지식분자의 활동에 그쳤고 제한된 궁중식 정변이었기에 민중의 호응을 얻지 못한 데다 청나라의 무력개입으로 실패할 수밖에 없었다는 것이다. 즉 김옥균(金玉均), 박영효(朴泳孝), 홍영식(洪英植), 서재필(徐載弼) 등 선진적 지식분자들은 일본 침략자에게 이용되고 또 그 침략세력의 침입을 조장한 것 같은 오류를 범했으며, 민주역량을 전혀 발동하지 못하고 고립된 상층 일부의 역량에 의해 구사회제도를 개변하려 한 것은 망상이었다는 것이다.

그러나 이들 개화당은 귀족의 전제정치를 반대하고 청나라와의 예속관계를 거부했으며, 국권의 신장을 도모하고 상공경제의 발전을 주장했다는 점에서는 분명히 진보적이었다고 분석했다. 비록 그들이 사회경제적 제약으로 인해 구사회 변혁에 대한 사상과 방법 및 영도능력을 구비하지는 못했지만, 그들이 가진 사상이 진보적이었고 진행한 일이 반봉건·반청(反淸)적이었으며 노력방향이 신사회 건립에 있었던 것만은 부정할 수 없는 사실이라고 확신했기에 부르주아 민주주의혁명의 시초로 갑신정변을 높이 평가한 것이다.

갑신정변이 발발하기 2년 전에 일어난 임오군란이 비록 통치계급에 대한 반항이고 일본 침략자에 대한 투쟁이었으나, 이는 부르주아 민주주의혁명이 아니라 단지 일시적인 폭동에 불과했다고 그는 분석했다. 임오

---

39) 崔昌益, 『八·一五以前 朝鮮民主運動의 史的 考察』(革新出版社, 1946), 9-10쪽.

군란이 봉건관료의 착취와 일본침략에 대한 불만에서 촉발되긴 했으나, 반봉건·반침략이라는 사상체계 하에 사회변혁을 목표로 해서 일어난 운동이 아니라 사회적 특수집단인 구군대의 생활불만에 기인한 것이기 때문이라는 이유에서였다.40)

부르주아 민주주의혁명의 전형적인 것으로 그는 1894년의 동학 농민전쟁을 들고,41) 이를 하층으로부터 일어난 반봉건·반침략적 인민전쟁으로 규정했다. 농민들의 구호에서 나타나듯이 안으로는 봉건적 귀족통치계급에 반대했고, 밖으로는 외국 침략세력에 반대했기에 인민전쟁이었다는 것이다. 이와 동시에 봉건관료층의 적폐를 지적하며 인민의 절실한 이익을 위하여 투쟁했기 때문에, 민중을 동원하여 낡은 사회제도를 변혁하려는 인민혁명으로 볼 수도 있다고 그는 주장했다.42)

이처럼 부르주아 민주주의운동의 개시기에 반봉건·반침략운동을 전쟁이라는 수단을 통해 이루려고 했던 광범위한 인민혁명이라는 점에 역사적 의의가 있다고 본 그는 비록 이 혁명이 실패로 돌아갔지만,43) 그 후 민중의 혁명적 애국정신은 한층 더 앙양되었다고 보았다. 소시민을 포괄한

---

40) 崔昌益, 『八·一五以前 朝鮮民主運動의 史的 考察』, 9쪽.
41) 崔昌益, "人民은 歷史의 基本 推進力," 503쪽. 朴憲永은 동학교도가 투쟁의 선두에 섰기 때문에 '東學亂'이라고 부르지만 실제로는 농민전쟁이라 주장하고, 당시 농민전쟁이 일어난 것은 우연이 아니라 역사발전의 필연적 현상으로 이는 봉건압박에 반대하는 계급투쟁이라고 분석했다. 朴憲永, 『東學農民亂과 그 敎訓』(解放社, 출판연도 미상), 14쪽.
42) 崔昌益, 『八·一五以前 朝鮮民主運動의 史的 考察』, 11쪽.
43) 崔昌益 자신은 농민전쟁이 실패한 원인을 분석하지는 않았다. 반면 朴憲永은 실패의 원인으로 첫째, 농민전쟁을 지도하는 전위가 혁명당이 아니라 종교단체였으며, 둘째, 전략과 전술이 구체적으로 마련되지 못했으며, 셋째, 봉건통치를 청산하는 토지혁명의 구호를 내세우지 않았고, 넷째, 모든 민중세력을 집결하고 양반 토호 등을 고립시켜야 했음에도 이를 실현하지 못한 점 등 네 가지를 들었다. 朴憲永, 『東學農民亂과 그 敎訓』, 14-16쪽.

광범한 농민층을 동원한 데 있어, 또 그 규모와 형태가 종전에 보지 못했다는 점에서 민주운동의 위대한 도표라고 할 수 있다는 것이다. 그리고 이 인민혁명이 반봉건을 주(主)로 하고 반침략을 차(次)로 한 인민전쟁으로 발현하게 된 것은 당시의 역사적 계단과 객관적 정세로 보아 필연적 귀결이었다고 주장했다.

그는 농민전쟁을 지휘한 전봉준(全琫準)은 근대 조선혁명사상에서 민주운동의 영수이자 반봉건·반침략의 위대한 영도자라고 평가했다.44) 전봉준이 봉건 통치계급의 억압과 착취 아래 신음하던 농민들의 일대 봉기이며 반봉건·반침략적인 혁명투쟁을 이끌었다고 확신했기 때문이다. 이와 같은 민중의 부르주아 민주주의혁명운동은 1905년 을사조약이 체결된 후에는 형태가 바뀌어 반봉건·반침략투쟁으로부터 반침략·반봉건투쟁 형태를 띠게 되었다고 말하고, 그러한 투쟁의 일환으로 그는 반일 의병운동, 문화적 계몽운동, 애국 폭동운동 등이 끊이지 않았다고 주장했다.

1910년 조선이 일제의 식민지로 전락하자 최창익은 그때까지 전개되어 왔던 부르주아 민주주의혁명은 완전히 말살당하고 이후 조선사회는 식민지·반봉건사회로 전변되었다고 보았다. 이러한 상황에서 일부 진보층을 제외한 대부분의 토착자본가 혹은 지주들은 일제에 굴복하여 반동화의 길을 걸었지만, 근로인민들만은 조선의 독립을 전취하기 위해 반세기 동안 투쟁을 계속해 왔다고 그는 주장했다. 그 결과 일제의 조선통치에 대한 조선 민족의 위대한 봉기이며 항전인 3·1운동이 일어났는데, 이를 계기로 조선에서의 민주혁명은 새로운 단계로 접어들었다고 단언했다. 이와 동시에 그는 러시아 사회주의혁명의 승리로 세계 부르주아 민주주의혁명이 무산계급의 영도 하에 속하게 된 것과, 러시아혁명을 계기로 조선의 부르주아계급은 반동화하고 신흥 무산계급이 민주주의혁명의 추진자가 된 것은 깊은 관계가 있다고 분석했다.45)

---

44) 崔昌益,『八·一五以前 朝鮮民主運動의 史的 考察』, 12쪽.

즉 3·1운동을 영도한 소자산계급 사상가들이 평화적 수단으로 독립을 달성하려고 했지만, 이들 영도층과는 반대로 군중은 혁명으로 나아갔다는 점에서 조선의 민주혁명은 새로운 단계로 진입했다는 것이다. 소수의 선진적 지식분자들의 발의에 의해 투쟁이 벌어진 것이 사실이기는 하나 그들은 단지 평화적 시위운동만 계획했을 뿐이며, 민중들은 이에서 한 걸음 더 나아가 폭동화 내지 무력항쟁을 전개했다는 것이다.[46] 이로 인해 3·1운동을 발의한 대부분은 투쟁과정에서 지도역량을 상실하고 운동선상에서 탈락하고, 일부는 적과 타협하거나 적에 굴복했다고 그는 단언했다. 끝까지 피를 흘리며 영웅적으로 싸운 것은 농민, 노동자, 학생, 소시민 등 광범한 인민이었다고 주장한 그는 이 점에서 3·1운동은 종래의 운동과 구분된다고 보았다.[47]

이처럼 영도층의 배반과 일제의 야수적인 탄압으로 3·1운동이 참패를 맛보았지만,[48] 조선 민족은 이를 통해 일제로부터의 해방은 철저한 무장투쟁과 민족적 대동단결로만 가능하다는 것을 보여주었다고 그는 단언했다.[49] 이런 의미에서 3·1운동은 조선 민주운동의 새로운 출발점이며 조선 혁명운동에서 무산계급의 역사적 역할을 부여한 전환점이라고 그는 주

---

45) 崔昌益, 『八·一五以前 朝鮮民主運動의 史的 考察』, 16쪽.

46) 3·1운동에 대해 朴憲永은 민족부르주아지가 운동의 전면에서 형식적인 지도자 역할을 했을 뿐 전체적으로 보아 일정한 의식적 영도 없이 자연발생적으로 진행된 것으로 보았는데, 구태여 헤게모니를 논한다면 "당시의 정세 바로 그 자체가 영도적 역할을 한 것"이라고 주장했다. 朴憲永, 『東學農民亂과 그 敎訓』, 39쪽.

47) 崔昌益, "人民은 歷史의 基本 推進力," 504쪽.

48) 3·1운동 실패의 원인으로 崔昌益은 첫째, 무산계급의 투쟁역량이 아직 유약하였으며, 둘째, 지도층의 지도역량이 극히 미약하고 무능했으며, 셋째, 일본은 이미 강대한 제국주의국가로 되었다는 점 세 가지를 들었다. 최창익, "3·1운동 30주년에 제하여," 『근로자』 4호(1949년 9월); 國史編纂委員會 編, 『北韓關係史料集』 48(2006), 23쪽.

49) 崔昌益, 『八·一五以前 朝鮮民主運動의 史的 考察』, 20쪽.

장했다. 3·1운동 이후 민족해방운동은 무산계급의 영도 하에서 민족통일전선을 수립하기 위한 투쟁으로 전환되었고, 나아가 조선의 민족운동은 세계 무산계급운동과도 유기적 관계를 유지하게 되었다는 이유에서였다. 국내외에서 인민들이 희생해 가며 피투성이의 투쟁을 전개한 실례로 그는 6·10만세사건, 1928년 영흥 반일 농민폭동사건, 원산 총파업, 1929년 광주학생사건, 단천 농민폭동, 1929~30년 반일 부산 총파업 등을 들었다.50)

이와 같이 최창익은 조선에서의 부르주아 민주주의혁명의 역사를 서막과 개시, 그리고 새로운 단계로의 진입으로 구분하고 그에 해당하는 사건으로 갑신정변과 농민전쟁, 3·1운동을 각각 들었다. 이러한 시기, 즉 일제의 식민통치를 받고 있던 시기에 우리 민족이 당면한 투쟁대상은 일본 제국주의였고 민족의 요구대상은 조선독립이었다고 말한 그는 투쟁의 구체적 내용은 반제·반봉건이었으며, 그 요구의 구체적 조건은 자주 독립한 민주공화국이었다고 설명했다.51)

최창익은 해방 이후 요구되는 부르주아 민주주의혁명의 임무는 이전과는 달라졌다고 주장했다. 구조선의 반동적 통치세력의 잔재를 소탕하고 진보적·발전적·민주주의적인 신조선을 건설하기 위하여 새로운 의미에서 민족적 단결이 있어야 한다는 것이다.52) 새로운 의미의 민족단결의 기준으로 그는 민주주의적 민족통일전선 결성을 제시했다. 이는 각 계급, 각 계층, 각 당, 각 파를 불문하고 친일분자를 제외한 일체의 반제(反帝) 요소를 총망라한 통일전선을 결성하자는 것으로, 이것은 자유·평등·부강한 신조선의 민주정권 수립에 반드시 필요하다고 그는 주장했다. 아직도 민족 내부에 계급적 대립과 모순이 증대하고는 있으나 계급모순은 민족모순

---

50) 崔昌益, "人民은 歷史의 基本 推進力," 505쪽.
51) 崔昌益, "民主的 民族統一戰線의 歷史性에 對하야 ①," <獨立新報> 1946년 6월 19일.
52) 崔昌益, "民主的 民族統一戰線의 歷史性에 對하야 ②," <獨立新報> 1946년 6월 20일.

을 초월할 수 없기 때문에 부르주아 민주주의혁명을 완수하기 위해서는 민주주의적 민족통일전선이 요청된다는 것이다.

3. 계급과 민족통일전선론

8·15 이전이나 이후를 불문하고 코민테른의 규정대로 부르주아 민주주의혁명을 수행해야 한다고 주장한 최창익은 이를 위해서는 민족통일전선의 결성이 무엇보다 중요하다고 역설했다. 민족 내부에 계급모순이 어느 정도 존재하고는 있지만, 이것이 결코 민족적 이해를 초월하지 못한다는 인식에서였다. 이를 입증하기 위해 그는 민족을 자산계급, 지주계급, 무산계급, 농민계급, 그리고 소자산계급 5가지로 분류하고 통일전선의 결성 가능성에 대해 각각 분석했다.

최창익이 이처럼 부르주아 민주주의혁명단계에서 가장 요청되는 것으로 민족통일전선 결성을 든 것 역시 코민테른의 영향이라고 생각한다. 1935년 7월 25일부터 한 달 동안 개최된 코민테른 제7차 대회에서 드미트로프는 인민전선론을 통해 반제(反帝)조직을 통일할 것을 제창했는데,[53]

---

53) Stanke Dimitrov(1889~1944)는 1904년 불가리아 노동운동에 참가해 활동하다가 1919년 불가리아공산당 창당에 참여했고, 1920년에는 불가리아공산당 중앙위원으로 선출되었으며 1923~25년에는 조직비서였다. 1925년 소련으로 이주했다가 다시 불가리아공산당 당원으로 활동했으며, 2차 대전 기간에는 불가리아에서 레지스탕스운동을 전개했다. John Riddell (ed.), *Workers of the World and Oppressed Peoples, Unite!: Proceedings and Documents of the Second Congress, 1920* (London: Pathfinder, 1991), p.1053. 드미트로프는 1935년 8월 2일 보고를 했다. 그의 보고를 놓고 8일간 76명이 참가하여 토론을 벌였으며, 그 내용이 8월 13일에 발표되었고 8월 20일에는 전원일치로 채택되었다. 드미트로프의 보고는 7차 대회의 핵심으로 코민테른의 새로운 전략·전술적인 사상을 이론적으로 체계화한 것인데, 여

그는 코민테른의 이러한 노선에 따라 중국에서 국공합작이 실현된 것을 직접 목격하고 체험한 바 있다. 이 때문에 통일전선을 실현하기 위해 많은 노력을 기울였고 이를 이론화하는 작업에도 착수한 것이라고 분석된다.

1) 계급 분석

(1) 민족 자산계급

일반적으로 민족 자산계급은 공상(工商)자본가와 자본주의적 농업경영자로 구성되나 식민지·반봉건사회인 조선의 자산계급은 상업자본가와 일부 금융자본가이며, 자본주의적 농업경영자는 없다고 그는 분석했다.[54] 자산계급이라 해도 일본 침략자본의 국가독점적 금융자본 형태로 형성된 것이기 때문에, 조선의 산업경제에서 민족 자산계급의 역할은 상대적으로 약소하다는 점을 그는 들었다.

뿐만 아니라 민족자본가는 주로 지주 출신으로 그들의 활동은 대개 소비재 생산부문 혹은 유통부문에 국한되어 고도의 산업자본 형태로 발전하지 못하고 항상 일본 독점자본의 매판적 역할을 담당하고 있는 데 불과

기서 그는 자본주의국가의 근로대중이 구체적으로 당면한 것은 프롤레타리아 집권이냐, 부르주아 민주주의냐의 선택이 아니라 부르주아 민주주의냐, 파시즘이냐의 선택이라고 지적했다. 그래서 결론은 파시즘의 승리를 방지하는 것이므로 이를 위해 프롤레타리아는 그들 자신의 전투적 행동을 통일하고 농민, 도시소시민, 청년 및 인텔리겐치아에 대한 파시즘의 영향력을 마비시키며 그들의 일부를 같은 편으로 끌어들이고 일부는 중립화시키지 않으면 안 된다고 강조했다. 코민테른이 이처럼 인민전선론을 제창한 것은 독일에서 대두된 파시즘이 노동계급의 혁명운동을 매장시키려 한다고 보고, 일차로 파시즘의 창궐을 막는 통일전선을 결성하는 것이 시급하다고 보았기 때문이다. 村田陽一,『コミンテルン資料集』第 6卷(東京: 大月書店, 1983), 553-555쪽.

54) 崔昌益,『八·一五以前 朝鮮民主運動의 史的 考察』, 34-37쪽 참조.

하다고 그는 주장했다. 조선 내의 민족별 자본을 분석한 조선총독부의 통계에도 일본인 자본이 93%, 조선인 자본이 5%, 기타 외국인 자본이 2%로 되어 있는 것을 보더라도 조선의 자산계급은 지주가 변신하여 된 것으로, 현대 자본주의적 성격을 구비하지 못하고 있을 뿐만 아니라 식민지라는 기형적 조건 때문에 침략자본과의 타협형태로 성장할 수밖에 없다는 것이 그의 분석이었다.

이의 실례로 그는 일제 식민통치 초기단계에 침략자본의 공세에 의하여 조선 산업계급이 급격한 파산에 직면하게 되었을 때, 이들이 경제적 견지에서 이민족 통치에 대한 불만정서가 고조되어 3·1운동에 참가한 것을 들었다. 그러나 3·1운동이 실패를 고하게 되자, 민족 자산계급은 자신의 지위를 보존하기 위해 일제와 의식적 또는 피동적으로 타협적 태도를 취하게 되었다고 주장했다. 그리고 세계대전이 발발하자 유력한 자본가들은 일제의 침략전쟁에 적극적으로 봉사하였고, 군수산업에도 진출하여 일제와 완전히 융합되었으며 민족적 혁명성을 완전히 상실했다고 그는 보았다.

(2) 지주계급

식민지·반봉건적인 조선사회에서 지주는 일본 침략자본의 공세 하에 금융독점자본 지배 아래 예속되지 않을 수 없었고, 일본 침략자본의 농촌 진입에 따라 급속한 몰락과정에 있음에도 불구하고 식민통치 세력과 결탁하여 자신의 경제적 지위 보존에 부심해 왔다고 분석했다.[55] 그러나 1931년 이후 일제의 대규모 침략전쟁이 진행되자 이들의 의식형태도 다소 달라졌다고 그는 보았다. 공출제도로 인하여 토지생산물에 대한 지주의 자유처분권이 박탈되고 지대수입이 격감했기 때문에, 지주의 이해관계는 일제와 일치하지 않게 되었다는 것이다. 보다 구체적으로 말하면 지주들

---

55) 崔昌益, 『八·一五以前 朝鮮民主運動의 史的 考察』, 37-38쪽 참조

이 일체 토지생산물의 처리권을 상실했을 뿐만 아니라 토지는 단지 납세 의무나 전비부담의 조건이 되고 말았다는 것이다.

경제적 이해관계로 인해 지주계급은 일제의 침략전쟁에 대해 점차 불만의 정서가 쌓이는 상황이 나타나기 시작했다는 것이 그의 분석이다. 이와 동시에 한편으로는 농촌의 청장년이 징병과 징용 등 전쟁에 동원되는 바람에 소작인에 대한 지주의 지배력이 약해졌고, 다른 한편으로는 자신의 자제까지 빼앗겼기 때문에 지주계급은 일부 친일분자를 제외하고는 식민통치에 대해 첨예한 원한을 갖게 되었다고 그는 주장했다.

이와 같은 지주계급의 반전(反戰) 기운은 비록 소극적이기는 하지만 반일 민족투쟁에 동원할 가능성이 없지 않다고 그는 보았다. 이 때문에 그는 반일 민족투쟁 과정에서의 인식방법은 정세의 객관적 진전에 따라 구체적으로 고려되어야 하며, 통일전선 수립방법은 변증법적으로 파악되어야 한다고 주장했다.

(3) 무산계급

최창익은 생산수단을 소유하지 못하고 자신의 노동력을 팔아서 생활하는 피착취계급을 무산계급이라고 정의했다.[56] 그리하여 조선의 경우 도시노동자 외에도 토지를 전혀 갖지 못한 소작인, 화전민들까지도 실질적으로는 무산계급에 포함된다고 그는 보았다. 이를 감안할 때 조선 무산계급의 잠재적 에너지는 방대하므로, 무산계급의 존재를 단순히 자산계급의 발전 정도에 대비하여 평가해서는 안 된다는 것을 그는 강조했다.

즉 무산계급의 질적·양적 발전은 급속도로 몰락해 가는 자산계급의 역량에 대비하여 논할 것이 아니고, 조선 내에 있는 일본 침략자본의 발전 정도에 대비하여 이해해야 한다는 것이다. 특히 조선 무산계급은 식민지·

---

56) 崔昌益,『八·一五以前 朝鮮民主運動의 史的 考察』, 39-41쪽 참조.

반봉건적 사회조건 하에서 민족적·계급적 또는 봉건적으로 2중, 3중의 박해와 착취를 받고 있어 투쟁의식이 더 높아 가고 있다고 그는 분석했다.

따라서 조선 무산계급은 민족해방운동 진영 내에서 가장 충실한 대오로, 시종일관 비타협적인 태도로 일제의 조선통치에 대해 과감히 싸워 왔으며, 민족해방투쟁 진영의 가장 철저하고 견고한 기본동력을 구성하고 있다는 것이다. 이는 과거에도 그러했고, 현재도 그러하며, 또 장래에도 그럴 것이라고 그는 단언했다.

(4) 농민계급

식민지·반봉건적인 조선의 사회조건 밑에서 농민은 하나의 계급적 존재로 지속해 왔다고 최창익은 분석했다.[57] 그리고 일제 식민통치의 경제정책이 농업경제에 치중해 왔으며 침략자본의 농업정책이 봉건적 생산양식을 고집해 왔기 때문에, 농민의 계급적 기초는 해소될 수 없다고 주장했다. 이와 동시에 농민은 민족적 박해와 봉건적 제약으로 경제적 및 경제외적 착취에 무한한 고통을 받아 왔기 때문에 그들의 의식은 식민통치에 반항하여 용감하게 민족해방운동으로 인도되어 왔다고 그는 분석했다. 이는 소작쟁의가 일종의 농민전쟁의 형태로 수행되었던 사실에 비추어 명백하다는 것이다.

그는 농민경제의 취약성을 지주의 토지소유 집중수치(전 농가호수의 3% 정도밖에 되지 않는 지주가 논 72.4%, 밭 54.6%를 소유)를 가지고 설명했는데, 이는 이러한 수치를 통해 농민해방의 중요성을 역설하려고 한 것이다. 그리고 조선의 농가호수가 전체 호수의 71.6%를 점하고 있는 통계수치를 예로 들어 조선 민족해방운동은 농민해방이라는 것을 의미한다고 주장했다. 이를 볼 때 종래 농민계급이 경제적·정치적으로 그들의 지위를 개선

---

57) 崔昌益, 『八·一五以前 朝鮮民主運動의 史的 考察』, 41-44쪽 참조.

하기 위하여 민족해방투쟁에 적극 참가하여 충실히 싸워 온 것은 하나의 필연이었다고 주장했다.

그는 또한 일제의 침략전쟁 과정에서 전시공조체제로 인하여 농민은 생산물을 박탈당해 종국적으로는 생활의 위협을 받고 있는데, 이것이 농민으로 하여금 일제의 조선통치에 대해 반항의식을 조장하는 사회적 조건을 만들어 냈다고 파악했다. 비록 9·18사변 이후 징병 및 징용, 그리고 군수공업 확대정책으로 인해 농업인구가 감소하고 있지만, 농민의 반일의식은 질적으로 제고되고 있다고 그는 보았다. 그리하여 농민계급은 무산계급과 동맹하여 하나의 거대한 혁명동력이 되어 왔으며, 이는 현재뿐만 아니라 장래에도 더욱 굳어질 것이라고 그는 내다보았다.

(5) 소자산계급

최창익은 조선의 소자산계급은 수공업자, 소생산자, 중소상인, 일체의 소소유자로 구성되었다고 주장했다.[58] 그리고 기타 지식인과 일반 봉급생활자도 생활조건으로 보아 소자산계급에 속하는 것으로 그는 보았다. 소자산계급의 사회적 지위는 소소유자로서 노동계급의 후비대 역할을 한다는 의미에서 그는 이들을 무산계급에 가까운 존재로 보았다. 그러므로 소자산계급은 엄밀한 의미에서 계급이 아니고 과도적 사회층이라고 말할 수 있다는 것이다. 그렇지만 조선과 같이 낙후된 사회에서 소자산계급의 비중은 거대하며 그들의 동향은 극히 중대한 영향을 줄 수밖에 없다고 그는 분석했다.

그는 조선의 소자산계급은 역사발전 과정으로 보아 자산계급으로 발전하지 못하고 낙후한 사회층인 것에 주목했다. 선진국 소시민계급처럼 자본주의 발전과정에서 패배하여 무산계급으로 전락한 사회계층이 아니

---

58) 崔昌益, 『八·一五以前 朝鮮民主運動의 史的 考察』, 44-47쪽 참조

라는 것이다. 이들 소자산계급은 자산계급으로 발전할 수 있는 계층이었으나, 식민지상태이므로 그렇게 되지 못하고 급격히 몰락하여 무산계급 진영에 재편될 운명을 지니고 있다는 것이다. 그러므로 그들의 관념형태가 낙후해 있음에도 불구하고 사회적 생존조건은 방대한 무산계급을 형성하고 있다고 그는 보았다. 그렇기 때문에 소자산계급은 정치·경제상으로 부단히 동요하며 사유재산제도에 대해서는 열렬한 신도인 동시에, 일제의 통치에 대해서는 반대세력을 구성하고 있다고 보았다. 따라서 그들의 계급운동에 대해서는 부정적이나, 전체적으로 민족해방운동에 대해서는 건재한 혁명적 역량으로 편성할 수 있다고 주장했다.

그는 조선의 소자산계급 중에서도 특히 소자산계급적 지식분자는 일제의 침략적 지식계층에 일체의 사회적 지위를 박탈당하고 정치사상적으로 일제의 식민통치로 인한 각 방면의 고통을 비교적 예민하게 느끼고 있다고 주장했다. 더욱이 1931년 이후 소자산계급의 방대한 구성요소인 수공업자 및 중소상인들은 경제적 파산을 당하고 대부분 징병 징용으로 동원되고 있기 때문에 조선의 소자산계급은 반일 민족해방 진영 내에서 종전에 비하여 가일층 유력한 역량이 되고 있다고 그는 보았다.

2) 민족통일전선론

1935년 개최된 코민테른 7차 대회는 광범위한 반파시스트 통일전선 수립의 필요성을 역설한 인민전선론과 함께 그때까지의 획일적인 지도이론을 폐기하고 정세에 따라 전략과 전술을 수립할 것, 그리고 식민지·반식민지 동지들의 임무로서 반제조직을 통일할 것 등을 제시했다.[59] 이러

---

[59] 7차 대회는 또한 코민테른 각 지부의 자주성을 높이고 기동적인 지도를 각 지부에 맡기는 것을 목적으로 하여 코민테른 기구를 개편할 것을 결정했다. 즉 코민테른 집행위원회는 세계 노동운동의 기본적인 방침만 작성하며, 문제의 결정은

한 코민테른의 전략에 따라 중국공산당은 1935년 8월 1일 "항일구국을 위해 전체 동포에게 고함"이라는 이른바 8·1선언을 발표했고,60) 모택동은 1935년 12월 27일 항일민족통일전선론을 제창했다.61)

이러한 분위기는 조선에도 영향을 미쳐 함경도를 중심으로 한 국경지대에서 중국인과 조선인으로 항일인민전선이 조직되어 일본군을 교란시키기도 했다.62) 당시 중국으로 건너가 활동하고 있던 최창익도 이런 흐름에 따라 1938년 4월 약소민족 해방의 국제적 연관성 및 공동의 적에 대한 공동의 투쟁임무에 입각하여 중국과 조선의 항일연합전선을 제창하는 글을 썼고,63) 이의 연장선상에서 해방 이후 민족통일전선 결성의 필요성

각국의 구체적인 조건과 특수성에서 출발할 것과 각국 공산당 내부에 직접적인 개입은 피할 것 등을 결정했다. 村田陽一, 『コミンテルン資料集』 第6卷, 620쪽.

60) 辛勝夏, 『中國現代史』(汎學圖書, 1976), 170쪽.

61) 毛澤東은 이 날 당 활동분자 회의에서 일제가 중국을 식민지로 만들려고 하는 정세를 고려하여 광범위한 민족혁명 통일전선 결성은 가능하다고 주장한 "論反對日本帝國主義策略"을 발표했다. 여기서 그는 중국이 식민지로 위협받고 있는 새로운 정세 하에서 민족 자산계급의 일부분도 항일을 위해 일어설 것이라고 말하고, 그들이 한편으로는 제국주의를 반대하나 다른 한편으로는 혁명의 철저함에 대해서도 두려워하고 있다면서 이 두 가지로 인해 동요하고 있다고 그는 보았다. 중국공산당은 이와 같은 毛澤東의 책략에 입각한 항일 민족통일전선을 구축하기 위하여 하층 통일전선과 상층 통일전선을 광범위하게 구축하였다. 毛澤東, "論反對日本帝國主義策略," 『毛澤東選集』 第1卷(浙江省: 人民出版社, 1991), 142-169쪽 참조. 毛澤東은 또한 항일전쟁에서 모든 것이 항일의 이익에 종속되지 않으면 안 된다고 하는 것은 확고부동한 원칙이라고 주장하고, 그렇기 때문에 계급투쟁의 이익은 항일전쟁의 이익에 종속되지 않으면 안 되며 항일전쟁의 이익에 등을 돌려서는 안 된다고 말했다. 그는 이것이 계급투쟁 이론을 부정하는 것이 아니라 조정하는 것이라고 단언했다. Mao Tsetung, *Selected Readings from the Works of Mao Tsetung* (Peking: Foreign Language Press, 1971), p.145.

62) 朝鮮總督府 警務局 編, 『最近に於ける朝鮮治安狀況: 昭和十三年』(東京: 嚴南堂書店, 1986), 12-13쪽.

63) 健宇, "中韓民族抗日聯合戰線問題," 독립기념관 한국독립운동사연구소 편, 『韓

을 주장한 것이다.

계급분석을 마친 최창익은 조선의 민족해방사업은 어느 한 정당의 단독적 임무도 아니며 단독적 역량으로 해결할 문제도 아니라는 것을 분명히 했다.64) 반일적인 각 계급, 각 계층, 각 정당의 공동임무이며 공동의 투쟁역량으로만 해결할 문제라는 것이다. 그렇기 때문에 반일민족통일전선을 한층 확대·강화하며 소수의 친일파 민족반역자를 제외하고는 전 민족의 반일역량을 총동원해야 한다고 주장했다. 협애한 감정에 구애되어 대국을 파악하지 못하고 종파적 혹은 독선주의적 입장에서 합할 부분이 합하지 못하고, 협동할 부분이 협동하지 못하며, 연계할 부분이 연계하지 못하고 서로 배격하고 불신하여 반일민족통일전선에 불응한다면 민족의 대업을 그르치는 행동이 될 것이라고 그는 경고했다.

중국에서의 경험을 거울삼아 그는 일제의 식민지 조건 하에서도 반일민족통일전선을 결성할 충분한 근거가 있었다고 주장했다. 민족 내부에 있는 각 계급 간의 모순보다 이민족 통치에 대한 모순이 수위(首位)를 점하고 있기 때문이라는 것이다.65) 그런 까닭에 식민지 국가 내에서 자본가와 노동자 사이에, 지주와 소작인 사이에 계급적으로 모순과 대립이 있지만, 제국주의 식민통치에서 비롯되는 민족 사이의 모순이 더 크기 때문에 그러한 조건 밑에서 일제시대 조선민족은 소수의 친일파를 제외하고는 반일민족통일전선 결성이 가능했다고 그는 보았다. 이러한 상황에서 부여되는 부르주아 민주주의혁명의 내용은 일제의 식민통치를 타도하고 민족의 해방과 독립을 쟁취하는 것이었다고 그는 주장했다.66)

國獨立運動史資料叢書』第2輯(1988), 171-172쪽 참조

64) 崔昌益,『八·一五以前 朝鮮民主運動의 史的 考察』, 55쪽.

65) 崔昌益, "民主的 民族統一戰線의 歷史性에 對하야 ①," <獨立新報> 1946년 6월 19일.

66) 崔昌益, "民主的 民族統一戰線의 歷史性에 對하야 ①," <獨立新報> 1946년 6월 19일.

일제시대에 민족통일전선 결성을 강조했던 최창익은 해방된 이후에도 이전과 마찬가지로 통일전선 결성이 필요하다고 역설했다. 해방된 상태에서 전 계급의 역사과제로 제시된 부르주아 민주주의혁명은 친일적·파쇼적·봉건적인 구조선의 반동적 통치세력의 잔재를 소탕하고 진보적·민주주의적인 신조선을 건설하는 것이며, 이를 위해서는 새로운 의미에서 민족적 단결이 있어야 한다는 것이다. 즉 일제시대 반일민족통일전선을 결성한 것처럼 각 계급, 각 계층, 각 당, 각 파를 불문하고 자유·평등·부강한 신조선의 민주정권을 수립하기 위하여 노력할 민주주의적 민족통일전선을 결성해야 한다는 것이다. 민족 내부에서 계급적 대립이 증대하고 있는 것은 사실이나 계급모순은 민족의 이해를 초월할 수 없다는 이유에서였다.67) 그는 이와 같은 노선은 8·15 이전의 반일민족통일전선보다 고도로 수립되는 정치노선이라고 강조했다.

　　8·15 이전이나 이후를 막론하고 부르주아 민주주의혁명을 완수해야 한다고 역설한 최창익은 이를 위해서는 민족통일전선의 결성이 가장 중요한 임무라고 주장했다. 조선이 망한 역사계단에서 부여되는 부르주아 민주주의혁명의 내용은 일제의 조선통치를 타도하고 민족해방과 독립을 쟁취하는 데 있었으며, 이러한 전략적 단계에 반일민족통일전선을 보장하고 보강하기 위해서는 반제투쟁 임무가 우선적으로 수행되며 그 다음으로 반봉건투쟁이 수행된다고 그는 보았다.68)

　　해방된 즈음 조선에는 민주정권 수립임무가 남아 있다고 본 그는 이러한 관점에서 부르주아 민주주의혁명을 완수해야 한다고 주장했다. 즉 친일적·파쇼적·봉건적인 구조선의 반동적 통치세력의 잔재를 소멸하고 진보적·발전적·민주적인 신조선을 건설하기 위하여 민족적 단결이 필

---

67) 崔昌益, "民主的 民族統一戰線의 歷史性에 對하야 ②," <獨立新報> 1946년 6월 20일.

68) 崔昌益, "民主的 民族統一戰線의 歷史性에 對하야 ①," <獨立新報> 1946년 6월 19일.

요하다고 본 것이다. 이처럼 부르주아 민주주의혁명을 수행하는 데 있어 그는 민족통일전선의 결성이 필요하다고 보았기에, 이를 실현하기 위해 민족을 구성하고 있는 각 계급의 존재형태를 분석했던 것이다.

4. 애국적 역량과 애국적 혁명전통

최창익은 19세기 후반 이후 본격화되는 일제의 조선침략에 맞서 많은 반일단체들이 조직되고 각계각층의 인민들이 반일운동에 참여했음을 들고, 이에 동참했던 세력을 애국적 역량이라고 규정했다.69) 민족해방을 쟁취하기 위해 통일전선 결성에 참가할 수 있는 요소로 그는 무산계급과 농민계급을 우선적으로 들고, 이들이 어떠한 형태로 나타났는지를 분석했다.

이와 동시에 그는 이들이 전개했던 각종 항일투쟁의 역사를 애국적 혁명전통으로 규정하고, 이러한 혁명전통을 계승한 무장부대로 김일성의 빨치산부대와 중국 화북지역에서 결성된 조선의용군을 들었다. 그리고 민족통일전선을 구현한 정치조직으로는 조국광복회와 독립동맹을 들었으나, 전반적으로 김일성은 1937년 이후에는 별다른 활동을 하지 않은 것으로 기록했다.

---

69) '애국적 역량'이라는 용어 외에도 그는 이와 유사한 개념으로 '반일적 혁명역량' 또는 '혁명적 역량,' '혁명역량'이라는 용어를 사용했으나, 여기서는 '애국적 역량'으로 통일하기로 한다.

1) 애국적 역량

(1) 구성 요소

최창익은 식민지·반봉건적인 사회조건 하에서 가장 투쟁의식이 높은 계급은 무산계급이라고 주장했다.70) 이들이야말로 민족해방운동 진영 내에서 가장 충실한 대오로, 시종일관 비타협적인 태도로 일제의 조선통치에 대해 과감히 싸워 왔기 때문에 애국적 역량의 가장 철저하고 견고한 기본동력을 구성하고 있다는 것이다.

애국적 역량의 요소로 무산계급의 뒤를 이어 그는 농민계급을 들었다. 식민지 조건으로 인한 민족적 박해와 봉건적 제약에서 비롯된 경제적 착취로 무한한 고통을 받아 왔기 때문에 농민계급은 용감하게 민족해방운동에 참여했다는 것이다. 이의 실례로 그는 소작쟁의가 농민전쟁의 형태로 수행되었던 사실을 들었다. 나아가 그는 토지소유의 집중을 근거로 농민해방이 중요하다고 주장하고, 조선의 민족해방은 농민해방을 의미한다고 말했다.71) 이 때문에 그는 종래 농민계급이 경제적·정치적으로 그들의 지위를 개선하기 위하여 민족해방운동에 적극 참가하여 충실히 싸워 온 것은 하나의 필연이라고까지 주장했다.

무산계급과 농민계급에 이어 그는 소자산계급도 노동계급의 후비부대로서의 역할을 한다는 생각에서 무산계급에 가까운 존재로 파악했다. 식민지·반봉건사회에서 소자산계급은 급격히 몰락하여 무산계급 진영에 재편될 운명을 짊어지고 있기 때문에 일제의 식민통치에 대해 반대세력을 구성할 수 있으며 또 구성하고 있다는 것이 그의 분석이었다.

---

70) 崔昌益, 『八·一五以前 朝鮮民主運動의 史的 考察』, 41쪽.
71) 崔昌益, 『八·一五以前 朝鮮民主運動의 史的 考察』, 43쪽.

이 외에도 그는 자산계급과 지주계급이 민족해방운동 진영에 편입될 수 있는지에 대해서도 분석했다. 자산계급의 경우 이들의 대부분이 민족적 혁명성을 상실했다고 단언, 애국적 역량에는 포함되지 않는다는 것을 분명히 했다. 지주계급의 경우 일부는 반일 민족투쟁에 동원할 가능성이 있으므로 변증법적으로 파악해야 한다고 주장했다.72)

이처럼 최창익은 무산계급과 농민계급은 애국적 역량을 구성하는 데 없어서는 안 되는 기본적인 요소라고 보았다. 그리고 소자산계급은 기본적 구성요소의 후비부대 역할을 할 수 있다고 보았기에 소자산계급을 무산계급에 가까운 존재로 파악했으나, 자산계급은 혁명성을 상실한 존재로서 애국적 역량은 될 수 없다고 단언했다. 그렇지만 지주계급의 일부는 반일투쟁에 동원할 가능성이 있기 때문에 변증법적으로 접근하는 것이 필요하다고 주장했다.

(2) 존립 형태

이처럼 애국적 역량의 구성요소에 관한 분석을 마친 최창익은 3·1운동 이후 이러한 역량이 활성화되어 각종 사상단체와 노농단체, 그리고 청년단체가 결성된 것이라고 주장했다. 이와 동시에 그는 이들의 존립형태와 조직활동을 구체적으로 설명했다.

그는 러시아 사회주의혁명의 영향을 받아 국내외에서 사회주의를 지향하는 사상단체인 '서울청년회', '화요회', '북풍회', '일월회', '레닌주의동맹', '무산자동맹' 등이 조직되기 시작했으나, 일제 경찰의 탄압 아래 광범한 사회적 범위에서 동지 규합이 진행되지 못했다는 것을 시인했다. 협애한 친분관계에서 비밀결사운동으로 전개되는 바람에 인물중심 형태의 분파적 결합으로 발족하게 되었다는 것이다.73) 이러한 사상단체는 무산계급

---

72) 崔昌益, 『八·一五以前 朝鮮民主運動의 史的 考察』, 38쪽.

운동의 발전추세에 조응하여 급속히 육성되었으며, 필연적으로 대중운동의 각 분야에 걸쳐 지도적 역할을 해 온 것은 사실이지만, 무산계급의 대중운동도 사상단체의 분파성에 의하여 분파적 체제를 조성하지 않을 수 없었다는 것이 그의 분석이었다.[74]

그는 노농운동에 대한 분석에서 1920년 이후 '조선노동공제회', '조선노동연맹', '조선노농총동맹' 등이 조직되어 우후죽순처럼 노동운동과 농민운동이 전국적으로 일어난 현상을 설명했다. 이러한 대중운동의 초기단계에 노동자 출신의 지도자도 일부 있었으나, 대부분 지식분자들이 지도층을 구성하고 노동자 군중은 지도부에 등용되지 못했다고 분석하고, 이들 일부 지식분자는 경제적·정치적으로 대중의 이익을 위하여 하등의 지도방침도 수립하지 못하고 다만 시대사조에 추수하려는 일종의 '행세군'들이었다고 그는 비판했다.[75]

3·1운동 이후에는 전국 각지에서 노동자·농민운동과 때를 같이하여 청년운동이 발발했는데, 도시와 농촌을 불문하고 청년운동은 지식청년운동이 주류를 이루었다고 그는 보았다. 이들 단체 130여 개가 모여 '조선청년연합회'를 결성했으나, 이들 대부분은 종교적 간판 하에서 조직된 청년단체가 아니면 개량주의적 민족운동자들로 조직된 청년단체들로, 강령이 비전투적일 뿐만 아니라 개량주의적이었다고 그는 지적했다.

그는 이러한 내용으로는 신흥사조에 움직이는 청년대중을 지도할 수 없었으며, 또 그들의 지도정신도 청년들이 요구하는 것과 일치될 수도 없었기 때문에 분열의 길을 밟기 시작했다고 주장했다. 그 결과 지방에서는 근로청년대중을 선두로 하여 좌우 양 진영으로 벌어지기 시작했고, 중앙에서는 진보적인 전투적 지식분자와 개량주의적인 보수적 지식분자들 사

---

73) 崔昌益, "朝鮮無産階級運動," 白南雲·朴時亨 외, 『朝鮮民族解放鬪爭史』(金日成綜合大學校, 1949), 312쪽.
74) 崔昌益, "朝鮮無産階級運動," 312쪽.
75) 崔昌益, "朝鮮無産階級運動," 314쪽.

이에 사상적 대립이 격화되는 사태가 일어난 것이라고 그는 분석했다.76) 여기서 진보적인 청년들은 '조선청년총동맹'과 '조선여성동우회'를 조직하고 활발한 활동을 전개함으로써 민족해방운동에서 주도적 역할을 담당하게 되었다고 그는 주장했다.77)

그는 무산계급운동에 이와 같은 문제점이 있었지만, 무산계급은 조선의 특수한 사회적·역사적 제약을 받으면서 1920년에서 1924년에 이르는 동안 '자위적(自爲的) 계급'으로 성장했다고 주장했다.78) 비록 초기단계에 분파적 대립이 있기는 했지만, 반제·반봉건적인 투쟁실천을 통하여 광범한 근로대중의 조직운동을 촉진함으로써 무산계급은 대중적 민족해방투쟁에서 선봉적인 역할을 담당할 수 있었다는 것이다.

그는 선진 자본주의국가에 비해 조선의 무산계급은 역사가 연소하고 역량이 유약하고 투쟁경력이 미숙했음에도 불구하고, 일제의 식민지 팽창정책에 의하여 양적으로 증대되고 일제의 가혹한 착취에 대한 투쟁을 통하여 질적으로 제고되어 왔다고 분석하고, 이것이 바탕이 되어 혁명적 정당인 공산당의 결성에 이르게 되었다고 단언했다. 이는 무산계급의 혁명적 정당 없이는 혁명적 영도가 있을 수 없고, 무산계급의 혁명적 영도가 없다면 식민지 민족해방투쟁은 결국 실패로 돌아가고 만다는 것을 명백히 깨달은 결과라고 그는 분석했다.79) 결성 후 공산당은 반제·반봉건투쟁을

---

76) 崔昌益, "朝鮮無産階級運動," 316쪽.

77) 崔昌益, "朝鮮無産階級運動," 317쪽.

78) 崔昌益, "朝鮮無産階級運動," 319쪽. 최창익이 말하는 '자위적 계급'이란 Marx의 '對自的 階級'(Klasse für sich)을 중국식으로 번역한 용어이다. Marx는 계급이나 계급투쟁의 발달단계로 볼 때 '계급 그 자체'와 '그 자체를 위한 계급'으로 나뉜다고 말했는데, 여기서 '계급 그 자체'는 자각하는 계급은 아직 되지 못한 상태를 의미하며 '그 자체를 위한 계급'은 계급이 속한 성원의 대다수가 계급의식을 가지고 사회적 임무를 자각한 상태에 이른 것을 의미한다. "階級鬪爭," 李錫台 編, 『社會科學大辭典』, 22쪽.

79) 崔昌益, "朝鮮無産階級運動," 319쪽.

강력하게 전개했으며 일제의 연이은 검거로 인하여 당이 해소되는 운명을 맞이했음에도 불구하고, 공산주의자들은 무산계급의 광범한 근로대중 속에서 반제·반봉건투쟁을 광범하게 전개해 왔다고 분석했다.[80]

공산당의 이와 같은 반제투쟁은 조선 인민의 각계각층을 망라한, 즉 일제를 반대하는 모든 애국적 역량을 총집결시키는 강력한 민족통일전선운동으로 전개되었다고 최창익은 보았다. 반일민족통일전선 단체인 신간회가 결성된 것도 그는 공산당이 전개하는 반일투쟁의 영향을 받은 것으로 파악했다.[81] 즉 공산당의 영도 하에 신간회가 반일역량을 포용하며 통일하기 위해 분투했기에 민족진영 내 기독교 일파, 천도교 일파, 불교 일파를 비롯하여 일제에 대해 비타협적인 인사들은 거의 망라되었다는 것이다. 그 결과 신간회는 출범한 지 몇 달이 못 되어 수만 명의 회원을 보유한 수백의 지부가 국내외에 조직되어 활발한 활동을 전개했다고 그는 주장했다.[82]

그러나 신간회 내에서 주도적 역할을 하던 공산당이 일제의 탄압으로 큰 희생을 내고 주요간부들이 검거·투옥되게 되자, 좌익진영 내의 일부 타협분자들이 민족개량주의자들과 결탁하여 운동의 헤게모니를 부르주아에게 주어야 한다는 이론을 전개하는 현상이 나타나 민족통일전선에 균열을 초래되었다고 그는 지적했다. 공산당의 지도권을 신간회에 양도하며 각 사회단체의 투쟁역할을 신간회 지부로 대체하려 했다는 것이다. 이러한 틈을 타 전형적 기회주의자들이 신간회에 침입하여 지도적 지위에 등장함으로써 신간회가 일제의 어용단체로 전환될 위험성이 농후해졌다고 그는 주장했다.[83] 이로 인해 신간회는 해소될 운명에 처했다는 것이 그의 결론이었다.

---

80) 崔昌益, "朝鮮無産階級運動," 324쪽.
81) 崔昌益, "朝鮮無産階級運動," 327쪽.
82) 崔昌益, "朝鮮無産階級運動," 328쪽.
83) 崔昌益, "朝鮮無産階級運動," 332쪽.

2) 애국적 혁명전통

(1) 혁명운동사

최창익은 애국적 혁명운동의 범주로 갑신정변과 동학농민전쟁, 그리고 3·1운동 세 개를 들었다. 이들 운동이 조선에서 반제·반봉건투쟁을 골자로 하는 부르주아 민주주의혁명을 수행하기 위해 시도된 혁명운동이었다는 것이다. 즉 갑신정변은 봉건적 질서를 개혁하고 외세의 침략을 저지하려 했던 최초의 시도이며, 그 뒤에 일어난 농민전쟁은 안으로는 봉건적 귀족 통치계급에 반대하고 밖으로는 일본, 청국 등 외국 침략세력에 반대한 인민혁명이었으며, 1919년의 3·1운동은 망국노의 생활에 철천의 한을 품고 일어난 위대한 봉기이며 항전이었다고 분석했다.

세 개의 애국적 혁명운동을 분석한 최창익은 3·1운동 이후 계급적 각성으로 인해 무산계급이 비로소 독자적인 계급운동을 전개하게 되었다고 주장했다. 또한 무산계급운동은 식민지 사회조건 밑에서 필연적으로 반일민족해방운동의 선봉적 역할을 하지 않을 수 없게 되었다고 분석했다. 그리하여 1924년에 이르러 획기적인 조직운동으로 전개되고, 1925년에는 조선공산당이 결성되었으며, 1927년에는 반일민족통일전선 단체인 신간회가 성립되었다고 주장했다.[84]

그는 일제의 파시스트적인 조선통치에 맞서 전국적으로 노동자와 농민 등의 투쟁이 끊이지 않았고, 이러한 노농운동은 조선공산당 재건공작과 밀접하게 연관된 것이라고 주장했다.[85] 공산당이 해체된 이후 공산당

---

84) 崔昌益, 『八·一五以前 朝鮮民主運動의 史的 考察』, 23-24쪽.

85) 崔昌益, "日本帝國主義 大陸侵略戰爭行程에 있어서의 反日武裝鬪爭," 白南雲·朴時亨 외, 『朝鮮民族解放鬪爭史』(金日成綜合大學校, 1949), 373쪽.

을 재건하기 위한 공산주의자들의 서클과 그룹이 활발하게 조직활동을 벌인 결과 무산계급운동이 일제의 야만적 탄압에도 불구하고 줄기차게 전개되었다는 것이다. 그는 공산당 재건을 위한 투쟁의 일환으로 일어난 사건을 다음과 같이 열거했다.86)

1929년	조선공산당 재건사건(세칭 후계당사건)
1931년	조선공산당 공작위원회 검거사건
	부산 적색노조사건
	흥남 적색노조사건(세칭 태평양노조사건)
1932년	조선공산주의자협의회사건
	흥남 적색노조사건
1933년	조선공산당 재건준비회사건
	함흥 조선공산청년재건사건
	부산 적색노조사건
	함남 적색노조사건
1934~37년	조선공산당 재건사건(李載裕사건)
	함북 공산주의자 결사사건
1935년	흥남 적색노조사건
1937년	원산 적색노조사건
1940년	'경성 콤그룹'사건

(2) 반일 무장투쟁 형태

최창익은 반일 민족해방투쟁은 1931년 9월 18일 일제의 만주 침공, 이른바 만주사변을 계기로 새로운 단계로 접어들었다고 보았다. 투쟁형태가 평화적 방법에서 무장투쟁의 형태를 취하게 되었고 운동의 중심도 그쪽으

---

86) 崔昌益, "日本帝國主義 大陸侵略戰爭行程에 있어서의 反日武裝鬪爭," 373-374쪽.

로 옮겨갔다는 것이다. 그는 이러한 무장투쟁은 주・객관적 조건의 제약으로 말미암아 국내보다 만주와 국경지대를 무대로 하여 출현했고, 국내에서는 폭동의 형태로 이에 호응했다고 분석했다.[87] 일제의 침략전쟁에 대응하기 위해서 민족해방투쟁은 필연적으로 무장투쟁으로 나아갈 수밖에 없었으며, 이러한 무장투쟁의 실례로 그는 김일성의 항일무장투쟁과 함남・함북에서의 광범한 폭동, 그리고 조선의용군의 무장투쟁을 들었다.

김일성의 무장투쟁을 설명하기에 앞서 최창익은 만주에서 조선 인민의 반일투쟁은 역사적으로 조선이 망한 직후부터 일어났다고 주장했다. 만주는 조선 인민의 민족해방투쟁사에서 특별한 의미를 지니는 지역으로 조선인이 전 인구의 76.4%를 차지하고 있으며 일제의 통치기반에서 벗어나 있는 지리적 조건이 이 지역으로 하여금 반일 독립투쟁의 책원지의 하나로 만들었다고 분석했다.[88] 즉 허다한 독립운동단체들이 만주에서 결성되어 활동했으며 이러한 독립운동은 3・1운동을 계기로 더욱 확대되었고, 공산주의자들의 지도하에 만주 각 지방에 청년동맹과 농민동맹이 조직되었으며, 1926년에는 조선공산당 만주총국이 설립될 정도였다는 것이다.

이러한 만주에서의 활발한 독립운동과는 반대로 국내에서의 운동은 일제의 포악한 탄압 때문에 필연적으로 고도의 비밀 지하운동에 들어가지 않을 수 없었다는 점을 그는 들었다.[89] 만주에서 있었던 광범한 독립투쟁은 후에 중국공산당과의 연계를 기점으로 새롭게 발전했다고 분석한 최창익은 김일성의 활동이 이와 같은 반일독립운동의 전통을 갖고 있는 만주 지역을 배경으로 이루어졌다는 것을 분명히 했다.[90] 이는 지리적・역사적 관점에서 볼 때 김일성의 무장투쟁은 다른 곳보다 비교적 유리한 지역에서 이루어졌다는 것을 암시한 것이라고 분석된다.

---

87) 崔昌益, "日本帝國主義 大陸侵略戰爭行程에 있어서의 反日武裝鬪爭," 379쪽.
88) 崔昌益, "日本帝國主義 大陸侵略戰爭行程에 있어서의 反日武裝鬪爭," 382쪽.
89) 崔昌益, "人民은 歷史의 基本 推進力," 506쪽.
90) 崔昌益, "日本帝國主義 大陸侵略戰爭行程에 있어서의 反日武裝鬪爭," 386-387쪽.

최창익은 1931년 김일성이 공산당에 입당한 후 조선 인민의 민족해방운동은 항일무장투쟁 단계로 발전되어야 하고 무장투쟁은 유격투쟁으로 특징되며, 이에는 반드시 공고한 근거지가 창설되어야 할 것이라는 결론을 내리고 실천적 활동에 들어갔다고 기록했다.[91] 만주의 간도지역을 무장투쟁의 근거지로 삼고 인민무장 유격부대를 출현시켰다는 것이다. 김일성의 이러한 활동은 그의 부대를 만주에서 가장 강력한 전투부대로 등장시켰고, 이로 인해 만주의 항일유격전투는 김일성을 중심으로 전개되었다고 적었다. 그리고 김일성은 1935년에 통일전선운동의 일환으로 조국광복회를 창립했는데, 조국광복회는 노동자와 농민뿐만 아니라 반일적인 기업가와 상인, 종교인 등 각계각층을 망라하여 20여만 명의 방대한 회원을 확보하기에 이르렀다고 기록했다.[92]

이처럼 최창익은 김일성의 항일무장투쟁과 조국광복회 활동이 혁혁한 성과가 있었다고 기록하면서도 1938년 이후 김일성의 활동에 대해서는 아무런 기록도 하지 않았다. 단지 영웅적인 항일투쟁을 전개하면서 식민지문제가 국제적 연관성을 떠나서는 해결될 수 없으며, 특히 강력한 반제국주의적 세계 민주역량과 결부됨이 없이 피압박민족의 해방은 기대할 수 없다는 것을 확인했다고만 적고 있는데,[93] 이는 김일성이 소련으로 옮겨간 후에는 별다른 활동을 하지 않고 지냈다는 것을 암시한 것이라고 분석된다.

이를 입증이라도 하듯이 최창익은 김일성이 소련과 소련군대만이 조선민족을 해방시킬 수 있다는 것을 예견하고 급박한 신정세에 조응하여 세계 민주역량과 국제적 연결을 한층 강화하는 데 진력했다고 기록하고 있다.[94] 그리고 김일성의 이러한 처신에 대해서는 "明晳한 豫見과 機敏한

---

91) 崔昌益, "日本帝國主義 大陸侵略戰爭行程에 있어서의 反日武裝鬪爭," 389쪽.
92) 崔昌益, "日本帝國主義 大陸侵略戰爭行程에 있어서의 反日武裝鬪爭," 398쪽.
93) 崔昌益, "日本帝國主義 大陸侵略戰爭行程에 있어서의 反日武裝鬪爭," 400-401쪽.
94) 崔昌益, "日本帝國主義 大陸侵略戰爭行程에 있어서의 反日武裝鬪爭," 401쪽.

活動으로 마침내 쏘련軍隊의 決定的 役割로 말미암아 2次大戰의 終戰과 함께 8·15解放으로 現實化되었다'95)고 풍자했다.

최창익은 김일성의 활동을 1937년까지만 기록한 것과는 대조적으로 독립동맹과 조선의용군의 본격적인 활동은 1938년부터 시작되었다는 것을 분명히 했다. 이는 일제의 탄압이 그 어느 때보다 극심해 가던 시기에 항일투쟁을 전개했다고 기록함으로써 혁명운동이나 항일투쟁의 정통성은 독립동맹과 조선의용군에 있다는 것을 암시한 것이라고 분석된다.

최창익은 1937년의 중일전쟁을 계기로 국공합작이 실현되고 항일전쟁이 확대됨에 따라 중국 관내의 조선청년들도 강력한 항일투쟁을 전개하게 되었다고 주장했다. 즉 무한에 근거를 두고 활동하던 독립운동 단체들이 항일무장투쟁을 목적으로 조선의용군을 결성했으며, 이들 일부가 중국공산당의 근거지인 연안으로 가서 직접 항일투쟁을 전개하게 되었다는 것이다.96) 연안에 있던 이들은 화북조선청년연합회를 결성했고, 이를 발전시켜 중국 내의 수십만 조선인민의 반일역량을 집결시키기 위하여 1941년 7월 조선의용군을 발족시켰고, 그 다음해 7월에는 독립동맹을 결성했다고 기록했다.

조선의용군과 독립동맹은 처음부터 군정연합의 유기적인 조직을 가지고 군사공작과 정치공작을 병행하였으며, 일제의 패망이 멀지 않았음을 확신하고 광범한 반일역량을 집결하여 견결한 항일투쟁을 계속했다고 그는 주장했다. 그리하여 중국 관내 수십만 조선 인민에게 항일의식을 앙양시켰을 뿐만 아니라, 징병 나간 청년학도들에게 일제의 패망이 불가피하며 조국의 해방이 머지않았다는 확고한 신념을 고취시켰다는 것이다. 최창익은 조선의용군과 독립동맹의 항일전투는 일제가 패망하던 최후의 날까지 계속 확대되었다는 것, 그리고 독립동맹은 2만 명의 맹원을 포섭하기

---

95) 崔昌益, "日本帝國主義 大陸侵略戰爭行程에 있어서의 反日武裝鬪爭," 401쪽.

96) 崔昌益, "日本帝國主義 大陸侵略戰爭行程에 있어서의 反日武裝鬪爭," 402쪽.

에 이르렀다는 것 등을 자랑스럽게 기록했다.97) 김일성의 빨치산부대와 함께 투쟁했다는 사족을 달기는 했지만, 조선의용군은 태평양전쟁 시기 중국의 화북·화중을 중심으로 과감한 반일항쟁을 거듭하였으며 민족해방운동사상 불멸의 공적을 남겼다고 주장했다.98)

최창익은 반일무장투쟁은 국내보다는 국외에서 전개되었으며, 여기에는 김일성 빨치산부대의 활동과 함께 조선의용군의 활동이 적지 않았다고 주장했다. 두 무장단체가 일제의 패망을 예견하고 민주 독립국가 건설을 위해 치열한 항일투쟁을 계속했다고 기록하는 한편, 조국광복회와 독립동맹의 강령을 동렬에 놓고 민주주의 조국건설을 위한 구체적 강령으로 똑같이 평가했다. 이처럼 그는 민족의 해방투쟁 역사에서 인민의 애국적인 역량을 총동원하여 이룩한 애국적인 '혁명전통'으로 김일성의 빨치산부대와 조선의용군의 항일무장투쟁을, 그리고 반일민족통일전선 조직으로 조국광복회와 독립동맹을 동렬에 놓았는데, 이는 후일 역사 연구에 왜곡과 해독을 끼친 것으로 비판되었다.99)

---

97) 崔昌益, "日本帝國主義 大陸侵略戰爭行程에 있어서의 反日武裝鬪爭," 407쪽.
98) 崔昌益, "人民은 歷史의 基本 推進力," 507쪽.
99) 리나영, "저자 서문," 『조선민족해방투쟁사』(東京: 학우서방, 1960).

제9장 일제 식민통치와 반일운동 분석

1. 일본의 침략과 망국

최창익은 조선조 망국의 시점을 19세기로 보았다. 이때 낙후한 봉건국가 조선은 외국 자본주의의 침략적 공세로 인해 구(舊)사회 전체가 와해상태에 직면했다는 것이다. 이웃 국가 일본을 보더라도 1868년에 명치유신을 단행하여 봉건제를 개혁하고 자본주의적 생산관계를 확립함으로써 급속도로 발전할 수 있었던 데 반해, 조선은 농업경제의 기초 위에 건립된 봉건국가로 봉건체제 유지에 급급함으로써 외래 자본주의 세력에 대항할 수 없었다는 것이 그의 분석이었다.

결국 일본은 제물포조약을 비롯한 각종 조약을 통해 조선을 본격적으로 침략하는 동시에 청일전쟁을 일으켜 청나라 세력을 몰아냄으로써 조선에서의 이권을 독점했으며, 러일전쟁 승리를 통해 또한 조선에서 러시아 세력을 구축하는 데 성공함으로써 조선에 대한 내정간섭을 단행할 수 있었다는 것이다. 이후 일본은 조선군대를 해산하고 합병을 강행함으로써 조선은 주권을 빼앗기고 식민지로 전락하고 말았다고 그는 분석했다.

1) 일본의 침략

　최창익은 명치유신을 일으킨 일본은 1870년대에 이르자 국내시장의 협애함을 느껴 국외시장에 대한 야망을 갖기 시작하여 통치계급 내에서 정한론(征韓論)이 대두되었으며, 그 일환으로 운양호를 한강 하구에 보내 수로를 탐사하도록 했다고 주장했다.1) 이러한 행위는 다음해인 1876년 다시 함대를 파견하여 조선정부를 핍박, 강화도조약을 체결케 하는 것으로 이어졌으며, 그 결과 부산과 인천, 원산 3개 항구를 개방하게 되어 조선 해안도시에 처음으로 일본 자본주의 세력이 부식하게 되었다고 그는 보았다.
　조선은 자주독립국으로서 일본과 동등한 권리를 갖는다는 제1조의 허울 좋은 내용과는 달리 강화도조약 체결 이후 일본은 조선침략에 심혈을 기울였다. 이 중 가장 전형적인 것은 1882년 임오군란 발발을 기화로 일본이 조선 내에 아무런 제한 없이 군대를 주둔시킬 수 있는 주병권(駐兵權)과 시장을 열 수 있는 시장 개설권을 획득한 것이었다. 이로써 일본은 현대식 무기를 갖춘 군대를 통해 조선정부에 위협을 가할 수 있었고, 시장을 통해 약탈적인 자본축적을 해 나갈 수 있었다. 최창익은 이것이 조선 통치계급 내부의 분열 때문에 가능하게 되었다고 보았다.2)
　갑신정변 이후 일본은 조선 내에서 청 세력에 대한 견제를 획책했는데, 두 사건을 계기로 이것이 현실화되었다고 그는 분석했다. 첫 사건이 1894년의 동학농민전쟁이었고, 두 번째 사건은 청일전쟁이었다고 진단한 그는 한편으로는 농민전쟁에 대한 진압을 통해 조선의 반봉건·반침략적 신흥세력을 좌절시켰으며, 다른 한편으로는 청일전쟁에서의 승리를 통해

---

　1) 崔昌益, 『八·一五以前 朝鮮民主運動의 史的 考察』(革新出版社, 1946), 5쪽.

　2) 崔昌益, 『八·一五以前 朝鮮民主運動의 史的 考察』, 6쪽.

청 세력을 구축함으로써 일본은 조선에서 독점적 이권을 누릴 수 있게 되었다고 주장했다. 즉 농민전쟁 진압과 청일전쟁 승리의 여세를 몰아 일본은 조선의 내정을 간섭했으며 상품수출과 시장개방, 자원조사, 그리고 철도부설 등 각 방면에 걸쳐 침략세력을 확대해 나갔다는 것이다.3)

조선에서 청 세력을 몰아낸 일본은 동진정책을 표방한 러시아와 다시 대립하게 되었고 이 과정에서 발발한 러시아와의 전쟁에서 일본이 승리함으로써 일본은 동아시아의 패권을 장악할 수 있었다고 최창익은 분석했다.4) 즉 일본은 전승국의 지위로 조선정부를 강박, 1905년 을사5조약을 체결한 후 통감부를 설치하여 외교, 재정 및 관리 임명권을 빼앗았는데, 조선은 사실상 이때 일본의 식민지로 변했다고 그는 주장했다. 그리고 1907년에는 다시 정미7조약을 체결하여 군대를 해산시켰으며, 1910년에는 합병을 강행함으로써 조선 민족은 일본 침략자의 지배 아래 신음하게 되었다는 것이다.

자본주의적 생산관계를 확립하여 급속히 발전한 일본의 침략적 공세 앞에 조선의 통치계급은 봉건체제 유지에 급급했던 데다 내부분열로 제대로 대응하지 못해 조선은 식민지로 전락하고 말았다는 것이 그의 분석이었다. 이러한 분석은 역사의 발전단계로 볼 때, 봉건제도는 내적 모순에 의해 해체되고 자본주의제도로 대체될 수밖에 없다는 유물사관적인 논리가 반영된 것이라고 할 수 있다.

2) 조선의 망국

최창익은 이웃 일본이 자본주의적 생산관계를 도입할 즈음 조선은

---

3) 崔昌益, 『八·一五以前 朝鮮民主運動의 史的 考察』, 6쪽.
4) 崔昌益, 『八·一五以前 朝鮮民主運動의 史的 考察』, 7쪽.

봉건체제를 유지하려고 노력함으로써 세계 대세에 역행하는 어리석음을 보였다고 주장했다. 통치계급이 자신의 치민사상에 대립되는 일체의 세력을 탄압하여 신문화운동을 억압했을 뿐만 아니라 천주교도 대학살이라는 역사발전에 크게 역행하는 반동적 만행까지 저질렀다고 비판했다. 그렇다고 해서 그가 천주교를 받아들인 것은 아니었다. 오히려 그 반대였다.

천주교 신자들은 자유·평등·박애의 신(神)으로 가장한 교리에 입각하여 당시의 지배철학인 정주학(程朱學)에 반기를 들었으나, 자본주의 문화의 침략성을 간파하지 못해 결국 사회변혁을 추동할 수 있는 민주운동 사상까지는 도달하지 못했다는 것이다.[5] 당시 진보적 지식분자로 존경을 받던 천주교도들은 봉건적 질곡 아래 통치계급의 착취와 압박으로 인해 현실에 불만을 품고 있는 민중들을 반봉건적 혁명으로 인도하지 못하고, 오로지 그들로 하여금 지상의 군주를 저주하게 하고 천상의 신주를 추대하도록 영향을 행사했을 뿐이라고 비판했다.

최창익은 통치계급에 대한 반항과 일본 침략자에 대한 투쟁으로 맨 처음 일어난 것이 1882년의 임오군란이라고 주장했다. 그는 임오군란이 봉건사회 체제의 와해기에 봉건관료층의 착취와 일본침략에 대한 불만정서에서 일어난 것은 사실이라고 인정했다. 그러나 반봉건·반침략적 민주운동의 사상체계에 근거해서 사회변혁을 계획하고 일어난 것이 아니라 구군대의 생활불만에 기인한 것이었기에 일시적인 폭동에 그치고 말았다고 평가했다.[6]

임오군란에 대한 비판적 평가와는 반대로 최창익은 갑신정변과 갑오농민전쟁은 부르주아 민주주의혁명의 범주에 드는 것으로 높이 평가했다. 그러나 당시 부패와 무능이 극에 달한 봉건 통치계급이 정권쟁탈에 눈이 어두워 제대로 대책을 마련하지 못하는 바람에 결국은 망국의 길을 걷게

---

5) 崔昌益, 『八·一五以前 朝鮮民主運動의 史的 考察』, 8쪽.
6) 崔昌益, 『八·一五以前 朝鮮民主運動의 史的 考察』, 9쪽.

되었다고 보았다. 이로 인해 조선은 봉건체제로서의 반식민지사회가 식민지·반봉건사회로 전변되기 시작했고, 이를 분수령으로 해서 부르주아계급의 민주운동은 반봉건·반침략으로부터 반침략·반봉건운동으로 전환하게 되었다고 지적했다.[7]

그는 조선 망국을 전후하여 반일·반봉건운동의 조류는 반일 의병운동과 문화적 계몽운동, 그리고 애국 테러운동이 병진하고 있었다고 주장했다. 여기서 반일 의병운동을 대표한 인물로 최익현(崔益鉉), 민긍호(閔肯鎬), 허위(許蔿), 이강년(李康秊), 이인석(柳麟錫), 신돌석(申乭石), 홍범도(洪範圖) 등을, 순국의 절의를 대표한 인물로 민영환(閔泳煥), 조병세(趙秉世), 황현(黃玹) 등을, 애국 테러운동을 대표한 인물로 나인영(羅寅永), 안중근(安重根), 이재명(李在明), 장인환(張仁煥) 등을, 민족문화운동을 대표한 인물로 장지연(張志淵), 유휘(劉徽), 신채호(申采浩), 장기탁(梁起鐸), 남궁억(南宮檍) 등을, 반봉건적 민주운동의 영도층으로 이동휘(李東輝), 안창호(安昌浩) 등을 각각 들었다.[8]

2. 무단통치와 3·1운동

일본의 식민통치를 시기별로 나눌 때 제1기라고 할 수 있는 1910년대는 철두철미 억압적이고 약탈적인 무단통치였다고 그 특징을 말할 수 있다. 일제는 이 기간에 경제방면에서는 토지를 약탈하는 정책을 썼고, 정치방면에서는 반일의병운동을 진압하는 정책을 견지했으며, 문화방면에서는 민족의 고유문화를 말살하고 군국주의적 노예화정책을 취했다고 최창

---

7) 崔昌益, 『八·一五以前 朝鮮民主運動의 史的 考察』, 12쪽.
8) 崔昌益, 『八·一五以前 朝鮮民主運動의 史的 考察』, 13쪽.

익은 분석했다.

특히 일제는 제국주의적 성장을 위해 조선에서 가장 노골적이며 야만적인 수탈을 자행했는데, 이에 철천지한을 품은 조선 민족이 일제를 타도하기 위해 거족적으로 봉기하여 항전에 나선 것이 1919년의 3·1운동이라고 그는 주장했다. 광포한 일제는 이 3·1운동을 무자비하게 탄압했으며, 이를 분수령으로 해서 조선의 민주주의혁명은 새로운 단계로 이행했다고 그는 보았다.

1) 무단통치

일제의 원시적인 수탈과정을 분석한 최창익은 경제·정치·문화적으로 일제가 세계에서 유례없는 야만적인 약탈정책을 취했다고 주장했다. 경제적으로는 토지사유권 확립이라는 구실 밑에 토지조사국의 조사를 기초로 '조선민사령', '부동산 등기령', '부동산 증명령' 등 허다한 법률을 제정하고 사유재산에 대한 법률관념이 희박한 조선 인민의 토지를 몰수한 것을 지적한 것이다. 정치적으로는 헌병경찰의 무단정치를 실시한 후 이른바 '보안법', '제령위반법' 등 온갖 악법으로 자유를 완전히 억압했으며, 문화적으로는 일시동인(一視同仁)이라는 기만적인 구호 아래 노예화교육을 실시하기 위해 각종 교육기관에서 조선의 역사와 언어, 문학을 제한했다는 것이다.

이러한 약탈정책으로 인해 망국 이후 조선은 일제의 식민지로서 자원 채취지, 자본 투자지, 그리고 상품 소비시장으로 전락했다고 분석했다.[9] 일본제국주의의 성장을 위한 자양 원천지, 대륙침략을 위한 병참기지로서 전형적인 식민지가 되고 말았다는 것이다. 그리하여 조선의 민족경

---

9) 崔昌益, 『八·一五以前 朝鮮民主運動의 史的 考察』, 14쪽.

제는 파산지경에 이르렀고, 애국인민은 적의 무력에 도살되었으며, 민족문화는 폭력으로 훼멸되었기에 문명민족으로 이를 감수할 수 없었던 조선민족이 일제히 봉기에 나섬으로써 3·1운동이 일어났다는 것이다. 이러한 3·1운동은 일제의 포악한 조선통치에 대한 위대한 봉기이며 항전으로, 하나의 커다란 인민혁명이라고 그는 규정했다.10)

그는 3·1운동이 얼마나 치열하였는지를 구체적인 숫자를 들어 설명했다. 일제의 총검에 피살된 수는 7,500명에 달했으며, 중상을 당해 며칠 후 사망한 수는 4,600여 명이며, 중경상자는 부지기수이고, 투옥된 수도 수만 명에 이르렀으며, 그 투쟁기간도 3개월이나 되었다는 것이다.11) 그는 3·1운동에서 발휘한 조선민족의 혁명적 열정과 심각성은 과거에 그 비유를 찾을 수 없을 만큼 획기적인 것이었다고 단언했다.

2) 3·1운동

최창익은 3·1운동은 결국 영도층의 배반으로 참패를 맛보았으며, 이 과정에서 수만 명의 혁명군중은 일제의 야수적인 탄압 밑에 학살되거나 투옥을 당했다고 지적했다. 그는 이러한 봉기가 승리하기 위해서는 주체적 조건과 함께 객관적 조건이 구비되지 않으면 안 되었는데, 당시 국제적 형편은 조선에 매우 불리한 상태였다는 것을 몇 가지 요인을 들어 설명했다.12)

첫째, 일제는 전승국으로서 파리 강화회의에 참가했고 전쟁을 통해 열강의 하나가 되었기 때문에 조선 민족의 항전은 처음부터 곤란을 내포

---

10) 崔昌益, 『八·一五以前 朝鮮民主運動의 史的 考察』, 15쪽.
11) 崔昌益, 『八·一五以前 朝鮮民主運動의 史的 考察』, 16쪽.
12) 崔昌益, 『八·一五以前 朝鮮民主運動의 史的 考察』, 19-20쪽.

하고 있었다는 것이다. 둘째, 러시아가 국내외 반동세력에 대한 전쟁으로 바빠 조선혁명을 원조할 여유가 없었기 때문에 조선은 국제적으로 고립되지 않을 수 없었다는 것이다. 셋째, 조선 무산계급의 정치적 경각성 부족으로 자기 계급의 지도적 정당을 갖지 못했기 때문에 민족해방의 주도적 임무를 완수하지 못했다는 것이다. 마지막으로 일본 내부의 계급대립이 표면화되지 못하고 일본 무산계급이 조선민족 독립운동을 지지하는 힘이 미약했다는 것이다.

그는 이와 같은 요인으로 비록 3·1운동이 실패로 끝나고 말았지만, 과거에 볼 수 없던 민족역량을 표시하였으며 민족의 단결력과 희생정신이 절대했다는 것을 전 세계에 보여주었고, 세계 무산계급의 절대적인 동정과 관심을 환기시켰다고 분석했다. 그리고 조선민족은 자신의 쓰라린 경험을 통해 제국주의자들의 기만과 그들의 민족정책을 알게 되었다고 말하고, 이를 통해 일제로부터의 해방은 철저한 무장투쟁과 민족의 대동단결로서만 가능하다는 교훈을 얻었다고 주장했다.[13]

그렇다고 해서 최창익이 무조건적인 대동단결을 주장한 것은 아니다. 3·1운동의 실패는 소시민적 지식분자는 민족해방운동을 지도할 수 없다는 것을 밝혀 주었고 무산계급의 영도적 지위를 명백히 보여주었기 때문에, 먼저 영도문제를 올바로 수립한 후 통일전선을 결성해야 한다는 것이다. 이에 따라 민족해방운동은 무산계급의 영도 하에 민족통일전선 수립을 위한 투쟁으로 방향을 전환하게 되었으며, 조선의 민족운동은 세계의 무산계급운동과 유기적인 관계를 유지하게 되었다고 단언했다.[14]

---

13) 崔昌益, 『八·一五以前 朝鮮民主運動의 史的 考察』, 20쪽.
14) 崔昌益, 『八·一五以前 朝鮮民主運動의 史的 考察』, 21쪽.

3. 문화통치와 무산계급운동

　1920년대는 식민통치 제2기로 이른바 문화통치기로 알려졌지만, 문화라는 말과는 어울리지 않게 실제로는 이 기간 중에 더 잔인한 탄압정책이 실시되었다. 문화통치라는 것은 외형적인 포장에 불과했고 내면적으로는 고등경찰제도를 도입하여 민족해방운동에 대한 억압정책을 더욱 강화해 나갔던 것에서 이를 확인할 수 있다. 경제적으로도 세계공황의 여파로 빈사상태에 처한 자국의 경제위기를 극복하기 위한 방안으로 일제는 조선에서의 약탈을 강화하는 조치를 취했는데, 최창익은 각종의 통계를 들어 이를 입증했다.

　이로 인해 조선 인구의 대부분이 무산계급으로 전락했고, 계급의식에 각성된 이들이 무산계급운동을 전개하여 반일 민족해방운동의 선봉적 역할을 하게 되었다고 최창익은 분석했다. 이의 가장 전형적인 것이 조선공산당의 결성이었다고 단언한 그는 1920년 이후 전국 각지에서 발생한 대부분의 민족해방운동은 공산당의 영도 하에 무산계급이 주도해서 이루어진 것이라고 주장했다.

1) 문화통치의 실상

　최창익은 일제 식민통치 제2기의 특징을 경제와 정치 두 방면으로 나누어 설명했다.[15] 우선 경제방면에서는 토지조사사업에 의한 농민소유 경

---

15) 崔昌益, 『八·一五以前 朝鮮民主運動의 史的 考察』, 21-25쪽.

작지의 약탈과 공유지의 수탈, 종전부터 지속되어 온 영세 경작제도의 확대 및 강화, 그리고 금융자본에 의한 고리대금적 착취기구의 형성 등을 중심으로 한 원시적 수탈의 연장 내지 지속이었다고 분석했다. 다음으로 정치방면에서는 3·1운동의 유혈의 대가로 언론·집회·출판의 자유를 부분적으로 인정함으로써 종전의 군국주의적 무단통치를 문화통치로 바꾸었으나, 이는 기만수단에 불과한 것이라고 주장했다.

경제적으로 일제는 조선을 영원히 '일본의 농촌'으로 만드는 동시에 '일본의 상품시장'으로 만든다는 정책이었고 공업화는 전혀 고려하지 않고 있었으나, 이러한 비공업화정책은 일본 자본주의의 팽창과 내부모순으로 수정하지 않을 수 없게 되었다고 그는 보았다. 이에 따라 점차 일본 산업이 조선으로 진출하게 되어 조선이 공업화의 과정을 밟게 되었고, 이로 인해 조선에 근대적 공장노동자가 출현하게 되었다는 것이다.16)

한편 농업부문에서는 일본 국내수요를 충족시키기 위해 단일작물인 미곡 생산에만 집중하도록 했다고 지적했는데,17) 이는 조선 농업의 발전을 보장하는 것이 아니라 오로지 영세소작제 강화에 의한 착취 외에 아무것도 아니었다는 것이 그의 분석이었다.18) 미곡이 유통과정에서 상품화되

---

16) 조선 내 공장 수와 노동자 수의 동향을 보면 1911년에 245개에 14,500명이었던 것이 1920년에는 2,087개에 55,200명으로, 1925년에는 4,238개에 80,200명으로, 1932년에는 102,000명으로 증대되었다. 崔昌益, "朝鮮無産階級運動," 白南雲·朴時亨 외, 『朝鮮民族解放鬪爭史』(金日成綜合大學校, 1949), 287쪽.

17) 미곡 생산지수를 보면 1910년을 100으로 할 때, 1920년은 124였고, 1930년은 150이다. 이러한 현상은 관개시설 개선과 종자개량 등에도 기인하나, 보다 근본적으로는 토지 세분화에 의한 영세농 경작으로 농민에 대한 잉여노동 착취율의 증가에 기인한다고 崔昌益은 주장했다. 崔昌益, "朝鮮無産階級運動," 263-264쪽.

18) 전체 경작지 면적에서 소작지 면적이 차지하는 비율이 1910년에는 34.4%였던 것이 1920년에는 50.8%, 1930년에는 56.0%로 증가했는데, 이는 자작농민의 토지 상실과 일본인 지주를 주로 한 기생적 지주에게 토지가 집중되었다는 것을 나타내는 것이라고 崔昌益은 지적했다. 崔昌益, "朝鮮無産階級運動," 281쪽.

었음에도 불구하고 생산과정과 착취조건은 의연히 봉건적 형태를 유지한 것이 이를 증명한다는 것이다. 이러한 정책으로 조선 농촌경제는 날로 파멸되어 갔고, 자본주의적 상품생산의 증대로 말미암아 일반 미곡 생산자들도 경제적 파산을 겪지 않을 수 없게 되었다고 그는 주장했다.[19]

그는 이 기간에 정치적으로는 다소의 자유가 부여되었지만, 사실은 한층 더 교활하고 잔인한 경찰정치를 실시하여 민족운동은 더욱 억압되었다고 주장했다.[20] 1920년 이래 한편으로는 사상단속을 목적으로 한 고등경찰제도를 수립했고 치안유지법을 제정하여 무산계급운동을 진압하기 위해 부심했으며, 다른 한편으로는 무산계급의 혁명화를 방지하기 위해 노농군중에 대한 문화보급과 청년학생의 사회과학 연구를 극도로 탄압한 것에서 이를 확인할 수 있다는 것이다.[21]

또한 일제는 조선에 대한 약탈 및 탄압정책 외에도 지리적으로 일본과 인접해 있고 기후가 차이가 없다는 점에 착안하여 이민정책을 강행함으로써 조선을 일본인의 이주 식민지로 만들었다고 그는 지적했다. 해마다 일본인의 조선 이주가 늘어나고 있는데, 그는 이것이 간단한 문제가 아니라고 다음과 같이 주장했다.[22]

첫째, 조선에 거주하는 이들 일본인은 대부분이 관리, 회사원, 상인들로, 이들이 총독정치의 기반을 형성하고 있을 뿐만 아니라 식민통치의 편

---

19) 崔昌益, 『八·一五以前 朝鮮民主運動의 史的 考察』, 22쪽.
20) 1930년 통계에 의하면 조선주둔 일본경찰은 경찰부 13곳, 경찰서 250곳, 경찰관주재소 2,320곳, 경찰관파출소 186곳, 경찰관출장소 134곳으로, 1910년의 경찰부 14곳, 경찰서 107곳, 경찰관주재소 269곳, 경찰관파출소 91곳에 비해 급속한 증가세를 보였다. 한편 경찰 인원은 1910년의 5,694명에서 1930년에는 18,811명으로 격증했다. 崔昌益, "朝鮮無産階級運動," 297쪽.
21) 崔昌益, 『八·一五以前 朝鮮民主運動의 史的 考察』, 23쪽.
22) 일본인의 조선 이주 숫자는 1910년대에는 346,110명이었고, 1920년대에는 501,867명으로 늘어났으며, 다시 1930년대에는 633,320명으로 증대되었다. 崔昌益, "朝鮮無産階級運動," 298쪽.

의대 역할을 한다는 것이다. 둘째, 일본인을 이주시키고 조선인을 국외로 내쫓는 것은 조선 민족의 민족적 집단생활과 지역적 일원성을 파괴하고 민족의 분산을 강요함으로써 민족의 멸망을 촉진하려 한 정책이라는 것이다. 셋째, 조선인의 추방은 새로운 식민지를 개척하려는 일종의 방편이라고 그는 지적했다. 일제가 중국 동북지방에 이주하는 조선인과 중국인 사이에 민족적 반감을 선동하여 상호 충돌을 야기하고 이 문제를 빙자하여 만주를 침략하는 것에서 알 수 있다는 것이다. 이 때문에 최창익은 문화통치는 일제의 착취적 식민지, 이주(移住) 식민지, 군사적 식민지 역할을 담당한 폭압정치에 불과했다고 주장했다.23)

2) 무산계급운동

이처럼 일제의 탄압이 경제적·정치적으로 극심해졌지만, 근로대중의 민족의식과 계급의식은 막을 수 없었다는 것이 최창익의 주장이다. 민족경제의 파탄으로 인구의 대부분이 무산계급으로 전락했고 이들의 생활이 극도로 빈곤해졌기 때문에, 필연적으로 민족의식과 계급의식이 각성되고 제고되지 않을 수 없었다는 것이다. 이처럼 무산계급이 계급의식을 갖게 되고 독자적인 계급운동을 전개하게 됨에 따라, 무산계급운동은 식민지 사회조건 하에서 반일민족해방투쟁의 선봉적 역할을 하게 되었다고 그는 분석했다. 그리고 이때부터 무산계급의 반제운동은 민주적 노선에 따라 민중을 동원하고 교육하며 조직하고, 한 걸음 더 나아가 반일역량의 통일에 힘써 왔다고 분석했다.24)

그는 비록 조선의 노동계급은 역량이 미약하다 할지라도 제국주의의

---

23) 崔昌益, "朝鮮無産階級運動," 298쪽.
24) 崔昌益, 『八·一五以前 朝鮮民主運動의 史的 考察』, 23-24쪽.

몰락하는 역사계단에 조응하여, 그리고 소련을 선봉으로 하여 앙양되는 세계 무산계급 해방투쟁의 신정세에 부응하여, 철저하고 전투적인 혁명적 기질을 소유하고 일제의 착취와 폭압에 대항했다고 단언했다. 이는 3·1운동이 전개되던 시기에 이미 나타난 바 있는데, 그 이후 무산계급은 일제의 가혹한 착취를 타도하기 위해 철저한 투쟁을 계속해 왔다고 그는 주장했다. 이러한 증거로 그는 노동쟁의와 소작쟁의 건수와 참가자수를 제시하고,[25] 이를 근거로 하여 무산계급은 농민과의 동맹 위에서 전투적 계급으로 옮아갔다고 보았다.

그는 무산계급운동은 1924년에는 획기적인 조직운동으로 전개되어 전국적인 성질을 가진 군중단체들이 조직되었으며,[26] 1925년에는 조선공산당이 건립되었고 1927년에는 공산당의 영도 하에 반일민족통일전선 단체인 신간회가 성립되기에 이르렀다고 기록했다. 다시 말하면 식민통치 제2기인 1920년부터 조선의 반일역량은 무산계급의 영도 아래 전국적으로 그 위세를 떨쳤다는 것이다. 일제 경찰에 의해 1차 공산당 검거사건을 위시한 여러 차례의 검거로 무산계급의 전위분자 다수가 투옥되었음에도 불구하고 전국적인 성질을 가진 반일운동이 각지에서 일어난 것에서 이를 확인할 수 있다고 그는 주장했다.[27]

---

[25] 노동쟁의 건수와 참가자수는 1920년 81건에 4,955명이던 것이 점차로 늘어 1927년에는 94건에 10,523명으로, 1930년에는 160건에 18,972명으로, 1934년에는 199건에 13,098명으로 각각 늘어났다. 소작쟁의 건수와 참가자수도 마찬가지였는데 1920년에 15건에 4,140명이던 것이 1925년에는 204건에 4,002명으로, 1928년에는 1,590건에 4,863명으로, 1930년에는 726건에 13,012명으로 대폭 증가했다. 崔昌益, "朝鮮無産階級運動," 308쪽.

[26] 전국적인 성질을 가진 군중단체의 예로 崔昌益은 노동총동맹과 청년총동맹을 들었다. 崔昌益, 『八·一五以前 朝鮮民主運動의 史的 考察』, 24쪽.

[27] 이러한 예로 崔昌益은 6·10만세사건, 1928년 영흥 반일 농민폭동사건과 원산 총파업사건, 1929년 광주학생사건과 단천 반일 농민폭동사건, 1930년 부산 반일 노동파업사건 등을 들었다. 崔昌益, 『八·一五以前 朝鮮民主運動의 史的 考察』, 24-25쪽.

그는 6·10만세사건과 광주학생사건을 비롯하여 모든 사건이 무산계급 영도 하에 일어난 일제 식민통치에 대한 반항운동이었다고 단언하고, 1920년 이후 무산계급이 민족해방운동 진영 내에서 반일투쟁의 선봉적 역할을 한 것은 의심할 수 없는 사실이라고 주장했다. 이와 동시에 그는 무산계급운동이 활발하게 일어나기는 했지만, 이 과정에서 소자산계급 출신의 지도부가 종파주의적 또는 좌·우경적 착오를 거듭 범한 것도 사실이었다고 시인했다.

무산계급운동에 오류가 발생한 것에 대해 그는 일제의 탄압 아래 동지들의 규합이 광범위한 사회적 범위에서 이루어지지 못하고 협애한 친분관계에서 형성되다 보니 주·객관적 조건의 제약을 받게 되고, 이로 인해 처음부터 인물중심의 분파적 결합방식으로 발족했기 때문에 생긴 일이었다고 분석했다.[28] 그렇지만 부분적으로 분파운동이 있었다고 해서 무산계급운동이 민족해방운동 진영 내에서 가장 진보적이며 가장 철저하고 핵심적인 선봉대였다고 하는 사실을 부정해서는 안 된다고 그는 강조했다.[29]

4. 전시 동원체제와 반일투쟁

최창익은 식민통치 제3기라고 할 수 있는 1931년부터 일제는 최후의 발악으로 야만적 폭압정책을 취했다고 분석했다. 1931년 만주를 침공하여 강점한 데 이어 1937년에는 중일전쟁을 일으켰고, 1941년에는 태평양전쟁까지 도발하는 등 전 세계를 상대로 무모하게 전쟁을 확대함에 따라 일제가 조선에서 더욱 야만적인 정책을 편 것으로 그는 파악했다. 이 과정에서

---

28) 崔昌益, "朝鮮無產階級運動," 312쪽.
29) 崔昌益, 『八·一五以前 朝鮮民主運動의 史的 考察』, 25쪽.

일제는 조선의 식민지적 예속화를 한층 강화하는 이른바 전시 동원체제를 구축해 나갔다는 것이다.

그는 일제의 이러한 폭압정책은 불가피하게 조선민족의 강력한 민족해방투쟁에 봉착하지 않을 수 없었다고 분석했다. 이 기간 중 그는 과거와 같이 대규모 대중이 참가한 반일운동은 없었으나, 각종 형식의 반일운동이 지하에서 끊임없이 일어났다고 설명했다. 그는 이러한 투쟁은 코민테른의 12월테제에 입각하여 공산주의자들이 주도한 것이 대부분이라고 분석했다. 그는 또한 이 기간 중 만주, 중국 등 해외에 있는 혁명세력이 일제를 타도하기 위해 위대한 역할을 수행했다고 주장하고, 그 예로 김일성과 조선의용군의 무장투쟁 두 가지를 들었다.

1) 전시 동원체제

만주침공과 중국침략 등 급속한 제국주의적 팽창과 침략전쟁의 수행으로 인해 일제는 조선에 대한 정책을 전환하지 않을 수 없게 되었다는 것이 최창익의 인식이었다. 일제의 정책전환은 경제와 정치 양 방면에서 나타났는데, 기본적으로 이는 조선 인민의 고혈을 최후의 한 방울까지 착취하려는 최후 발악적인 식민지 수탈정책을 강행하는 과정에서 초래된 것이라고 그는 보았다.

우선 경제정책에서 일제는 전쟁을 수행하는 데 있어 일본과 지리적으로 인접해 있다는 관점에서 조선을 일본과 만주를 잇는 교량지대로 만드는 동시에, 조선의 값싼 노동력과 만주 및 조선의 풍부한 자원을 이용하기 위해 조선의 군수공업을 확대해 나갔다고 분석했다.[30] 조선에 군수공

---

30) 일제가 조선에서 종래의 중농정책에서 농공병진정책을 실시한 근본원인을 崔昌益은 세 가지로 설명했다. 첫째, 일본에 대한 조선 쌀의 수출이 일본 농업경제를 위협하기 시작함에 따라 쌀 수출을 제한하고 공업을 진흥하게 되었으며, 둘째,

업을 확대하면서 일제는 이를 '조선 공업화정책'이니, '조선의 산업혁명'이 니 하는 허위선전을 늘어놓았는데, 이는 조선의 인적·물적 자원을 한층 더 잔인하게 수탈하는 과정을 은폐하려는 것에 불과하다고 주장했다.31)

그리고 이 기간에 조선에서 수출은 약 5배, 수입은 약 7배로 비약적인 증가세를 보였는데, 수출과 수입의 대부분을 일본에 의존하고 있어 조선은 일본의 원료공급지 및 상품시장으로 고착화되는 양상을 나타냈다고 분석했다. 이러한 일반적 추세와 함께 가장 특징적인 것은 광공업이 전체 산업부문에서 차지하는 비중이 현저하게 높아진 것이라고 그는 지적했다.32) 농산물이 차지하는 비중이 압도적으로 높기는 하나, 다른 부문에 비교하여 상대적으로 광공업생산물의 증대가 현저하다는 것이다. 그는 광공업의 증대는 군수공업의 발흥을 의미하는 것이라고 주장했다.

일제는 또한 합병 이후 계속해서 조선을 노동력 공급시장으로 만들며 식민지 착취정책을 강화해 왔는데, 이 기간에 특히 인적 자원의 강제 공출에 총력을 집중했다고 그는 주장했다. 그리하여 조선의 노동력은 조선의 모든 자원을 약탈하기 위한 조선 공업화의 추진력으로 되었을 뿐만

세계전쟁을 예상한 일본으로서는 조선을 침략의 근거지로 삼고 국방의 제1선 및 군수공업 시설 특별구로 지정했으며, 셋째, 풍부한 공업자원과 저렴한 공업원료 및 임금 등의 이유로 일본 공업자본이 조선을 착취하게 되었다는 것이다. 健字, "日本侵略資本在朝鮮的現勢,"『朝鮮民族戰線』創刊號(1938년 4월 10일), 10쪽; 독립기념관 한국독립운동사연구소,『韓國獨立運動史資料叢書』第2輯(1988), 158쪽.

31) 조선 내에 회사 수 및 공칭자본이 1931년에는 2,035개와 656,000,000원이었는데, 1937년에는 3,217개와 1,472,000,000원으로, 다시 1939년에는 3,581개와 2,070,000,000원으로 대폭 늘어났는데, 이는 회사 수는 1,500여 개가 공칭자본은 3배 이상 격증한 것이다. 崔昌益,"日本帝國主義 大陸侵略戰爭行程에 있어서의 反日武裝鬪爭," 白南雲·朴時亨 외,『朝鮮民族解放鬪爭史』(金日成綜合大學校, 1949), 341쪽.

32) 전체 산업부문에서 광공업이 차지하는 비율이 1912년에는 4.1%였으나, 1925년에는 19.0%로, 1931년에는 33.7%로, 1936년에는 35.0%로 증대했다. 崔昌益,"日本帝國主義 大陸侵略戰爭行程에 있어서의 反日武裝鬪爭," 342쪽.

아니라, 일본의 중공업 확대 발전과 만주의 농업 확충을 위한 중요 인자(因子)로 되었다는 것이다.33) 조선 농촌으로부터 이처럼 방대한 노동력을 추출한 일제는 청장년은 물론 처녀들까지 강제 징용하기 위해 온갖 만행을 다했는데, 이로 인해 조선 농촌은 노동력 부족을 겪는 사태까지 나타났다고 그는 분석했다.

일제의 이러한 무제한한 인적·물적 자원의 가렴주구는 조선의 농촌을 황폐화시켜, 1939년 이후로는 생산력이 급속히 저하되었다고 그는 분석했다. 일제의 농촌 수탈은 곧 조선 농촌의 반봉건적 낙후성을 더욱 조장했고, 그 결과 극단적인 영세농화와 유례없는 고율의 소작료가 나타나게 되었다고 주장했다. 자작농 및 자작 겸 소작농이 순전히 소작농으로 전락한 것과, 5할에서 8~9할에 이르는 고율의 소작료는 전시 수탈과정에서 더욱 강화되었다는 것이 그의 분석이었다.34)

한편 일제는 정치적으로 식민지 통치질서를 유지하기 위해 조선 내에서 노동조합, 농민조합 등 일체의 사회단체를 강제로 해산시켰으며, 언론·출판·결사의 자유를 극단으로 탄압하며 노예화교육을 강화하였고, 소위 '보호관찰법'을 제정하여 인민의 자유를 구속했다고 그는 주장했다.35) 이와 동시에 일제는 '시중회'(時中會)를 비롯한 각종 반동단체를 조직하고 친일분자를 동원하여 '국방청년단'을 만드는 등 조선에 대한 약탈과 폭압으로 대규모 침략전쟁을 준비했다고 보았고, 그 일환으로 나온 것이

---

33) 일본에 이주한 조선인의 수는 1934년에 537,000명이던 것이 1935년에는 625,000명으로, 1936년에는 690,000명으로, 1937년에는 725,000명으로, 1938년에는 768,000명으로 해마다 증가했으며, 1942년에는 1,200,000명을 돌파했다는 통계를 崔昌益은 인용했다. 한편 만주에도 1937년부터 1940년 사이에 127,000명을 농지 개척민이라는 명목으로 보냈는데, 1931년 만주에 사는 조선인의 수가 630,000명이던 것이 1942년에는 1,200,000명을 초과하게 되었다고 주장했다. 崔昌益, "日本帝國主義 大陸侵略戰爭行程에 있어서의 反日武裝鬪爭," 353쪽.

34) 崔昌益, "日本帝國主義 大陸侵略戰爭行程에 있어서의 反日武裝鬪爭," 355-356쪽.

35) 崔昌益, 『八·一五以前 朝鮮民主運動의 史的 考察』, 26쪽.

전시 국가총동원법에 의한 대대적인 약탈과 폭압이었다고 분석했다.

다시 말하면 일제는 공출제도를 실시하고 헌납정책을 강화하여 인민의 재산을 몰수했고, 광범한 침략전쟁에 소요되는 인적 자원의 보충을 위해 지원병제와 징병제를 실시했으며, 징용령을 발포하여 조선의 남녀 청장년을 전쟁에 희생시켰다는 것이다. 그리고 사상보호관찰법, 사상예방구금법, 신치안유지법 등 각종 악법을 제정하여 민족해방 역량을 강압했으며,36) 조선어 폐지와 조선문자 사용금지, 조선 역사교육 폐지 등 야만적인 폭압으로 조선의 고유한 일체의 민족문화를 말살하는 정책을 썼다는 것이다.

이처럼 일제는 침략전쟁 과정에서 조선 민족을 완전히 멸망시키기 위하여 강압적인 폭압정책을 세웠고, 전시 헌병경찰, 사법경찰 및 파시스트 폭력단체 등 일체의 반동적인 기구와 단체를 동원하여 공장에서, 광산에서, 농장에서, 학교에서, 그리고 가두에서 반일적인 인민을 압박하고 착취하며 도살했다고 그는 주장했다. 일제의 파시스트적인 전시 동원체제 하에서 조선민족은 경제적으로는 최후의 파산을 당했고, 정치적으로는 최후의 위기에 처했다는 것이 그의 분석이었다.37)

2) 반일투쟁

일제의 만주침공 이후 조선 인민의 반일투쟁은 우후죽순처럼 일어났

---

36) 일제의 경찰정치 아래 피검된 인원 및 사상범을 주로 하는 특별범의 수는 1930년에 187,521명과 38,779명이었는데, 1934년에는 201,630명과 66,055명으로 늘었고, 1938년에는 165,350명과 44,043명이 되었다. 이와 함께 전국 감옥에 수감된 수감자 수는 1930년에는 17,232명이었으나, 1934년에는 17,963명으로, 1938년에는 19,328명으로, 1941년에는 20,206명으로 급증했다. 崔昌益, "日本帝國主義 大陸侵略戰爭行程에 있어서의 反日武裝鬪爭," 358쪽.

37) 崔昌益, 『八·一五以前 朝鮮民主運動의 史的 考察』, 28-29쪽.

다는 것이 최창익의 기본인식이었다. 일제가 대량으로 무산계급 진영의 전위분자들을 검거·투옥·학살하고 모든 애국적 인사들을 박해했음에도 불구하고 각종 반일 폭동사건을 비롯하여 혁명운동이 비밀리에 전개되었다는 것이다.[38] 그는 일제가 이른바 '사상사건'이라고 하여 검거·투옥한 인원이 해마다 증가하고 있는 것을 예로 들어[39] 조선의 혁명적 노동자·농민의 반일투쟁은 계속 확대되었다고 주장했다. 그는 일제의 탄압이 증대되었음에도 이에 굴하지 않고 소작쟁의와 노동파업 같은 반일투쟁이 지속적으로 증대했다는 것을 통계수치로 설명한 것이다.

그러나 반일투쟁의 증대 못지않게 일제의 탄압과 회유에 굴복하여 혁명전선으로부터 탈락하는 분자들이 늘어났다는 것도 그는 빼놓지 않았다. 민족개량주의자들이 일제와 전면적으로 타협했으며 소부르주아 지식청년들은 일제의 사상전향에 강요되어 혁명전선으로부터 퇴각하거나 매수되어, 직접·간접으로 근로대중의 혁명적 투쟁을 거세시키며 침략전쟁 수행을 위해 일제가 조선의 자원을 수탈하는 데 방조하는 반동적 역할을 했다는 것이다.[40]

---

38) 崔昌益은 반일폭동의 예로 1930년 조선공산당 검거사건, 1932년 어대진 반일 농민폭동, 1933년 전북 반일 농민폭동, 1934~36년 명천 반일 농민폭동을 들었으며, 혁명운동의 예로는 1931년 적색공장위원회사건, 1932년 흥남 지역의 적색노조사건, 1933년 함남 적색노조사건, 1933~37년 공산주의자협의회사건, 1935년 흥남 적색노조사건, 1937년 원산철도국 적색노조사건 등을 들었다. 崔昌益, 『八·一五以前 朝鮮民主運動의 史的 考察』, 29-30쪽.

39) 사상사건의 건수 및 이로 인해 검거된 인원수가 1930년에는 397건에 4,025명이던 것이 1931년에는 436건에 3,659명으로, 1932년에는 345건에 4,989명으로, 1933년에는 214건에 2,641명으로, 1934년에는 157건에 2,285명으로, 1935년에는 178건에 2,021명이 되었다. 崔昌益, "日本帝國主義 大陸侵略戰爭行程에 있어서의 反日武裝鬪爭," 367쪽.

40) 이러한 예로 崔昌益은 대동민우회, 시중회, 연정회 등을 들었다. 崔昌益, "日本帝國主義 大陸侵略戰爭行程에 있어서의 反日武裝鬪爭," 368-369쪽.

이와 같은 일제의 야만적 폭압과 민족개량주의자들의 발호, 그리고 소부르주아 지식청년들의 전향 등과 같은 악조건에도 불구하고 무산계급운동은 한층 발전된 형태로 새로운 면모를 띠고 나타났다고 그는 분석했다. 그는 이러한 단서를 제공한 것은 코민테른의 1928년 12월테제라고 단언하고, 이에 따라 조선 공산주의자들은 민족해방운동과 조선혁명의 역사적 계단과 투쟁방법 등을 정확하게 파악하고 온갖 희생을 무릅쓰고 이를 실천하기 위해 투쟁했다고 주장했다.[41]

반일투쟁이 전개되는 과정에서 일제 경찰에 체포된 사람의 수도 늘어만 갔고 각종 노동쟁의와 소작쟁의가 빈발했는데, 대부분이 공산주의자들이 주도한 반일투쟁이었다고 그는 주장했다.[42] 그는 반일투쟁이 발전하는 과정에서 일제의 탄압으로 인해 혁명진영의 희생이 막대했다고 말하고, 이는 조선 민족이 가진 혁명적 에너지를 충분히 표시한 것이라고 강조했다.[43]

---

41) 崔昌益, "日本帝國主義 大陸侵略戰爭行程에 있어서의 反日武裝鬪爭," 369쪽.
42) 崔昌益은 1927~35년 사이에 공산당사건으로 투옥된 수가 16,000명이 넘었고, 1934~36년 동안 홍남지방에서 적색노조사건이 127차례나 발생했으며 그로 인해 투옥된 사람이 4,700명이나 되었다는 통계를 인용했다. 한편 1934년 남부지방에 일어난 소작쟁의는 1,800여 건이었고, 1935년에는 7,200여 건이 발생했다고 기록했다. 崔昌益, 『八·一五以前 朝鮮民主運動의 史的 考察』, 30쪽.
43) 1934년 조선 내 수감자 총수는 108,391명이었고 1938년에는 약 18만 명에 달했다고 崔昌益은 주장했다. 그는 1944년 조선 내 감옥의 수만 해도 본소가 23개소에 달하고 각 본소에 소속된 지소가 허다한 것으로 볼 때 8·15 이전에는 수감인원이 격증했을 것이라고 추측했다. 崔昌益, 『八·一五以前 朝鮮民主運動의 史的 考察』, 31쪽.

제10장 결론

    청년시절부터 최창익은 자신이 태어난 고국 땅에서 일본세력을 몰아내기 위해 반일운동에 투신했고, 그 일환으로 국내외를 오가며 공산당 활동에도 열중했다. 이로 인해 일제 경찰에 체포되어 영어(囹圄)의 몸이 되기도 했지만, 그는 전혀 굴하지 않았고 항일전선에서 이탈하지도 않았다. 감시의 눈을 피해 중국으로 건너가 다시 항일투쟁에 나서 조선의용군 조직과 독립동맹 창립에 참여한 것이 그 단적인 예다.
    중국을 무대로 활약하다가 해방 후 북한으로 귀국한 최창익은 해방정국에서 매우 정열적으로 활동한 정치인의 하나로, 이론가로서의 면모도 적지 않게 과시했다. 비록 귀국과정에서 무장해제를 당하는 불운을 겪기도 했지만, 독립동맹 조직을 재건하여 북한에서 하나의 정치세력으로서 그 위상을 굳건히 했으며 이를 바탕으로 정권을 수립하는 데 커다란 역할을 했기 때문이다.
    일차적으로 그가 한 일은 모스크바 3상결정에 대한 지지와 독립동맹의 재정비였다. 이를 계기로 하여 북한의 정치무대에 본격적으로 등장한 그는 북한정권 수립에도 적극 참가했다. 토지개혁의 의의를 설명하는가 하면 정권수립의 필요성을 역설했고, 정권이 수립된 후에는 검열국을 창설하여 행정·경제·재정 면에서 각급 기관이 고유의 업무를 효율적으로 집행하고 있는지를 점검하는 체제를 마련했다. 이것은 건국과정에서 수반되는 각종 부정과 부패를 사전에 막기 위한 조치였다.

그는 또한 독립동맹의 후신인 조선신민당과 북조선공산당을 합당하여 북조선노동당으로 출범시키는 작업에도 깊이 간여했다. 북로당의 강령을 초안하여 보고했으며, 북로당이 창당된 후에는 당원에게 세포생활의 중요성을 주지시키는 글을 게재함으로써 당원교육에도 앞장섰다. 공산당의 조직원리에 따라 당세포에 부여된 임무를 당원들이 충실히 수행할 때만 당과 군중이 혼연일체가 되어 효율적으로 국가를 통제할 수 있다는 신념에서였다.

그의 활동은 북한에만 국한되지 않았다. 남한의 신문과 잡지에 글을 기고함으로써 자신의 정치적 영향력을 남한에까지 확대하려고 했다. 토지개혁의 의의를 설명하고 봉건적 인습을 타파하며 북한에서 실시된 제반 개혁을 남한에서도 실시하도록 선동했고, 이승만과 김구가 주동적으로 참여한 민주의원을 비판함으로써 북한정권에 정통성을 부여하는 역할을 하기도 했다. 그리고 남한에서 추진되고 있던 3당 합당과정에서 반박헌영파를 비판함으로써 박헌영을 중심으로 한 남로당 출범을 결정적으로 도왔는데, 결과적으로 이는 남한 좌익진영의 세력분포가 북한의 의도에 따라 재편되는 구도를 만들어 놓은 셈이 되었다. 이로 인해 남한의 좌익진영은 자생력을 잃고, 어디까지나 북한의 지시나 지원만을 기대하는 구조로 되고 말았다.

국내외 정세에 대한 분석에서 그는 철저하게 소련과 미국을 대비시켰고, 이의 연장선상에서 북한은 소련의 방조로 민주건설이 추진되고 있지만, 남한은 미국의 반동적인 정책으로 인해 반동화되고 있다고 비판했다. 이러한 인식에서 그는 북한의 민주기지를 공고화하고 이를 바탕으로 통일을 이루어야 한다고 강력히 주장했다. 북한의 기치 아래 국토완정과 민족통일을 달성해야 한다는 것이었는데, 평화적인 수단과 방법이 통용되지 않을 경우 다른 수단을 써서라도 소멸해야 한다고 단언함으로써 그는 무력통일을 암시하기도 했다.

그는 또한 김일성의 리더십 확립을 위해서도 많은 노력을 기울였다. 이러한 행위는 한때 인민의 힘을 강조하던 그의 인민사관과는 거리가 있는 것이었으나, 국가건설 초기과정에서 나타날 수 있는 권력투쟁의 부작용을 방지하고 일관된 정책을 추진하는 데는 어느 정도 효율적인 면도 없지 않았다. 그렇지만 그것이 누적되어 개인숭배주의로까지 나아가 북한사회의 다양성을 저해하여, 결과적으로는 그가 극찬해 마지않았던 인민민주주의 정착에 방해가 된 것 또한 틀림없는 사실이었다.

그러나 최창익이 뒤늦게나마 개인숭배주의의 폐단을 깨닫고 이를 시정하려고 했을 때는 이미 김일성을 정점으로 한 권력구조가 고착화되어 그가 활동할 수 있는 여지가 전혀 없는, 극도로 경직된 상태가 되고 말았다. 민주집중제의 원리에서 '민주'의 원리가 사상되고 '집중'의 원리만 남은 것이다. 그 자신이 그러한 구조가 가장 민주적인 것이라고 확신하고 그러한 구조를 만드는 데 앞장서 왔지만, 그러한 구조가 부메랑이 되어 그 자신의 의지와 행동마저 얽어매는 도구로 작용하리라고는 전혀 예상치 못한 결과였다.

이로 인해 그의 존재도 "위대한 중국 혁명가들과 일상생활을 같이하며 싸우고, 배우고, 지도해 온 국제혁명전선의 위대한 존재이며, 열렬한 실천가인 동시에 또 탁월한 이론가로서도 일류의 존재"라는 평가[1] 대신에 '신민당의 지도적 지위를 악용하여 종파지반을 닦기에 피눈이 되어 날뛰면서 지어 남조선 로동운동에까지 마수를 뻗치였으며 로동당 창립 후에도 양봉음위의 교활한 수법으로 반당 반혁명적 종파책동을 계속'한 "종파도당의 두목"[2]으로 전락하고 말았다.

---

1) <獨立新報> 1946년 5월 21일.
2) 사회과학원 력사연구소, 『조선전사』 28(과학·백과사전출판사, 1981), 290쪽.

이처럼 자신이 만들어 놓은 제반 구조가 김일성으로 하여금 정적을 제거할 수 있게 하고, 최종적으로는 그 자신을 비롯하여 연안파의 숙청까지도 가능하게 하는 도구로 쓰이는 현실을 목격하면서 그가 무엇을 생각하고 있었는지 궁금하기 짝이 없다. 생의 마지막 순간에 머릿속을 스치고 지나가는 상념은 한 사람의 일생을 평가하는 최후의 잣대라고 할 수 있기 때문에 더욱 그러하다.

그것이 역경에도 굴하지 않고 항일투쟁에 몸을 바쳐 온 젊음에 대한 회한이었을지, 그의 이상을 사로잡았던 공산주의가 허황된 이론에 불과하다는 공허함이었는지, 공산정권의 수립이 역사의 종언을 알리는 전주곡이었다는 후회였는지 모른다. 그것이 아니라면 개인숭배주의의 해악을 뒤늦게 깨달은 자신의 아둔함에 대한 원망이었는지, 파란만장한 인생 자체에 대한 허무함이었는지, 권력의 무상함이었는지도 모른다.

그렇지만 자신보다 먼저 숙청된 무정이나 박헌영, 또는 중국으로 도피한 윤공흠이나 서휘 등의 얼굴을 떠올렸을 가능성이 있다고 생각된다. 이와 동시에 박금철이나 이효순이 지금 당장은 자신의 숙청에 앞장서고 있지만, 이들도 머지않아 자신의 전철을 밟을 것이라고 스스로를 위안하면서 눈을 감았으리라고 추측하는 것도 지나친 예단은 아닐 것이라는 생각이 든다.

자료편

최창익 관련 자료

부록 1

남한 출판물

1. 조선청년총동맹 임시대회 제안

　청년문제: 대중의 역사적 사실을 완성함에 필요한 새 세력을 가진 청년의 조직적 단체에 민중적 정신을 고무하고 계급적 의식을 주입하여서 그 필연의 도정을 밟게 하는 것을 청년운동의 근본방침으로 함.
　교양문제: 강연회, 담서회(談書會), 연구회, 강습회, 잡지, 팜프렛, 리플렛, 순회문고, 연극 등으로써 청년의 계급적 자각을 촉진하는 동시에 사회의 모든 문제와 사상을 충분히 알도록 함.
　단체문제: 도시 혹은 농촌에 흩어져 있는 청년을 규합하여 청년운동의 근본적 방침으로부터 그 목적과 임무에 이르기까지 충분히 설명하여서 이에 대한 이해를 갖게 하고 그들로 하여금 자발적으로 단체를 조직케 하여 반드시 총동맹에 참가케 할 일.
　이류(異流) 청년단: 종교적 색채를 띤 청년단체나 혹은 순연한 종교적 단체 등의 이류 청년단체에 대하여 단연한 적대적 태도를 취하지 말고 그들로 하여금 계급적 의식을 고취케 하여 그 자체가 청년운동의 근본적 정신을 깨닫도록 하며 관제(官制) 청년단체에 대하여는 배척을 기함.
　청년운동일: 청년운동기념일을 국제청년'데이'로 함.
　노농운동: 노농운동은 적극적으로 후원하며,
　부인운동: 부인운동의 촉진을 도모하는 동시에 그를 위하여 노력함.
　동척(東拓)문제: 동척의 사업을 착취사업으로 인정하고 이것을 배척함.
　교육문제: 교육은 민중본위로써 함. 다만 조선 현 상태의 당면문제로써 보통교육을 증설할 것과 보통학교에 조선말을 사용케 하며 노동자교육과 의무교육 등의 실시를 기함.
　종교문제: 종교를 원리상으로는 부인하지만, 실제에 있어서는 적극적으로 배척치 말고 다만 종교가 민중을 마취케 하여 그 참다운 각성을 방조(防阻)하는 폐해만 일반 청년에게 이해케 함.
　반동단체: 반동단체에 대하여는 적극적으로 배척을 하기로 노력함.
　형평운동: 형평운동은 계급적 방면으로 인도하는 동시에 원조함.
　민족운동: 타협적 민족운동은 절대로 이것을 배척하며 혁명적 민족운동은 찬성한다.
<東亞日報> 1924년 4월 26일

2. 통일과 임정에 대한 태도

1946년 초 독립동맹과 조선의용군을 취재하기 위해 평양에 갔던 서울의 『新天地』사는 항일투쟁을 전개했던 김일성부대와 조선의용군의 중견간부들의 좌담회를 개최했다. 이 자리에 옵서버로 참석한 崔昌益은 좌담회가 끝나자 '통일'문제와 '청년과 학생'문제 그리고 '임정'에 대해 자신의 견해를 밝혔다.

  1. 통일 - 기자 동무들은 만주와 화북에서 싸운 여기 젊은 혁명투사들을 보고 무엇을 느끼었는지? 검붉은 얼굴, 일과 주림과 싸움에서 온 독특한 표정- 이 표정은 혁명투사의 자랑이요 또 우리 민족의 자랑도 될 것입니다. 그리고 이 혁명세력은 새 조선 건설의 한 기초가 될 것을 나는 믿습니다. 이 혁명역량이 중심이 되어 조선의 농민과 노동자와 학생과 청년과 굳세게 악수한다면 조선의 전도는 광명이 올 것을 또한 나는 믿어서 의심치 않습니다. 지금까지 우리들 주위에는 우리와 조선 인민과의 분리를 일삼는 분자, 악수를 분리시키려는 분자가 있고, 또 38도선의 영구한 분리를 꾀하는 자도 있습니다. 그러나 우리도 이러한 모든 분열정책에 결단코 동요가 없으리라는 것을 단언하는 바입니다. 항일 9년의 피투성이의 싸움은 우리를 강철과 같이 단련시켰으며 우리의 혁명단체가 그러한 값싼 분리공작에 넘어가기에는 그동안 민족을 위하여 흘린 피의 분량이 너무도 많고 존귀한 것입니다. 만일 민족과 우리와의 분리가 있다면 그것은 조선의 불행이 아니면 안 됩니다. 역사는 암흑에서 광명에로 진전하는 것입니다. 우리는 자라가는 세력이요, 성장하는 힘입니다. 분열은 단연코 없습니다.
  2. 청년과 학생 - 청년과 학생은 그 사회의 주인입니다. 또 시대의 주인이기도 합니다. 그런데 조선의 젊은이들은 불행하게도 일본제국주의의 노예교육으로 말미암아 과학적 견식이 얕고 정당한 판단력이 어립니다. 우리의 사랑하는 청년과 학생들의 이러한 약점을 틈타서 그 음흉한 분자와 파시스트적 존재가 사물의 이치를 그릇되게 가르치고 민족의 분열을 그들로 시켜서 하고 있는 것입니다. 그러나 또 우리는 이 땅의 젊은이가 이성(理性)의 맹인은 아닌 것을 잘 압니다. 그러므로 청년의 대부분은 진보의 일꾼이 될 것을 믿고 우리와 함께 나갈 것을 믿습니다. 청년의 잘못이 있다면 우리의 지도가 모자랐던 죄이요, 결코 청년 자신의 것은 아

닙니다. 청년은 예리한 감수성을 가지고 있고 옳은 일을 위하여 용감한 실천성을 가지고 있으며 또 누구보다도 앞을 가는 발전성을 가지고 있습니다. 우리는 그들을 비판하기 전에 동정하는 생각을 가지고 이 견지에서 청년들을 바르게 인도하는 길을 밟을 것입니다. 또한 학창의 교원 제씨와 사회지도자들의 계도가 필요할 줄 압니다.

 3. '임정'에 대한 태도 - 우리는 金九씨의 임시정부를 말하고자 하지 안는다. 다만 우리는 모든 노동자와 농민, 학생, 지식인 등 모든 인민을 대표하는 것이라야 비로소 정부라고 생각합니다. 우리는 과거에도 그러했고, 지금도 그러하며 또 명일에도 그러합니다.

『新天地』 1권 2호(1946년 3월), 237쪽.

3. 토지개혁의 역사적 의의

북부 조선의 토지개혁 문제는 그 동안 산발적으로 전해지기는 하였으나, 일반 대중의 이번 개혁에 대한 정확 차(且) 충분한 이해를 획득하기에는 아직도 이론상 노력과 시간적 여유에 있어 부족한 감이 없지 않았다. 이제 본보는 이번 토지개혁의 역사적 의의를 밝힌 최창익(崔昌益)씨의 기고를 얻어 여기에 게재하여 독자의 참고에 자(資)코저 하는 바이다. 최창익씨는 한빈(韓斌)씨와 함께 조선신민당(전 독립동맹) 부주석의 1인으로 현재 평양서 활약 중이다.(기자)

상

우리는 사물을 인식할 때에 반드시 일정한 역사적 계단에서 관찰하여야 한다. 모든 존재는 어떠한 역사적 조건에서 생성되며 어떠한 역사적 조건에서 소멸되는가를 구명함은 사물을 인식하는 방법에 있어서 가장 근본적인 문제이다. 이 시간에서 해결된 문제는 역사적 결론일 것이오, 다음 시간에서 수립되는 문제는 역사적 전망일 것이다. 금일에 있어서 국제적으로 파시즘이 괴멸에 돌아가고 민주역량이 결정적 승리를 고하였으며, 국내적으로는 구(舊)조선의 질서가 붕괴되고 신(新)조선의 질서가 건설되면서 있다. 이 모든 과정이 인류역사의 필연적 계단에 있어서 제약된 현상임은 물론이다.

8·15의 그 날을 조선민족이 새로운 역사적 계단으로 하여 친일적 파쇼적 봉건적 일체 반동세력과 투쟁하며 자유화 등 부강한 신조선 건설에 매진하는 과정에 있어서 민주정권 수립문제와 병진하게 되는 토지개혁문제는 이 순간에 있어서 어떠한 역사적 의의를 가지고 있는가는 실로 과학적 분석을 요하는 커다란 문제의 하나이다. 일찍이 "토지는 농민에게로"라는 슬로간이 있었으나 그는 교육적 선전적 의의를 가진 투쟁구호이었고, 실제로 토지개혁 문제를 실천에 옮긴 일은 없었다. 그러나 금번 실시되고 있는 토지개혁 문제는 경작하는 농민에게 토지를 나누어준다는 것과 아울러 다각적 의의를 내포한 역사적 전환과정을 단적으로 표시하고 있다.

금일 토지개혁 문제는 어떤 반동적 경향을 가진 사람들의 말과 같이 역사계단에 있어서 조선에 사회주의 사회제도를 실시하려는 것이 아니고 오히려 봉건적 토지생산관계를 양기(揚棄)하고 사회경제의 합리적 재편성으로부터 조선민족 자본주의의 신발전을 촉진하려는 데 있는 것이다. 원래 토지혁명은 사회주의 최고 목적이 아니라 자본주의의 최고목적이다.

17, 8세기 이래로 서구 자산(資産)계단을 기초로 하여 건설된 봉건적 토지생산관계의 개혁이었으며, 그 개혁은 봉건영주 대 농민의 계급적 대립이 투쟁의 기동력이 되며 반봉건적 도시 신흥자산계급운동과 긴밀한 연계를 가지고 농노적 생산관계의 질서를 전복하고 자본주의적 생산관계를 세웠던 것이다. 그러나 우리는 역사적 계단으로 보아 또한 현실적 내용으로 보아 목하 북조선인민위원회의 토지개혁령은 역사적 범주성에 있어서 그는 자산계급성 민주주의혁명의 당면적 과업임을 명백히 규정하여야 한다.

중

여기에 있어서 한 가지 우리가 엄밀히 구별하고 심심한 주의를 환기할 문제는 과거 서구 제국(諸國)에 있어서 진행된 토지혁명과 금일 조선에 있어서 실시되면서 있는 토지개혁 문제와는 봉건적 토지관계를 양기하고 자본주의의 발전을 촉진한다는 점은 동일하다고 할 것이나, 자본주의적 역사계단이 과거와 금일이 부동한 조건 하에 있는 만큼 토지개혁 후의 사회발전의 역사적 전망은 전자와 후자가 서로 다를 수 있다는 점이다.

다시 말하면 18세기 이래로 서구 제국에서 경과한 자산계급 민주주의혁명은 전적으로 봉건사회체제를 전복하고 자본주의 사회적 생산관계를 산출한, 즉 세계자본주의의 발생과 그의 순리적 발전을 전제로 한 역사적 계단이다. 그러나 금일 조선에 있어서 진행되면서 있는 자산계급성 민주주의혁명은 세계자본주의의 말기인, 즉 제국주의의 몰락계단에서 반봉건적 사회체제의 변혁으로서의 신조선 민주주의정권 수립문제와 또 신정권의 물질적 기초의 준비로서 토지개혁문제가 병진되고 있다.

그뿐만 아니라 당시 서구 제국에서 진행된 자산계급 민주주의혁명은 자본주의의 성장기에서 신흥 자산계급이 그 혁명의 영도권을 장악하고 있었던 까닭에 그 시대의 토지혁명은 끝까지 완수되지 못하고, 따라서 일방으로는 토지생산관계에 있어서 지주 대 소작인적 봉건 잔여(殘餘)가 의연히 지속되었고, 타방으로는 자본가적 토지 겸병(兼倂)이 촉진되어 자본주의적 농업경영 하에서 토지생산수단은 새로운 형식으로 농업상 고용노동자의 착취방법을 산출하였다.

그러나 금일 조선사회에서 진행되는 자산계급성 민주주의혁명은 세계자본주의의 몰락기에서 무산계급이 그 혁명의 영도권을 장악하고 있는 까닭에 민주정권 수립과 병행되는 토지개혁은 철저히 실시되고 있는 것이다. 그는 실로 명실이 부합한 토지개혁으로서 봉건적 토지관계의 폐지, 자본가적 토지겸병의 방지로부터 민주주의적 신조선 정권수립에 물질적 기초를 완비하고 있다. 이에 토지개혁문제를 위요하고서 몇 가지 편향이 있으니,

첫째 편향은 "토지를 농민에게로"라는 구호를 일부 사람들은 인식하기를 그는 공산주의자들만이 주장하는 문제이며, 또 사회주의사회의 실시라고 한다. 이러한 견해를 가진 사람은 일부 대중 층에만 한한 것이 아니라 의식적이든 무의식적이든 우익진영 내는 물론이요, 좌익진영 내에까지도 개별적으로 그와 같이 인식하는 사람이 없으리라고 단언 못할 것이다.

8·15 직후에 신조선 건설을 앞두고 일부 사람들은 "토지는 농민에게로," "공장은 노동자에게로"라는 두 가지 슬로간을 당면의 경제투쟁 강령으로 하고 민중을 교육하며 민중을 동원한 일이 없지 않았다.

그의 주관적 이유야 어디 있었던지, 객관적으로 보아 그것이 조선 현실에 맞지 아니한 좌경적 구호임은 물론이다. 그러나 우리가 그것을 가리켜 좌경적 구호라고 지적하는 이유는 "토지는 농민에게로"라는 데 있는 것이 아니고, 정(正)히 "공장은 노동자에게로"라고 한 데 있는 것이다. 물론 오늘의 국제동향을 정확히 파악하고 조선 현실을 정당히 이해하는 공산주의자는 이 순간의 조선 사회조건 하에 있어서 "공장은 노동자에게로"라는 구호를 들고 사회주의 실현을 운위할 사람은 없을 것이다. 또 실제 투쟁과정에서 그러한 좌경적 투쟁구호는 유야무야 중에 극복되고 있는 것도 사실이다.

그러함에도 불구하고 금번 북조선인민위원회의 토지개혁령은 '사회주의적'이라 하여서 반대경향을 가지고 있는 사람들은 "토지는 농민에게로" 하는 구호가 자산계급성 민주주의혁명에 있어서 최대의 경제투쟁 강령이며 현 계단 조선 공산주의자들에게 있어서는 최저의 경제투쟁 강령인 것을 이해하는 데 기인한 것이 아니라고 한다면, 그는 곧 파쇼분자 반동지주의 이익을 옹호하는 모략에서라고 하지 않을 수 없을 것이다.

하

　둘째 경향은 토지개혁에 대한 역사적 의의의 평가문제이다. 어떤 사람들은 금번 토지개혁은 토지생산관계에 대한 단순한 개량적 방법인 것같이 인식하고 있다. 그러한 관점을 가진 사람들은 지주 대 소작인 관계의 폐지, 토지매매권 불허, 경작자에 한한 토지분배 등등이 결코 단순한 개량적 의의가 아니고 토지소유관계와 토지생산관계에 대한 근본적 개혁인 것을 알지 못하는 것이다. 흔히 들리는 말에 의하면 토지개혁은 지주 대 소작인 간에 유혈전(流血戰)이 있어야 된다 하며, 금번 북조선 토지개혁은 그러한 참담한 무장투쟁이 없이 해결되는 까닭에 그는 토지혁명이 아니고 토지의 개량적 개혁이며 동시에 그것은 소작인만 위한 개혁이라고 한다. 그러한 관점은 옳지 못한 것이다.
　목하 국제적으로 보아서 파시스트는 이미 패배되고 민주세력은 승리하였고, 국내적으로 보아서 일제의 통치세력은 이미 박멸되고 민주정권이 수립되면서 있는 이때는 정히 주관적으로나 객관적으로나 신조선 민주정권 수립과 아울러 토지개혁문제는 극히 유리한 조건을 구비하고 있는 것이 사실이다. 그러한 정세와 조건 하에서 금일 조선 토지개혁 문제는 극히 순조적이며 평화적으로 또한 극히 심각하게 진행되면서 있다. 17, 8세기 이래로 서구 각국에 있어서 토지혁명이 유혈의 투쟁을 경과한 것은 사실이다. 그러나 1917년 러시아 10월혁명의 토지문제 해결을 제(除)한 외에 반파쇼전쟁 후에 있어서 유고슬라비아와 파란 등 제국과 같이 금일 조선 토지개혁 문제는 신조선 정권수립의 경제적 기초로서 가장 철저한 토지개혁인 것이다.
　그런 까닭에 토지혁명은 유혈적 투쟁과 무혈적 투쟁과의 구별로써 그 철저·불철저를 논정(論定)할 것이 아니고, 자본주의의 발전적 역사계단에서 진행된 토지혁명과 자본주의의 몰락적 역사계단에서 진행된 토지혁명과 그와 동시에, 자본계급이 영도하여 온 토지개혁과 무산계급이 영도하고 있는 토지혁명과의 기준에서 근본적으로 구별되는 것이다. 또한 금번 북조선 토지개혁은 결코 농민만을 위하여 진행하는 것이 아니고 신조선 민주주의 건설에 물질적 기초를 준비하는, 즉 조선민족 경제의 재편성을 위하는 토지개혁인 것이다.
　이제 북조선 토지개혁령에 대하여 우리는 그 역사적 의의를 파악하고 그것을 받아들일 제, 한걸음 나아가서 "정치는 사회경제의 집중된 표현이다"라는 원리를 이해하면서 금일 신조선 민주주의정권 운동에 있어서 그의 물질적 기초의 준비로 신경제체제의 수립을 강요함은 극히 지당한 일이라고 생각한다. 조선 인구 중 최대다수를 점유하고 있는 농민을 봉건적 토지관계에서 해방하는 것은 첫째, 그는 민주정치의 실현을 가능하게 하는 인적 요소, 즉 농민의 대중적 동원을 결정하는 것이고 둘째, 그는 부화(腐化)한 봉건지주층의 기생충적 생활을 제거하고 그들로 하여금 신경제부면으로 전환시키는 동시에 농민에게 토지를 주어서 생산력의 향상을 합리화시키는 것은 신조선의 부강을 촉진하는 방법이며 셋째, 그는 조선민족의 신문화운동을 저해하는 낙후한 봉건문화의 물질적 기초를 닦는 것이다. 그러므로 이 순간의 조선 역사계단에 있어서 토지개혁의 철저적 수행은 조선 민족의 신정치 신경제 신문화운동 전개에 기본적 기동력이 되는 것이다.

<現代日報> 1946년 4월 26, 27, 29일

4. 연안시대의 독립동맹

이 글은 현재 북조선에 본부를 둔 조선신민당의 전신인 독립동맹이 그 발생지인 연안에 있었을 때, 즉 1945년 1월에 부주석 최창익(崔昌益) 선생이 외국 신문기자의 요청에 응하여 집필하였던 원고인데, 사정에 의하여 발표하지 않고 그대로 고국에 가지고 들어온 귀중한 문헌이다.

최창익 선생은 세상이 다 아는 바와 같이 조선민족해방운동과 무산계급운동이 커다란 비약을 하여 이론적으로나, 실천적으로나 대중화하던 시대인 1926~28년대의 우리나라 혁명운동의 광휘 있는 지도자의 한 사람이었던 것이다.

그 후에 선생은 전후 7년간의 옥중생활을 마치고 출옥한 후 곧 해외로 탈출하여(1937년) 중국의 항일전선에 참가하여, 다시 불굴의 투쟁을 시작하였다. 그래서 조선의용대, 화북조선청년연합회, 독립동맹의 조직과 지도에 진력하였으며 뒤쫓아 들어온 김두봉(金枓奉) 선생, 한빈(韓斌) 선생 등과 만나 연안 있는 위대한 중국혁명가들과 일상생활을 같이하며 싸우고, 배우고, 지도해 온 국제혁명전선의 위대한 존재이며, 열렬한 실천가인 동시에 또 탁월한 이론가로서도 일류의 존재이다.

벌써 오래 전에 빌려주신 이 원고를 선생의 승낙도 없이 발표하는 잘못은 후일 사죄의 기회가 있기를 바라고, 우선 연안시대의 우리 혁명동지들의 생활과 투쟁을 알고 싶어 하는 독자의 희망을 채우기 위하여 이 귀중한 문헌을 공개하는 바이다.

1) 조선독립동맹의 조직 유래

1937년 7월 7일. 이 날은 강도 일본 파시스트가 더 큰 규모의 군사행동으로 중국침략을 개시한 날이다. 이 날이 있은 후로부터 중국 내정은 크게 변하여서 긴 시간을 두고 전쟁형식으로 대립하야 오던 국민당과 공산당은 다시 합작하여, 일본 파시스트의 침략에 대항하여 영웅적 투쟁을 시작하였다. 당시 중국 관내에 근거를 두고 활동하던 조선 혁명투사들은 동방 시국의 급변함과 중국 항일전쟁이 진전되는 추세에 따라서 비상한 자극과 흥분을 가지게 되었었다. 특히 당시의 관내 조선 혁명청년들은 일반적으로 '중국공산당'의 항일정치노선에 대한 인식과 8로군의 용감한 투쟁에 대한 뜨거운 감격과 신뢰의 정이 자못 높아지며 있었다.

1938년에 와서 중국 항일전쟁이 전면적으로 전개되는 과정에서 당시 무한(武

漢)에 근거를 두고 활동하던 조선 사람의 여러 혁명단체는 반일민족통일전선 조직을 목표로 하고 새로운 정치국면 타개를 위하여 다 같이 힘쓴 결과, 1938년 10월 10일에 조선의용군을 조직하고 무장대오의 실력을 가지고 중국 항일전쟁에 직접 참가하기로 하였다. 그것은 두말할 것도 없이 조선과 중국 두 민족의 공동의 적인 일본 파시스트를 쳐부수고 동양의 식민지와 및 반식민지적 노예상태를 영원히 해방하려는 양 민족의 위대한 연합항일전선의 구체적 표현이었다. 1938년 가을에 강도 일본 파시스트의 진공으로 인하여 무한이 위급하게 되었다. 전쟁 형세의 불리함에 따라 조선 혁명단체들과 의용대는 무한지방을 떠나지 않을 수 없게 되었다. 그러한 전쟁환경에서 중국 관내에 있는 조선 여러 혁명단체에 속한 청년 일부는 긴 시간을 두고 마음속으로 그리워하여 오던 협북(陜北) 노정(路程)에 오르게 되어 중국공산당의 지도부가 있는 연안(延安)으로 가게 되였다.

그리하여 1938년 가을부터 1939년 여름까지에 연안 항일군정대학에 학적을 가진 조선 혁명청년 학생은 40명에 달하였다. 전선이 이동함에 따라 1939년 7월에 항일군정대학은 그 총교(總校)가 연안에서 전방으로 이동하게 되었고, 당시 항대(抗大)에서 공부하고 있던 조선 학생 다수도 항대 총교를 따라 전방으로 가게 되었다.

1940년 초에 전방 진찰기군구(晋察冀軍區)에서 항대를 졸업한 우리 청년 다수는 18집단군(8로군을 말한 것이다) 전방 정치부의 지시에 따라 진동남(晋東南) 항일근거지에 와서 직접 18집단군에 참가하여 혁명전쟁에 종사하게 되었다.

이 전쟁 가운데서 한편으로는 혁명전쟁의 지도기술을 배웠고, 다른 한편으로는 전투환경에서 자기의 사상과 의식상의 억센 단련을 받게 되었다. 당시 8로군 전방 총정치부는 진동남 항일근거지 내에서 활동하고 있는 조선 혁명청년을 도와서 반일민족통일전선 성질을 가진 군중단체의 연결조직을 촉진시켰다. 그 결과로 1941년 1월 10일에 중국 홍군시대로부터 혁명전쟁에 참가하고 있던 일부 조선 동지와 조선 혁명청년 21명은 진동남에 모여서 화북조선청년연합회를 창립하였다.

이것은 중국공산당 영도 아래 있는 화북 항일근거지 내에서 처음으로 생긴 조선 혁명단체이었다. 또 그것은 중국 관내에서 진행되어 오던 조선 혁명운동이 새로운 사회환경 밑에서 새로운 발전을 지향하여 비약한 첫 걸음이었다.

2) 창립대회 이후의 활동과 발전

화북조선청년연합회가 창립될 때에 우리는 그 창립대회에서 조청(朝靑)의 목전의 공작방침을 수립하였는데, 그 중 큰 문제로 몇 가지 제기된 것은 첫째, 중국 관내의 조선 혁명운동 통일문제였고, 둘째로서는 화북 화중의 일본 파시스트 점령지역 내에 있는 조선 동포를 상대로 하여 그들에게 반일민족의식을 넣어 주며 조선 민족독립사상을 높여 주는 문제였다.

그 후로 조청 간부들은 조청 창립 당시의 결의정신에 의하여 그 임무를 집행하려고 한편으로는 몇 동지를 낙양과 중경 방면에 보내서 그곳서 활동하고 있는 조선 혁명단체와 혁명동지들과 연락을 맺는 동시에 중국 관내 조선 혁명운동 통일에 힘쓰기로 되었으며, 다른 한편으로는 적구(敵區)내 조선 동포들을 대상으로 적구공작을 진행하여 왔다. 당시 낙양과 중경 방면에서 조국 독립운동에 용감하게 참가하여 싸우고 있던 각 혁명단체의 많은 동지들은 주관적 역량과 객관적 정세에 비추어 관내 조선 혁명운동의 발전 전도를 깊이 고려하고 새로운 공작방침 밑에서 화북지대 공작의 타개를 결의하고 북상의 길을 오르게 되었었다. 이것은 관내의 조선 혁명운동의 진보를 의미한 것이었다. 동시에 그것은 화북 항일근거지 내에서 활약하고 있는 조선 혁명운동의 발전을 촉진하는 부분의 역량이 아닐 수 없었다. 1941년 6월에 낙양과 중경에 있던 각 혁명단체의 많은 동지들이 모든 곤란과 신고를 극복하고 중국 대후방으로부터 몇 천리 길을 걸어서 최전선인 화북 항일근거지로 오게 되어 조청 전체 동지들은 황하 저편으로 온 많은 동지들을 열렬히 환영하였으며 동시에 그 동지들은 신민주주의의 새로운 환경 밑에서 우리 혁명운동의 지역적 통일을 위하여 그들 전부가 자원하여 조청 깃발 아래 모이게 되었다.

그리하여 조선청년연합회는 창립된 지 반 년이 못 되어서 적 점령구로부터 온 새로운 다수 청년과 중국 대후방으로부터 온 많은 동지들을 합하여 당시 조청 회원들은 창립 시에 비하면 10배 이상이 늘었던 것이다. 그 후로부터 조청은 낙양과 중경으로부터 온 동지 전부와 적 점령구에서 온 많은 동지들로 조선의용대 화북지대를 편성하고, 한편으로는 무장선전대를 조직하여 항일선전공작을 개시하고, 다른 한편으로는 단기 훈련반을 조직하여 새로 들어온 동지들의 교육사업을 진행하여 왔다.

이와 같은 실제 혁명공작 과정에서 당시의 조청과 조선의용대는 질적으로나 양적으로나 자신의 건실한 발전을 도모하여 왔다. 그러나 그것은 우리 자신의 힘으로만 얻어진 성과는 아니고 중국 항일전선의 영도 하에 있는 항일근거지 내의 정당, 정부며, 군(軍) 민(民)의 원조와 협력으로서만이 가능한 발전현상이었다.

위에서 말한 바와 같이 화북조선청년연맹은 항일공작 과정에서 자신의 역량이 확대됨을 따라 각종 부문의 공작범위는 점차로 커지게 되었다. 그러한 발전형세는 마침내 조청 제2차 대표대회를 소집할 것을 결의하게 하였다. 그래서 1942년 초부터 조청 간부들은 대표대회 준비에 노력한 결과 1942년 7월 10일 대회는 개막되어 과거의 공작 검토에서 얻은 경험과 교훈을 기초로 하고 장차 앞으로 나아갈 새로운 공작방침을 수립하였다. 특히 이 대회에서 결정된 것은 조청 조직역량의 발전정형에 비추어 또 장래 혁명공작의 방편에 의하여 첫째, 화북조선청년연합회를 화북조선독립동맹으로 개칭하고, 둘째로는, 조선의용대 화북지대를 조선의용군 화북지대로 개편한 후 대내로는 간부 배양사업을, 대외로는 적구공작을 당면한 가장 긴급한 임무로 결정하였다. 따라서 조선독립동맹은 이 대표회의의 결의정신에 의하여 모든 사업을 진행하였다.

3) 1944년 말 현재의 조선독립동맹

조직 발전의 정형은 다음과 같다. 중국 항일근거지 내에 있는 분맹수(分盟數)와 소재지는 ① 연안분맹, ② 진동남분맹, ③ 진찰기분맹, ④ 기동분맹, ⑤ 태악구분맹, ⑥로동(魯東)분맹, ⑦ 산동분맹, ⑧ 화중분맹, ⑨ 진서북분맹, ⑩ 광동분맹으로 되어 있다.

상기한 10개 분맹은 모두 중국 8로군 혹은 신4군이 있는 지역에 조직된 것으로서 각개 분맹의 혁명공작은 다 한 가지로 중국항일군과 협력하여 진행하고 있다. 이밖에 강도 일본 파시스트가 점령한 중국 각 지방에도 독립동맹의 조직사업은 크게 발전하고 있으나, 금일 적구의 사회환경을 고려함으로써 발표할 수 없는 것을 말해 둔다. 동시에 8로군과 신4군 지대에서 자유로 활동하고 있는 독립동맹원은 1944년 10월에는 이미 수천 명을 넘고 있었다. 이것은 곧 각 지방 분맹 동지들이 조국 독립사업을 위해서 용감히 투쟁을 계속하여 온 결과이며, 동시에 그것은 중국공산당, 그의 영도 밑에 있는 8로군, 신4군 또는 항일근거지 내의 혁명정권과 혁명인민의 원조를 받아서 발전한 현상이다.

그뿐 아니라 금일 화북 화중 각지의 적 점령지역 내에 있는 조선 동포들이 동맹 깃발 아래로 홍수처럼 모여드는 것은 또한 그들이 조국독립을 위하는 성의와 열정의 발로인 것이다. 동시에 금일 우리 독립동맹에서는 긴 시간을 두고 만주, 소련, 국내 등지에서 조국독립을 위해 싸우던 우수한 간부동지들이 많이 참가하여 혁명공작에 활동하고 있다.

그리하여 우리 독립동맹은 각지에서 오랫동안 항일전선에서 혁명사업에 종사하여 오던 간부들과 각지에서 새로 모여 오는 많은 동지들이 한 가지로 독립동맹 기치 아래 모여 조국독립을 위하여 분투노력하고 있다.

4) 조선독립동맹의 성질 문제

우리 독립동맹은 어떠한 성질을 가진 혁명단체인가 하는 문제는 독립동맹을 이해하는 데 가장 중대한 문제의 하나이다. 만일 각 개인의 맹원들로서 이 문제를 잘 알지 못한다면 우리가 독립동맹의 입장에서 실지 혁명공작을 진행할 때에 착오를 범하는 경우가 많으리라고 생각한다.

그러면 우리 독립동맹은 어떠한 성격의 단체인가? 이것은 어떠한 한 계급의 기초 위에 건립된 계급정당, 어떠한 일 계급의 이익만을 위하여 생긴 존재도 아니다. 이것은 금일 조선민족의 해방과 독립을 위하여 조직된 혁명단체이다. 따라서 우리 독립동맹의 투쟁대상은 일본제국주의이며, 일본 파시스트이다. 그러므로 우리 독립동맹은 금일 조선민족의 자유와 독립을 위하여 일본제국주의의 조선통치에 대하여 싸우는 한 개의 혁명단체이다. 동시에 우리 독립동맹은 반일민족통일전선의 성질을 가진 군중적 혁명단체이다. 동시에 우리 독립동맹은 조선민족 반일통일전선 진영 내의 일 부분적 역량이다. 그러므로 맹원을 가입케 할 때는 그가 어떠한 주의와 사상을 가졌는가를 묻지 않고 다만 금일 강도 일본제국주의의 조선 침략통치를 반대하고 조국의 독립과 해방을 위하여 싸우는 사람이면 누구든지 우리 동맹원의 자격이 있는 것이다. 이에 우리 동맹의 규약 중에서 동맹의 성격을 이해하는 데 도움이 될 수 있는 몇 가지 조문을 들어 보면 다음과 같다.

① 우리 동맹은 조선민족의 자주독립을 목적하고 투쟁하는 조선 사람으로서 결성된 것이며 그 조직 발전은 조선 사람에게만 국한하는 까닭에 그는 민족적 결사로 규정한 것이다.

② 우리 동맹은 조선민족의 독립을 전취하기 위하여 혁명적 수단으로서 조선 내에서 일본제국주의 통치세력을 구축하고 식민지적 노예적 사회관계를 청산하는 것을 기본임무로 하는 까닭에 그것은 혁명적 정치결사로 규정한다.

③ 우리 동맹은 자각적 혁명분자와 광범한 반일대중을 흡수하여 혁명적 실천을 전개하며 그 실천 가운데서 대중의 혁명적 훈련을 도모하는 까닭에 그것은 대중적 결사로 규정한 것이다.

④ 우리 동맹은 조선의 각 혁명적 계층을 직접으로 자기의 사회적 기초로 하고 각 혁명적 계층의 공통한 이익을 위한 투쟁을 일상생활의 기본정신으로 하는 까닭에 그것은 반일 민족적 통일전선의 성질을 내포한 결사로 규정하는 것이다.

위에 말한 각 항은 우리 동맹 규약 중에서 동맹의 성질에 관한 부분만을 뽑아낸 것이요, 조약문 그대로 인용한 것은 아니라는 것을 말하여 둔다.

5) 조선독립동맹의 혁명임무 문제

조선독립동맹이 성립된 사회적 근거를 이해한다면 따라서 우리 동맹의 혁명임무도 잘 이해하리라고 믿는다. 금일 조선 사회, 경제, 정치의 성질이 조선 혁명임무를 규정하는 것과 같이 금일 우리 독립동맹의 혁명적 임무는 현 계단의 조선 혁명임무가 결정하는 것이다.

다시 말하면 금일 조선 혁명임무가 조선 민족독립과 해방에 있다면 따라서 우리 동맹의 혁명적 임무도 또한 조선 민족독립과 해방에 있을 것이다. 왜 그런가 하면 현 계단의 조선은 식민지 반봉건사회다. 그러하므로 금일 조선 혁명성질은 자산계급성 민족민주혁명계단이다. 또 그 혁명의 기본적 투쟁대상은 일본제국주의이며, 그 혁명 당면임무는 조선 민족독립과 해방에 있는 것이다. 동시에 민족독립과 해방문제는 곧 금일 조선 혁명전략 계단에서 채취된 반일민족통일전선의 기본적 정치강령이며 동시에 조선독립동맹의 기본적 정치강령이다.

6) 조선독립동맹 전도(前途) 문제

조선독립동맹은 어떻게 전망되는가 하는 문제는 우리 동맹이 자신의 혁명적 임무를 실천하며 또 현 계단의 역사적 사명을 완전히 마치는 과정에서 말하게 될 것이다. 바꾸어 말하면 우리 동맹의 존재가 금일 조선 사회조건에서 규정되었고 우리 동맹의 혁명적 임무가 금일 조선의 혁명적 임무에서 결정되고 있다면, 따라서 우리 동맹의 발전전도는 곧 자신이 혁명적 임무 완성을 위하여 어떻게 노력하는가 하는 데서 있게 될 것이다. 이러한 관점에서 우리 맹원 동지들이 먼저 생각할 문제는 금일 조선 민족독립과 해방을 위하여 우리는 어떻게 싸워야 될 것인가 하는 데 있다. 다시 말하면 우리 맹원 동지들이 조국독립을 위하여 성의 있는 노력이 있으면 있을수록 우리 독립동맹의 역량이 더 커질 것이고 우리 맹원 동지들이 강도 일본 파시스트와 용감히 싸우면 싸울수록 우리 동맹의 발전은 곧 우리 맹원들의 진실한 노력이 있고 없는 데서 말하게 될 것이다.

그러나 우리 독립동맹 발전전도를 말할 때에 우리가 다시금 생각할 문제는 우리 독립동맹이 금일 조선 혁명운동에 있어서 그 기본적 역량이 되고 우리 동맹원은 금일 조선 혁명투쟁에 있어서 선봉대가 된다고 주장한다면, 그것은 너무 지나친 과장이 될 뿐이고 선전상 진실한 내용이 없어지는 것이다. 왜 그런가 하면, 사실상으로 말하면, 우리 동맹은 금일 조선 혁명투쟁에 있어서 그 기본세력이 되는 것이 아니고, 그 중심역량의 한 부분인 것이다. 우리 동맹원은 금일 조선 혁명운동의 '선봉대'라기보다 진실한 혁명대오 중의 부분이라고 하는 것이 적당하다고 생각된다. 또 그것은 우리 동맹의 혁명적 정치단체인 성질로 보아서 그러한 것이다. 만일 깊이 생각지 못하고 금일 세계 각국 혁명적 계급진영 내에서 사용되는 혁명 술어를 어떠한 혁명단체에 함부로 사용하면, 그는 그 단체에 성질과 맞지 않을 뿐만 아니라, 그 단체에 대한 인식을 옳게 가지지 못하게 되기가 쉬운 것이다.

위에 이미 말한 바와 같이 우리 독립동맹은 한 개 진보된 혁명계급정당이 아니고, 한 개 진보된 군중적 정치단체인 것이다. 또 이렇게 말한다고 하여서 금일 독립동맹은 과소평가되는 것도 아니며, 우리 독립동맹의 발전전도를 무시하는 것도 아니다. 왜 그런가 하면, 금일 우리 독립동맹은 조선 반일민족통일전선 진영 내의 일 부분의 역량인 이상에는, 그 자신의 발전은 그 자신의 성질에서 제한될 것이오, 그 자신이 그대로 다른 성질을 가진 진보적 계급정당이 될 수 없는 것이다. 또 이것은 우리 독립동맹의 발전전도에 어떤 선을 따라가는 것이 아니고, 우리 독립동맹 자신이 군중적 정치단체인 성질이 그 조건을 가지고 있는 것이다. 그러하므로 우리 독립동맹은 우리 맹원 동지들이 용감한 투쟁을 통하여 크게 발전할 전도를 가지고 있는 것이다. 그러나 그 발전의 기본방향은 금일 우리 독립동맹의 존재를 결정할 조선사회의 혁명적 업무를 실천하는 과정에서 말하게 되며, 또 그 혁명적 임무를 완성하는 데 그 광명한 전도가 있을 것이다.

다시 말하면 우리 동맹의 발전전도도 금일 조선 민족독립과 해방을 완성하는 혁명적 과제와 같이 맞아떨어질 것이오, 그 이상도 아니며, 그 이하도 될 수 없는 것이다. 또 우리는 동맹에 대하여 이와 같이 인식하는 데서만 각자가 참가하여 있는 혁명단체에 대한 정당한 인식을 가지게 될 것이며, 동시에 우리 동맹원들로서 독립동맹의 혁명적 임무를 이행하는 데 가장 정확한 공작태도를 가질 것이다. 또 위에 말한 문제는 우리 독립동맹의 조직적 존재에 대한 견해를 말한 것이고, 동맹의 매개 맹원의 주의·사상에 대한 전도를 말한 것이 아님은 물론이다.

7) 조선독립동맹 투쟁약사

① 적에 대한 선전전

1941년 1월 10일 조선독립동맹이 창립된 후로 그의 당면적 임무로서의 중요한 문제의 하나는 대적(對敵) 선전공작이었다. 그 선전공작을 진행할 때에 선전전의 기본문제는 더 말할 것 없이 야만적 폭압정치의 내용을 폭로하며 일본 파시스트의 강도적 침략전쟁의 성질을 폭로하며, 국내의 조선 동포에게 민족해방사상과 독립의식을 넣어 주는 것이다. 그리하여 우리 독립동맹은 금일 국내외에서 일본 파시스트의 야만적 전시통치에 대하여 분노하고 있는 조선 동포에게 동맹 자신의 존재와 동맹의 정치강령을 선전하며, 또 일방으로는 일본제국주의의 조선통치의 본질을 폭로하면서 그것에 항쟁하였으며, 일본 파시스트의 침략전쟁을 폭로하여 왔다. 또한 그것은 조국독립을 위한 투쟁 중의 중요한 과업의 하나이었다. 그러나 우리의 적에 대한 선전의 내용은 기본적인 큰 문제만을 취급하여서는 아니 될 것이다. 왜 그런가 하면, 우리가 대적 선전전을 진행할 때에 잊어서는 아니 될 문제는 금일 조선혁명가의 기본적 투쟁문제에 조선 인민의 일상생활에서 발생하는 그들의 절신적(切身的) 이해 문제를 결부하여야 될 것인 까닭이다. 또 그리하는 한에서만 우리의 대적 선전의 내용은 금일 일본 파시스트의 전시 약탈 하에서 갖은 고통을 받고 있는 조선인민의 생활상 이해감과 결부되어서 적에 대한 투쟁문제가 제시되고 인민으로 하여금 투쟁욕구를 갖게 할 것이다. 그러므로 우리 독립동맹은 대적 선전사업을 진행할 때에 먼저 착수하여야 되는 것은 금일 국내외에 있는 조선 동포의 생활정형을 조사하는 것이며, 그리하여서 그들의 생활감정에 맞도록 선전문을 작성하며 기타 구체적 선전방법을 실행하여 왔다.

② 독립동맹의 선전활동

이에 우리가 진행하여 온 선전의 내용을 대강 설명하면 다음과 같다.

첫째, 우리는 선전삐라를 쓸 때 강도 일본 파시스트가 점령한 구역 내에 와서 살고 있는 조선동포, 중국인민, 일본인 병사를 대상으로 하고 조선, 중국, 일본 세 나라 글로 서로 다른 내용으로 그들의 생활실정에 맞도록 한 것이다.

둘째, 벽신문 표어는 일본 파시스트 군대가 점령하고 있는 지방과 그 부근 촌락에 가서 조선 글, 중국 글, 일본 글로 세 나라 사람이 다 보도록 담이나 벽과 전신주에 쓰는 것이다.

셋째, 통신은 주로 일본 파시스트 군대와 기관에서 통역관이나 번역관으로 사역(使役)되고 있는 조선 사람들에게 반일독립사상을 선전하는 것이다.

넷째, 위문대(慰問袋)는 중국 점령구역에 와서 주둔하고 있는 병사들에게 담배, 과실 등의 물품과 함께 반전사상을 선전하는 편지를 써서 주머니 안에 넣어 보내는 방법을 썼다.

다섯째, 군사집회는 적의 점령구역 내와 그 부근에 사는 중국인민을 모아 놓고 국제정세를 설명하고 항일사상을 고취하여 일본 파시스트의 침략전쟁을 폭로하는 내용으로 연설도 하고, 연극도 하여 대대적으로 동원하는 방법이다.

여섯째, 좌담회는 주로 적구 내에 사는 중국인민 중 비교적 진보된 사람들을 초청하여 적구 내의 여러 가지 사정을 토론하며, 중국 항일전쟁 정세를 정확하게 인식하게 하여 적구 내에 있는 중국인민에게 항일사상을 넣어 줄 뿐만 아니라, 확실히 승리할 수 있다는 신념을 가지도록 하는데 주안을 두어 진행시키는 것이다.

일곱째, 잠어(箴語)라는 것은 일본 파시스트 군대가 주둔하고 있는 지방을 경비하기 위해 만들어 놓은 토치카 부근에 가서 큰 목소리로 염전(厭戰)사상과 반전사상을 높이는 구호, 창가, 연설로 일본 병사들에게 선전하는 것인데, 이것은 반드시 밤 시간을 이용하여 진행하는 것이다.

여덟째, 전화를 이용하여 선전하는 방법. 이것도 역시 밤을 이용하여 적군이 있는 가까운 곳에 가서 전신줄에 전화통을 매고 일본말로 일본 병사에게 여러 가지 반전사상과 일본 파시스트 정체를 폭로하는 것이다.

위에 말한 바와 같이 여러 가지 내용과 여러 가지 형식으로 진행된 우리의 선전전은 그 실제 정황을 여기 다 말할 수는 없으나, 그것은 모두 커다란 효과를 얻어 온 것만은 말하여 둔다. 요약하여 말하면, 적의 점령구에 와 있는 조선 동포에게 반일독립사상을 고취하고, 중국인민에게 항일사상을 주입하며, 다른 한편으로는 일본 병사들에게 철저한 반전사상을 일으키도록 하는 것이 우리 선전의 최대 목표이다.

③ 무장 선전공작

우리 독립동맹은 창립된 후로 대적 선전공작을 진행하여 오는 중에서 특별히 말할 수 있는 문제는 무장 선전공작이었다. 그러면 무장 선전공작이란 무엇이냐? 그것은 위대한 중국항일군과 근거지 내에서 많이 진행되고 있는 선전방식 중의 하나로서 우리 독립동맹도 중국항일군과 배합하여 몇십 명, 몇백 명 씩의 무장대오가 일본 파시스트가 점령한 지방에 가서 한편으로는 기관총과 보총으로 적군을 위협하며, 다른 한편으로는 적구 내의 인민을 집합시켜서 연설과 문서 등 여러 가지 방법으로 중국인민에게 항일사상을 선전하는 것이다. 이와 같은 무장선전을 하는 과정에서 어떠한 때는 적군과 마주쳐 전투하는 경우도 있으며, 어떤 때는 적의 대부대에 포위당하여 위험한 상태에 빠진 일도 가끔 있었다.

위에 말한 바와 같이 우리 독립동맹은 조선의용군 화북지대라는 이름으로 무장선전대를 조직하고 적구에 들어가서 여러 가지 수단과 방법으로 선전과 조직공작을 하는 과정에서 적과 여러 번 전투도 하였고, 여러 번 위난 도망하였다.

또 그로 인하여 우리 동지들 중에서 전사자와 부상자도 많이 냈던 것이며, 동시에 우리 무장선전대는 일본 파시스트 군대와 전투가 있을 때마다 일당천(一當千)으로 적군에게 다대한 전사자와 부상자를 내게 하여 큰 타격을 주고 왔다. 그리하여 적은 우리 동맹 무장선전대 혹은 조선의용군이라면 치를 떨고 발악을 하면서 대책을 강구하여 왔던 것이다. 그러나 적의 폭력은 우리 무장선전대를 억제하지 못하였고, 적의 야수적 음모도 우리 무장대를 파괴하지는 못하였다. 오히려 적은 우리 의용군에게서 큰 타격을 받았으며, 우리 의용군에게서 쫓김을 받았을 뿐이었다. 이러한 영웅적 전투기록은 일본 파시스트의 압제 아래 있는, 우리 국내에 알려지지 못한 것은 물론이다. 이제 그 실례를 들면 1941년 12월 8일 호가장(湖家莊)전투에서 일본 파시스트 군대를 여지없이 쳐 물리쳤고, 동월 12일 원씨촌(元氏村)전투에서 그러하였다.

그뿐 아니라 1942년 5월 요문구(要門口)전투, 백초평(百草平)전투, 1943년 5월 화순(和順)전투 등이 가장 뚜렷하게 드러난 유명한 전투기록을 남기고 있다. 위에 말한 여러 가지 지명은 모두 진동남 태항구(太行區) 한 지방에서 일어난 전투장소이다. 이렇게 중국항일군의 근거지인 각 지방에 퍼져 있는 우리 독립동맹의 무장대오인 조선의용군에게서 타격을 받은 적은 우리 무장 선전공작대를 무서워함이 결코 우연한 일은 아니었다.

또 이와 같이 조국의 독립과 자유를 위하여 전사한 우리 동지들은 그 용감한 전투정신으로 일본 파시스트 군대에게 큰 타격을 주었을 뿐만 아니라, 우리들에게 조국독립전쟁의 승리를 가져올 수 있는 전투정신을 유산으로 남겨주고 이국강산에서 혁명가의 빛나는 생을 마치게 된 것이다.

<獨立新報> 1946년 5월 21, 22, 24-28일.

5. 민주의원의 정체

8·15해방 이후 우리 3천만 민족이 가장 열중하고 갈망하여 온 것이 무엇인가 하고 묻게 될 제, 나는 서슴지 않고 그것은 통일정권의 수립에 있다고 말하겠다. 통일정권 수립, 그것은 정치하는 사람은 물론이요, 밭가는 농부도, 장시하는 상인도, 주방에서도, 거리에서도, 다 같이 바라고 또 바라는 최대 관심의 초점일 것이다. 하루 속히 통일정부가 나와 주었으면 하는 생각은 아마도 전 국민의 누구나가 다 가슴속에 품고 있는 가장 절실한 소원일 것이다.

그러나 우리들이 참으로 바라고 또 바라는 그 통일정권은 대체로 어떠한 성질의 것인가를 먼저 생각할 필요가 있다. 아마도 그것은 아무 것이나 덮어놓고 통일한 정권은 아닐 것이다. 다시 말하면 친일분자나 민족반역자들까지도 포함하는 통일정권이거나, 또는 일부 특권계급만으로 구성된 정권은 아닐 것이다. 우리들이 참으로 요구하는 통일정권은 어디까지나 과거 일본제국주의의 앞잡이가 되었던 친일분자나 민족반역자를 제외하고, 또한 소수 특권계급의 전단을 배제한 각계각층을 총망라한 민주적인 통일정권이다. 만약 이러한 민주통일정권이 아니고 친일분자나 민족반역자들까지도 용납할 수 있는 정권이거나, 민중의 이익을 농단하는 소수 특권계급으로만 된 전제정권이 나오게 된다면 그것은 과거 일본제국주의시대를 되풀이하게 될 것이며, 모처럼 가져온 8·15의 해방을 다시금 암흑과 질곡의 구렁에 떨어뜨리고 말 것이다.

그러므로 우리들이 갈망하는 통일정권은 원칙적으로 친일분자나 민족반역자를 배제할 것과 소수 특권계급의 전단을 배제하는 동시에 전 인민의 총의에 선 민주적인 통일정권이다. 이 같은 민주적 통일정권은 우리 3천만 민족의 요구일 뿐만 아니라, 또한 국제적으로 세계민주주의 건설과정에서 요구되는 것이며 모스크바 3상회의에서 구체화된 것이다. 이 민주적 노선에 입각하여 우리 북조선인민위원회는 정말 민주적인 통일정권의 수립을 전제로 발족하였으며, 그 모범을 구체적으로 제시하고 있다고 할 것이다. 그러나 남조선 정세를 일람(一覽)하건대 일본제국주의가 물러간 이래 진정한 민주주의와는 반대로 반민주적인 반동세력이 세력을 잡으려고 집요한 책동을 계속하고 있는 것이 엄폐할 수 없는 사실이다. 여기에 이야기하고자 하는 남조선 민주의원은 현재 그 반동세력의 총집결체이라는 것은 천하주지의 사실이다.

남조선 민주의원은 정확하게 부른다면 '남조선대한국민대표 민주의원'으로서 이승만 김구를 중심으로 만들어진 기관이다. 처음 이승만이는 귀국하자마자 독립촉성중앙협의회를 만들어 가지고 자기세력을 부식(扶植)하려고 무한히 애썼으나 전 민족의 신망과 기대를 저버림으로써 또한 매장되고 말았으며, 뒤를 이어 중경 임시정부 요인들이 입국하여 망명정부를 그대로 옮겨놓으려고 하였으나 이 역(亦) 1개월이 못 되어 민중 앞에 그들의 무능 무책을 폭로함으로써 신망은 전혀 땅위에 떨어지고 말았다. 다시 말하면 조선 국내 민중들은 누구나 이승만, 김구에 대하여 일종의 미신에 가까운 기대와 환상을 가졌던 것이나, 그러나 이승만, 김구가 정작 민중의 정면에 나타나게 될 제, 또한 그들의 포부와 역량을 시험하게 될 제, 거기에는 그들의 무정견과 무능력, 더욱이 몰염치한 기만과 모략 이외에 아무 것도 없다는 것을 알게 되자 민중은 기대와는 정반대로 환멸을 느꼈던 것이다. 요컨대 김구나 이승만은 처음 일개의 환상적 인물로서 민중의 미신에 가까운 신앙을 받아 왔으나, 그 실물이 나타나고 그 정체가 드러나게 된 제, 민중은 아주 실망하고 말았던 것이다. 혁명의 물결은 그만큼 억세고 대중의 비판력은 그만큼 날카로웠던 것이다.

그러나 김구, 이승만은 자기들이 민중으로부터 유리되고 고립하게 되자 그대로 가만히 있지를 않았다. 그들은 어디까지나 그들의 장기(長技)라고 할 수 있는 '기만'과 '모략'을 또 한 번 쓰게 되었다. 즉 지난 연말 터무니없는 신탁반대운동을 일으켜 민중을 미혹케 하였으며, 그 간격을 타서 자기 세력을 부식하고자 지난 2월 1일에 소위 비상국민회의란 것을 엮게 되었다. 그러나 이 회의는 문자 그대로 초비상적인 회의로서 진보적 인민 층은 한 사람도 참가하지 않았으며, 오직 정권욕에 사로잡힌 엽관배들과 일제 주구로 주목되는 몇 사람까지 낀 불순한 성질의 것이었다. 이 회의가 얼마나 편향된 것이며 비민주적이었다는 것은 소위 임시정부의 요인이었던 김원봉(金元鳳), 성주식(成周寔), 장건상(張健相), 김성숙(金星淑) 제씨가 탈당한 사실이 무엇보다도 웅변적으로 증명할 뿐만 아니라, 또한 회의에 참석하였던 유림(柳林)씨 같은 이가 그 석상에서 동 회의의 반동성을 지적한 폭탄 선언의 사실을 보아서도 이 회의가 얼마나한 정도의 것이었던가를 능히 짐작할 수 있으리라고 본다.

이러한 비민주적인 반동적 회합이 있은 이래 김구, 이승만은 그것을 계기로 하여 정권을 노리기에 급급하였으니, 이 정권문제에 있어서는 김구를 중심으로 한 임시정부보다도 이승만 개인의 힘이 훨씬 크게 작용하였다. 왜 그런고 하면 입국

이전부터 모종의 연락을 가졌다고 믿을 수 있는 사람은 오직 이승만 혼자이기 때문이다. 따라서 반동세력은 다시금 이승만을 중심으로 집결하게 되었으니, 김구는 물론이요 모든 엽관배들이 이승만 앞에 무릎을 꿇게 되었다. 그러나 남조선 민주의원이 성립된 2월 14일 아침까지도 누구 한 사람 그러한 성질의 기관이 나오리라고 생각한 사람은 없었다. 일반은 오직 미군정의 자문위원회가 생긴다고 믿고 왔다. 그러나 뜻밖에도 소위 비상국민회의에서 만들어 낸 최고정무위원회를 그대로 간판만 바꾸어 자칭 남조선대한국민대표 민주의원이라고 들고 나오게 되었으니, 그 불합리와 비민주성과 우경적 제 편향은 3척동자에게도 빈축을 받게 되었다.

바로 그 다음날인 2월 15일에는 남조선 각 지방에서 각층각파를 총망라한 전 인민의 대표들이 서울에 모여 민주주의민족전선을 성대하게 결성하였는데, 이 같은 진보적 민주주의세력을 전연 무시하고 불과 28명, 그도 이승만 김구 개인이 지명한 28명으로써 정부를 조직하려고 하였으니 국민대표란 말과, 민주란 말이 이 이상 모독될 수는 없을 것이다. 여기에 우리는 이승만 김구가 상투로 쓰고 있는 모략이 얼마나 악랄한 것인가를 엿볼 수 있을 것이다.

남조선민주의원은 그 후 정·부의장과 총리를 발표하고 서기국 몇 사람을 공표하였을 뿐, 석조전에 모여 매일같이 의자다툼으로 세월을 보내고 있다 한다. 본시 인민의 의사를 무시하고 자기 개인의 사리사욕과 지위를 탐내어 모인 엽관배들인 만큼 인민이야 도탄에 빠져서 신음하든 말든, 의자 다툼하는 것이 그들의 필연적 귀결일 것이다. 김구, 이승만이가 반동하고 있는 것은 이미 대중으로부터 날카롭게 비판받고 있는 것이 사실이며, 또한 민중으로부터 유리되고 고립화되고 있는 것이 사실이다. 금번 반동정권의 태반(胎盤)인 남조선 민주의원의 수립을 계기로 하여 그들은 영구히 반동의 권화(權化)로 낙인되고 말았다. 그들은 입으로 민족을 생각하고 민주를 외치나, 아직도 이조 말년의 매관매직, 나아가서는 매국매족의 전통적 악습을 청산하지 못하고 그대로 돌아와서 40여 년이 지난 오늘의 민주적 새 시대를 이조 말년의 낡은 시대로 뒷걸음 시키려고 하고 있다.

그러나 역사의 흐름은 개인이나 힘을 가지고는 막을 수 없다. 우리들은 모름지기 반동의 수괴인 이승만, 김구를 전 민족의 이름으로써 영구히 매장하여야 하며, 그들의 구락부에 지나지 않는 남조선 민주의원은 우리 민족이 바라고 또 바라는 통일정권과는 아주 거리가 멀 뿐 아니라, 그 정반대인 파쇼적 노선을 걷고 있다는 것을 똑바로 인식하고서 타도 김구, 이승만, 타도 남조선 민주의원의 깃발 아래 무자비한 투쟁을 전개하여야 할 것이다.

<現代日報> 1946년 5월 27, 28일.

6. 민주적 민족통일전선의 역사성에 대하야

　국제적 국내적으로 급속한 변화를 야기하는 이 순간의 역사적 계단에 있어서 다각적 사회관계의 이해감(利害感)으로부터 표현되는 복잡한 투쟁이론이 배출할 때에 가장 신뢰할 수 있는 의견은 오직 과학적 관점일 것이다. 사실을 비판하여 인식할 때 우리가 잊지 못할 기본문제는 역사적 연계성의 파악에 있는 것이다. 매개 현상을 관찰할 때 그의 근거를 탐색하며 그의 연계성을 구명하며 그의 발전동향을 간취하여야 할 것이다. 그리하여 우리는 일정한 역사계단에서의 일개 현상은 그가 어떻게 발생되었는가, 그 현상은 자기의 발전 중에서 어떤 주요한 계단을 경과하였는가의 문제를 주시하고 있다. 이는 곧 사물의 객관적 역사 연계 중에서 그의 생산, 그의 발전, 그의 종결에 대한 구체적 과정을 고찰하는 인식방법이다. 자산계급성 혁명의 분석도 또한 그러한 것이다. 이제 낡은 조선의 질서가 무너지고 새 조선의 질서가 잡혀 가는 급속한 역사의 전환기에 있어서 우리는 과학적 역사적 고찰의 방법을 운용할 때에 주관적 객관적으로 이 순간의 역사계단은 그 제약된 조선 자본주의 민주혁명의 과업을 정확히 인식할 수 있을 것이다.
　조선이 망한 후로 36년간에 긍(亘)하여 조선민족이 일본 침략자의 통치 밑에 있을 때 우리 민족의 당면적 투쟁대상은 일본제국주의였고, 우리 민족의 당면적 요구대상은 조선독립이었다. 그 역사단계에 있어서 우리의 혁명과제는 자산계급성 민족민주혁명이었고, 그 투쟁의 구체적 내용은 반제 반봉건이었으며, 그 요구의 구체적 조건은 자주독립의 민주공화국이었다. 그때 그러한 투쟁과 요구를 진실히 이행하며 실현하기 위하여 우리는 민족역량 단결에 힘써 왔다. 따라서 그 단결의 기준은 각 계급, 각 계층, 각 당, 각 파를 불문하고 일본제국주의의 조선통치를 반대하며 조선민족의 독립을 주장하는, 즉 친일분자를 제한 외에 일체 반제(反帝)요소를 총 망라한 반일민족통일전선 결성을 실천하여 왔다.
　당시 조선은 일본제국주의의 독점적 식민지 조건 하에서 반일민족통일전선 결성은 충분한 사회적 근거를 가지고 있었다. 말하자면 당시 식민지 조선사회에서는 민족 내부에서의 각 계급 간의 모순보다 이민족의 통치에 대한 민족적 항쟁이 수위(首位)를 점하고 있었다. 그런 까닭에 식민지 혹은 반식민지 국가 내에서는 자본가와 노동자와의 간에, 지주와 소작인과의 간에 계급적으로 되는 대립 모순이 있음에도 불구하고, 제국주의의 식민지통치와 약소민족 침략행위에서 규정되는 민족 간의 모순이 고위(高位)를 점하고 있으며, 그러한 조건 밑에서 일제 통치시대에 조선민족이 소수 친일파를 제한 외의 반일민족통일전선 결성이 가능하였던 것이었다.

따라서 당시 우리는 그 역사계단에서 부여되는 자산계급성 민주혁명의 내용은 일제의 조선통치를 타도하고 민족해방과 독립을 쟁취하는 데 있었던 것이다. 또 그는 당시 식민지 조선 사회조건에서 규정된 혁명전략이며, 정치노선이었다. 그러한 전략계단에서 민족해방운동이 수행되는 시기에 있어서는 반일민족통일전선을 보장하며, 그를 보장하기 위하여 반제투쟁 임무가 수위에 놓이고 반봉건투쟁 임무가 차위(次位)로 수행되고 왔던 것이다.

서구에서 독(獨), 이(伊)의 파시스트를 소멸하고 동방 반파쇼전쟁에 참가한 위대한 소련 홍군은 1945년 8월 15일을 기하여 조선 땅에서 일본 파쇼의 무장을 해제하고, 조선 내에서 일본제국주의의 통치세력을 타소(打消)하니, 그로부터 조선민족은 해방이 되어 자유민족의 지위를 쟁취하게 되었다. 그리하여 8·15의 해방일은 조선민족의 역사를 개변하였고, 조선민족의 전도를 타개하였다. 그러나 조선민족은 아직 완전한 자주독립은 쟁취하지 못하였고, 민족적 통일정부 수립을 완수하지 못하였다.

따라서 금일 우리는 전(前) 계급의 역사과제로 수립되어 오던 자산계급성 민주혁명은 구(舊)조선의 통치세력인 일제의 타도에 한한 채, 신(新)조선의 민주정권 수립의 임무를 남기고 있다. 그러한 관점에서 금일 조선민족은 이 순간의 역사계단에서 자산계급성 민주혁명의 임무를 완수하는 데 있다. 이제 우리는 친일적 파쇼적 봉건적인 구조선의 반동적 통치세력의 잔여(殘餘)를 소멸하고 진보적 발전적 민주적인 신조선을 건설하기 위하여 새로운 의미에서의 민족적 단결이 있어야 할 것이다. 또 이 시간에 있어서 우리가 요구하는 민족단결의 기준은 각 계급, 각 계층, 각 당, 각 파를 불문하고 자유 평등 부강한 신조선의 민주정권 수립을 위하여 분투하는 민주주의적 민족통일전선 결성에 있는 것이다. 물론 국제적 국내적으로 파시스트가 소멸되고 새로운 투쟁대상이 온양(醞釀)되는 역사과정에서 금일 조선민족 내부에서 계급적 대립 모순이 증대하고 있는 것이 사실이다. 그러나 목전 조선에 있어서 아직도 자민족 내 각 계급 간의 모순은 이 순간의 역사계단에서 규정되는 민족적 이해를 초과할 수 없는 것이다. 그런 까닭에 자산계급성 민주혁명을 완수하기 위하여서는 민주주의적 민족통일전선이 수요되는 것이다. 또 이는 현실 조선의 역사성에서 규정된 혁명전략이며, 신조선 건설의 정치노선은 8·15

이전에 있어서의 반일민족통일전선보다 고도적으로 수립되는 정치노선이다.

8·15해방일은 조선민족사에 있어서 일대 획기적 전환기임에도 불구하고 8·15의 전계단과 후계단을 통하여 조선혁명의 성질은 기본상 일관적으로 자산계급성 민주혁명의 역사성을 지속하고 있다.

다시 말하면 동일한 자산계급성 민주혁명의 역사적 계단 내에서 민족의 지위가 바뀌었고, 투쟁대상이 갈리었으며, 단결 규준이 다르게 되었으니, 이는 역사적 현실적으로 조선민족의 사회적 관계의 변화로 인하여 야기된 현상이다. 따라서 동일한 혁명성질을 가진 역사계단에서 부동(不同)한 정책을 규정하는 민주적 계급으로 사회관계의 변화가 있을 때마다 우리는 투쟁실천의 합리적 적응에 심각한 주의가 있어야 할 것이다.

하물며 각 계급, 계층의 토대 위에 건설된 각 당, 각 파의 호상 부동한 이익 관점에서 제약된 정치태세는 결코 단순한 문제가 아니다.

더욱 현 순간에 있어서 계급적 기초가 다른 각개 정파를 민족적 공동한 이해감(利害感)의 기준 위에서 민주주의적 민족통일전선을 결성하는 문제와 그의 영도 문제는 결코 쉽사리 생각할 문제가 아니다.

근래 민족통일전선에 관한 이론이 제고되었고, 또 그 이론을 실천에 옮기는 위대한 힘이 움직이고 있는 것은 엄연한 사실이다. 그러나 금일 조선 전체를 본다면, 아직도 혁명성과 비혁명성과를 판별하지 못한 민족통일전선론이 혼란을 일으키고 있으며, 따라서 투쟁대상과 교육대상을 구별하지 못한 배격과 허용이 기준 없이 진행되고 있다.

민족통일전선의 영도방법에 있어서도 주관적 객관적 현실을 정확히 분석하지 못하고, 종파적 감정을 가(加) 협애한 영도방식으로 자사자리(自私自利)의 이익에 급급하여 불필요한 분열과 대립을 격화하여서, 결국 친일파 파쇼적 봉건적 일체 반동진영에게 어부지리를 엿보는 기회를 주고 있다.

그리하여 민주적 세력은 예기(豫期)대로의 총집결을 보지 못하고 반민주세력은 의연히 발호하고 있으니, 이는 물론 죽어가는 반동세력의 최후 발악으로 볼 수 있으나 민주진영 내부의 불찰에도 일종의 원인이 없지 아니한 것이다.

현 계단의 조선 혁명성을 이해 못한 한에서는 민주주의적 민족통일전선에 대한 인식이 확립될 수 없을 것이다. 근래 사회인사 중에서 조선신민당에 향하여 질문하는 기개(幾個) 문제를 보면, 아직도 우리들이 목전 정치노선에 관한 교육의 부족함을 족히 추단할 수 있는 것이다. 이에 질문식으로 제출된 문제를 간략히 담당하고자 한다.

첫째, 조선신민당은 어떤 성질을 가진 정당인가라는 문제이다. 이 문제를 제출하는 사람의 의견을 들으면, 신민당과 공산당과는 그 사상과 주의에 있어 동일한 성질을 가진 부동한 명칭이 아닌가라고 한다. 이 문제는 성의 있는 질문으로 인정하고 대답한다면, 공산당은 무산계급의 토대 위에 건립된 계급적 정당이며, 자본가적 생산관계를 변혁하고 공산주의를 최고 이념으로 한 노동계급의 전위적 정당이다.

그러나 조선신민당은 현 계단 조선사회의 역사성에서 규정된 정당으로 그의 조직적 성원은 각 계급, 각 계층을 불문하고 진보적 민주주의사상을 가진 사람은 각자의 지원에 의하여 다 참가할 수 있는 성질의 정치결사이다.

그런 까닭에 조선신민당은 한 계급의 정당도 아니며, 한 주의의 정치결사도 아니고, 민주주의적 통일전선 정당이며, 민족적 자주독립과 민주주의적 정권 수립을 목적하는 현실 조선에 있어서의 정치노선에 의거한 진보적 민주정당이다. 따라서 조선신민당은 신조선 건설에 있어서 호신(互信)하는 우의적 정당들과 공동한 보조를 취하고 나감은, 그는 금일 조선 사회의 주·객관적 조건에서 규정된 조선혁명의 성질문제로, 즉 자산계급성 민족민주혁명의 역사적 임무를 공동 집행하는 데 있는 것이다. 엄격한 의미에서 말하면, 이 순간의 역사계단에서 민주주의적 통일전선은 계급적으로 무산계급과 진보적 자산계급층 등의 합작을 말하는 것이며, 정당적으로는 진보적 자산계급적 성질을 가진 정당과 공산당의 합작을 의미한 것이다. 또 그러한 합작은 목전 조선에 있어서 민족적 이해감이 자민족 내부에서 발생되는 각 계급의 이해감과 공통되는 까닭이다.

둘째, 신조선 민주주의적 통일정권이 수립된다면 조선신민당 존재의 필요성 여부 문제이다. 이러한 질문은 조선사회의 급격한 발전성을 전제하고 제기하는 문제인가 한다. 만일 이 질문이 일개 민족사회 발전계단의 특질을 표시하는 자산계급성 민주혁명 임무가 완료되고 그보다 고급적 발전형태로 새로운 특질을 가진 새로운 사회가 출현할 것을 예상한 관점이라면 그는 현실적 조선의 역사 계단성을 떠난 과대한 원견(遠見)의 조계(早計)일 것이오, 그렇지 않고 이 질문이 지금 조선민족이 전적으로 기대하고 있는, 즉 소·미 양국 군정과 조선 각 민주정당의 협조로 38도선을 해제하고 남북의 통일적 또는 민주주의적 조선임시정부가 수립될 때, 조선신민당 급(及) 기타 유사한 민주정당의 불필요성을 예견하고 제기되는 질문이라면 그 역시 조선의 현실성을 떠나서 문제를 간단화하는 주관적 편향이 아니 될 수 없을 것이다. 다시 말하면 금차 요구되는 임시정권 수립은 현 계단의 조선에 있어서는 자산계급성 민주혁명의 임무를 완료할 수 없는 것이다. 조선신민당이 순간의 조선 역사성에서 그 존재가 규정되었다면 이 역사성이 존속하는 한까지는 신민당의 존재도 존속할 가능성이 예상되는 것이오, 수요되는 자산계급성 혁명에 일정한 시기에서 그 임무가 완료된다면 그때에 가서는 조선신민당만이 존재 여부가 문제가 될 것이 아니다. 그러므로 우리는 현실을 떠나서 과대한 예견도 불필요하며, 자기 임무에 대한 조계적(早計的) 판단도 무의미한 일이니, 오로지 이 역사계단의 현실성에서 그 임무 집행에 충실한 것이 오히려 정당한 과학적 태도일가 한다.

8·15 이후로 조선의 민주적 각 정당, 각 사회단체는 현 계단의 조선사회의 역사성에 대한 정확한 인식으로부터 신조선 건설과정에서 공동한 임무 집행에 동양(同樣)으로 충실하여 왔다. 그리하여 우리는 신조선 민주주의정권의 물질적 기초를 닦기 위하여 토지개혁 수행의 임무를 가지는 것이며, 진일보하여 통일적 전 조선 민주주의정권 수립을 위하여 각 민주정당과 사회단체는 호신적(互信的) 입장에서 합심 협력하고 있음은 뚜렷한 사실이다.

그리하여 북조선의 민주적인 각 정당, 각 사회단체는 오로지 민주정치로 군중을 동원하며, 군중을 교육하며, 군중을 조직하여서 신조선의 민주정권을 건립하며, 민주경제를 실시하며, 민주문화를 창설하여야 할 것이다. 이는 즉 현 계단 자산계급성 민주주의혁명의 역사계단에서 수요되는 민주주의적 민족통일전선적 정치노선의 실천으로부터 재래(齎來)한 성과이다. 그러할수록 조선의 민주주의적 각 정당, 각 사회단체는 목전 현실에서 만족할 것이 아니라 우리 앞에 가로놓인 전 조선의 통일적 민주정권의 실현을 위하여 호신적 입장에서 더 큰 단결로, 더 큰 임무를 더 충실히 집행하여야 할 것이다. 다시 말하면 누구나 민주주의를 충실하게 실시한다면 인민은 그를 옹호할 것이오, 누구나 민주주의적 통일전선에 충실하다면, 인민은 그를 존경할 것이다. 그와 반대로 비과학적 비정통적 입장에서 누가 민주주의를 역습하고, 민주주의적 통일전선을 교란 방해한다면, 그는 인민에게 배격을 받을 것이오, 신조선 건설에 반역자가 될 것이다.

발(跋) 이 원고는 상당한 분량을 가진 민주적 민족통일전선에 관한 소개하여야 할 논문인데 불구하고, 여기서 중단한다는 것은 필자에게 미안하기 짝이 없다.

첫째, 전 조선적 시야에서 민주전선의 구체적 제 상황과 발전을 논한 이 글이 한 개의 일반적 원칙 제시 이상에 걸칠 때는 남조선의 이 운동 내부의 제 조건과 객관적 현실의 실질적 비판에 발전하게 되는 것. 그러나 이 일은 현재 아주 생활환경을 달리한 필자의 의도 밖에 있다는 것.

둘째, 조선신민당의 활동과 임무에 관한 부분은 개별적으로 조선신민당의 일이지만 일반적 역사적 전망으로 본다면, 이 나라의 정치노선의 발전방향을 압축된 형(型)으로 표시한 것으로 이해하여야 하고, 따라서 남북 조선의 제 정당에도 한 개의 중대한 시사가 되고 지침이 될 수 있을 터이나, 역시 암시 이상은 전개하지 못한다는 것.

마지막으로 방금 문제가 되어 있는 좌우합작에 관하여는 근 십년 항일구국전선의 강력한 일익으로 싸워 온 필자의 경세적(警世的) 견해는 그의 이론이라기보다 생활의 기록이라고 하는 것이 타당할 만치 실천적이요 원칙적일 터이지만, 이 역시 당분 보류하지 아니할 수 없다. 이것은 '다다넬스'의 갈증의 고통과 싸우고 있는 '미제라블'한 조선의 불행의 하나일 것이다.

<獨立新報> 1946년 6월 19~23일.

7. 봉건적 인습에 관하야

오늘날 우리들은 일찍이 경험하여 보지 못한 급격한 변혁의 와중에 서있다. 낡은 것과 새로운 것이 첨예한 대립 투쟁을 빚어내어 파괴와 건설면에 그대로 정현(呈現)되고 있다. 보다 구체적으로 말한다면 낡은 세력과 새로운 세력, 즉 봉건적인 보수세력과 반봉건적인 민주세력이 서로 대립 저항하여 역사적인 변혁과정을 이루고 있다.

이 역사적 순간에 있어서 조선사회의 정치적 경제적 문화적 제 분야를 과학적으로 정확히 인식 파악한다는 것은 무엇보다도 긴절한 과제라고 할 것이다.

오늘날 조선사회는 역사적으로 보아 그 발달과정에 있어서 다른 자본주의국가에 비하여 낙후된 단계에 있다. 선진 자본주의국가에 있어서는 이미 15~6세기부터 자본계급이 대두하여 봉건제도를 타도하고 근대 자본계급혁명을 완수함으로써 새로운 역사적 계급으로 옮아갈 물질적 조건을 준비하였음에도 불구하고, 우리 조선에 있어서는 완만한 아세아적 생산의 정체성(停滯性) 위에 유구한 봉건제도가 지속되어 왔고, 19세기 말에 이르러 외부로부터 선진 자본주의가 문호를 두드렸으나 거기에 대진(對進)할만한 아무런 내부적 물질적 준비가 없이 드디어 20세기 초에 일본제국주의 식민지로 전락하고 말았다.

그러나 영맹한 일본제국주의는 조선을 그들의 기반 아래 넣음으로써 조선의 경제기구를 근대 자본주의적으로 개편하는 것이 아니라, 토지를 수탈하여 조선 안에 뿌리박고 있는 봉건제도를 그대로 이용하고, 조선을 단순한 자기나라 상품시장, 자본 투자지, 원료 획득지 또는 노력의 착취지로 전화시키고 말았다. 이래 8·15의 일제 붕괴에 이르기까지 소소한 변화가 따르고, 더욱이 금번 제2차 대전을 통하여 조선 안에 반동적 중공업이 발전되고 '징용'과 '공출'은 농촌 관계방면에 커다란 파문을 던졌으나, 역시 침략전쟁의 가렴주구가 빚어낸 수동적 파문에 그쳤으며, 전체로 보아 봉건적 유제에 대한 아무런 근본적 개편이 없이 그대로 통과하여 왔다.

따라서 우리 조선에 아직도 낙후된 봉건적 토지관계와 수공업적 생산관계가 부분적인 자본가적 생산관계와 함께 그대로 병존하고 있으며, 사회적 문화적 영역에 있어서는 이조 5백년래의 봉건유제인 반상귀천(班常貴賤)과 남존여비, 기타 전제적 예속습성이 근대 자본주의기의 퇴폐문화와 함께 아직도 완미하게 잔존하고 있다.

그러나 국제적으로나 국내적으로나 이제까지 전 세계는 파쇼와 반파쇼, 즉 반민주와 민주의 양대 세력이 대립 대항하여 왔으며, 금번 제2차 대전으로 말미암아 파쇼에 대한 민주의 결정적 승리로 귀결되었으나, 아직도 반민주세력은 완전히 삼제되지 못하고 있다. 오히려 우리 조선에 있어서는 일제 잔재가 봉건적 잔존세력과 결탁함으로써 더욱 완강하게 반동세력을 형성하고 있는 것이 사실이다.

따라서 우리에게 있어서 당면한 민주주의적 노선은 무엇보다도 봉건적 잔재를 소탕하는데 있는 것이니, 금번 시행을 보게 된 획기적 토지법령은 이 점에 있어서 가장 영단적인 대수술이라고 할 수 있다. 왜 그런가 하면 봉건적인 모든 인습은 그것이 어떠한 종류를 물론하고 그 물질적 기초를 봉건유제인 토지관계와 수공업 제도에 두었기 때문이다. 지주와 소작인의 관계, 그것은 정히 토지 없는 농민이 절대 다수를 점위하고 있는 조선에 있어서 모든 봉건적 잔재가 기생하고 있는 현실적 관계라고 할 것이다. 그것은 결코 단순한 지주 대 소작인의 관계가 아니라, 그것은 우리들 일반의 심지어 진보적 분자에 이르기까지 가족적으로나 사회적으로나 봉건적 인습에 젖어 있게 만든 물질적 기초이다. 우리는 봉건적 인습을 양반과 상놈이나, 상전과 비복에만 찾을 것이 아니다. 우리들의 일상생활에 무의식적으로 나타나는 대 가족관계, 대 사회관계를 냉정히 반성한다면 누구나 그 봉건적 유제의 힘이 상금(尚今)도 얼마나 큰 것이며, 거기에서 이탈하기가 얼마나 힘든 것인가를 이해할 수 있으리라고 본다.

그러므로 도시나 농촌을 물론하고 봉건적인 낡은 습성, 도덕, 미신이 넓고 깊게 뿌리박고 있다는 것을 솔직하게 인식하고, 이 모든 인습을 근본적으로 소탕하려 할 제, 우리는 무엇보다도 먼저 그 물질적 기반을 이루고 있는 토지관계를 개혁하지 않을 수 없는 것이다.

물론 금번의 '토지개혁령'은 조선 인구의 8할을 점위하고 있는 농민에게 토지를 분여함으로써 농민문제를 해결하고 나아가서는 민족문제를 해결하는 보다 큰 의의가 있는 것이다. 일방에 있어서는 봉건적 인습의 발원지인 지주 대 소작인 관계를 일소함으로써 낡은 세력 반민주세력이 의거하고 있는 봉건적 잔재를 소탕하며 봉건제도의 사회의식형태인 낡은 문화, 도덕, 미신 습성까지도 깨끗이 숙청하는데 있어 또한 획기적 의의를 가졌다고 할 것이다.

여기에 낡은 문화와 낡은 도덕에 대신할 새로운 문화와 새로운 도덕이 새로운 민주적 인민의 기초 위에 과학적으로 수립되어야 할 것은 췌언을 요하지 않는 바이다. 그러나 혼동하지 말아야 할 것은 이 같은 새로운 과학적 문화와 도덕이 진부하고 퇴폐한 봉건적 유제를 양기(揚棄)하되, 과거 우리 민족의 우수한 전통과 유산을 계승할 뿐만 아니라 모두 발전시키는 방향으로 나아간다는 것을 부언하여 둔다. 이제 금번의 토지개혁법령의 실시를 계기로 반민주세력의 태반을 형성하고 있는 봉건적 토지관계가 형적을 감추고 봉건적 인습이 발붙일 곳이 없게 되었으며, 따라서 새로운 부강한 민주국가와 새로운 과학적 문화를 수립할 물질적 조건이 구비되었다. 이러한 모든 점을 심심히 이해하고 지주들은 단순히 수많은 농민을 위하여서라는 것보다도 자기의 자손을 위하여, 새 나라 건설을 위하여, 국가 만대의 부강을 위하여, 모름지기 능동적으로 이 법령 실시에 참가하고 협력하여야 할 것이다.

『人民評論』 2호(1946년 7월), 121-123쪽.

부록 2

북한 출판물

보고 및 토론

1. 북로당 강령초안 보고 및 질문에 대한 답변

① 북로당 강령초안 보고

당의 강령은 투쟁의 일반적 목적을 표시한 것이며 동시에 이 투쟁목적의 이론적 기초를 천명한 것입니다.

그러므로 우리 북조선노동당 강령을 지금 우리가 당면한 민주주의적 건설의 역사적 계단에 있어서 민주주의적 완전 자주독립 국가를 수립하고 진보적 민주주의 제 과업을 수행하기 위한 투쟁의 일반적 목적을 명백히 표시할 것입니다. 특히 오늘의 역사계단에 있어서 노동자 농민 노력지식분자 등 광범한 근로대중 층의 역사적인 선봉적 사명에 의조하여 그들의 이익을 대표 옹호하며 정치 경제 문화 군사 외교 등 각 방면에 긍하여 부강한 민주주의 국가건설을 목적함은 인민의 정권인 북조선임시인민위원회를 적극 지지하며 인민위원회의 정책을 보장하는 북조선노동당으로써 어디까지나 김일성 위원장이 발표한 20개조 정강에 의거한 것입니다.

이에 당의 강령과 정책의 완전한 일치가 없이는 당의 통일과 당공작 집중에 필요한 조건을 보장할 수 없는 것이니 북조선노동당은 광범한 근로대중의 정치적 경제적 요구를 현실적으로 내세우며 그의 과감한 실천을 통하여 광범한 노동자 농민 노력지식분자들을 당의 대열에 참가시키며 천백만 근로대중을 당의 주위에 집결시킴으로써 당면한 민주주의 제 과업을 완수할 수 있는 것입니다.

두말할 것도 없이 제1조로부터 제13조에 이르기까지 북조선노동당 강령은 전 조선의 근로대중이 절실히 요구하는 민주주의적 기본과제입니다. 이 노동당 강령 중에 특히 경제적 항목이 많은 것은 그것이 근로대중의 현실적 생활에서 필연적으로 요구되는 경제적 조건일 뿐만 아니라 경제적 개혁이 민주주의 건설의 기본이 되기 때문입니다. 이 기본과업을 위하여 조선의 근로대중은 투쟁하여 왔으며, 또한 앞으로 투쟁할 것입니다.

이 같은 진보적 민주주의 제 강령을 실천함에 있어 반동지주 반동자본가 친일 분자를 비롯하여 그들을 토대로 한 반동의 수괴 이승만 김구 등의 반민주적 파쇼 분자들은 이를 반대하며 저해하기에 필사적 저항을 꾀할 것이며 또한 소자산계급에 있어서도 강령을 승인하고 추종하면서 오히려 그의 구체적인 실천에 있어서 이를 의곡하며 준순하는 기회주의적 경향을 발로할 수 있는 것이니 반동파와의 영용적 투쟁은 물론이요, 당 강령을 의곡하고 불철저케 하는 일체 기회주의적 경향과 무자비한 투쟁을 전개하여야 할 것입니다.

당의 강령은 일반적으로 민주주의 투쟁목표인 만큼 당의 통일과 당공작의 집중을 위하여 과감한 투쟁을 무조건적으로 요구하며 그의 승리적 투쟁을 통하여 당의 강령은 성공적으로 완수될 것입니다.

북조선노동당 강령

조선 근로대중의 이익을 대표하며 옹호하는 노동당은 부강한 민주주의 독립국가 건설을 목적하고 아래와 같은 과업을 위하여 투쟁한다.
1. 민주주의 조선 자주독립 국가를 건설할 것.
2. 인민공화국의 건설을 위하여 전 조선적으로 주권을 인민의 정권인 인민위원회에 넘기도록 할 것.
3. 일본인, 민족반역자 및 지주들의 소유 토지를 몰수하여 토지 없는 농민, 토지 적은 농민들에게 무상으로 분배하며 북조선에 토지개혁의 성과를 더욱 공고히 하고 전 조선에 토지개혁을 실시할 것.
4. 일본 국가, 일본인 단체와 일본인 개인 소유 및 민족반역자들의 소유인 공장 광산 철도 운수 체신기관 기업소 및 문화기관 기타를 국유화할 것.
5. 일체 은행과 기타 금융기관들을 국유화할 것.
6. 노동자와 사무원에게 8시간 노동제를 실시하며 그들에게 사회보험을 보장하고 여자들에게 남자와 동등한 임금을 지불할 것.
7. 재산의 다소, 지식의 유무, 신앙 및 성별의 여하를 불구하고 20세에 달한 조선인민들에게 동등한 선거권과 피선거권을 부여할 것.
8. 전 조선인민에게 언론 출판 집회 연설대회 시위운동 당조직 동맹조직 및 신앙의 자유를 보장할 것.
9. 여자들에게 정치적 경제적 법률적으로 남자들과 동등한 권리를 보장하며 가족 및 풍습 관계에서 봉건적 잔재를 숙청하며 어머니들과 어린이들을 국가적으로 보호할 것.
10. 인민교육의 개혁을 실시하며 각종 학교 내에서의 교육과 교양사업에 일본 교육제도의 잔재를 숙청하며 재산 형편과 신앙 및 성별을 불문하고 전 조선인민에게 공부할 권리를 보장하는 동시에 조선민족 문화 예술 및 과학의

정상적 발전을 도모할 것.
11. 근로대중의 생활을 위협하던 일본제국주의의 세금제도의 잔재를 철폐하고 새로운 공정한 세금제를 실시할 것.
12. 민족군대 조직과 의무적 군사징병제를 실시할 것.
13. 세계의 평화를 위하여 투쟁하는 린방과 평화를 애호하는 각 국가 각 민족들과 튼튼한 친선을 도모할 것.

『朝鮮勞動黨大會資料集』第1輯(國土統一院, 1980), 57-59쪽.

② 질문에 대한 답변

수첩에 써 있는 강령은 인쇄가 틀렸다. 그리고 읽을 때 잘못된 것은 내가 책임진다.

제3조에 민족반역자를 제외할 이유를 물었는데 당연하다. 이것을 더 넣는 것도 좋다고 생각한다. 다음에 노동당을 북조선노동당으로 함이 좋지 않은가고 했는데, 토론 같은 데서 생략해도 큰 문제 없다고 생각한다.

그 다음에 20세를 '만 18세'로 함이 좋지 않은가 하는 질문인데, 이것은 북조선의 모든 정도를 봐서 '만'이라는 자를 넣지 말고 '20세'로 함이 좋을 것 같다.

이렇게 하면 불명확한 점도 있지만 조선의 정도로 보아 보고자로서는 원안대로 두는 것이 좋다고 생각한다.

'민족군대'와 '징병'과의 차이점을 물었는데, 이는 같지 않다. 그 다음 제11조 '봉건제'를 넣지 않고 왜 '일본제국주의 교육제도'라고만 하였느냐고 하였는데, 일본제국주의라는 것은 봉건제도도 포함한 것이라고 생각한다. 또 아직 우리 민족문화가 높이 향상되지 못한 오늘날에 있어서 조선 사람의 풍속 습관까지도 없애 버리는 것처럼 오해를 일으킬 것 같아서 '봉건제'를 넣지 않았다.

혹은 강령 초안의 사상은 좋은데 각 조목이 부적당하다고 하는 의견도 있는데, 이것은 접수 못하겠다.

끝으로 말할 것은 이미 김일성 동지와 김두봉 동지의 보고에 강령에 대한 근본정신이 뚜렷이 나타났다. 김일성 동지의 말씀에 "양당의 합동은 북조선 민주주의적 기초를 튼튼히 할 뿐만 아니라 남조선에까지 민주과업을 완수해서 전 조선의 자주독립을 완성함에 있다"는 문구가 강령의 기본정신을 충분히 설명하였다고 본다.

우리는 언제나 전 조선의 목표를 잊어서는 안 될 것이다.

『朝鮮勞動黨大會資料集』第1輯 (國土統一院, 1980), 62-63쪽.

2. 남조선 민주주의 3정당 합동에 관한 보고

동지들!

　북조선공산당과 조선신민당과의 합동문제에 대하여 북조선공산당 책임비서 김일성 동지와 조선신민당 위원장 김두봉 동지는 이미 그 합동을 요청하게 되는 주관적 객관적 정세를 거듭 보고하였습니다. 그리하여 양당 합동사업을 금일 승리적으로 결속 짓게 되었습니다. 그러나 다시 우리들로 하여금 관심케 하는 문제의 하나는 북조선에 있어서 북조선공산당과 조선신민당과의 합동사업이 집행되자 이와 전후하여 남조선에 있어서도 진보적 민주주의 정당인 인민당과 공산당 신민당과의 3당 합동문제가 전하여지고 있는 사실입니다. 이는 남조선의 국내외 반동세력과의 희생적 투쟁을 지속하는 과정에서 민주주의 통일전선진영의 단결을 보다 공고히 하고 투쟁조직을 보다 강하게 하기 위한 필연적 요청이라고 할 것입니다.

　물론 남조선의 사회정형을 살펴볼 때 객관적 조건이 불리하므로 각 민주주의 정당이 3당 합동사업을 진행함에 있어서 적지 않은 지장을 받으리라는 것은 이미 북조선에 있는 우리들이 예상할 수 있었던 것입니다. 그러나 남조선에 있어서 3당 합동문제는 여하한 방법으로서나 주객관적으로 되는 일체 곤란을 극복하고 실현하여야 할 것입니다. 다시 말하면 이 순간에 있어서 적의 반동이 강하면 강할수록 객관적 조건이 불리하면 불리할수록 민주역량의 단결은 무조건적으로 요청되는 것입니다. 그러므로 우리는 남조선에 있어서 합동사업의 진행을 지연시키는 일체 불리한 조건을 신속히 극복하고 보다 더 큰 단결의 위력을 발휘하여 전 인민의 이익을 위한 이 합동사업을 급속한 시일 내에 승리적으로 완수할 것을 기대하여 마지않았던 것입니다. 실지로 민주진영의 내부에 있어서는 어떠한 조건도 합동을 불가능케 할 만한 근거가 될 수 없는 것입니다. 만일 사소한 문제로 합동사업을 천연시킨다면 그 책임의 소재가 수하에 있음을 불문하고 이 시간에 있어서 우리 민주과업에 보상할 수 없는 손실이라는 것을 지적하지 않을 수 없습니다.

　이제 우리들은 금일 남조선에 있어서 3당 합동문제를 계기로 하여 공산당 내부에서 일부 분열행동을 감행한 문제가 3당 합동사업의 진행에 불리한 영향을 주고 있는 사실에 비추어 이를 가장 유감스럽게 생각하는 동시에 그에 대하여 우리는 엄정한 비판이 있어야 할 것이라고 생각합니다.

지난 8월 5일 김철수 강진 문갑송 이정윤 서중석 김근 등 6인이 발표한 성명서는

첫째, 그 성명 내용에 있어서 큰 원칙적인 문제가 제기된 것이 아니며 그 주관적 의도가 나변에 있음을 불문하고 객관적으로 3당 합동사업에 지장을 주는 악결과를 초치한 데 대하여 엄격한 비판을 내리지 않을 수 없으며 동시에 남조선공산당 중앙의 그들에 대한 처치가 가장 적당하다고 인정합니다.

둘째, 이 성명서가 발표되자 반동파의 진영에서는 이것을 기회로 우리 민주진영에 대한 모략의 재료로 이용하게 되었으며 실지로 우리 민주진영을 혼란케 하며 합동사업을 천연케 하려는 적에게 어부의 리를 주었습니다.

셋째, 이 성명서를 발표한 6인은 모두 책임 있는 일꾼임에도 불구하고 엄중한 이 순간에 있어서 당내의 대립 모순을 격화시켰다는 큰 책임을 져야 할 것입니다. 그러므로 이상의 성명서를 발표한 6인은 당의 규율상으로 보나 정치적 입장으로 보나 마땅히 대담하고 무자비한 자기비판 위에 책임을 져야 할 것이며 당으로서는 마땅히 적응 조치가 있어야 할 것입니다. 레닌 동지는 말하기를 우리 당을 조금이라도 약하게 하는 것은 적을 돕는 것이라고 하였습니다. 그러나 그들이 만일 자기의 과오를 정확하게 비판하고 청산하며 합동사업에 충실할 때에는 우리들은 다시 그들을 널리 포용하여야 할 것입니다.

우리들은 그들에게만 한할 것이 아니라 공산당 인민당 신민당 등 어느 당을 물론하고 합동사업을 방해하며 천연케 하는 분자들의 일체 행위에 대하여서도 엄격한 비판을 내릴 것이며 무자비한 투쟁을 전개할 것을 아울러 선포하고저 하는 바입니다.

요컨대 우리들은 우리들의 투쟁목표를 향하여 우리들의 민주 단결을 위하여 일체를 희생시켜야 할 것이니 우리 진영 내부의 사소한 문제를 이 이상 표면화시키는 것은 옳지 못한 것입니다. 우리들은 일체를 이 위대한 합동사업의 승리적 결속을 위하여 희생적으로 복무시켜야 할 것이며 이여의 일체 문제는 오직 합동사업을 성공적으로 수행하는 데 있어서 민주적 실천을 거침으로써만 능히 해결될 수 있는 것입니다.

동지들!

지금 우리의 적은 우리 민주진영의 단결과 합동을 두려워하며 우리 진영의 분산과 혼란을 바라고 있습니다. 우리들은 결코 이들 반동파의 원망하는 길을 밟아서는 아니 되겠습니다.

우리들은 하루바삐 통일적 민주주의 완전 자주독립 국가 건설을 위하여 보다 광범한 민주역량의 단결을 위하여 미군정 반동파 및 그의 앞잡이인 김구 이승만 들의 일체의 음모 모략 방해를 분쇄하고 일체 분열행위를 감행하는 분자들과 무자비한 투쟁을 전개하여서 급속한 시일 내에 남조선 동지들이 3당 합동사업을 성공적으로 완수할 것을 확신하는 동시에 남조선 동지들의 건투를 빌며 그 건투에 대하여 무한한 감사를 드리는 바입니다.

북조선로동당 중앙본부, 『북조선로동당 창립대회: 제 재료』
(발간년도 및 출판사 미상), 58-60쪽.

3. 조선민주주의인민공화국 1948년도 국가종합예산 총결과 1949년도 국가종합예산에 관한 보고

대의원 여러분!

조선민주주의 인민공화국내각은 조선민주주의인민공화국의 1948년도 국가종합예산 집행 총결과 1949년도 국가종합예산을 헌법 제96조에 의거하여 승인을 얻고자 최고인민회의 제3차 회의에 제의하는 바입니다.

오늘 우리 조국의 남반부는 미제국주의의 야만적 침략정책에 의하여 강점되고 있는 정치정세 하에서 전 조선적인 종합예산을 편성하지 못하고 공화국 북반부에 제약된 1949년도 종합예산을 편성하게 되었습니다.

그러나 비록 지역적 통일은 되지 못하였다 하더라도 1949년도 종합예산은 남북을 통하여 전 인민의 절대 지지를 받고 수립된 조선민주주의인민공화국의 최초의 예산인 것만큼 그 정치적 의의는 실로 거대합니다.

1. 1948년도 국가종합예산 집행 총결에 관하여

대의원 여러분!

1948년도 공화국의 국가종합예산은 당초 103억3백23만7천원으로 성립되었던 것입니다. 그 후 공화국 북반부의 인민경제가 급속히 발전됨에 따라서 재정 면에 있어서도 수차의 추가갱정을 거듭하여 결국 예산총액이 138억8천50만2천원으로 장성을 보게 되었습니다.

1948년도 종합예산의 기본방향은 세입에 있어서는 항상 인민들의 부담으로 되는 세수입을 경감하는 반면에 국가경제기관으로부터의 수입을 적극 배양 증강시키며 세출에 있어서는 일체 국가재정지출을 인민경제계획 완수 및 사회문화사업 발전에 집중하는 데 있었던 것입니다. 이제 1948년도 종합예산집행의 결과를 개괄적으로 총결하여 보면 예산총액 138억8천50만2천원에 대하여 실지 수입총액 155억7천134만원, 지출실적은 136억5천4백3만5천원으로 19억1천130만5천원의 수입초과를 보게 되었습니다.

이것을 1947년도 실적에 대비하여 보면 세입에 있어서는 실로 169%, 세출에 있어서는 192%로 각각 장성을 보았습니다.

(1) 세입예산 집행에 있어서

1948년도 세입실적이 예산액에 비하여 112%로 초과 달성된바, 이제 그 내용을 중요한 과목별로 보면 다음과 같습니다. 직접세 수입이 예산액 37억8천7백62만8천원에 대하여 수입실적이 40억6천4백12만7천원으로 7.3% 초과 수입되었으며 전년도실적에 대비하면 27%의 증가입니다.

이것은 정부의 옳은 시책으로 말미암아 공화국 북반부의 농촌경리가 급속히 발전되었으며 전체 인민들의 소득이 나날이 증진되어 그 물질생활이 개선 향상된 결과로써 달성된 것이며 또한 우리 북반부 농민들의 열성적인 농업현물세 납부를 비롯한 전체 인민들의 자각적인 납세의욕이 날로 제고되고 있다는 것을 표현하여 주는 것입니다.

거래세 및 이익공제금 수입은 예산액 63억5천19만5천원에 대하여 수입실적이 74억8천7백2만4천원으로 17.9% 초과 수입되었으며 전년도 실적에 대비하면 실로 122%의 증가입니다.

이것은 공화국 북반부의 산업의 급속한 장성과 상품류 등의 증가와 아울러 국가경제기관들의 인민경제 축적이 날로 증가되고 있다는 것을 여실히 증명하여 주는 것입니다.

뿐만 아니라 이 사실로써 오늘 공화국 재정수입의 토대는 국가경제기관 수입으로써 공고하여졌으며 또 앞으로 더욱 장성될 것이 명확히 예견되는 바입니다.

관세 급 인지수입이 예산액 2억6천7백23만2천원에 대비하여 수입 실적이 2억7천6백33만7천원으로 3.4%가 초과 수입되었으며 전년도 실적에 대비하면 91%의 증가입니다.

사회보험 수입은 예산액 6억4천3백만원에 대하여 수입 실적이 7억4천3백59만5천원으로 15.6%가 초과 수입되었으며 전년도 실적에 대비하면 실로 41%의 증가입니다.

다음 재산 수입은 예산액 3천5백75만8천원에 대하여 4천5백26만7천원으로 25.9%가 초과 수입되었으며 전년도 실적에 대비하면 48%가 감소되었습니다.

기타세의 수입은 예산액 8억7백5십만3천원에 대하여 수입실적이 9억2천4백52만원으로 25.5%가 초과 수입되었으며 전년도 실적에 대비하면 16%의 감소입니다.

회수금은 예산액 1천1백34만3천원에 대하여 수입 실적이 2천47만원으로 80.5%가 초과 수입되었으며 전년도 실적에 대비하여 93%의 감소입니다. 전년도 잉여금은 예산액 19억7천7백64만3천원에 대하여 실적이 20억9백99만8천원으로 1.6% 초과 수입이며 이를 전년도 실적에 대비하면 실로 569%의 증가입니다.

이와 같이 전년도 잉여금이 거액에 달하는 것은 1947년도에 있어서 전체 국가경제기관들이 자기계획을 초과달성하고 인민경제 축적을 제고시킴으로써 국가재정수입의 증가를 보게 되었던 것이며 또 세출예산에 있어서도 항상 국가재정을 절약하는 방향에서 집행하여온 결과입니다.

(2) 세출예산 집행에 대하여

1948년도 세출예산집행 결과를 보면 다음과 같습니다.

세출예산 총액 1백38억5천50만2천원에 대하여 총지출실적이 1백36억5천4백3만5천원으로서 그 실 집행률은 98.4%로 되었습니다.

가. 인민경제의 지출에 대하여

1948년도 국가예산으로부터 지출한 실적은 예산액 53억6천3백65만4천원에 대하여 57억7천3백2십만원이며 이를 전년도 실적에 대비하면 실로 141%가 증가한 것입니다.

그 부문별 내역은 다음과 같습니다.

국영산업에 대한 지출은 예산액 20억3천3백만원에 대하여 지출실적이 14억1천1백66만9천원이며 이것을 전년도 실적에 대비하면 54%의 증가입니다.

이리하여 인민경제 각 부문의 균형적 발전과 생산의 증강을 촉진하여 1948년도 인민경제계획의 초과 달성을 재정적으로 보장하였습니다. 이 지출의 결과 황해제철 흥남비료공장 강서전기 남포판초자 평양기계 길주팔프 및 평양화학 등 각 중요공장들의 신설 복구확충을 비롯한 179개 기업소 2,000여건의 기본건설이 성과적으로 실행되어 공화국 북반부 산업을 급속히 발전시킬 수 있는 기본조건을 지어 주었습니다.

농림업발전을 위하여는 예산액 13억8천7백5만원에 대하여 지출실적이 13억4천8백26만8천원이며 이것을 전년도 실적에 대비하면 178%의 증가입니다. 그 결과에 몽리면적 2만5천 정보의 대규모인 안주관개사업을 비롯하여 목재 수산 축산 및 국영농장의 발전을 위하여 24개 기업소 129건의 중요한 건설공사가 성과적으로 진행되었습니다.

국영상업과 지방산업에 대한 지출은 예산액 4억5천1백93만2천원에 대하여 지출실적이 3억7천8백8만9천원인바 이것을 전년도 실적에 대비하면 실로 631%의 증가입니다.
  그 결과에 4백여 개소 점포의 확충 신설을 비롯하여 지방산업의 81개 공장에 대한 217건의 기본건설이 국가에서 지출되는 자금으로 보장되었습니다.
  교통운수 발전을 위하여는 예산액 3억4천4백만원에 대하여 지출실적이 3억8백12만6천원인바 이것을 전년도 실적에 대비하면 254%의 증가입니다.
  이 지출로써 경원선 양덕-천성 간 만포선 개고-고인 간의 철도 전기화공사를 완수하여 운수능력을 제고시키었으며 원산철도공장과 서평양철도공장을 확충하였습니다.
  체신산업에 대한 지출은 예산액 3천3백만원에 대하여 지출실적이 역시 3천3백만원이며 이것을 전년도 실적에 대비하면 35%의 감소입니다.
  도시경영 및 토목건설을 위하여는 예산액 7억3천9백67만7천원에 대하여 지출실적이 7억2천1만2천원인바 이것을 전년도 실적에 대비하면 38%의 증가입니다.
  은행□□ 기타 인민경제 지출은 예산액 3억7천7백만원에 대하여 지출실적이 15억7천1백15만원인바 이것을 전년도 실적에 대비하면 4.13%의 증가입니다.

  나. 사회문화사업비에 대하여
  교육 보건 문화 선전 및 사회보험사업 발전을 위하여 1948년도 국가예산 지출실적은 29억7천5백40만9천원으로서 이를 1947년도 실적에 대비하면 58%의 장성을 보고 있습니다.
  이것을 사회문화사업 각 부문별로 세분하여 보면 다음과 같습니다.
  교육사업에 있어서 예산액 16억2천44만2천원에 대하여 지출실적이 14억7천7백1만9천원인바 이것을 전년도 실적에 대비하면 35%의 증가입니다.
  보건사업에 있어서는 예산액 5억5천9백75만3천원에 대하여 지출실적이 5억3천4백27만2천원이며 이것을 전년도 실적에 대비하면 39%증가입니다. 사회보험사업에 있어서는 예산액 6억7천4백92만8천원에 대하여 지출실적이 6억4천9백3만3천원이며 이것을 전년도 실적에 대비하면 100%의 증가입니다. 기타 사회문화사업에 있어서는 예산액 3억3천8백66만9천원에 대하여 지출실적이 3억1천5백8만5천원이며 이를 전년도 실적에 대비하면 281%의 증가로 되었습니다. 이상과 같은 지출의 결과 교육부문에 있어서는 각급 학교를 통하여 4백81교, 3천4백24학급이 증가되었으며 학생 수에 있어서 11만6천2백17명의 증가와 교직원수에 있어서 4

천5백10명의 증가를 보게 되었습니다. 이외에 지적하여야 할 것은 1948년 하반기에 진행된 신학년도 준비사업입니다.

공화국 북반부 전체 인민들은 이에 열성적으로 참가하여 7억이 넘는 금액과 물자를 희사함으로써 학교 시설의 확충 및 정비를 성과적으로 완수하여 실질적으로 국가예산을 절약하였을 뿐만 아니라 이로 말미암아 1950년도부터 실시될 전반적 초등의무교육제 실시에 적지 않은 도움을 주었습니다.

보건부문에 있어서는 각종 의료기관 중 병원만 하여도 17개소가 증설되었고 침대 7백83대가 증가되고 의사는 260명이 증원되어 농촌에 이르기까지 의료기관이 시설되었습니다. 선전 문화 사회보험사업 등 각 분야에 있어서도 많은 중요 시설들이 신설 또는 확충되었습니다.

다. 국가운영비 예산 집행에 대하여

국가운영비 예산총액 45억1천2백26만6천원에 대하여 지출실적이 49억8백31만4천원으로 3억9천6백4만8천원을 초과 지출하였습니다.

국가운영비에 있어서 이와 같이 초과지출을 하게 된 것은 조선민주주의인민공화국의 선포와 중앙정부수입에 관련하여 중앙 및 지방의 기구 개편과 정원 증원에 따르는 경비지출이 증가된 데 기인된 것입니다.

각 부문의 지출예산 집행정형은 대략 이상과 같습니다.

라. 화폐교환과 경비절약에 대하여

대의원 여러분!

자주적인 민족화폐제도를 수립하기 위하여 1948년 12월 6일부터 동 12일까지에 신화폐를 발행하여 구화폐와의 교환사업을 승리적으로 실시하였습니다.

화폐교환의 결과 공화국 북반부에 유통하는 화폐는 유일화폐인 북조선중앙은행권으로 통일되었으며 물가는 저하되었습니다.

이러한 환경에서 당시 북조선인민위원회는 김일성 위원장의 지도하에 더욱 물가저하를 촉진하며 시장거래를 정상화하며 전체 근로자대중과 인민들의 물질생활을 향상시키기 위하여 국가가 보유하고 있던 양곡 기타 일체 상품과 국영기업소 생산제품의 판매가격을 평균 30% 이상을 인하하였습니다.

가격인하로 말미암아 국가는 양곡에서 개산 13억3천6백1만9천원 기타 상품에서 개산 5억5천5백42만2천원 합계 18억9천1백44만1천원의 손실을 부담하였으나 국가재정은 이로 인하여 약화될 대신 오히려 재정금융의 자주성을 확립하였으며 국가재정의 기반을 더욱 확고불발한 것으로 만들어 놓았습니다.

그뿐만 아니라 이러한 조치를 국가부담에 의하여 단행한 결과 1948년 말에 이르러 생활필수품의 일반물가는 1947년 말 현재 물가에 비하여 평균 45%로 저하되었습니다.

경비절약에 대한 문제는 1948년도 예산집행에 있어서 가장 중요한 과업으로 제기되었던 것입니다.

이 경비절약은 재정의 합리적 이용과 아울러 국가재정운영에 있어서의 근본원칙으로 될 뿐만 아니라 화폐교환의 성과를 공고히 하기 위한 한 개의 대책이었으며 또한 1948년도 예산집행을 순조로이 하는 시책이었습니다.

김일성 수상께서는 일찍이 경비절약을 한 개의 사상운동으로서 인민들 앞에 호소하신 바 있었습니다.

경비절약문제가 1948년에 이르러 이와 같이 절박한 과업으로 제기되자 당시 북조선인민위원회는 동년 1월에 그 결재 104호로써 국가기관 일꾼들에게 경비절약에 관한 법적 의무를 규정하였습니다.

이래 김일성 수상의 호소를 받들어 제104호 결정에 의거하여 국가기관 기업소들에서 경비절약투쟁이 광범히 전개되었습니다.

그 결과 1947년도 경비지출 정형에 비하여 종합예산에 속하는 기관에서 7억1천5백만원, 공장 기업소등 국가경제기관에서 7억2천2백만원, 합계 14억3천7백만원의 경비가 절약되었습니다. 이러한 절약부분은 인민 경제적 축적을 증가하며 국가재정을 튼튼히 하는 한 개의 재원으로 되었습니다.

지난해 1년 동안 경비절약을 성실히 실천하여 예산을 정상적으로 집행하며 화폐가치를 제고하는 데 많은 도움을 주었습니다.

대의원 여러분!

1948년도 공화국의 국가종합예산 집행 정형은 간단히 이상과 같습니다.

그러나 우리는 예산집행과정에서 비록 부분적이나마 약간의 결점들이 있었다는 것을 시인하지 않을 수 없습니다.

첫째로 재정일꾼들 중에 자기사업을 옳게 조직하지 못하고 세원의 적극적인 탐구와 그의 적절한 포착에 노력이 부족하여 탈세 과세누락 등을 제때에 발견하지 못한 일이 없지 않았습니다. 그 실례로서 국세인 소득세 징수에 있어서 1948년도 3/4분기에 5억원에 달하는 1948도분 누락을 발견하여 재조사 징수하는 등의 엄중한 사실을 초래하였으며 이로 말미암아 국가재정운영에 적지 않은 지장을 주었던 것입니다.

둘째로 일부 국영기업소들 중에는 국고에 납부하여야 할 거래세 및 이익 공제금을 납부하지 않고 후일 재정기관의 검열에 의하여 발견된 후에 납부하며 또한 많은 연체료까지 지불한 사실들이 허다히 존재하였던 것입니다. 그 실례로서 1948년 5월 함경남도 도내 각 국영기업소 납세상황 검열결과에 의하면 서호수산사업소 외의 13개 기업소에서 1948년3월까지의 미납한 거래세 및 이익공제금이 5천9백80여만원에 달하였습니다.

이러한 실례들은 임산 및 무역부문에도 존재하고 있습니다.

셋째로 독립채산제를 실시하는 국가경제기관들 중에 원료 자재 기타 저장품을 필요 이상 보유하고 있으며 거래세에 달하는 제품을 체화로 보유하고 있으며 대금 수체기간이 장기에 걸쳐 자금회전속도가 극히 완만하여 기업소의 인민경제 축적에 저해를 초래한 일이 있었습니다.

그 실례로서 성진제강소에서는 장기간 1억원의 제품을 보유하고 있었던 것입니다.

이것은 그 기업소 자체의 자금회전을 지연시켜 축적에 지장을 준 것이 문제로 될 뿐 만 아니라 이로 인한 국가재정수입 확보와 생산력 장성에 지장을 주었다는 것이 더 큰 문제로 되는 것입니다.

넷째로 각 국영기업소들 중에는 기본건설 예산을 집행하는 데 있어서 국가계획에 의거한 구체적인 집행계획을 제때에 세우지 못하고 또 수립한 계획과 예산이 부정확하고 실지에 부합되지 않은 것들이 부분적으로 있었기 때문에 국가적으로 손실을 가져왔습니다.

그 실례로서 농림성 산하 임산부문에서는 계획 외 공사가 7건 1천1백25만6천원이나 되며 청진방적에서는 계획 외 공사인 간부회의실 외 7건에 7백46만9천원을 지불하였기 때문에 국가에서 요청하는 복구공사는 79%밖에 진행시키지 못하였습니다.

다섯째로 계획한 공사를 제때에 달성하지 못하고 지연시킴으로써 자금과 자재의 사장 또는 손모를 가져왔을 뿐만 아니라 실질적으로 생산에 지장을 준 것들도 있었습니다.

여섯째로 부분적이나마 건설비 원가저하에 대한 노력이 부족하였으며 자재 및 자금의 낭비와 횡령사건들이 근절되지 못하여 공사 진행에 지장을 주었으며 또한 국가에 적지 않은 손실을 주었습니다. 그 실례로서 도시경영성 산하 신의주시설사업소를 비롯하여 함흥시설사업소등에 허다한 물자와 자금의 낭비와 횡령사건들이 있었습니다. 뿐만 아니라 노동임금을 도급제를 잘못 실시하여 1일 최고 7백원을 지불한 사실들도 있었습니다.

이상과 같은 사실들은 공사 진행에 지장을 주었고 부분적으로는 생산력 발전에도 저해를 주었던 엄중한 결점들이었습니다.

일곱째로 특히 지적할 결점은 각 부문의 세출예산 집행에 있어서 일부에서는 아직 경비절약에 대한 노력이 부족하였으며 재정규율의 준수를 위한 투쟁이 미약하였다는 것입니다.

그 실례로 보건성에서 예산에 없는 비품들을 규율을 무시하고 구입하는 등 낭비들이 있었습니다. 다른 기관들에도 이러한 사실이 없지 않았습니다. 이상과 같은 결점들은 일부 국가일꾼 간에 부분적으로 아직도 국가재산에 대한 새로운 관념이 철저하지 못하였으며 또는 부화한 극소분자가 아직 국가기관에 잠입하여 있었던 까닭입니다. 이러한 결점들은 점차로 시정 감소되고 있으나 금후 이를 철저히 근절하기 위하여 더욱 강력한 사상투쟁이 있어야 하겠습니다. 비록 이상과 같은 결점들이 부분적으로 있었다 할지라도 1948년도 종합예산은 옳은 방향에서 집행되었으며 1948년도 인민경제계획을 초과 수행하는 데 있어서 이것을 옳게 재정적으로 보장하였으며 또한 국가재정의 건전한 발전을 가져왔다고 확신하는 바입니다. 1948년도 종합예산집행을 이상과 같은 빛나는 승리로써 총결 짓게 된 것은 공화국 북반부에 주둔하였던 소련군대의 끊임없는 원조와 김일성 수상의 영명하신 지도에 의하여 이루어진 것입니다.

대의원 여러분!

우리 조국의 완전 자주독립을 조속히 실현시키기 위하여 공화국 북반부에 주둔하고 있던 소련군이 완전히 철거한 오늘날 우리는 이미 이루어진 국가재정의 튼튼한 기초 위에서 1949년의 국가적 요구를 충분히 보장할 수 있는 새 종합예산을 심의하면서 소련정부 및 스탈린 대원수에게 다시금 열렬한 감사를 보내는 바입니다.

2. 1949년도 종합예산에 대하여

대의원 여러분!

지난 1월 우리 공화국 최고인민회의는 공화국의 민족경제를 더욱 발전 공고히 하며 전체 인민의 물질문화생활을 더욱 높이 개선 향상시킬 데 대한 1949~50년의 2개년 인민경제계획을 전 인민의 열렬한 지지 속에서 채택하였습니다.

이 2개년 인민경제계획을 수행하는 데는 막대한 재정이 요구되는 까닭에 일체 국가재산은 이를 위하여 합리적으로 종합 동원되어야 할 것입니다.

1949년도 조선민주주의인민공화국 국가종합예산은 실로 이로부터 출발하여 일체 국가재산을 종합 동원할 데 대한 재정계획으로 되는 것입니다.

대의원 여러분!

1949년도 종합예산의 근본목적은 2개년 인민경제계획을 재정적으로 보장하여 민족자립경제 토대를 더욱 튼튼히 함으로써 오늘 공화국 전체 인민들의 당면과업인 국토완정을 위한 거족적 투쟁을 보다 더 강화하려는 데 있습니다.

그러므로 본 예산안은 2개년 인민경제계획에서 예견되는 정치 경제 문화 등 온갖 분야에 있어서의 급속한 발전을 그대로 반영시키고 있을 뿐만 아니라 이를 앞으로 더욱 추진시키는 기본동력으로 되는 것입니다.

1949년도 공화국 국가종합예산은 세입 세출 공히 197억6천2백63만원으로 예정되어 있습니다.

이와 같이 방대하며 또한 건실한 예산은 제반 민주개혁의 승리적 실시와 1947년과 1948년의 당차의 인민경제계획을 초과 완수하는 과정에서 구축된 인민민주주의적 경제제도를 기반으로 하여 편성하게 된 것입니다. 종합예산은 우리 헌법 제95조에 의하여 편성하는 것인바 이에는 지방주권기관인 도 시 군 면 각급 인민위원회의 자체활동을 보장하는 지방예산과 중앙예산이 유일한 체계로서 종합 편입되는 것입니다. 그에 포함되어 있지 않고 다만 거래세나 이익 공제금을 국고에 납부하며 또는 기본 건설비와 유동자금을 국고로부터 교부받는 형태로써 종합예산에 결부되었을 따름이며 정부기관지 또는 통신사 국립예술극장 등 독립적으로 운영되는 문화예술기관들의 예산도 역시 이 종합예산에 포함되지 않고 다만 그 자체수입으로써 부족되는 부분을 국가예산으로부터 교부받는 형태로써 종합예산에 결부되어 있을 따름입니다.

(1) 세입예산에 대하여

1949년도 종합예산의 세입 총액은 전년도 실적 155억7천1백34만원에 비하여 26.9% 증가인 197억6천2백63만원으로서 그 부문별 내용은 다음과 같습니다. 직접세 수입에 있어서 예산액이 42억4천1백1만2천원인바 이는 전년도 실적에 대비하면 4.4%의 증가입니다.

직접세 수입 중 농업현물세 수입은 전년도 실적에 비하여 14.4%의 증가를 예산하였으며 소득세에 있어서 0.7%의 감소와 지방세에 있어서 1.4%의 감소를 예정하였습니다. 앞으로 개인 중소상업의 발전을 더욱 더 보장하기 위하여 소득세율을 저감할 것을 방금 내각에서 계획 중입니다.

거래세 이익공제수입 및 가격차금 수입 등 인민경제적 수입의 예산액은 104억9천5백18만8천원인바 이는 전년도 실적에 대비하면 실로 40.2%의 증가인 것입니다.

2개년 인민경제계획에 의하여 1949년도 생산량 및 유통량이 급속히 장성할 것이며 이에 따라 인민경제적 축적도 증가되며 또한 식량과 공업제품도 풍부히 일반시장에 자유판매로 공급할 수 있게 될 것입니다.

이러한 조건들은 1949년도에 인민경제적 수입을 30억원 이상 증가시킬 것을 보장하는 것입니다.

그 중 거래세와 이익공제수입이 1949년도의 생산과 유통의 장성 템포와 같이 증가되지 못한 것은 일부 세율을 개정한 까닭입니다. 관세 및 인지수입의 예산액은 6억9백65만3천원으로 전년도 실적에 대비하면 120.7%의 증가입니다. 국가 대외무역이 증가되며 한편 국가감독 밑에서 개인무역이 종전보다 활발히 됨에 따라 관세수입도 증가될 것이며 인지수입 대상이 증가됨에 따라서 그 수입도 증가될 것을 예견하였습니다.

사회보험료 수입은 예산액 6억2백만원인바 전년도 실적에 대비하면 계산상으로는 19%의 감소로 되나 실지에 있어서는 1948년도 실적 중에 포함되었던 임시적 수입을 제외한 정상적 수입에 비하며 10.3%의 증가로 되는 것입니다. 감가상각금 회수금으로 9억원과 여유 유동기금 회수로 2억원을 예정한바 이는 1949년도부터 각 국가경제기관에서 정립하는 감가상각금을 국가적으로 옳게 이용하기 위하여 그 60%내지 70%를 국가예산에 회수하게 된 것과 국가경제기관들의 유동기금을 옳게 조직하기 위하여 그 유동기금 중 여유 부분을 국가예산에 회수하기로 하였습니다. 그 외에 국가재산의 임대료, 불용재산의 매각대금 등의 재산수입으로 8천84만1천원을 계상하였으며 학교 병원 각종 시험장들의 수업료 사용료와 기타 제반 수입, 산림의 임목대금, 몰수금품의 판매대금, 벌금 또는 각 기관들에서 수납하는 제반 수수료 등의 세외 수입으로써 7억1천6백23만1천원을 계상하였으며 1948년도 잉여금으로 실적에 의하여 19억1천7백30만5천원을 계상하였습니다. 이제 세입 예산총액을 백으로 하고 각기 구성비율을 보면 다음과 같습니다.

직접세 수입 21.5%, 인민경제적 수입 53.1%, 관세 및 인지수입 3.1%, 사회 보험료 수입 3%, 감가상각금 및 여유 유동기금회수 5.6%, 전년도 잉여금 기타가 13.7%로 되어 있습니다.

위에서 보는 바와 같이 1949년도 세입에 있어서 인민경제적 수입이 전 세입액의 53.1%로 절반 이상을 차지하였으며 인민들의 소득으로써 부담되는 직접세수입은 세입총액의 21.5%를 차지하는 데 불과합니다. 1949년도 종합예산의 세입내용은 대략 이상과 같습니다.

(2) 세출예산에 대하여

1949년도의 세출예산 총액은 전년도 실적 1백36억5천4백3만5천원에 비하여 44.7%의 증가인 1백97억6천2백63만원으로 예정되었습니다.

이것은 인민들의 물질문화생활에 직접적으로 관계가 옅은 행정비 등 기타 국가운영비를 극력 축감 절약하고 전체 생산을 증강하여 물질생활을 향상시키며 또한 인민들의 문화적 생활수준을 제고시키기 위한 온갖 국가적 시책들을 재정적으로 보장할 데 치중하여 세출을 배정한 것입니다. 이제 세출예산을 부문별로 대별하여 보면 다음과 같습니다.

인민경제지출 예산액이 82억9천백93만원으로 되어 있는바 이를 전년도 실적에 대비하면 40.2%의 증가입니다.

사회문화사업비 예산액은 38억4백9만7천원으로 되어 있는바 전년도 실적에 대비하면 27.9%의 증가로 되는 것입니다.

국가운영비 예산액은 67억2천1백96만8천원인바 이를 전년도 실적에 대비하면 37% 증가입니다.

그 외에 예비비로서 11억4천3백63만5천원을 계상하였습니다. 세출예산 총액을 백으로 하고 각 부문별 지출예산의 구성비율을 보면 인민경제지출 40.9%, 사회문화사업 19.2%, 국가운영비 34%이며 예비비는 5.9%로 되어 있습니다.

가. 인민경제지출에 대하여

1949년도 종합예산에 계상된 인민경제지출 총액의 내용은 다음과 같습니다.

① 국영산업부문

국영산업부문에 있어서 2개년 인민경제계획의 기본과업은 2개년 인민경제계획에 관한 법령에서 지적된 바와 같이 그 최종년인 1950년 말에 이르러 국영산업 총생산액을 1948년에 비하여 2배로 장성시키기 위하여 중요한 공장들의 설비를 남김없이 복구하며 새 공장들을 더 많이 건설함에 있습니다.

이것을 위하여서는 1949년도에 총건설비 39억9천5백만원이 요구되는바 그 중에서 인민경제적으로 중요한 의의를 가지는 비교적 대규모의 공사에 중점을 두면서 국가예산에서는 29억7천5백39만4천원을 지출하기로 예정하였습니다.

이것을 이 부문에 투자한 1948년도 실적에 대비한다면 총공사에 있어서는 197.4%, 국고부담에 있어서는 210.8%에 해당하는 장성비율을 보고 있습니다.

국가예산에서 지출되는 예산의 중요한 지출방향을 부문별로 본다면 산업의 부흥발전에 있어서 결정적 중요성을 가지는 금속공업의 획기적 발전을 위하여 3억9천2백20만원(전체 국영산업 투자액의 13.2%)이 지출될 것입니다.

이것으로써 500톤 용광로 1기 300톤 용광로 1기를 복구하며 평로 2기, 소형조강공장 박판공장 차륜공장 각 1개소, 아연제련공장 2개소들이 신설될 것입니다.

전기부문에는 3억9천7백81만4천원(전체 국영산업 투자액의 13.4%)이 지출될 것입니다.

이것으로써 일제가 5년간에 겨우 전 공정의 40%밖에 실시하지 못하고 패망과 함께 모든 시설을 파괴하여 버린 동로강 수력발전공사를 복구할 것이며 전기기계 및 자재의 대량생산을 위하여 전선공장 압신공장 대형변압기공장들을 신설 또는 확장하며 수풍발전 에프론 공사를 1948년도에 계속하여 시공할 것입니다. 기계공업부문에는 8억4천2백만원(전체 국영산업투자액의 28.3%)의 지출이 예산되었습니다.

이것으로써 중요 기본건설들이 진행될 것인바 주로 차륜공장 기계공장 농기구공장이 신설될 것이며 공작기계 종합공장이 대대적으로 확충될 것이며 선거(船渠)가 신설될 것입니다.

이리하여 우리 기계공업은 그 산만성과 식민지적 낙후성을 퇴치하고 급진적으로 발전할 것이며 우리 산업의 기술적 개선을 위한 주동적 역할을 능히 놀게 될 것입니다.

화학부문에는 3억8천7백67만3천원(전체 국영산업투자액의 13%)의 지출이 계상되었습니다.

이것으로써 전 동양적 규모인 아오지 영안공장의 '메다놀' '홀마린' 생산설비가 복구 확장되어 40여 종의 화학약품생산이 보장될 것이며 탄산소다공장 가성소다공장 석회질소공장 및 초안초산농장들이 신설될 것입니다.

건재공업에는 8천4백20만원(전체 국영산업투자액의 2.8%)이 지출될 예정입니다. 중요한 대상으로서 판초자 생산설비를 작년도에 계속 시공하여 6월에는 조업을 시작케 할 것이며, 절연요업 및 법랑철기공장을 신설할 것이며, 세멘트 회전로 2기를 복구하며 1기를 신설하여 세멘트 생산을 1948년에 비하여 19.4%로 제고할 것입니다. 경공업부문에 3억5백57만5천원(전체 국영산업투자액의 10.3%)의 예산을 배정하였습니다.

이것으로써 면방기 3만추 면직기 및 견직기 1천대의 거대한 설비를 증설하여 생활필수품 특히 의료품의 증산을 보장함으로써 인민들의 생활상 요구를 충족시킬 수 있게 될 것입니다.

연료부문에 대하여 전체 2억7천3백19만7천원(전체 국영산업투자액의 9.2%)을 지출할 것입니다.

이것으로써 실시될 중요한 공사내용은 계생'아연광' 서흥'단다름' '베름광' 양덕'류화철광' 상농'류화철광' 고성'낙케로광' 갑산'동광' 등 19개 광산을 복구개발하며, 각 광산의 선광설비를 확장하며, 1949년도 중에 55키로의 항도굴진을 하는 등입니다.

이상 각 부문에서 예거한 공사와 시설들은 단지 그 중에서 중요한 것만을 예거한 데 지나지 않습니다. 전체 국영산업을 통하여 국가예산으로써 투자되는 인민경제지출 29억7천5백39만4천원을 그 지출별로 본다면 직접 생산설비를 신설 확충 개건 복구하는 데 24억5천8백52만8천원(전체 국영산업부문지출예산의 82.65%), 주택의 신설 급 복구에 4억9천1백56만6천원(전체 국영산업부문지출예산의 6.5%), 요원 양성시설에 6백만원(전체 국영산업부문지출예산의 0.2%), 자원개발 사업비에 1천8백10만원(전체 국영산업부문지출예산의 0.6%), 휴지시설 유지비 120만원(전체 국영산업부문지출예산의 0.05%)으로서 총 건수 436건에 달합니다. 특히 국영산업부문 전체를 통하여 주택건설에 근 5억원이라는 거액이 국고에서 지출하게 되는바 이것으로써 1만4천8백85호의 주택이 노동자 사무원들에게 제공될 것입니다. 국영산업부문의 기본건설 공사자금으로서 이상 말한 국고지출액 이외에 10억2천만원을 자체자금에서 충당하기로 예정하였는데 이것은 각 기업소들에 휴장되어 있는 유휴자재들을 동원 처분함으로써 염출될 것이 예견되고 있습니다.

② 농림부문

농업생산에 있어서 2개년계획의 중요한 목표는 영농방식의 낙후성을 퇴치하고 영농기술을 제고하며 동시에 파종면적을 확장하고 수확고를 더욱 증가시키는 데 있습니다.

이 과업을 달성하기 위하여 농림부문에 1949년도 예산지출을 총액 20억4천4백59만4천원으로 예정하였습니다.

이것은 1948년에 비하여 51.6%에 해당하는 6억9천6백32만6천원의 증가로 되는 것입니다.

관개관리부문에 있어서는 6억4천7백18만1천원이 예산되었는바 몽리면적 2만5천정보에 벼수확 5만3천톤을 보장할 수 있는 대규모의 안주관개공사(3개년 계속공사) 그 총공사비 11억 3천만원 중 금년도 투자금으로 4억원이 지출될 것이며, 기타 31개 지역의 몽리면적 7천4백30 정보를 새로 관개하기 위한 사업비로서 지출될 것입니다.

견직물 증산에 수응하기 위하여 잠종 제조, 빙고, 상전 확장 및 시험장 등에 1천6백99만8천원이 지출될 것입니다.

산림자원을 축적하여 풍수해를 방지하기 위한 대책들은 산림부문에 있어서 가장 중요한 과업의 하나인바 국가예산으로부터 종자 채취, 조림, 묘포, 사방공사들을 위하여 1억2천3백64만8천원을 지출하기로 하였습니다.

거대하게 수요되는 건설용 및 공업원료용 목재를 확보하기 위하여 임산부문에 3억2천3백8만2천원이 지출될 것입니다.

이것으로써 주로 방대한 산림자원의 개발을 위한 백두산 임철공사에 작년도에 계속하여 9천9백23만6천원이 지출될 것이며 궤도 1백76키로와 임도급 수로 1백8키로를 개설하여 제재공장 4천평방미터를 건설하여 기관차 가소린차 뜨락돌 기타 운반구들을 구입하여 임산노동자들의 주택 8백78호를 건설하기 위하여 총합계 1억6천8백39만원이 지출될 것입니다.

국영수산업의 발전을 위하여 국고로부터 1억9천1백81만8천원이 지출될 것인바 이로써 선박 96척 열창탱크 판목장 제강공장들이 증설 혹은 신설될 것이며 한천공장 냉동공장 통조림 공장 어박공장들이 복구될 것이며 사택 1백22호가 건설될 것입니다.

농촌경리 발전의 중요한 과업의 하나인 목축업의 발전을 위하여 국영목축업 및 농장에 9천2백21만3천원이 지출될 것인바 이로써 평강종합농장을 비롯하여 종양장 목장 가축 위생연구소 종마장들이 확장 또는 신설될 것이며 축산노동자들의 주택 3백49호가 건설될 것입니다. 국영특산부문의 발전을 위하여 국가예산으로부터 9백6만4천원이 지출될 것인바 과실저장고 우사 농기구 구입 등이 그 중요한 지출내용으로 되고 있습니다. 농림 수산에 관한 각종시험장 기상대 연구소등 30개소의 유지관리비 및 임상조사비 토지관리비 어업보호단속비 등으로 1억1천505천원과 지방농림업의 발전을 위하여 5억1천9백94만1천원이 각각 지출될 것입니다.

③ 국영상업과 지방산업

국영상업부문에 있어서는 도시와 농촌에 상품도매점 상품소매점망을 더욱 주밀하게 설치하기 위하여 1억1천만원이 요구되는바 국가예산으로부터 8천5백59만원을 지출하기로 하였습니다.

이로써 종합상점 44점, 전문상점 39점, 여관 9개소, 대식당 2개소, 소식당 28개소가 증설될 것이며 상품 운수용 화물자동차 80대를 구입할 것입니다.

이 밖에 감가상각적립금등 자체자금 2천4백만원으로써 간이상점 69점, 간이식당 40개소, 특수식당 23개소가 증설될 것입니다.

이리하여 상품순환은 더욱 신속 원활히 될 것입니다. 국영상업과 밀접히 연계되는 지방 산업부문에 대하여서는 2억3천28만2천원이 지출될 것입니다.

이것으로써 고무제품 포화 재생고무 벽돌 등을 생산하는 공장 등이 27개소 신설될 것이며 이 부문의 노동자주택이 30호 건설될 것입니다.

다음으로 소금 증산설비를 위하여 1억4천6백92만3천원의 지출로써 염전의 제방수축공사와 정리공사가 진행될 것이며 염업노동자들의 주택 2백92동이 건설될 것입니다.

연초 인삼 등의 생산을 위하여는 5천5백76만7천원이 지출될 것인바 이것은 주로 기계설비 자본금과 210호의 노동자주택건설 자금 등에 충당될 것입니다.

수매사업을 위하여 4천7백만원을 지출할 것인바 주로 창고를 증설하며 건조장을 신·증설하는 등에 사용될 것입니다.

④ 교통운수부문과 체신부문

교통운수부문에 있어서는 국가예산으로부터 총액 8억8천48만원이 16개 공사에 투자될 것인바 이는 1948년도 투자실적에 비하여 5억7천2백35만4천원의 증가입니다.

이 투자는 인민경제 각 부문에 수요되는 생산 급 기본건설자재 및 상품의 수송을 제때에 확보하기 위한 운수사업의 전반적 발전을 위한 지출로 될 것입니다.

철도 부문에 있어서는 국가예산으로부터 7억8백80만원을 지출할 것을 예산하였습니다.

이것으로써 전후 5개년에 걸치는 원산 및 평양 철도공장의 획기적인 대확충공사가 진행될 것이며 개천 광궤선공사 29키로와 고원탄광선 17키로, 강계강삭선 4키로가 새로 건설될 것이며 철도노선 대보수 등 기타 철도수송력 강화에 필요한 대책들이 강구될 것입니다.

육운사업에 대하여 7천2백72만7천원이 지출될 예정인바 이로써 화물자동차 1백대, 여객버스 50대를 새로 구입하는 등에 지출될 것입니다.

해운사업에는 9천8백95만3천원이 지출될 예정인바 이로써 3천톤급 기선 1척과 화물선 20척을 새로 구입할 것이며 홍남 남포 송림 원산 항만을 대보수하며 청진 하진항을 복구하고 항만조사사업을 실시하는 등에 지출될 것입니다.

체신사업에 대하여는 통신연락의 시간을 단축하며 그 원활화를 기하기 위하여 1949년 중에만 1억3천4백34만원을 지출하기로 하였습니다.

그 내용은 도·군 간과 군·면 간의 전신 전화선로를 확장 신설하며 평양과 각 도 간에 반송전화장치를 증설할 것이며 시내통신망의 확장을 위하여 다량의 전화교환대를 신설하며 통신기계와 그 부속품을 자급할 목적으로 현대적 기술로 장치된 통신기계제작소를 건설하며 평양을 비롯하여 각 도에 유선방송소를 시설하고 수신장치를 하는 등의 자금으로 소용될 것입니다.

⑤ 토목건설과 도시경영

도로망을 정비하며 하천을 관리하기 위하여 1949년 중에 토목건설에 3억1백50만원이 지출될 것인데 도로연장 2백28키로와 교량연장 4천2백48메터, 하천 수축 연장 1백53키로의 신설 및 지방 토목 시설비에 충당될 것입니다.

도시경영 부문에는 1949년 중에 6억4천9백43만3천원이 지출될 것입니다. 이것으로써 2백20세대를 수용할 수 있는 총건평 1만3천3백62평방메터의 정무원 '아파트' 5동과 1백19세대를 수용할 수 있는 총건평 6천3백8십평방메터의 노동자 '아파트' 2동을 신축하는 공사비와 건설용 기계를 구입하는 비용을 합하여 1억3천6백만원이 지출될 것이며 공화국 북반부 각 도시의 건물관리 수도 확장 및 유지관리 시가지 도로 교량 공원 등의 신설확장 유지관리 등 지방도시 경영비로서 4억1천2백만원과 각 시가지 청소사업비로서 1억원이 지출될 것입니다.

1949년도 인민경제 지출예산 중에는 이상과 같은 지출 외에 독립채산제를 실시하는 기업소들의 유동기금으로 5억원을 지출할 것이 예정되어 있습니다. 이것은 국영기업소들의 유동기금을 적절히 배정 보장하기 위한 것입니다.

나. 사회문화사업비에 대하여

1949년도에 종합예산에서 지출할 사회문화사업비 예산은 총액 38억4백9만7천원으로 계산되었는데 그 부문별 내용은 다음과 같습니다.

① 교육사업비

사회문화사업비 중 교육사업비는 본년도에 20억8천9백14만2천원으로 예정되어 있는바 이것은 전년도 실적에 비하여 41.4%의 증가로 되는 것입니다. 1990년도의 전반적 초등의무교육실시를 앞두고 인민학교를 광범히 확충하여 학령 아동의 취학률을 높이며 초급 및 고급중학교 전문학교 등 각종 학교를 확충함으로써 진학률을 높이며 교원들의 질적 수준을 제고함으로써 교수내용을 풍부히 할 것이 금년도의 기본계획으로 되고 있습니다. 이 사업을 보장하기 위하여 위에 말한 바와 같은 거액이 지출될 것이며 그 결과는 1949년도 중에 교육시설 증가는 인민학교는 87교 증설되어 총수 3,432교에 달하여 연평균 백40만5천명이 수업하게 될 것이며 초급중학교는 153교가 증설되어 920교에 달하여 연평균 29만1천7백여명이 수업하게 될 것입니다. 고급중학교는 37교가 증설되어 177교에 달하여 연평균 4만9천3백여명이 수업하게 될 것입니다.

각종 대학(음악학교 미술학교를 포함)을 통하여 3교가 증설되어 14교에 달하여 연평균1만6천8백여명이 수업하게 될 것이며 각종 기설 전문학교 81교를 통하여 연평균 3만3천여명이 수업하게 될 것이며 각 공장 광산에 부설된 백10개소의 초급기술학교에서 1만3천3백65명의 기술노동자가 양성될 것입니다.

조국을 위하여 자기의 생명을 희생한 애국선열들의 수많은 아들딸들이 공부하는 만경대혁명자 유가족학원의 경영비 3천9백84만7천원이 이 교육사업비에 포함되었으며 김일성대학의 교수사택 실험실 기상대 및 도서관 등의 신·증축과 흥남공과대학과 평양공업대학의 교사 신축 평양의학대학의 강당 신축 등의 신 건설비 1억8천1백35만7천원도 또한 이 교육사업비 중에 포함되어 있습니다.

이외에 지적할 것은 전반적 초등의무교육 실시를 위한 국가적 시책에 호응하여 공화국 북반부 전체 인민들이 이 사업을 보장하기 위하여 총궐기하여 혹은 애국미헌납으로 혹은 현금 등으로 학교망 확충사업에 적극 참가하고 있다는 사실입니다.

이 사업은 국가재정에 막대한 도움을 줄 것이며 예산으로부터 지출되는 금액과 합하여 교육사업 발전에 있어서 전체 인민들의 교육에 대한 열망을 충족시킬 수 있는 빛나는 성과를 반드시 거둘 것입니다.

② 보건사업비

보건사업비 지출은 총액 7억3천5백23만2천원으로 예정되었는바 이는 전년도 실적에 비하여 3.6%의 증가입니다.

이것으로써 북반부에 보건시설을 확충하여 무의면을 근절하며 또 낙후한 의료설비물의 양적 또는 질적 향상에 대한 국가시책들이 보장될 것입니다.

입원환자를 취급하는 병원 등 입원치료기관이 11개소 증설되어 146개소에 달할 것이며 또 종합진료소 및 간이진료소 등 외래진료기관이 97개소가 증설되어 662개소로 될 것입니다.

또한 산업의학연구소 1개소와 위생예방기관 62개소와 근대적 탁아소 2개소가 신설될 것입니다.

이와 같이 확충 증설되는 의료시설의 건설비용과 유지비용을 비롯하여 제약공장 전염병예방비와 기타 인민들의 보건위생을 위한 제반 시설을 위하여 소용될 것입니다.

③ 사회보험 간부양성 기타 문화사업

사회보험 지출은 총액 4억5천8백47만원을 예산하였습니다. 이것으로써 17개소의 휴양소와 정양소의 시설이 유지 관리될 것이며 10개소의 정·휴양소의 숙사 오락실 등이 신·증축될 것이며 여기에서 1949년 2년 동안에 4만7천8백명의 노동자 기술사 사무원들이 무료로 휴양과 정양의 혜택을 입게 될 것입니다. 뿐 아니라 12만2천3백명의 노동자 기술자 사무원들과 그 가족이 질병 시에 의료상 무료치료의 혜택을 입을 것이며 또한 유고시에 연 42만8천명의 노동자 기술자 사무원들과 그 가족들이 일시적 보조금, 해산 보조금, 폐질 연휼금 등의 생활상 경제적 방조를 받게 될 것입니다. 간부양성사업을 위하여 2억1천9백7만9천원을 지출할 것인바 이것으로써 중앙 및 지방정권기관에 소속된 각급 간부양성소 102개소에서 1949년에 3만37명의 행정간부와 기술간부를 양성할 것이며 공장 광산 등 직장에 부설된 각 고등기술원양성소와 초등기술원양성소 12개소에서 1천7백50명의 기술간부를 양성하게 될 것입니다.

기타 문화사업비로 문화선전사업비 도서관 박물관 각종 보도기관 예술기관 인쇄소 등 문화기관에 대한 지출과 사회단체에 대한 보조를 위하여 2억3천4백16만8천원을 계산하였습니다.

(3) 지방예산에 대하여

대의원 여러분!

지방주권인 각급 인민위원회의 활동은 우리 조선민주주의인민공화국 주권행사의 근거로 되는 것입니다. 이러한 도 이하 각급 인민위원회의 활동을 보장하는 지방예산에 대하여 말씀드리겠습니다.

종합예산의 세출총액 중 중앙예산에 속하는 세출예산 총액은 1백57억1천2백48만3천원으로 그 79.5%에 해당하며 지방예산에 속하는 세출예산액은 그 20.5%에 해당하는 40억5천14만7천원으로 되었습니다.

그리고 그 세출방향을 본다면 중앙예산에 있어서는 민족경제를 부흥 발전시키기 위한 인민경제 지출이 지출예산 총액의 42.5%로서 이에 치중하고 있으며 지방예산에 있어서는 사회문화사업비가 지출예산 총액의 51.3%로서 교육보건사업을 진흥하여 민족문화를 발전시키며 인민들의 문화적 생활을 향상시키는 데 치중하고 있습니다.

이제 각 도·시·군·구역·면·리 인민위원회를 망라한 지방종합예산을 각 도 특별시 별로 보면 다음과 같습니다.

평양시	3억3천3백84만2천원
평안남도	5억9천1백94만8천원
평안북도	5억8천8백6만6천원
자강도	1억8천9백25만2천원
황해도	6억7천1백15만6천원
강원도	5억4백15만원
함경남도	6억6천7백92만5천원
함경북도	5억3백80만8천원

지방예산에 있어서 그 세출 총액에 대하여 각급 인민위원회 자체 재원으로부터 수입되는 세입액은 세출예산의 37.5%에 불과한 15억9천9백60만원인바 이에 따르는 세입 부족액 24억5천54만4천원은 국가예산에 수입될 소득세 또는 거래세 등의 일부 혹은 전부를 각급 인민위원회에 분여함으로써 보충되어 지방예산을 원활히 집행할 수 있도록 조직된 것입니다.

이제 각 도·시·군·면에 분여할 분여액을 각도별로 보면 다음과 같습니다.

평양시	1억4천7백만1천원
평안남도	3억7천5백95만8천원
평안북도	3억5천9백84만6천원
자강도	1억2천9백4만9천원
황해도	4억1천2백15만3천원
강원도	3억4천1백82만8천원
함경남도	3억6천5백69만원

함경북도   3억1천9백1만9천원

이와 같이 지방예산에 대하여 그 세입부족분을 중앙예산에 속하는 국세를 분여하여 보충하는 것은 지방재정의 빈부의 결과로써 생길 수 있는 경제 문화 각 방면에 있어서의 각 지방 간의 불균형적 발전을 제거하고 국가계획에 의한 균형적 발전을 보장하는 것으로 될 것입니다.

대의원 여러분!

조선민주주의인민공화국의 1949년도 국가종합예산의 내용은 대략 이상과 같습니다.

위에서 설명한 내용에서 본 바와 같이 금년도 예산은 해방 후 각 년도의 예산이 그러하였던 것과 같이 인민민주주의적 방향에서 편성되었으며 또한 진실로 인민을 위한 견실한 예산입니다.

금년도 제 1/4분기의 예산집행의 결과를 볼지라도 이 예산이 과연 인민을 위한 견실한 것이라는 것이 증명되는 바입니다.

3. 1949년 종합예산 집행에 있어서의 기본 과업들에 대하여

대의원 여러분!

이 예산을 옳게 집행하기 위하여 다음과 같은 기본과업들이 제기되는 바입니다.

첫째로 인민경제적 축적을 더욱 증강하여야 하겠습니다.

1949년도 공화국의 국가종합예산에 있어서 거래세 이익공제수입 가격차금 감가상각금 회수 및 여유 유동기금 회수 등 주로 국가경제기관으로부터 수입되는 부분이 세입총액의 58.7%로 계산되어 있는바 이것은 국영공장기업소 등 각 국가경제기관들의 인민경제적 축적을 그 원천으로 하고 있는 것입니다. 우리는 이와 같은 국가 재정수입의 원천을 더욱 풍부히 하기 위하여 부단한 노력이 있어야 하겠습니다. 1948년도에는 원가저하에 대한 노력이 아직 부족하였던 기업소들이 부분적으로 있었으며 또한 위약금 벌금 등으로 적지 않은 원가의 손실을 초래한 기업소도 있었습니다. 1949년도에는 각 경제부문과 기업소의 인민경제적 축적을 증강하기 위하여 각 기업소의 독립채산제를 합리적으로 조직하여 원가저하운동을 광범히 전개하며 각 경제부문과 기업소의 유동자금을 합리적으로 분배 보장하여 자금회전률을 더욱 제고할 데 대하여 온갖 대책들이 실시되어야 하겠습니다. 조

선민주주의인민공화국에 있어서 인민경제적 축적은 국가의 정치적 경제적 활동을 보장하는 가장 큰 재정적 원천으로 되는 것입니다.

둘째로 전체 인민들 속에 이미 해방 후 세금을 자진하여 납부하는 아름다운 기풍이 배양되어 왔으나 이를 더욱 전면적으로 앙양 발전시켜야 하겠습니다. 조선민주주의인민공화국에 있어서 납세는 인민들의 고상하고도 영광스러운 의무입니다. 우리 공화국 헌법에 의하여 개인 경제활동이 보장되었고 또한 물질문화생활의 향상이 재정적으로 보장된 오늘날 세금을 국가에 납부하는 것은 직접적으로 자기 자신들의 이익과 결부되는 것입니다. 우리 조국의 새로운 환경 밑에서는 반드시 세금에 대한 고상한 관념이 인민들께 널리 배양 침투되어야 하겠습니다.

셋째로 재정규율을 일층 강화하여 경비절약을 더욱 철저히 할 것입니다.

지난해에는 종합예산 집행에 있어서나 국영공장 기업소의 재정운영에 있어서 경비절약을 위한 운동이 힘차게 전개되어 커다란 성과를 거두었습니다. 그러나 개별적으로는 자금과 물자를 남용 횡취하는 실례들이 아직 근절되지 못하고 있습니다. 헌법이 요구하는바 "재정의절약과 그 합리적 운용"을 위하여 재정규율을 더욱 엄수하여야 할 것입니다.

넷째로 지방재정을 더욱 건실히 하기 위하여 그 재원을 탐구하며 배양할 데 대하여 옳은 시책들을 실시할 것입니다. 1949년도 종합예산 중에서 지방예산에 속하는 세입은 세출에 대하여 37.5%에 불과하는 미약한 것입니다. 이 부족분은 중앙예산에 속하는 국세수입액 중 그 일부분을 분여함으로써 보충할 것이 예정되고 있으나 이것으로써만 그칠 것이 아니라 각급 지방인민위원회는 그 지방발전에 관한 자주적 활동을 자체 재원으로써 보장할 수 있는 그러한 지방재정을 수립하기 위하여 지방적 재원을 널리 탐구 육성하여야 할 것입니다.

다섯째로 화폐유통은 국가재정운영과 호상 밀접히 연계되어 있는바 종합예산과 기업재정계획을 집행하는 데 있어서 화폐유통을 정상적으로 통제할 수 있도록 깊은 고려가 있어야 할 것입니다.

각 국가기관과 기업소들은 그 재정활동에 있어서 무현금 결제를 더욱 강화하여 현금지출을 종래보다 더욱 억제할 것입니다.

국가상점과 소비조합상점의 상품판매와 특히 은행과 저금소의 저축사업 등을 통하여 화폐의 정상적 유통을 보장하는 사업을 1949년도에는 종래보다 더한층 강화하여야 하겠습니다.

화폐유통을 정상적으로 관리하는 것은 단지 예산집행뿐만 아니라 인민들의 물질생활 안정을 보장하는 수단의 하나로 되는 것입니다.

여섯째로 통계보고를 일층 더 정확히 또한 신속히 하는 데 노력이 있어야 하겠습니다.

정확한 통계를 제때에 파악하는 것은 특히 재정사업에 있어서 예산을 정확히 운영하는 데 근본조건의 하나로 되는 것입니다.

지난해 일부 국가경제기관들이 그 재정에 관한 통계보고를 지연시키며 심지어는 실지와 부합되지 않는 책상 위의 계산에 의한 통계보고를 감히 하는 경향들이 불무하였기 때문에 재정사업에 적지 않은 지장을 주었습니다.

각 국가경제기관과 재정기관에 있어서 경리일꾼들을 더 높은 기술수준에로 교양 주며 한편 부기와 계산에 관한 제도를 현실에 비추어 합리적으로 조직 확립하는 것은 통계사업을 옳게 집행하며 재정사업을 원활히 집행하기 위한 한 개 중요한 대책으로 되는 것입니다.

일곱째로 재정검열사업을 더욱 강화하여야 하겠습니다.

작년도 재정에 비하여 금년도에 있어서는 그 규모가 훨씬 확대된 오늘날 재정의 합리적 운용을 위하여 항상 강력한 검사사업이 이에 따라야 할 것입니다. 재정검사는 재정통제를 위한 중요한 방도의 하나이기 때문입니다.

대의원 여러분!

1949년도 종합예산은 2개년 인민경제계획의 첫해인 1949년도 계획을 초과 완수하기 위한 담보로 되며 1950년도 계획수행의 토대를 닦는 것입니다. 전체 국가 일꾼들과 인민들은 위에서 말한 바 모든 과업들을 힘차게 실천할 것이며 1949년도 종합예산은 승리적으로 집행되리라는 것을 확신하는 바입니다.

대의원여러분!

1949년도 종합예산이 실시됨에 따라서 반드시 우리 민족경제는 더 한층 힘차게 장성할 것이며 인민들의 물질생활과 문화는 더 높이 향상될 것이며 민족보위는 더욱 튼튼하여질 것입니다. 이는 반드시 우리 공화국 북반부에서 형성되고 있는 인민민주주의적 사회제도를 공고 확대하는 결과를 가져올 것이며 미제국주의자의 앞잡이 민족반역자 이승만을 수괴로 하는 괴뢰정부를 타도하고 국토완정을 촉진하는 한 개의 강대한 힘으로 될 것을 확신하는 바입니다. 전체 인민들은 공화국정부와 우리 민족의 영도자 김일성 수상의 주위에 굳게 단결하여 우리에게 맡겨진 영광스러운 임무인 1949년도 국가예산을 승리적으로 완수하기 위하여 전력을 다하여야 할 것입니다.

『근로자』 제4권 5호(1949년 5월); 國史編纂委員會 編, 『北韓關係史料集』 38(2002), 155-181쪽.

4. 조선민주주의인민공화국 1949년도 국가종합예산 집행 총결과 1950년도 국가종합예산에 관한 보고

대의원 여러분!

조선민주주의인민공화국 내각은 1949년도 국가종합예산 집행 총결과 1950년도 국가종합예산안을 본회의에 제출하여 심의와 승인을 받고저 하는 바입니다.

1. 1949년도 국가종합예산 집행 총결에 관하여

1949년도 국가종합예산은 조국의 평화적 통일과 민주주의적 자주독립국가 건설의 물질적 기초로 되는 인민경제계획을 달성하기 위한 애국적 인민들의 영용한 투쟁이 찬란한 승리를 쟁취한 환경 속에서 성과 있게 집행되었습니다.

2개년 인민경제계획의 1949년도 계획을 실행함에 있어서 국영산업(산업성)의 생산계획은 1948년도 총생산량에 비하여 139.6%로 장성되고, 노동생산율은 120.3%로 장성되었으며, 생산원가는 현저히 저하되었습니다.

농업부문에 있어서는 지난해에 혹심한 한재가 있었음에도 불구하고, 영농방법의 개선과 화학비료의 풍부한 공급에 의하여 농업생산물의 높은 수확률을 보장하였습니다. 이와 같이 산업과 농업이 급진적으로 발전됨에 따라, 국영상업 및 소비조합의 상품유통도 1948년에 비하여 156.4%로 장성되었습니다.

대외무역은 소련과의 경제적 협정으로 말미암아 인민경제건설에 필요한 원자재 및 기계류가 다량으로 수입되어 국가산업발전에 거대한 도움을 주었으며, 기타 무역의 물자교류가 더욱 활발히 진행되었습니다.

이와 같이 2개년 인민경제계획의 첫해인 1949년도 계획을 성공적으로 완수한 것은 위대한 소련의 물질적 또는 기술적 원조와 우리 민족의 민족적 영웅이신 공화국 내각수상 김일성 장군의 올바른 지도 밑에 전체 인민들이 애국적 열성을 더욱 발휘하여 증산투쟁에 적극 참가한 결과입니다.

대의원 여러분!

1949년도 국가종합예산은 세입액 2백9억1백만원, 세출액 1백96억5천7백만원으로 집행되었습니다. 이는 1948년도 예산에 비하여 세입에 있어서 34.2%의 장성이며, 세출에 있어서 44%의 장성입니다. 이는 1949년도 물가인하에 의한 지수를 고려한다면 더욱 높은 비율의 장성으로 될 것입니다.

(1) 세입예산 집행에 대하여

1949년도 세입예산을 집행하는 과정에서 국가경제기관으로부터 들어오는 수입이 현저히 증가됨에 따라 인민들의 부담으로 되는 세금을 격감시키도록 노력하였습니다. 1949년 8월 1일 조선민주주의인민공화국 최고인민회의 상임위원회 정령으로써 소득세법을 개정하는 동시에 그 세율을 평균 19.7%나 인하하여 노동자, 사무원을 비롯하여 중, 소상공업자들에게 1년에 약 5억원 이상의 실질적 소득이 증가되도록 하였습니다. 이제 그 중요한 부문별 내용을 들어본다면 다음과 같습니다.

직접세수입은 51억2천1백33만원으로서 1948년도 실적에 비하여 20%가 장성되었으며, 거래세 및 이익공제 수입은 1백1억9천30만원으로서 1948년도 실적에 비하여 36.1%가 장성되었습니다. 관세 및 인지수입은 6억1천7백12만원으로서 1948년도 실적에 비하여 123.3%가 장성되었으며, 사회보험수입은 8억1천8백43만원으로서 1948년도 실적에 비하여 10.1%가 장성되었습니다. 국유재산수입은 6천2백14만원으로서 1948년도 실적에 비하여 37.4%가 장성되었으며, 기타 세외수입은 12억4천8백95만원으로서 1948년도에 비하여 35.1%가 장성되었습니다.

이와 같이 1949년도 국가종합예산의 세입은 1948년도 세입실적에 비하여 많은 장성을 보게 된 바, 이는 2개년 인민경제계획의 승리적 성과에 의하여 공화국 북반부의 국영산업 국영상업 및 소비조합상업이 급속하게 장성되었으며, 인민경제 축적이 더욱 증진되었으며, 노동자 사무원들의 임금수입이 증가되었을 뿐만 아니라, 민간 개인업자들의 소득도 급속히 장성되고 있다는 것을 여실히 증명하는 바입니다.

이와 정반대로 공화국 남반부에 있어서는 미제국주의자와 그의 주구 이승만 역도들의 파렴치한 매국정책에 의하여 산업은 여지없이 파괴되었고, 화폐 남발에 의하여 물가는 천정부지로 등귀되었으며, 농촌은 황폐되었습니다.

그리하여 남반부의 전체 공장, 기업소 중 5분지 4는 완전히 파괴되었고, 광산은 90%가 폐지되었으며, 3백만 이상의 실업자를 내고 있습니다. 그뿐만 아니라 이승만 매국역도들은 평범한 애국인민의 구국투쟁을 탄압하며, 인민을 학살하기 위하여 인민소득에 대한 과세를 30% 더 인상하는 약탈정책을 감행하고 있습니다.

이와 같은 정세 하에서 공화국 남반부의 광범한 애국인민들은 공화국 북반부의 민주건설사업에 호응하여 미제국주의자의 식민지적 침략정책과 매국노 이승만 도당의 인민학살정책을 반대하는 영용한 투쟁이 전개되고 있습니다.

(2) 세출예산 집행에 대하여

1949년도 세출예산 집행에 있어서는 인민경제와 사회문화사업에 대한 지출을 보장하는 데 깊은 관심을 돌리였습니다.

인민경제와 사회문화사업에 대한 지출액은 1백20억8천3백24만원으로서 1949년도 총지출액의 61.5%를 차지하였으며, 1948년도 그 부문의 지출에 비하여 38.2%가 증가되었습니다.

인민경제에 대한 지출은 83억7백52만원으로서 예산에 비하여 2.7%를 예비비로 충당하여 더 지출하였으며, 1948년도에 비하여 44%가 장성되었습니다.

인민경제에 대한 지출은 그 대부분이 우리 민족경제의 생산력을 확장시키기 위한 기본건설에 투하되는 자금으로서 총예산 지출액의 42.3%를 차지하였습니다.

국가예산으로부터의 기본건설투자는 59억5천2백73만원인바, 각 기업소의 자체 자금으로서 조달되어 투자한 금액 11억5천8백22만원을 합한다면 실로 71억1천95만원의 거액입니다.

이와 같은 투자에 의하여 산업부문에 있어서 인민경제발전에 거대한 의의를 가지는 청진제철소, 황해제철소의 해탄로 및 용광로의 복구를 비롯하여 길주 파포, 남포 관초자, 수풍 에푸론, 아오지 인조석유 등 기타 많은 기업소들의 신설 혹은 복구공사가 진행되었습니다.

농림부문에 있어서는 실로 거대한 규모인 평남관개공사를 비롯하여 수많은 관개사업이 성과적으로 진행된 결과에 몽리면적에 있어서 6천2백30정보가 신규 확장되었으며, 백두산 임철의 신설, 평강종합농장의 신설 등도 계획대로 수행되었습니다.

교통운수부문에 있어서도 서평양 및 원산철도공장을 비롯하여 개천선, 고원탄광선의 신설, 확장이 예정대로 진행되었습니다.

이와 동시에 인민경제 각 부문을 통하여 1만2천5백80여 호의 노동자, 사무원들의 주택이 신설되었습니다.

도시경영, 토목시설, 국영상업 및 지방산업 각 부문에 있어서도 주요한 기본건설과 복구공사가 계획대로 진행되었습니다.

인민경제 지출에 있어서는 이와 같은 각 부문의 기본건설투자 이외에 국가경제기관들과 기업소들에 대한 유동자금 및 가격차액 보상으로 12억5천5백8만원을 지출하였습니다.

사회문화사업에 대한 1949년도 지출은 37억7천5백71만원으로서 예산에 비하여 99%를 지출하였습니다. 이로써 인민들의 물질문화 생활수준을 현저히 향상시킬 조건들을 지어주었습니다.

이제 그 부문별 내용을 보면 다음과 같습니다.

교육부문에 있어서는 19억1천9백16만원을 지출하여 의무교육 실시를 앞두고, 교육사업에 커다란 발전을 가져왔습니다.

특히 지적하여야 할 것은 1950년도부터 실시되는 전반적 초등의무교육 실시사업 준비를 위하여 공화국 북반부 전체 인민들의 애국적 열성으로 말미암아 많은 애국미와 금품의 회사로써 2천6백여 교실이 신축되었습니다. 이를 금액으로 환산하면 실로 10여억원에 해당되는 것입니다.

이러한 결과로서 교육사업에 있어서 인민학교로부터 대학에 이르기까지 각종 학교가 증설되어 4만5천백18 학교에서 3백54만6천6백여 명이 공부하고 있으며, 대학과 전문학교에 있어서는 3만1천9백여 명의 학생들이 국비에 의하여 무료로 공부하고 있습니다.

간부양성비 지출은 2억4백27만원으로서 3만3천여 명의 간부들이 양성되었습니다.

이리하여 학교교육부문과 간부양성부문에서 공부하는 인원은 실로 인구 백명에 대하여 27명에 해당되는 것입니다.

보건사업에 있어서는 7억3천3백97만원이 지출되었는바, 이로써 병원이 31개가 증설되어 1백73개소로 확장되었으며, 진료소는 1백19개소가 증설되어 7백47개소로 확장되고, 기타 보건시설이 많이 확장되었습니다.

사회보험사업과 사회사업에 있어서는 6억8천1백70만원이 지출되어 이로써 5만1천여 명의 노동자, 기술자, 사무원들이 정·휴양소에서 무료로 정·휴양을 하였으며, 수많은 노동자, 사무원들이 일시적 보조와 의료상 방조의 혜택을 받았습니다.

선전사업과 출판사업에 대하여는 2억3천5백58만원이 지출되었습니다. 국가운영비에 대한 지출은 75억9천4백17만원으로서 예산액에 비하여 12.7%를 더 지출하였습니다.

이는 예산집행 도중에 새로운 사업이 발생됨에 따라, 추가예산에 대한 내각결정에 의하여 예비비로서 지출된 것입니다.

1949년도 세출예산은 이상과 같이 집행되었습니다.

공화국 북반부 예산은 인민경제 지출과 사회문화사업을 위한 지출이 총예산의 61.5%를 차지하고 있습니다. 이와 정반대로 이승만 괴뢰정권의 예산은 일반회계 5백73억1천1백62만원 중에서 내란도발을 위한 소위 국군, 경찰비가 총예산의 54.4%를 차지하였으며, 소위 문화사업비라는 명목으로 지출되는 예산은 총예산의 8.6%에 불과합니다.

그뿐만 아니라 산업발전을 위한 건설비는 전혀 계상도 되지 않았을 뿐만 아니라, 상공, 농림비라 하여 총예산의 14.3%를 계상하여 산업 파괴와 양곡 수탈비에 충당되고 있습니다.

그 나머지 총예산의 20%에 해당한 1백10억9천9백14만원이라는 막대한 금액을 매국노 이승만의 개인교제비로 예산에 계상하여 이를 미제국주의가 조작한 소위 유엔조선위원단에 대한 뇌물비와 조선 민족의 원쑤인 일본제국주의자와 야합을 위한 비용 등으로 탕진하고 있습니다.

대의원 여러분!

이상과 같이 우리는 1949년도 국가종합예산을 성과적으로 집행하였습니다. 그러나 예산 집행과정에 있어서 부분적으로 결점들이 있었다는 것을 지적하지 않을 수 없습니다.

세입을 확보하는 데 있어서 일부 재정일꾼들은 인민들의 소득을 정확히 포착하는 데 대하여 노력이 부족하여 부분적으로 과세의 정확을 기하지 못하였으며, 부분적 공장, 기업소들에서는 예산에 납부하여야 할 거래세와 이익공제금 수입을 제때에 납부하지 않은 예들이 있었습니다.

일부 기업소와 건설기관들에서 예산으로서 자금적 조건을 충분히 지어 주었음에도 불구하고, 자기에게 부과된 기본건설의 계획과제를 제때에 실행하지 못하여 생산력 발전에도 지장을 주었으며, 국가예산 집행에 있어서도 일방에 자금을 사장시킴으로써 전체 예산사업에 지장을 주게 하였습니다. 뿐만 아니라 강선제강 기타 일부 기업소들에서는 국가예산으로부터 지출한 자금으로 계획 이외의 공사를 실시하여 계획공사에 지장을 가져오게 한 사실들이 있었습니다.

행정기관, 기업소, 기타 일부 국가기관들에서 낭비와 재정규율 위반 등 현상이 아직 완전히 근절되지 못하고 있습니다. 도시경영성 산하 공장과 건설사업소 등에서 특히 낭비가 심하였으며, 일부 기관들에서는 예산규율을 위반하여 예산과목 소정액을 초과 지출하여 경비를 랑비하는 등의 사실이 적지 않았습니다.

이상과 같은 결점들은 국가 일부 일꾼들이 아직 국가법령에 대한 규율을 철저히 이행하지 못하였으며, 국가재산에 대한 새로운 인민적 관계를 깊이 인식하지 못하고, 재정관리를 심중히 하지 못한 데 기인되는 것입니다. 1949년도 국가종합예산 집행은 이상과 같은 부분적인 결점들이 있었으나, 2개년 인민경제계획을 재정적으로 옳게 보장하였으며, 최고인민회의 제3차 회의에서 채택된 예산법령을 성과 있게 집행하였다고 확신하는 바입니다.

1949년도 재정운영에 있어서 이와 같은 성과를 거둔 것은 우연한 것이 아닙니다. 실로 우리 민족의 민족적 영웅이신 김일성 수상의 올바른 영도와 소련으로부터의 많은 산업건설기계와 기술적 원조가 있었으며, 전체 인민들의 애국적 열성으로 되는 경제, 문화 각 방면에 있어서의 장엄한 건설투쟁에 의하여 이루어진 것입니다.

2. 1950년도 국가종합예산에 대하여

대의원 여러분!

우리 조국 남반부가 아직도 미제국주의자에게 강점되고 있는 정치정세 하에서 공화국 북반부에 '제약'된 1950년도 국가종합예산을 편성하게 되었습니다.

다 아시는 바와 같이 1950년도 국가종합예산은 조국의 자주독립국가 건설에 물질적 토대로 되는 1949년도 공화국 북반부의 인민경제계획의 승리적 성과의 토대와 남반부 애국인민들의 영웅한 구국 빨찌산투쟁이 열렬하게 전개되고 있는 환경 속에서 편성되는 것인 만큼 큰 정치적 의의를 가지고 있습니다.

1950년도 국가종합예산안은 금년도 인민경제계획의 모든 과업들에 조응하여 편성되었으며, 동시에 인민경제의 모든 분야에서 높은 발전속도를 보장할 것을 예견하면서 편성하였습니다. 그러므로 각 부면에서는 맡겨진 책임을 승리적으로 완수하도록 노력하여야 하겠습니다.

국영산업(산업성)생산은 1949년도에 비하여 158.1%로 장성시켜야 할 것이며, 농촌경리부문에 있어서는 수확고를 더욱 증가시키기 위하여 관개사업과 파종면적을 확장하며, 영농기술을 제고하며, 점차로 영농방식을 기계화하여야 하겠습니다.

운수부문에 있어서는 수송능력을 더욱 제고하며, 상품유통 면에 있어서는 상품유통망을 더 많이 확장하여 상품유통량을 증가시키며, 동시에 노동자, 사무원들의 주택을 더 많이 건축하며, 인민들의 물질문화 생활수준의 향상을 보장하여야 하겠습니다.
 금년도 국가종합예산은 이상에서 제기된 모든 과업들을 재정적으로 보장하여야 하겠습니다.
 1950년도 국가종합예산은 세입총액이 2백52억2천2백74만원으로서 1949년도 수입에 비하여 43억2천1백31만원 즉 20.7%의 장성을 예견하였으며, 세출총액은 2백67억2천2백74만원으로서 1949년도 지출액에 비하여 70억6천4백93만원 즉 35.9%의 증가를 예정하였습니다.

(1) 세입예산에 대하여
 1950년도에 있어서 인민경제 모든 분야의 급속한 발전은 국가수입에 현저한 증가의 기초로 되는 것이며, 이는 또한 우리 공화국의 모든 수요에 계속적 자금공급을 보장하는 것입니다.
 이제 세입의 부문별 예산을 보면 다음과 같습니다.
 직접세수입의 예산액은 61억6천64만원으로서 전년도 수입액에 비하여 20.3%가 증가될 것입니다. 직접세수입 중 소득세는 27억7천9백34만원이며, 지방세는 6억4천9백42만원이며, 농업현물세는 27억3천1백87만원으로 예정하였습니다. 농업현물세에 있어서 72%가 증가되는바 이는 농업현물세의 실지 증가가 아니라, 회계기술상 조치에 의한 것입니다.
 거래세 및 이익공제수입의 예산액은 1백24억1천2백13만원으로서 전년도 실적에 비하여 21.8%의 장성인바 이는 생산과 상품유통이 증가되며, 국가경제 기관들과 기업소들의 축적이 장성되는 데 기인되는 것입니다. 거래세 및 이익공제수입은 그 대부분이 국가경제기관들과 국가기업소로부터 들어오는 수입으로서 세입예산 총액의 49.3%를 차지하고 있으며, 1950년도 세입예산의 결정적 부분을 차지하고 있습니다. 거래세 및 이익공제수입의 내용을 보면 거래세 51억7천6백15만원으로서 전년도 수입에 비하여 25.5%의 장성이며, 이익공제수입은 66억7천9백38만원으로서 전년도 수입에 비하여 26%의 장성으로 되는바, 그 중 무역으로부터 수입되는 이익공제수입은 대소무역의 증가로 말미암아 14억9천4백14만원이 수입될 것이며, 가격 차금수입은 5억5천6백60만원으로서 전년도 수입에 비하여 27.1%의 감소로 되는 것입니다.
 관세 및 인지수입의 예산액은 5억3천1백88만원으로서 전년도 수입에 비하여 13.8%의 감소를 보게 되는바, 이는 관세수입에 있어서는 무역의 장성으로 인하여 10.4%가 증가될 것이나 인지수입에 있어서 일부 수수료를 경감한 데 기인되는 것입니다.
 사회보험료 수입의 예산액은 9억2천2백51만원으로 전년도 수입에 비하여 12.7%의 증가로 되며, 국유재산 수입의 예산액은 6천5백29만원으로서 전년도의 수입에 비하여 5%의 증가로 되며, 기타 세외수입의 예산액은 14억5백14만원으로 전년도 수입에 비하여 12.5%의 증가이며, 회수금 수입은 감가상각금으로 그 예산액이 14억8천1백50만원으로서 전년도 수입에 비하여 60%의 증가입니다.
 차관수입은 10억원을 예정하였던 바 이는 소련과의 경제적 협정에 의한 크레디트로서 우리 산업발전에 필요한 기계들을 받을 것입니다.

(2) 세출예산에 대하여
 1950년도 세출예산에 있어서 기본적 부문은 인민경제와 사회문화사업에 대한 지출이며, 이에 대한 총지출액은 1백65억7천1백54만원으로서 전년도 실적에 비하여 37.2%가 장성되며, 이에 대한 지출예산액은 세출총액에 대하여 61.3%의 비중을 차지하고 있습니다.
 이제 세출예산을 부문별로 보면 다음과 같습니다.

 가. 인민경제지출에 대하여
 1950년도 인민경제지출 예산액은 1백9억3천4백6만원으로서 전년도 실적에 비하여 31.6%의 증가입니다. 생산력 확충을 위하여 기본건설에 소요되는 총액은 1백4억8천4백23만원인 바 그 중 국가예산으로부터 72억1천3백37만원을 투자할 것을 예정하였으며, 철강부문에 대한 가격차액 보상으로 8억원 독립채산제 기업소들의 유동기금으로 8억3천만원을 지출할 것으로 예정하였으며 식량관리사업, 관개시설 유지사업, 농림, 수산, 축산들을 위한 시험장시설과 기타 시설을 위하여 20억9천69만원을 지출할 것이 예정되었습니다.
 국영산업부문의 계획과제들을 보장하기 위하여 국가예산으로부터 38억4천92만원이 지출될 것을 예정하였습니다.
 우리 산업경제에 있어서 8·15전의 편파성을 퇴치하며, 생산력을 확장하기 위하여 기계공업을 강화하는 문제는 중요한 과업으로 됩니다. 기계공업을 위한 건설사업과 공작기계 구입 등을 위하여 총액 6억3천5백11만원의 투자를 예정하였는 바 이 중에는 당초 계획에 예정하지 않았던 공작기계 구입비 2억2천6백79만원이 포함되어 있습니다.
 인민들에게 의료를 풍부히 공급하도록 하는 것은 가장 절실히 요구되는 문제의 하나입니다.

이 문제를 급속히 해결하기 위하여 본래 방사능력 3만추와 직기 천대를 설치할 것으로 계획하였던 평양방직공장을 확장하여 방사능력 6만추와 직기 2천5백대를 설치하도록 설계를 변경하여 이에 대한 본년도 기본건설투자를 8억1천9백94만원으로 예산하였습니다. 이는 당초에 예정하였던 바에 비하여 5억4천4백54만원의 증가입니다.

화학부문에 있어서는 화학비료의 증산을 위하여 홍남비료 류산공장의 대복구와 청수화학의 질소비료공장, 남포 소다공장들이 신설될 것입니다.

금속부문에 있어서도 청진제철소의 대복구와 문평 아연공장이 신설될 것이며, 남포제련소가 확장될 것입니다. 그 외에 독로강발전소 신설 등을 비롯하여 허다한 공장, 광산들의 기본건설이 진행될 것입니다.

농림부문에 대하여 22억2천2백91만원이 투자될 것입니다. 그 중 기본건설자금으로 16억5천2백35만원이 지출될 것이며, 각종 시험장과 농림수산업을 발전시키기 위한 제반 시책에 5억6천8백55만원이 지출될 것입니다.

몽리면적 2만5천 정보에 미곡증산 년 5만톤을 예견하는 평남대관개공사는 그 설계를 일부 변경함으로써 총공사비 17억3천8백만원으로 당초 설계에 비하여 3억9천8백69만원이 증가되었습니다. 그리하여 본년도 투자분에 있어서도 당초계획에 비하여 1억6천5백만원의 증가를 예견하였습니다.

영농방식의 기계화는 농업생산력의 보다 높은 발전에 기본조건으로 되는 것입니다. 그러므로 금년도부터 논, 밭갈이를 점차적으로 기계화하기 위하여 안주 및 재령 등 5개 지대에 농기계 임경소를 설치하고, 백대의 뜨락또르 경전기를 배치할 것을 계획하고, 그 기본건설 투자로 새로이 1억3천8백만원을 예정하였습니다.

농촌에 있어서 축력의 부족으로 곤란을 보는 오늘에 있어서 이 시책은 실로 농업발전에 커다란 의의를 가지는 것입니다.

농림부문에 있어서는 이상과 같은 사업 이외에 백두산 임산철도, 어로용 선박 신조, 국가농장과 목장들의 신설 등 주요공사들이 보장될 것입니다.

지방산업에 대하여 기본건설 투자는 3억7백59만원이 예정되었는 바 이는 당초계획보다 1억9천7백 59만원의 증가입니다.

이 중 국가예산으로부터 2억5천3만원을 지출할 것이며, 나머지는 지방 산업기업소들의 자체 자원으로써 충당할 것을 계획하였습니다. 지방산업에 대한 이와 같은 증자는 인민들의 일상생활의 필수품을 다량으로 생산하기 위하여 필요한 사업입니다.

국영상업에 대하여서는 상업망을 확장하기 위하여 5천1백35만원을 투자할 것이며, 수매부문에 대하여서는 수매조직을 정비하기 위하여 3천5백47만원의 투자를 예견하였습니다.

염업부문과 연삼부문에 대하여는 인민들의 생활필수품인 소금과 담배 증산을 위하여 1억7백16만원이 투하될 것입니다.

교통운수사업을 일층 강화하기 위하여 국가예산으로부터 10억8천2백33만원이 지출될 것을 예견하였습니다. 이 자금으로써 증기기관차와 전기기관차가 대량으로 구입될 것이며, 중요 철도간선의 연장과 철도차량공장의 신설 및 평양역사가 신축될 것입니다. 이로 말미암아 당초 계획보다 6억3천3백만원의 증액을 요구하게 되었습니다.

체신사업을 위하여 기본건설투자는 2억1백96만원이 예정되었는 바 그 중 국가예산으로부터 2천7백65만원이 지출될 것입니다. 이로써 평양통신기계제작소 공장 신설과 유선방송소가 신설될 것입니다.

도시경영부문에 있어서는 국가예산으로부터 6억7천6백32만원이 지출될 것인 바 이로써 정무원 아파트 5백56세대 및 노동자와 사무원들의 주택 8백90호를 비롯하여 수도사업 기타 도시시설들이 확충 정비될 것이며, 또 교량의 확장을 위한 토목건설부문에 대하여서도 국가예산으로부터 2억3천7백3만원이 지출될 것입니다.

이상과 같은 각 부문에 대한 지출 이외에 8억2천만원의 유동자금 지출을 예정하였는 바 이는 국가경제기관 및 기업소들의 운영자금 부족을 보충함으로써 기업소의 원활한 경제활동을 보장할 것입니다. 인민경제 지출예산의 비용은 대략 이상과 같습니다.

이와 같은 인민경제 지출로 말미암아 국영산업생산은 급속히 발전될 것이며, 인민들의 생활필수품이 다량으로 산생될 것이며, 농업은 과학적 영농방법의 실시로 보다 높은 수확고를 보장하게 될 것이며, 교통운수사업이 더욱 원활히 운영될 것이며, 노동자, 사무원의 주택이 대량으로 신축될 것입니다. 이로써 인민들의 물질문화생활은 현저히 향상될 것이 예견되고 있습니다.

이와 정반대로 남조선 이승만 매국도당은 일체 산업을 여지없이 파괴한 나머지 최후로 귀속재산까지 모리간상배에 팔아먹을 것을 소위 국회에서 결의하여 실시하고 있습니다. 귀속재산은 전 일본국가 및 일본인의 소유재산으로서 남조선 총산업의 94%를 차지하는 것입니다.

그 중 이미 파괴된 것이 77%에 달하며, 운영되고 있다는 것이 23%에 불과하나이나마 최후로 모조리 팔아먹기로 하였습니다.
　다시 말하면 공화국 북반부의 산업농촌경리는 날로 향상 발전되고 있는 반면에 남반부의 산업은 완전히 파괴되고, 농촌경리는 황폐되었을 뿐만 아니라, 미제국주의자들에게 점점 더 예속화되고 있습니다.

　나. 사회문화사업비 지출에 관하여
　1950년도에 있어서 사회문화사업에 대한 예산지출은 56억3천7백47만원으로서 전년도 실적에 비하여 18억6천1백76만원 즉 49.3%가 증가될 것을 예정하였습니다. 이는 전체 지출예산의 21.1%를 차지하는 것입니다. 이제 그 중요한 부문별 내용을 보면 다음과 같습니다.
　교육사업에 대한 예산은 29억6천7백23만원으로서 전년도 실적에 비하여 실로 10억4천8백6만원의 증가로 된 것입니다.
　이로써 인민학교 2만7천4백18 학급, 초급중학교 및 고급중학교 7천5백84 학급, 전문학교 9백46 학급, 각종대학 5백57 학급이 유지되며, 공화국 북반부에서의 전반적 초등의무교육 실시가 완전히 보장될 것이며, 대학과 전문학교에 있어서 4만1천여 명이 국비에 의하여 무료로 공부하게 될 것입니다.
　보건사업에 대한 지출은 11억4천7백63만원으로서 전년도 실적에 비하여 3억1천3백76만원의 증가를 예정하였습니다. 이로써 많은 보건시설들이 확충되어 무의면이 완전히 근절되며, 병원 건설과 의료기구공장 및 제약공장의 기본건설이 진행될 것입니다. 사회보험에 대한 지출은 8억3천8백65만원으로서 전년도 실적에 비하여 2억9백15만원의 증가를 예정하였습니다. 이것으로써 노동자, 기술자, 사무원들에 대한 유고시의 일시적 보조금으로서 2억1천98만원 노동자, 기술자, 사무원들과 그 가족에 대한 질병시의 의료비로서 3억4천89만원이 지출되며 16개소의 정・휴양소에서 6만5천3백여명의 노동자, 기술자, 사무원들이 무료로 휴양과 정양을 하게 되며, 4개소의 요양소에서 무료로 치료를 받게 될 것입니다.
　사회사업에 대한 지출은 1억2백49만원으로 예정되었는 바 이는 근 배액에 가까운 증액으로 되는 것입니다. 이로써 8개소의 노동소개소를 유지하게 될 것이며, 15개소의 양로・양생원 8개소의 신생원동에서 4천여 명의 연로자 및 고아들을 양육하게 될 것입니다.
　간부양성에 대하여서는 2억3천9백6만원을 지출하여 2만여 명의 행정간부와 기술간부들을 양성하게 될 것을 예정하였습니다.

다. 국가운영비에 대하여

1950년도에 있어서 국가운영비에 대한 지출은 87억8천6백21만원으로 예정되어 전년도 실적에 비하여 16%가 증가되었습니다.

국가운영비에 있어서는 일체 경비를 절약하는 방향에서 편성하였는바, 전년도에 비하여 증가된 것은 주로 리인민위원회 일꾼들의 임금 인상, 교통성, 체신성 제품 검사원 등의 행정비를 새로이 국가예산에 편입한 것과 각 민주주의 국가와의 대사 교환에 따르는 대사관 경비를 예정한 데 기인되는 것입니다.

(3) 1950년도 지방예산에 대하여

1950년도 지방예산의 세입, 세출은 46억5천6백63만원으로 예정되어 1949년도 비하여 8억6천2백85만원 즉 22.7%가 장성될 것입니다.

국가종합예산의 교육비와 보건비에 대한 지출 중에서 73.9%가 지방예산에서 지출되며, 그리고 지방예산 중에서 교육비와 보건비에 대한 지출이 지방예산 총액의 61.3%를 차지하고 있습니다.

이것으로 보아 지방예산은 교육 및 보건사업을 위시한 사회문화사업의 발전에 있어서 거대한 의의를 가지는 것입니다. 이제 지방예산을 각 도·특별시 별로 보면 다음과 같습니다.

평양시	2억9천1백68만원
평안남도	6억7천96만원
평안북도	6억7천6백17만원
자강도	2억7천9백75만원
황해도	7억5천9백38만원
강원도	5억7천9백85만원
함경남도	7억9천8백9만원
함경북도	6억72만원

지방예산에 있어서 지방 자체 재원은 17억1백43만원인 바, 세출총액 46억5천6백63만원에 대하여 그 부족액 29억5천5백20만원을 다음과 같이 중앙수입금으로부터 분여 또는 보급금으로서 조정할 것을 예정하였습니다.

평양시 분여	1억1천6백81만원
평안남도 분여	4억4천6백17만원
평안북도 분여	4억5천8백74만원
자강도 분여	1억5천3백1만원과 보급금 4천9백41만원

황해도 분여　　4억8천6백94만원
강원도 분여　　3억6천1백57만원
함경남도 분여　5억5백66만원
함경북도 분여　3억7천6백85만원

　으로서 분여총액 29억5백78만원, 보급금 4천9백41만원, 총계 29억5천5백20만원을 중앙예산으로부터 분여, 보급할 예정입니다.
　대의원 여러분!
　1950년도 국가종합예산의 내용은 간단히 이상과 같은 바, 세입예정액은 세출예정액에 비하여 15억원 정도의 부족을 보이고 있습니다.
　이와 같이 예산부족을 보게 되는 것은 위에서 이미 지적한 바와 같이 주로 2개년 인민경제계획을 수행하는 과정에서 공화국 북반부의 산업, 농림, 기타 경제분야에 있어서 보다 급속한 발전을 보장하기 위하여 2개년 인민경제계획에 당초 예정되지 않았던 새로운 기본건설에 대한 투자와 또한 기본건설의 설계확장 등으로 인하여 투자를 증가할 것을 예정한 데 기인되는 것입니다.
　본년도에 있어서 당초 계획보다 증자를 예정한 것 중 그 중요한 것만을 들어 본다면 기계공업에 있어서 2억2천6백19만원, 평양방직공장의 설계확장을 위하여 5억4천4백54만원, 지방산업에 대하여 1억3천8백만원, 철도부문에 있어서 6억3천3백만원 등으로 18억원 이상에 달하고 있습니다.
　1950년도에 있어서 산업, 농림, 철도 기타 각 부문의 기본건설투자는 위에서 설명한 모든 신규사업과 확장된 사업을 포함하여 총액 1백12억4천7백36만원인 바 그 자금원천은 국가예산지출과 각 경제기관들의 자체조달과 경제절약에 두고 있습니다.
　공장, 광산 등 각기업소에서 그가 보유하고 있는 일체 유휴자재와 예비적 자원을 동원하여 20억7천4백29만원을 자체 자금으로 조달할 것을 계획하였습니다.
　또한 기본건설사업을 담당한 건설기관들은 자재관리와 노력조직을 합리화하며, 온갖 창의와 창안으로 경제절약을 철저히 함으로써 전체 기본건설투자 총액의 약 15%에 해당하는 14억9천4백66만원을 절약할 것을 계획하였습니다.
　대의원 여러분!
　이미 논급된 신규와 확장되는 기본건설사업들은 비록 2개년 인민경제계획에 당초에는 포함되어 있지 아니하였다 할지라도 공화국 북반부에 있어서 인민경제의 보다 급속한 발전을 위하여 반드시 금년도 중으로 수행하여야 할 긴요한 사업이라고 인정하는 바입니다.

그러므로 금번 회의에서 이 부족액 15억원을 해결할 데 대한 구체적 성안을 지어 주실 것을 제의하는 바입니다.

3. 1950년도 국가종합예산을 집행함에 있어서의 기본적 과업들에 대하여

대의원 여러분!

금년도 국가종합예산은 작년도 예산집행의 승리적 성과 위에서 진일보적으로 민족자립경제의 토대를 튼튼히 구축하며, 인민들의 물질문화생활을 향상시키는 방향에서 집행하여야 하겠습니다.

1950년도 국가예산을 성과 있게 집행함에 있어서 무엇보다 중요하게 제기되는 것은 원의 가치를 제고하는 문제입니다.

1949년 12월에 북반부에서 화폐교환사업을 단행하여 유일한 화폐제도를 수립한 이래 매년 원의 가치는 제고되었으며, 물가는 현저히 저하되어 노동자, 사무원들과 전체 근로대중들의 물질적 생활은 많은 향상을 보았습니다. 그뿐만 아니라 이는 공화국 북반부의 생산발전과 아울러 국가예산을 정상적으로 집행할 수 있는 조건으로 되었습니다.

공장 광산 등 기업소에서 각종 상품을 풍부히 생산하며, 도시와 농촌과의 상품교류를 더욱 원활히 하며, 화폐유통을 보다 합리적으로 조직하는 것은 원의 가치를 더욱더 제고시키기 위한 중요한 사업으로 됩니다.

국가경제기관들에서 인민경제적 축적을 더욱 강화하는 것은 공화국 예산 집행에 있어서 또한 중요한 사업입니다. 금년도 국가종합예산은 전체 세입의 절반이 국가 경제기관들에서 조성되는 축적을 토대로 하고 있습니다.

그러므로 국가경제기관들과 기업소에 있어서는 독립채산제를 일층 강화하며, 노동생산율을 제고하며, 생산품의 질을 향상시키는 동시에 유동자금의 회전률을 제고하며 원가를 저하시킴으로써 축적을 증가시킬 데 대하여 특별한 노력이 있어야 하겠습니다.

대개 기본건설공사를 반드시 기한 내에 준공하며 또 예정된 시일에 생산조업을 개시하도록 강력한 사업이 전개되어야 하겠습니다.

기본건설공사를 제때에 준공하여 생산조업에 편입하는 것은 계획된 생산과제를 완수하는 데 있어서 기본조건으로 될 뿐만 아니라, 이 부문에 투하된 방대한 국가재산을 국가가 요구하는 방향에서 가장 합리적으로 이용하는 것으로 되는 것입니다. 모든 국가기관들에서 재정규율을 엄격히 준수하며 경제절약을 일층 강화하며, 특히 공장, 기업소 등 국가경제기관들에서는 이와 함께 유휴 자재와 온갖 예비적 재원을 철저히 동원하여 효과적으로 이용하도록 하여야 하겠습니다.

경제절약과 경제기관들의 예비적 재원을 동원하여 이용하는 것은 국가예산의 보충적 재원으로써 중요한 것이며, 또한 불가결한 것으로 됩니다.

이상에 제기된 과업들은 본년도 예산집행을 위하여 필수적인 것입니다. 이는 노동자와 사무원들에게만 맡겨진 것이 아니라, 전체 인민들의 인민적 과업으로 되는 것입니다.

대의원 여러분!

1950년도 국가종합예산을 심의하는 이 역사적 순간은 조국에 조성된 정치정세가 과거 어느 때보다도 더 복잡 첨예화하고 있습니다.

이러한 정치경제 하에서 국가종합예산을 심의하는 것은 중요한 정치적 의의가 있는 것입니다. 금반 예산심의사업은 조국의 평화적 통일을 신속한 시일 내에 쟁취하여야 할 거대한 투쟁임무와 직접 연관되고 있다는 것을 깊이 인식하여야 하겠습니다.

다 아시는 바와 같이 우리 공화국 남반부는 해방 이래 오늘까지 아직도 미제국주의자에게 강점되고 있으며, 그의 주구 이승만 도당에게 남반부 인민들이 참담한 박해를 받고 있습니다.

그러므로 공화국 남반부에서 미제국주의자를 구축하는 동시에 인민의 원쑤 이승만 매국도당을 타도 분쇄하고, 국토완정을 신속히 실현하여야 하겠습니다. 그러기 위하여는 공화국북반부의 민주기지를 더욱 튼튼히 하는 2개년 인민경제계획을 승리적으로 완수하여야 하겠습니다.

공화국 북반부의 민주기지가 강화되는 것은 남반부의 애국인민들의 구국투쟁을 더욱 고무할 뿐만 아니라, 민주주의적 조국통일사업을 촉진하는 기본적 토대로 되는 것입니다.

이러한 의미에서 우리는 1950년도 국가종합예산 집행을 승리적으로 완수하기 위하여 공화국 북반부의 전체 인민들은 남반부 애국인민들의 구국투쟁에 호응하여 국가로부터 맡겨진 모든 임무를 완수하도록 애국적 열성을 다하여야 하겠습니다.

우리는 공화국 남반부의 국내외 반동세력을 신속히 소탕하고, 국토완정과 민족통일의 기초 위에서 조선민주주의인민공화국을 더욱 높은 계단에로 융성, 부강케 하여야 하겠습니다.

대의원 여러분!

우리 민족의 민족적 영웅이신 김일성 장군의 영도 밑에서 전 조선인민들은 우리에게 맡겨진 역사적 과업의 승리를 향하여 자신 있게 전진하고 있습니다. 위대한 소련을 주력으로 한 세계평화애호인민의 대열에 서서 민주주의의 승리를 위하여 힘차게 나아갑시다.

『근로자』제5권 3호(1950년 3월); 國史編纂委員會 編,『北韓關係史料集』40(2003), 30-48쪽.

5. 조선민주주의인민공화국 1956년 국가예산에 관한 보고에 대한 토론

지난해 생산 및 상품유통의 장성과 노동생산 능률의 제고, 원가의 저하 및 수익성의 제고와 그리고 이들에 기초한 인민 소득의 장성은 국가의 재정원천을 증대시켰으며 국가예산에 예견된 인민경제 및 사회문화시책에 대한 자금수요를 원만히 보장하게 하였습니다.

예산자금의 기본적 부분은 공업과 농업 및 운수부문의 기본건설과 주택건설, 교육 보건 등 사회문화시책에 돌리여졌습니다.

1955년에 국가예산으로부터 투자된 3백34억4천3백만원의 기본건설자금은 우리의 공업생산능력의 현저한 장성과 인민경제 각 부문에 새로운 기술 장비를 보장하였으며 사회문화시책을 위한 막대한 지출은 많은 학교, 병원, 극장 및 영화관 망의 확장과 교육, 보건 및 군중문화예술의 가일층의 발전을 보장하였습니다.

또한 1955년에는 국가예산자금에 의하여 인민들의 물질적 복리 향상을 위한 많은 시책들이 실시되었는데 18억원에 달하는 국정 소매가격의 인하, 연 10만 톤의 현물세 부담을 감하는 새로운 농업현물세법령의 채택과 연 수억 원의 세금부담을 경감하는 새로운 주민소득세법령의 채택, 14억원에 달하는 농민은행 대부금의 상환 변제, 수만 톤의 현물세 대여곡과 7억4천만원의 소득세 감면, 및 기타 일련의 대책들이 실시되었습니다.

1955년 국가예산 집행에서 거둔 모든 성과들은 공화국에 창설 발전되고 있는 인민민주주의적 사회경제제도의 무궁무진한 생활력과 우월성에 기초하고 있으며 김일성 동지를 수반으로 하는 조선로동당과 공화국정부의 올바른 시책과 정확한 영도를 받들고 조국통일의 현실적 담보인 혁명적 민주기지를 정치경제적으로 강화하기 위하여 싸우는 근로자들의 창조적 노력투쟁에 의거하고 있습니다. 이는 민주주의적 기초 위에 조국의 통일 독립을 달성하려는 인민의 역사적 과업 수행을 촉진하는 새로운 승리로 됩니다.

본 회의의 심의에 제출된 1956년 국가예산은 1956년 인민경제계획의 기본과업과 인민의 물질문화 생활의 가일층의 향상을 보장하며 이를 위하여 인민경제의 내부 예비를 철저히 동원하고 국가자금의 합리적 이용을 적극 촉진하는 방향에서 작성되었다고 인정됩니다.

　1956년 예산수입 구성은 공화국 사회경제제도의 우월성을 중시할 뿐만 아니라 주민의 세금부담을 부단히 감하하는 공화국정부의 시종일관한 인민적 시책을 표현하고 있습니다.

　특히 국내의 인민경제 각 부문의 축적으로부터의 수입구성을 제고하는 데 주되는 방향을 둔 것은 필요하고 정당한 것이라고 인정합니다.

　국가예산자금 지출의 기본적이며 결정적 부문은 인민경제와 사회문화시책에 돌려지고 있습니다.

　인민경제 지출에서 금속, 전기, 석탄, 화학, 기계 등 중공업부문에 자금이 우선적으로 배당되고 농촌경리 발전을 위하여 42억6천6백만원의 자금이 돌려진 것과 경공업의 발전을 위하여 적지 않은 자금이 돌려진 것은 우리 인민경제 발전의 요구와 공화국 경제정책에 정확히 적응하게 자금이 배당된 것을 실증하여 주며 사회문화시책을 위하여 1955년 예정 실적에 비하여 13억5천6백만원을 증가하여 교육, 보건, 과학, 예술의 강력한 발전을 재정적으로 보장하는 한편 국가 관리유지비를 적극 축소하는 방향에서 예산을 편성한 것은 적당한 조치라고 인정합니다.

　이와 같이 1956년 국가예산안은 오늘 우리 앞에 나서고 있는 정치경제적 과업과 인민들의 요구에 정확히 반영하며 공화국 재정경제를 구체적으로 표현하고 있으며 우리 사회경제제도의 우월성과 인민의 경제적 위력, 공화국정부의 부단한 인민적 시책을 또다시 중시하여 주는 산 자료로 됩니다.

　공화국 예산의 인민적 성격은 미제와 그 주구 이승만 역도들의 반동적 반인민적 예산과 볼 때 더욱 명백하여집니다.

　이승만 역도들이 발표한 소위 1955년 회계연도에 있어서는 직접적인 군사 경찰비만도 9백억환으로 전제 예산지출의 66%에 해당됩니다.

　공화국 예산에서는 그 자금지출의 80% 이상을 인민경제와 사회문화시책에 돌리고 민족보위에는 전체 자금지출의 6.8%밖에 지출하지 않고 있습니다.

　3개년 인민경제계획의 완수를 재정적으로 보장하며 인민들의 물질문화 생활수준을 가일층 향상시킴으로써 조국의 평화적 통일을 촉진하는 물질적 토대를 더욱 공고히 할 1956년 국가예산의 성과적 집행을 위한 투쟁에 우리는 전체 인민을 더욱 조직 동원하여야 하겠습니다.

　인민경제 각 분야에서 축적을 제고하기 위하여 우리는 원가와 유통비를 저하시키며 노력, 원료, 자재를 더욱 절약하고 일체 비경제적 지출을 허용하지 말며 경제관리에서 책임성을 제고하고 독립채산제를 보다 강화할 것이며 경제 절약투쟁을 전 인민적 운동으로 강력히 전개하여야 할 것입니다.

　인민경제 각 부문에서 계획을 양적 질적으로 달성 또는 초과 달성하며 인민소비품 품종을 확대하고 질을 제고하며 상품유통기관의 봉사성을 제고하도록 더욱 노력하여야 하겠다고 생각합니다.

　그리고 국가에서 주는 추가적 노력과 원자료에만 의존할 것이 아니라 시설물과 지방적 원료로 생활필수품 생산을 확장하는 일련의 대책들이 강구 실시되어야 하겠습니다.

　인민경제의 높은 발전 템포를 보장함에 필요한 식량과 원료를 해결하는 데 있어서와 국가예산의 성과적 집행에 극히 중요한 문제로 제기되고 있는 농업생산의 증대를 위하여 조선로동당과 공화국정부가 실시하고 있는 일련의 중대한 대책들을 반드시 성과적으로 집행하여야 하겠습니다.

　건설문제에 관하여서는 지난 1월에 소집된 전국 건축가 및 건설자회의에서 하신 김일성 동지의 지시를 반드시 실천하도록 백방으로 노력하여야 하겠습니다.

　매개 국가 기관일군들은 책임성을 더욱 높여 국가예산자금을 귀중히 그리고 합리적으로 이용하며 재정예산 규율을 준수하여야 하겠습니다.

『北韓 最高人民會議資料集』第1輯(國土統一院, 1988), 788-790쪽.

6. 조선로동당 중앙위원회 사업 총결보고에 대한 토론
(1956년 4월 25일)

동지들!

조선노동당 제2차 전당대회와 제3차 대회에 이르는 기간의 우리 당 중앙위원회 사업 총결에 대한 김일성 동지의 보고는 인민민주주의 건설 도상에 있는 우리나라 사회발전의 합법칙성 및 그의 성과와 국내외의 원수들과의 투쟁에서 우리 당이 달성한 승리에 대하여 맑스·레닌주의적으로 명석한 분석을 주었습니다.

다 아는 바와 같이 제2차 전당대회로부터 제3차 당대회에 이르는 지난 8년 동안은 실로 우리 당과 조선 인민의 준열한 시기였습니다.

침략전쟁의 원흉인 미제를 비롯하여 16개국 무력간섭자들과 매국노 이승만 도배를 반대하는 3년여의 조국해방전쟁에서 우리 당과 전체 인민은 간고하고도 가열한 전쟁을 인내성 있게 겪어냈으며 또 전쟁을 승리적으로 결속지었습니다.

전후 인민경제 복구발전 3개년계획 수행 기간에 있어서 전체 당원들과 공화국 북반부의 광범한 근로대중들은 우리 당과 공화국 정부의 정책을 높이 받들고 자기 앞에 맡겨진 역사적인 사회주의 건설을 승리적으로 수행하고 있습니다.

이와 같이 엄숙한 투쟁과정에서 전체 당원들은 심각한 시련을 체험하면서 사상적, 조직적으로 더 한층 튼튼히 단련되었습니다.

이리하여 오늘 우리 당은 정치사상상 그 어느 때보다도 강력한 단결을 가지고 제3차 당대회를 마지하고 있습니다.

이제 나는 인민의 물질 문화생활의 발전을 위한 우리 당의 정책에 대하여 토론하고자 합니다.

다 아는 바와 같이 해방 전 조선은 식민지 반봉건사회였습니다.

이 시기에 있어서 조선 인민의 혁명적 임무는 반제, 반봉건적 민족해방투쟁이었습니다.

당시 경제투쟁의 기본임무는 조선 내에서 일본제국주의자들의 일체 재산과 친일적 지주, 친일적 자본가의 소유를 몰수하여 토지는 밭갈이하는 농민에게 분여하며 공장, 광산, 철도, 체신, 운수, 은행 등은 인민정권의 소유로 한다고 하였습니다.

이와 같은 혁명적 과업들은 1935년에 발표된 김일성 동지가 직접 영도한 조국광복회의 강령에 명백히 표시되어 있었다는 것을 상기하면 충분하다고 생각됩니다.

위대한 소련군대의 영웅적 투쟁에 의하여 일제 식민통치 기반으로부터 해방된 조선 인민은 자기의 자유의사에 의하여 새로운 생활을 창조하며 자기 나라의 독립과 부강한 민주국가를 창건할 수 있는 가능성을 가지게 되었습니다.

1946년 3월에 발표된 북조선임시인민위원회의 20개조 정강에 의거하여 조선 인민은 위대한 민주주의 개혁에 직접 착수하게 되었습니다.

이 혁명적 민주주의 개혁의 결과 조선 인민의 역사적 숙망이던 토지개혁이 실시되고 공장, 광산, 발전소, 철도 운수, 체신, 은행 등 중요 산업 및 기업소들은 국유화되었으며 노동자, 사무원들에 대한 민주주의적 노동법령의 채택과 함께 8시간 노동제가 실시되었습니다.

그러면 공화국 북반부에서 실시된 제 민주개혁의 승리적 성과는 무엇을 말하여 주고 있습니까?

그것은 우리나라에 있어서 종래의 식민지적, 반봉건적 낡은 사회 경제체제를 혁명적으로 개조하고 인민의 물질 문화생활의 향상 발전, 그의 복리를 증진하는 기본적 토대를 구축하여 놓았다는 것을 의미합니다.

이리하여 공화국 북반부에서는 봉건적 토지소유관계를 청산하고 중요 산업에 있어서의 자본주의적 생산관계를 기본적으로 개변함으로써 새로운 인민민주주의적 사회, 경제제도를 창건하였습니다.

1946년 김일성 동지는 조선노동당 창립대회에서의 자기의 보고에서 다음과 같이 진술하셨습니다.

"북조선에서 가장 철저하게 실시된 토지개혁은 조선 사회의 낙후와 정체의 기본원인이 되던 봉건적 토지 소유관계 즉 봉건적 착취관계를 청산하고 조선사회의 자유스러운 무한한 발전, 민주주의적 발전의 대로를 닦아 놓았으며 북조선에 있어서 농촌의 주인은 밭갈이하는 농민들이 되었으며 지주와 소작제도는 없어지고 말았습니다."『김일성선집』 제1권 1954년판, 225페이지.

"북조선 민주주의 노동법령의 실시는 근로대중을 봉건적, 식민지적 착취에서 해방시키어 그들의 물질생활을 향상시킬 뿐만 아니라 국가 생산력을 낡은 사회관계의 억압과 질곡으로부터 해방시킴으로써 그의 자유스러운 광대한 발전의 길을 열어 주는 것입니다.

　더욱이 국가 경제생활에 있어서 주요 명맥으로 되어 있는 일본제국주의자들과 민족반역자들의 소유이던 산업기관들이 국유화 즉 인민의 소유로 된 것은 한 개 독립국가를 건설하는 데 있어서 기본문제가 해결된 것이며 이로써 북조선 민주주의 개혁의 철저성과 그 진보적 성격을 명백하게 표현하는 것입니다." (동상 226페이지)

　당시 북조선 토지개혁은 노동계급의 영도 하에 진행된 조건 하에서 토지의 봉건적 소유형태가 자본주의적 소유형태로 바꾸어진 것이 아니라 토지는 오직 밭갈이하는 자에게만 속한다는 원칙에 의하여 근로농민의 소유형태로 개편되었습니다. 그러므로 북조선 토지개혁법령에는 국가로부터 무상으로 분여받은 토지는 매매하지 못한다는 엄격한 조건이 쓰여 있으며 밭갈이하는 근로농민이 아니고서는 토지를 소유하지 못한다는 것이 명시되어 있습니다.

　이와 같이 북조선 토지개혁법령은 토지의 자본주의적 겸병을 용허하지 않았으며 토지소유를 토대로 하여 인간이 인간을 착취하는 지반을 기본적으로 청산하고 말았습니다.

　우리는 이러한 사실에 의하여 공화국 북반부에서 진행된 토지개혁은 가장 철저하다고 하며 농민들은 토지의 예속에서 해방되었다고 말하는 것입니다.

　산업분야에 있어서도 혁명적 민주주의 개혁사업은 철저하게 진행되었습니다.

　공화국 북반부에서 실시된 산업국유화는 그것이 자본주의적 테두리를 멀리 벗어난 것입니다. 즉 그것은 부르주아적 생산관계를 사회주의 생산관계로 교체시킨 변혁이었으며 인민민주제도의 경제적 기초를 조성한 것이었습니다.

　다 아는 바와 같이 자본주의적 소유관계는 임금노동의 착취를 기반으로 하고 있는 것입니다.

　그러나 공화국 북반부에서의 산업국유화는 그것이 비록 사회적으로 자본 일반을 부정한 것은 아니었다 할지라도 자본주의를 옹호하며 착취제도를 유지 공고화하는 데로 향하여진 것이 아니라 그의 청산에로 향하여진 것이었습니다. 국유화된 산업은 전 인민적 소유이며 나라의 경제발전과 인민의 경제생활상 복리 향상의 물질적 기초로 되었습니다. 이는 우리 국가의 인민민주주의제도의 본질에서 흘러나오는 것입니다.

　즉 우리 공화국의 국가제도는 근로계급들을 착취하는 도구로서가 아니라 그와 정반대로 착취제도를 소멸하며 인민의 물질문화생활의 복리를 증진하는 것을 자기의 기본목적으로 하는 노농동맹의 토대 위에 건립된 진정한 인민정권인 까닭에 그리 말할 수 있으며 또 실제로 그리 되고 있습니다.

이상에서 본 바와 같이 공화국 북반부에서 토지개혁법령과 아울러 노동법령, 중요산업 국유화법령들을 승리적으로 실시하였다는 문제는 우리 당이 인민의 물질문화생활의 향상을 위한 올바른 정책을 실시하였다는 것을 실증할 뿐만 아니라 특히 중요한 것은 이 사람들이 조선 사회발전의 새로운 역사단계, 즉 자본주의로부터 사회주의에로의 이행의 가능성을 지어 주는 역사적 사실의 발생을 단적으로 표현하였다는 것입니다.

조선노동당은 이미 쟁취한 승리에 머물러 있지 않고 새 사회의 물질적 토대를 축성하기 위한 전제조건으로서의 제 민주개혁의 성과를 더 한층 공고 발전시키며 인민의 물질문화생활의 부단한 향상을 위하여 여러 가지 중요한 대책을 강구 실시하여 왔습니다.

공화국 북반부의 전체 노동자 및 기술자들은 우리 당의 정책을 높이 받들고 일제가 파괴하고 간 공장, 광산, 철도, 통신 수단, 기타 기업소들의 복구사업에서 높은 애국적 열성을 발휘하였으며 토지의 주인 된 전체 근로농민들은 농업증산에 한결같이 궐기하였습니다.

이리하여 공화국 북반부 근로자들의 건설투쟁은 정치, 경제, 문화 각 방면에서 빛나는 성과들을 달성하였던 것입니다.

이 평화적 건설투쟁은 공화국 북반부를 조국의 통일 독립을 달성하기 위한 공고한 민주기지로 전변시켰습니다.

이 위대한 민주건설투쟁을 통하여 광범한 근로대중들을 정치사상적으로 우리 당의 주위에 튼튼히 뭉치게 되었습니다.

이러한 민주건설의 성과적 토대 위에서 우리 당과 공화국 정부는 1949~1950 2개년 인민경제계획을 수립하였던 것입니다. 당시 2개년 인민경제계획의 내용은 전적으로 인민의 물질문화생활의 향상을 위한 것으로 특징짓고 있었는바 그것은 전 인민경제 발전의 기초로 되는 중공업의 우선적 복구 발전에 두었습니다. 이와 아울러 경공업 및 농업의 급속한 발전을 예견하였던 것입니다.

그리고 2개년 인민경제계획의 첫해인 1949년에는 계획을 102.8%로 초과 수행하였습니다. 회상컨대 제 민주개혁이 실시된 1946~1949년 기간에 공화국 북반부에서는 정치, 경제, 문화의 각 분야에 있어서 일제의 식민지 잔재를 급속히 청산하면서 인민들의 물질 문화생활의 수준을 현저하게 제고하였고 인민민주주의제도의 우월성을 모든 사람들에게 깊이 인식시켰으며 당은 자기 활동의 최고 법칙을 인민대중의 물질문화생활상 복리증진을 위한 데 두고 있었다는 것을 전체 인민에게 보여주었습니다.

그러나 1950년 6월 25일 미제와 이승만 괴뢰군대의 공화국 북반부에 대한 불의의 공격은 공화국 북반부 인민들의 평화적 건설을 중단시키고 말았습니다.

이리하여 조국해방전쟁이 개시되었던 것입니다.

김일성 동지의 보고에서 상세히 진술된 바와 같이 이 전쟁은 우리나라 북반부에 수립된 인민민주주의제도에 대한 준엄한 시련으로 되었습니다.

전쟁이 개시되자 우리의 모든 승리의 조직자이며 영도자인 조선노동당은 전선의 강화와 후방의 공고화를 위하여 적절한 대책들을 강구 실시하여 왔습니다.

전선의 장병들과 후방의 전체 인민들은 당과 정부의 전시 시책을 높이 받들고 미제를 괴수로 한 국제제국주의 침략세력을 반격하는 조국해방전쟁에서 무비의 헌신성과 용감성을 발휘하였습니다. 광폭한 미제의 야만적 폭격은 도시와 농촌을 잿더미로 만들었습니다. 일부 공장과 기업소들에서는 작업이 일시 중단되었습니다. 대부분의 주민들은 가옥과 양식에 거대한 손실을 보게 되었습니다.

실로 미제 침략전쟁의 참화는 말로, 글로 다 표현될 수 없었습니다.

이러한 참화와 재난이 계속되는 가혹한 전쟁 시기에 우리 당은 전체 인민의 선두에 서서 전방과 후방에서 시시각각으로 발생되는 만난과 애로를 극복 타개하면서 전선의 강화와 후방의 공고화를 위하여 민속하고도 기동성 있는 온갖 대책들을 실시하여 왔습니다.

동지들!

나는 여기서 우선 우리 당이 후방의 공고화와 인민생활의 안전을 위하여 취해 온 가지가지의 정책들 중에서 그 몇 가지에 대하여 말하려고 합니다.

당은 전쟁정세에 비추어 일부 공업 즉 전시에 없어서는 안 될 극히 필요한 공장들을 지하공장으로 전변시키는 대책을 취하는 한편 인민생활 필수품 생산을 위하여서는 적의 폭격으로 파괴된 공장의 기계들을 수습하여 지방산업의 발전형식으로 지리적 조건을 이용하여 산간벽지에 그를 재조립하는 것으로 전시 하 공업생산을 계속하여 왔습니다.

전시 조건 하에서 후방생산의 주체로 되었던 농업에 있어서는 "식량을 위한 투쟁은 조국을 위한 투쟁이다"라는 당이 제시한 농업정책을 높이 받들고 각급 당 단체들과 정부기관 일군들은 전체 농민의 선두에 서서 소격리반 조직, 노력협조반 조직을 비롯하여 식량증산을 위한 온갖 대책들을 조직 전개하였습니다.

이렇게 함으로써 전선과 후방에 식량공급을 보장해 냈습니다.

그뿐만 아니라 우리 당과 정부는 전시 및 전후 시기에 있어서 인민생활의 안정을 위한 일련의 대책으로서 1950~1955년 기간에:

첫째, 식량문제의 해결을 위하여 농업현물세 17만6,208톤의 감면을 비롯하여 식량이 부족한 농민들과 시민들에게 식량의 무상공급으로 3만1,418톤, 대여 양곡으로 15만5,615톤, 종자 대여곡으로 10만7,346톤 등 합계 46만587톤의 양곡으로 인민들에게 혜택을 주었으며

둘째, 농민들에게 대여해 준 융자는 55억원에 달합니다.

셋째, 1953~1955년 기간에 물가인하정책으로 주민들에게 혜택 준 금액은 300억원에 달합니다.

이 사실들은 우리 당 활동의 최고법칙은 실로 인민의 복리향상에 대한 배려에 있다는 것을 여실히 말하여 주고 있습니다.

우리 당은 평화적 건설시기에 있어서나 전쟁의 불길 속에서나를 막론하고 인민의 물질적, 문화적 복리 향상에 대하여 최대의 배려를 돌려 왔습니다. 그렇기 때문에 조선 인민은 우리 당의 모든 시책들을 지지하고 있으며 오직 우리 당이 지도하는 공화국 정부만이 인민의 행복을 보장하며 우리 조국의 융성 발전을 가져올 수 있다는 것을 굳게 믿고 있는 것입니다.

우리 당의 시책에 대한 인민대중의 이 지지는 조국해방전쟁을 승리적으로 수행할 수 있는 결정적 요인의 하나로 되었습니다.

조국해방전쟁에 있어서 위대한 소련을 비롯하여 형제적 제 국가의 공산당 및 노동당과 그 나라 인민들의 물심양면으로 되는 프롤레타리아 국제주의의 거대한 원조가 있는 조건에서 위대한 중국 인민의 아들딸로 조직된 영웅적 지원군이 조선인민군과 협동작전을 하여 온 조건에서 조선 인민은 미제를 괴수로 하는 16개국 외래 침략군대와 매국노 이승만 괴뢰군대를 격퇴하고 공화국 북반부의 혁명적 민주기지를 수호하였으며 위대한 승리를 쟁취하였습니다.

조국해방전쟁의 승리적 결과로 실현된 정전협정이 체결되자 공화국 북반부 인민들은 또다시 평화적 건설의 길에 들어서게 되었습니다.

파괴된 인민경제를 급속히 복구 발전시키며 북반부에서의 사회주의 건설을 위한 3개년 인민경제계획을 수립 실시하고 있습니다. 전후 인민경제를 복구 발전시킴에 있어서 우리 당은 생산수단 생산의 우선적 장성의 법칙으로부터 출발하여 중공업의 우선적 발전을 예견하고 있습니다.

이와 아울러 3개년 인민경제계획은 농업과 경공업도 급속히 발전시킬 것을 예견하고 있습니다.

당은 전후 인민경제를 복구 발전시킴에 있어서 인민의 물질 문화생활수준을 급속히 제고시키기 위하여 온갖 대책들을 강구 실시하고 있습니다. 이에 대한 우리 당의 정책은 3개년 인민경제계획에서 명백히 표현되고 있습니다. 전후 인민경제 복구발전계획에 의하면 전체 투자액의 81%가 인민의 물질 문화생활 향상 발전을 위한 부문에 투자되고 있습니다.

전후 인민경제 복구발전 3개년계획 중에서 인민생활의 필수품 생산을 담당한 경공업성의 중요 생산품종을 본다면:

첫째, 면직물 생산에 있어서는 전쟁 전 1949년에 942만9,000메터가 생산되었다면 전후 3개년계획의 첫해인 1954년에는 2,204만3,000메터로 즉 234%로 장성되었고 1955년에는 4,631만9,000메터로 즉 491%로 장성되었으며 1956년에는 6,150만메터로 652%로 장성될 것이 예견되고 있습니다.

둘째, 신발류 생산에 있어서는 전쟁 전 1949년에 579만 켤래가 생산되었다면 1954년에는 1,183만7,000 켤레로 즉 204%로 장성되었고 1955년에는 1,347만4,000 켤레로 즉 233%로 장성되었으며 1956년에는 1,616만 켤레로 즉 279%로 장성될 것이 예견됩니다.

셋째, 도자기류 생산에 있어서도 1949년에 비하여 1955년에 301%로 장성되었습니다.

이상에서 발한 생활필수품 생산은 지방산업과 생산협동조합에서도 대량적으로 생산하고 있는 바 이것도 역시 전쟁 전에 비하여 급격히 장성되고 있습니다.

상품유통 부분에 있어서는 1949년을 100으로 한다면 1954년에는 134%로 장성되었고 1955년에는 170%로 장성되었습니다.

그리고 문화방면에 있어서도 각종 학교망을 비롯하여 인민보건시설과 극장, 영화관 등의 시설은 실로 현저한 발전을 보이고 있습니다.

이상에서 지적한 1954년 및 1955년의 생산실적에 비추어 볼 때 3개년계획은 상당한 정도로 기한이 단축되어 완수되리라는 것은 의심할 바 없습니다.

총결 기간 특히 3개년 인민경제계획 기간 중에 우리 당은 공화국 북반부에서의 사회주의적 생산관계를 확대 발전시킴에 있어서 거대한 성과를 성취하고 있습니다.

농업에 있어서의 협동화의 급격한 양상은 우리나라 북반부가 이미 사회주의 길을 따라 확신성 있게 전진하고 있다는 것을 말하여 줍니다.

당 중앙위원회 사업총결 보고에서 진술된 바와 같이 1956년 2월 말 현재로 농업협동조합 수는 1만4,651개인바 전체 농가 호수의 65.6%와 농민들의 경리면적의 62.1%가 이에 망라되었습니다.

이와 아울러 수공업적 소생산 및 유통분야에서의 협동화의 거대한 성과들을 지적할 필요가 있습니다.

생산협동조합은 1955년 말 현재로 조합수가 544개인바 그에 망라된 조합원수는 2만6,327이며 총생산액은 34억3,800만원에 달하고 있습니다.

1955년 말 현재로 수산협동조합 수는 2,962개이며 조합원은 188만6,150명에 달하고 상품유통액은 217억6,800만원으로 계산되고 있습니다.

해방 후 공화국 북반부에 있어서의 협동단체조직은 1946년 소비조합운동의 개시를 비롯하여 생산협동조합은 1947년에, 수산협동조합은 1948년에, 농업협동조합은 전후 시기에 급속히 전개되었습니다.

이상에서 보는 협동경리의 앙양은 우리 조국 발전에 있어서 거대한 혁명적 의의를 가지고 있습니다.

우리들이 이미 실시해 왔고 또 실시하고 있는 개인적 경리로부터 집단적 경리에로의 농촌경리의 개편은 그것이 곧 농촌의 사회주의적 개조를 의미하는 것입니다.

도시에 있어서 소생산적 개인기업 및 수공업자들과 일부 소상인들이 자원적으로 생산협동조합에 망라되는 것도 틀림없이 사회주의적 우클라드를 발전시키는 것으로 됩니다.

수산협동조합과 농촌소비협동조합도 사회주의적 형태의 경제를 발전시키는데 있어서 마찬가지로 중요한 의의를 가지고 있습니다.

개인경리의 사회주의적 개조에 있어서 이와 같은 성과들은 결코 우연한 것이 아닙니다.

이것은 우리 당의 정책이 옳았으며 당 중앙위원회가 우리나라에서 작용하고 있는 제 경제법칙의 정확한 인식으로부터 출발하여 제때에 올바른 대책들을 강구한 결과이며 당의 거대한 조직적 활동에 의하여 이루어질 수 있다는 것을 증시하였습니다.

우리 당은 제 민주개혁의 승리적 성과의 토대 위에서 일찍부터 각종 협동조합운동을 전개하여 왔습니다. 특히 농촌의 사회주의화를 위하여 각렬한 전쟁이 진행되던 시기에 있어서 당은 농업협동조합 발전에 대하여 특별한 주의를 돌렸던 것입니다.

그 결과는 오늘에 와서 바야흐로 농촌의 사회주의적 개조의 앙양을 보게 되었습니다.

김일성 동지가 자기 보고에서 지적한 바와 같이 멀지 않은 장래에 전체 근로농민이 농업협동조합에 전부 망라될 것이며 공화국 북반부의 농촌경리는 사회주의적 기초 위에 튼튼히 서게 될 것이 예견되고 있습니다.

동지들!

김일성 동지는 우리 조국 발전에 있어서 새로운 페지를 열어 놓을 제1차 5개년계획 작성 방향에 대하여 진술하셨습니다.

제1차 5개년계획 방향 지시에서 제시된 과업들이 수행된다면 공화국 북반부의 사회주의적 기초는 공고하여질 것이며 조국통일을 위한 혁명적 민주기지로서의 북반부의 위력은 가일층 확고하여 질 것은 의심할 바 없습니다.

이는 인민의 물질적 생활처지와 문화수준을 현저하게 향상시킬 것입니다.

우리 당의 영도 하에 진행된 해방 후 10년간의 민주건설의 승리적 성과와 그 건설과정에서 단련되고 광범한 근로대중들의 투쟁경험과 장성된 기술적 토대를 기초로 하여 앞으로 작성될 5개년 인민경제계획은 능히 성과적으로 수행되리라는 것은 또한 의심할 바 없습니다.

동지들!

해방 후 10년간 남조선은 공화국 북반부와는 근본적으로 다른 형태에 처하여 있습니다.

미국 침략자들은 우리 조국 남반부를 강점한 첫날부터 소위 '반공산주의'라는 진부한 기만적 술책으로 조선 인민의 불구대천의 원수인 매국노 이승만 역도들을 사주하여 과거 일제의 앞잡이였던 친일적 지주, 친일적 자본가, 그리고 각양 면모로 출현하였던 민족반역자들로 괴뢰정권을 조작함으로써 우리 조국을 인공적으로 양단시켰으며 동족상쟁을 감행하였습니다.

오늘 미제국주의자들은 정전협정을 난폭하게 위반하고 군비를 확장하며 남조선 청년들을 미제의 침략전쟁의 대포밥으로 이용하려고 강요하고 있습니다.

미제의 남조선에 대한 소위 '원조'라는 것은 군비확장에 한할 뿐이고 인민의 물질 문화생활문제는 완전히 도외시되고 있습니다.

그것은 남조선 괴뢰정부의 1955~1956 회계연도 예산 총액 1,359억환에서 890억환이 군사비와 경찰비로서 전체 예산의 66%를 차지하고 있는 사실에 비추어 보아도 이해하기 어렵지 않습니다.

이러한 정세 하에서 공화국 남반부에서는 민족경제는 완전히 파산당하고 있으며 인민수탈은 극도에 달하고 있으며 길가에서 방황하는 실업자들은 날로 격증해 가고 있습니다.

그러므로 남조선 인민들이 미제의 식민지화 정책을 반대하며 매국적 이승만 괴뢰정권을 타도하기 위하여 계속 투쟁하고 있는 것은 극히 당연한 현상입니다.

오늘 남조선의 광범한 근로대중과 애국인사들이 평화적 통일을 염원하여 인민민주주의적 통일 독립국가의 실현을 위하여 투쟁하는 것이 어찌 우연한 현상이라고 말할 수 있겠습니까? 그 정당한 요구와 완강한 투쟁은 어떠한 힘으로도 막지 못할 것입니다.

동지들!

우리 당은 오늘처럼 조직적, 사상적으로 단결된 때가 없습니다.

전체 당원들은 당의 정책을 높이 받들고 조국의 평화적 통일과 사회주의 건설에 매진하고 있습니다. 광범한 근로대중은 당의 주위에 굳게 뭉치어 조국의 평화적 통일 독립의 담보로 되는 혁명적 민주기지 강화를 위하여 분투하고 있습니다.

공화국 북반부에서 조국전선에 단결된 각 민주정당 및 사회단체들과 그들의 지도 하에 있는 각계각층 인민들은 조선노동당과 공화국 정부가 내세운 역사적 과업인 공화국 북반부에서 사회주의 건설사업을 열렬히 지지 찬동할 뿐만 아니라 그의 실현을 위하여 열성적으로 참가하고 있습니다.

이는 결코 우연한 일이 아닙니다. 그것은 북반부에서 사회주의 건설로 우리 조국을 인도하는 우리 당과 공화국 정부의 정책에 조선 인민의 절실한 이해관계가 표현되고 있기 때문입니다.

북반부에서의 사회주의 건설은 우리 사회발전에 따라서 그 생산관계 발전의 객관적 합법칙성의 요구이며 인민대중의 복리향상이 이에 달려 있기 때문입니다.

다 아는 바와 같이 경제생활상 소상품 생산자의 지위에 고착되어 있던 도시의 수공업자 층과 특히 농촌의 광범한 근로농민들의 사회주의적 형태의 집단적 협동경리에로의 이행은 그들의 경제적 생활형편을 현저히 개선하고 있습니다.

이와 함께 집단경리에 의한 생활상 변화는 낡은 사회의 개인주의적 사상이 사회주의적 사상에로의 전변을 촉진하고 있습니다. 그런 까닭에 공화국 북반부의 각계각층의 전체 인민들은 해방 후 인민민주주의 사회제도 내에서 살아온 그 자신들의 사회생활상 직접적 체험으로부터 우리 당이 지향하고 있는 사회주의만이 근로대중의 행복한 생활의 전도를 약속하는 유일한 길이며 이 길만이 전체 인민의 물질 문화생활의 복리향상을 증진하는 유일한 방도라는 것을 깊이 느끼고 있습니다. 그뿐만 아니라 공화국 북반부에서의 사회주의 건설의 승리적 수행은 공화국 남반부의 광범한 근로대중이 미제의 식민지화정책과 매국노 이승만 도당을 반대하는 데 있어서 비상한 고무력이 되리라는 것은 명백한 일이며 따라서 야만적 학대와 비인간적 착취에 신음하는 남조선 인민들이 공화국 남반부에서도 공화국 북반부에서와 같은 인민민주주의제도를 수립하기 위하여 투쟁할 것은 의심할 바 없습니다.

그러므로 노동당원들의 앞에는 사회주의 기초 건설투쟁에 총궐기한 전체 인민의 선두에 서서 김일성 동지의 보고에 제시된 전후 인민경제 복구발전 3개년계획의 마지막해인 1956년 국가계획과제를 초과 완수할 것과 그 성과의 토대 위에 수립될 제1차 5개년 인민경제계획을 승리적으로 수행하기 위하여 헌신적으로 투쟁하여야 할 무거운 과업들이 나서고 있다는 것을 깊이 인식하여야 하겠습니다.

동지들!

우리 전체 당원들은 역사의 창조자인 인민을 조직 동원하여 제3차 당 대회에서 부과된 당적 임무와 당의 정책을 높이 받들고 사회주의 건설을 승리적으로 수행하기 위하여, 그리고 조국의 평화적 통일의 물질적 토대로 되는 민주기지의 더 한층의 공고 발전과 새로운 승리를 쟁취하기 위하여 우리 당 중앙위원회 주위에 굳게 뭉치어 당이 가리키는 길로 매진할 것을 호소합니다.

『朝鮮勞動黨大會資料集』第1輯(國土統一院, 1980), 433-442쪽.

논 문

1. 인민교원들의 모임에서 강연한 一編

(이 글은 1946년 4월 2일 평안남도 인민위원회 교육부 주최로 열린 교원강습회에서 보고한 것을 지면상 제한으로 인하여 일 편만 싣습니다.)

친애하는 인민교원 여러분!

여러분은 민주조선의 건설을 당면의 과업으로 하는 이 순간의 역사계단에서 신조선의 주인이 될 청소년 학생의 교육을 담임한 인민교원들입니다. 나는 여러분의 혁명적 분투에 경의를 표하면서 동시에 금일 이곳에 모인 여러분은 인민교육자라고 말하게 될 때 여러분의 직업이 가장 영예스럽고 신성하다는 것을 다시금 생각합니다.

인민교원 여러분. 우리는 한 가지로 목도한 바와 같이 위대한 소련 홍군의 힘으로 창조한 8·15는, 즉 조선 땅에서 일본제국주의의 야만적 통치세력을 타도하고 조선민족의 치욕의 역사를 영예의 역사로 개변하였으며, 조선민족의 비참한 생활을 자유 행복의 생활로 전환하였으며, 조선사회의 암담한 현실을 광명의 전도로 타개하였습니다. 그리하여 여러분은 새 시대, 새 조선의 새로운 민주일꾼으로서 인민교원이라는 영예스러운 직을 가지고 건국사업에 당면하여 있습니다. 따라서 인민교원 여러분의 임무는 또한 중차대하다고 생각합니다.

그러면 교원 된 여러분은 금일 조선의 어린 아들, 어린 딸, 즉 청소년 학생에게 무엇을 가르쳐 줄 것인가? 물론 조선말도 가르치고, 조선글도 가르치며, 조선역사도 가르치고, 조선지리도 가르치며, 또 수학과 물리, 화학도 가르칠 것입니다. 그러나 문제는 어떠한 지도이념으로 각종 교과서를 편찬하며, 어떠한 교육방침에 의하여 인민학교 교육을 실시할 것인가는 금일 인민교원 여러분의 앞에 가로놓인 큰 문제의 하나인가 합니다.

생각건대 교육에 당면한 교원 여러분에게는 이 문제에 대하여 심각한 연구와 정확한 방안이 서 있으리라고 믿습니다. 그러나 제가 알고 있는 범위 내의 사실에 근거하여 말한다면 아직 신조선 문화운동이 요구하는 정도의 내용을 정비하고 있지 못한 것이 사실인가 합니다. 물론 북조선임시인민위원회의 교육국 지시에 의하여 각급 학교는 건국대업에 부합된 교육방침이 실시되고 있는 것도 사실로 알고 있습니다. 그러나 나는 인민교원 여러분을 향하여 다음과 같이 말하고자 합니다. 즉 8·15 이후로 우리의 교육사업은 금일 조선민족에게 위대한 역사적 과업으로 부여되고 있는 건국 총방침에 의거하여 진행하여야 될 것입니다. 만일 목하 우리 사회의 교육사업이 건국대업과 여실히 배합된 내용으로 진행되지 못한다면, 그는 하등 의의 없을 뿐 아니라, 도리어 학생들에게 부정확한 사상을 주입할 우려가 있으며, 민족사업에 불리한 영향을 소급할 가능이 있다고 생각합니다. 그러하므로 교육사업에 당면한 교원 여러분들이 먼저 관심할 문제는 신조선 건설에 대한 심각한 이해가 있어야 될 것을 강조합니다.

이에 나는 몇 가지 문제를 제기하면서 인민교원 여러분과 공동 토론하여 통일된 견해를 가지고자 합니다.

첫째, 금일 우리들이 먼저 알아야 할 문제는 이 순간의 역사계단에서 국제적으로 되는 일, 국내적으로 되는 일, 즉 주·객관적 정치동향을 정확히 파악하여야 될 것입니다. 말하자면 소련 홍군을 주력으로 한 세계 반파쇼전쟁은 서구에서 독·이 파시스트를 분쇄하고, 동방에서 일본 파시스트를 소멸하였습니다. 이제 소련을 근간으로 한 세계 민주주의진영은 전후 동향에 있어서 '민주, 단결, 평화'의 슬로건을 걸고 세계 파시스트의 잔여를 숙청하여 새로운 침략전쟁의 음모를 억제하며 있습니다. 동시에 조선 내에서는 친일분자, 파쇼분자, 전쟁범죄 봉건세력, 즉 일체 반민주적 반동세력을 소탕하면서 민주건설에 용왕매진하며 있습니다. 이러한 정세 밑에서 금일 조선 정형(情形)은, 일방 국내적 민주역량은 국제적 민주역량과 긴밀한 연계를 가지고 있으며, 타 일방은 국내적 반민주세력이 국제적 반민주세력과 결탁하고 있습니다. 그리하여 국내적 국제적으로 민주진영 대 반민주진영은 격렬한 투쟁을 전개하고 있습니다.

이제 8·15 이후 조선 내에서 급격한 대립형세로 전개되어 온 민주 대 반민주 투쟁의 실정을 개관하면, 민주진영은 이 역사계단에서 자주독립 강성 번영한 민주조선의 건립을 목표로 하고 각 민주정당, 각 사회단체 및 광범한 진보적 인민층을 총 망라하여 민주주의민족통일전선을 확대 공고히 있습니다. 그러나 반민주진영은 특히 남조선에서 외래 제국주의 침략세력과 결탁한 친일분자, 파쇼분자, 전쟁범죄 반동지주, 반동자본가 등등의 반민주세력을 총 망라하여 민주조선 건설을 각종 형식의 모략적 행위로 방해하고 있습니다.

인민교원 여러분, 생각해 보시오 8·15 이전에 중국 화남, 화중, 화북 급 만주에서 일본 파시스트 군대의 앞잡이로 중국 반일 혁명인민을 도살하던 조선 민족의 패류(敗類) 친일분자, 파쇼분자, 전쟁범죄자 등이 8·15 직후에 왜 그들은 38도선 이남으로 도망하였는가? 북조선에 있던 친일적 파쇼적 민족반역자들이 왜 남조선 미군정지역으로 도망하였는가? 또 이것이 그대로 사실인 이상에는 38도선을 계표(界標)로 한 남조선 미군정은 친일분자, 파쇼분자, 전쟁범죄자 등 일체 민족반역자를 기탄없이 용납하고 있음을 웅변적으로 증명하고 있는 것이 아닌가요? 인민교원 여러분, 다시 생각하여 보시오 어찌하여 남조선의 미군정은 조선독립을 방해하며 조선인민의 이익을 파손하는 친일적 파쇼적인 민족반역자들의 반민주적 활동을 자유로 방임할 뿐만 아니라, 오히려 그들을 군정기관에 등용하고 있는가. 나는 생각하건대, 이는 결코 우연한 일이 아니라 금일 미국제국주의의 본질에서 규정된, 즉 미국 내의 반민주적 반동자본가들의 정치태도라고 합니다.

그러나 금일 이승만 김구는 미국 반민주적 반동자본가의 세력에 의탁하여 조선독립을 한다고 합니다. 실로 천부당만부당한 일입니다. 그러한 독립을 운위하는 사람들은 신조선의 건설을 의미한 것이 아니고, 오히려 다른 형식으로 조선의 식민지 운명을 연장하려는, 즉 자주독립의 민주건설에 대한 역습이 아니 될 수 없습니다. 그러나 내가 이렇게 말하면 혹자가 반문하기를 미국은 소련과 같이 반파쇼전쟁에 참가하였던 민주국가이며, 이승만 김구는 조선 혁명운동에 노(老)선배라고 할 것입니다. 이제 나는 기탄없이 그렇다고 대답합니다. 사실상 미국은 반파쇼전쟁에 일의 역할을 하여 왔습니다. 동시에 이승만 김구는 조선 혁명운동에 있어서 노선배이었습니다. 그러나 우리는 문제를 일정한 역사계단에서 진실한 사실에 근거하여 관찰하여야 할 것입니다. 말하자면 미국이 소련과 협력하여 반파쇼전쟁을 진행하던 그 역사계단에서는 위대한 진보적 역할을 하였습니다. 그러나 금일 미국이 반파쇼전쟁 계단에서 선언한 태평양헌장을 이행하지 않고, 소·미·영 포츠담회의의 결의를 실천하지 않으며, 모스크바 소·미·영 3국 외상회의의 조선문제에 대한 결의를 위반하여 배신적 행위로 조선 내에서 친일적 파쇼적 일체 반동세력과 제휴하여 조선민족의 내부를 분열시키며, 민주조선 건설을 방해하는 금일에 와서 우리는 미국이 조선에 대한 반민주적 정치태도를 질책하며 항쟁하지 않을 수 없습니다.

그와 같이 이승만 김구도 금일에 와서 외래 제국주의 침략세력에 의탁하여 천백만 혁명인민의 이익을 무시하고 친일분자, 파쇼분자, 전쟁범죄자, 반동지주, 반동자본가 등 일체 반민주적 반동세력의 종합체로 소위 '민주의원'을 조직하고, 민주조선 건설을 방해하는 한에서는 그는 매국적 행위라고 아니할 수 없습니다. 즉 이승만 김구는 금일 조선인민의 적이 아니 될 수 없습니다. 다시 말하면 금일 미국이 반파쇼적 국제적 신의를 위배하고, 세계 반파쇼전쟁의 승리의 성과를 독점하려는 야망은 이 순간의 역사계단에서 미국제국주의 정치가의 본질적 성격임과 같이 금일 조선의 반동지주, 반동자본가의 대표자 이승만 김구 또 그의 졸도들이 위대한 8·15의 성과를 독점하기 위하여 성천성만(成千成萬)의 민주역량을 무시하고 자주독립의 신조선 건설을 적극 방해함은, 그 역시 최후의 운명을 예감하는 그들의 본질적 성격인 반동적 표현이 안 될 수 없습니다.

둘째, 금일 우리들이 시급히 이해하여야 할 문제는 민주주의민족통일전선 문제입니다. 요사이 민주주의에 대하여 도처에서 강연회가 열리고 허다한 문장이 발표되고 있습니다. 그러나 민주주의에 대한 인식은 아직도 민주조선 건설을 이해할 수 있는 정도로 보편적 상식화되지 못하고 있는 것이 또한 사실일가 합니다. 말하자면 조선 사람들은 이조 5백 년 동안 봉건군주 전제 하에서 민주생활을 못하였고, 과거 36년 동안 일본제국주의 통치 하에서 민주생활을 못하여 온 것만큼 민주를 이해하고 민주를 실시하는 것이 우리들에게 있어서 그다지 쉬운 일이 아닐 것입니다. 8·15 해방 이후로 북조선에서 민주정치의 실시로 민중을 동원하며 민중을 교육하며 민중을 조직하여서, 각 민주정당이 출현되고 각 사회단체가 조성되며 각 지방행정기구가 수립되는 등등, 각종 형식의 민주조직체가 산생되며 발전되고 공고화됨에 따라 그 기초 위에 북조선임시인민위원회가 홀연히 건립되고 있습니다. 그러나 아직도 일부 인사들은 민주조선 건설에 민주주의적 민족통일전선의 수요를 충분히 요해하지 못하고 있는 것이 또한 사실입니다.

먼저 그러한 실정에 입각하여 민주주의적 통일전선문제를 논급하자면, 우선 우리는 민주주의적 민족통일전선은 과거 일제시대에 전개되고 오던 반일민족통일전선과 호상 부동(不同)한 점이 있다는 것을 알아야 할 것입니다. 즉 과거 반일민족통일전선을 수요하고 있던 조선은 일제 통치 하에 있는 식민지사회였고, 금일 민주주의민족통일전선을 수요하고 있는 조선은 8·15 해방 후의 조선입니다. 그런 까닭에 과거 반일민족통일전선이 수요되는 역사계단에서는 그의 투쟁대상이 일본제국주의의 조선통치였고, 그의 요구대상이 조선독립이었습니다. 따라서 그 시대의 반일역량 결합의 기준은 반일적 각 계급, 각 계층, 또 각 당, 각 파 급 무당무파, 즉 소수 친일분자를 제한 이외의 광범한 인민층이었습니다. 그러나 금일 민주주의적 민족통일전선이 수요되는 역사계단에서는 그의 투쟁대상은 친일적 잔여, 파쇼적 잔재, 봉건적 여세 등 일체 반민주적 반동세력이며, 그의 요구대상은 자주독립, 강성 번영한 민주공화국 완성에 있습니다. 따라서 이 시대의 민주역량 결합의 기준은 진보적 민주계급과 계층, 진보적 민주정당과 사회단체, 진보적 지식분자 등등입니다. 이에 반일민족통일전선의 역량 결합의 기준과 민주주의적 민족통일전선의 역량 결합의 기준을 대비하여 보면, 오히려 전자는 광범성을 띠고 왔으며, 후자는 협애성을 띠고 있습니다. 그는 전자에 있어서는 이민족의 통치에 대한 피압박민족의 민족적 모순에 의준(依準)하여 결합된 것이고, 후자에 있어서는 8·15 해방 후 민주조선 건국과정에서 주로 자민족 내부에서 반민주 대 민주 역량에 의준하여 결합되는 까닭입니다. 그러나 그럴수록 질적 방면으로 관찰할 때, 민주주의적 민족통일전선은 반일민족통일전선보다 고급적이며, 특히 조선사회에 있어서는 한 계단 진전한 역사계단의 표현이라고 할 수 있습니다.

다음으로 민주주의적 민족통일전선은 국내적 역량 집결과 국제적 민주역량과의 관계에 있어서 보다 접근성을 가진 역사계단에 오르고 있습니다. 여러분도 아시는 바와 같이 세계 반파쇼전쟁의 승리를 계기로 하여 세계 반민주진영 대 세계 민주진영의 긴밀성은 일층 용이하게 되었습니다. 다시 말하면 세계 반민주진영 대 민주진영의 투쟁성적은 시일이 가면 갈수록 국내적 국제적으로 반민주진영의 고립과 민주진영의 강장(强壯)은 현저하고 있습니다. 또 이는 세계 자본체제의 분열과 그의 급속한 붕괴과정에서 볼 수 있는 불가피의 현상일 것입니다. 그러나 우리는 그럴수록 민주조선의 건설을 당면의 역사과업으로 하는 현 계단에 있어서 민주주의적 민족통일전선 정치노선을 보다 충실히 집행하며, 동시에 투쟁대상과 교육대상을 명확히 구별하여, 일면으로는 반민주투쟁을 가강하며, 타 일면으로는 민주주의적 교육을 가강하여서 북조선임시인민위원회의 주위에 민주역량을 총집중하여야 할 것입니다.

셋째, 위에 말한 바와 같이 현 계단의 역사행정은 국내적 국제적으로 민주 대 반민주의 격렬한 투쟁과정이라고 합니다. 즉 다른 말로 표현하면 금일 조선은 자산계급성 민주혁명이 급격히 진행되고 있는 역사계단입니다. 물론 인민교원 여러분들은 이 역사계단의 성격을 이해하고, 이 역사계단의 임무 완수에 분투하고 있습니다. 그러나 8·15 이후 조선의 교육계를 개관하면 교육자와 피교육자, 즉 교원과 학생을 불문하고 아직도 민주조선 건설에 이해가 부족함으로 인하여, 건국 도상에서 불필요한 분규를 허다히 발생시키고 있는 사실을 보아서 오히려 우리의 노력은 많이 부족함을 말하지 않을 수 없습니다. 이에 한 걸음 나가서 교육계의 구체적 현상을 들어 말하면, 각급 학교에는 아직 교과서가 정비되지 못하였고 각급 학교 교원들은 아직 신교육 실시에 사상준비가 미숙한 감이 없지 않은가 합니다. 또 이렇게 말하는 것이 과소평가는 아닐까 합니다.

물론 이것이 우연한 현상이 아니고, 적어도 과거 36년 동안 일제의 야만적 통치 하에서 민족문화의 전통이 중단되고, 현대과학 문화사상이 억압된 소이(所以)라고 생각합니다. 그러나 그러면 그럴수록 신조선 문화전사, 교원 여러분은 예리한 과학적 판단력과 과감한 추진력으로 허다한 곤란을 극복하고 신조선문화의 창건에 비상한 노력이 있어야 할 것입니다.

인민교원 여러분, 나는 조선역사를 읽을 때마다 조선민족은 긴 역사를 두고 문화상으로 식민지 생활을 하여 왔다는 것을 느끼고 있습니다. 말하자면 신라시대에는 인도 불교가 침입하여 당시 통치계급의 치민사상을 구성하였고, 이조 창업시대에는 중국 유교문화가 침입하여 당시 통치계급의 치민사상을 구성하였으며, 망국 이후에는 일본 침략문화가 통치적 지위를 점유하고 왔습니다. 이러한 사실에 의거하여 말하면, 조선민족이 역사상 문화적 노예근성은 상당히 뿌리 깊다고 말할 수 있습니다. 만일 그렇다면 신조선문화 창건에 일익을 담임한 특히 교원 여러분은 먼저 자아비판의 입장에서 역대로 전래하여 오던 노예사상의 근성을 철저히 숙청하여야 할 것입니다.

실례의 말이 될지는 모르나 8·15 이전부터 교원의 직에 있던 분들에게는 일제시대의 교육사상의 잔여가 완전히 근절되었다고 하기 어려울까 합니다. 물론 그는 의식적이 아니라 무의식적일 것입니다. 여하튼 우리는 위대한 8·15해방일을 계기로 하여 특히 교육자는 자기의 검토로부터 사상의식상 일체의 불순성을 청산 혹은 숙청하면서 새 시대, 새 조선의 어린 아들과 딸들에게 조선민족의 우수한 전통을 주입하여 계승케 하며, 현대 과학사상의 정수를 흡수하여 신조선 민주문화의 건설을 완수하여야 할 것입니다. 또 그리하는 한에서만 금일 우리 사회의 교육사업을 건국 도상에서 민주정치 민주경제의 건설과 배합하여, 친일적 파쇼적 봉건적 일체 반민주적 반동문화를 철저히 퇴치하고 신조선 민족문화의 창건을 완수할 것이라고 굳게 믿고 있습니다.

八·一五解放一週年記念中央準備委員會 編, 『反日鬪士 演說集』(農業新聞社 出版部, 1946), 69-77쪽.

2. 당 세포생활의 강화문제에 대하야

1. 당 장성문제로서의 세포생활

　북조선노동당은 노동자, 농민, 지식인 등 광범한 근로인민의 전위분자로서 결성된 전위정당이다. 노동당의 조직형식은 직장세포가 기초되어 있다. 노동당이 이여(爾餘)의 민주정당과 그 성격이 부동한 것은 직장세포가 당의 조직적 기본이 되고 있는 까닭이다.
　이제 민주건국 도상에서 노동당은 제 민주과업의 실천에 있어서 광범한 근로인민 층에 뿌리박고 있는 당의 직장세포의 조직역량을 기초로 하여 실시하여 왔다. 금반 북조선임시인민위원회에서 진행 실시하여 온 민주주의적 선거사업에 있어서 노동당은 각 선거구 내의 당세포를 통하여 당외(黨外) 천백만 군중을 동원하며 조직하며 교육하여서, 위대한 민주선거사업을 승리적으로 완수하였다. 뿐만 아니라 당은 — 공산당과 신민당 시대 — 과거 1년간에 진행되어 온 토지개혁, 노동법령, 여성법령, 농업현물세, 산업국유화 등 제 민주과업에 있어서 당의 기본조직인 당세포생활에 의하여 세기적 제 사업의 승리적 성과를 재래하였다. 동시에 노동당은 당의 정치노선 집행에 있어서 중앙 급 도·시·군·면의 각급 당부(黨部)는 당의 직장세포의 기초 위에서 각 민주정당, 사회단체와 제휴하여 민주주의통일전선의 강화로써 광범한 근로인민을 민주조선 건설방향에로 영도하여 왔고, 또 영도하며 있다.
　그리하여 북조선노동당은 직접 생산부면에서 활동하는 진보적 노동자 농민을 흡수하여 생산구역 내의 직장세포를 조직하여서 당의 조직적 기본을 삼으며, 정치 문화부면에서 활동하는 진보적 지식인을 흡수하여 각종 기관 내의 직장세포와 일부 가두세포를 조직하여서 당의 역량결속을 도모하고 있다. 뿐만 아니라 노동당은 금일 조선민족이 수요하는 민주정치, 민주경제, 민주문화 곧 제 민주과업의 실천을 통하여 당의 세포생활을 가강하며, 당의 장성문제를 도모하여 왔다. 원래 노동당은 그 조직형식에 있어서 직장세포를 기초로 하고 당의 일상투쟁을 통하여 당의 세포생활을 강화하였으며, 당원이 공작상 모범적 작용으로써 당외 인민 층에 당의 정치적 영향을 주어 당 주위에 광범한 근로대중을 집결하여 왔다. 또 그리 하는 한에서만 당의 세포생활은 강화될 수 있으며, 당의 장성문제는 보장될 수 있는 것이다.

당세포의 활동은 당조직의 기본적 활동이다. 동시에 당세포의 활동은 당의 실제적 사업 중에서 전개되는 것이다. 그런 까닭에 당의 기본조직인 세포는 당의 조직적 일체 권리를 향수할 수 있는 것이다. 말하자면 세포는 당의 일체 문제를 토론할 수 있으며, 결정할 수 있는 것이다. 또 그는 당세포생활의 현실적 과정에서 실현되는 것이다. 당세포는 당원을 흡수하며, 당비를 징수하며, 당원 등기를 진행하며, 당원교육을 실시하며, 당원의 공작을 지시하며, 당원의 공작을 검사하며, 세포생활을 상급 당부에 보고하며, 상급당의 지시를 세포당원들에게 전달할 권리와 의무가 있는 것이다. 이러한 세포생활을 통하여 당원의 당성은 강화되니 당원의 조직이념은 제고되며, 당원의 정치의식은 견고하며, 당원의 문화수준은 향상되어서 당내 단결의 공고를 보장하며, 당과 군중과 긴밀성을 확보하여 당정치노선의 집행을 가강하는 것이다.

2. 당 기본조직으로서의 세포생활

세포는 당의 최저조직이며 당의 기본조직이다. 환언하면 세포는 당원이 당생활을 실현하는 기본조직이며, 당원이 전투임무를 집행하는 기본단위이다. 그런 까닭에 당원이 세포생활을 떠나서는 조직성을 표현할 근거가 있을 수 없으며, 전투성을 발양할 토대가 있을 수 없는 것이다. 우리는 노동당 당원으로서 노동당의 세포조직을 통하여 자기의 조직관념을 수립하며, 자기의 투쟁의식을 제고하며, 동시에 세포조직을 통하여 당의 정치주장을 군중에게 선전하며, 당의 전략전술을 군중에게 교육하여서 광범한 군중으로 하여금 당의 구호, 당의 주장, 당의 정책 하에 집결하여 민주조선 건설에 적극 참가하게 할 것이다.

노동당 규약에 보면 당의 세포는 공장, 광산, 철도, 제작소, 가두, 학교, 농장, 촌락, 기타 사무기관, 공공시설 등 장소에 둔다고 하였다. 이제 노동당의 기본조직으로서의 세포는 공장, 광산, 기업소, 철도, 촌락 등 사회적 생산부면에 설치된 세포조직이 전 당조직체의 기본적 역량이 되어야 하며, 또 되고 있는 것이 사실이다. 당의 조직상 이러한 관점은 당원의 사회적 성분상으로 규정되는 것이며, 당원의 투쟁의식상으로 구분되는 것이며, 당의 성격상으로 지표(指標)되는 것이다. 그리하여 북조선노동당은 지금 그 조직체의 구성요소로 보아서 현대적 노동계급을 중견으로 한, 진보적 근로인민의 정당인 것을 알 수 있는 것이다. 동시에 그는 노동당의 성격문제와 투쟁의식문제를 규정하는 조건이 될 뿐만 아니라, 노동당은 자기의 무수한 세포조직의 활동에 의하여 민주조선 건설에 있어서 전위적 역할로서 당의 성격과 투쟁의식을 그대로 표현하고 있다.

노동당은 현대적 노동계급이 중견이 된 근로인민의 정당으로 직장세포가 당의 조직적 보루가 되고 있다. 금일 북조선에서 제 민주과업이 급속히 건설되는 과정에서 노동당은 장근(將近) 60만 당원을 옹유(擁有)하고 있는 무수한 세포조직을 통하여 즉 공장, 광산, 기업소, 철도, 항만 등 생산구역 내에 조직된 직장세포의 활동에 의하여 건국산업을 부흥하며, 교통운수를 회복하며, 민주주의적 노동법령을 실시하며 있다. 농장 급 농촌에 근거를 둔 직장세포활동에 의하여 토지개혁의 성과를 확보하며, 농업생산의 증가를 보장하며, 민주주의적 농업현물세를 실시하며 있다. 각종 기관, 각종 학교, 각종 사회단체 내에 근거를 둔 허다한 직장세포에 포괄된 진보적 근로지식인은 정치, 경제, 문화 등 사회활동부면에서 자주독립, 강성 번영한 민주조선 건설에 매진하고 있다.

그리하여 노동당은 당의 기본조직인 자기의 무수한 세포조직의 활동을 통하여 제 민주과업을 실시하며, 동시에 노동당은 제 민주과업의 실시를 통하여 당의 사상적 통일을 보장하며, 당의 강력한 단결을 도모하며, 나아가서 당원 군중은 당외의 광범한 근로인민과 긴밀한 관계를 조성할 수 있는 것이다. 또 그러하는 한에서만 당은 근로인민 층에 뿌리박고 있는 무수한 세포조직의 강화로서 광범한 근로대중에게 당의 정치적 영도 영향을 줄 수 있는 것이다. 본래 당이 당외 군중의 영도방식은 유기적 조직체계에 의존한 지령식적(指令式的) 방법을 적용하는 것이 아니고, 직접 군중 속에 근거를 두고 있는 세포당원들의 공작상 전위적 역할로서 혹은 모범적 행위로서 당의 정책을 당외 군중에게 실시하는 것이다. 다시 말하면 당의 최저조직이며 기본조직인 각 세포당원들이 사회적 군중활동에 있어서 광범한 근로인민의 일상적 이익을 위하여 영용한 투쟁을 진행하는 방식으로서만 당의 정확한 정치적 영도를 군중에게 접수시킬 수 있는 것이다. 그런 까닭에 군중 속에 근거를 두고 있는 각 세포당원의 활동 여하는 각 세포생활의 강화 여하를 규정할 뿐만 아니라, 전 당이 군중과의 관계 여하를 규정하는 관건이 되는 것이다.

3. 당임무집행으로서의 세포생활

세포는 당의 조직형식상 원칙으로서만의 기본조직이 아니라, 당의 임무집행상 원칙으로서도 기본적 전투단위이다. 세포는 자기의 기본임무를 집행하기 위하여 당원들에게 공작을 분배하며, 세포에 소속된 당원들로 하여금 공작을 진행하게 한다. 그리하여 북조선노동당은 현대적 노동계급을 중심으로 한 곧 노동자, 농민, 지식인 등 근로대중의 전위당으로 공장, 광산, 기업소, 농장, 기타 생산부문의 강력한 직장세포, 각종 기관 내 직장세포 및 일부 가두세포는 동양(同樣)으로 광범한 군중 속에 들어가 실제 공작을 전개함으로써 노동당은 근로인민의 이익을 대표하여 투쟁하는 당의 성격을 전면적으로 나타내는 것이다. 동시에 북조선노동당은 금일 조선 민족 역사의 비약적 발전단계에서 조선 민족에게 최대의 당면과업으로 수립되고 있는 민주건국의 역사적 임무 수행에 조응하여 매개 당세포, 매개 당원은 조선 민족의 민주주의적 자주독립 쟁취를 위하여 열성적 활동을 전개함으로써 노동당은 전민족의 이익을 대표하여 투쟁하는 민족적 정당인 성격을 나타낼 것이다. 이러한 관점에서 우리 노동당의 매개 세포, 매개 당원에게는 이 순간의 역사계단에서 다음과 같은 기본임무가 부여되고 있음을 말하고자 한다.

첫째, 당세포는 자기의 환경을 조성하고 있는 군중 속에 심입(深入)하여 군중과의 공작을 잘 하였는가, 잘못 하였는가와 당의 근본노선을 옳게 실시하는가, 못 하는가 하는 것으로서 세포사업이 잘 되었는가, 잘못 되었는가의 척도를 삼아야 할 것이다. 그런 까닭에 매개 당원은 경상적으로 군중공작을 적극 전개하여 당세포의 주위를 위요하고 있는 군중으로 하여금 당의 영향을 받게 하는 것이 기본조건이다. 본래 당세포는 당원군중으로만 되는 세포당원회의로서만 세포생활이 강화되는 것이 아니고, 당외의 군중공작으로 통하여 광범한 무조직 군중에게 당의 위신을 제고하여 당 급 당원이 군중의 지지를 받을 때 비로소 당세포생활은 강화되는 것이다. 그뿐만 아니라 당세포는 부단히 증가되는 신당원으로 하여금 군중 속에 들어가서 공작하는 방법을 가르쳐 주어야 할 것이다. 신당원은 조직생활에서만 경험이 옅을 뿐만 아니라, 군중공작에 있어서 경험이 부족하고 있다. 당세포는 당원의 경상적 조직생활을 통하여 자기 주위에 있는 군중과 긴밀한 연계로서 군중의 생활정형을 요해하며, 군중의 요구조건을 청취하며, 군중의 정치적 각오 정도를 찰지(察知)한 연후에 군중으로 하여금 당의 정치노선, 당의 정책, 당의 구호를 인식시키며 접수하게 하는 방법을 강구하여야 할 것이다. 동시에 당의 세포는 매개 당원으로 하여금 군중의 힘을 인식케 하여 군중공작을 중시케 하며, 또 군중공작으로 경유하여서만 당의 장성문제, 당세포생활의 강화문제, 당원 정치의식의 제고문제를 일률적으로 해결할 수 있다는 것을 철저히 인식시켜야 할 것이다. 그리 하여서만 각 세포에 소속되고 있는 매개 당원은 군중공작의 실천적 경험으로써 능히 군중을 교육하며, 능히 군중을 조직하며, 능히 군중을 영도할 것이다. 이제 북조선노동당의 각 세포와 매개 당원은 건국 도상에서 각급 인민위원회 내에서, 각종 산업기관 내에서, 각종 사회단체 내에서, 즉 부동한 각도의 공작위치에서 부여되는 민주건국사업에 모범작용을 하며, 인민위원회의 각종 법령 실시에 선봉적 역할을 하며, 인민의 이익을 위하여 진실히 복무하여야 할 것이다. 또 이는 당의 기본조직으로서의 세포의 임무이며, 세포의 구성원으로서의 당원의 임무인 것이다.

둘째, 당세포는 당원을 흡수하는 기본조직이다. 당세포는 경상적으로 당원을 교육하여 신당원 흡수의 방법을 요해시켜야 한다. 당세포의 당원흡수는 당의 역량을 확대하는 것이며, 당의 장성을 보장하는 것이며, 민주운동의 발전을 촉진하는 것이다. 그런 까닭에 신당원 흡수는 당세포의 주요한 공작이며, 세포당원의 중요한 임무이다. 금일 북조선의 사회환경은 당 장성문제에 있어서 유리한 조건을 구비하고 있다. 말하자면 인민정권의 수립을 비롯하여 민주정치가 급속히 실시되며, 민주경제가 급속히 수립되며, 민주문화가 급속히 앙양되는 과정에서 민주주의적 토지개혁, 노동법령, 여성법령 등의 승리적 진행은 모두 민주역량의 발전을 촉진하며 확보하는 것이다. 이같이 유리한 사회환경 하에서 북조선노동당은 이미 50여만 당원을 초과하였다. 그러나 신당원 흡수에 있어서 우리들의 주의를 요하는 문제는 각양 색채를 가진 반동분자가 혼입될 가능성이 없지 않은 데 있다. 특히 남조선의 반동진영에서 파견되어 온 악질적 친일분자, 파쇼분자 및 외래 제국주의의 사주를 받은 밀정 혹은 탐정이 없을 수 없으니, 각 세포 급 매개 당원들은 신당원 흡수에 세밀한 심사공작을 경유한 후 당장(黨章)에 기준한 수속을 경유하여야 할 것이다. 당의 내부 단결은 세포생활의 강화에서 보장되는 것이니, 당의 각개 세포는 신당원을 흡수하는 데만 치중할 것이 아니라, 당원교육을 가강하여 당원의 정치적 품질을 제고하여야 할 것이다. 그리 하여서만 당의 장성문제는 질적 양적으로 명실이 부합될 것이다.

셋째, 당의 세포는 당원을 훈련하는 기본적 학교이다. 당원이 세포생활을 떠나서는 사상적으로나 공작상으로 조직적 훈련을 향수할 곳이 없는 것이다. 노동당은 근로인민의 전위분자로 결성된 것만큼 노동당원은 일반적으로 진보적 사상을 가지고 인민의 이익을 위하여 선봉적 역할을 하고 있음은 사실이다. 그러나 건국사업이 당면과업으로 수립되고 있는 금일에 있어서 군중운동은 광범히 전개되고, 당원의 임무는 날로 번중(繁重)하여 감에 의조(依照)하여, 당의 세포위원회는 경상적 공작과정에서 당원의 교육을 가강하여야 할 것이다.

이제 당세포로서의 당원교육은 위선 사상교육과 문자교육을 진행하여야 할 것이다. 그리하여 당령(黨齡)이 어린 당원과 문화수준이 낮은 당원들로 하여금 정치의식을 제고하며 문화 향상을 촉진할 것이다. 다시 말하면 노동당 당원은 ― 각급 당부의 간부층을 논외하고 — 일반적으로 정치수준과 문화수준이 금일 조선 현실이 요구하는 정도에 불급(不及)하는 감이 없지 아니하다. 그러하므로 당의 매개 세포위원회는 먼저 당원들에게는 모든 과학지식을 주입하며 사상교육을 진행하여 당원들로 하여금 과학적 세계관을 가지게 하며, 당원들로 하여금 광범한 근로대중의 이익을 위하여 헌신적 투쟁으로 인민에게 복무할 줄 알게 하여야 할 것이다. 동시에 당의 각 세포위원회는 경상적으로 매개 당원에게 각각 적당한 당적 위임을 주어 각기 당원들로 하여금 자기가 맡은 공작에 대하여 적극적으로 연구케 하여 창발력을 발휘케 할 것이다. 이와 같이 일면 공작, 일면 학습 제도를 수립하여 계획적으로 문자교육을 실시하여 당내의 문맹퇴치사업을 추진하며, 당원의 문화수준을 향상하여야 할 것이다.

4. 각급 지방당부는 세포생활을 어떻게 영도할 것인가

당은 허다한 세포조직의 기초 위에 건립된 유일적 통일적 조직체이다. 그러나 당은 노동자, 농민, 근로지식인으로 조직된 즉 부동한 각도에 입각한 전투단위로서의 허다한 세포를 총괄한 유일한 통일적 조직체이다. 그런 까닭에 각급 지방당부는 당의 정치노선을 실천함에 있어서 당의 기본적 조직체로서의 기본적 전투단위인 각 세포의 사회적 군중기초를 명백히 인식함으로써만 정확한 영도를 보장하게 될 것이다. 다시 말하면 각급 지방당부는 노동자, 농민, 지식인 등 근로대중의 전위분자로 조직된 공장, 광산, 철도, 제작소, 농장, 촌락, 가두, 기타 각급 인민위원회, 각급 학교, 각종 사회단체 내에 근거를 두고 조직된 허다한 세포의 각기 부동한 기본적 임무를 정확히 인식함으로써만 옳은 영도방침이 채택될 것이다.

각급 지방당부의 공작 성과 여하는 세포 영도공작 여하에서 평가되는 것이다. 그런 까닭에 각급 지방당부는 자기 관할구역 내에 있는 각개 세포의 영도공작에 있어서 매개 세포의 군중환경과 공작정형을 잘 알아야 하며, 매개 세포에 포괄되고 있는 당원들의 사회성분, 정치의식, 문화 정도, 군중관계를 충분히 이해하여야 한다. 동시에 각급 지방당부는 자기 관할구역 내에 있는 각개 세포 영도공작에 있어서 경상적으로 검사공작이 있어야 할 것이다. 그리 하여서만 지방당부는 자기들이 영도하는 세포들이 당 강령규약에 대한 선전사업이 어떠한가, 당의 정책과 지시에 대한 이해와 집행이 어떠한가, 당원이 공작 작풍상 군중에 대한 태도가 어떠한가 등등을 충분히 알 수 있는 것이다.

만일 지방당부가 세포 영도공작에 있어서 상급당의 지시를 전달하는 사업에만 그친다거나, 혹은 지상지령식(紙上指令式)으로만 세포공작을 지도한다면 그는 큰 실효가 없는 영도일 뿐 아니라, 당세포공작을 경시하는 부정확한 경향이 아니 될 수 없으니 엄중히 경계할 문제라고 지적한다.

끝으로 말할 것은 당세포위원회의 세포영도문제이다. 세포는 당의 최저적 기본 조직인 것만큼 세포위원은 직접 당원군중과 한 장소에서 조직생활을 진행하며, 직접 당원군중과 한 단위의 전투대열로 당의 임무를 집행하는 당일꾼이다. 그러하므로 당세포위원회는 당세포에 소속되고 있는 당원들의 정치활동정형과 물질생활정형을 통찰하며, 당원들의 공작정서와 요구조건을 청취하여 세포생활 영도상 참고자료를 삼으며, 동시에 세포위원회는 당세포 군중환경을 조성하고 있는 광범한 근로대중의 경제생활과 정치동향을 주시하며 그들의 경제 정치생활에 있어서의 요구조건을 부단히 청취하여 당원의 군중공작상 교육자료를 삼아야 할 것이다. 그리 하여서만 당세포위원회는 내(內)로는 당원군중의 정확한 교육으로 당원의 단결을 도모할 수 있으며, 당원의 공작능력을 제고할 수 있으며, 당원의 군중과의 관계를 정확히 수립할 수 있고, 외(外)로는 광범한 군중 속에 당의 위신을 제고하며, 당 주위에 군중을 집결할 수 있으며, 군중 속에 당의 조직적 발전을 확보할 수 있는 것이다.

그뿐만 아니라 당은 금일 북조선에서 진행되고 있는 제 민주과업의 실천에 조응하여 공장, 광산, 제작소 및 운수기관 내에 근거를 두고 있는 당세포위원회는 이미 실시되고 있는 민주주의적 노동법령에 의준하여 산업부흥과 교통사업 회복을 당원들이 경상적 사업으로 인식하고 활동하여야 할 것이다.

농장 급 촌락에 근거를 두고 있는 당세포위원회는 이미 완수되고 있는 토지개혁의 성과를 확보하기 위하여 당원들로 하여금 농업생산의 증가를 촉진하며 농업현물세에 적극 노력하도록 하여야 할 것이다. 각급 인민위원회, 각급 학교 급 문화단체 내에 근거를 둔 세포위원회는 당원들로 하여금 민주정권공작과 민주문화운동에 적극 참가하여 북조선임시인민위원회의 공고 확대화에 모범적 활동이 있어야 할 것이다.

이상에 말한 모든 문제는 당세포위원회가 당원들로 하여금 당사업을 실천화하는 실제적 영도방법이다.

『근로자』 제2호(1946년 11월); 國史編纂委員會 編, 『北韓關係史料集』 42(2004), 182-190쪽.

3. 인민검열국의 창설과 그 사업

1

　동방에 있어서 유구한 역사를 가진 조선민족은 불행하게도 1910년 망국 이래로는 오직 일본제국주의를 타도하기 위하여 36년 동안이나 영용스러운 반일투쟁을 계속하여 왔다. 국내외의 수많은 반일혁명투사들은 조선의 해방을 위하여 허다한 피를 흘렸다. 그러나 우리 민족 자체의 힘으로 일제를 타도하지는 못하였다. 다 아는 바이지만 조선의 해방은 금차 세계대전에 있어서 민주주의 연합국의 전승에 기인한 것이며, 특히 위대한 쏘련군대의 혈투에 의하여 이루어진 것이다. 다시 말하면 일본제국주의를 굴복시키고 조선민족을 해방시키는 데 결정적 역할을 논 것은 곧 소련군이다.
　이 같은 해방의 성격을 가진 조선은 8·15 이후 38선을 계선(界線)으로 한, 남북의 민주주의세력이 서로 다른 객관적 조건 밑에서 발전해 온 것이 사실이다. 우리 북조선에 있어서는 쏘련군의 우의적인 방조 하에서 가지가지의 세계사적으로 빛나는 민주주의 제 개혁을 승리적으로 완수하였으며 그 성과 위에 정치 경제 문화 등 모든 영역에 있어서 민주적 완전 자주독립의 기초를 튼튼히 닦아 놓았다.
　1천3백만 북조선 인민들은 우리 민족의 영명한 지도자 김일성 위원장의 영도 하에 조선인민 자체의 정권기관인 인민회의와 인민위원회의 주위에 한결같이 굳게 뭉치어 우리의 예기(豫期)대로 민주건국의 토대는 이미 완성되었다고 할 것이다. 1945년 12월 모스크바 3상회의에서의 조선의 민주주의화문제에 관한 결정원칙을 기초로 하여 이를 가장 구체적으로 실천한 것이 곧 오늘 북조선의 민주건설이라는 것은 두말할 것도 없다. 그리하여 조선민족은 우리 민족 자체의 힘으로 민족의 생활을 영위하고 이를 향상 발전시켜 나갈 수 있으며, 또한 능히 독립할 수 있다는 것을 전 세계에 과시하였다.
　다 아는 바이지만 토지개혁을 비롯하여 중요산업의 국유화, 진보적 노동법령의 실시, 남녀평등권의 확립, 또는 작년 11월 3일의 도, 시, 군 인민위원회위원 선거에 있어서의 세계사적인 승리 등 우리는 허다한 민주과업들을 위대한 창발성과 영웅적 분발심으로서 이미 완수하였다. 더욱이 수천 년 조선역사상에서 처음 보는 금년 2월 17일부터의 북조선 도, 시, 군 인민위원회 대회 소집에 의한 북조선인민회의의 창립 및 북조선인민위원회의 발전적 창건은 민주역량의 □력을 웅변으로 입증한 것이다. 그리고 지난 2월 24일, 5일의 리(동) 인민위원회위원 선거 , 3월 5일의 면(동) 인민위원회위원 선거의 승리적 완수 등으로서 우리는 위로부터 아래에 이르기까지 북조선인민정권을 완전히 법적 기초 위에 확립시키는 세기적인 위업을 달성하였다.

그리하여 이 같은 제 만주과업의 승리적 성과 위에 비로소 우리는 다른 자본주의국가에 있어서는 도저히 상상조차 할 수 없는 1947년도 인민경제발전계획을 세계 민주진영의 비상한 관심과 주목리에 수립하였다. 이 예정수자를 넘쳐 달성하기 위하여 방금 각 공장에서, 광산에서, 농촌에서, 직장에서 전 근로인민들은 영웅적인 건설투쟁을 눈부시게 전개하고 있다. 한마디로 말하면 우리 북조선에 있어서는 역사발전의 법칙에 따라 민주역량은 급속도로 성장하였으며, 우리 인민의 손으로 새로운 역사를 창조하고 있다. 이미 독립의 토대는 튼튼히 구축되었으며 전 세계 민주주의의 승리적 건설에 발맞추어서 어깨를 겨누고 당당한 보무로 일로 전진하고 있는 것이다.

그런데 우리의 민주건국과정에 있어서 이와 같이 세계사상 드문 기본적인 승리가 있는 반면에, 부분적으로는 불비한 점이 없지 않다. 더욱이 우리들이 장구한 일제통치의 악독한 잔여물을 숙청하면서 새로운 민주주의 건설을 해야 하는 곤란한 제 조건을 고려한다면, 불과 2년 미만이라는 단시일의 건국과정에 있어서 부분적으로 부족점이 나타나게 되는 것은 또한 없을 수 없는 일이다.

그러나 그렇다고 해서 부분적으로 되는 여러 가지 불충분한 점을 우리는 그대로 간과할 수는 없다. 왜 그러냐 하면 새로운 발전을 위하여서는 부분적 결함일지라도 이를 반드시 제때에 지적해서 시정하지 않으면 안 되기 때문이라 할 것이다. 그러면 어찌하여 이 같은 불비한 점이 민주건설과정에서 생기게 되는가? 우리는 우선 이 역사 순간에 있어서는 이 같은 부족점이 나타날 수 있는 여러 가지 조건이 있다는 것을 알아야 할 것이다.

첫째로 우리 민주일꾼들이 해방 전에 있어서 건국에 대한 경험이 없었기 때문에 민주건국사업을 처음 하는 만큼 그 솜씨가 다소 서툴지 않을 수 없었다는 데 기인한다고 할 것이다. 사실 8·15 전에 있어서는 일부 혁명동지들을 제외한 조선인민의 거의 대다수는 민주주의에 대한 인식이 박약하였고, 건국사업에 대한 경험을 얻을 만한 기회가 전연 없었으며, 많은 반일혁명투사들은 오직 강도 일본제국주의 타도를 위한 투쟁을 쉴 새 없이 전개하였을 뿐이었다. 이러한 반일투쟁에 있어서도 광범한 군중 속에 깊이 파고 들어가지 못하였으며, 대중을 광범위하게 조직하지 못했던 것이 사실이다. 왜 그러냐 하면 다 아는 바와 같이 일본제국주의의 그 포학한 식민지통치의 야만적 탄압과 칼 밑에서 투쟁하는 당시의 반일혁명운동은 부득이 지하실 속에 숨어서 수공업적인 잠행운동을 하지 않을 수 없었던 것이다.

이러한 결과는 곧 편협한 관념과 신경질적인 경향이 부지불식간에 반일혁명투사들의 머리 속에 을□하게 되었음은 역시 부인할 수 없는 사실이라고 할 것이다. 여하간 8·15를 맞이하여 감옥에서, 지하실 속에서, 공장에서, 농촌에서, 광산에서 갑자기 해방의 태양이 눈부시게 빛나는 광범한 민주운동 무대 위로 나서게 되니, 자연 복잡한 사태 중에서 다소간 착오를 범하지 않을 수 없었다고 하겠다. 물론 금일에 와서는 이러한 결점들이 시정되었다. 그러나 아직까지 그 아류가 부분적으로 남아 있다는 것을 우리는 시인해야 할 것이다.

둘째로 서두에서도 말한 바와 같이 조선해방의 그 특수성은 우리가 완전독립을 획득하려는 오늘 이 마당에 있어서 민주건설을 위한 우리의 주체적 역량이 객관적 조건에 비하여 부족하기 때문에 여러 가지 불비한 점이 생기게 되었다고 하겠다. 조선의 독립은 단순한 것이 아니다. 36년 동안이나 식민지화했던 나라가 새로 독립을 획득한다는 복잡한 특수성을 가지고 있는 것이다. 동남 구라파 각국은 전전(戰前)에는 식민지가 아니었고, 나치스 독일의 일시적 강점을 당하였으나, 전쟁 중에 있어서도 국내에서 유격전으로 적과 직접적으로 무력항쟁을 전개하다가 해방된 나라들이다. 그러나 조선은 국외에서 김일성 장군을 비롯한 중국 동북지방에 있어서의 반일무력항쟁 혹은 동북지방에 있어서의 조선독립동맹 산하 조선의용군의 반일무력항쟁 등으로 적과의 치열한 투쟁을 끊임없이 계속하여 왔으나, 국내에서는 이에 호응해서 싸우지 못하였고, 또한 국내외를 막론하고 우리의 반일투쟁역량은 일제라는 강적을 넘어뜨리고 역사를 전환시킬 만한 결정적인 커다란 힘은 되지 못하였던 것이다. 그러므로 우리는 해방 전부터 우리 자신의 손으로 낡은 질서를 깨트리지 못한 채, 건국한다는 주체적 역량의 □약성을 내포하고 있는 것이다. 객관적 조건에 비하여 이러한 내재적 자체 역량의 부족성은 민주건설과정에 있어서 자연 부분적이나마, 여러 가지 결함이 노정하게 되었다고 할 것이다.

셋째로 과거 일본제국주의는 조선민족을 갖은 방법으로 가혹한 착취와 억압을 자행하였기 때문에 실로 인간 이하의 참담한 생활을 강요당하여 왔으며, 그로부터 조선인에게는 아름답지 못한 일종의 얼을 가지게 되었던 것이다. 또 그 얼을 완전히 청산하지 못한 채 해방을 맞이하여 새로운 민주주의건설을 하자니, 자연 일제시대 가졌던 얼이 나타나게 된 것이다. 사실 조선 사람 중 어느 일부는 아직까지 민주주의적인 경제관념과 도덕관념이 부족하다. 이것은 과거 일제시대의 조선 사람들이 정치와는 너무나 인연이 멀었기 때문에 부득이 개인 이욕(利慾)에 눈을 뜨게 된 것이 사실인데, 이러한 습성을 완전히 청산하지 못한 까닭이라고 할 것이다. 그리고 당시에 있어서는 될 수만 있으면, 왜놈들을 속여서라도 굶주림과 헐벗음에서 면(免)하려고 하는 것이 흔히 볼 수 있는 조선 사람의 생활방도였다. 물론 그렇다고 해서 일본제국주의자들이 조선 사람에게 속아 넘어간 것은 아니었다. 다만 극소수의 일본 주구를 제외한 대다수 인민들은 기아와 질고(疾苦)의 도탄 속에서 헤매는 극도의 생활난 때문에 자연 이 같은 경향을 가지게 된 것이며, 또한 이러한 생활태도는 소극적이나마 반일사상의 일 표현이었던 것이 사실이다. 여하간 당시의 민족적 견지로서는 여하한 수단과 방법을 취하던지 간에 왜놈들을 속일 수만 있으면, 속여서 우리의 피를 뽑아서 축적한 그 재물을 도로 빼앗는 것이 조선 사람의 도리같이 되었다. 이것이 전술상으로는 옳지 못하다는 것은 두말할 것도 없다. 그러나 조선 사람으로서는 누구든지 이 같은 반일경향을 왜놈들과 같이 덮어놓고 범죄행위라고는 규정할 수 없었던 것이다.

그런데 문제는 이 같은 습성을 해방된 오늘날에 이르기까지 일부 사람들이 이를 완전히 청산하지 못하였다는 데 있는 것이다. 일부의 타성적인 개인주의분자들 중에는 물자를 수호할 줄 모르고 국가재산을 낭비하여 횡취(橫取)하는 등의 말세적 일제 잔여사상이 아직도 남아 있는 것이다.

대체로 이와 같은 제 원인으로 말미암아 인민 일꾼들의 사업작풍 가운데에는 아직도 관료주의적인 유습이 부분적으로는 남아 있으며, 또한 때로는 이색분자들이 인민기관 내에 잠입하여 계획적 파괴공작을 시도하는 일이 있는 것이다. 그리고 일반대중들 가운데에도 무능한 건달꾼과 의식적 태공(怠工)분자들이 숨어 있다고 할 것이다. 부분적이나마 이 같은 불미한 제 현상을 우리는 급속히 시정시켜 이를 근멸하지 않으면 안 된다는 것은 두말할 것도 없다. 그렇기 때문에 일찍이 김일성 위원장은 건국사상 총동원운동을 호소하였던 것이다. 그 후 상당한 성과를 거두었으나, 아직도 부분적인 결함들이 남아 있으므로 우리는 이를 근절시키려는 것이다.

오늘 조선민족의 가장 절실한 문제는 남북통일에 의한 민주적인 완전 자주독립이다. 이 목적을 달성하기 위하여서는 오늘날 역사발전 계단으로 보아서 무엇보다도 우리 북조선에 있어서의 이미 승리적으로 완수해 놓은 제 민주과업을 더 한층 공고히 하고 발전시킴으로써 남조선도 북조선과 같이 참다운 민주주의 개혁을 곧 실시하도록 우리의 민주역량을 가일층 확대 강화해야만 할 것이다. 또한 이렇게 우리의 민주역량을 강화하고 한층 더 높은 계단 위에 올려놓기 위하여서는 민주과업의 그 실천상황을 제때에 정확하게 검열하여 잘못된 것은 즉시 시정시키고, 잘한 것은 이를 북돋우어서 민주건설을 적극적으로 추진시켜 나가야만 할 것이다. 다시 말하면 조선민족의 당면 목적인 민주독립을 수취(受取)하기 위하여서는 그 토대가 되는 북조선 민주건설을 더 한층 발달시켜야 하며, 이를 위하여서는 무엇보다도 검열공작이 뒤따르지 않아서는 안 된다는 것이다.

물론 종래에도 이 같은 검열공작이 각급 기관마다 개별적으로는 있었다. 그러나 전체적인 검열의 전문기관은 존재하지 않았으며, 눈부시게 발전해 나가는 제 민주건설에 비하면 그 토대를 튼튼히 하고 새로운 발전을 보장하는 검열공작이 불충분했던 것이 사실이다. 실지로 우리들의 사업하는 작풍 가운데는 이제까지의 경험을 총□하여 말한다면, 제반 사업을 전개함에 있어서 무엇보다도 간긴(肝緊)한 검열공작이 뒤따르지 못하였다. 이것은 첫째로 검열의 전문기관이 없었기 때문이며, 둘째로 검열공작에 대한 인식이 부족한 까닭이라고 할 것이다.

우리들은 매양 사업하면서 검열해야 할 것이며, 또한 검열한 후에는 반드시 총결하여 그 비판적 기초 위에서 새로운 발전을 보장해야 할 것이다. 이 같은 검열사업을 각급 인민위원회에서, 기타 모든 직장에서, 인민대중의 일상적 생활 가운데서 정치, 경제, 문화 등 제 영역에 긍하여 전 북조선적으로 전개하는 데 있어서만이 우리는 민주건설의 새로운 발전을 보장할 수 있는 것이다.

그러므로 인민검열국은 이상과 같은 여러 가지 사회적 필요성에 의하여 비로소 창설된 것이다. 오늘 북조선에 있어서는 벌써 남조선과 같이 구태의연한 갖은 반동세력이 발호하는 사회형태가 아니다. 이미 민주 제 개혁을 승리적으로 완수하였을 뿐만 아니라, 오히려 이 성과 위에서 새로운 발전을 위하여 1천3백만 북조선 인민들은 투쟁하고 있는 것이다. 이러한 역사계단에 있어서 인민검열국의 창설이야말로 실로 당연한 조치라고 하겠으며, 가장 시기에 적절한 것이라고 할 것이다.

인민검열국은 글자 그대로 인민을 위한 인민의 검열국이다. 지난 2월 19일 북조선인민회의에서 결정된 바, 북조선인민위원회 내에 인민검열국이 신설되자 인민들이 커다란 관심과 기대를 가지게 된 것은 결코 우연한 일이 아니다. 말하자면 다름 아닌 인민들 자신의 검열국이라는 것을 그들은 벌써 짐작하였기 때문이라고 할 것이다.

2

 그러면 이같이 중대한 임무를 가지고 창설된 인민검열국은 어떠한 사업을 진행할 것인가? 이제 다음과 같이 인민검열사업의 기본목적 및 그 사업종별 또는 사업범위 등으로 구분해서 구명해 보기로 하자.
 첫째로 인민검열국사업의 기본목적을 말하면 일반검열 혹은 인민대중 가운데서 책벌에 해당한 자를 찾아내는 데에 중점을 두는 것이 아니라, 오히려 이를 미연에 방지하려는 데에 기본목적이 있는 것이다.
 인민검열국은 정치, 경제, 문화 등 모든 영역에 있어서 행정기관, 국영기업소, 공리(共利)단체 혹은 일반 인민들이 국가의 모든 법령, 결정, 지시 등을 과연 올바르게 실행하느냐, 못하느냐를 검열한다. 그리하여 이에 해당한 자가 있으면 단호한 처벌을 한다. 그러나 그렇다고 해서 각급 기관 또는 개인의 허물을 들춰내어 책벌하는 것이 인민검열국의 기본목적이 아니라, 검열사업을 제때에 실시하고, 잘못을 제때에 비판 시정시킴으로써 부정행위를 미연에 방지하여 책벌에 해당한 자가 한 사람도 없도록 하려는 것이다. 다시 말하면 인민검열국은 어디까지든지 기관의 사업 혹은 개인의 일을 방조하는 교육적인 취지하에서 검열공작을 전개하는 것이다.
 또한 위에서도 말한 바와 같이 부정행위에 대해서는 가차 없이 단호한 책벌을 과한다는 것은 두말할 것도 없지만, 이 반면에 민주건국을 위하여 특별한 공로가 있는 자에 대하여서는 소속기관으로 하여금 이를 적당히 표창케 하는 등으로 우리는 상과 벌을 엄격히 구분한다. 즉 인민검열국은 단점만을 들춰내는 것이 아니라, 우점(優點)을 지적하여 이를 옳게 살림으로써 사업을 더 한층 발전시키기에 노력한다는 것이다.
 그리고 인민검열사업소는 각급 기관 및 인민들이 매개의 개별적인 사업에 대한 검열보다도 오히려 전체적인 사업 면에 치중한다고 할 것이다. 바꾸어 말하면 사업의 방향이라든지, 그 방침 혹은 방법 등에 있어서 잘하고 못한 것을 검열한다는 것이다.
 그렇다고 해서 인민검열사업은 형식적인 표면상으로만 검열하는 것이 아닌가 하고 속단한다면 큰 잘못이다. 어떤 문제에 있어서든지 끝까지 문제의 시비를 밝히고 최후의 판단을 내려서 귀결을 지으며, 단순히 지적하는 데에만 그치는 것이 아니라, 문제를 옳게 해결한다는 것을 알아야 할 것이다. 그러므로 검열국사업이란 특수한 기술이 없어서는 안 되는 것이며, 그야말로 과학적 방법에 의한 치밀한 검열공작이 요구되는 것이다. 원칙을 떠난 지엽문제란 있을 수 없다. 그렇기 때문에 검열국은 그 사업방식에 있어서 항상 원칙문제를 중점적으로 취급하며 이를 옳게 캐내기 위하여 지엽문제를 밝히려는 것이다.

둘째로 인민검열국의 그 사업종별에 대해서 말해 볼까 한다. 인민검열국은 정치, 경제, 문화 등 기타 각 방면에 긍하여 검열한다는 것은 이미 위에서도 말한 바이지만, 이제 그 사업체계상으로 봐서 행정검열사업, 경제검열사업, 재정검열사업 등으로 나누어 볼 수 있다.

행정검열사업에 있어서는 북조선인민회의의 제 법령, 결정, 지시 등을 북조선인민위원회 각 국, 각급 인민위원회 혹은 기타 행정기관에서 또는 매개 정무원들이 정치, 경제, 문화 등 제 영역에 긍하여 옳게 실행하느냐, 못하느냐를 검열하고 그 사업을 방조해 준다. 그리고 각급 교육기관, 문화예술단체 혹은 기술단체들이 교육, 문화, 예술 또는 기술의 향상 발전을 위하여 과연 올바르게 국가법령을 준수하며 인민위원회의 제 정책을 잘 수행하는가, 못하는가를 검열한다. 뿐만 아니라 일반 인민들이 역시 정치, 경제, 문화 등 제 영역에 있어서 국가법령과 인민위원회의 제반 정책을 잘 인식하고 충실히 이를 이행하느냐, 못하느냐를 검열한다. 또한 인민들이 우리의 최고정권기관인 북조선인민회의와 최고행정기관인 북조선인민위원회를 비롯한 각급 인민위원회를 받들고 나가는 데 대한 그 정치적 동향을 살핀다. 동시에 인민의 정당한 요구와 탄원에 대하여 항상 귀를 기울이고 급속히 이를 해결해 준다.

인민위원회는 인민의 대표자인 인민위원들로서 구성된 것인 만큼 추호라도 인민의 진정한 이익에서 벗어난 정책이 있을 리가 만무하다. 문제는 인민이 정말로 민주주의 정치의 혜택을 향유할 수 있도록 인민위원회가 그 옳은 정책을 잘 집행하여 인민을 옳게 지도하느냐, 못하느냐 하는 데에 있는 것이다. 어떤 경우에는 우리 인민 일꾼들 가운데 부분적으로 되는 본의 아닌 착오를 범하는 수가 없지 않아 있을 것이다. 때로는 일부 이색분자들이 민주주의 탈(가면)을 쓰고 신성한 인민정권기관 내에 숨어들어 법령과 제 결정을 집행하는 데 있어서 의식적으로 태공함으로써 인민위원회 전체의 위신을 저락(低落)시키는 일이 있을 것이다.

그러므로 인민검열국 행정검열사업에 있어서는 이러한 각급 기관 내의 부분적인 착오일지라도 이를 미연에 방지하며, 또한 일부 불순분자로 말미암아 이미 발생된 부정사실에 대해서는 일정한 법적 수속을 밟아서 엄중히 처단하는 것이다. 더욱이 인민과 일상적으로 직접 접촉되고 있는 면, 리(동) 인민위원회가 상급기관의 정책을 유루 없이 실시하는가, 못하는가를 검열함으로써 민중과 인민위원회와를 한층 굳게 결부시키고, 인민정권 그 본래의 사명을 다하도록 하는 데 중점을 두고 있다. 다시 말하면 인민위원회의 지반을 더 한층 공고히 하기 위하여 국가정책을 제때에 올바르게 군중 속에 침투시키도록 부단한 검열공작을 통하여 그 사업을 방조하는 것이다. 기타 위에서 말한 바와 같은 교육, 문화, 예술 및 기술부면 혹은 일반 인민들의 행정적 검열사업도 역시 인민정권을 튼튼히 하며, 민주독립의 기초를 더욱 굳게 닦으려는 것임은 더 말할 것도 없다. 이와 같이 행정검열사업은 인민검열사업 중 가장 중요하고도 광범위한 사업이라고 할 것이다.

다음에 경제검열사업을 말하면 북조선인민위원회 각 국 및 각급인민위원회에서 인민경제계획 실시에 있어서 우선 그 지도방침이라든가 또는 방법상에 청산이 없는가를 살핀다. 아무리 훌륭한 계획일지라도 그 실행에 있어서 지도방침과 방법이 졸렬하다면 소기의 목적을 달성할 수 없을 것이다. 세기적 위업인 1947년도 인민경제발전계획은 오늘 북조선 현실에 비추어 가장 적절하고도 엄밀한 과학적인 계획이다. 그런데 때로는 우리의 예기하지 않던 난데없는 난관에 봉착하는 수도 있을 것이므로 우리는 이러한 면까지도 고려해야 할 것이다. 또한 우리의 목적은 단순히 예정수자 달성만으로 만족할 것이 아니라, 이를 백% 이상으로 넘쳐 실행해야 하겠으므로 어떠한 방법으로, 어떻게 조직해야 한다는 것이 문제이다. 여기에 있어서 각급 인민위원회가 어떻게 지도하고 있는가를 알기 위하여서는 무엇보다도 이에 대한 실지 검열이 필요한 것이다. 그렇기 때문에 인민검열국 경제검열사업은 인민경제건설에 있어서 우선 지도층인 각급인민위원회 기관에서 이에 대한 옳은 정책과 방법을 수립하고 있는가, 또는 그 실시상황에 대하여 엄밀히 검열하는 것이다.

그리고 경제검열사업에 있어서 또 한 가지 중요한 것은 국영기업소 및 공리단체들이 과연 인민경제건설을 위한 인민위원회의 경제계획대로 옳게 실행하고 있는가를 살피는 동시에 개인기업소, 일반 자유 상업기관 혹은 인민경제계획의 예정목표 달성을 위한 전 민족적 사업에 적극적으로 노력하고 있으며, 국가와 인민의 전체적 이익에서 벗어난 자유주의적 행위라든지, 부정 사실이 없는가를 검열한다. 아울러 원료 및 자료의 낭비현상의 유무를 밝히고 일반 경제활동을 광범히 살핀다.

경제를 떠난 정치란 있을 수 없는 것이다. 그러므로 우리들이 이미 세워 놓은 민주주의적 정치, 문화, 예술 등의 상층 건축을 보다 더 높은 계단 위에 올려놓는 것이 오늘 북조선 인민들의 목적이라면, 그 물질적 토대인 인민경제건설을 예정계획대로 달성해야 하며 오히려 이를 넘쳐 실행하는 것이 우리들의 당면한 중대

임무일 것이다.

그런데 만약에 인민위원회의 옳은 경제계획은 각 기업 기관들이 충실히 실행하지 않으며, 일반 인민들이 이에 대하여 적극적으로 노력하지 않는다면, 인민경제계획을 넘쳐 달성하기는 어려울 것이다. 물론 현재 각 기업소에서 또는 근로인민들은 열성적으로 이에 참가하고 있는 것이 사실이다. 그러나 우리는 이에 있어서는 부분적인 결함들이 전연 없다고는 말할 수 없을 것이다. 그렇기 때문에 인민검열국 경제검열사업에 있어서는 인민경제계획을 넘쳐 달성하는 것을 보장하기 위하여, 각급 기관 및 개인의 사업을 제때에 정확하게 검열함으로써 국가재산의 낭비현상을 근절시키고 원료 및 자재를 애호 절약케 하며, 기타 인민위원회의 경제정책을 충실히 이행하도록 그 사업을 방조한다.

다음에는 재정기관사업을 말해 보자. 우선 북조선인민위원회 각 기관 및 각급 인민위원회에서 재정규율을 엄격히 준수하며, 국가재정을 문란시키는 일이 없는가를 검열한다. 또한 국영기업소, 공리단체들이 인민위원회의 재정정책을 과연 충실히 이행하며 부당 지출이라든지 부정한 행위가 없는가를 살핀다. 뿐만 아니라 개인기업소, 자유사업기관 혹은 일반 인민들이 국가재정의 중요성을 옳게 인식하고 인민위원회의 재정정책을 잘 실행하며, 동시에 부정한 경리관계의 유무를 살피고 악질적인 탈세행위 같은 것이 없는가를 검열하는 것이다.

국가재정의 중요성에 대하여서는 여기에 새삼스럽게 과언하지 않겠다. 다만 현재 북조선의 재정상태가 우리들의 만족할 만한 정도로 그리 넉넉한 것이 아니라는 것만은 말해 둘 필요가 있을 것이다. 강도 일본제국주의자들은 8·15 이후 우리들의 경제를 완전히 파괴해 버리고 이 땅에서 물러갔던 것이다. 그러므로 우리들은 그야말로 장부만 남은 국고금을 가지고 경제부흥에 착수하지 않았던가? 이러한 공허한 국가재정을 우리는 해방 이후 2년 동안 오직 민주주의적 방식에 의하여 꾸준히 그 부흥에 노력한 결과, 이제 와서는 완전히 정상적 궤도 위에 올랐으며, 인민경제 발전을 충분히 보장할 수 있을 만큼 되었다. 그러나 그렇다고 해서 우리의 국가재정이 그다지 풍족하다고는 말할 수 없으며, 또한 어느 시대 어느 사회를 막론하고 경제건설에 있어서 그 핵심적 역할을 하는 것이 재정이라고 한다면, 어찌 한 푼의 낭비현상이라도 용인할 수 있겠는가? 그럼에도 불구하고 아직까지도 부분적으로는 재정의 낭비현상이 있는 것이다. 이것은 위에서도 지적한 바와 같이 과거 일제시대에 가지던 얼을 일부 사람들이 아직도 완전히 청산하지 못한 까닭이라고 할 것이다. 황차 우리는 인민경제 건설이라는 세기적 위업을 달성하기 위하여 방금 거족적인 노력을 이에 경주하고 있는 이 시간에 있어서 우리는 한

푼의 낭비현상이라도 없도록 해야만 할 것이다. 또한 부분적이라고는 하나, 재정 규율의 문란이라든지, 악질적인 탈세행위 등의 제 현상을 시급히 시정시켜야 할 것이다. 이러한 임무를 수행하는 것이 곧 재정기관사업이며, 따라서 인민검열국은 재정기관사업을 상당히 중요시하고 있는 것이다.

셋째로 인민검열국의 그 사업범위에 대하여 말해 보겠다. 인민검열국은 전문적 검열기관인 만큼 따라서 그 사업범위도 상당히 광범위한 것이다. 정치 경제 문화 기타 모든 방면에 긍하여 검열한다는 것은 이미 이상에서 충분히 천명하였기 때문에 이에 대한 중언(重言)을 피하고, 여기에서는 다만 인민검열국이 어느 정도로 사건을 취급하여 어떠한 방법으로 사건을 해결하는가 하는 데 대하여 간단히 말하고자 한다.

한마디로 말하면 인민검열국은 자기사업을 통하여 우선 사업에 대한 시비곡절을 밝히고, 그 다음 사건 성질 여하에 따라 자아비판 시킬 것은 직시(直時) 비판 시정케 하고, 행정적 처분에 해당한 것은 소속기관으로 하여금 행정적으로 처분케 한다. 또한 악질분자에 대하여서는 검찰기관 혹은 보안기관에 연락하여 일정한 법적 절차를 밟아서 단호한 책벌을 과하는 것이다.

인민검열국은 검열공작상에 있어서 각급 기관 혹은 개인의 소지 서류의 제출과 보고를 요구할 수 있으며, 또한 심의할 수도 있는 것이다. 예하면 국가재산 및 공공재산을 횡취하는 자, 인민경제를 교란시키는 악질적인 모리간상배, 투기업자, 고리대금업자 혹은 각급 기관 및 인민대중 속에 숨어 있는 일부 이색분자를 적발해 내는 동시에 관료주의자, 형식주의자, 태공분자 혹은 무능한 건달꾼들을 각각 일정한 절차를 밟아서 숙청하는 것이다. 또는 아울러 각급 기관으로 하여금 사무 간소화를 단행케 하며 사업의 능률화를 도모한다.

그러나 그렇다고 해서 인민검열국이 항상 범죄자의 추궁 적발에만 몰두하는 것이나 아닌가 하고 오해해서는 안 될 것이다. 왜 그러냐 하면 위에서도 말한 바이지만, 인민검열국의 기본목적이 책벌에 해당한 자를 찾아내는 데에 중점을 두는 것이 아니라, 오히려 이러한 불순분자가 한 사람도 없도록 미연에 이를 방지하는 데 있기 때문이다. 그러므로 인민검열국은 매개의 사실을 내사하느니보다도 전체적인 사업 면에 있어서 항상 원칙문제에다가 중점을 두고 그야말로 공공연하게 검열하는 것이다. 물론 경우에 따라서는 개별적인 사실을 내사하는 일이 없지 않다. 그러나 흔히 세인들이 말하듯이 인민검열국은 봉건시대의 암행어사와는 본질적으로 다르다는 것을 일반은 재인식해야 할 것이다.

그리고 또 한 가지는 실지로 오늘 북조선에 있어서는 이 같은 불순분자가 극히 소수에 불과하므로 그다지 큰 문제 될 것은 아니다. 다만 우리는 새로운 발전을 위하여서는 사소한 문제라도 간과할 수 없기 때문에 검열이 필요하다는 것이다. 그러므로 모든 사업을 제때에 검열하며 옳게 시정시킴으로써 이러한 부분적인 파생문제까지도 해결하려는 것이다.

다음에는 마지막으로 검열원의 공작태도에 대해서 잠간 언급해 볼까 한다. 인민검열국은 글자 그대로 인민을 위한 인민의 검열기관이므로, 검열원의 공작태도 역시 진실로 인민을 위하여 만전을 다하는 성실한 태도를 가져야 할 것이다. 인민검열국이 창설된 지 이미 3개월 동안에 그 동안 누차에 긍한 실지 검열공작을 통하여 매개 검열원들이 얼마나 자기 임무에 충실코자 노력하였는가에 대해서는 벌써 많은 사람들이 짐작하였을 줄 믿는다. 이에 검열원의 공작태도를 간단히 첨언함으로써 일반 인민들의 검열국에 대한 인식을 더 일층 제고시키는 동시에, 매개 검열원에게 새로운 결의를 환기시키며 공작 수행상 참고자료로 제공코저 하는 바이다.

첫째로 검열원은 국가 민족 및 전체 인민들의 이익을 위하여서는 자기의 일체를 바치는 새로운 인민적 민주주의 도덕 위에 입각한 강철 같은 굳은 정치의식을 가져야 하며, 무엇보다도 검열원 자신이 먼저 모든 사업에 있어서 모범이 되어야 할 것이다. 다시 말하면 공(公)을 위하여서는 사(私)를 떠난 그야말로 공평무사한 객관적 입장을 항상 견지하면서 사업을 전개할 것이며, 진실로 인민의 공복이 되어야 한다는 것이다.

둘째로 검열원은 모든 검열공작에 있어서 개별적인 사실보다도 항상 전체적인 사업 면에 치중할 것이며, 기재(旣載) 사실에 뒤따라 다니는 데만 그칠 것이 아니라, 부정행위가 발생하지 않도록 이를 미연에 방지하기에 주력할 것이다. 그러기 위하여서는 때를 놓치지 말고 사업의 경중에 따라 순서를 구별하고, 제때에 정확한 검열을 해야 할 것이다. 또한 사건처리에 있어서는 우유부단과 경거속단을 다 같이 버리고 끝까지 신중한 태도를 견지해야 하며, 특히 대인접촉에 있어서 온후(溫厚) 관용과 냉엄 준열(峻烈)을 겸비해야만 할 것이다.

그리고 검열원은 사건의 동기 및 발단 또는 그 진행상태에 대하여 예리한 안광으로서 진상을 간파하고, 과학적 판단으로서 그 결과까지도 정확하게 추정하고 사건을 적발하는 데 그칠 것이 아니라 사건을 옳게 해결해야 할 것이다. 다시 말하면 사업을 더 한층 발전시키기 위한 교육적 견지에서 사건을 처리해야 한다는 것이다.

셋째로, 검열원은 흔히 가지기 쉬운 쓸데없는 우월감을 극복해 나가야 할 것이다. 이것이 가장 중요한 문제이다. 왜 그러냐 하면 검열원은 상대방의 우점(優點)과 단점을 검열하는 것만큼 자칫하면 이러한 우월감을 가지게 되는 것이기 때문이다. 대체로 검열공작이란 개인의 사생활을 검열하는 것이 아니고, 사업 면에 나타나는 그 사업상황을 검토하는 만큼 어디까지나 공적 입장에 서게 되는 것이다. 황차 검열원이 인간적으로 상대방보다 우월해서 검열하는 것은 절대로 아닐 것이다. 그렇다면 어찌 추호라도 우월감이 있을 수 있겠는가? 그러므로 검열원은 항상 이 점을 주의하여 일종의 우월감에서 기인하기 쉬운 관료주의적 오만한 언사라든가, 행동이 있어서는 안 될 것이다.

그리고 또 한 가지 주의할 것은 인민검열원이 북조선인민위원회 각 국, 혹은 각급 기관보다 우위를 점하고 있기 때문에 우리는 검열한다고 생각해서는 안 될 것이다. 인민검열국이 각 국 및 각 기관의 사업을 검열하는 것은 결코 인민검열국이 높은 지위에 서 있기 때문에 검열할 권한을 가지고 있는 것이 아니라, 검열국의 사업이 글자 그대로 검열하는 기관이므로 각급 기관의 사업을 검열한다는 것을 잊어서는 안 될 것이다. 물론 우리 검열원들은 이러한 점은 이미 상식화하고 있을 것이다. 그러나 이 같은 사소한 점일지라도 유의해야만 불필요한 우월감을 가지지 않게 되는 것이다.

그러므로 검열원들은 이러한 점을 재인식하고 자기의 직권을 남용하는 폐단이 없도록 각별히 주의할 것이며, 또한 그 권한상에 있어서의 타 기관과의 한계를 항상 분명히 하고 한 걸음이라도 타 기관의 권리를 침범하는 일이 있어서는 안 될 것이다. 더욱이 인민검열국이 창설된 지 얼마 되지 않은 만큼 흔히 범하기 쉬운 일이기 때문에 거듭 강조하는 바이다.

이밖에 검열원으로서 당연히 가져야 할 여러 가지 공작임무가 있으나 여기에서는 말할 바 아니므로 할애한다.

3

대체로 이상에서 논한 바와 같이 인민검열국은 북조선인민위원회 내의 다른 국과 같이 오늘 북조선 현실에서 요구되는 여러 가지 사회적 조건에 의하여 창설된 것이며, 따라서 중요한 사업을 짊어지고 있는 것이다.

우리는 가까운 장래에 반드시 우리 민족의 숙망인 모스크바 3상회의 결정에 의한 통일정부가 수립될 것이다. 그리하여 민주적 완전 자주 독립국가를 우리의 손으로 창건하게 될 것이다. 이러한 모멘트에 있어서 우리는 무엇보다도 민주세력을 더욱더 광범하게 집결하여 더 한층 굳게 단결함으로써 통일을 강화하고, 반동의 최후 발악을 분쇄해 버려야 할 것이다. 만약에 우리가 힘을 분산한다면, 아니 더 한층 굳게 결속하지 않으면, 그만큼 반동의 최후 발악은 더 심할 것이요, 우리가 좀 더 굳게 단결하면 그만큼 반동의 단말마적 발악은 덜할 것이다. 지난 5월 22일 소미공위 재개 이래로, 반동분자들의 발악은 의연히 우심(尤甚)해지고 있다. 그러나 그럴수록 그들의 사멸의 날은 하루 이틀 가까워지고 있는 반면에, 남북을 통한 우리 민주주의역량은 급속한 템포로 가일층 발전하고 있으며, 역사는 바야흐로 급격한 전환기에 처하여 있다. 그렇다면 이 역사 순간에 있어서 우리는 어떻게 할 것인가? 두말할 것도 없이 우리는 무엇보다도 우리 북조선 인민정권을 더 한층 튼튼히 할 것이며, 그 주위에 더욱 더 굳게 뭉쳐야 할 것이다. 이렇게 함으로써만이 우리는 반동의 최후 발악을 한꺼번에 물리치고 하루바삐 민주적 남북통일정부를 수립할 수 있는 것이다. 그러므로 이와 같이 북조선 인민정권을 더욱 철벽같은 반석 위에 공고히 하기 위하여 창설된 것이 인민검열국이라는 것을 전체 인민들은 깊이 명심해야 할 것이다.

그러면 이 같은 중대한 사명을 가진 인민검열국 사업의 기능을 전적으로 발휘시키기 위하여서는 무엇이 요구되는가? 새삼스럽게 말할 것도 없이 오늘 북조선의 주권은 완전히 인민들이 장악하고 있지 않은가? 그렇다면 이같이 진정한 민주정치 아래에서는 마땅히 이 검열국사업도 인민을 위하여, 인민들이 검열하는 사업으로 되어야 할 것이다. 거기에는 추호라도 과거 일제시대 관료식이나, 권력남용의 폐단이 있어서는 안 될 것이다. 뿐만 아니라 실지로 이 검열사업을 가장 효과적으로 보장하기 위하여서는 무엇보다도 인민들이 이에 대하여 비상한 관심을 높이며, 군중적으로 검열사업을 보장해 주어야 할 것이다. 더욱이 인민정권의 토대가 되어 있는 민주주의민족통일전선 산하의 각 정당, 사회단체는 인민검열국 사업을 여러 가지 방면으로 적극적인 방조를 주어야 할 것이다.

『人民』제2권 4호(1947년 5월); 國史編纂委員會 編, 『北韓關係史料集』 13(1992), 491-505쪽.

4. 인민은 역사의 기본 추진력

오늘 3천만 조선 인민들이 전 세계 인민과 함께 민주주의의 깃발을 높이 들고 새로운 민족역사를 창조하면서 당당한 보무로 진군하고 있다는 것은 새삼스럽게 말할 것도 없는 일이며, 바야흐로 세계사는 위대한 인민의 힘으로 급격히 전변되고 있다. 이 같은 역사전변은 결코 우연한 것이 아니요, 그는 일정한 역사발전의 객관적 합법칙성에 의하여 역사는 부단히 발전하는 것이 철칙인 까닭이다. 동시에 역사는 인민의 힘으로 추진되는 것이고, 역사발전에 있어서 언제나 인민들이 그 주관적 역할을 노는 것이다.

유사 이래로 인류는 자유와 해방을 위하여 싸워 왔으며, 오늘도 역시 전 세계 인민들은 반민주적 반동분자들과의 치열한 투쟁을 통하여 그들의 최후 발악을 격파하면서 새 세기를 창조하려는 역사의 수레바퀴를 부단히 전진시키고 있다.

"인간은 자기 역사를 스스로 만든다"고 한다. 그렇다면 과거 수천 년 역사상에 있어서 인류는 어떻게 자기 역사를 창조하였던가? 과거사는 노예사회 이래로 그 어느 시대를 막론하고 소수 특권계급이 대다수의 민중을 착취하고 억압하여 왔던 것이다. 이에 피압박 민중들은 자유를 전취하기 위하여 소수 특권계급과의 투쟁을 꾸준히 계속해 왔으며, 이러한 투쟁을 통하여 구사회제도를 변혁하고 이를 새로운 역사계단 위에 올려놓았던 것이다.

원시시대의 씨족공동체가 붕괴되고 새로 노예사회가 출현한 것은 일정한 역사발전 계단상 당연한 일이었으며 필연적이었다. 그러나 어느 시기에 이르러서 노예사회의 내재적 모순 대립의 격화는 드디어 노예반란의 역사를 이루게 하였으니, 즉 환언하면 기원전 70년 내지 73년경 로마의 스팔다까스단(團) 영도에 의한 일대 노예폭동은 곧 이를 입증하는 것이다. 소수 특권층인 귀족계급을 반항하여 봉기한 노예는 불합리한 노예사회를 붕괴시킨 주동력이었으며, 그들의 폭동은 역사전변의 추진력이 되었던 것이다. 여하간 이렇게 노예사회보다도 더 한층 발전된 사회형태로서 봉건사회가 건립되었다. 그리하여 봉건영주와 농노와는 새 계급대립을 보게 되었으며, 동시에 생산력은 새로운 발달을 이루었다. 그러나 이 봉건사회 역시 필경은 □□하지 않을 수 없었다. 즉 봉건사회의 태내에서 이미 싹트기 시작한 자본주의적 상품생산의 봉오리는 봉건적 생산관계의 묵은 껍질을 깨뜨리지 않고서는 자기 발전을 수행할 수 없었으므로, 이에 봉건사회제도를 타도하려는 자산계급의 민주혁명이 세계 선진 각국에서 일어나기 시작하였던 것이다. 요원의 불꽃과 같이 일어난 이 혁명운동은 조직적인 투쟁으로써 그 규모에 있어서나, 민중의 투쟁의식에 있어서나, 벌써 전세대의 노예폭동의 류(類)가 아니었으며, 농민 도시빈민 등 광범한 인민들이 이에 동원되었던 것이다. 다시 말하면 인민들 자신이 곧 혁명의 주동력이 되어 역사를 전변시키고 이를 추진시켰으며, 인민의 것으로 혁명을 완수하였다.

  1789년부터 1793년에 이르기까지 5년 동안에 긍한 불란서의 자본주의혁명이야말로 세계사상에 있어서 새로운 역사를 창조하여 놓은 것이다. 뿐만 아니라 영국, 독일, 러시아 등 세계 각국이 그 연대는 다를지언정, 모두 구질서를 타도하고 □□ 자본주의를 건설하였으며, 새로운 민족국가를 형성하게 되었다. 이와 같이 구라파 각국에서는 일찍부터 자산계급 민주혁명의 승리에 의하여 봉건적 지주와 피압박 농노들은 기본상 없어지고 소위 시민사회가 구성되었다. 그러나 한편 동방에 있어서는 민중들의 혁명운동은 당시 봉건의 미몽을 깨지 못한 통치계급의 억압과 처음부터 선진 자본주의 외래 침략국가들의 간섭으로 말미암아 성공하지 못하였으며, 드디어 일본을 제외한 아세아 각국은 모두 다 식민지 혹은 반식민지화하고 말았다. 일본 역시 후진 자본주의국가로서 구라파 각국보다 훨씬 뒤떨어졌던 것이 사실이다. 그러나 그럴수록 일본은 명치유신에 의하여 독립적 민족국가로 신발족하자마자, 곧 그 침략의 마수를 조선 중국에 뻗치어 마침내 1910년에 조선을 완전히 자기의 독점적 식민지로 만들고, 이래 근 반세기 동안이나 조선인민을 착취하고 억압하여 왔던 것은 또한 재언할 것도 없는 일이다.

  여하간 세계적으로 자산계급 민주혁명에 있어서 처음에 자본가들은 민주주의적 자유, 평등, 동포 등의 구호를 내걸고 광범한 인민을 동원하여 국왕, 봉건영주, 승려, 귀족 등과 싸워서 드디어 자본주의는 승리의 깃발을 올렸으며 전제적인 군주제 대신에 부르주아 민주주의정권을 전취하였다. 그러나 일단 그들이 정권을 잡고 난 연후에는 종래에 부르짖던 자유와 평등의 권리를 근로인민들에게는 이를 제한하였고, 마침내 그들 자신이 이를 횡취 독점하였으며, 근로인민들에게 새로운 형태의 착취와 압박을 강행하였다. 다시 말하면 부르주아 민주주의혁명에 있어서 제1선에 서서 가장 용감하게 싸우고 직접 피를 흘린 것은 부르주아지가 아니라, 농민과 도시빈민 등 근로인민이었음에도 불구하고 혁명이 성공한 후의 사태는 근로인민의 기대와는 전연 상이하였다는 것이다.

  물론 일정한 사회발전 계단상에 있어서 자본주의사회는 봉건사회보다도 한층 더 발전된 사회형태이다. 그러나 자본주의사회는 처음부터 대내・대외적으로 착취와 침략성을 띤 계급대립의 사회이며, 다대수 인민의 고혈을 짜서 소수 자본가의 부를 축적하는 모순의 사회이며, 약소민족을 침략함으로써 강대국 자본가계급의 살을 찌우는 불평등한 민족적 사회이다. 또한 자본주의는 결코 영구불멸의 사회가 아니요, 일정한 역사계단에 이르러서는 보다 더 발전된 사회형태로 전변할 필연성을 가진 사회라는 것은 두말할 것도 없는 것이다. 이 같은 성격을 띤 자본주의사회가 성립된 이후로 자본가들은 구통치자인 전제적 봉건군주 대신에 새로운 착취자로서 근로인민들 앞에 군림하였다. 그리하여 언론, 출판, 집회, 결사 등 소위 부르주아 데모크라시라는 것은 한 개의 형식적인 구호에 지나지 않았고, 자본주의사회의 모든 법률은 근로인민을 속박하기 위하여 만들어 낸 것이고, 자본가들은 자기네 마음대로 인민을 착취하며 억압하는 도구로 이를 사용하였던 것이다.

이에 전 세계 근로인민들은 진정한 민주주의적 자유와 평등을 찾기 위하여 총궐기하였으며, 일찍부터 새로운 적들과 과감한 투쟁을 전개하였다. 즉 1871년 3월의 저 유명한 파리콤뮨이 그것이었고, 그 후 1905년 러시아혁명을 비롯한 세계 각국의 무수한 혁명운동과 식민지 혹은 반식민지 등 약소민족국가에 있어서의 근로인민들의 민족해방운동은 곧 전 세계 인민들이 새로운 자기 역사를 창조하려는 인민혁명이다. 그리하여 제1차 세계대전 후 1917년 위대한 러시아 사회주의혁명의 승리는 20세기에 있어서 인민의 위력으로 역사를 추진시키고 또 전변시킴으로써 인민의 권력을 잡은 산 □본이었으며, 비단 러시아의 근로인민뿐만 아니라 전 세계 인민들에게 무한한 희망을 주었으며, 혁명운동에 대한 새로운 자신을 가지게 하였다. 러시아 10월혁명의 승리는 실로 인류사상에 신기원을 지은 것이며, 인민이야말로 역사의 기본 추진력이라는 것을 □□으로 입증한 것이다. 그러면 조선 인민들은 근대 조선사회 발전사상에 있어서 어떻게 자기 역사를 추진시켜 왔으며, 또한 오늘날에 있어서는 어떻게 민족역사를 창조하고 있는가?

첫째로 조선 망국 전야에 있어서의 자산계급 민주운동과 반침략전쟁을 들어서 말해 보자. 당시 낙후한 봉건사회제도 하에서 신음하던 피압박민족들은 선진국가에서와 같은 그러한 민주혁명을 일으킬 만한 힘이 부족하였던 것이 사실이다. 따라서 조선에 있어서의 부르주아 민주주의혁명운동은 그 주체적 역량이 부족한 데다가, 처음부터 외국 침략세력과 싸우지 않으면 안 될 그러할 특수성에 기인하여 자연 활발한 운동을 전개하지 못했으며, 그 투쟁형태는 반봉건 반침략적 성격을 띠게 되었던 것이다. 19세기 70년대의 이조 전제정부는 세계대세에 역행하면서 철두철미한 소위 '쇄국주의'정책으로써 구정치계급의 치민사상에 대립되는 일체의 세력을 탄압하며 신문화운동의 발전을 강압하였다. 그러나 역사의 물결은 쉬지 않았으며, 부패하고 낡은 이조 봉건사회는 날로 사멸의 길을 밟게 되었다. 이 반면에 도탄 속에서 헤매이던 민중은 점차로 정치적 각성을 높이어 구통치계급에 대한 반항심은 드디어 봉건사회 타도운동으로 발전하였다. 그러나 사멸에 임한 봉건통치계급은 민중의 혁명운동을 탄압하고 오히려 외래 침략세력과 결탁함으로써 자기 생명 유지에 급급하였다. 이러한 틈을 타서 선진 자본주의 외래 침략세력은 그 마수를 조선에 뻗치어 조선을 자기 수중에 넣으려고 군사 외교 등 갖은 술책을 다하고 있었다.

 이 같은 복잡 미묘한 정세 하에 있어서 농민을 비롯한 일반대중의 반봉건 반침략적 의식은 고도로 앙양되어 구사회제도를 변혁하고 외래 침략세력을 구축하여, 민주주의적 기초 위에 자주 독립국가를 세우려는 자본계급 민주혁명운동이 전국적으로 일어났다. 즉 1894년에 일어난 농민전쟁은 이때까지 억압과 착취에 신음하던 농민들의 일대 봉기이며, 반봉건 반침략적인 혁명투쟁이었다. 그러나 당시의 이조 통치계급은 청·일 양국의 외래 침략세력에 의뢰하여 이 운동을 진압시켰던 것이다. 이에 위대한 농민전쟁은 부득이 실패로 돌아가고 말았으나, 오직 민중의 혁명적 애국정신은 더 한층 날로 앙양되어 갈 뿐이었다.

 그러나 이 같은 민중의 끓어 넘치는 애국정신에 비하여 그와 정반대로 통치계급은 여전히 사대주의적 사상에 침식되어 친청(親淸) 혹은 친일, 친로(親露)를 일삼았으며 사리사욕을 위한 정권쟁탈에만 눈이 어두워서 갈피를 잡지 못하고 있었다. 이러한 틈을 타서 일본은 갖은 간계(奸計)를 다한 끝에 조선을 독립국가로 인정하고 보호한다는 미명 하에 1905년 소위 을사보호조약을 체결하고, 그 침략성을 일층 노골화하였다. 이에 민중의 자산계급 민주주의혁명운동은 종래의 반봉건 반침략투쟁으로부터 반침략 반봉건투쟁 형태를 띠게 되었으며, 그 후 반일의병운동 혹은 문화적 계몽운동, 애국폭동운동 등 민중의 혁명운동이 끊이지 않았었다. 그러나 드디어 1910년 8월 29일 불행하게도 조선의 망국과 함께 조선 자산계급 민주혁명은 완전히 말살당하고 말았으며, 이래 조선사회는 식민지 반봉건사회로 전변되었다. 이때로부터 조선 인민은 그야말로 철천의 한을 품고 망국민족 생활을 하지 않을 수 없게 되었으며, 동시에 불구대천의 원수인 일본제국주의를 타도하려는 피투성이의 투쟁은 시작되었던 것이다.

 둘째로 일제통치 하에 있어서의 조선인민들은 과연 어떻게 민족해방투쟁을 전개해 왔는가를 살펴보자. 한마디로 말하면 일부 진보층을 제외한 대부분의 토착

자본가 혹은 지주들이 일본제국주의 앞에 무릎을 굽히고 민족을 저버리며 일로 반동화의 길을 걷고 있을 때에, 오직 애국열에 불타는 광범한 근로인민들만은 조선의 완전 자주독립을 전취하기 위하여 실로 반세기 동안이나 적과 피로써 투쟁하였던 것이다.

  1919년 3월 1일 조선인민들은 강도 일본제국주의를 타도하고 조선민족을 일제의 기반으로부터 해방하기 위한 혁명적 투쟁의 첫 봉화를 들었으니, 이것이 곧 저 유명한 3·1운동이다. 3·1운동은 처음에 소수 선진적 지식분자들의 발의(發意)에 의하여 투쟁이 벌어진 것이 사실이다. 그러나 그들의 최초 계획이었던 평화적인 시위운동은 혁명적 대중들의 희생적 투쟁으로 말미암아 운동은 벌써 폭동화 내지 무력항쟁으로 발전하였으며, 그들의 의도를 벗어나서 대중은 훨씬 앞서 나갔던 것이다. 다시 말하면 당시 운동을 발의한 그들의 대부분은 투쟁과정에서 그 지도역량을 상실하고 운동선상에서 탈락하였으며 적과 타협 혹은 적 앞에 굴복하였으나, 적과 처음부터 끝까지 직접 피를 흘리면서 영용하게 싸운 것은 농민, 노동자, 학생, 소시민 등 광범한 혁명적 애국인민들이었다. 자산계급성 민주혁명의 성격을 띤 3·1운동은 결국 주객관적 조건의 불비로 말미암아 성공하지 못하였으나, 조선인민들은 이 운동을 통하여 여러 가지 귀중한 교훈을 얻었으며 오직 근로인민들만이 끝까지 조국해방을 위하여 혁명적 투쟁을 전개할 수 있다는 것을 똑똑히 인식하게 되었다. 사실에 있어서 그 후 조선 민족해방운동은 근로인민들이 주동력이 되었으며, 또한 그들은 더 한층 굳게 단결하여 조직적인 반일투쟁을 거듭하게 되었던 것이다.

  과연 3·1독립운동 이후 조선인민들의 애국적 혁명의식은 고도로 앙양되어 반제반봉건투쟁은 새로운 형태를 띠게 되었다. 즉 1924년 내지 25년에 이르러 노동총동맹, 청년총동맹 등의 대중단체조직과 반일적 정당조직 등은 종래의 자연발생적 대중투쟁보다 몇 걸음 앞선 것이며, 이 같은 조직적인 반일운동은 실로 조선민족해방운동 상에 획기적인 의의를 가진 것이다. 그리하여 1927년 신간회를 조직함으로써 반일민족통일전선을 결성하고 국내외의 일체 반일민주역량을 총집결하여 일본제국주의 타도투쟁을 더욱 더 활발히 전개하였다.

  그런데 이 같은 조선인민들의 전국적 대규모의 반일혁명운동은 처음부터 적의 포학한 탄압을 당하였다. 그러나 인민들은 무수한 검거와 투옥, 잔인한 고문과 학살을 조금도 두려워하지 않고 그럴수록 더한층 치열한 반일투쟁을 거듭했던 것이다. 1926년의 반일 6·10만세사건, 1928년 영흥 반일농민폭동사건, 동년 원산 제네스트, 1929년 광주학생사건, 동년 단천 농민폭동, 1929년~30년 반일 부산 총동맹파업 등 일일이 매거할 수 없을 만큼 전국적인 반일운동이 연속적으로 일어났다. 기타 무수한 소작쟁의와 파업투쟁 등은 모두 조선인민들의 일본 통치에 대한 끊임없는 반항운동이었다.

더욱이 1931년 9·18사변, 1937년 7·7사변 또는 1941년 12월 8일에 개시한 태평양전쟁 등 일본제국주의 침략전쟁이 점차로 강행되던 때에 있어서는 놈들의 야만적 탄압과 반동이 그 극도에 달하였음에도 불구하고, 조선 인민들은 한시라도 적을 안심시키지 않았으며 끝까지 적과 타협할 줄 몰랐다. 다시 말하면 당시 일부 반동적 조선 토착자본가 및 지주들은 완전히 일제의 주구로서 그 반동성을 노골화하였고, 또한 일제의 탄압이 극심하였으나 그러면 그럴수록 조선 인민들의 반일사상은 더욱 더 앙양되었으며, 고도의 비밀형태인 반일운동으로써 적과 과감히 싸웠던 것이다. 즉 1930년 이후 1937년을 거쳐 태평양전쟁이 개시될 때까지에 전국적인 반일농민폭동 혹은 반일노동자동맹파업, 반일학생맹휴사건 등으로 조선 근로인민들은 일본제국주의 타도투쟁을 꾸준히 계속하여 왔다. 또한 1941년 태평양전쟁 후에는 놈들의 가혹한 억압 때문에 비록 전국적인 대규모의 군중을 동원하지는 못했으나마, 여전히 지하운동을 하였으며, 혹은 자연발생적인 폭동과 동맹파업 등 반일투쟁이 끊이지 않았다. 조선 인민들은 일본제국주의의 야만적 침략전쟁을 끝까지 반대하였고, 조선 민족해방을 위한 인민의 반일역량은 날을 거듭할수록 더한층 크게 자라나고 있었다.

그러나 국내운동은 적의 포악한 탄압 때문에 필연적으로 고도의 비밀적 지하운동으로 들어가게 되었다. 국내운동이 이와 같이 전변되는 대신에 국외 특히 만주에 있던 반일유격투쟁이 필연적으로 민족해방운동의 추진적 역할을 놀게 되었다. 김일성 장군을 □수로 한 중국 동북지방에 있어서의 반일유격전은 여기에서 길게 말할 것도 없이 조선 민족해방투쟁 사상에 거룩한 발자취를 남기었을 뿐만 아니라, 우리 민족의 영예를 끝까지 간직하고 민족해방운동의 원동력으로서 커다란 세계사적 의의를 가진 것이다. 근대 병법상에 있어서 유격전이라는 것은 일반의 상식적 판단과 같이 그렇게 단순한 것이 아니다. 그러나 김일성 장군의 빨지산 부대는 자국 영토도 아닌 이국지역에서, 자기 민족 환경도 아닌 외국 민족 환경 속에서, 더구나 일제가 그 정예를 세계에 자랑하던 백만의 관동군과 대전하여 그야말로 연전연승하였으니, 이것은 결코 우연한 일이 아니다. 이는 곧 재중(在中) 조선인민 수백만과 중국 피압박 인민들의 불꽃같은 반일사상의 구체적 표현이며, 김일성 장군이 곧 이 같은 인민의 의사를 대표하고 그들을 교육하고 훈련하고, 계속하여 그 튼튼한 토대 위에 무장한 유격대를 조직하였기 때문이다. 다시 말하면 반일유격전투에 있어서 김일성 장군은 북만의 최용건(崔庸健), 김책(金策) 등 혁명투사들과 항상 긴밀한 연락을 가지었고, 또한 재만 조선인민의 반일혁명역량을 총집결시켜서 반일민족통일전선인 조국광복회를 결성하였으며, 이 □□위에 세계사적인 의의를 가진 반일유격전을 10여 년이나 계속하였다. 더욱이 1937년 이후 국내 반일운동이 적의 가혹한 탄압 아래 부득이 최고도의 비밀적 지하운동태를 띠고 있을 때에 동북지방의 수백만 조선 인민들은 김일성 장군 영도 하에 더 한층 활발하게 직접 무력으로서 적과 싸웠으며, 일제 타도투쟁에 있어서 그 주동적 역할을 놀았던 것이다.

또한 이와 동시에 중국 화북 화중에 있는 20여 만 조선 인민들도 역시 동북의 김일성 장군의 빨지산부대에 호응하여 반일무력항전을 계속해 왔다. 특히 태평양전쟁 시기에 있어서는 중국 연안에서 반일민족통일전선인 조선독립동맹을 결성하였고, 그 산하의 조선의용군은 화북 화중을 중심으로 과감한 반일항쟁을 거듭하였으며, 조선 민족해방운동사상에 불멸의 공적을 남기었다. 이외에도 일본 혹은 미주 등지의 재외 조선 인민들은 그곳 인민들과 굳게 악수하고 끊임없이 반일투쟁을 계속해 왔다.

그러나 김구 이승만 등은 중국 혹은 미주에서 이 같은 재외 조선 인민들의 반일투쟁을 박해하였고, 그들은 오직 매국음모를 일삼고 있었던 것이다. 이와 같이 국내외 조선 인민들은 일제를 타도하고 새로운 민족역사를 창조하기 위하여 실로 반세기 동안이나 용감하게 싸웠으며, 무수한 피를 흘렸었다. 이 투쟁과정에 있어서 수백만 명에 달하는 검거 투옥을 보았고, 수만 명의 애국지사들이 무참하게도 놈들에게 학살당하였으며, 3천리 강토는 그야말로 피로써 물들였었다. 뿐만 아니라 장백산 줄기마다 혹은 만주 벌판 태백산맥에 피어린 자욱들은 영원히 사리지지 않을 것이다.

그런데 인민들의 조선민족해방을 위한 이같이 자기희생적인 피투성이의 전쟁이 끊임없이 계속되고 있을 때에 국내외의 반민족적 반동분자들은 무엇을 하였던가? 국내에서 조선 인민의 고혈을 짜서 배를 불리고, 조선 인민을 학살하고 조선 인민을 일본제국주의 침략전쟁에 몰아넣던 일제 주구인 친일분자들은 더 말할 것도 없고, 해방 후 입국하여 소위 자칭 지도자, 자칭 애국자 연하였고, 인민 앞에 군림하여 인민을 호령하였고, 오늘도 남조선 인민들을 못살게 굴고 있는 김구 이승만 등의 반동분자들은 해외생활 수십 년 동안에 과연 무엇을 했던가? 한마디로 표현하면 조선 민족을 위하여서는 단 한 가지도 일한 것이 없다는 것은 벌써 온 세상이 다 아는 바이다. 그들의 죄상은 이미 천하에 폭로되었기 때문에 여기에서는 더 길게 말할 것도 없지만, 그들의 유일한 사업은 오직 그곳 통치계급과 야합하여 해외 조선혁명투사들을 무고해서 학살한 것이었으며, 또한 조선 민족의 이권을 팔아서 사복(私腹)을 채우고 호의호식한 것이었다. 오늘날 그들의 매국적 최후 발악이 결코 우연한 것이 아니다.

셋째로, 조선의 해방은 어떻게 하여 이루어진 것인가? 또는 해방 이후에 있어서 조선 인민들은 어떻게 새로운 민족역사를 □□하였으며, 현재 이를 추진시키고 있는가에 대하여 언급해 볼까 한다. 한마디로 말하면 조선의 해방은 조선인민 자체의 주관적인 힘으로 이루어진 것이 아니라, 금차 대전에 있어서 국제연합국의 전승에 기인한 것이며, 특히 위대한 소비에트 군대의 대일전승에 의하여 비로소 조선은 해방된 것이다. 구라파에 있어서 저 희대의 반역아인 나치스 히틀러를 타도한 것도, 군국주의 일본을 격파한 것도, 반파쇼전쟁을 수년간이나 단축시키고 연합국에서 승리를 거두게 된 것도, 모두 다 소비에트 군대들이 결정적인 역할을 논 까닭이다. 만일 쏘련에서 금차 대전에 참가하지 않았더라면, 세계 파시스트를 타도하지 못하였을 것이고 따라서 조선의 해방은 어려웠을 것이다. 다시 말하면 유사 이래로 처음인 금차 대전에 있어서 연합국 인민들은 무려 수천만의 피를 흘렸던 것이며, 그 중에서도 소비에트 인민들이 절대다수의 희생을 당하였고 이 같은 막대한 희생의 결과로 전 세계 인민들은 독, 이, 일의 파시즘으로부터 해방되었으며 따라서 조선 민족도 일제의 기반으로부터 벗어나게 된 것이다.

물론 위에서 말한 바와 같이 근 반세기 동안이나 조선 인민들은 일제와 싸웠으며, 무수한 피를 흘려온 것이 사실이다. 그렇기 때문에 전 세계 인민들은 일제의 갖은 역선전에도 속지 않고 조선 민족의 존재와 그 건투를 의심하지 않았으며, 대전 중에 벌써 소련을 비롯한 국제연합국들이 조선의 해방을 보장하게 된 것이다. 그러나 조선 인민들의 이 같은 반일투쟁의 역량은 일제라는 강적을 넘어뜨릴 만한 그러한 결정적인 힘은 되지 못하였던 것이다.

여하간 이 같은 해방의 성격을 띠고 드디어 1945년 8월 15일 조선 민족 사상에 신기원을 지은 획기적인 8·15해방의 날은 닥쳐왔다. 3천만 조선 인민들은 그 무엇이라고 형언할 수 없는 환희와 감격 속에 이 날을 맞이하게 되었으며, 전 조선은 마치 용광로와 같이 뒤끓었던 것이다. 그러나 이러한 반면에 반민족적 친일분자들에게는 8·15해방이란 그야말로 청천벽력이었고 그들에게는 사형선고의 날이었으며, 그들은 어찌할 바를 몰라 쥐구멍을 찾아 해매었다. 이렇듯 8·15는 인민과 반동분자와를 뚜렷하게 갈라놓았으며, 인민은 새 세기를 창조하기 시작하였고 반동분자들은 사멸의 날이 두려워서 오직 장탄식을 거듭하였을 뿐이었다. 국내 반일애국투사들은 감옥에서, 지하실 속에서, 공장에서, 농촌에서, 거리에서, 일제히 해방의 태양이 눈부시게 빛나는 광명한 천지 위에 나타났으며, 국외에 있던 혁명 투사들 역시 속속 입국하였다. 인민은 그들을 최대의 존경과 환호 속에 맞이하였으며, 곧 그들의 지도하에 밤낮을 가리지 않고 새로운 민주조선 건국사업에 착수하였다.

해방된 직시(直時)로 전 조선 인민들은 "모든 권력은 인민에게로"라는 구호 밑에 자기의 창발성을 고도로 발휘하여 인민의 정권인 인민위원회를 불과 반삭 미만에 전국 각지에 조직하였으며, 건국의 터전을 착착 닦기 시작하였다. 인민들의 불꽃같은 건국의욕은 결코 돌발적인 사실이 아니다. 그는 조선 근대 사회사상에 있어서 1894년 농민전쟁을 비롯하여, 일제시대에 있어서의 3·1운동과 또는 그 후 근로인민을 주동력으로 한 무수한 반일민족해방운동을 통하여 조선 인민들은 부단히 단련되어 왔던 것이며, 이러한 혁명적 전통을 가진 인민들의 반일민주역량은 곧 해방 후 건국사업에 나타나게 된 것이다. 그리하여 해방된 조선 인민들은 그 몸서리나는 참담하던 과거의 망국 노예생활을 이따금 회상할 때마다 더 한층 분발하여 민주적 조국재건운동에 침식을 잊어버리고 열성적으로 사업하였다.

그러나 인민들의 이 같은 고도로 앙양된 건국의욕은 그 후 38선을 계선으로 하여 남조선에서만은 이를 억압당하였던 것이 사실이다. 다 아는 바와 같이 북조선에 진주한 쏘련군은 주권을 직시 조선 인민에게 넘기고 여러 가지로 조선의 민주주의적 발전을 방조해 주었다. 이와 반대로 남조선에서 8·15 직후 쥐구멍을 찾던 반동적 친일파 민족반역자들이 권력을 잡게 되었으니, 따라서 남조선 인민들은 초보적 민주주의 권리조차 박탈당하였으며, 또다시 일제시대와 다름없는 불행한 처지 위에서 여전히 착취와 억압과 학살을 당하게 되었던 것이다. 그러나 남조선 인민들은 절대로 적 앞에 굽히지 않았으며, 단 한 걸음이라도 적 앞에서 물러나지 않았으며, 적의 탄압이 가혹해지면 질수록 인민들의 애국적 투쟁의식은 그와 정반비례로 더욱 더 앙양되었으며, 피로써 그들과 싸웠던 것이다. 조선 민족해방운동사상에 찬연히 빛나는 저 위대한 작년 10월 인민항쟁은, 금년 3월 24시간 총파업 등은, 웅변으로 이를 입증하는 것이다. 뿐만 아니라 수만 명 애국지사들이 검거 투옥되고, 수많은 투사들이 적의 야만적 테러에 넘어질 때에 그때마다 그러면 그럴수록, 인민들은 더한층 과감하게 적과 싸웠으며, 오늘도 여전한 반동의 광란 속에서 피투성이의 투쟁을 계속하고 있는 것이다. 조선 인민들은 한번 해방된 민족이 절대로 또다시 식민지화하지 않을 것을 굳게 믿고 있다. 또한 역사는 항상 전진하는 것이 철칙이며, 동시에 역사의 기본 추진력은 인민이라는 것과 인민만이 역사를 전변시킨다는 만고불변의 진리를 굳게 믿고 있으며, 그들은 이 진리를 위하여 목숨을 아끼지 않고 영용하게 싸우고 있다. 그렇기 때문에 그들은 언제나 북조선과 같은 민주개혁에 의한 진정한 민주주의적 자유와 해방을 강력히 요구하고 있는 것이다. 그리하여 남조선 인민들의 민주주의 역량은 날로 장성하여 글자 그대로 압도적인 우세를 점위하고 반동분자들의 최후 발악을 무찌르면서 새로운 민족역사 창조의 기초를 튼튼히 닦고 있다.

그러면 다 같이 해방된 북조선 인민들은 어떻게 민주주의적 새 조선을 건설하고 있는가? 두말할 것도 없이 조선민족의 원수인 친일파 민족반역자를 철저히 숙청한 후 진정한 민주주의적 온갖 자유를 향유하고, 행복된 생활 가운데서 세계사상에 빛나는 허다한 민주과업들을 이미 승리적으로 완수하였다. 뿐만 아니라 이 같은 경이적인 성과를 더한층 공고히 하고 새로운 발전을 촉진시키고 있다. 그리하여 벌써 조선민주주의인민공화국 창건의 그 기본토대를 구축하여 놓았으며, 오늘 북조선 인민들의 위대한 민주건설은 곧 조선의 장래를 측량하는 척도이다.

작년 2월 8일의 역사적인 북조선임시인민위원회의 성립과 3월의 토지개혁, 6월의 노동법령, 7월의 남녀평등법령, 8월의 중요산업 국유화, 11월의 도·시·군 인민위원회 위원선거, 금년 2월의 그야말로 수천 년 조선민족사상에 처음인 북조선인민회의의 창립 및 북조선인민위원회의 발전적 창건과 리(동)인민위원회 위원선거, 3월의 면인민위원회 위원선거 등등의 세기적인 민주 제 과업에 대해서는 여기에서 새삼스럽게 말할 것도 없이 종래에 갖은 착취와 억압과 천대를 받아 오던 근로인민들의 무진장한 민주역량의 구체적 표현이며, 그들의 위대한 창발력에 의하여 이루어진 것이다. 다시 말하면 민주정치의 실시는 인민역량의 구체적 표현이고 민주경제는 인민역량의 물질적 기초이며, 민주문화는 인민의 힘으로 되는 현대적 민족문화의 근간이다. 이 같은 민주건설의 경이적 성과 위에 인민정치의 물질적 기초를 더한층 공고 발전시키기 위하여 1947년도 인민경제계획을 수립하여 방금 전체 인민들의 끓어 넘치는 애국심으로 그 초과달성에 용왕매진하고 있음에 대하여서는 또한 말할 것도 없다. 여하간 해방 후 불과 2년이라는 가장 짧은 역사적 시일에 세계사상에 빛나는 이 같은 북조선 민주건설의 승리는 그 어느 것을 막론하고 인민들의 위대한 힘의 결정이 아닌 것이 없다. 이는 곧 인민들 자신이 역사를 전변시킨 것이며, 새로운 민주주의 민족역사를 창조한 것이다. 뿐만 아니라 방금 이를 더 한층 발전시키고 있는 것이다.

오늘 1,300만 북조선 인민들은 정치 경제 문화 등 모든 방면에 있어서 완전히 조선의 주인공 노릇을 하고 있다. 또한 그들은 전 세계 민주주의 인민들과 굳게 악수하고 새로운 세계사를 꾸미고 있다. 그러면 대체 이것은 무엇을 의미하는 것인가? 두말할 것도 없이 역사를 전혀 위인과 영웅의 활동으로서만 설명하고 있던 종래의 반동적 사학가들의 기만성을 여지없이 폭로한 것이며, 역사는 결코 개인의 힘과 관념적인 사유에 의하여 움직여지는 것이 아니라, 일정한 역사발전법칙에 따라 인민들이 역사를 전변시키는 것이며, 인민의 힘으로 추진된다는 것을 웅변으로 입증한 것이다. 세계사적으로 허다한 혁명의 성공은 오직 인민의 힘으로 이루어졌고, 저 위대한 러시아 10월혁명의 승리 및 사회주의사회의 건설, 특히 금차 반파쇼 세계대전에 있어서의 소비에트 인민과 전 세계 근로인민들의 위대한 역할이 곧 그것이고, 또한 대전(大戰) 후 북조선과 동구라파 각국의 민주건설을 비롯한 세계 민주주의역량의 급속한 성장이 이를 여실히 증명하는 것이다. 실로 인민의 힘이란 이렇게도 위대한 것이며, 인민을 떠난 역사발전이란 있을 수 없는 것이다.

그러나 이와 동시에 우리는 역사발전에 있어서 탁월한 지도자의 역할을 잊어서는 안 될 것이다. 일정한 역사발전의 객관적 합법칙성 위에 능동적으로 활동함으로써 인민을 교육하고 조직하며, 이를 옳은 방향으로 이끌고 나가는 특이한 지도자의 올바른 영도 하에 인민들이 굳게 단결하고 인민들 자신이 적극적으로 지도자의 가리키는 민주주의노선을 향하여 전진하는 데 있어서만이 인민의 역량은 최고도로 발휘되는 것이다. 따라서 역사는 인민의 손으로 전변되고, 인민의 힘으로 전진시키는 것이다. 이 같은 지도자는 반드시 인민대중 속에서 나타나는 것이며, 인민의 이익을 누구보다 가장 충실히 □□한다는 것을 직접 인민들 자신이 이를 검열한 결과에 비로소 인민이 스스로 추대하는 지도자라는 것은 물론 말할 것도 없는 일이다.

오늘 우리 북조선에 있어서 위대한 애국자이며 조선 민족의 영명한 영도자이신 김일성 장군의 올바른 지도가 만일 없었더라면, 이처럼 빛나는 민주건설의 승리는 거두기 어려웠을 것이라는 것은 이미 의심할 여지도 없다. 저 위대한 레닌을 떠나서 러시아 10월혁명을 논할 수 없으며, 스탈린을 떠나서 러시아 사회주의건설과 반파쇼 세계대전의 승리를 □ 수 없듯이, 김일성 장군을 떠나서 새로운 조선역사의 창건을 운위할 수 없는 것이다. 조선사회 발전의 역사적 성격을 누구보다도 가장 □□하게 인식하고, 조선 민족해방의 고뇌를 단축시키고, 조선사회의 발전을 조속케 하기 위하여 장군이 얼마나 위대한 역할을 놓았으며, 현재에 또한 놓고 있는가에 대하여서는 여기에서 더 깊게 말할 필요가 없을 것이다. 김일성 장군은 항상 인민대중과 굳게 연결되어 있으며, 누구보다도 가장 충실하게 인민의 이익을 옹호하고 인민에게 복무하고 있기 때문에 인민은 스스로 조선민족의 유일하고도 위대한 영도자로 추대한 것이며, 그 주위에 한결같이 굳게 뭉치어 새로운 민족역사를 창조하고 있는 것이다. 이와 같이 인민은 자기 역사를 스스로 만든다. 그러나 일정한 역사발전법칙을 떠나서는 이를 말할 수 없으며, 또한 인류사의 객관적 진행과정을 정확하게 과학적으로 인식하고 인민을 옳게 조직하여 동원하는 탁월한 영도자의 지도하에서만이 인민은 자기 역할을 다하게 되는 것이다. 따라서 이 같은 역사행정에 있어서 인민은 스스로 자기 역사를 만들게 되는 것이며, 동서고금의 역사가 이를 증명하는 바이다.

조선 민족 최대의 명절인 8·15 해방 제2주년 기념일을 북조선 인민들은 성대하게 맞이하였었다. 오늘 3천만 조선인민들의 위대한 민주역량은 쏘미공동위원회 사업을 방해하고 있는 친일파, 민족반역자, 일본 잔재분자 등의 매국적인 모든 시련을 □□해 가면서 쏘미공위 사업을 적극적으로 지지하고 있다. 조선 민족의 숙망인 조선민주주의인민공화국 임시정부는 반드시 □□되고야 말 것이다. 이같이 중대한 역사적 순간에 있어서 우리는 어떻게 해야 할 것인가? 두말할 것 없이 애국적인 3천만 조선인민들의 책무는 더 한층 클 것이며, 이때야말로 그 무진장한 민주역량을 남김없이 발휘함으로써 최후의 승리를 전취해야만 할 것이다.

다시 말하면 작년 8·15해방 기념일에는 우리는 무엇보다도 쏘미공위의 급속한 재개를 위하여 싸울 것을 굳게 맹세하여야 할 것이다. 그 후 1년을 지낸 오늘에 이르러 북조선 민주건설은 더한층 비약적 발전을 이루었으며, 남조선 민주역량은 □□□□과의 피투성이의 투쟁을 통하여 급속한 템포로 장성하였다. 이 같은 남북조선의 강력한 인민의 노력으로 지난 5월 21일부터 쏘미공위는 재개하게 된 것이며, 이 같은 정세 하에서 우리는 이미 8·15 해방 2주년 기념일을 맞이하였었다. 이□에 있어서 조선 민족의 숙망인 민주주의인민공화국 수립의 날을 좀 더 단축시키고 하루바삐 민족역사를 새로운 단계 위에 올려놓으려는 중대한 사명의 완수는 오직 전체 인민들의 반동파들과의 투쟁 여하에 달려 있는 것이다. 북조선 인민들은 □□□□□으로 민주건설을 더한층 공고 발전시킴으로써 반동분자들의 파괴공작을 분쇄해야 할 것이고, 남조선 인민들은 더 한층 굳게 결속함으로써 반동파들의 최후 발악을 무찔러 버려야 할 것이다. 그리하여 남북 조선 3천만 인민들은 조선민족의 위대한 영도자 김일성 장군 주위에 더욱 굳게 뭉치어 하루바삐 통일된 민주주의인민공화국 임시정부 수립을 위하여 최대의 노력을 다해야만 할 것이다. 조선 민족 역사발전의 역사는 오직 인민들 자신이 가지고 있으며, 공위사업의 정체(停滯)도 인민들의 단결된 위력으로서만이 일소할 수 있는 것이다. 인민은 역사의 기본 추진력이다. 오늘 조선의 민주적 완전 자주독립은 오직 위대한 인민의 힘에 의하여서만이 전취할 수 있는 것이다. 역사발전을 역행시키려는 반동분자들은 머지않아 지구상에서 없어질 것이고 □으로의 세계는 반드시 인민의 것이 될 것이다.

『근로자』 제9호(1947년 9월); 國史編纂委員會 編, 『北韓關係史料集』 43(2004), 499-513쪽.

5. 3·1운동 30주년에 제하여

1

3·1운동의 역사는 이미 30주년이 되었다. 과거 일제 지배하의 조선에서는 3·1운동의 경험 교훈을 대중 속에 넓게 선전할 수 있는 언론자유가 없었다. 따라서 3·1운동의 역사적 의의를 옳게 평가한 역사적 문헌도 별로 없었다.

8·15해방 이후 비로소 매년 성대히 거행된 3·1기념행사를 계기로 하여 고귀한 기념논문들이 많이 발표되었다. 그리하여 3·1운동에 대한 역사적 교훈은 광범한 대중 층에 깊이 침투되었다.

그러나 3·1운동을 평가 이해하는 문제에 있어서 아직도 일부에서는 정당한 견해를 가지지 못하고 있는 것이 사실이다. 말하자면 어떤 사람들은 3·1운동사를 당시 독립선언서에 서명하였던 33인의 역사로 대체하려고 시도하였다. 또 어떤 사람들은 3·1운동사를 어느 종교단체 지도인물들의 역사로 전도(顚倒)하려고 시도하였다. 이러한 사실들은 "영웅이 역사를 창조한다"라는 반인민적인 관념파적 사가들이 항상 범하고 있는 오류인 것이다.

그뿐만 아니라 반동사가들은 3·1운동이 일어난 원인에 대하여 당시 조선사회의 식민지적 정치 경제조건과 광범한 애국인민들의 반일혁명정세를 사상(捨象)해 버리고 소위 윌슨의 '민족자결론'과 '파리 강화회의' 등 객관적 추동에 의하여 일어난 것같이 설명하였다. 이러한 논법은 의식적이거나 무의식적이거나를 불문하고 독립운동이 폭발된 주요한 내재적 조건을 부정하는 반면에 윌슨 '민족자결론'의 반동적 기만성과 '파리 강화회의'의 식민지 재분할운동을 은폐하려는 제국주의의 대변자가 아닐 수 없는 것이다.

일찍이 우리들은 인민사적(人民史的) 입장에서 3·1운동의 역사적 의의를 고찰하였고 동시에 조선 민족해방운동의 역사적 발전형태로서의 3·1독립운동을 평가하였다.

금일 우리들은 신민주주의 사회의 높은 역사계단에서 3·1운동 30주년을 맞이하면서 거족적으로 전개되었던 3·1운동의 역사적 의의와 경험 교훈을 재음미할 필요가 있다고 생각한다.

이러한 관점에서 3·1운동사를 옳게 비판하기 위하여 조선에 대한 일본침략사와 시기를 같이한 조선 인민의 반일운동사를 고찰하여야 할 것이다.

1875년에 조선 영종도(永宗島) 수군(水軍)은 일본 군함 '운양호'를 포격하였다. 이때로부터 조선 인민은 일본침략자와 항쟁을 개시하였다. 1876년 3월에 봉건 양반관료들은 반국가적인 조일(朝日)강화조약을 체결하고 드디어 부산 인천 원산 3항을 개방하였다. 이때로부터 일본 침략세력은 공공연하게 조선 해안도시에 투족하기에 이르렀다.

이래로 일본 침략세력은 조선 내에서 점차 확대되어 왔으니 1882년 2월 임오군란 후에 '조일제물포조약'에서 일본은 조선에 대하여 주병권과 시장개설권을 얻게 되었고, 1884년 10월의 갑신정변 후에 체결한 '한성조약'에서 일본은 조선의 조관(朝官) 친일분자와 제휴하여 만청(滿淸)세력의 견제책을 꾀하여 왔으며, 1894년 2월의 갑오농민전쟁 시에 일본은 조선에 출병하여 무장간섭으로써 진보적인 농민전쟁을 억압한 후에 또 청일전쟁을 일으켜 조선 내의 청국군대를 압록강 밖으로 내몰았다. 그리하여 일본은 '청일마관조약'에서 "조선의 독립국임을 확인한다"라는 구실로 종래의 조청(朝淸)관계를 청산케 하고 조선에 대한 특수적 지위를 전취하였다.

그 후 1904년 아일(俄日)전쟁에서 일본은 전승국의 지위로서 한국정부를 핍박하여 망국적인 을사(乙巳)5조약과 정미(丁未)7조약을 체결하고 드디어 1910년 8월 29일에 소위 '경술병합'을 단행하니 이로써 이씨조선은 역년 519년으로 종막을 고하게 되었다.

조선망국사에 비춰 볼 때 1876년 '병자강화조약'으로부터 1910년(실제로는 1905년 '을사5조약'까지) '경술병합' 전기까지의 조선사회는 일본 침략세력의 영향 하에서 반식민지화의 역사계단에 처하였다. 이 시기 내에서 이조 통치계급은 사회발전의 질곡으로서 반봉건운동의 투쟁대상이었고 동시에 그들은 매국적 관료층으로서 애국인민의 적이었다.

역사적으로 말하면 이조 중엽(임진왜란 전후) 이래로 쇠국민약(衰國民弱)의 장본인 노론(老論) 소론(少論) 남인(南人) 북인(北人) 등 소위 4색당쟁을 일삼아 오던 통치계급-양반 관료배들은 이조 말엽에 와서 친청, 친일, 친아로 외국 침략세력과 호응 결탁하여 가렴주구(苛斂誅求)와 사권쟁세(私權爭勢)로 국가 전도와 민족의 장래는 돌보지 않고 내분을 확대하며 외모(外侮)를 조장하여 마침내 국가주권을 상실하고 민족의 자립을 실추(失墜)하였다.

이와 같이 봉건조선이 반(半)식민지화의 역사계단에서 망국 전기에 일어난 애국운동은 당시의 주관적 형편과 객관적 정세에 조응(照應)하여 반봉건(反封建) 반침략이 당면적 투쟁과업이 아니 될 수 없었다. 역사적 실례를 들어 말하면 1882년에 폭발한 임오군란은 양반 관료정치에 대한 군대의 반항이었고 동시에 반일운동이었다. 1884년에 일어난 갑신정변은 수구당파에 대한 개화당파의 투쟁이었고 반청(反淸)운동이었으며, 1894년에 전개된 갑오농민전쟁은 반봉건적 개혁운동이었고 반일반청적(反日反淸的)인 반침략운동이었다.

그러나 갑오농민전쟁이 실패로 된 이후 조선사회의 객관적 정세는 더욱 불리하게 되어 특히 일본 침략세력은 급격한 공세로 한국정부에 향하여 '인재등용, 재정정리, 재판공정, 군경(軍警)충실, 학제완비' 등의 미명 하에 5개조를 제출한 것을 비롯하여 내정간섭이 날로 더하였고, 이어 조선 내에서 친청 친일 친아의 분쟁으로 영일(寧日)이 없었다. 드디어 아일전쟁을 계기로 하여 일본이 동방패권을 잡게 됨으로부터 조관정신(朝官廷臣) 등 양반 관료배들은 쟁선적(爭先的) 친일로 매국노의 역할에 광분하였다.

이러한 주객관적 정세 하에서 갑오 이후에 전개된 애국운동은 독립협회의 개혁운동으로부터 말할 수 있다. 즉 독립협회는 1896년에 설립되어 애국사상 계발(啓發)운동을 전개하여 왔다. 본래 독립협회가 창립 초에 있어서는 미국 유학으로부터 돌아온 신사벌(紳士閥)의 영향을 받아서 숭미(崇美)경향이 없지 않았으나, 이 협회 내에서 신진 소장파들이 대두되고 노신사벌(老紳士閥)들이 물러간 후로 내정개혁운동이 격화되고 반일, 반아운동이 전개됨을 따라 실효 있는 애국단체로 되었다. 그리하여 독립협회는 내정개혁을 강조하여 때로는 관문전(關門前)에 진집(進集)하여 조관정신(朝官廷臣)의 비행을 적발 통격한 일도 있으며, 때로는 종로 가상에 회집하여 정부의 부패 무능을 탄핵(彈劾)한 일도 있었다. 독립협회는 이같이 민중의 애국심을 발동하여 반인민적인 양반 관료들과 투쟁하여 오던 차에 집정 관료배의 탄압과 모해를 입어 한때에는 중요 인물들이 경무청에 체포되었으며, 또 다른 한때는 이조 안 특수상인인 보부상으로 조직된 반동파들과의 피의 투쟁을 전개한 일도 있었다. 그러나 독립협회는 결국 여러 가지 불리한 조건 때문에 해산되고 말았다.

독립협회의 뒤를 이어 당시 애국지사들은 헌정(憲政)연구회도 조직하였고, 대한자강회(大韓自强會)도 조직하여서 매국적 친일분자들로 조직된 일진회에 대항하여 싸웠으나 결국 조관 친일파의 탄압을 입어 해산되었고, 그 후 대한협회가 조직되었으나 역시 일본 침략세력의 탄압으로 더 진전되지 못하고 말았다.

특히 강도 일본침략자의 강압 하에서 1905년 11월 17일 '한일을사 5조약'이 체결되어 일제의 통감정치가 실시되고 1907년 7월 20일 '한일정미 7조약'이 체결되어 국왕의 양위를 선포하며 한국군대의 해산을 강요하니 이에 반대하여 군대의 반항운동이 격기하자 그에 호응하여 각 지방에서 의병운동이 봉기되어 5년간이나 계속되었다.

이와 같이 망국 전기에 있어서 조선 인민의 애국운동은 반(反)식민지화의 역사계단에서 반봉건 반침략운동의 역사적 임무를 과감하게 수행하여 왔다. 그러나 당시 애국운동은 경제적 정치적으로 조선사회의 역사계단과 주객관적 정세를 정확히 분석하고 올바른 전술로써 조직적인 투쟁을 전개하지 못하고, 자연발생적인 비조직적 형태로써 기분적이며 관념적인 투쟁에 그치고 말았다. 이러한 현상은 반일 의병운동에서도 그러하였고 애국문화운동에서도 그러하였다.

그뿐만 아니라 망국 전기에 애국운동에 있어서 가장 큰 결점은 독립운동 진영 내의 분파적 대립이었다. 특히 기호파 서북파 등등의 호상 대립 반목은 소위 민족주의자 진영 내에서 긴 시간에 긍하여 국내외에서 독립운동을 분열시킨 최대의 악현상으로 지속되었으니 이는 마땅히 우리들에게 아픈 경험 교훈이 되어야 할 것이다.

2

1910년 8월 29일 조선은 일본제국주의의 독점적 식민지로 전변되었다. 이래로 조선에 대한 일본제국주의의 식민지정책은 철두철미하게 억압적이고 약탈적이며 야만적이었다.

1910년으로부터 1919년에 이르기까지에 일본제국주의의 조선에 대한 식민지정책의 특징은 경제적으로 토지수탈과, 정치적으로 무단정치와, 문화적으로 노예교육이었다.

이 시기에 있어서 조선에 대한 일본제국주의의 경제정책은 조선민족경제의 기본 토대를 구성하고 있던 토지수탈을 주안하고 아울러 온갖 방법으로 조선 민족경제의 파멸정책을 자행하여 왔다. 예를 들면 1910년 9월~1918년 11월 즉 8년 2개월에 긍하여 전국 토지조사사업 실시로서 조선의 궁장토(宮庄土) 역둔토(驛屯土) 미간지(未墾地) 간사지(干潟地) 등 880만 1,513정보를 소위 '국유지'라는 명목으로 조선총독부가 강제적으로 소유하였고, 그와 병진하여 1912년에 '조선민사령', '부동산등기령', '부동산증명령' 등 각종 법령을 제정하여, 특히 자본주의적 사유제에 대한 법률관념이 미숙한 조선 농민의 토지를 잔인한 방법과 기만적 수단으로 무자비하게 약탈하였다. 그뿐만 아니라 일본제국주의는 '지세증가정책', '고리대정책,' '산미증식정책', '미곡염가정책' 등 기타 악랄한 방법으로써 조선 농민의 토지를 대량적으로 수탈하였다. 그 결과 1915년으로부터 1919년에 이르는 동안에 각 층 농호의 증감(增減)적 경향을 대비하여 보면 1915년에 자작농이 570,380호였던 것이 1919년에 와서 525,830호로서 44,550호가 격감되었고 자작 겸 소작농이 1,073,838호였던 것이 1,045,606호로서 28,232호거 격감되었으며 소작농이 945,389호였던 것이 1,003,003호로서 57,614호가 격증되었다.

위에 인용한 숫자는 일본제국주의의 조선 토지수탈과정에서 자작농과 자작 겸 소작농이 순소작농으로 급격하게 전락되어 온 그 경향과 현상을 입증하는 것이다. 또 그 기간 내에 있어서 지주가 39,045호였던 것이 90,376호로서 51,331호나, 즉 배 이상으로 증가된 사실은 소수 지주에게 토지 겸병 및 집중되어 온 현상을 증좌할 뿐만 아니라, 그는 일본인 지주의 격증과 투지수탈의 중추기관인 동양척식회사의 토지수탈적 집중을 여실히 설명하는 것이다.

일본제국주의는 토지수탈정책과 병진하여 공업방면에 있어서 소위 '회사령'을 제정하여 조선 민족산업 발전을 억압하며, 관세정책으로 조선인 상인에 대하여서는 제 외국과의 무역활동을 제한하고, 일본 본토 내의 상품을 무제한하게 조선 내에 수출하여 도시 및 농촌의 소생산자의 파멸을 촉진시켰다. 동시에 식산은행, 조선은행 등 금융기관의 설치로써 조선인 자본가를 예속적으로 통제하였으며, 전 조선적으로 금융조합을 조직하여 반약탈적 방식으로 농업경제의 파산을 도모하였다. 그리하여 조선 민족경제는 여지없는 파멸상태에 직면하게 되었던 것이다.

이 시기 내에 있어서 조선에 대한 일본제국주의의 정치추향은 군국주의적인 헌병경찰제의 무단정치를 실시하였다. 그리하여 소위 역대 조선총독은 육해군 대장으로 임명하고 그에게 입법 사법 행정 군사 등 일체의 권한을 부여하였으며 따라서 헌병사령관으로써 경찰부총감을 겸임케 하고 각 도 헌병대장으로 경찰부장을 담임케 하여 헌병경찰의 군정제도로써 식민지 조선통치를 감행하여 왔다.

이와 같이 일본제국주의는 식민지통치의 야만적 폭압수단으로 1907년에 제정한 보안법 채용을 비롯하여 1910년 8월 29일에 발표한 '제령'(制令), '출판법', '집회취체법' 등의 악법으로써 조선인의 언론 출판 집회 결사의 자유를 완전히 금지하고 망국 전후기에 있어서 전국적으로 발동되어 오던 반일의병운동과 광범한 인민 층으로부터 일어난 반일애국운동을 무력적 도살방법으로써 잔인하게 진압하였다.

이 시기 내에 있어서 조선에 대한 일본제국주의의 교육방침은 노예화정책인 '교육령'을 발표하고, 각종 학교에서 조선역사 조선말 조선글 등의 교수제를 완전히 폐지하고, 민간경영의 사립학교와 민족대학의 설립은 불허하며, 조선 청년의 외국유학을 제한하고, 노동자 농민의 야학을 금지하며, 심지어 조선인의 과학연구와 국제문화교류의 자유까지 박탈하는 등으로써 야만적인 노예교육망을 확장 강화하였다.

그리하여 망국 후 10년간에 있어서 일본제국주의는 조선을 자기의 상품수출지, 자본투자지, 원료채취지로서의 착취적 식민지화하여 왔고 대륙침략의 병참기지로서의 군사적 식민지화하였으며 일본인을 조선에 이주시키는 것과 조선인을 국외로 추방하는 정책으로서의 이민적 식민지화를 강행하였다.

이제 망국 직후에 있어서 조선독립운동의 발전형세를 말하면 야만적인 일본제국주의의 식민지 사회조건 하에서 경제적으로 파산당한 농민과 노동자와 도시 및 농촌의 광범한 소생산자의 반일(反日)대중 토대 위에서 애국적인 지식층과 학생 군중이 열성적으로 독립운동에 참가하여 반일투쟁을 전개하여 왔다.

당시 애국운동의 조류는 망국 전후기에 일어났던 반일의병운동이 비참하게 진압된 후로 애국적인 계몽사상운동이 광범하게 전개되어 반일사상을 고취함으로써 반일 반봉건적인 독립운동의 전망을 촉진하여 왔다. 물론 이때에 있어서의 애국운동은 노동자 농민의 경제생활투쟁과 깊은 연결을 가지지 못하고 다만 지식층의 영역에 국한되었던 것이 사실이다.

그러나 1914년에 발단되었던 제1차 세계대전이 종식되고 1917년에 위대한 러시아 사회주의 10월혁명이 승리를 가져오게 되자, 마침내 세계 자본주의체계는 붕괴를 개시하였고 따라서 국제혁명정세는 급격히 앙양되었다.

이러한 객관적 정세 하에서 나라 없고 자유 없고 굶주리고 헐벗는 망국노생활로 갖은 박해와 온갖 모욕을 무한히 당하여 오던 조선의 광범한 애국적 근로인민과 애국지사들은 10년 동안이나 망국노생활에 사무친 원한과 분노를 가슴 속에 깊이 새겨 왔으며, 따라서 일본제국주의의 조선통치에 대한 불같은 증오심은 가일층 높아지고 있었다. 그러던 차에 1919년 1월 22일 덕수궁에 유폐되어 있던 고종이 일제의 모해를 입어 죽은 사실이 세간에 알려지게 되고, 그보다도 동년 2월 8일에 일본 동경에서 유학하던 조선유학생들이 집합하여 조선독립선언서를 발표하고 시위운동을 진행한 사실이 조선 국내에 전달되자, 이에 따라 곧 일반사회 인심은 매우 긴장해지고 반일기세는 어떠한 힘으로도 막을 수 없으리만큼 고도로 앙양되었다.

이 같은 주객관적 정세 하에서 드디어 1919년 3월 1일에 손병희 한용운 이승훈 등 33인이 조선독립선언서를 공포하게 되고, 그 날 서울시에서 30만 반일군중이 동원되어 독립운동 시위행렬을 거행하게 되었다. 이것을 계기로 독립운동은 전국적으로 전개되었고 시위운동은 전국 방방곡곡에서 봉기하였다. 그리하여 3·1운동은 3개월간이나 계속되었고 이 운동에 참가한 동원수 150여만 명, 피살자 6,670명, 피상자 14,610명, 투옥자 52,770명 등이었다.

그리고 3·1운동에 참가한 군중을 사회적 계급층별로 보면 당시 조선사회의 역사발전의 제약성에 의하여 그 주동적 역할을 논 것은 농민을 위시하여 노동자 소시민 학생 등의 광범한 인민대중이었으며, 또 이 운동의 준비과정에 있어서의 지도층은 33인을 비롯하여 일부 지식층이었다.

즉 3·1운동은 거족적으로 전개된 조선인민들의 영웅적 해방투쟁이었다. 해방과 독립을 쟁취하려는 각계각층의 광범한 애국인민들의 장렬한 시위운동은 요원의 불길처럼 나날이 확대되어 갈 뿐이었다. 일제의 헌병과 경찰의 총칼도 고도로 앙양된 인민들의 애국적 투쟁심은 꺾지 못하였다. 오히려 일제의 야만적 폭행이 심하면 심할수록 인민들의 반항적 적개심은 더욱 강렬하였다. 따라서 이 운동은 국내에 국한된 것이 아니고 연해주 만주 상해 일본 등 해외 각지에서 장엄하게 전개되었던 것이다. 특히 만주지역에서의 3·1운동은 시위에 그친 것이 아니라 조국독립의 무장투쟁에로까지 추진되었던 것이다. 이리하여 3·1운동은 러시아 10월 혁명의 위대한 승리의 뒤를 이어 소련을 선두로 한 세계 무산계급 해방운동의 영도적 영향 밑에서 세계 피압박민족 해방운동 진영 내의 1개 대열로서 반제투쟁 임무를 이행함으로써 영광스러운 역사를 가지게 되었다.

이러하였음에도 불구하고 결국 3·1운동은 실패를 보게 되었다. 3·1운동의 실패된 원인을 구명하여 본다면,

첫째, 제국주의시대에 와서 식민지해방운동의 승리적 보장은 무산계급의 영도적 역할에 있는 것이다. 그러나 3·1운동 시기의 조선무산계급은 식민지 반봉건사회의 제약성으로부터 투쟁역량이 유약하였다. 따라서 당시 무산계급은 민족해방투쟁에 있어서 이론적 실천적으로 영도적 역할을 놓지 못하였다. 이러한 조건은 3·1운동이 실패된 주요한 원인의 하나로 될 수 있는 것이다.

둘째, 3·1운동에 참가하였던 각계각층의 광범한 군중들은 투쟁적이었으며 또 혁명적이었다. 그러나 33인을 비롯한 지도층들은 지도역량이 극히 미약하였다. 그들은 독립운동의 목적을 달성하기 위한 하등의 투쟁강령도 수립하지 못하였고 하등의 지도역량도 조직하지 못하였다. 다만 3월 1일에 한한 시위운동만을 계획하였을 뿐이었다. 그들은 무내용한 정의 인도의 술어만을 나열한 공허(空虛)한 선언서를 발표하고 어리석게도 적의 복마전(伏魔殿)인 왜성대에 자진(自進)하였다. 본래 33인을 위시하여 구성된 3·1운동의 지도층은 거의 전부가 소자산계층의 지식

분자들이었으며 거의 전부가 낙후한 종교단체의 지도인물들이었으며, 또 그들은 구시대의 인도주의자들로써 비투쟁적이며 관념적인 독립운동자들이었다. 민족해방투쟁 진영 내에서 지도층의 이와 같이 무능한 조건은 3·1운동이 실패된 원인의 하나였다.

셋째, 일본 자본주의는 제1차 세계대전을 경유하면서 전승국의 지위로부터 강대한 제국주의단계에 들어서게 되었다. 당시 '파리 강화회의'는 세계제국주의 국가들 간에 있어서 식민지 재분할운동에 그쳤던 것이다. 이러한 조건들은 객관적으로 식민지 해방운동에 있어서 막대한 타격이었다. 또 그는 3·1운동이 실패된 주요한 원인 중의 하나이었다.

대체로 위에 말한 주객관적으로 여러 가지의 불리한 조건 하에서 3·1운동은 비록 실패되고 말았으나 그 운동의 성과는 후계단의 조선민족해방에 있어서의 역사적 토대가 되었으며 커다란 추진력이 되었던 것이다. 또 3·1운동의 성과는 지도층들의 힘으로 이루어진 것이 아니었고 광범한 애국인민들의 영용한 투쟁으로 쟁취한 것이었다. 이러한 관점에서 우리는 3·1운동의 역사를 인민의 역사라고 하며 따라서 이 역사적 의의는 가장 크다고 하는 것이다.

X   X   X

우리들이 해마다 거행하는 3·1운동 기념식은 형식적이 아니고 과거의 투쟁경험을 현실투쟁에 연계시키려는 데 있는 것이다. 사회발전의 높은 계단에서 연년이 달라져 가는 투쟁환경에서 역사적으로 제공되는 투쟁경험은 고정적이 아니고 항상 새로운 투쟁임무와 결부되어 발전적으로 새로운 의의를 부여하고 있다.

3·1운동 30주년을 맞이하는 금일에 있어 우리들의 앞에 나서고 있는 투쟁과업은 기본상 두 가지로 말할 수 있다. 하나는 공화국 남반부에 주둔하고 있는 미군을 철퇴시킬 문제와 민족반역자 이승만 괴뢰'정부'를 타도하고 국토완정을 위한 투쟁이고, 다른 하나는 공화국 북반부에서 2개년 경제계획을 승리적으로 완수하기 위한 건설적 투쟁이다. 이 두 가지 과업은 조선민주주의인민공화국 자기 발전도상에서 일상적 투쟁임무로 규정되고 있다.

김일성 수상은 공화국 정강을 발표할 때에 자기 연설에서 "남북 조선인민의 총의에 의하여 수립된 중앙정부는 전 조선인민들을 정부 주위에 튼튼히 단결시켜 가지고 통일된 민주주의 자주 독립국가를 급속히 건설하기 위하여 전력을 다할 것이며 국토의 완정과 민족의 통일을 보장하는 가장 절박한 조건으로 되는 양군 동시철거에 대한 소련정부의 제의를 실천시키기 위하여 전력을 다할 것입니다"라고 하였다. 또 이어서 "조선을 부강한 민주주의적 독립국가로 건설하기 위하여 우리는 민족경제를 파탄하는 외래 독점자본가들의 경제적 예속정책을 반대하고 조선인민의 물질적 복리를 부단히 향상시키며 우리나라의 경제적 번영과 정치적 및 민족적 독립을 보장할 오직 자주적인 민족적 인민경제체계를 수립할 것입니다"라고 말하였다.

우선 조선을 해방시켜 주었고 조선 민주건설을 위하여 진실한 원조를 주고 있던 위대한 소련군대는 또다시 조선민족의 완전 자주독립을 급속히 실현하기 위하여 1948년 12월 26일까지 조선 땅에서 자기 군대를 완전히 철거하였다. 이와 정반대로 8·15해방 이후 공화국 남반부에 반동군정을 실시하고 조선에 대한 식민지 예속정책을 감행하여 온 미제국주의는 조선 땅에 자기 군대를 의연히 주둔시키고 있다. 그로 인하여 공화국의 국토완정은 지연되고 남조선의 인민경제는 파산되고 있다. 그리하여 공화국 남반부의 천 수백 만 인민들은 미군의 비호 하에 있는 반동 괴뢰'정부'의 횡포와 약탈 박해와 기아의 비참한 재난에 봉착하고 있다.

그러므로 오늘 우리들이 조국에 조성된 이러한 정세 하에서 과거 30년 전에 자유와 독립과 해방을 위하여 거족적 투쟁을 전개하였던 3·1운동 기념을 맞이함은 더욱 거대한 투쟁임무를 가지게 되는 것이다. 즉 이는 인민의 나라 공화국의 주위에 튼튼히 뭉치어 있는 남북조선의 광범한 애국인민들로 하여금 반세기 동안에 걸쳐서 조국의 수호(守護)를 위하여 피 흘린 혁명선열의 전통을 이어 국토완정과 자주독립을 쟁취하기 위하여 최대의 결심으로 최대의 투쟁을 준비하도록 고무할 것이다.

3

이제 우리들은 3·1기념을 맞으면서 민주조국 건설에 대한 최후 승리의 신심을 높이기 위하여 몇 가지의 역사적 사실을 다시금 대조(對照)할 필요가 있다고 생각한다.

다 아는 바와 같이 20세기 10년대의 국제정세를 말하면 대체로 세계자본주의는 제국주의계단에 들어서게 되었다. 따라서 제국주의 열강의 식민지 쟁탈운동은 가장 맹렬하였다. 특히 동방에 있어서 노쇠한 봉건 중국은 서구 자본주의 열강의 침략세력 하에서 이미 국제 반식민지화의 지위에 놓여 있었고 봉건 조선은 일본 자본주의의 침략세력 하에서 식민지적 운명에 봉착하게 되었다. 이 시기에 있어서 세계 약소민족과 피압박계급의 처지는 비참하였다.

20세기 20년대의 국제정세는 세계자본주의가 사멸의 제국주의단계에서 급격한 몰락과정을 밟고 있었다.

특히 러시아의 위대한 사회주의 10월혁명의 승리는 인류의 전도에 광명을 던져 주었다. 이 시기에 있어서 세계무산계급과 피압박민족은 소련을 선두로 한 반제국주의의 해방투쟁으로부터 자기의 운명을 개척하기 시작하였다. 1919년에 조선의 3·1운동도 러시아 10월혁명의 위대한 승리의 영향 하에서 세계적으로 궐기한 해방투쟁의 하나이었다. 즉 "10월혁명은 일개 신시대를 개벽하였고 식민지혁명의 시대를 전개하였다. 이 식민지혁명은 세계 각 피압박국가에 있어서 그는 무산계급과의 연맹 중에서 또 무산계급의 영도 하에서 진행되었다. 평온무사하게 착취하며 압박하던 식민지와 부속국의 시대는 이미 지나갔고 무산계급 각성의 시대와 무산계급 영도의 시대가 이미 도래하였다."(스탈린)

러시아 10월혁명 이후로 세계 피압박민족의 해방운동은 세계 무산계급의 해방운동 진영 내의 일부분으로서 또 무산계급 영도 하에서 반제투쟁의 승리적 역사 계단에 오르게 되었다. 1920년 이후로 조선무산계급이 식민지 민족해방투쟁 진영 내에서 이론적 실천적으로 주도적 역할을 놀게 된 것은 결코 우연한 일이 아니었다.

20세기 30년대 이후로부터 8·15 전까지의 국제정세는 파쇼 대 반파쇼의 전쟁시기였다. 다 아는 바와 같이 1931년 9월 18일 일본제국주의는 중국 만주를 공략하였고 1933년에 독일 파시스트는 정권을 약취하였고 1935년에 서반아 프랑코는 내전을 개시하였고, 1936년에 이태리 파시스트는 에티오피아를 침략하였다.

이러한 사실들은 독(獨)이(伊)일(日) 파시스트의 급속한 장성과 광포한 침략성을 설명한 것이 아니 될 수 없었다. 그도 오히려 부족하여 일본제국주의는 1937년 여름에 중국 본토침략을 재발동하였고, 독이 파시스트는 1938년 오지리 체코슬로바키아 파란 등 여러 나라를 강점하고 영불(英佛)과의 전쟁과정에서 불란서를 강점한 후, 1941년 6월 22일 사회주의국가 소련을 배신적으로 진공하였다. 이것은 곧 제국주의체계의 최후적 파멸을 상징하는 파시스트의 최후적 포악이 인류를 위협하던 역사계단이었다. 그러나 이 시기에 있어서 독 이 일 파시스트의 무장 진공 하에 있던 중국 서반아 에티오피아 등 여러 나라 인민들은 반파쇼 무장투쟁을 전개하였다. 이는 곧 "평온무사하게 착취하며 압박하던 식민지와 부속국의 시대는 이미 지나갔다"라고 한 사실을 피의 투쟁으로 입증하는 것이 아니 될 수 없다. 특히 히틀러 독일이 소련 진공과 함께 위대한 사회주의국가 소련이 직접으로 반파쇼전쟁에 참가하게 되자 세계 반파쇼전쟁은 획기적으로 확대되었다.

위대한 소련군대는 조국전쟁과정에서 더욱 위력을 발휘하여 1943년에 스탈린그라드에서 히틀러 독일의 30만 군대를 소멸하고 그 뒤를 이어 백전백승의 태세로 소련국토 내에서 독일 파시스트군대를 전멸한 후 백림을 향하여 진공을 개시하였다. 따라서 소련군대의 예봉이 향하는 곳마다 히틀러군대는 붕괴와 소멸을 거듭하였다. 그리하여 위대한 소련군대는 1945년 5월 2일에 파시스트 복마전인 독일 백림을 점령하고 히틀러 독일의 철제 하에서 신음하던 동구라파의 여러 나라 민족과 독일 국토 내의 천백만 인민을 파시스트 침략전쟁의 재난 중에서 구출하였다.

1945년 8월 9일 위대한 소련군대는 대일선전을 단행하고 일사천리로 중국 만주와 조선에서 일제의 백만 대군을 격파하고 동 15일에 일본으로 하여금 무조건 항복을 선포하게 하였다. 그리하여 위대한 소련군대는 조선과 중국을 비롯하여 아세아지역에서 여러 나라 민족과 수많은 근로대중을 일제의 철제 하에서 해방시키었다.

상술한 바와 같이 역사는 우리에게 말하고 있다. 즉 조선이 망하던 시대는 세계 자본주의가 강성하였고 자본주의 열강의 식민지쟁탈전은 격렬하였다. 따라서 세계 약소민족의 처지는 비참한 환경에 처하여 있었다.

조선 3·1운동이 폭발되던 시대는 러시아 10월혁명의 위대한 승리로부터 세계 자본주의체계는 붕괴되기 시작하였고 소련을 선두로 한 세계무산계급의 해방운동과 세계 피압박민족의 해방운동은 급격히 앙양되었다. 1929년 이후로 세계경제공황의 계속적 심각화와 자본주의의 불균형성으로부터 히틀러정권의 출현과 함께 파시스트의 야만적 침략전쟁의 발호에 따라서 세계 제국주의의 침략자들은 언제나 패망되고 말았다는 사실은 역사가 다시금 우리에게 설명하고 있다.

이제 우리들은 3·1운동 30주년을 맞이하면서 역사가 가르치는 대로, 인민이 요구하는 대로, 공화국 북반부의 인민들은 공화국 남반부의 인민들의 애국투쟁과 함께 중앙정부가 내세운 2개년 경제계획을 승리적으로 완수하기 위한 투쟁을 강화함으로써 조선민주주의인민공화국의 물질적 토대를 튼튼히 하여야 하겠다.

1941년 이후로 소련을 선두로 한 세계 반파쇼전쟁은 위대한 승리로 총결하게 되니 드디어 세계 파시스트의 파멸과 함께 독 이 일 제국주의는 멸망하였고, 영불제국주의는 극도로 쇠약하여졌으며 미국제국주의는 고립상태에 떨어지고 말았다.

8·15해방 이후로 미제국주의는 사멸기(死滅期)의 역사계단에서 그 잔명을 연장하기 위하여 소위 트루만주의와 마샬안으로 히틀러의 길을 밟고 있다. 오늘 미제국주의는 희랍에서 인도네시아에서 또 중국과 남조선에서 식민지화의 예속정책을 감행하고 있다. 그러나 이러한 현상은 미제국주의가 자기의 무덤을 파는 최후의 발악이 아니 될 수 없다.

현실은 우리에게 보여주고 있다. 금일 희랍의 해방군은 왕당 파시스트를 제승(制勝)하고 있다. 인도네시아 해방군은 나날이 장성되며 있다. 인방(隣邦) 중국의 인민해방군은 반동 장개석정권을 타도하면서 자주독립의 민주건국을 실현하고 있다. 조선민주주의인민공화국의 남반부에서 광범한 애국인민들은 평화적 시위운동으로부터 인민항쟁에로, 인민항쟁으로부터 무장투쟁에로 조국독립을 위한 무장투쟁을 전개하고 있다. 이러한 정세 하에서 미국의 트루만주의와 마샬안은 세계 도처에서 타격당하고, 미제국주의의 추종자들은 나날이 패배되면서 있다. 즉 1919년 러시아 10월혁명의 위대한 승리를 보여준 이후로 세계 피압박민족의 해방투쟁은 언제나 승리를 쟁취하여 왔으며, 또 더 큰 승리를 쟁취하고야 말 것이다.

오늘 3·1운동 30주년을 맞이하는 남북조선의 광범한 애국인민들은 조선민주주의인민공화국의 기치를 들고 더욱 힘 있게 싸워나가야 할 것이다.

역사가 가르치는 바와 같이 최후의 승리는 인민의 것이다.

『근로자』 제4호(1949년 5월); 國史編纂委員會 編, 『北韓關係史料集』 48(2006), 15-28쪽.

6. 절약은 중요한 경제적 과업의 하나이다

1

8·15해방 이후로 인민경제의 수립과정에서 절약문제는 1946년 이래로 부단히 전개되어 온 건국사상운동에 있어서 한 개의 중요한 문제로 취급되어 왔다. 특히 1948년 1월에 북조선인민위원회는 제104호 결정서로써 절약문제를 엄격하게 취급하였다.

이래 절약문제는 민주일꾼들에게 있어서 엄중한 사상문제로 제기되었을 뿐만 아니라 그러한 결과로 1948년도에 와서 국가종합예산에 속하는 기관과 공장 및 기업소 등 국가경제기관에서 도합 14억 3,700만원의 경비절약을 보게 되었다. 또 이와 같은 절약부분은 인민경제적 축적을 증가하였으며 국가재정을 견고하는 한 개의 재원으로 되었다.

그러나 우리는 이것으로써 절약문제에 만족을 가질 수 없다. 하물며 아직도 민주일꾼들 중에는 부분적으로 절약에 대한 인식이 박약하며 따라서 실제 사업 면에 있어서 경비절약에 대한 집행성이 미약하다. 이러한 현상들은 급속도로 건설되며 있는 인민경제부면에서 고상하게 요청되는 절약문제에 대하여 일부 민주일꾼들의 낙후성을 말하고 있는 증좌(証左)로 되지 않을 수 없다.

이러한 관점(觀點)에서 우리는 목전 계단에서 경비절약에 대한 인식문제를 재음미(再吟味)하면서 동시에 실제 사업 면에 향하여 경비절약을 강요하지 않을 수 없다.

첫째, 우리는 절약문제에 대하여 먼저 정확한 인식을 가져야 할 것이다. 일부 일꾼들 중에는 '절약'이라고 하면 가히 쓸 일에 쓰지 말라는 것같이 생각하는 소박(素朴)한 견해를 가지는 일이 없지 않다. 사실상 이러한 견해는 옳지 못한 것이다. 왜 그런가 하면 절약의 의의는 응당 써야 할 일에 쓰지 말라는 것이 아니라, 꼭 쓰리만치 쓰고 조금이라도 더 쓰지 말라는 것을 의미한 것이다. 또 더 쓰지 말라는 말은 단순한 화폐관념(貨幣觀念)으로 자금면(資金面)에만 국한된 의미가 아니고, 사업진행에 수요되는 일체를 말하는 것이다. 예를 들면 한 개의 국가공장의 작업행정에서 수요되는 자본 자재 기계 노동력 기타 일체(一切)를 총괄한 절약문제를 의미한 것이다.

물론 인민민주주의의 국가생활에 있어서 각종 사업은 일정한 계획에 의하여 진행된다. 또 그리 하지 않아서는 안 될 것이다. 그러나 일정한 계획에 의하여 진행되는 사업이라고 하여서 절약문제를 도외시(度外視)할 이유는 있을 수 없는 것이다. 뿐만 아니라 모든 사업이 일정한 계획에 의하여 진행되면 될수록, 오히려 경비절약문제는 과업을 수행하며 또 초과 수행하는 데 있어서 더욱더 절실한 문제로 제기되는 것이다.

말하자면 금일 우리 국영공장은 전면적인 국가생산계획에 편입되어 있는 일개 생산기관으로서 자기에게 부담된 생산량을 계획적으로 실천하고 있는 것은 사실이다. 그러나 동일한 국가적 입장에서 절약문제에 주의를 돌릴 때에는 우리는 먼저 그 공장의 생산계획에 착안하지 않을 수 없는 것이다. 왜 그런가 하면 계획이 잘 섰는가, 책임량을 달성할 수 있는가, 달성할 수 없는가 하는 문제에만 관계되는 것이 아니고, 경비절약이 가능한 한도를 측정하며 또한 계획과업을 완수하며 초과 완수하기 위하여 요구되는 바 경비절약의 한도를 예측하는 문제에 노동력을 잘 조직하였는가 하는 등등의 문제는 또한 경비절약문제와 불가분리(不可分離)의 긴밀한 관계가 있는 것이다. 그런 까닭에 인민경제의 발전과정에서 또한 계획생산의 진행과정에서 절약문제는 더 한층 큰 의의를 가지고 있는 것이다.

엄격하게 말하면 절약문제는 사업계획을 정확하게 세웠는가, 또 사업계획을 옳게 집행하는가를 측면적(側面的)으로 검토하는 것이다. 동시에 절약문제는 결코 사업에 수요되는 일체를 감용(減用)하는 것이 아니고 애용(愛用)하라는 것이며, 또 그로써 사업의 성과를 보장하라는 것이다.

둘째, 절약문제와 정반대되는 낭비문제에 대하여 일부 일꾼들 중에는 그릇된 견해를 가지고 있는 일이 없지 않다. 예하면 낭비하지 말라는 말을 과용(過用)하지 말라는 뜻으로 이해하지 않고, 감용(減用)하라는 뜻으로 곡해하고 있다. 즉 낭비는 절약의 반대현상인 점에서 절약하라는 말이 적게 쓰라는 뜻이 아닌 것과 같이, 낭비하지 말라는 말은 감용하라는 뜻이 아닌 것이다. 원래 사업진행에 있어서 '덜 쓴다' '더 쓴다' 하는 말은 일정한 계획기준에 의하여 평가되는 것이다. 그런 까닭에 낭비라는 말은 감용하지 않는다는 뜻이 아니고 쓰지 않을 일에 쓴다는 의미이며, 필요 이상의 사용한도를 넘어 쓴다는 의미인 것이다. 즉 낭비라는 말은 생산 면에 있어서는 불생산적(不生產的) 소비(消費)와 소비 면에 있어서는 불필요적(不必要的) 용비(用費)가 있는 경우에만 있을 수 있는 현상인 것이다.

그런 까닭에 낭비는 부절약의 현상이며 따라서 낭비를 퇴치하는 방법인 것이다. 그러나 절약과 낭비를 간단한 대립방식으로 즉 적게 먹고 적게 입고 또 노력을 적게 들여 큰 성과를 가져오는 것이 절약이고, 그와 정반대로 많이 먹고 많이 입고 또 노력을 많이 들여 적은 성과를 가져오는 것이 낭비라고 생각한다면, 그는 너무 용속(庸俗)한 견해가 아니 될 수 없을 것이다.

이미 위에 말한 바와 같이 반드시 써야 할 일에 쓰는 것은 낭비가 아닌 것이다. 사람은 누구나 없이 일정한 양의 식료와 의복은 생활상 필수적인 조건일 뿐만 아니라, 생산의 입장에서 볼 때에 먹고 입는 것은 생산을 위한 소비인 것이다. 동시에 생산행정에서 수요되는 노동력은 또한 생산에 있어서 필수적인 유일한 조건이다. 그런 까닭에 엄격한 과학적 입장에서 말한다면 적게 먹고, 적게 입고, 적은 노력으로 많은 수확을 가져온다는 이론은 성립될 수 없는 것이다. 또 그와 정반대현상을 곧 낭비라고 하는 것도 너무 간단한 견해일 것이다.

셋째, 우리는 절약과 낭비에 대한 옳은 이해를 가지기 위하여 먼저 절약과 낭비를 정확하게 판단할 수 있는 기준을 세워야 할 것이다. 또 이 기준은 주관적 원망(願望)으로 세워질 것이 아니고 객관적인 사업계획성에서 세워져야 할 것이다.

어떤 종류의 사업을 불문하고 우리들이 매일 집행하고 있는 사업이 일정한 계획성에 의하여 진행되는가 하는 문제는 먼저 그 사업진행에 수요되는 일체가 계획성에 의하여 소비되며 소모되는가 하는 문제에 주의를 돌리게 되는 것이다. 만일 사업계획이 정확하다고 인정한다면 그 정확한 사업계획을 집행할 때에 물자적 소비와 기계적 소모와 인력의 소요가 계획사업량에 비하여 초과할 때에 우리는 그것을 절약이 아닌 낭비라고 하는 것이다.

물론 이것은 일체의 지출에 의한 전체 수입의 대비성에서 알게 되는 것이다. 또 이것은 일개 사업플랜이 실천에 옮긴 총적결과(總的結果)에 의하여 판명될 것이다. 그런 까닭에 우리는 사업진행과정에서 절약으로부터 낭비현상을 퇴치하는 방법은 일개 사업플랜을 매 시간의 실천에 의하여 실현시킬 때에, 실현된 사업량에 소요된 일체가 계획적 사업량에 대비하여 과용되지 않았는가 하는 문제를 검토 시정하여야 할 것이다.

2

우리는 절약과 낭비문제에 대하여 이해문제로 그칠 것이 아니고 옳게 이해한 문제를 옳게 실천하여야 할 것이다. 그러나 누구나 없이 이론을 실천에 옮기는 문제는 용이한 일이 아니다. 또 용이한 문제가 아닌 까닭에 우리는 언제나 이론과 실천과의 통일을 강요하는 것이다.

이제 우리는 어떠한 방법으로 인민경제의 건설적 활동에 있어서 절약문제를 옳게 집행할 것인가에 관하여 몇 가지 문제를 제기하고자 한다.

첫째, 우리는 생산부면에 있어서 먼저 정확한 계획이 수립되어야 할 것이다. 인민경제 편성에 있어서 만일 과학적인 종합적 계획이 수립되지 못한다면 전체 면에 포괄된 각종 산업분야의 즉 광산 공장 기업소 등 일체 생산기구들은 전체성의 생산행정에서 1계열의 연쇄관계(聯鎖關係)를 구성하고 있는 상관적인 활동을 호상 보장할 수 없을 것이다.

말하자면 전체적 및 부분적으로 정확한 계획이 서지 못한 조건 하에서 중요한 일개 공장이 생산의 정체성(停滯性)을 초래하는 경우에는 그 공장과 자재 교류에 있어서 밀접한 관계를 가진 다른 공장도 십분 그 영향을 받을 것이다. 이와 같이 비단 자재뿐만이 아니라 생산행정에 관여(關與)되고 있는 일체 원료 자금 노동력 등등이 동양(同樣)으로 상관적인 배합성(配合性)을 호상 조절할 수 없을 것이다.

생산계획의 부정확성으로부터 야기될 수 있는 이상과 같은 현상들은 한 개의 공장에서도 그러할 수 있고, 여러 개 공장들의 관계에서도 그러할 수 있는 것이다. 따라서 그로 인하여 개별적 및 전체적으로 미치는 부절약적인 현상은 실로 막대한 것이다.

개별 및 전체적임을 불문하고 만일 생산계획의 부정확성으로 인하여 생산행정에 지장을 준다면, 그는 적거나 크거나를 막론하고 또 부분적임과 전체적임을 물론하고 그만큼 노동생산성을 저하시킬 것이며 그만큼 상품유통을 지연시킬 것이며, 따라서 그만큼 자본회전율을 저하시킬 것이며 따라서 사회경제에 손실을 줄 것이니, 이것은 곧 비과학적 계획성에서 유발(誘發)된 부절약적인 낭비현상이라고 아니할 수 없다.

특히 인민적 민주주의국가의 인민경제 건설의 역사계단에서 계획경제의 편성문제는 가장 지대(至大)한 의의를 가지고 있는 것이다. 따라서 낭비현상을 퇴치하는 절약운동은 중요한 경제적 과업의 하나이다. 동시에 낭비현상을 퇴치하는 투쟁적 방법으로서 절약운동의 구경(究竟) 목적은 국가적 생산의 과학적 계획성을 강요하는 것이다.

둘째, 우리는 낭비현상을 퇴치하는 기본적 대책으로 매개 사업에 있어서 정확한 계획이 서야 될 것을 강조하였다. 그러나 계획이 옳게 섰다고 하여서 절약운동이 불필요하거나 혹은 낭비현상이 근절되는 것은 아니다. 왜 그런가 하면, 아무리 훌륭한 계획이 섰다 하더라도 그 계획을 옳게 집행하지 못하면, 따라서 낭비현상은 여전히 존속될 것은 명백한 사실이다. 그런 까닭에 광산 공장 모든 기업소에서 누가 국가경제의 계획생산을 잘 집행하는가 하는 문제는 누가 절약문제를 옳게 이해하고, 옳게 실천하는가 하는 문제를 규정하는 것이다. 다시 말하면 일정한 계획생산에 있어서 누가 노동력을 옳게 조직하는가, 누가 자료를 애용하는가, 누가 생산품 규격을 향상시키는가, 누가 생산원가를 저하시키는가, 또 누가 자금회전율을 제고시키는가 이러한 등등의 문제는 낭비현상을 퇴치하는 절약운동에 있어서 기본적 문제의 하나일 뿐 아니라, 인민경제 건설에 있어서 가장 중요한 문제의 하나이다.

그러함에도 불구하고 아직 일부 일꾼들 중에는 계획생산을 진행하는 과정에서 노동조직을 경시하며, 자재를 남용하며, 불합격품을 산출하며, 생산원가를 인상하며, 자금회전을 지완(遲緩)하며, 기계를 혹사(酷使)하며, 수요 이상의 자재 유휴(遊休)량을 소유하는 것으로써 전체 생산에 적지 않은 지장을 주고 있는 사실이 허다하다. 이러한 현상들은 일부 일꾼들에게 있어서 국가관념의 박약으로부터 낭비행위가 인민경제 건설과 그의 축적에 어떠한 영향을 미치는가의 문제에 대하여 철저한 인식부족을 의미하는 엄중한 사상문제라고 하지 않을 수 없다.

셋째, 낭비현상은 그릇된 생활욕망에 기인되어 발생하는 일이 허다하다. 말하자면 사람들의 생활욕망은 누구나 다 잘 먹고 잘 입고 잘살자는 것이 일반적인 표현일 것이다. 또 이것은 생명적 존재인 인간으로서의 당연한 욕망일 것이다. 그러나 그렇다고 해서 잘살자는 욕망은 내용상으로 동일하다고 말할 수 없는 것이다. 다 아는 바와 같이 개인주의적 입장에서 잘살자는 문제와 민주주의적 입장에서 잘살자는 문제는, 즉 개인주의와 민주주의와의 차(差)와 같이 하늘과 땅만치 거리가 먼 것이다.

통속화(通俗化)한 말로 하면 다 같이 잘살자는 사람들은 민주일꾼들이고 혼자 잘살자는 사람들은 개인주의자들인 것이다. 이제 개인주의자들은 논외하고 민주일꾼들의 생활욕망도 사회적 또는 국가적 생활수준에 의존되어야 할 것이다. 왜 그런가 하면, 만일 민주일꾼들이 사무실 한 방을 꾸미고 주택 한 칸을 장만할지라도 반드시 자기의 공작지위와 그 사업위치에서 매 시기의 국가생활수준에 의조(依照)하지 않고 경비를 과용(過用)한다면, 따라서 주관적 욕망은 나변(那邊)에 있건 객관적으로는 개인주의적 생활형식에서 낭비현상을 초래하지 않을 수 없을 것이다.

실제에 있어 우리 일꾼 중에는 그러한 과오를 범하는 일이 허다한 것이다. 예하면 각 기관에서 사무실 설비 주택장식 자동차비 문방구비 연회비 접대비 기타 잡비 등이 항상 예산 면을 초과하는 일이 일반적 현상으로 되고 있다. 이러한 사실들은 부득이한 사정이 한두 건이라면, 10에 8~9는 부화한 사상관념으로부터 야기되는 낭비적 현상인 것이다. 즉 이러한 사태들은 민주일꾼들 간에 아직도 국가생활관념이 박약한 사상의식상 문제에 기인된 것이다.

다시 말하면 연회와 접대의 예식을 폐지하라는 것이 아니며, 사무실과 주택을 꾸미지 말라는 것이 아니며, 자동차 전용을 금지하라는 것이 아니며, 문방구의 비치와 소모를 불허하는 것이 아니다. 다만 문제는 민주건설이 부단히 발전되는 역사행정에서 매 시기의 국가생활의 수준에 의존하여, 사적 공적의 생활양식을 사회적으로 제약된 한도를 넘지 않도록 택취(擇取)하여야 된다는 것이다. 만일 그렇지 않고 인민경제의 발전 정도와 국가생활의 현실수준을 떠나서 국가에서 수립한 예산을 무시하고 관료주의적 형식문제로 국가재산을 낭비하고 인민경제 축적을 감하한다면, 이는 민주일꾼들에 있어서 엄중한 사상문제가 아니 될 수 없는 것이다.

3

절약문제는 사상문제와 밀접히 관련되고 있다는 것을 이미 위에서 말하였다. 이 문제에 대하여 더 한층 언급할 필요가 있다고 생각한다.

주지하는 바와 같이 인민경제의 직접 건설자들은 근로대중들이다. 만일 사회적 생산행정에 노동자와 농민이 참가하지 않았다면 공장에서는 기계도 돌아갈 수 없고 논밭에서는 오곡이 자라날 수 없는 것이다. 우리들이 먹고 입고 있는 의식주문제의 해결은 어느 것이나 할 것 없이 노동자 농민들의 노동의 혜택으로 되지 않는 것이 없다.

그러함에도 불구하고 민주일꾼들 간에서 낭비하는 현상이 있다고 하면 그는 직접적으로는 사회적 재부와 국가재산을 애호하지 않는 것이며, 간접적으로는 근로대중의 노력을 경시하는 것이 아니 될 수 없다. 또 그러하다면 따라서 우리들에게 제기되는 문제는 "당신들은 국가의 이익과 인민의 이익을 위하여 복무하는 민주일꾼이면서 어찌하여 국가재산을 남용하며 근로대중의 노력을 낭비하는가"의 문제일 것이다. 이 문제에 대하여 누가 대답할 수 있는가?

누구나 없이 언필칭(言必稱) 인민의 복리를 위하여, 근로대중의 물질문화생활의 향상을 위하여 국가에 복무하는 민주일꾼으로 자처한다. 그러나 실제에 있어서는 노동자 농민들의 땀의 노력으로 만들어 놓은 국가재산은 헛되이 써 버리고 그래도 국가와 인민들에게 복무하는 일꾼이라고 한다면, 그는 사실에 맞지 않고 도리어 어그러진 일이 아니 될 수 없을 것이다.

물론 이러한 사실은 우리 일꾼들에게 있어서 부분적인 현상이라고 하나 또한 엄중한 사상문제로 되지 않을 수 없다. 어떤 사업부문에서 일하거나를 불문하고 비절약적 낭비현상을 경시하거나 무관심하는 일꾼들의 사상은 착취계급의 사상잔재라고 아니할 수 없다. 왜 그런가 하면, 착취계급에 속한 사람들의 사상은 인간이 인간을 압박하고 착취하는 것을 능사(能事)로 알 뿐 아니라 당연한 일로 생각하는 까닭에, 노동자나 농민이 땀으로 만들어 놓은 재부를 타락적 향락생활에 남용 낭비하는 일에 대하여 추호 반점이라도 수치스럽게 생각하는 것이 아니라 장한 일로 여기는 것이다. 즉 인간을 학대하며 인간을 착취하며 재부를 독점하며 향락을 자행하는 착취계급적 속군(屬群)들에게 대하여서는 다시 말할 것도 없거니와, 그들을 반대하며 투쟁하는 인민의 복무자들에게 있어서 의식적이거나 무의식적이거나를 불문하고 만일 생활상 부화와 사업상 태만으로 인하여 국가재산을 낭비한다면, 이것은 구경 민주일꾼의 사상과 품성을 규정하는 중대한 문제로 되지 않을 수 없는 것이다.

그런 까닭에 민주일꾼들의 사상과 품성을 측검하는 기준은 능력만을 볼 것이 아니고 사상본위로 되는 것이다. 아무리 훌륭한 기술을 가진 일꾼이라고 하더라도 그 기술을 옳게 쓸 수 있는 옳은 사상을 가짐이 없다면, 그는 국가와 인민을 위하여 공헌될 수 없을 것이다. 그와 반대로 사상이 방정하다면 그런 사람들은 민주일꾼이 될 수 있으며, 또 앞으로 국가와 인민의 이익을 위하여 얼마든지 공헌할 수 있는 일꾼이 될 것이다.

끝으로 말하고자 하는 것은 비록 기본상으로 민주일꾼이라고 하더라도 우리들의 사상의식은 일반적으로 현 계단의 인민경제 건설에서 요청되고 있는 것과 같은 완숙한 사상의식은 못 되는 것이다. 일반적으로 우리들에게는 아직 구사회의 사상잔재가 깨끗이 청산되었다고 말할 수 없는 것이다. 물론 우리들의 머릿속에 남아 있는 불순한 사상잔재는 자기 발전에 대한 노력에 의하여 숙청될 것이다. 그러나 우리들의 사상교육은 실제 사실을 떠나서 다른 방법이 있는 것이 아니고, 민주건국 도상에서 맡기어진 자기 과업의 실천을 통하여 실현될 것이라고 생각한다.

또 사상교육이 실행되었는가, 아니 되었는가는 말로 알려지는 것이 아니고 사업의 성과 여하가 판단하는 것으로 즉 사실 실적이 성과적인 것과 실패적인 것과의 계선은 객관적으로 저장되는 우연한 조건을 제한 외에는 일꾼의 사상방법과 노력 여하에서 설명될 것이다. 그러하므로 사업진행의 보취를 따라 점차적으로 얻어지는 경험을 때때로 비판하여 사상적 방면과 실천적 방면에서 표현된 결점들을 극복하고 웃점들을 발양하여 실제 사업에 정확하게 운용할 때에 비로소 사상교육은 진행될 수 있고, 사업실적은 승리를 보장할 수 있을 것이다.

절약운동도 사업실천에서 쌓여지는 경험을 통하여 낭비현상을 발견하고 그를 극복하는 방향으로 노력하는 데서 비로소 절약의 성과를 가져올 수 있는 것이다. 만일 그렇지 않고 공담적으로 절약에 대한 이론만 캐어서는 언제나 낭비현상은 극복할 수 없을 것이다. 또 낭비현상을 극복하지 못한다면 인민경제 건설에 있어서 중요한 경제운동의 하나인 절약문제는 무효로 돌아가고 말 것이다. 그런 까닭에 절약운동은 단순한 이론문제도 아니며, 또 일방적인 기술적 문제와 계획적 문제도 아니고, 민주일꾼들의 품성 규정에 속하는 문제인 것이다. 따라서 절약운동은 낭비현상을 퇴치하는 중요한 경제적 과업의 하나일 뿐만 아니라, 민주일꾼들의 불순한 사상의식을 개변시키는 중요한 교육문제의 하나이다.

『근로자』 제12호(1949년 6월); 國史編纂委員會 編, 『北韓關係史料集』 50(2006), 18-26쪽.

7. 조선인민은 조선민주주의공화국의 기치 아래 조국통일을 위하여 분투 매진한다

1

1945년 5월 8일 히틀러 독일은 소련을 주력으로 한 반파쇼 연합국에 무조건 항복을 하지 않을 수 없었다.

그리하여 서구라파에서 독, 이 파시스트는 영원히 패망되고 그들의 야수적 통치와 강도적 침공 하에 있던 여러 민족들과 여러 나라들은 해방되었고, 구라파전쟁은 끝났으며 소련의 조국전쟁은 승리적으로 결속지었다.

1945년 8월 8일 소련정부는 동방에 있어서의 역사적 침략국인 일본에 대하여 선전포고를 내리었다.

8월 9일 소일전쟁은 본격적으로 개시되었다. 전쟁은 벌어진 첫날부터 소련군대의 예봉(銳鋒)은 적군의 방어선을 돌파하고 만주에 집결되어 있는 백만 일군에게 전격적(電擊的) 타격(打擊)을 주었다. 이러한 전쟁 형세 하에서 8월 10일 일본은 소련 측에 향하여 항복할 것을 애걸하였다. 드디어 8월 14일 일본은 소련과 그 연합국인 미 영 중에 향하여 무조건 항복을 하지 않을 수 없었다.

그리하여 동방에서 장구한 기간을 두고 압박당하고 착취받으며 또 전쟁의 재난(災難)중에서 고뇌를 마지못하고 있던 여러 민족들과 여러 나라 인민들은 일제의 기반 하에서 해방되었고, 일제 침략전쟁의 와중(渦中)에서 구출되었다. 동시에 소련을 근간(根幹)으로 한 세계 반파쇼 정의전쟁은 최후적 승리의 총결을 완수하였다. 이와 같이 세계사적 의의를 가진 국제 반 파쇼전쟁의 승리적 총결과 함께 1945년 8월 15일 조선 민족은 위대한 소련군대의 영웅적 투쟁에 의하여 영광스러운 해방을 맞이하게 되었다. 8·15해방은 조선 민족이 재생한 날이며, 조선 민족이 자유민족으로 등장한 날이었다. 또한 8·15해방은 조선 민족의 새로운 역사가 창조된 날이며 조선 민족의 발전과 행복의 길이 개벽된 날이었다.

조선 민족은 8·15해방을 맞이하면서 민족의 생활을 민족 자신의 힘으로 운영할 수 있는 역사계단에 들어서게 되었다. 조선 근로대중을 비롯하여 광범한 애국인민들은 인민적 역사의 창조과정에서 국가생활을 운영하기 위하여 인민정권 형태의 민주조국 창건을 매진하였다.

그리하여 조선 인민들은 해방된 첫날부터 자유의사의 발동(發動)에 의하여 전국적 지역에서 인민정권 형태의 도 시 군 인민위원회를 조직하였다. 즉 이러한 사실들은 무엇을 말하고 있는가? 이는 곧 조선 인민들이 높은 정치의식으로부터 인민적 민주정권이 없이는 자주적 국가생활을 운영할 수 없으며, 인민적 민주정권이 없이는 새 조선의 질서를 유지할 수 없으며, 인민적 민주정권이 없이는 경제 정치 문화 각 부면에 긍하여 제 민주과업을 승리적으로 수행할 수 없다는 것을 깊이 깨달은 표현이었다.

이제 8·15해방 후 이 순간의 역사계단에서 제기되는 민주조국 건설문제는 진보적인 일 계급, 일개 정당의 역량만으로 달성할 수 있는 문제가 아니고, 전 민족적 과업으로서 전 민족적 힘이 아니면 수행할 수 없는, 즉 그러한 역사적 성격을 띤 문제로 나서게 되었으며 또 나서고 왔다.

이러한 현실적 조건에서 우리는 해방된 첫날부터 새로운 역사계단에서 새로 구성되는 새 조선의 사회성질을 구명(究明)하면서, 새로 편성되는 새 조선의 각 계급 및 각 계층 간의 역량비중을 고계(考計)하면서, 또 조국에 조성된 국내외 정세를 분석하면서 민주건국의 '역사적 창업'을 수행하기 위하여 진보적 계급과 각 정파(政派)의 역량을 집결하여 단결하면서 민주주의민족통일전선을 결성하였으며, 또 그를 발전하여 왔다.

그리하여 8·15해방 이후로 노동계급의 전위정당을 비롯하여 각 민주정당과 사회단체들은 자기들이 처하고 있는 조선 사회현실에서 역사적으로 부여되는 민주정권 수립을 위하여 민주주의민족통일전선 기치 하에서 과감한 투쟁을 전개하여 왔다. 따라서 민주를 애호하고 반동을 증오하며 독립을 요구하고 예속을 반대하는 무당무파(無黨無派)의 애국인사들도 광범한 근로대중과 함께 민주조국 건설사업에 동원되어 왔다.

그러나 8·15해방을 맞이하면서 조국에 조성된 정치정세는 남북 조선이 부동하였다. 다 아는 바와 같이 소련군이 진주하고 있던 북조선에서는 민주세력이 자유롭게 발전할 수 있는 모든 조건이 완전히 보장되어 있었고, 그와 정반대로 미군이 주둔하고 있는 남조선에서는 민주세력의 자유롭게 발전할 수 있는 아무 보장이 없었을 뿐만 아니라 반동적 미군정의 실시 하에서 일체 민주세력은 억압되어 왔다.

이와 같이 남북 조선정세의 부동한 조건 하에서 북조선에서는 국제적 민주역량으로서의 소련군대의 진정한 원조에 의하여 지방적 인민정권의 육성 발전과 아울러 각 민주정당 및 사회단체들이 통일적 기초 위에서 1946년 2월 8일 역사적인 북조선임시인민위원회가 창건되었고, 또 그는 자기가 발전과정에서 토지개혁을 위시하여 중요산업 국유화법령과 8시간 노동법령들을 실시하여 인민정권의 물질적 기초로서의 인민경제체계를 확립하였다. 이와 정반대로 남조선에서는 미제국주의의 침략정책 하에서 조선 인민의 자유의사로 수립하였던 인민위원회는 억압되었고 제 민주과업은 수행되지 못하였을 뿐만 아니라, 반동적 미군정의 억압 하에서 남반부 인민경제는 여지없이 파산되고 그 대신에 미국상품은 시장에 충척(充斥)되어 왔다. 그런 까닭에 8·15해방 직후부터 남조선에서는 각 민주정당 및 사회단체들과 또 근로대중을 비롯한 광범한 애국인민들이 침략적 미군정과 이승만 도당을 반대하여 전면적 애국투쟁에 총궐기하였던 것이다.

이와 같이 남북 조선의 민주역량은 조국에 조성된 주객관적 부동한 각도에서 민주조국 건설의 역사적 임무수행에 있어서 북반부에 있어서는 민주건설투쟁을 수행하였고, 남반부에서는 미제에 대한 반(反)침략투쟁을 진행하여 왔다. 그뿐만 아니라 북조선의 민주건설투쟁은 인민정권의 영도 하에서 민주주의조국통일전선과 근로대중을 비롯한 광범한 애국인민의 역량으로 추진하여 왔고, 남조선의 반침략투쟁은 민주주의민족통일전선의 영도 하에서 근로대중을 비롯한 광범한 애국인민들의 인민항쟁으로 전개되어 왔다.

그러나 이 순간에 있어서 남북 조선의 민주역량은 부동한 두 개 역량의 체계로 즉 부동한 두 개 역량의 배합으로 관찰할 것이 아니고, 동일한 민주역량이 부동한 투쟁각도에서 공동한 투쟁목적을 달성하기 위하여 서로 특수한 투쟁임무를 실천하는 통일된 역량인 것이다. 다시 말하면 금일 남북 조선의 민주역량은 조선 사회 발전을 가능하게 하는 내재적(內在的) 연계(聯繫)의 통일된 역량일 뿐만 아니라, 민주조국 건설에 있어서 근동적(根動的) 추진력(推進力)이 되고 왔으며 또 되고 있다.

이미 위에서 말한 바와 같이 8·15해방 이후로 남북 조선의 민주역량은 완전 자주독립을 실현하기 위한 인민적 민주정권 수립투쟁이 주적(主的) 방향으로 되어 왔다. 이러한 정권수립투쟁에 있어서 북조선임시인민위원회는 전 조선인민정권의 수립을 가능케 한 역사적 토대로 되어 왔다. 왜 그런가 하면, 북조선임시인민위원회는 인민의 의사를 대표한 진정한 인민의 정권이며, 따라서 이 정권은 정치 경제 문화 등 각 부면에 있어서 비인민적(非人民的)인 구사회의 낡은 제도를 개혁하고, 인민적 민주주의의 신제도를 수립한 까닭이다. 그리하여 북조선임시인민위원회는 인민의 이익과 완전히 일치되는 인민의 정권으로서, 또 인민에게 복무하는 실천을 통하여 인민들에게 옹호 지지를 받고 왔던 것이다.

이와 같이 인민의 '자유의사에 의하여' 창건되었던 북조선임시인민위원회는 자기 발전의 역사 행정에서 1946년 11월 3일 민주주의선거를 통하여 1947년 2월 17일 북조선 최고 정권기관으로서 북조선인민회의가 창건됨과 함께 북조선임시인민위원회는 북조선인민위원회로 발전되었다. 그 후 1948년에 들어서면서 조선에 대한 미제의 침략정책이 일층 노골화함과 함께 남조선의 매국도당들은 미군정의 비호 하에서 소위 '5·10단선'을 감행하였다. 이러한 정세 하에서 당시 남북 조선의 각 민주정당과 사회단체들은 인민정권이 수립된 북조선 평양시에서 남북 조선 각 정당 사회단체의 협의회를 열고 국토양단과 민주조국의 완전 자주독립을 쟁취하기 위하여 거족적 투쟁을 전개하였다. 그리하여 남북 조선의 제 정당 사회단체들은 보다 강력한 통일로, 보다 강장한 역량으로 조선에 대한 미제의 식민지 정책을 반대하며 민족반역자 이승만 도당의 매국적 단선을 반대하는 한편, 전 조선의 각 민주정당과 사회단체들은 전국적 민주주의 선거투쟁을 통하여 1948년 8월 25일 역사적인 조선민주주의인민공화국을 승리적으로 창건하였다.

이래 남북 조선의 민주진영은 통일된 역량과 단결된 의지로 조선민주주의인민공화국의 기치 하에서 국토완정과 민족통일을 조속히 실현하기 위하여 공화국 북반부 인민들은 민주건설투쟁을 보다 높은 계단에서 진행하였고, 공화국 남반부 인민들은 미제의 침략전쟁과 이승만 괴뢰'정부'를 반대하는 투쟁을 영웅적으로 전개하여 왔으며 또 전개하고 있다.

다시 말하면 8·15해방 이후로 남북 조선 인민들은 북조선에서 건립된 인민정권인 북조선인민위원회를 받들고 전 조선적인 인민정권 수립을 위하여 강력한 투쟁을 전개하여 왔다. 그리하여 조선 인민들은 자기들의 과감한 투쟁의 결과에 의하여 승리적으로 달성한 조선민주주의인민공화국 기치 하에서 국토완정과 민족통일을 위하여, 남반부 인민들은 미제에 대한 반침략투쟁과, 북반부 인민들은 정치 경제 문화 각 부면에 걸친 민주건설사업에 총 궐기하여 왔고 또 궐기하고 있다.

2

이제 우리들은 역사적인 8·15해방 4주년을 맞이하면서 조선 인민은 어찌하여 조선민주주의인민공화국을 옹호 지지하고 남조선 괴뢰'정부'를 반대하는가? 조선 인민은 무슨 까닭에 사회주의 소련과 친선을 도모하고 제국주의 미국과 투쟁을 전개하고 있는가? 하는 문제를 재인식할 필요가 있다고 생각한다.

이 문제에 대하여 보다 깊은 이해를 가지기 위하여서는 먼저 정치 경제 문화 각 부면에 긍하여 인민민주주의의 내용과 그 역사적 성격을 잘 파악하여야 할 것이다. 이러한 관점에서 인민민주주의는 인민들의 사회생활상 이익과 어떻게 일치되는가 하는 문제에 대하여 약론(略論)하고자 한다.

첫째, 인민민주주의 국가체계를 구비하고 있는 조선민주주의인민공화국의 정치적 성격은 어떠한가? 이 문제에 대하여 조선민주주의인민공화국 헌법 제2조에 "조선민주주의인민공화국의 주권은 인민에게 있다"라고 하였고, 제11조에는 "조선민주주의인민공화국의 일체 공민은 성별 민족별 신앙 기술 재산 지식 정도의 여하를 불문하고 국가 정치 경제 사회 문화생활의 모든 부문에 있어서 동등한 권리를 가진다"라고 하였으며, 제12조에는 "만 20세 이상의 일체 공민은 성별 민족별 성분 신앙 거주기간 재산 지식 정도 여하를 불문하고 선거권이 있으며 어떤 주권기관에든지 피선될 수 있다…"라고 하였고, 제20조에는 "공민은 과학 또는 예술활동의 자유를 가진다. 저작권 및 발명권은 법적으로 보호한다"라고 하였다.

둘째, 인민민주정권의 경제정책은 어떠한가? 이 문제에 대하여 조선민주주의인민공화국 헌법 제5조에 "조선민주주의인민공화국의 생산수단은 국가 협동단체 또는 개인자연인이나 개입법인의 소유. 광산 기타 지하부원 하해 주요기업 은행 철도 수운 항공 체신기관 수도 자연력 및 전 일본국가와 일본인 또는 친일분자의 일체 소유는 국가의 소유다…"라고 하였고, 제6조는 전 일본국가와 일본인의 소유토지 및 조선인 지주의 소유토지는 몰수한다. 소작제도는 영원히 폐지한다. 토지는 자기 노력으로 경작하는 자만이 가질 수 있다…"라고 하였다.

공화국 헌법에 제시된 이상 문제들은 문법화한 문제로만 아니고 실제적으로 실천화한 문제들이다. 역사적으로 말하자면 1946년 3월 5일 북조선임시인민위원회는 인민정권의 경제토대를 구축하기 위하여 '토지개혁법령'을 발포하고 전 일본국가 일본인 및 일본인단체 토지와 조선인 지주토지를 무상 몰수하여 토지 없는 농민과 토지 적은 농민에게 무상 분여하였고, 1946년 8월 10일 전 일본국가 일본인의 사유 및 법인 등의 소유 또는 조선 인민의 반역자 소유로 되어 있는 일체의 기업소 광산 발전소 철도 운수 체신 은행 상업 및 문화기관 등의 전부는 무상으로 몰수하여 이를 조선 인민의 소유 즉, 국유로 한다는 '중요산업국유화법령'이 실시되었다.

이와 같이 역사적인 토지개혁의 결과로 전 농호 72%에 해당한 72만4,522호의 토지 없는 농민, 토지 적은 농민 또는 고용살이하던 농민들이 지주의 토지로부터 해방되어 토지의 주인이 되었고, 산업국유화법령의 실시에 의하여 중요산업은 인민경제 수립의 기본토대로 되었다. 이와 동시에 북조선임시인민위원회는 1946년 10월 4일에 개인소유권 보호와 산업 및 상업에 있어서 개인의 창발성을 발휘시킬 문제에 대한 결정서를 발표하였다.

이제 이러한 사실들은 무엇을 말하고 있는가? 일반적 의미로 논급하면 이와 같은 문제는 봉건지주계급의 토지를 몰수하여 농민에게 분여하며, 독점자본을 몰수하여 신민주주의 국가의 소유로 하며, 중소 상공업을 보호하여 그들의 경제활동상 창발력을 발휘시키는, 즉 인민민주주의 경제강령을 승리적으로 수행하였다는 것을 증좌한 것이다. 그뿐만 아니라 민주주의적 '노동법령'과 '남녀평등권법령'의 실시에 의하여 노동자와 사무원은 8시간 노동제와 사회보험의 혜택을 받게 되었고, 조선 인민의 반수를 차지하고 있는 여성들은 낙후한 봉건적 유제에서 해방되어 사회활동에 있어서 남녀평등적 지위를 확보하였으니, 이는 모두 인민민주주의 국가생활의 진실한 내용이 아니 됨이 없는 것이다.

이러한 조건에서 조선 인민은 조선민주주의인민공화국을 옹호 지지하며 그와 반대되는 국내외의 일체 반민주적 반동세력과 영용한 투쟁을 전개하여 왔으며, 또 투쟁하고 있는 것이다. 다시 말하면 봉건지주의 가혹한 착취에서 해방되어 토지의 주인이 된 농민들과 독점자본의 야만적 착취에서 해방되어 인민국가의 기업소와 기관에서 인민경제 건설을 위하여 활동하는 노동자 사무원들과 남존여비의 봉건적 유습에서 해방된 여성들이 조선민주주의인민공화국을 받들어 수호함은 결코 우연한 일이 아닌 것이다. 이와 정반대로 조선 인민들이 남조선 괴뢰'정부'를 반대하여 맹렬한 투쟁을 전개하고 있음은, 이도 또한 우연한 일이 될 수 없다. 역사적으로 말하자면 우리들이 다 아는 바와 같이 남조선 괴뢰'정부'의 구성요소는 미제국주의의 역사적 주구인 매국노 이승만을 수괴로 하고, 일제시대의 경찰 군관 판검사 형사 정탐 밀정 친일지주 친일자본가를 비롯하여 매국적 친미분자와 8·15해방 전기에 있어서 중국 장개석의 속관으로 있던 일부 반동분자들을 규합한 집단으로 되어 있다.

이제 그들과 또 그들이 말하고 있는 정부 즉 남조선 괴뢰'정부'는 공화국 북반부와 같이 토지문제를 해결하였는가? 아니다. 그는 오히려 과거에 있어서 친일이었고, 금일에 와서 친미적 행위로 조국의 자주독립을 방해하는 소수 봉건적 반동지주층을 도와서 대다수 농민을 가혹하게 착취할 뿐만 아니라 농민들의 식량을 여지없이 약탈하고 있다.

남조선 괴뢰'정부'는 공화국 북반부와 같이 노동자 사무원들에게 8시간 노동제의 노동법령과 사회보험을 실시하고 있는가? 아니다. 그는 도리어 과거에 있어서 친일이었고, 금일에 와서 친미적 행위로 국토양단과 민족분열을 감행하는 반동자본가와 미제국주의 침략자본을 도와서 노동대중을 야만적으로 박해하며 착취하고 있다.

남조선 괴뢰 '정부'는 공화국 북반부와 같이 남녀평등권을 실시하였는가? 아니다. 그는 오직 남존여비의 봉건적 유제를 고집하지 않으면 히틀러 식으로 여성은 가정 비복으로 인종시킬 뿐만 아니라, 이승만 도당과 월가의 상인들의 완농물로 취급하여 마지않고 있다.

남조선 괴뢰 '정부'는 공화국 북반부와 같이 중요산업 국유화문제를 실시하였는가? 아니다. 그는 다만 미제의 독점자본가와 이승만 김성수 기타 매국적 반동자본가를 도와서 중소 상공업자의 경제활동을 억압하여 그들로 하여금 여지없는 파산의 운명에 떨어지게 하고 있다.

이러한 조건 하에서 8·15해방 이후로 남조선의 노동자 농민 즉 근로인민을 비롯하여 광범한 애국인민들이 민족반역자 이승만 도당과 매국집단인 남조선 괴뢰 '정부'를 반대하여 투쟁하고 왔고 또 투쟁하고 있으며, 또한 격렬한 전면적 투쟁을 전개하지 않을 수 없었다. 그뿐만 아니라 조선 인민들의 친소를 도모하고 미제를 반대함도 결코 우연한 일이 아니며, 역사적으로 말하면 사회주의 10월혁명 이후로 사회주의 소련은 세계 피압박민족의 해방을 위하여 부단한 투쟁을 지속하여 왔고, 또한 조선 민족의 해방을 위하여 사회주의 소련은 언제나 무관심한 태도를 취하여 본 때가 없었다.

특히 세계 반파쇼전쟁이 진행되던 역사행정에서 소련정부와 소련 인민들은 조선민족의 해방사업을 위하여 기회 있는 때마다 적극 노력하여 마지않았다.

이제 동방에서 일본 파시스트 침략군대를 타도하고 조선 땅에서 일본제국주의 통치세력을 소멸한 군대가 어느 나라 군대인가? 위대한 소련군대이다.

이제 소 미 영 모스크바 3상회의에서 조선의 자주독립을 주장한 나라가 어느 나라인가? 위대한 소련정부이다.

이제 조선의 민주주의 제 개혁과 민주조국 건설을 적극 원조하여 준 군대가 어느 나라 군대인가? 북조선에 진주하여 있던 위대한 소련군대이다.

이제 조선문제를 조선인민의 자신의 힘으로 해결하기 위하여 조선 땅에서 외국군대 철거를 주장하고 자기 나라 군대를 철거한 나라가 어느 나라인가? 이 역시 위대한 소련정부이다.

그러면 미국은 어떠하였는가? 누구나 없이 다 아는 바와 같이 소련을 주력으로 한 세계 반파쇼전쟁의 진행과정에서 미제국주의자들은 미 영 중 카이로회의에서 소위 '상당한 시기'에 조선독립을 실현한다고 선포하였다. 그러나 이 '상당한 시기'라는 것은 미제국주의자들이 조선에 대한 식민지화정책을 외식화(外飾化)한 선언이 아니 될 수 없었다. 소 미 영 모스크바 3상회의에서 미제국주의자들은 조선에 소위 '10년간 신탁통치'를 실시하자고 주장하였다.

  그 후 미제국주의자들은 조선에서 소미 공위사업을 의식적으로 파탄하고 식민지정책을 강행하여 왔다. 그도 부족하여 미제국주의자들은 유엔의 거수기를 이용하여 소위 유엔 조선위원단을 조선 파견하여 남조선 미군정의 비호 하에서 매국노 이승만 도당을 책동하여 소위 '5·10단선'을 강행하고 민족반역자 이승만을 수괴로 한 남조선 괴뢰'정부'를 수립하고 미제국주의의 조선에 대한 식민지정책을 대행하고 있다. 미제국주의는 이러한 침략정책 하에서 조선문제는 조선 인민 자신의 해결에 맡기고 소 미 양군이 즉시 철거하자는 소련 제의를 거부할 뿐만 아니라 조선을 동방침략의 병참기지화를 시도하고 있다.

  이러한 조건 하에서 8·15해방 이후 이래 4년간에 긍하여 조선 인민은 극소수 매국도배를 제한 외의 노동자 농민 진보적 지식인 청년 여성 및 광범한 학생군중들이 미제국주의를 반대하여 투쟁하는 것이다. 다시 말하면 남조선에서 1946년 10월 인민항쟁을 비롯하여 1947년 2월 노동파업과 1948년 '5·10단선' 반대투쟁과 금일 각 지방에서 봉기하는 무장투쟁은 모두 다 조선 인민들이 조선에 대한 미제국주의의 식민지정책과 미제국주의의 식민지통치의 합법적 대리기관인 남조선 괴뢰'정부'를 반대하는 투쟁이 아닌 것이 없다.

  요약하여 말하면 조선 인민들이 조선민주주의인민공화국을 받들어 남조선 괴뢰'정부'와의 투쟁과 소비에트동맹과의 친선을 도모하며 미제국주의와의 투쟁은 첫째, 민주세력의 반민주세력과의 투쟁이고 둘째, 애국세력의 매국세력과의 투쟁이며 셋째, 인민민주주의의 조국건설을 위하여 근로대중을 비롯하여 광범한 인민들의 국내외 반동세력과의 투쟁이다. 동시에 이 투쟁들은 이 순간의 역사계단에 있어서 국내적 민주세력이 소비에트동맹을 근간으로 한 국제적 민주세력과 통일된 힘으로, 즉 미제국주의를 주력으로 한 일체 국제 반동세력과 민족통일과 완전 자주독립을 쟁취하기 위하여 전 인민적인 거족적인 투쟁으로 전개되어 왔으며, 또 전개되고 있다.

3

  앞에서 말한 바와 같이 해방 후 4년 동안에 조선 인민은 간고한 투쟁을 진행하여 왔다. 드디어 조선 인민들은 자기의 투쟁경험을 통하여 조선에 대한 미제국주의의 침략전쟁은 해방 전기의 일제 식민통치를 답습하려는 한편, 인민민주주의 질서를 파괴하려는 데 그 목적이 있다는 것을 명백히 인식하고 있다. 또 금일 조선 인민들은 미제국주의의 조선에 대한 역사적 침략행위를 잘 알고 있다.

말하자면 1866년 8월에 미함(米艦) '샤만'호는 침략적 행위로 대동강에 침입하여 만경대 하의 두로도(豆老島)에 상륙하여 그 지방 촌락을 약탈하다가 농민들의 대항에 의하여 분쇄된 사실을 조선 인민들은 잘 알고 있다. 1871년 3월에 미함 '고로로다'호는 '샤만'호의 격파에 대한 숙감(宿憾)을 품고 침략적 행위로 병사 1,000여 명을 탑승(搭乘)하고 강화해협에 래침하여 광성진(廣城鎭)을 진공하다가 당시 조선군대의 반격전에 의하여 침략적 목적을 달성하지 못하고 물러간 사실을 조선 인민들은 잘 알고 있다.

그 후 미국은 서구 자본주의의 동방진출에 박차를 가하여 1882년 5월에 조선과 통상조약을 체결하고 미국은 조선에 대한 침략정책의 장기적 타산 밑에서 자본주의적 전초병사인 선교사단(宣敎師團)을 조선에 파견하여 '자유 평등 박애'를 가장하고 대소 도시와 농촌에 허다한 교회당을 설치하고 후진국의 시민층과 농민군중에게 미신적 천당설을 주입시키는 한편, 숭미사상의 보급에 부심하여 온 사실을 조선 인민들은 잘 알고 있다.

이래 미제국주의는 동방침략정책을 실시하는 과정에서 조선과 중국에 대한 자본주의 제국 간의 모순을 이용하여 한때에는 중일 간의 충돌을 조화(調和)한다는 형식으로, 다른 한때에는 로일 간의 전쟁 야기를 추동하는 형식으로, 즉 조선에 대한 침략적 술책으로 어부지리를 꾀하여 왔다는 사실을 조선 인민들은 잘 알고 있다. 특히 1904년 로일전쟁의 폭발 전야에 있어서 미제국주의는 극동침략에 대한 제3세력의 시도로써 "만주에 있어서 로시아가 세력을 확대하는 데 균형되기 위하여 일본은 조선을 점령하여야 된다"라고 당시 미국 대통령 루즈벨트의 역설을 조선 인민들은 언제나 잊을 수 없는 문제로 기억에 남겨두었던 것이다.

어찌 그뿐일까? 8·15해방 이후 4년 동안에 걸쳐 조선에 대하여 국토완정을 방해한 자도 미제국주의이며, 조선민족의 분열을 조장한 자도 미제국주의이며, 조선을 식민지화하려는 자도 미제국주의이며, 매국노 이승만 도당을 비호하는 자도 미제국주의며. 민족 패류(敗類) 친일분자를 망라한 토대 위에 민족반역자 이승만을 수괴로 한 남조선 괴뢰'정부'를 조작한 자도 미제국주의라는 것을 조선 인민들은 '5·10단선' 반대투쟁의 유혈적 사실로써 잘 알고 있다.

이와 같이 국내외적 반동세력이 발호하는 조건 하에서 조선민주주의인민공화국은 그 탄생과 그 존립과 그의 발전에 있어서 어느 한 조건을 위하여서도 영용하고도 간고한 투쟁을 수요(需要)하지 않음이 없었다. 또 이 투쟁에는 노동계급을 비롯하여 농민과 근로지식인의 힘이 절대로 필요하였다. 넓은 의미에서 말한다면 이 투쟁에는 광범한 애국인민들의 힘이 절대로 요청되었다. 동시에 우리들은 분산된 힘을 요구한 것이 아니고 근로계급을 대표한 진보적 정당을 비롯하여 각 계층의 토대 위에서 조성된 각 민주정당과 사회단체의 조직된 힘을 절대로 필요로 하였다.

그리하여 과거에 있어서는 남북 조선의 각 민주정당과 사회단체들은 역시 남북 조선의 각 민주주의민족통일전선의 통일적 조직역량으로 민주조국 건설의 역사행정에서 제 민주개혁운동과 반침략투쟁을 같이 전개하여 왔다. 현재에 와서는 남북 조선의 각 민주정당과 사회단체들은 더 높은 계단에서 전국적 통일체로서 조국통일민주주의전선으로 발전되고 있다. 그리하여 조국통일민주주의전선은 '국토완정' '민족통일' '완전 자주독립'을 당면적 긴급한 실천적 투쟁과제로 내세우고 전국적으로 애국인민을 총동원하여 거족적 투쟁을 전개하고 있다.

이리하여 과거 4년간에 있어서 조선 사회발전의 역사행정은 순탄하지 않았다. 인민민주주의의 조국 건설사업은 단순한 평화적 노력만을 요구하지 않았다. 이러한 현상은 과거에 있어서 조선사회의 식민지 역사조건을, 금일에 있어서 조선에 대한 미제국주의의 침략정책이 그를 이용한 점에서 설명할 수 있다. 다시 말하면 금일 미제국주의는 반파쇼전쟁 당시의 연합국에 참가하였다는 일원국(一員國)의 명의를 가장하고 조선에 대한 식민지정책을 수행하는 과정에서, 과거 일본제국주의의 조선에 대한 식민지통치의 역사적 조건을 이용하여 조선사회의 인민민주주의 발전의 진로를 억제하려는 험악한 반동을 시도하고 있다. 이러한 조건 하에서 조선인민들은 민주조국 건설의 역사행정에서 유혈의 투쟁이 없을 수 없다.

더욱이 이 순간에 있어서 우리의 투쟁은 어느 때보다도 격렬성(激烈性)을 띠고 있다. 그는 반동세력이 최후의 발악을 시도하고 있는 조건 하에서 또 조선 인민들이 목전 생활현상을 더 인수(忍受)할 수 없는 조건 하에서 민주세력과 반민주세력과의 투쟁은 결정적 시기에 도달하고 있다.

이러한 정세 하에서 조국통일민주주의전선은 조국의 평화적 통일을 실천할 것을 남북 조선의 전체 민주정당 및 사호단체들과 전체 조선 인민에게 호소하였다.

이제 조국통일민주주의전선이 내세운 평화적 통일방침에 관한 제 조건 중 첫째 항목에는 "조국의 평화적 통일사업을 조선 인민이 자기 수중에 틀어쥐고 우리 인민 자체로 반드시 실천하자"라고 하였다. 물론 한 민족의 해방과 한 나라의 인민민주주의 과업은 국제적 민주역량의 원조에 의함이 없이는 특히 세계 민주역량의 주력인 소비에트동맹의 원조가 없이는 승리를 재래할 수 없는 것이다. 그런 까닭에 우리는 전 민족적 범위 내에서 전국적 민주역량을 총동원하여 조국의 평화적 통일사업을 조선 인민의 힘으로 조선 인민이 자기의 수중에 틀어줘고, 조국의 평화적 통일을 방해하는 미제국주의자들의 침략정책과 이승만 괴뢰 '정부'를 타도하여야 할 것이다.

다음으로 조국통일민주주의전선이 내세운 평화적 통일방침에 관한 제 조건 중 넷째 항목에는 "우리는 남북 조선을 통하여 입법기관선거를 동시에 실시할 것을 제의한다"라고 하였고, 일곱째 항목에는 "입법기관선거는 1949년 9월에 실시하며…"라고 하였다. 이제 이러한 사실들은 무엇을 말하고 있는가? 이것은 말할 것도 없이 이 순간에 있어서 조국에 조성된 정치정세가 긴박하고 있음을 증좌(証左)하는 것이며, 동시에 이 긴박한 정치정세는 자신의 문제를 해결하기 위하여 통일된 남북 조선의 민주역량이 전국적 투쟁을 전개할 것을 긴급히 요구하고 있다.

그러나 정치문제의 해결에 대한 시간성 문제는 투쟁이 결정하는 것이다. 말하자면 적에 대한 투쟁이 강하면 강할수록 문제의 해결은 시간적으로 단축될 것이고, 그와 반대로 적에 대한 투쟁이 약하면 약할수록 문제의 해결은 시간적으로 지연될 것이다. 그렇다고 하면 조국통일민주주의전선이 평화적 통일방침으로 나선 모든 조항도 우리 투쟁의 강약에서 시간적 조만성(早晚性)이 규정될 것이다. 또 그렇다고 하면 국토완정과 민족통일과 완전 자주독립을 쟁취하기 위한 민주조국 건설투쟁의 역사적 행정을 단축하기 위하여서는, 우리는 거족적으로 결정적 투쟁을 강력하게 전개하여야 할 것이다.

그뿐만 아니라 앞으로 진행될 우리의 투쟁은 조속한 승리를 보장하기 위하여 매개 정당 사회단체와 전체 인민에게 정치적 경각성을 요구하고 있다. 말하자면 우리는 과거의 승리에 도취되지 말고 현실적 투쟁에 충실하여야 할 것이다. 우리는 미래의 승리를 구가(謳歌)하지 말고 당면한 투쟁을 집행하여야 할 것이다. 우리는 적을 증오함과 함께 기회주의자를 경계하여야 할 것이다. 그리 하여서만 민주진영은 강화될 수 있고 따라서 반민주진영을 제승(制勝)할 수 있는 것이다.

목전 형세에 비추어 우리는 방어의 자태를 취할 것이 아니고, 공격의 태도를 취하여야 할 것이다. 또 이것은 주관적 원망(願望)으로 주장하는 것이 아니고 객관적 정세에서 요청되고 있다. 이제 조국통일민주주의전선은 민주주의 제 정당 사회단체와 전체 인민에게 호소하며 제기한 제 조건은 무엇을 의미하고 있는가? 말하자면 조국통일민주주의전선이 내세운 평화적 통일방침은 그는 결코 선전에 한한 선언이 아니고, 실천을 약속한 선언이다. 그는 결코 적을 위혁하는 선전이 아니고, 적을 소멸하려는 선언이다.

만일 모든 반동이 평화적 통일사업을 방해한다면 우리는 그를 용서 아니 할 것이고, 조선 인민은 그를 다른 방법으로 처단할 것이다. 만일 모든 반동이 국토양단과 민족분열을 고집한다면, 우리는 그를 독파하지 않고 그를 다른 방법으로 소멸할 것이다.

8·15해방은 위대한 소련군대의 영웅적 투쟁으로 가져온 조선인민의 역사이다. 이제 조선인민은 인민민주주의 조국건설의 역사행정에서 8·15해방의 4주년을 맞이하면서 조선민주주의인민공화국의 기치 하에서 조국통일민주주의전선의 강령과 선언을 당면한 투쟁과제로 하고 국토완정, 민족통일, 완전 자주독립을 위하여 분투 매진하고 있으며 또 분투 매진하여야 할 것이다.

『근로자』 제15호(1949년 8월); 國史編纂委員會 編, 『北韓關係史料集』 50(2006), 433-446쪽.

> 단행본

1. 8·15 이전 조선 민주운동의 사적 고찰

일본제국주의가 무너진 8·15를 분계선으로 하여 조선사회는 진보적 민주주의 사회로 거보를 옮기면서 있다. 이 역사적 순간은 구조선 질서가 붕괴되고 신조선 질서가 산출하여 가는 과정이며, 민주역량이 고조되며 반민주역량이 퇴치되는 과정이다.

그러나 구조선 질서와 신조선 질서의 교체는 자연발생적으로 진행하는 것이 아니고, 민주역량의 반민주역량에 대한 승리는 그렇게 쉽사리 확보되는 것이 아니다.

다시 말하면 이 과정은 격렬한 투쟁과정이오, 계급과 계급 간의 고유한 모순이 점차적으로 격화하고 민주와 반민주 간의 대립이 급속히 첨예화하여 가는 혁명과정임에 틀림없다.

우리는 이와 같은 혁명과정 ― 구체적으로 말하면 자산계급성 민주주의혁명과정 ― 에 있어서 모든 계급 간의 호상관계를 정확히 평가하고 민주역량과 반민주역량의 상대적 지위를 구체적으로 고찰함으로써 옳은 정치노선을 제시할 필요가 있다. 그것은 오직 역사적으로 규정된 조선사회에 대한 정확한 인식과 과거 운동의 발전과정을 충분히 이해함으로써만 가능한 것이다.

여기서 상세히 소개하는 소책자는 저자가 일찍이 중국 반일전선에서 어느 수요에 의하여 총총히 집필한 것인바, 통계 등 자료 입수의 곤란으로 미진 불비한 점이 많은 미완고(未完稿)이나, 조선 민주운동의 이해에 대한 도움이 될까 하여 가필하지 않고 그대로 공간하는 바이다.

물론 이러한 저술은 앞으로 구체적 사실이 유루(遺漏) 없이 수집되고, 그에 대한 변증법적 방법론이 확립된 후라야 비로소 정확을 기할 수 있음은 저자 자신이 알고 있다. 원컨대, 이 방면에 대한 권위 있는 노작이 하루바삐 출현하기를 충심 기대하여 마지않는다.

1946년 5월
저자

> 목차
> 1. 일본침략과 조선 망국
> 2. 자산계급 민주운동의 발생과 반일동향
> 3. 자산계급성 민주운동의 신계단과 3·1운동
> 4. 무산계급운동과 민족해방투쟁
> 5. 일본제국주의의 전시통치 하의 조선
> 6. 현 계단 조선 혁명정세
>   ① 민족 자산계급
>   ② 민족 지주계급
>   ③ 무산계급
>   ④ 농민계급
>   ⑤ 소자산계급
> 7. 결론
>   부록
>   1) 조선독립동맹의 유래
>   2) 8·15 이전 조선독립동맹 강령(초고)

1. 일본침략과 조선 망국

19세기의 낙후한 봉건국가였던 조선은 외국 자본주의의 침략적 공세 하에서 그 구(舊)사회 전체가 와해과정에 직면하였었다.

1868년에 인방(隣邦) 일본은 '명치유신'에 의하여 이미 봉건제를 개혁하고 자본주의적 생산관계를 확립하였다. 이래 일본제국주의는 급속도의 발전과정을 밟아서 1870년대에 이르자 벌써 국내시장의 협애(狹隘)를 느끼고 국외시장에 대한 야망이 온양(醞釀)되었다. 그리하여 1872년에는 일본 통치계급 내부에 소위 '정한론'(征韓論)이 대두되었고, 1875년에 와서 일본은 대륙침략의 시탐적(試探的) 의도로 군함 운양호를 조선에 파견하여 한강 하구에 침입하니, 국내는 일시에 공황상태를 일으켰던 것이다. 그러나 당시 영종도 수군(守軍)은 일대 용기를 발하여 적함의 침범을 격퇴함에 성공하였다. 1876년에 일본은 운양호 포격사건을 함구하고 다시금 함대를 조선에 파견하여 강화도에 내박(來泊)하고, 조선정부에 핍박하여 소위 '병자강화조약'을 체결하고 부산, 인천, 원산 등 3항(港)을 개방하니 조선 해안도시에 일본자본주의 침략세력이 부식하게 되었다.

조·일 간에 강화조약 체결 이후로 일본은 조선 통치계급 내부분열의 허극(虛隙)을 타서 침략세력의 부식에 부심하였다. 1882년 임오군란의 발생을 기회로 하여 일본은 조·일 제물포조약을 체결하고, 조선 내에 주병권(駐兵權)과 시장개설권을 획득하였다. 1884년 갑신정변의 뒤를 이어 일본은 조·일 한성조약을 체결하고, 조선 내에서 만청(滿淸)세력의 견제를 책모하였다. 1894년 갑오동학농민전쟁 시에 일본은 일방으로는 동학당 농민전쟁을 진압하여 조선의 반봉건 반침략적 신흥세력을 좌절시키고, 타방으로는 일청전쟁을 통하여 조선 내에서 만청세력을 구축한 후 일·청 마관(馬關)조약에서 소위 조선독립을 존중히 한다는 미명 밑에 조선에 대한 이권 독점을 책(策)하고, 그의 반(半)식민지화정책을 가강(加强)하였다. 다시 말하면 1895년 일·청 마관조약 체결 이후로 일본은 조선 내에 있어서 내정간섭, 상품수출, 시장개방, 자원조사, 철도부설 등 각 방면에 긍하여 침략세력의 확대에 광분하였다.

그러나 일본은 그 침략정책의 개시기에 있어서 일청전쟁을 통하여 만청세력을 좌절시키기는 하였으나, 제정 러시아의 동진정책으로 인하여 다시금 새로운 강적 러시아와의 대립을 초치하게 되었다. 1904년 로·일 간의 전쟁은 드디어 노일전쟁을 야기시켰고, 1905년에 와서 제정 러시아가 패배하니 이에 일본의 침략자들은 동아의 패권을 잡게 되었다. 따라서 일본은 전승국의 지위로 한국정부에 강박하여 을사(乙巳) 5개 조약을 체결한 후 한국정부 위에 일본통감부를 설치하여 외교, 재정 급 관리임명의 권리를 빼앗고 내정간섭을 단행하니, 조선은 실제상 일본의 식민지로 변하였다. 그 후 1907년에 강도 일본은 또다시 정미(丁未) 7개 조약을 체결하여 한국군대를 해산하고, 1910년 8월 29일 드디어 한정(韓廷)에 강박하여 경술(庚戌) '합병'을 강행하니, 이에 한국은 멸망되고 조선민족은 일본 침략자의 기반(羈絆) 하에 신음하게 되었다.

2. 자산계급 민주운동의 발생과 반일동향

19세기 70년대의 조선은 자급자족적 농업경제의 기초 위에 건립된 군주전제의 봉건국가였다. 1863년에 등대한 이하응(대원군)의 섭정시대를 통하여 조선의 통치계급은 세계 대세에 역행하면서 종래의 봉건체제를 유지함에 급급하고, 도도히 침입하여 오는 외래 자본주의세력을 격양(擊攘)하려 하였으나 결국은 실패하고 말았다. 이조 전제정부는 구통치계급의 치민(治民)사상에 대립되는 일체의 세력을 탄압하며 신문화운동의 발전을 완강히 억압하였다. 1866년 병인양요와 1872년 신미양요를 진압한 것은 당시 조선 통치계급의 정당한 반침략전쟁이라고 할 수 있었으나, 천주교도의 대학살은 역사발전에 역행하는 반동적 만행이었다. 타방 이성(정조) 말기로부터 이철(고종) 초년까지 그 동안 남인학파의 이가환, 이승훈, 정약종, 정약용, 이학규, 남종삼, 홍분부 등은 당시 서구 자본주의 동점(東漸)의 영향 하에서 자유 평등 박애의 신(神)으로 가장한 천주교의 신도로서 이조 통치계급의 지배자적 철학인 정주학(程朱學)에 대하여 반기를 들었으나, 그들의 사상은 일방 서구 자본주의 문화의 침략성을 간파하지 못하였고, 타방 사회경제의 발전계단에 제약된 관념형태로 결국 그들은 구사회 변혁을 추동할 수 있는 민주운동 사상체계까지는 도달하지 못하였던 것이다.

그러한 조건 밑에서 당시 진보적 지식분자로서 비교적 민중의 존경을 받고 오던 그들은 봉건사회의 제도적 질곡 하에서 통치계급의 번중(繁重)한 착취와 압박으로 인하여 현실생활에 불만을 품고 있는 민중을 반봉건적 혁명운동으로 인도하지 못하고, 오로지 그들로 하여금 지상의 군주를 저주하고 천상의 신주를 추대하도록 하였을 뿐이다. 그 후 16년을 경과하여 1882년에 일어난 임오군란은 비록 그것이 당시 조선 통치계급에 대한 반항이었고, 일본 침략자에 대한 투쟁이었으나, 그는 반봉건 반침략적 민주운동의 사상체계에서 사회변혁을 계획하고 일어난 운동으로 되지 못하고 당시 사회적 특수집단인 구군대의 생활불만에 기인된 일시적 폭동일 뿐이었다. 물론 임오군란은 당시 외래 자본주의적 침략세력의 영향으로 생긴 구봉건 사회체제 와해의 개시기에 있어서, 즉 봉건관료층의 가혹한 착취와 일본의 침략에 대한 분만(憤懣)의 정서로 일어난 것은 사실이었다.

1884년 갑신정변은 당시 조선사회의 선진적 지식분자 김옥균, 박영효, 홍영식, 서광범, 서재필 등은 국내 봉건사회의 와해기에서 동시에 서구 자본주의문화의 영향 하에서 신흥 일본을 보루적 배경으로 하고, 만청세력과 결탁된 민씨 일파를 중심으로 한 수구당을 타도하기 위하여 10월 정변을 일으켰다. 그러나 그는 상층 귀족 청년 지식분자의 활동에 제한된 궁중식 정변으로서 민중의 옹위(擁衛)를 얻지 못하고, 만청 이홍장의 무력적 억압 하에 3일천하로 실패를 고하게 되었다. 그러나 갑신정변은 이조 말 조선 혁명운동사상에 있어서 평가될 때에는 그는 자산계급 민주운동의 서막이라고 할 수 있다. 김옥균 일파 개혁당이 개혁운동을 단행한 것은 용감하였으나, 일본 통치계급의 원조를 과신하고 개혁운동을 진행해서 객관적으로 일본 침략자에게 이용되고 그 침략세력 침입을 조장한 것과 같은 결과를 초래한 것은 최대의 오류였으며, 또한 민주역량을 전연 발동하지 못하고 고립된 상층 일부 역량에 의하여 구사회제도를 개변하려 한 것은 물론 망상이었다.

그러나 개화당은 귀족 전정(專政)을 반대하였고, 만청정부의 예속관계를 거부하였으며, 국권의 신장을 도모하였고, 상공경제의 발전을 주장하였던 한에 있어서 진보적이었다. 당시 개화당인들은 그 사회경제의 토대의 발전형태의 제약으로 인하여 구사회 변혁에 대한 사상, 방법과 민주운동의 영도능력을 구비할 수 없었다. 그러나 그들이 가진 사상이 진보적이었고 그 진행한 일이 반봉건 반청적(反淸的)이었으며, 그 노력 방향이 신사회 건립에 있었던 것만은 부정할 수 없는 사실이었다.

갑신정변 실패 후 10년을 지나서 1894년 갑오 동학당 농민전쟁은 하층으로부터 일어난 반봉건 반침략적 인민전쟁이었다. 갑오농민전쟁의 격문 중에서 "驅矣入京 滅獲權貴 盡滅夷倭"(夷는 서양인)라고 한 것을 볼 때에, 그는 내(內)로는 봉건적 귀족 통치계급을 반대하였고, 외(外)로는 일본 만청 등 일체 외국 침략세력을 반대하는 전쟁이었던 것을 충분히 알 수 있는 것이다. 동시에 "轉運營只吏幣均田官之幣 各市井分錢收稅 他國潛商之竣價 食鹽市稅對於各種物價之取都賣利自地徵稅" 등은 봉건관료층의 적폐를 말한 것이며, 따라서 인민의 생활상 절실한 이익을 위하여 투쟁한 것이니, 이상의 사실에 의거하여 보면 갑오농민전쟁은 민중을 발동하여 구사회제도를 변혁하려는 반봉건적 인민혁명이었으며, 외국 침략세력을 구축하고 민주의 기반 위에 자주적 독립국가를 세우려는 인민전쟁이었다.

갑오농민전쟁의 역사적 의의의 특징은 자산계급적 민주운동의 개시기에서 반봉건 반침략운동이 전쟁수단을 통하여 전개된 광범한 인민혁명이라는 점에 있다. 이 혁명은 비록 그것이 실패로 돌아갔지만은, 소시민을 포괄한 광범한 농민층을 동원한 데 있어서 또 그 규모와 전쟁형태가 종전에 보지 못하였다는 점에 있어서 조선 민주운동의 위대한 도표라고 말할 수 있는 것이다. 또 그것이 반봉건을 주(主)로 하고, 반침략을 차(次)로 하는 인민전쟁으로 발현하게 된 것은 당시의 역사적 계단과 객관적 정세로 보아서 필연적 귀결이었다. 갑오농민전쟁을 지도하던 전봉준은 근대 조선 혁명운동사상에 있어서 민주운동의 인민 영수였고, 반봉건 반침략전쟁의 위대한 영도자였다.

19세기 말엽에 일본은 일찍 침략전쟁 수단을 통하여 조선 내에서 반봉건적 농민전쟁을 진압하고 만청세력을 구축한 후로 조선에 대한 반식민지적 특수이권을 전취하려고 1895년 반일적인 명성황후 민비의 암살을 감행하니, 당시의 우국지사들은 비분강개하여 반일의병운동을 일으켜 일본 침략자에게 항쟁하기 시작하였다.

당시 부패와 무능이 극도에 달한 이조 봉건 통치계급은 사리사욕을 위한 정권쟁탈에 눈이 어두워서 일(日) 아(俄) 양국 침략세력 하에 친일·친아의 대치지세를 이루었으니, 따라서 주체는 부패되고 외모(外侮)는 일심(日甚)하여 민생은 도탄에 함입하게 되었다. 이때에 일본은 한국의 내정혼란을 기화로 하여 아일전쟁에 전승(戰勝)의 여위(餘威)로 한정(韓廷)에 육박하여 소위 을사보호조약 5관을 체결하게 되니, 당시 조선은 봉건체계로서 반식민지 사회가 실제상 식민지 반봉건사회로 전변하기 시작하였고, 드디어 조선 자산계급 민주운동은 반봉건 반침략으로부터 반침략 반봉건운동에의 전환기로 옮기게 되었다.

그 후 또다시 일본 침략자의 강박 밑에 정미년에 국군이 해산되고, 경술년 '합병'으로 조선이 망국을 고하게 된 전후기에 있어서 반일 반봉건운동의 조류는 반일 의병운동과 문화적 계몽운동과 애국 테러운동이 병진하고 있었다. 망국 직전에 있어서 이인재, 최익현, 민긍호, 허독, 이강년, 유인석, 신돌석, 홍범도 등은 당시 반일의병운동을 대표한 인물이었고, 민영환, 조병세, 홍범도, 황현 등은 당시 순국의 절의를 대표한 인물이었으며, 나인영, 안중근, 이재명, 장인환 등은 당시 애국 테러운동을 대표한 인물이었고, 장지연, 유휘, 신채호, 양기탁, 남궁억 등은 당시 민족문화운동을 대표한 인물이었으며, 이동휘, 안창호 등은 당시 반일 반봉건적 민주운동의 영도층이었다.

3. 자산계급성 민주운동의 신계단과 3·1독립운동

일본제국주의의 조선에 대한 식민지 통치방식은 철두철미 억압적이요, 약탈적이었다. 즉 경제방면에 있어서는 토지약탈정책을 채취하였으며, 정치방면에 있어서는 반일의병운동의 진압정책을 채취하였고, 문화방면에 있어서는 조선민족의 고유문화를 말살하고 군국주의적 노예화정책을 채취하였다. 조선에 있어서의 일본제국주의자들의 원시 수탈과정은 가장 노골적이며 가장 야만적이었다. 그들은 경제적으로 토지사유권의 확립이라는 구실 밑에 종전 설치했던 토지조사국의 조사를 기초로 하고, '조선민사령' '부동산등기령' '부동산증명령' 등 허다한 법률을 제정하고 사유재산에 대한 현대적 법률관념이 희박한 조선 인민의 토지몰수정책을 강행하였다. 정치적으로 헌병경찰의 무단정치를 실시한 후 소위 '보안법' '제령위반법' 등 악법으로서 완전히 자유를 억압하여 왔다. 문화적으로 소위 '일시동인'(一視同仁)이라는 기만적 구호 하에서 노예화교육의 실시를 위하여 각종 교육기관에서 조선역사, 조선어, 조선문학 과정을 한제(限制)하여 왔다. 그리하여 조선은 망국 이후로 일본제국주의의 착취적, 이민적(移民的), 군사적 식민지로 변하여 왔으며 일본제국주의의 자원 채취지, 투자지, 상품소비시장으로 취급되어 왔다.

즉 조선은 망국 이후로 일본제국주의 성장을 위한 자양원천지, 대륙침략적 병참기지로서의 전형적 식민지의 역할을 다하여 왔다. 그리하여 일본제국주의의 야만적 통치 하에서 조선 민족경제는 파산되었고, 조선의 천백만 애국인민은 적의 무력에 도살되었으며, 조선민족의 문화는 적의 폭력에 훼멸되어 왔다. 그러나 조선인은 수천 년의 문화적 전통을 가진 난숙한 문명민족으로 이민족의 잔인 영맹(獰猛)한 통치 하에서 기아와 편추(鞭箠)와 도살의 갖은 박해를 태연히 감수할 수는 없었다.

이에 1919년 3월 1일 조선민족은 10년래의 망국노의 생활에 철천의 한을 품고 일본제국주의의 조선 통치에 대한 조선민족의 위대한 봉기이며 항전이었다. 3·1투쟁은 광포(狂暴)한 일본제국주의 통치에 대한 조선민족의 위대한 봉기이며 항전이었다. 그것은 투쟁의 형식, 동원의 규율 및 치열성에 있어서 정히 한 개의 커다란 인민혁명이었다. 이 운동은 당시 선진적 지식분자들의 영도 하에서 진행되었으나, 이 투쟁에 참가한 인민은 노동자 농민 학생 소시민 등 혁명적인 전 민중을 총망라한 것이었다. 투쟁지도부의 처음 계획은 순 평화 시위운동에 그치려 하였으나, 참가인원이 점차 증가하며 범위가 확대됨에 따라 민중은 본능적으로 그 혁명성을 유감없이 발휘하고, 토지를 빼앗기고 생활수단을 박탈당한 농민과 근로인민의 광범한 진출은 도처에 폭동과 봉기로 발전하여 지도층의 예기(豫期)와는 부동한 방향으로 진전하였다.

이 투쟁이 얼마나 확대하였고 치열하였음은 다음의 사태가 이를 웅변으로 설명한다. 즉 노동자는 파업으로, 농민은 금운(禁運)으로, 학생은 동맹휴학으로, 상인은 철시로, 관리는 퇴직으로 항전하였으며, 포악한 적의 총검 밑에 피살된 자는 3,750명에 달하고, 중상하여 수일 후에 사망한 자 4,600여 명이며, 중경상자가 부지기수이며, 피옥 하옥자가 무려 수만을 산(算)하였으며, 그 투쟁기간이 만 3개월에 긍하였다. 이 투쟁에 있어서 조선민족이 발휘한 혁명적 열정과 심각성은 과거의 역사성에 그 비유를 찾을 수 없을 만큼 획기적인 것이었다. 3·1혁명은 비록 참담한 패배에 귀(歸)하였으나, 이 투쟁을 분수령으로 하여 조선의 민주주의혁명은 새로운 단계에 이행하였다.

3·1혁명이 일어난 1919년은 이미 제1차 제국주의전쟁이 끝나고 그 진행과정에서 발행한 러시아 사회주의혁명은 승리를 확보하여 전 세계 피압박민족의 해방운동에 찬란한 서광을 던지고, 이때로부터 식민지 반식민지의 민족운동은 무산계급혁명의 일 구성부분을 이루었다. 다시 말하면 러시아 사회주의혁명이 승리한 후

세계는 자본주의체제와 사회주의체제의 양개 진영으로 크게 분열되고, 세계 민주주의운동은 그 내용에 있어서 성질을 달리하게 되었다. 그것은 첫째, 러시아혁명 이전의 세계 자산계급 민주혁명은 자산계급 내지 소자산계급의 영도 하에 있었으나, 러시아혁명 이후의 세계 자산계급성 민주혁명은 무산계급의 영도 하에 속하게 되었다는 현격한 차이가 있으며, 둘째, 러시아혁명을 획기로 하여 국제환경이 근본적으로 변화하여 자산계급은 이미 반동화하고 민주혁명의 추진자는 신흥 무산계급이 되었다는 데 중대한 차이가 있는 것이다.

그러므로 러시아혁명 이전의 민주혁명은 구민주주의혁명이며, 그 이후의 민주주의혁명은 신민주주의혁명이었다. 자산계급 민주혁명은 세계 자본주의의 상승기에 발생하는 것이나, 자산계급성 민주혁명은 세계 자본주의의 몰락기에 발생하는 것이므로, 전자에 있어서는 혁명의 주동세력은 자산계급이며, 후자에 있어서는 노동계급이 주동세력이 되지 않을 수 없다.

이러한 국제환경 밑에 생기한 3·1혁명은 그 영도자이었던 소자산계급 사상가가 이를 의식하고 못함을 불문하고, 그 혁명의 주체는 세계적 범주에 있어서 이미 무산계급이었다고 단정할 수 있다.

속학적 사가의 기록에 의하면 3·1혁명은 미국 윌슨 대통령의 14개조 평화원칙 중에서 제기된 민족자결안의 자극으로 발생하였다고 설명하나, 이것은 물론 그릇된 견해이며, 세계사의 발전에 대한 피상적 견해에 지나지 못한 것이다. 윌슨의 민족자결안은 다만 조선민족의 봉기에 대한 일 계기에 불과하였으며, 그 혁명적 기세는 축적된 민족역량에 잠재하였던 것이다. 그러나 사실 3·1운동을 영도한 소자산계급적 사상가들은 이 투쟁을 계획함에 제하여 윌슨의 '민족자결안'에 준거하여 평화적 수단으로 독립을 달성하려 하였으며, 독립선언서의 내용과 그들이 취한 지도방법은 확실히 그러한 유(類)의 운동이었으나, 혁명군중의 이상한 진출은 영도층의 예상과는 전연 다른 결과를 재래하였으며, 그들은 결국 혁명의 진출과정에 있어 민중을 배반하고 말았다.

그것은 근본적으로 지도층의 요구와 혁명군중의 요구가 부동하다는 사정에 인한 것이고, 역사발전의 단계에 있어서 소시민적 부르주아 사상가가 민족 전체의 이익을 대표할 수 없다는 사실을 말하는 것이다. 혁명을 영도한 지식분자들은 막연한 인종평등과 인도주의적 공담(空談)에 그치고 농민에 대한 구체적 구호를 내걸지 못하였다. 그러므로 당시 혁명의 주력대(主力隊)인 농민계급은 영도층의 변절적 배반에도 불구하고 자기의 요구를 위하여 싸웠으며, 이 투쟁의 발전은 자연발생적으로 진행되었던 것이다.

그리하여 3·1운동은 그 영도층의 배반에 인하여 참패를 맛보고 일본제국주의자의 야수적 탄압 밑에 수만의 혁명군중은 학살 투옥을 당하고 말았다.

이 봉기가 승리함에는 주체적 조건과 함께 객관적 조건이 구비하지 않으면 아니 되었었다. 그럼에도 불구하고 당시 국제형편은 조선혁명에 극히 불리한 상태이었다.

첫째로, 일본제국주의는 전승국으로서 파리 강화회의에 참가하였였고, 일본은 전쟁을 통하여 세계 열강국의 하나가 되었으므로 이에 대한 조선민족의 항전은 최초로부터 곤란을 내포하고 있었다.

둘째로, 러시아가 국내외 반동세력에 대한 전쟁에 분망하여 조선혁명을 적극적으로 원조할 여유가 없었으므로 조선민족은 국제적으로 고립하지 않을 수 없었다. 원래 식민지 약소민족이 해방됨에는 국제적 원조와 지지를 요하는 것이 통례인데, 3·1봉기에 있어서는 그러한 조건은 전연 결여하고 '민족자결권'을 제창한 미국 자체가 위선 조선독립에 반대이었다.

셋째로, 조선 내에는 무산계급의 정치적 경각성이 부족하여 자계급의 지도적 정당을 가지지 못하고 따라서 민족해방의 주도적 임무를 완수하지 못하였다.

넷째로, 일본 국내의 계급대립이 표면화되지 못하고 일본 무산계급이 조선 민족독립운동을 지지하는 힘이 미약하였다.

이러한 국제정세는 3·1독립운동을 실패로 돌린 중대한 계기이었고, 또한 영도층의 비겁한 배반과 조선 무산계급의 미성장은 혁명을 정확한 노선에로 인도할 계기를 이루지 못하였다.

그러나 3·1혁명은 과거 일체의 민족투쟁과정에서 볼 수 없는 민족역량을 표시하였으며, 조선민족의 단결력과 희생적 정신이 절대하였던 것을 전 세계에 보여 주었으며, 특히 세계 무산계급의 절대한 동정과 관심을 환기시키었다. 조선민족은 이 봉기를 통하여 일본제국주의의 기반에서의 이탈은 철저한 무장투쟁과 민족적 대동단결로서만 가능하다는 교훈을 얻었던 것이다. 그것은 동시에 소자산계급적 지식분자들이 민족해방운동을 지도할 수 없다는 사정을 밝혀 주었으며, 신흥 무산계급의 영도적 지위를 명백히 지시하였던 것이다. 뿐만 아니라 조선민족은 자기의 쓰라린 경험을 통하여 세계 제국주의자들의 기만과 그들의 민족정책을 정확히 인식하게 되었다.

3·1혁명은 실로 조선 민주운동의 새로운 출발점이며, 조선 혁명운동에 있어서의 무산계급의 역사적 역할을 부여한 전환점이었다. 이 투쟁 이후로 조선민족의 해방운동은 무산계급의 영도 하에 민족통일전선의 수립을 위한 투쟁과정으로 일

대 방향전환을 하였으며, 세계 무산계급운동과 조선 민족운동은 유기적 관계를 보지(保持)하게 되었다.

4. 무산계급운동과 민족해방투쟁

1919년 3·1독립운동 이후에 있어서 일본제국주의의 식민지 통치는 한층 교활 잔인한 탄압정책을 실시하여 왔다.

조선에 대한 일본 통치정책의 일반적 특징은 첫째, 경제방면에 있어서 토지조사사업에 의한 농민경지와 공유지의 수탈, 종전부터 지속되어 온 영세 경작제도의 확대 강화, 국가금융자본에 의한 고리대적 착취기구의 형성(殖銀, 금융조합) 등을 구축으로 한 원시수탈의 연장 내지 계속이었다.

그들의 정책은 조선을 영원히 '일본의 농촌'으로 만들며 조선으로 하여금 일본의 식량 원료 급 노동력의 급원지로 만드는 동시에 그의 상품판매시장으로 만드는 데 일관하였다. 따라서 일본은 조선의 공업화를 욕구하지 않았던 것이다. 일본 자본주의의 팽창과 그 내부적 모순은 국내에 있어서 산업통제를 강행하지 않을 수 없었으므로 점차 일본 산업자본은 조선으로 진출하게 되었으니 여기에 조선은 공업화의 과정을 밟게 되었으며, 따라서 근대적 공장노동자계급의 생성을 보게 되었다. 그러나 조선의 공업화과정은 일본제국주의의 군사적 의의를 띠게 되는 것만큼, 일 경제단위로서의 균형 있는 발전을 수행하지 못하고 불구(不具) 기형적인 식민지적 발전의 길을 걸어 왔던 것이 사실이다.

또한 농업부문에 있어서는 일본 국내의 수요를 본위로 하여 미곡 단종(單種) 생산에 집중되고, 단당 수확고의 증가에 노력하여 왔으나, 그 역(亦) 조선 농업의 자유발전을 보장하는 것이 아니라 오로지 영세 소작제의 강화에 의한 착취 강화 이외에 아무 것도 아니었다. 즉 미곡 생산물은 유통과정에 있어서 상품화하였음에도 불구하고, 그 생산과정과 착취조건이 의연히 봉건적 형태를 유존하게 된 것은 이것을 여실히 증명하고 있다. 이러한 제 정책은 필연적으로 조선 농촌경제의 파멸을 촉진하였으며, 타방으로는 자본주의 상품생산의 증대로 말미암아 일반 미 생산자들의 경제 파산을 촉진시켰다.

둘째로, 정치방면에 있어서는 3·1독립투쟁의 유혈의 대가로서 일본제국주의는 부득이 다소의 언론 집회 출판의 자유를 양보하지 않을 수 없게 되어 종전의 군국주의적 무단통치를 소위 문화정치로 개변하였으나, 그것은 한 개의 기만수단으로서 사실은 한층 교활 잔인한 경찰정치를 실시하여 조선 민족해방운동의 억압정책을 채취하여 왔다. 그리하여 1920년 이래 일본제국주의는 일방으로 사상 취체를 목적하고 조선 내에 고등경찰제도를 수립하며 치안유지법을 제정하며 특히 조선 무산계급운동의 진압에 부심하여 왔으며, 타방에 있어서는 무산계급의 혁명문화의 방지를 목적하고 노농군중의 문화 보급과 청년 학생의 사회과학 연구를 극도로 탄압하여 왔다.

그러나 일본 침략자본의 공세 밑에 급속히 전면적 파멸과정을 밟게 된 조선 민족경제는 조선 인구 중 대부분을 무산계급으로 전락시키며 극도의 빈곤에 함입(陷入)한 일반 근로대중의 생활불안은 필연적으로 민족의식과 계급의식을 각성시키며 제고시켜 왔다. 그리하여 3·1독립운동 직후 1920년에 이르러 조선 무산계급은 그의 계급의식의 각성으로부터 비로소 독자적인 계급운동을 전개하게 되었다. 조선 무산계급운동은 식민지 사회조건 밑에서 필연적으로 반일 민족해방투쟁의 선봉적 역할을 하지 않을 수 없게 되었으니, 이때로부터 조선의 반제운동은 민주적 노선에 따라서 민중을 동원하며 민중을 교육하며 민중을 조직함으로써 반일역량을 통일하여 왔던 것이다. 조선 무산계급운동은 1924년에 이르러 획기적인 조직운동으로 전개되고 전국적 성질을 가진 군중단체로 노동총동맹 청년총동맹이 조직되었으며, 1925년에 '조선공산당'이 건립되고, '조공' 영도 하에서 1927년에 반일민족통일전선단체로 신간회가 성립되었다.

다시 말하면 1920년 이후로 조선 무산계급운동의 영도 밑에 반일역량은 전국적 위관(偉觀)을 보였으며 반일운동은 공전(空前)의 추세를 정시(呈示)하였다. 그러나 당시 조선 무산계급운동은 일본제국주의 경찰의 잔인한 폭압 밑에서 1925년 11월 제1차 조선공산당 검거사건을 위시하여, 1926년 6월 제2차 조공 검거사건, 1928년 2월 제3차 조공 검거사건, 동년 8월 제4차 조공 검거사건으로 인하여 전위분자 다수가 투옥되었고, 반일통일전선 진영 내의 영도적 핵심역량은 막대한 손실을 보게 되었다. 그러함에도 불구하고 1926년에 경성을 중심으로 하여 일어난 반일 6·10만세사건, 1928년 영흥 반일농민폭동사건, 동년 원산노동파업사건, 1929년 광주에서 발단된 전국 학생반일폭동사건, 동년 단천 반일농민폭동사건, 1929~30년 부산 반일노동파업사건 등은 보다 전국적 성질을 가진 반일운동이었고, 이 외에 전국 각지에서 보편적으로 일어난 소작쟁의와 노자(勞資)투쟁은 모두 일본제국주의의 조선통치에 대하여 조선 무산계급운동의 영도 하에서 일어난 반항운동이 아닌 것이 없었다.

이로 볼 때 1920년 이후로 조선 무산계급이 민족해방운동 진영 내에서 반일투쟁의 선봉적 역할을 하여 온 것은 의심할 수 없는 엄연한 사실이었다. 즉 당시 조선 무산계급운동은 자연생장기에서 대부분 소자산계급 출신인 그 영도층이 종파적 혹은 좌·우경향적 착오를 거듭 범하고 온 것은 엄연한 사실이었으나, 그렇다고 하여서 조선 무산계급운동이 조선 민족해방운동 진영 내에서 가장 진보적이며 가장 철저 견고한 핵심적 선봉대이었다는 사실을 부정할 이유는 물론 없는 것이다.

5. 일본제국주의의 전시통치 하의 조선

강도 일본제국주의의 식민지 조선에 대한 통치는 장기적 대규모의 침략전쟁 진행과정에서 이미 종전의 정상적 궤도를 이탈하여 최후 발악의 야만적 폭압정책을 채취하여 왔다. 1931년 9·18로부터 1937년 7·7사변까지의 기간에 있어서 조선에 대한 일본제국주의의 통치방침은 첫째, 경제방면에 있어서는 침략전쟁 진행상 지리적으로 유리한 관점상 소위 '일선만'(日鮮滿) 경제 일원화의 정책 밑에서 조선을 일만(日滿) 간의 교량지대로 하고, 동시에 값싼 조선의 노동력과 풍부한 조선 급 만몽(滿蒙)의 자원을 이용하고자 조선 내 군수공업을 확대하여 왔다.

둘째, 정치방면에 있어서는 침략전쟁의 군사행동에 배합하여 적의 관점상 후방 안정정책의 입장에서 식민지 통치의 질서를 유지하기 위하여 9·18사변 전후기에 있어서 일본제국주의는 조선 내에서 노동조합 농민조합 정치결사 문화인집회 등 일체 사회단체를 강제로 해산시켰으며, 언론 출판 결사의 자유를 극단으로 탄압하였고, 일본민족을 종주로 한 '대아세아주의'라는 기만정책으로 노예화교육을 강화하였으며, 무산계급운동의 진압책으로 소위 '보호관찰법'을 제정하고 천백만 혁명인민의 자유를 구속함으로써 민족의 패류(敗類)분자로 혁명의 반도(叛徒) 최린 등을 이용하여 반동단체 '시중회'(時中會)를 조직하고, 사회적 유랑 지식분자 각 교육기관의 교육자층 각종 통치기관의 하층 봉급생활자를 강제로 망라하여 파시스트 통치세력의 '대중적' 기초를 준비하여 왔고, 반도 최남선 등을 이용하여 소위 일선동조론을 조술(祖述)케 하고, 일본민족을 종주로 한 대아세아주의를 선전하여 침략전쟁을 위한 사상 준비를 강화하고, 혹은 혁명에서 타락된 우맹(愚氓)한 주구배를 매수하여 밀정단체 '대동민우회'를 조직하고, 민간 특무정책을 확대하여 왔다. 종래의 친일분자를 동원하여 각 지방에 소위 '국방청년단'을 조직하고, 노농청년 급 학생 등을 강박하여 파시스트 폭력단체에 편입시켰다. 그리하여 일본제국주의는 1931년 9·18 이후로 조선에 대한 약탈과 폭압으로 대규모의 침략전쟁을 준비하여 왔다.

　1937년 7·7 중국 항일 개전으로부터 1941년 12월 8일 태평양전쟁이 폭발된 전후기에 있어서 조선에 대한 일본제국주의의 통치방침은 전시 '국가총동원법'에 의하여 첫째, 경제방면에 있어서는 소위 '공출제도' 실시와 헌납정책의 강화로 ① 전 농산물과 군수공업원료 등 일체 물자를 몰수하고, 그 약탈정책과 배합하여 '배급제도'를 수립하고 조선 인민의 자양 제한을 강요하였다. ② 전비 염출을 위하여 증세, 헌금, 채권, 보험, 저금, 위문금, 금속품 헌납 등 각종 방법으로 조선 인민의 재산을 몰수하여 왔다. ③ 광범한 침략전에 수요되는 소위 인적 자원의 보충을 위하여 1938년에 강제로 '지원병제'를 실시하였고, 1944년에 징병제를 선포하였으며, 동시에 징용령을 발포하여 조선의 남녀 청장년을 침략전쟁에 희생시켜 왔다.

　정치방면에 있어서는 소위 조선의 일본 본토화(本土化)인 '초식민지화'라는 기만적 수단으로 ① '사상보호관찰법'과 배합하여 '사상예방구금법' '신치안유지법' '전시형사특별법' 등 각종 악법을 제정하여 조선 민족해방역량을 강압하여 왔다. ② 조선어 폐지와 조선문자 사용금지, 조선역사교육 폐지, 조선 국명의 폐지 등 야만적 폭압으로 고유한 일체의 민족문화를 훼멸하였다.

　위에 말한 바와 같이 일본제국주의는 강도적 침략전쟁과정에서 조선민족의 멸망책을 완전히 수행하기 위하여 강압적 폭압정책을 세우고 전시 헌병경찰, 사법경찰, 정찰정책, 파시스트 폭력단체 등 일체 반동기구의 역량동원으로 공장에서, 광산에서, 농장에서, 학교에서, 가두에서, 조선 반일인민을 압박하며 착취하며 도살하여 왔다.

　강도 일본 파시스트의 전시통치 하에서 경제적으로 최후의 파산을 당하고 정치적으로 최후의 위기에 임한 조선민족은 여전히 영명 악독한 박해와 모욕에도 감수할 아무런 의무가 없었다.

　1931년 9·18사변 전후에 있어서 조선 인민의 반일정세는 과연 우후의 죽순같이 일어났었다. 즉 1930년 조선공산당 검거사건을 위시하여 동년 경성 부산 평양 등지에서 일어난 반일노동자파업, 동년 제주도 해녀 반일폭동, 영흥 등지에서 일어난 반일농민폭동, 1932년 어대진(漁大津) 반일농민폭동, 1933년 전북 농민반일투쟁, 1934~36년 명천 반일농민폭동 등은 모두 전국적 성질을 가진 반일폭동이었다. 뿐만 아니라 9·18사변 전후에 있어서 조선 혁명운동은 고도의 비밀형태로 전개되는 과정에서 일본제국주의 경찰의 독수에 피포된 사건으로서 비교적 전국성을 띤 것만을 거시하면, 1931년 경성을 중심으로 하고 일어난 적색공작위원회사건, 1932년 흥남을 중심으로 일어난 적색노조사건, 동년 경상 전라남도의 공산주의자협의회사건, 동년 경성 공산주의자협의회사건, 1933년 함남 적색노조사건, 동년 부산 적색노조사건, 1933~37년 경성을 중심으로 일어난 공산주의자협의회사건, 1934년 함북 공산주의자협의회사건, 1935년 홍남 적색노조사건, 1937년 원산 철도국 내 적색노조사건 등은 모두 일본 파시스트의 야만적 폭압에 대한 용감한 투쟁이었다.

이에 조선 각 혁명계급이 각종의 형식으로 일어난 반일운동 진행과정에서 발생된 사건에 대한 적방(敵方)의 통계에 의하면, 1927~35년간에 있어서 조선공산당 사건으로 피검 투옥된 자가 1만6천명에 달하였고, 1934~36년에 있어서 대규모의 군수공업지대 홍남지방에서 적색노조사건 발생이 127차이며, 그로 인하여 피검 투옥된 인수가 4,700명이었으며, 1934년 조선 남부지방을 중심으로 일어난 지주대 소작쟁의사건이 1년간에 1,800여 건이었고, 1935년 1월~10월간에 일어난 소작쟁의사건이 7,200여 건이었다. 그는 모두 일본제국주의의 전시통치 하에 있는 조선 각 혁명계층의 반일동향을 말하는 것이다.

그 후 1937년 중국 항일전쟁이 전개된 이후 조선 혁명운동은 일본 파시스트의 폭압 때문에 최고도적 비밀리에 지하운동형태로 진행되어 왔다. 따라서 과거와 같은 대규모의 대중적으로 표현된 반일운동은 없었으나, 그 반면에 반일 목표 하에 각종의 지하운동은 끊임없이 계속되어 왔으며, 특히 만주 중국 등 재외 혁명세력은 일제 타도투쟁에 있어서 위대한 역할을 하여 왔던 것이다. 타방 이러한 혁명운동의 발전과정에 있어서 일본제국주의자의 탄압은 문자 그대로 야수적이었고, 혁명진영의 희생은 막대한 수에 달하였다. 뿐만 아니라 이 전쟁과정을 통하여 자연발생적으로 일어난 폭동과 태업은 조선민족이 가진 혁명적 에네르기를 충분히 표시하는 것이었다.

1934년 조선 내 수감자 총수는 10만8천3백91명이었고, 1938년 수감자 총수는 약 18만에 달하였으며, 그 후 6년간에 있어서 얼마나 증가되었는가는 정확한 수자를 얻지 못하였으나, 1944년 조선 내 감옥수 본소만이 23개소, 각 본소에 소속된 허다한 지소가 있는 것을 고려한다면 8·15전에 조선인의 수감인원은 엄청나게 격증되었을 것은 의심 없는 사실이다. 그뿐만 아니라 소위 '사상보호관찰소' '사상예방구금소' 등 허다한 중간 감옥이 설치되었는데, 실제상 그것은 모두 감옥과 다름없는 것이다. 동시에 금일 조선 내 수감인 수는 다수한 정치범과 전시경제법 위반자를 합해서 볼 때 그 대부분이 반일운동자이고, 기타 극소 부분은 절도 강도 살인 등 잡범인데, 오히려 그들도 일본제국주의의 조선 통치에 반항적 심정이 없다고 할 수 없는 것이다.

이상을 요약하여 말한다면 1931년 9·18사변을 계기로 하여 1937년 7·7사변, 1941년 태평양전쟁기를 통하여 조선민족의 반일정서는 가일층 심각화 우(又)는 보편화된 과정에서 반일역량은 잠재적으로 축적되며 표면적으로 증대되면서 왔었다. 금일 조선 혁명운동진영 내의 호현상은 그 운동의 질적 양적으로 발전되는 과정에서 각 계층의 혁명역량을 통일적으로 추진할 수 있는 가장 진보적 계급의 핵심역량이 조성된 데 있다. 그리하여 금일 조선 혁명운동은 각 혁명계층, 각 당, 각 파, 우(又)는 무당무파가 통일적으로 민족해방을 당면 과제로 하고 고도의 비밀 속에 조직운동을 진행시키고 있었다.

6. 현계단 조선 혁명정세

조선민족은 수천 년의 역사를 가진 노숙한 문명민족이다. 불행히 이민족의 통치 밑에서 30여 년을 지내오는 동안에 우리 민족의 생존권은 억압되어 왔고, 우리 민족의 발전은 장애되어 왔으며, 우리 민족의 영예는 훼손되어 왔다.

그리하여 지리한 시간을 두고 우리 민족의 예기(銳氣)는 발양되지 못하였고 독창성은 제고되지 못하였으며, 구문화의 유산은 잘 계승되지 못한 채 신사조의 섭취를 자유로 할 기회조차 박탈당하였다. 실로 이 시기는 조선민족이 과거에 경험치 못한 암흑 재난의 역사였다. 그러나 병자 조일강화조약이 체결된 후로 조선민족에 대한 일본 침략자의 압력이 증가되면 될 수록 조선민족의 반일사조는 수시로 고조되어 왔다. 갑오농민전쟁 시 '진멸이왜'(盡滅夷倭)를 절규함도, 을사 5조약 전후의 반일의병운동이 봉기한 것도, 경술망국 전후의 애국운동도, 기미독립운동도, 그 이후로 새로 전개된 조선 무산계급운동도, 모두 그를 말한 것이었다. 그리하여 근대 조선민족은 1894년에 반봉건 반침략적 갑오농민전쟁을 영도한 인민의 영수 전봉준과 그 이후로 이를 계승한 허다한 혁명선열의 영도 하에 불공대천의 원수 일본 침략자에게 대하여 민족의 원혼과 치욕을 신설(伸雪)하기 위하여 완강히 적과 싸워 왔다.

금일 조선민족은 강도 일본제국주의의 전시통치 하에서 적의 공출과 배급의 전시경제정책과 싸우고 있었고, 적의 징병과 징용의 전시군사정책과 싸우고 있었으며, 조선의 언어 문자 사용금지 등과 같은 전시문화정책과 싸우고 있었다. 그뿐만 아니라 일본 파시스트의 발악은 심지어 조선인의 성명을 갈게 하고, 조선이라는 국명까지 폐지하니, 이는 모두 무엇을 의미하는 것인가. 즉 그는 일본제국주의자가 종전의 수단으로 식민지 조선을 통치할 수 없다는 것을 말하는 것이며, 조선민족이 일본제국주의 통치 하의 박해를 이 이상 인수(忍受)할 수 없는 처지를 말하는 것이며, 또 그는 일본 침략자에 대한 식민지 피압박 조선민족의 세불양립(勢不兩立)의 대치로부터 최후 판가리 싸움을 독촉하는 조선의 혁명정치를 반증하는 것이다.

따라서 금일 조선민족은 자유를 사랑하는 인류의 본성과 정의를 요구하는 시대의 양심을 가지고 민족의 운명을 수화(水火)에서 구하고 민족의 영예를 현실에 회복하기 위하여 일본 파시스트와 맹렬히 싸우고 있었다. 이에 일본제국주의의 조선 통치에 대한 조선민족의 반일정세를 일층 깊게 이해하기 위하여 조선민족을 구성하고 있는 각 계층의 존재형태 급 반일동향을 분석하지 않을 수 없다. 또 그리하는 한에서만 우리는 반일투쟁의 정확한 노선을 세울 수 있는 것이다.

① 민족 자산계급

일반적으로 자산계급은 공상(工商)자본가, 자본주의적 농업경영자로 구성된 것을 말하는 것이다. 그러나 식민지 반봉건 조선사회 내에 있어서 자산계급의 구성요소는 그 상업자본가와 일부 금융자본가이고, 자본주의적 농업경영자는 없다고 하여도 과언이 아닐까 한다. 동시에 조선 민족 자산계급은 제국주의적 일본 침략자본의 국가독점적 금융자본 형태로 형성되어 왔으므로 조선 산업경제에 점유한 민족 자산계급의 역할은 상대적으로 극히 약소하였다. 뿐만 아니라 민족자본가는 주로 지주 출신이며, 그들의 활동은 대개 소비재 생산부문 혹은 유통부면에 국한되어 산업자본 형태로서의 고도의 발전을 하지 못하고 항상 일본 독점자본의 매판적 역할을 담임하게 되었다.

환언하면 일본제국주의 통치 하의 민족자본의 독자적 발전은 정치적 제 조건이 이를 용허하지 않았다. 이제 조선총독부 조사통계표에 나타난 조선 내의 민족별 자본양은 일본인 자본이 백분지 93, 조선인 자본이 백분지 5, 기타 외국인 자본이 백분지 2로 산(算)하게 되었다. 그 후 1941년 말 경성 적(敵) 상공회의소 조사에 의하면 당시 조선 내에 일본 침략자본의 총화는 국고에 의한 투자 20억7천1백만원, 회사자본에 의한 투자 39억4천1백만원, 일본인 개인자본에 의한 투자 9억7천2백만원으로 이상 총계는 73억3천만원이다. 1937년 7·7사변 이후로 적은 조선 내에서 민족별 경제수자를 발표하지 않는 까닭에 민족별 자본내역을 알 수 없으나, 대체로 이상 양종 수자는 일방에 있어서는 조선 민족경제의 여지없는 파멸을 말한 것이오, 타 일방에 있어서는 조선 민족 자산계급의 극도의 빈약성을 말한 것이다. 본래 조선 자산계급은 후진국 지주의 변신으로 현대 자본주의적 성격을 구비하지 못하고 있을 뿐만 아니라, 설상가상으로 식민지 사회조건에 예속된 불구자적 기형아로 침략자본 통치에 대한 반항력이 되지 못하고 그와의 타협형태로 생장하여 왔던 것이다. 그리하여 종래 조선 자산계급의 반일운동은 그들의 경제생활 파산과정에서 부단히 동요되는 기회주의적 입장에서 흐르지 않을 수 없었다.

그 실례를 말하면 일본제국주의의 식민지 조선 통치의 초(初)단계에서 침략자본의 공세에 의하여 조선 산업계급이 급격한 파산에 직면하게 될 때 그들은 경제적 이해감으로부터 이민족 통치에 대한 불만정서가 고조되었다. 그리하여 진보적인 일부 조선 자산계급은 1919년 3·1독립운동에 참가하여 반일투쟁을 전개하여 왔으나, 당시 내외정세의 불리한 조건에서 이 운동이 실패를 고하게 되고 일본제국주의의 식민지통치 압력이 보다 강하게 되자, 1920년 이후로 조선 자산계급은 일방 민족의 전도에 대하여 비판 실망을 가지고, 타방 침략자본의 통치 밑에서 경제적 파산을 당함에도 불구하고 소유관념의 애착성으로부터 자신의 지위를 보존하기 위한 그들은 일본제국주의의 조선 통치역량과 의식적 혹은 피동적으로 타협적 태도를 취하게 되었다. 특히 금차 대전(大戰)과정에 있어서 유력한 민족자본가들은 일본의 침략전쟁에 적극적으로 봉사하였고, 일부는 군수산업에까지도 진출하여 완전히 일본제국주의와 융합되었으며, 민족적 혁명성을 완전히 상실하고 있음을 증명하였다.

② 민족 지주계급

식민지 반봉건적 조선사회에서 민족 지주는 일개의 계급적 형태를 존속하고 있다. 조선 지주층은 일본 침략자본의 공세 하에서 금융독점자본 체계의 지배하에 예속되지 않을 수 없었고, 일본 침략자본의 농촌 진공에 따라서 급속한 몰락과정에 있음에도 불구하고, 피억압적 혹은 의식적으로 일본제국주의의 조선 통치세력과 결탁하여 자신의 경제적 지위의 보존에 부심하여 왔다.

그러나 1931년 이후로 일본제국주의의 장기적 대규모의 침략전쟁 진행과정에서 조선 지주층의 의식형태도 민족 지주의 입장상 다소 달라졌다. 그는 일본 파시스트의 전시국가총동원법에 의한 공출제도로 인하여 지주의 토지생산물에 대한 자유처리권은 피탈되었으며, 그들의 지대수입은 격감되므로 이들 민족 지주의 이해관계는 일본제국주의자의 그것과는 일치하지 못하게 되었다. 이는 한층 더 구체적으로 본다면 민족 지주들은 일체 토지생산물의 처리권을 상실할 뿐만 아니라, 토지는 다만 납세의 의무와 전비 부담의 조건이 되고 말았다.

여기서 조선 지주는 경제적 이해로부터 일본 파시스트의 침략전쟁에 대하여 점차 불만의 정서가 온양되고 더욱이 농촌 청장년을 징병과 징용 방법으로 침략전쟁에 내몰아가니 일방 소작인에 대한 지배력이 약화하여지고, 타방 사랑하는 자제까지 빼앗기게 되므로, 일부 친일분자를 제외하고는 그들의 일본제국주의의 조선통치에 대한 원한이 점차 첨예화하게 되었다. 이러한 민족 지주층의 반전기분은 그것이 비록 소극적인 계기였으나, 반일민족투쟁에 동원할 가능성이 없지 않았다. 그러므로 우리는 반일민족투쟁과정에 있어서의 인식방법은 정세의 객관적 진전에 따라서 구체적으로 고려되어야 할 것이며, 민족통일전선의 수립방법은 변증법적으로 파악되어야 한다.

③ 무산계급

근대 무산계급은 생산수단을 소유하지 못하고 자기의 노동력을 팔아서 생활하는 피착취계급을 말하는 것이다. 조선 무산계급은 그 최선진 부문인 도시산업공 이외에도 도시의 일반 사용인, 농촌 고용노동자들로서 구성되어 있다. 특히 조선에 있어서는 토지를 전연 가지지 못한 소작인 화전민들까지도 실질적으로는 무산계급에 산입할 수 있다. 이상의 제 요소를 총합하고 보면, 조선 무산계급의 잠재적 에네르기는 방대한 것이오, 조선의 혁명운동은 그 자체가 우리의 주의를 요하는 점은 금일 무산계급의 존재역량은 조선 민족 자산계급의 발전 정도에 대비하여 평가하여서는 안 된다는 것이다.

즉 1937년 중국 항일전쟁 개시기에 있어서 일본 침략자본 백분지 93 대 조선 민족자본 백분지 5의 비례를 보였는데, 당시 조선 내 노동자수는 적 총독부의 조사표에 의하면 1934년에 자유노동자 74만7543인, 1935년에 수공업노동자 27만58인, 1937년에 현대 공업노동자 17만3661인, 광산노동자 12만, 농촌고용노동자 18만727인, 총계 158만8465인이었고, 1941년 태평양전쟁 폭발 당시에 조선 내에 투자된 일본 침략자본의 총량은 73억3천만원인데, 적 총독부의 조사에 의하면 조선 내에 현대 공업노동자 2백여만, 태평양전구 남양제도에 가 있는 조선인노동자 30만 이상, 총계 450만 이상이었다. 또 이 숫자는 1942년에 발표된 것이니 이후 3년 간에 노동자수가 얼마나 증가되었는가는 알 수 없으나, 조선 내에 징용제가 실시된 것을 보아서 노동자수가 많이 증가되었던 것만은 충분히 추단할 수 있는 바이다.

이러한 점에서 조선 무산계급의 질적 양적 발전은 급속도로 몰락되어 가는 조선 민족 자산계급의 역량에 대비하여 논할 것이 아니고, 조선 내에 있는 일본 침략자본의 발전 정도에 대비하여 이해하여야 할 것이다. 다시 말하면 조선 노동자계급의 성장도는 민족자본의 발전에 의하여 볼 것이 아니고, 식민지 조선의 공업화에 따라서 관찰하지 않으면 아니 된다. 물론 조선노동자는 식민지 반봉건적 후진국의 무산계급으로서 그 문화수준과 그의 정치투쟁의식이 선진국 자본주의사회의 공인(工人)계급과 비등할 수 없다. 그뿐만 아니라, 목전 조선노동자 250만 이상은 국외에 있게 되었으니 이는 모두 조선 무산계급의 집결역량의 결함을 말하는 것이다.

그러함에도 불구하고 조선 무산계급은 식민지 반봉건적 사회조건 하에서 민족적 계급적 또는 봉건적으로 2중, 3중의 박해와 착취가 강화될수록 투쟁의식도 더 높아 가고 있다. 하물며 파시스트의 전시노동정책의 가혹한 조건에서는 조선 공인계급으로 하여금 일층 더 반일투쟁을 격발하게 한 것은 당연한 일이었다. 사실 조선 무산계급은 민족해방진영 내에서 가장 충실한 대오로 시종 비타협적 태도로 일본제국주의의 조선통치에 대하여 과감히 싸워 왔다. 그리하여 조선 무산계급은 조선 민족해방투쟁 진영 내에서 가장 철저 견고한 기본동력을 구성하고 있다. 그는 과거에 그러하였고, 현재에도 그러하며, 또 장래에도 그러할 것이다. 종래 무산계급은 그 자신의 최고강령을 실현하기 위하여 조선 민족해방을 현 단계에 있어서의 선결문제로 제기하고 광범한 반일투쟁을 집행하여 왔으며, 혁명투쟁에 있어서 가장 정확한 정치노선을 밟고 있다.

④ 농민계급

식민지 반봉건적 조선 사회조건 밑에서 농민은 일개 계급적 존재를 지속하여 왔다. 조선 민족자본의 발전전도를 놓고 볼 때 조선의 농민계급은 역시 일개 과도기적 존재이다. 일본제국주의의 식민지 조선에 대한 경제정책은 종래 농업국 조선의 민족경제 기초 위에서 농업경제에 치중하여 왔고, 또 일본 침략자본의 조선 농업정책은 봉건적 생산양식을 고집하여 왔으므로, 의연 그의 계급적 기초는 해소될 수 없었다. 동시에 그들은 식민지 조건 아래 민족적 박해와 봉건적 제약으로 경제적 및 경제외적 착취에 무한한 고통을 받아 왔다. 그리하여 종래로 그들은 경제생활상 빈곤으로부터 반영되는 생활의식은 필연적으로 이민족의 통치에 대한 반항심으로 용감하게 민족해방운동에로 인도하여 왔던 것은 과거의 소작쟁의가 일종의 농민전쟁의 형태로 수행되었던 사실에 감(鑑)하여 명백하다.

1938년 적 총독부 조사에 의하면 당시 조선 농가호수는 자작농이 50만2430호, 자작 겸 소작농이 72만9320호, 소작농이 158만3435호, 화전민이 7만1187호, 고농

(雇農)이 11만628호, 합계 305만2392호였다. 이 숫자에 의하면 조선 농가호수는 전 총호수의 71.6%를 점유하고 있다. 동시에 농민계급 내부의 변화는 빈농이 전 농민 호수의 51.8%, 자작 겸 소작농이 23.9%, 자작농이 18.1%, 고농이 5.9%를 점하고 있다. 만일 자작 겸 소작농을 분석하여 실질적 소작농으로 간주할 수 있는 부분을 분리하여 소작농에 가산한다면, 빈농 대 전 농호 비율은 약 70%에 달할 것이다.

즉 위에 제시된 숫자의 내용을 영농규모별에 의하여 분석한다면, 조선 농민경제가 얼마나 취약한가를 잘 알 수 있을 것이다. 즉 1943년 말 현재의 통계에 의하면 3단 미만 경작자가 48만호(대 전체 비율 17%), 3~5단 경작자가 61만호(동상 21%), 5~10단 경작자가 71만호(동상 25%), 합계 180만호(63%)이요, 이것을 또 토지소유관계로 본다면 전 경지에 대한 지주(전 농호의 3.03%) 소유는 답(畓)에 있어서는 72.4%, 전(田)에 있어서는 54.6%이니, 소유가 여하히 집중하고 있음을 알 수 있으며 농민해방의 중대성을 요해할 수 있는 것이다.

그러므로 조선 민족해방운동은 즉 농민해방운동이라는 것을 의미한다. 종래 조선 농민계급이 경제적 정치적으로 그들의 지위 개선을 위하여 민족해방투쟁에 적극 참가하여 충실히 싸워 온 것은 이상의 사실에 비추어 한 개의 필연이었다. 조선농민은 일본 파시스트의 침략전쟁과정에서 전시 '공출의 배급제도'로 인하여, 자기의 생산물을 박탈당하고, 종국적 파산에 직면하여 그들의 생활은 극도의 위협을 받고 있었다. 그것은 조선농민으로 하여금 일본제국주의의 조선통치에 대하여 반항의식을 조장하는 사회적 조건을 조출하지 않을 수 없었다.

다시 말하면 1931년 9·18사변 이후로 조선 내에서 일방으로는 징병 급 징용정책으로 인하여, 타방으로는 일본 파시스트의 군수공업 확대정책으로 인하여 조선 농촌인구 중 불소한 부문이 침략전쟁의 인적 자원으로 동원되고 있는 까닭에 근년의 조선 농업인구는 비록 양적으로 감소되었지만, 민족적 입장에서 규정되는 농민의 반일의식은 질적으로 비상히 제고되고 있었다. 그리하여 조선농민은 일찍이 조선 민족해방진영 내에서 조선 무산계급과 굳센 동맹으로 한 개의 거대한 혁명동력이 되어 온 것이 사실이었다. 조선의 혁명운동에 있어서의 노농동맹은 과거 급 현재뿐만 아니라, 장래에 있어서도 더욱 굳어질 것이다.

⑤ 소자산계급

식민지반봉건 조선사회의 소자산계급은 수공업자, 소생산자, 중소상인, 일체의 소소유자층으로 구성되어 있다. 기타 지식인, 일반 봉급생활자들도 역시 생활조건으로 보아 소자산계급에 속한다. 소자산계급의 사회적 지위는 소소유자로서 노동계급에 대(對)하고 자산계급에 속하지만은, 사회발전에 따라서 부단히 분화하여 노동계급의 후비부대로서 역할을 한다는 의미에 있어서는 무산계급에 가까운 존재이다. 그러므로 소자산계급은 엄밀한 의미에 있어서는 계급이 아니고 과도적 사회층이라고 말할 수 있다. 그러나 조선과 같은 낙후된 사회에 있어서는 소자산계급의 비중은 거대하며 그들의 동향은 극히 중대한 영향을 주지 않을 수 없다. 조선 소자산계급은 역사발전의 과정으로 보아서 자산계급으로 발전하지 못하고 낙후한 사회층인 것은 주의를 요한다.

즉 그것은 영 미 등 선진국의 소시민계급과 같이 자본주의의 고도 발전과정에서 자유경쟁에 패배당하여 앞으로 급속히 무산계급으로 전락될 그러한 사회층이 아니라, 본시는 자본주의 발전단계에 있어서 앞으로 자산계급으로 발전할 수 있는 계층이었으나, 이것은 역사발전의 정상과정에서만 성립되는 것이고, 조선과 같은 식민지 반봉건사회에 있어서의 소자산계급은 그 자체가 장차 대자산계급으로 발전할 물질적 조건을 구유하지 못하고 있으며, 사회발전에 따라서 필연적으로 급격히 몰락하여 무산계급 진영에 재편될 운명을 짊어지고 있는 것이다. 그러므로 그들의 관념형태가 극히 낙후하고 있음에도 불구하고 그 사회적 생존조건은 일층 방대한 무산계급을 형성하고 있다고 하여도 과언이 아니다.

이와 같은 사회적 구조와 역사적 조건에 제약된 조선의 소자산계급은 경제생활의 이해감으로부터 정치상 경제상으로 부절히 동요하며, 사유재산제도에 대한 한에서 열렬한 신도인 동시에, 제국주의 일본통치에 대하여는 반대세력을 구성할 수 있으며 또 구성하고 있다. 그들은 계급운동에 대하여 부정적 태도를 취할 것이나, 전체적으로 민족해방운동에 대하여서는 거대한 혁명적 역량으로 편성할 수 있는 것이다. 사실 종래의 조선 소자산계급은 식민지 사회조건 밑에서 경제적 정치적으로 이민족의 침해와 봉건적 압력에 가지가지로 박해를 받고 사회생활상 무한한 고통을 당하여 왔었다.

특히 조선의 소자산계급적 지식분자는 일제의 침략적 지식계층에게 사회적 일체의 지위를 박탈당하고, 정치사상적으로 일체의 자유가 없어 민족사회의 각 계층과 격리된 정형(情形)으로서 그들은 일본제국주의의 조선통치에 대하여 각 방면의 고통을 비교적 예민하게 느끼고 있다. 더욱이 1931년 이후로 일본 파시스트의 장구한 침략전쟁의 행진과정에서 방대한 층소(層素)를 구성하고 있는 조선인 수공업자 급 조선인 중소상인은 전시국가총동원법에 의하여 경제적 파산을 당하고 대부분이 징병 징용으로 편입하게 되니, 그러한 정형 하에서 조선 소자산계급은 반일민족해방 진영 내에 있어서 종전에 비하여 가일층 유력한 역량이 되고 있었다.

　상술한 바와 같이 조선 민족해방 진영 내에서 각 계층의 반일동향은 비상한 혁명정세를 정시하고 있었다. 즉 그는 금일 3천만 조선민족의 전시 하 강도 일본제국주의의 조선통치에 대한 울분 적원(積怨)의 발로로서 조선민족의 독립과 해방을 예기(豫期)하는 강렬한 상징이 아님이 없다.

7. 결론

　금일 국제정세는 독·이·일의 파쇼전선과 소·영·미를 중심으로 한 반파쇼전선이 획분(劃分)되고 있다. 이 양개 진선(陣線)은 근본적으로 세계자본주의의 붕괴과정을 실증하는 현상이나, 세계자본주의는 제국주의 계단에서 이미 보편적 노쇠기를 경과하여 사멸의 종국적 운명에 직면하고 있다. 독·이·일의 파시스트는 세계 제국주의체계의 총 위기에서 규정된 최후의 반동적 표현이다. 급진성을 띤 세계 경제공황은 일찍이 영국의 챔버린과 불국의 달라디에르로 하여금 반소적 반동역할을 하게 하였고, 독일의 히틀러와 이태리의 무소리니로 하여금 야만적 침략정책을 발동하게 하였다.
　그리하여 일 시기에 있어서는 제국주의체계의 붕괴과정에서 출현되는 반동적 파쇼세력의 세계를 진감(震感)하고 왔다. 이에 세계 파시스트의 수괴 히틀러의 광적 침략행위는 결국 가련한 챔버린과 달라디에르의 원망(願望)을 배반하고, 영·불에 향하여 침략전쟁의 예포를 선고하였다. 이로부터 영·불 대 독·이 등 제국주의 열강 간의 모순은 전쟁형식으로 폭발되니, 제2차 세계 제국주의전쟁은 개막되었다. 그러면 이 전쟁은 어떤 결론을 내었는가? 그는 히틀러의 독수에 발칸 제국을 희생시키고 불란서를 망케 하였다. 또 그는 영국 챔버린과 불국 달라디에르가 반소운동의 죄과의 결론이 아니 될 수 없었다.
　1941년 6월 22일 파시스트의 강도 히틀러가 사회주의 소련 진공을 감행하니, 이에 소련은 조국 보위권으로 직접 반파쇼전쟁에 참가하게 되었다. 그로부터 제2차 세계 제국주의전쟁은 내용과 형식에 있어서 근본적 변화가 야기함을 따라서 영·미는 소련을 중심으로 한 반파쇼전쟁에 참가하게 되니, 이에 제2차 세계 제국주의 침략전쟁은 질적 변화로부터 반파쇼적 정의전쟁으로 전환되었다. 그 후 1941년 12월 8일 강도 일본 파시스트의 태평양 침략전쟁을 계기로 하여 세계 인류는 파시스트 침략전의 동탕(動蕩) 중에 함입하게 되었다. 반면에 있어서 사회주의 소련 급 민주국가 영·미 등은 반침략 반파쇼적 정의전쟁의 세계진영을 확대 견고하고 왔다.

그리하여 금일 국제전쟁 국세(局勢)는 사회주의 소련 영토 내에서 독·이 파시스트의 괴멸과 또 위대한 홍군의 백림 원정의 노정에서 승리의 첩보를 전하고 있으니, 이는 정히 파시스트의 최후 훼멸을 촉진하는 현상이 아니 될 수 없다. 원래 파시스트는 자본제국주의의 몰락기에서 과두정치의 재축소판으로 정치적 경제적 문화적으로 천만 인민의 자유의지를 억압하고 노동자, 농민, 부녀 급 진보적 지식분자를 침략전쟁에 희생시키며 이민족의 영토에 침범하여 그 민족의 생명을 도살하는, 즉 역사 진전의 역행자로 절대 고립의 폭력자인 것만큼, 그의 전패적 퇴각은 결코 계획적 질서적이 될 것이 아니고 급진적 교란적이 될 것이며, 그의 존재적 궤멸은 완진적 여생적(餘生的)이 될 것이 아니고 급진적 사멸적이 될 것이다. 이러한 관점에서 금일 우리는 조선 민족해방전쟁에 대한 국제적인 객관정세는 극히 유리한 것으로 인식하면서 세계 반파쇼전쟁 최후 승리의 시간성으로부터 우리의 혁명정서는 비상한 자극을 받고 있다.

태평양전구에서 동방의 강도 일본 파시스트는 전패의 충격을 거듭 맛보고 있다. 그의 종국적 전패의 운명은 긴박한 시간성의 예감을 주고 있다. 상술한 바와 같이 목전 중국정세는 조선 민족해방 전도에 극히 유리하고 있다. 다시 말하면 금후 속한 시기 내에 세계 반파쇼전쟁의 최후 승리는 결정적 형세를 보이고 있다. 그러나 문제는 금후 우리 노력 여하가 민족해방 승리의 여하를 결정할 것이다. 아무리 객관정세가 우리 민족해방사업에 유리하게 전개된다 할지라도 우리의 주관적 노력이 부족하다면 조선독립은 시간상 그만큼 지연될 수 있을 것이다. 그러하므로 우리는 민족해방 승리의 문제를 객관적 정세에 일임할 것이 아니라, 오히려 문제는 우리 민족해방사업을 객관적 유리한 국제정세에 여하히 배합하여 나갈 것인가 하는 주관적 노력에 있는 것이다.

그러나 현실문제의 분석은 사상 방법이 정확하지 못할 때 잘못 인식할 수도 있는 것이다. 복잡한 제 현상의 계열 중에서 내재적 연계의 일반성을 간취하기 그리 용이한 문제가 아니며, 단순한 일 현상의 내면에 복잡한 관계의 구명이 또한 용이한 것이 아니다. 말하자면 국제적 다각적 관계에서 발생되는 매개 문제를 요리하며 응부(應付)하며 처리하려면, 예리한 이지(理志)의 심각한 비판력이 절대로 수요되고 있다. 요새 세계 반파쇼전쟁에 대한 최후 승리의 신념을 가지고 그의 실현을 위하여 노력하는 사람이 많다. 그러나 일부 사람들은 반파쇼전쟁의 승리를 예견하는 고담준론을 베풀면서도 실제로 반파쇼전쟁의 실천은 없이 의뢰적 외교독립운동에 만족을 가지고 있다 — 중국 중경에 근거를 두고 있는 '한국임시정부파'를 지적함. — 그러한 사람들은 혁명은 일종의 장난으로 알고, 정치는 일종 유희로 알거나, 그렇지 않으면 혁명과 정치는 사리사욕을 만족시키는 일종의 수단으로 아는가 한다.

그리하여 그들은 민족을 위한다면서 민족해방사업을 방해하며, 통일을 위한다면서 조국독립사업을 방해하고 있다. 그들은 반일민족통일전선을 요구하면서도 민족분열을 감행하며, 자주독립을 절규하면서도 국제적 반동세력과 결탁 — 김구, 이승만 급 기타 일파가 중국의 반공 반민주 두목 장개석 급 미국의 반민주적 반동세력과 결탁을 지적함 — 하여 조선민족 독립사업을 방해하고 있다. 그들은 이조 조선을 망쳐 먹은 노론, 소론, 남인, 북인적 4색 당쟁의 전통을 계승하여 국가 민족의 전도는 여하튼, 사리사욕을 전제한 정권욕에 급급하여 외국 반동적 특권계급에 의탁되어, 만국 인민혁명역량을 파손하며 국외 조선 혁명운동을 모해하고 있는 것이 또한 사실이다.

그러나 아직도 그들의 정체는 애국이라는 간판 밑에 숨어서 국외의 조선동포를 기만하여 빙공영사(憑公營私)를 능사로 하고 있다. 그들은 중국 해방구, 즉 화북 화중 구역에서 8로군, 신4군과 협력하여 조국독립전쟁에 참가하여 강도 일본 파시스트 군대와 피투성이 씨름을 계속하고 있는 조선독립동맹 급 조선의용군의 전적도 자기들의 공이라고 팔아먹고 있다 — 1944년 말 1945년 초 이래로 중경에 있는 한국임시정부에서 자칭 조선 지하군 30만 대표라고 하는 명의를 팔아 선전한 사실을 지적함. — 이는 모두 세상을 기만하고 민족을 매명하며 혁명을 강간하는 무리의 행위가 아니 될 수 없다.

우리는 민족의 영예와 혁명의 정의감으로 이 같은 부정파적(不正派的) 행동을 철저히 폭로하며 징계하여야 할 것이다. 그런 까닭에 금후 우리의 노력 방향은 무장적 대적투쟁의 과감한 진행과 아울러 반일혁명진선 내에서 사상적 투쟁을 엄격히 진행하여야 할 것이다. 그러하는 한에서만 우리 역량은 확대 견고할 수 있으며, 드디어 우리의 반일투쟁은 가강(加强)할 수 있는 것이다. 끝으로 세계 반파쇼전쟁의 승리적 신심을 제고하기 위하여 다시금 조선혁명의 인식을 정당히 파악하여야 할 것을 제기한다.

첫째, 조선민족은 망국 이래 30여 년간에 긍하여 일본제국주의 통치 하에서 경제적 파산, 정치적 박해, 문화적 유린을 받고 왔다. 이러한 식민지적 조건 하에서 조선민족은 일본침략자에 대한 적개심이 높아 왔고, 일본제국주의와 병존할 수 없음을 각오하고 있으며, 또 일본제국주의의 조선통치에 대한 피의 투쟁을 계속하여 왔다. 금일 우리는 조선민족의 마음속에 일본제국주의의 조선통치에 대한 철천지한이 뿌리 깊이 박혀 있다는 것을 통찰하여야 할 것이다.

둘째, 일본 파시스트는 1931년 9·18만주사변을 계기로 하여 지난 7년여의 중국 침략전쟁과 3년간의 태평양 침략전쟁에 군사적 정치적 경제적 문화적으로 조선민족을 비참히 희생시키고 왔으며, 또 계속적으로 희생시키며 있다. 그리하여 금일 조선민족은 최후의 곤경에 처하여 공출 징용 징병 강제지원병 등 악형(惡荊)한 전시정책에 최대의 위기를 느끼고 있다. 이렇게 잔인 박해 악형한 일본 파시스트 전시통치 하에 있는 조선민족은 민족의 원울(怨鬱)과 치욕을 신설하기 위하여 적 일본제국주의와 최후 판갈날 싸움을 준비하고 있으니, 이 역시 반일투쟁을 촉진하는 사회적 조건이 되고 있다.

셋째, 금일 조선 민족해방사업은 어느 일개 정당의 단독적 임무도 아니며, 단독적 역량으로 해결할 문제도 아니다. 그는 반일적 각 계급, 각 계층, 각 정당의 공동한 임무이며 공동한 투쟁역량으로만 해결할 문제이다. 그리하여 우리는 반일민족통일전선을 일층 확대 강화하여 소수 친일파를 제한 외에 전 민족적 반일역량을 총동원할 수 있는 주·객관적 조건은 완숙되며 있다. 따라서 조선의 노동자, 농민, 소시민, 지식분자, 청년, 학생, 기타 진보적 민중은 반일투쟁의 최후 폭동의 시기를 대망하고 있다.

넷째, 우리는 해외 각국에 근거를 두고 활동하는 즉 중국, 미국, 일본, 소련 등 외국 영내에 있는 각종 반일적 정당 급 혁명인민과 호상 제휴하며 진일보하여, 국내 각 혁명정당 급 광범한 반일인민과 긴밀한 연계를 가지고 국제 반파쇼전쟁의 승리적 정세에 배합하여 조선 민족해방사업을 완수하여야 할 것이다. 만일 협애한 감정에 구애되어 비상시기의 대국을 간파하지 못하고 서로 종파적 혹은 독선주의적 입장으로 반일진영 내에서 합할 부분이 합하지 못하고, 협동할 부분이 협동하지 못하며, 연계할 부분이 연계하지 못하고, 서로 배격하며, 서로 모독하며, 서로 불신하며, 문호를 달리하며, 대립을 격화하며, 아시타비(我是他非)로 반일민족통일전선에 불응한다면, 그는 실로 대의공분을 망각하는 행위가 아니 될 수 없으며, 민족대업을 그르치는 행동이 아니 될 수 없을 것이다. 그런 까닭에 우리는 조선 혁명자의 입장에서 일 개인의 이익은 혁명단체의 이익에 복종시키고, 일개 혁명단체의 이익은 전 민족의 이익, 즉 반일민족통일전선의 이익에 복종시켜야 할 것을 다시금 강조한다.

1945년 맹하 연안에서

<부록>

이 부록은 전(前) 조선독립동맹에 관한 소(小) 기록인바, 저자가 입국한 후 각 방면에서 조선독립동맹의 유래와 그 시대의 정책에 관한 해명을 요구하므로 조선독립동맹 시대에 기초하였던 강령 초안을 그대로 발표하여 감히 일반의 참고에 자(資)하고자 하는 바이니 첨위(僉位)의 넓은 양찰이 있기를 바라는 바이다.

(1) 조선독립동맹 유래

조선이 망국 직후로 당시 허다한 애국운동자들은 일본침략자의 박해를 피하여 아(俄)·중·미 등 각국 외지로 망명하게 되었다.

그리하여 망국 이후 국외 조선 혁명운동의 역사는 이미 30여 년을 지속하여 왔다.

과거에 있어서 국외 조선 혁명운동의 전성기를 말하자면, 그는 제1차 세계대전 종식과 아국(俄國) 10월혁명의 성공을 계기로 하여 혹은 미주에서, 혹은 소련에서, 혹은 일본에서, 혹은 중국 만주와 관내에서의 반일독립운동은 공전의 대성황으로 치열한 것이었다.

당시 조선혁명은 국내외를 불문하고 세계 신흥사조에 조응하여 2대 조류로 전개되어 왔으니, 그 1은 민족운동이었고, 그 2는 계급운동이었다.

이에 조선 독립운동을 논급하기 위하여 특히 중국 영내에서 진행되고 온 조선 혁명운동의 발전동향을 잠시 언급하면, 1919년 3·1독립운동의 폭발 직후로 당시 국내외 조선혁명운동은 중국 상해를 근거로 하고 전개되는 과정에서 일방으로는 민족운동자를 중심하고 1919년 4월에 한국임시정부가 건립되었고, 타방으로는 계급운동자들의 정치결사로 1921년에 조공(朝共)운동이 있었다.

이래로 중국 영내의 조선독립운동은 민족운동자 진영과 계급운동자 진영과의 2대 사상체계에 의존하여 진전되고 왔다.

그러나 국외 조선혁명운동은 일방으로는 국내 혁명운동의 영향을 받고, 타방으로는 직접 대하고 있는 그 사회환경의 영향을 받지 않을 수 없었다.

1925~6년경에 중국 관내에서 활동하고 있던 조선혁명운동자들은 당시 중국 국공합작으로 전개되고 있는 북벌 대혁명전쟁에 참가하여 영용히 투쟁하여 왔고, 1927년의 중국 내정이 일변하여 국공의 분열과 광동폭동을 계기로 하여 당시 조선혁명자 중 일부는 중국공산당 소비에트구로 오게 되고, 타의 일부분은 상해 북

경 등지에 가서 반제운동을 계속하게 되었다.

그리하여 중국 내전시대를 일기로 하고, 중국 관내 조선혁명운동자들은 중국 내정의 한제(限制)로 공연한 내왕이 두절되고 역량이 잘 호응하지 못하였다.

그러나 1937년 7·7노구교사변을 계기로 하여 중국 내정은 급전직하로 호전되어 국공합작은 재현되고 항일전쟁은 확대되니, 당시 중국 관내에 근거를 두고 활동하던 조선혁명운동자들은 동방 시국의 급변과 중국항일전쟁의 추세에 따라 비상히 흥분되고 있었다.

1938년 무한(武漢)이 위기를 고(告)하던 전후 시기에 있어서 당시 무한에 근거를 두고 활동하던 조선혁명단체 청년들은 일종의 기회를 얻어서 연래의 숙망이던 협북(陝北) 노상에 오르게 되었다. 그리하여 1938년 추(秋)로부터 1939년 하(夏)까지에 있어서 중국공산당 영도 하에 있는 항일군정대학에 학습 받은 조선 혁명청년 학생이 근 40명에 달하게 되었다.

1940년대에 항대(抗大)를 마친 조선 혁명청년들은 중국 홍군시대로부터 내려오는 조선 혁명동지들과 힘을 합하여 전선 각지에서 중국 8로군과 신4군의 활동지역 내에서 직접 항일공작에 참가하였다.

그리하여 화북 화중의 최전선에서 직접 일본 파시스트와 투쟁하는 과정에서 우리는 자신의 사상의식상 단련을 받으면서 우리의 역량 발전을 도모하여 온 결과로 1941년 1월 10일 중국 해방구 당(黨)·정(政)·군(軍)·민(民)의 원조를 얻어 진동남 전투 환경에서 조선청년연합회를 조직하게 되었다.

이래로 조청(朝靑)은 중공 영도 하의 해방구에서 조선혁명자의 결사로 민주의 기초 위에서 항일투쟁을 전개하여 왔다. 그 후 조청이 조직된 지 반년이 못 되어 중국 대후방 중경과 낙양 방면에서 활동하던 조선 각 혁명단체의 다수 동지는 전선공작을 뜻하고 동년 6월에 화북 항일근거지로 오게 되었고, 동시에 그들은 조청에 가입하게 되니, 당시 조청은 불소(不少)한 생군력(生軍力)을 얻어서 각 지방의 항일공작을 확대하여 왔다. 1942년 7월 10일 조청은 영용한 항일투쟁과정에서 자신의 역량에 조응하여 조청 제2차 대회를 열고 주체역량에 근거한 객관 수요에 의하여 조선청년연합회를 조선독립동맹으로 고치고, 항일투쟁을 가일층 확대하여 왔다. 그리하여 이래로 조맹(朝盟)은 최전선의 전투환경에서 민주정치의 실시와 민주역량의 기초 위에서 꾸준히 투쟁을 전개하고 온 결과로 금일의 성과를 재래하게 되었다. 또 그는 조맹이 성립된 이래로 조국독립을 위하여 강도 일본 파시스트와 투쟁하는 과정에서 많은 희생을 낸 우리 혁명선열의 결정체라고 할 수 있다.

이에 우리는 중국 관내 조선혁명운동의 역사적 견지에서 말하면 조선독립동맹은 적어도 국외 혁명운동 30여 년래의 투쟁과정에서 부단한 실패와 허다한 희생을 낸 역사경험 교훈으로부터 갱진(更進) 일보해서 조선, 소련, 중국 관내 급 만주에서 다년 활동하고 있던, 즉 여러 곳에 나뉘어졌던 우수한 동지들의 힘이 합하여진 성과라고 할 수 있다. 그뿐만 아니라 조맹의 역량이 날로 커지고 있음은 그는 적어도 금일 화북 화중에 와서 있는 20만 좌우 조선 교포의 반일의식의 제고로부터 신래(新來) 동지의 계속 증가되는 데서 온 것이다.

그리하여 금일 조맹은 조선민족해방진영의 일개 대오로, 즉 반일민족통일전선 내의 유력한 역량으로 존재하고 있다. 따라서 금일 조맹의 존재는 민족해방역량으로서의 필수한 공구(工具)요, 조맹의 임무는 곧 조선민족 독립과 해방을 위한 투쟁이요, 조맹의 전망은 오로지 조선민족의 광명한 전도에 의존하고 있다.

그러한 까닭에 조맹은 그가 일본제국주의의 조선통치에 대하여 충실히 꾸준히 투쟁한 한에서 그 존재의 의의가 발양되는 것이며, 그 중대하고 숭고한 사명이 구현될 것이며, 영예롭고 광명한 미래를 맞을 수 있는 것이다.

(2) 8·15 이전 조선독립동맹 강령(초고)

조선민족은 망국 이래 30여 년 동안에 강도 일본제국주의의 야만적 통치 하에서 자유는 억압되고, 문화는 훼멸되고, 생명은 위해되고, 재산은 약탈되고, 잔인한 착취와 박해를 받으면서 비참한 생활을 하여 왔다.

우리는 조선 내에서 일본제국주의의 통치를 타소(打消)하기 전에는 민족의 전도는 오직 멸망의 길이 있을 뿐이다.

그런 까닭에 조선의 무수한 애국지사와 천백만 인민은 우리 민족의 생존 자유를 위하여 전사후계(前史後繼)로 적과 영용하게 싸우고 왔다.

그리하여 조선독립동맹은 국내외의 광범한 대중층으로부터 전개되고 있다.

이에 조선독립동맹은 조선 민족독립운동 진영 내의 일익으로서 조국 독립사업을 위하여 일체를 바치면서 우리 독립동맹은 전 민족의 공동한 요구에 의조(依照)하여 다음과 같이 주장한다.

(가) 강도 일본 파시스트 침략전쟁은 바로 최후 패망의 계단에 달하고 있다. 우리들은 전 조선인민을 동원해서 속히 민족해방을 쟁취하기 위하여

① 강도 일본제국주의의 조선에 대한 일체의 통치를 철저히 소멸할 것.

② 조선 내에 있는 일본제국주의자와 친일적인 민족반역자 등의 일체 재산을 몰수할 것.

③ 일본제국주의자와 끝까지 결탁해서 조선 독립사업을 방해하는 자는 엄중히 징벌할 것. 단 친일분자로서 과거의 죄과를 회오하고 진정한 조선 사람이 되려는 성의를 가진 자는 관용할 것.

(나) 금일 조선민족은 식민지 조건 하에서 이민족 통치에 대한 민족모순이 민족 내 각 계급 간의 모순을 의연히 초과하고 있다. 그러므로 금일 조선민족의 선결문제와 박절한 임무는 민족의 적을 타도하는 데 있다. 우리들은 이를 위하여

① 반일민족통일전선 밑에 조국독립을 위해서 투쟁하는 각 계층, 각 당파, 각 개인의 모든 역량을 집결할 것.

② 민주원칙에 의해서 국내외의 통일된 민족해방운동 총 영도기구의 건립을 촉진할 것.

③ 일본 파쇼통치 하에 있는 동방 각 피압박민족과 일본 반전 반파쇼 인민과 긴밀히 연계하며, 동시에 반파쇼 동맹국 군대와 대일작전에 긴밀히 배합할 것.

(다) 금일 조선민족해방운동에 있어서 무장투쟁은 가장 중요한 임무의 하나이다. 우리는 전 민족의 반일무장투쟁을 전개하기 위하여

① 본 동맹의 기존한 무장역량을 확대 견고히 하기에 노력할 것.

② 국내와 중국 적 점령구 내에 각종 형식의 지하군 조직을 건립하기에 노력할 것.

③ 국내, 중국(만주와 관내), 소련, 미국 경내의 조선인 반일무장역량의 통일을 촉진해서 급속히 통일된 민족해방군대의 건립을 도모할 것.

(라) 우리들은 일본제국주의자가 조선에서 실시하고 있는 모든 전시정책과 적극 투쟁하기 위하여

① 적이 강제로 실시한 창씨령을 반대하며 적의 조선어 급 조선문자 사용금지에 반대할 것.

② 적이 조선민족에 대한 징병, 징용, 공출, 배급, 증세, 헌금, 헌품, 근로봉사 등 모든 전시약탈과 전시복무를 반대할 것.

③ 적의 전시국가총동원법, 전시형사특별법, 신치안유지법, 사상보호관찰법, 사상예방구금법 등 모든 야만적 법령을 반대할 것.

④ 적의 조선인민에 대한 양식 약탈, 식량소비 한제, 경우(耕牛) 가축 등 강징(强徵)을 반대할 것.

⑤ 적의 조선인 노동자에 대한 전시노동자 이동금지와 야간노동을 반대하며 임금인상, 노동시간 단축, 노동보험 실시 등을 위하여 투쟁할 것.

⑥ 적이 조선인 자본가에 대한 재산관리권의 한제, 기업이윤의 약탈을 반대하

며 전시기업정비령에 의한 중소 상공업자의 영업 폐지를 반대할 것.

⑦ 적이 조선인 지주에 대한 토지관리권의 한제, 가산물(家産物) 처리권의 한제, 지세 증가 및 기타 전시부담을 반대할 것.

⑧ 적이 조·중 양 민족의 우의를 이간하는 일체 음모를 폭로하며 중국 항일군대와 긴밀히 연계해서 중국 경내 조선 교포들의 생명 재산을 보장하도록 하며 그들로 하여금 조선 독립사업에 참가케 할 것.

(5) 우리들은 자주독립 강성 번영한 조선민주공화국을 건립하기 위하여

① 조선 국민의 보통선거에 의거해서 민주정부를 건립할 것.

② 국민의 언론 출판 집회 결사 신앙 파공(罷工)의 자유를 확보할 것.

③ 국토방위를 위하여 필요한 군대와 군비를 충실히 할 것.

④ 국가의 경비로 국민의무교육을 실시할 것.

⑤ 적과 매국적 친일적 민족반역자에게서 몰수한 은행 회사 공장 광산 철도 항공시설 등 대규모의 기업을 국가에서 경영 관리할 것.

⑥ 적과 매국적 친일적 민족반역자에게서 몰수한 토지를 농민에게 분급할 것.

⑦ 근로대중의 경제 정치 문화 등 생활을 개선 향상시킬 것.

⑧ 조선민족의 자주독립권을 침해하지 않는 각 국가, 각 민족과 평등호혜의 원칙 하에 우호관계를 맺을 것.

『八·一五以前 朝鮮民主運動의 史的 考察』(革新出版社, 1946), 1-64쪽.

2. 조선민족해방투쟁사

> 목차
> 1. 조선무산계급운동
>   제1절 일제 식민지통치의 제2기
>   제2절 조선무산계급과 민족해방투쟁
>   제3절 조선공산당 결성
>   결론
> 2. 일본제국주의 대륙침략전쟁 행정에 있어서의 반일무장투쟁
>   제1절 일본 식민지통치의 제3기
>   제2절 반제투쟁의 전국적 앙양과 항일무장투쟁
>   제3절 김일성 장군의 항일무장투쟁
>   결론
> 3. 소련의 대일투쟁과 조선해방
>   제1절 소독(蘇獨)전쟁
>   제2절 소련을 주력으로 한 국제 반파쇼전쟁의 승리적 총결
>   결론

1. 조선 무산계급운동

제1절 일제 식민통치의 제2기

(1) 일제의 약탈적 경제정책

일본자본주의는 제1차 세계대전 시기를 통하여 급속한 발전을 하면서 세계 제국주의 열강의 일원으로 등장하였다. 종래의 군사적 반봉건적 제국주의는 전시초과이윤 획득에 의하여 금융자본제국주의와 밀접히 결부되고 이 같은 전성(轉成)과정은 필연적으로 식민지 착취체제에도 여실히 반영되지 않을 수 없었다. 더

욱이 전시의 황금경기에도 불구하고 1920~1930년의 시기는 일본자본주의에 있어서 1계열의 경제공황 즉 1920년의 전후 첫 번째 공황, 동경대진재와 결부된 1923년의 공황, 1927년의 금융공황 및 1929년의 세계공황 등으로 특징짓게 되며 따라서 일본제국주의는 이상과 같은 일련의 경제공황을 극복하기 위한 출로를 무엇보다도 자국 내의 생산의 자본주의적 합리화와 함께 식민지통치에 있어서 경제적 약탈을 한층 강화하고 마지막에는 군사적 대륙침공에 찾지 않을 수 없게 되었다.

그리하여 1920년으로부터 1930년에 이르는 동안 조선에 대한 일본제국주의의 경제정책은 일층 더 합리적 수탈단계로 전진한 것이니, 그의 특징은 소위 농공병진정책을 전제한 준비적 경영에 의하여 한편으로는 더욱 잔인한 토지수탈과 식량약탈을 전제한 '산미(産米)증식안'을 실시하고, 다른 한편으로는 잉여자본 투하와 침략적 군비확충을 목적한 공업시설을 점차적으로 강화하여 조선에 대한 보다 철저한 식민지적 착취체제를 확립한 데 있었다.

일본제국주의는 조선강점의 첫날부터 강행하여 온 토지수탈정책의 연장으로서 1920년 이후 '산미증식안'을 간판으로 하여 조선인 토지 위에 고리대자본 투하의 강화, 영농지의 세분화, 반봉건적 소작관계의 재확장 생산, 미곡통제 및 미가(米價) 인하정책 등 온갖 악랄한 수단 방법으로 조선 농촌경리의 파괴와 조선농민에 대한 착취를 감행하였다. 이 기간을 통하여 조선 농촌경리 파탄 정형의 일단을 수자상으로 표시하면 다음과 같다.

년차	총경지면적(千町)	자작지(千町)	소작지(千町)	총경지면적에 대한 소작지비율(%)
1910	2,465	1,617	848	34.4
1920	4,322	2,127	2,195	50.8
1925	4,383	2,149	2,199	50.8
1930	4,388	1,949	2,439	56.0

(일제 총독부 통계연보)

이 숫자들은 경지면적이 증가되어 가는 경향을 말하고 있는 반면에 자작지면적은 감소되고 소작지면적은 격증되는 현상을 보여주고 있다. 즉 소작지면적은 1920년에 50.8%이던 것이 1930년에는 56%로 증가되었다. 이것은 자작농민의 토지 상실과 일본인지주를 주로 한 기생적 지주에의 토지집중현상을 여실히 입증하는 것이다.

년차	자작농 호수 증감(△) 千戶	兼 소작호수 증감(△) 千戶	純 소작호수 증감(△) 千戶
1920	529—	1,017—	1.082—
1926	525 △4	895 △122	1,193111증
1930	504 △21	890 △5	1,334141증

(일제 총독부 통계연보)

 이 숫자들은 일제의 한층 가혹한 토지수탈정책 하에서 조선인구 중 절대다수를 점유하고 있는 조선농민의 경제적 파탄을 여실히 설명하는 것이니 즉 1920년에 대비하여 1930년에 와서는 자작농은 2만5천호가 감소되고, 자작 겸 소작농은 12만7천호가 감소된 반면에 순소작농은 25만2천호로 증가되었다.
 본래 일본제국주의는 그의 약탈인 식민지 농업정책으로서 자국 내 도시인구와 공업인구에 대한 식량공급과 군량확보를 목적하여 왔던 것이며, 이러한 기도 아래에 조선을 원료와 식량획득시장으로 확보하기에 급급하여 온바, 조선에 실시한 미작(米作)편중의 소위 산미증식정책은 대체로 두 가지 방법을 취하였다. 첫째는 조선인 토지 위에 고리대자본을 투하함으로써 관개사업을 강행하였고, 둘째는 경작지 세분화에 의한 영세농 착취로써 단위당 수확량의 증대를 강요하였다.
 일제가 처음 1920년에 계획한 산미증식안의 내용을 일별하면, 관개(灌漑)개선에 의하여 전(田) 10만 정보, 지목(地目) 변환(田을 畓으로)에 의하여 20만 정보, 신규 개간 간척사업으로써 20만 정보 이상 80만 정보에 대한 관개개선 및 경지확장사업을 30년간에 완성하기로 하고, 제1기 15년간에는 42만7천백50 정보의 토지개량확장사업을 완수함으로써 9백20만 석의 산미증산을 예정하였다. 그러나 1925년까지의 실적이 예정된 12만3천백 정보에 대하여 겨우 9만 정보에 불과한 결과로 일제는 1925년과 1929년의 양차에 걸쳐서 계획을 일부 변경하는 일방, 소위 저금리정책으로 농지개량자금의 융통 알선을 도모하고, 타방으로 경종법(耕種法)의 개선, 비료 증시책과 함께 토지세분화와 경지집약농법에 의한 영세농 착취정책을 강화하였다. 이 결과에 미곡생산지수의 비율을 보면 다음과 같다.

년차	파종면적	수확고	단당수확량 지수(指數)	단당수확량 실수(實數)
1910년	100	100	100	0.769석
1920년	115	143	124	0.957
1930년	123	184	150	1.154

(일제 총독부 미곡요람 및 조선연감)

이 숫자들은 10년을 1기로 한 미(米) 증산액의 대비와 미 생산지수를 입증한 것이다. 특히 1910년에 매단(每段) 수확량의 생산지수를 백으로 한다면, 1920년에 124, 1930년에 150의 비율로 증가되었다.

이러한 현상은 관개개선과 경종법 개량 등에서 구명될 수도 있으나, 매 단위 수확량의 증가율을 가능하게 한 중요한 원인의 하나는 토지세분화에 의한 영세농 경작법으로 농민에 대한 잉여노동의 착취율의 증가에서 설명되어야 할 것이다.

다시 조선미(米)의 수급과 소비상황을 알기 위하여 아래와 같은 수자를 인용할 수 있다.

년차	생산량 (백만석)	수출량 (백만석)	조선내 소비량	조선인 1인당 소비량(석)	일본인 1인당 소비량(석)
1918년	13.7	2.2	11.6	0.68	1.14
1924년	15.2	4.6	10.8	0.60	1.12
1931년	19.2	8.4	10.5	0.52	1.30

(전기 미곡요람)

이상 숫자에 의하면 미생산량은 1918년 1천3백70만석, 1924년 1천5백20만석, 1931년 1천9백20만석으로 증산되었고 동년대에 있어서 미 수출량은 2백2십만석, 4백6십만석, 8백4십만석 등으로 미(米)산액에 비하여 미 수출량은 훨씬 초과된 경향을 나타내었다. 이러한 현상은 일본인 식량문제의 해결을 위하여 조선농민의 희생을 여실히 설명하고 있다. 이와 동시에 조선인과 일본인과의 매 1인 미 소비량을 대비하여 보면, 1918년 조선인 매 1인 6두(斗)8승(升) 일본인 매 1인 1석1두4승, 1924년 조선인 매 1인 6두 일본인 매 1인 1석1두2승, 1931년 조선인 매 1인 5두2승 일본인 매 1인 1석3두의 비례는 결국 일본인의 자양을 위하여 조선인의 식량문제는 극단의 기아상태에 빠져 있다는 것을 말하고 있다.

일제의 소위 산미증식정책은 비록 그 후에 있어서 일본농업에의 위협으로써 일시 좌절을 보았으나, 이상에서 본 바와 같이 조선 미생산량의 절반 이상을 매년 일본에 공급하게 되었으며 식량획득시장으로서의 조선을 보다 완전히 확보한 반면에, 조선농민으로 하여금 "쌀을 팔고 조(粟)를 사는 빈농경제"에 얽매게 하였다. 그리하여 년년히 가중하는 지세정책과 함께 값비싼 일본공업품의 대량적 조선 농촌 진공(進攻)은 2중3중으로 조선 농촌경리의 급속한 파괴를 촉진시켰으며 조선 경제를 완전히 일제의 무제한적 이윤추구에 예속시켰다. 1929년 통계에 의하면 조선의 수출입은 그의 74.5%가 일본으로부터의 수입이며, 그의 89.7%가 일본에로의 수출로써 수출의 대부분은 원료품이고 그의 47.9%가 조선미로 되었다.

일본제국주의는 식민지 농업정책과 함께 이미 정미(精米), 제사(製絲), 제염, 양조, 기타 경공업시설을 어느 정도로 병진시켜 왔다. 그러나 3·1운동 전기에 있어서 일본의 경제정책은 조선에 대한, 현대적 공업시설에 대한 대규모의 계획이 수립되지 못하였다.

당시 '조선총독부'는 국가자본을 중추로 하여 식민지경영의 기초공작에 부심하였으나, 일본 산업자본의 조선 투하문제는 아직 적극화시키지 않았다. 여기에는 여러 가지 원인이 있을 것이나 그 주요한 조건은 다음과 같이 말할 수 있다.

첫째, 제국주의의 식민지경제정책은 토착 민족경제형에 조응하여 계획되기 때문에 당시의 조선 민족경제는 반봉건경제체제가 기본형으로 되며, 토지생산수단이 사회경제의 토대로 되어 있는 조건 하에서 일제는 식민지경제정책의 초기단계에서 토지수탈정책을 채택하지 않을 수 없다. 그리 함으로서만 일본 침략자본은 조선민족경제를 예속화할 수 있었고, 또 파괴할 수 있었던 것이다. 그리하여 일제는 당초부터 조선에 공업화문제를 선결조건으로 한 것이 아니었고 토지수탈과 산미증식을 급선(急先)문제로 내세웠다.

둘째, 당시 육성기에 있었던 일본자본주의는 국가자본이나 개인자본에 있어서나 동양(同樣)으로 국외시장에 방대한 양의 자본수출을 가능하게 할 잉여자본의 축적이 아직 조성되지 못하였다. 그와 동시에 당시 조선 경제형태는 봉건적 생산관계에서 예농적(隸農的), 영세농적 생산방법을 기초로 하였던 것만큼 자본주의화의 발전을 신속하게 할 수 있는 조건이 아직 성숙되지 못하였던 것이다.

셋째, 일본제국주의는 조선에 대하여 반봉건적인 식민지체제의 유지에 급급하였다. 왜 그런가 하면 일본자본주의는 서구자본주의 열강에 비하여 훨씬 뒤떨어진 특수한 지위에 있었던 것인 만큼 일제가 요구하는 식민지형은 반봉건적인 경제체제이었다. 따라서 일제는 조선 내에 현대적 대규모의 공업화문제에 그다지 관심을 돌리지 않았다.

그러나 전술한 바와 같이 일본자본주의는 제1차 세계대전 시기를 통하여 획득한 전시이윤은 드디어 자본축적의 급격한 증대를 초래하였다. 이래 일본자본주의는 국내산업 발전의 급진적 템포에서 충동된 침략주의적 팽창정책으로 말미암아 식민지 조선에 대한 자본수출과 공업시설을 점차 촉진하지 않을 수 없었다. 이러한 정세 하에서 일본제국주의는 합병 직후 조선의 토착자본주의 발전을 제지하기 위하여 제정하였던 소위 회사령을 1919년에 와서 "본령의 설치는 이미 그 필요가 없으며 오히려 기업의 발전을 저지함"이라는 이유로서 철폐하고 조선도 일본과 같이 일반적으로 계출제(屆出制)로 회사설립을 자유롭게 하는 한편, 관세제도를 개혁하여 일본 민간자본의 조선 수출을 촉진하게 하였다.

이 같은 조건 하에서 1920년 이후 조선 내 공업 — 특히 공장공업은 점차 활기를 띠게 되었으니, 이제 조선 내 공업발전의 동향을 보면 다음과 같다.

년차	생산액(천원)	공장수	노동자수(천인)
1911년	19,639	252	14.5
1920년	179,319	2,087	55.2
1925년	337,249	4,238	80.2
1932년	263,062	4,261	102.0

(1930년 생산액 저하는 미가 폭락에 원인됨. 조선경제연보)

이 숫자들이 말하는 바와 같이 조선 내에서 공업발전의 속도는 1920년 이후 비교적 활발하게 전개되었다. 그러나 조선의 공업발전은 군수(軍需)와 관련되는 철도, 전기, 연와(煉瓦), 목재 및 질소비료, 기타 화학공업 등을 제외하고는 그 대부분이 식료품 원료가공업 등 식민지적 경공업부문이었다.

다시 조선 공업회사 자본금의 누계표를 제시하면 다음과 같다.

년차	공칭자본금				불입자본금			
	조선인	일본인	조일합자	기타합계	조선인	일본인	조일합자	기타합계
1911년	7.4	10.5	21.9	39.8	2.7	5.1	8.0	15.9
1917년	11.5	59.2	6.0	78.5	5.9	38.0	1.9	47.8
1925년	49.8	276.0	105.0	432.8	22.6	156.7	40.2	221.5
1928년	47.7	334.6	125.1	510.7	21.5	176.0	47.9	248.1
1929년	42.5	360.9	211.2	616.1	18.9	193.7	96.1	310.6

(비고: 단위 백만원)

이 숫자들은 조선 내에 일본인의 공업자본 투하와 조선 내의 민족별 자본관계를 명시한 것이다. 이 기간 내에 있어서 조선 공업부문에 실제로 투하된 일본자본만을 계상하여도 1911년에 5백십만원이던 것이 1917년 3천8백만원, 1925년 1억5천6백7십만원, 1928년 1억7천6백만원으로 급속하게 증대하였다. 동 기간 내에 일본인자본을 근간으로 하고 조선인자본, 조일합자회사자본 및 기타 자본으로서 조선 공업자본부문에 투하된 자본총액은 1928년에 2억4천8백십만원이었고, 1929년에 3억1천6십만원이었다. 이제 다시 민족별 자본관계를 보면 1929년에 조선 내에 공업자본 총액 3억1천6십만원 중 조선인자본 1천8백9십만원으로 6.2%, 일본인자본 1억9천3백7십만원으로 62.4%, 조선인과 인본인의 공동투자액 9백6십만원으로 30.8%이였다. 이와 같은 숫자는 공업자본에 있어서 조선민족자본은 일본침략자본과 대비할 수 없는 비참한 지위에 있음을 말한 것이다.

그뿐만 아니라 1910년으로부터 1932년에 이르는 즉 23년간에 상업 농업 공업 고리대금업 순경제적 투자로서 조선에 유입된 일본자본 총액은 18억8천8백3십만원에 달하였다. 이밖에 일제는 간접적 자본투하방식으로 조선은행 식산은행 동양척식회사 등 중추 금융기관에 조종되어 있는 즉 전 조선 군·면에까지 설치된 전 금융조합을 동원하여 반강제적 방법과 증세수단으로 조선 민간자본을 전폭적으로 흡수하고 고리대적 수단에 의하여 투자된 자본비중이 방대한 액에 달하여 있었음은 또한 명백한 사실이였다.

이상 숫자와 사실들은 1920년~1930년의 시기 내에서 조선에 대한 일본인 공업자본의 급속한 증대와 조선에 유입된 일본자본 총량의 방대한 증가를 보여준 것이며 동시에 조선민족자본은 일본침략자본의 공세 하에서 여지없이 파멸과정을 밟아 온 것을 여실히 설명한 것이다.

즉 이 시기 내에서 일본제국주의는 토지수탈정책과 자본투하정책 등으로써 조선민족경제의 종국적 파탄을 촉진함과 동시에 특히 조선농민과 조선노동자의 착취정책을 강화하였다.

(2) 일제의 폭압정치

1917년 러시아 10월혁명을 계기로 하여 세계자본주의체계는 일반적 위기에 직면하게 되었으며 소련을 선두로 한 세계 무산계급운동과 세계 피압박민족해방운동은 역사적인 신시대를 개척하였다. 그러나 몰락하는 자본주의적 역사계단에서 죽어가는 제국주의의 식민지통치는 그의 잔인 폭압성을 한층 노골화하였다.

1920년으로부터 1930년에 이르는 동안에 일본제국주의의 조선에 대한 폭압정치는 그의 약탈적 경제정책에 조응하여 조선을 보다 완전히 '점유'하여 대륙침략을 목적한 후방안전을 위하여 특히 조선민족해방운동 진영 내에서 주도적 역할을 놀고 있는 무산계급의 반제투쟁역량을 거세시키는 대로 그의 기본방향을 정하였다.

그러나 조선민족해방운동사에 있어서 새로운 전기를 가져온 3·1독립운동을 통하여 조선민족의 거대한 반일역량을 직접 체험한 일본제국주의는 조선통치에 대한 어느 정도의 '양보'를 가장하지 않을 수 없으니, 이 기간에 있어서 일본제국주의는 종래의 무단통치 대신에 소위 '문화정치'란 새로운 간판을 들고 나왔다.

그리하여 일제는 소위 '문화정치'의 기만성을 은폐하기 위하여 위선 '조선총독부' 관제의 일부 개혁으로 종래의 무단정치의 노골적 표현인 헌병경찰제도를 철폐하고 '고등경찰'제도를 수립하였으며 오랫동안 봉건적 유제로서 계속되어 오던 태형과 소위 문관급 교원들의 제복대검(制服帶劍)을 폐지하였다. 이와 동시에 처음으로 조선인에게 언론과 출판에 대한 조건부 허가제와 집회와 결사에 대한 조건부 계출제를 용인하였다.

그러나 일본제국주의의 이 같은 식민지 통치정책은 결국 세계 무산계급운동의 신사조와 세계 피압박민족해방운동의 신정세에 대응하여, 또한 조선민족 내부에서 온양되어 온 계급적 대립 모순의 격화와 계급 간 역량대비의 변화에 대처하여 채택하게 된 것이다. 다시 말하면 일본제국주의는 제국주의 국가군의 일원으로서 반소반공정책의 강화를 목표로 하고 자국 내의 무산계급운동 탄압과 함께 조선민족 내부의 계급적 모순 대립을 이용하여 조선민족해방운동의 내부분열을 책동하고 치열화하는 근로대중의 반제투쟁의식을 말살하는 데 중점을 두었다.

따라서 조선에 대한 일제의 소위 '문화정치'는 그의 악독한 군국주의적 절대적 정치체제의 완화를 의미하는 것이 아니라 오히려 제국주의자들의 상투적 수단인 한층 더 간교한 기만적 식민지통치정책에 불과한 것이었다. 즉 일제는 3·1운동을 경유하여 급격히 앙양된 조선인민의 반일투쟁의식을 마비시키고 식민지 근로대중에 대한 가혹한 착취의 강압적 지배를 강화하기 위하여 응급책으로서 소위 '문화정치'를 의장(擬裝)하였던 것이다.

여기에 있어서 일본제국주의는 종래의 조선통치방법인 관료적 독점기구의 직접적이며 적나라한 지배를 조금도 변함이 없이 다만 한편으로 조선의 봉건지주층뿐만 아니라 토착자본가를 포섭하고 나아가서는 개량주의적 민족운동자까지 유도하는 기만적 회유책으로서 식민지통치의 지배적 예속관계의 강화를 도모하였으며, 다른 한편으로는 조선무산계급의 앙양된 계급의식과 광범한 애국 인민대중의 반일투쟁역량을 약화시키고 거세시키기에 백방으로 탄압정책을 강화하였다.

그의 실례로서 일본제국주의는 소위 총독정치의 자문기관으로 설치한 '중추원'을 활용하여 봉건적 지주층과 토착자본가의 대표자들을 포섭하려 하였으며 소위 '지방자치'라는 미명하에 설치된 도, 부(府), 읍, 면 협의기관에는 군소 지주 자본가를 비롯하여 유랑지식인과 민족개량주의자들까지 유입함으로써 이들 자문기관과 협의기관을 완전히 친일파 민족반역자의 소굴로 만들었다. 뿐만 아니라 일제는 심지어 소위 '국유림, 국유지'불하 수단과 기타 경제적 조건을 미끼로 하여 민족주의의 '탈'을 쓴 자들을 매수하려 하였다.

이와 동시에 일본제국주의는 조선 무산계급운동을 탄압하기 위하여 1924년에 소위 '사상취체'를 간판으로 고등경찰제도를 수립하고 만고의 악법인 소위 '치안유지법'을 제정하였으며, 1929년 다시 더욱 극악한 '신치안유지법'을 실시하여 좌익진영에 대한 언론 출판 집회 결사의 자유를 완전히 봉쇄하였을 뿐만 아니라, '사상범'이란 명목 하에 대량적인 검거 투옥 고문 학살을 자행하였다. 1930년 통계에 의하면 총검거인원 수는 18만7천5백31인을 산하며 그 중 소위 사상범을 주로 한 특별범 수는 3만8천7백79명에 달하였으며, 1930년 재감자(在監者) 수는 1910년의 7천21명에 대비하여 1만7천2백32인으로 격증되었다.

일본제국주의의 이 같은 극단의 무산계급 탄압정책과 반소반공정책은 그의 교육 문화정책에 있어서도 여실히 반영되었으니 일제는 조선의 독자적 민족문화 발전의 가능성을 박탈할 목적으로 각급 학교에 있어서 조선어문의 사용을 금지하고 조선 역사 지리의 교수를 폐지시켰을 뿐만 아니라, 일반적으로 근로자 농민 여성들에 대한 문맹퇴치사업을 방해하였으며, 신흥 무산계급의 사조를 대표하는 맑스레닌주의 서적의 구독을 억제하였다. 그리하여 일제는 무엇보다도 반소사상을 고취하고 선진적 소련문화의 섭취를 극단으로 방해하는 대신에 일제의 군국주의적 노예사상을 강요하고 심지어는 조선봉건사회의 유물인 향교 사찰 등을 이용하여 봉건사상에 물젖은 향촌 부노(父老)와 과학사상에 인입되는 젊은 세대와의 대립상극을 조장하며, 보천교 무극교 등 사교(邪敎)의 활동을 공인함으로써 미신을 조장하는 우맹(愚氓)정책에 부심하였다. 그리하여 일제의 군국주의적 노예사상을 강요함으로써 조선인민의 반일투쟁의식을 감쇄(減殺)하며, 봉건사상을 복구함으로써 근로대중의 계급적 각성을 방해하며, 미신을 조장함으로써 과학사상을 제지하고, 반소사상을 고취함으로써 소련문화와의 접촉을 방지하여 독립과 해방을 지향하는 조선인민에게 영원히 일제의 식민지적 노예의 멍에를 씌우려고 시도하였다.

이같이 소위 '문화정치'의 의장 속에 숨어서 진행된 잔인 악독한 일본제국주의의 식민지통치에도 불구하고 당시 민족주의를 표방하는 개량주의적 민족운동자들은 이 '문화정치'의 간판 밑에 어리석은 기대를 부치었으니 그들은 마침내 "실력을 닦으면 독립을 준다"는 일본제국주의자들의 기만적 언사를 아무 비판 없이 접수하여 "실업장려, 교육보급, 인구증식" 등의 간판을 내세우고 수치스럽게도 독립운동의 시기상조론을 주장하고 나섰다. 그리하여 소위 민족주의자 즉 개량주의적 민족운동자들은 사실상 조선독립운동 진영으로부터 이탈하여 그들은 다양 다채한 분식으로 결국 일제와의 타협적 경향에로 전락하고 말았다.

이제 그들의 죄과를 거론한다면 1920년 이후로 이광수(李光洙)류는 반동적인 '민족개조론'을 제창하여 제국주의자들의 침략적 우월감에서 애용하는 식민지 민족의 열등성을 입증하려 하였으며, 최린(崔麟)류는 소위 '연정회'(硏政會)를 조직하여 일제에의 예속을 영구화시키기 위하여 자치운동을 전개하려 하였으며, 최남선(崔南善)류는 반동적인 「동명」(東明) 잡지를 간행하여 일제의 반소방공정책에 맞장구를 쳤으며, 안재홍(安在鴻)류는 기만적인 '물산장려'운동을 독립운동으로 대체하려 하였으며, 김성수(金性洙)류는 노자(勞資)협조주의적인 '실업장려'를 창도하여 근로대중의 착취를 합리화하며 근로계급의 투쟁의식을 말살하려 하였으며, 조만식(曺晩植)류는 '무저항적 독립운동'설로써 앙양된 조선인민의 반일운동의 약화를 시도하였으며, 이승만(李承晚)류는 배미(拜米)주의적인 '위임통치'설로 독립운동 진영에서 영원히 탈락하고 말았다. 이러한 일련의 사실들은 개량주의적 민족운동자들의 추악한 전면적 몰락을 말하여 줄 뿐만 아니라 직접 조선민족해방운동을 약화시키며 파괴하고, 일제의 식민지통치에 봉사하는 반역적 죄행이 아닐 수 없다.

그러나 도처에서 모든 것을 종속시키고 있는 일본제국주의의 지배적 결과로 조선인 대지주가 일제와 밀접하게 결부되고, 지주 또는 일본자본에 직접 종속되어 있는 민족부르주아지가 점차로 일본제국주의에 접근됨에 따라 그들의 대변자인 민족개량주의자들의 이 같은 전락은 필연적 현상이라고 할 것이다.

이 반면에 경제적으로 파산되고 경찰정치에 의하여 억압당하고 학살당하는 조선인민의 절대다수는 혁명에 의한 외에 그 상태를 개선할 길이 없게 되었으니, 여기에 필연적으로 노동자 농민을 주로 한 근로대중의 혁명운동만이 가장 철저한 반일민족해방운동으로 등장하지 않을 수 없게 되었다. 그리하여 3·1운동 이후 조선에 대한 일제의 탄압이 잔인 가혹하면 할수록 착취와 박해에 견딜 수 없는 근로대중의 반일투쟁의식은 더욱 앙양되었으며, 개량주의적 민족운동자들의 일제의 식민지통치에 장단을 맞추어 민족해방운동의 내부분열을 획책하면 할수록 민족적 분노를 참을 수 없는 광범한 애국인사와 근로대중의 반일투쟁역량이 더욱 공고화하여 갔다.

즉 1920년에 발족한 조선 무산계급운동은 자기 발전의 급속한 장성과정에서 격증하는 노동파업과 소작쟁의의 실제 투쟁을 통하여 노동자 농민의 조직활동이 전국적으로 전개되었으니, 1924년에 와서는 조선 무산계급의 전위분자 영도 하에 노동조합, 농민조합, 청년단체, 여성단체, 형평사 등 각 부문의 사회단체들이 이미 전국적 규모의 통일적 중앙조직체를 가지게 되었으며, 특히 1925년에는 근로대중의 조직적 토대 위에 급속히 장성한 공산주의자들의 정치결사들이 그의 발전형태인 선봉적 조직으로서의 조선공산당으로 발전하게 되었다.

이 같은 조선 무산계급운동의 전면적 앙양과 함께 일제의 탄압이 오로지 이것에 집중된 것은 전술한 바이나, 일본자본주의가 계속되는 경제공황 극복의 출로와 그의 무제한적 제국주의적 팽창목적의 추구를 대륙침공에서 찾게 되자 일제는 그의 침략적 군사행동에 앞서 소위 후방안정을 위한 예비조치를 강화하였다. 조선이 그들의 조차지 관동주(關東州)와 함께 아주(亞洲) 대륙에 있어서 일본제국주의의 가장 중요한 전략적 병참기지로 된 것은 주지하는 바이나, 일제는 다시 만주 침략을 앞두고 조선에 있어서 그의 군사적, 경찰적, 관료적 기구를 한층 강화하였으며 특히 압록강과 두만강의 국경지대에 경찰망을 확충하고 국내에는 고등경찰 밑에 스파이망을 확장하여 조선인민의 반제국주의적 비밀결사의 파괴공작에 광분하였다. 그리하여 일제의 조선경찰은 조선독립운동을 분쇄하고 또 일반적으로 군사적으로 사용되는 이외에 소련과 중국을 침공하는 무력으로서 증강되었다. 1930년 통계에 의하면 일제의 조선경찰은 경찰부 13, 경찰서 250, 경찰관주재소 2,320, 경찰관파출소 186, 경찰관출장소 134로서 1910년의 경찰부 14, 경찰서 107, 경찰관주재소 269, 경찰관파출소 91에 대비하여 급속적인 증가를 보이고 있으며 경찰인원은 1910년의 5천6백94명으로부터 1930년에는 1만8천8백11인으로 격증되었다.

끝으로 특히 논급하여야 할 것은 이민문제이다. 일본제국주의는 조선에 대한 약탈적 경제정책과 아울러 이민정책을 강행하여 왔다. 본래 조선은 지리상으로 일본과 인접하고 기후가 일본과 대차(大差) 없으며 자연자원이 풍부한 점에서 강도 일제의 입장으로 본다면 조선은 이민적 식민지로서의 조건이 구비하였다. 이제 조선에 대한 일제의 이민정책의 추진을 보면 1910년~1919년간 34만6천백19인이었고, 1920년~1930년간 50만1천8백67이었으며, 1930년~1938년간 63만3천3백20인이었다. 이상 숫자가 말하는 바와 같이 30년간에 조선 내에 이민한 일본인이 60여만(이 숫자에는 조선 와 있는 일본군대가 포함되지 않았다)에 달한다는 것은 결코 적은 수도 아니며, 또 간단한 문제도 아니다. 첫째, 조선에 내왕한 일본인은 대부분이 관리 회사원 상인들이었고, 그 외에는 소수 노동자와 일부 농민이었다. 조선 내에 이주한 일본인은 일반적으로 식민지 조선에 대하여 경제적 정치적으로 착취 및 지배적 지위를 점유하고 있었다. 그들은 '총독정치'의 인적 지반을 구성하고 있을 뿐 아니라 식민지 통치의 특무자 편의대(便衣隊)의 역할을 담당하고 있었다. 둘째, 일본인을 조선 내에 이주시키고 조선인을 국외로 방축(放逐)하는 일제의 이민정책은 조선민족의 민족적 집단생활과 지역적 일원성을 파괴하고 민족의 정치 경제생활상 분산을 강요함으로써 민족적 멸망을 촉진하려 한 것이다. 셋째, 조선인의 국외 추방문제는 기득 식민지에 대한 이민정책으로 새로운 식민지 개척문제를 수립하는 일종의 방편이었다. 이와 같은 악랄한 수단은 특히 일제가 중국 동북지방에 이주하는 조선인과 중국인과의 민족적 반감을 선동하여 상호의 충돌을 야기시키고 이 문제를 빙자하여 만주침략을 수행한 사실에서 족히 증명된다. 그리하여 조선은 일제 폭압정치의 내용 그대로 일제의 착취적 식민지, 이주 식민지, 군사적 식민지 역할을 담당하여 왔다.

제2절 조선 무산계급과 민족해방투쟁

(1) 무산계급의 형성

조선은 일본제국주의 강점 이후 반봉건적 식민지국가로서 아주 비정상적으로 또 뒤늦게야 자본주의의 길로 들어섰다. 1919년까지에도 조선에는 공장과 제조소의 수가 극히 적었다. 일본에의 원료와 식량공급시장으로서의 식민지 조선은 일제의 잔인한 식민지 약탈정책으로 말미암아 지배적인 반봉건적 농업경제 유지에 전념하였으며 따라서 이 같은 조건 하에서는 산업이 제대로 발전될 수 없었다.

그러므로 조선의 농촌경제의 해체, 농업의 교환경제화, 농민층의 분해, 농민의 프롤레타리아화 등 농업부면에 있어서 일련의 사회적 분화과정은 자체 내부의 자본주의적 경제발전의 성숙된 결과가 아니라, 전혀 외래적인 상품수입에 의하여 촉진되어 왔다. 즉 홍수같이 밀려드는 일본상품의 조선농촌 진공은 조선의 원시적인 농촌경제를 해체시켰으며 동시에 토지로부터 농민의 이탈을 촉진하였으며, 이 같은 결과는 필연적으로 방대한 농촌노동력의 과잉을 초치하지 않을 수 없었다. 일본공업제품의 조선 진공속도는 이를 무역 면에서 볼 수 있으니, 1910년의 일본상품 수입액 2천5백34만8천원에 대비하여 1930년에는 2억4천69만4천원으로 거의 10배나 팽창되었다. 이와 함께 토지에서 이탈된 농민대중과 수공업과 소상업의 파탄에서 밀려나온 서민층들은 부자연한 과잉인구를 구성하고 그들의 대부분은 산업의 미발달로 말미암아 기아적 임금노동자로서나마 국내에서 일자리를 얻지 못하고, 남부여대하여 고국을 등지고 이국땅에 유랑하게 되었으니, 그들은 만주에 가서 중국인 지주 밑에 '고력대'(苦力隊)가 되지 않으면, 현해탄을 건너서 일본자본가의 철편(鐵鞭) 밑에 값싼 임금노예가 되는 것이 당사(當事)이었다.

그럼에도 불구하고 비록 완만하고 불완전하게나마 일본제국주의는 식민지 조선에 점차적으로 자본주의 경제조직의 이식을 실현하지 않을 수 없었다. 즉 모든 후진국에 있어서 그러하듯이 조선의 개항 통상으로부터 시작하여 토지사유제의 확립, 화폐제도의 개혁, 조세제도의 정비, 금융기관의 근대화, 교통운수기관의 발달 등에 의하여 점차 자본주의화의 길에 들어서게 되었다. 특히 경제적인 견지에서보다도 정치적 군사적 견지에서 수행된 항만시설과 철도부설 등 교통망 확충은 근대적 산업발전을 위한 토대를 닦아 놓았으며 또한 '총독부' 그 자체가 일종의 거대한 기업단체로서 소위 '관업'(官業)이란 명목 밑에 국가자본주의적 독점기업인 철도와 '전매'로서 직접 자본주의적 산업기구에 참가하였다.

그리하여 일본제국주의는 조선에 대한 식민지 운영을 통하여 식민지 초과이윤 획득과정에서 그가 원하고 아니하고를 막론하고, 불가피적으로 조선 노동계급의 성장을 촉진시키지 않을 수 없었다. 그의 실증으로서 비록 일본자본주의 자체의 발전과정에 제약되었다 할지라도 조선 내 공장공업은 1911년에 공장수 2백52개소, 노동자수 1만4천여명이었던 것이 1921년에는 공장수 2천3백84개소, 노동자수 4만9천여명으로 노동자는 10년간에 3배 이상으로 증가되었다.

특히 제1차 세계대전 시기를 통하여 전시 초과이윤을 축적하게 된 일본자본주의는 조선에 있어서의 1920년 회사령 철폐와 함께 그의 자본의 일부를 조선 내 산업자본으로 이식함으로써 소위 '블럭경제'정책에 의한 조선의 공업화를 촉진하였다. (여기에 식민지 조선은 일본에의 공업원료 및 식료품 공급시장 또는 일본공업품 판매시장으로서뿐만 아니라 또한 일본자본시장으로서 전형적인 예속적 식민지 성격을 강화한 것은 물론이다.)

이제 조선 내 공장공업발전의 경향을 일별하면 다음과 같다.

년차	공산액(천원)	공장수	직공수(천인)
1911년	19,369	252	14.5
1913년	36,066	532	21.0
1917년	98,972	1,358	41.5
1921년	166,414	2,348	49.3
1925년	337,249	4,238	80.3
1928년	318,713	5,341	99.0

* 공장수는 5인 이상의 직공을 사용하는 것만을 계산.

* 직공은 종업원까지 포함.

이상 숫자가 말하고 있는 바와 같이 1920년 이후로 조선 내 공업발전은 급속한 속도를 보이고 있다. 또 이때부터 조선의 산업은 점차 현대적 규모를 갖추게 되었다. 그러나 공장공업 이외에도 항만 교통 건축 등 토목사업의 발흥은 조선의 수공업적 잔재와 함께 방대한 노동자군을 형성하게 하였으니, 1928년 7월 현재 조선철도협회 조사에 의하면 조선인 노동자 총수는 백13만6천17명에 달하고 있다.

이밖에도 동 조사에 의하면 반농반노자(半農半勞者) 98만7천7백78인, 실업자급 유민 9만7천3백32인으로서 이는 농촌사회 분해과정에서 빚어 나오는 과도기적 형태를 정시(呈示)함과 동시에 조선 노동계급 형성을 요하는 방대한 무산자군의 부단(不斷)의 생장을 말하는 것이다. 그러나 역시 그 수효보다도 질에 있어서 공장노동자는 근대적 산업 프롤레타리아트로서 핵심을 이루게 된 것이니 그의 산업분포를 보면 1929년도 현재 다음과 같다.

공장노동자의 산업별 분포(관영공장 노동자 6,952인은 포함하지 않음)

산업별	공장별	노동자수	노동자수의 백분비(%)
식료품공업	1,950	27,648	33
방직공업	240	18,268	22
화학공업	392	10,077	12.1
요업	314	6,711	8
인쇄제본업	208	4,253	5.1
제재목공업	152	3,682	4.4
기계기구공업	218	3,508	4.2
금속공업	225	2,809	3.5
와사전기업	75	828	0.9
기타 공업	235	5,644	6.8
합계	4,009	82,428	100

(수자 조선연구)

상표(上表)에 의하여 동년의 공장노동자의 연령별과 성별을 든다면 16세 이하 소년공은 2천3백26인이요, 소녀공은 6천2백41인인바, 소녀공이 소년공보다 3천9백여인이 더 많으며 전체 노동자로 보면 남공 5만6천백89인 68%, 여공 2만6천7백

39인 32%이다.

물론 아직도 조선노동계급은 선진자본주의국가의 노동계급에 비하여 초보적 육성기에 처하여 있었다. 그는 일제의 조선 공업화가 아직도 영세적 공장경영의 경역(境域)을 벗어나지 못한 데 있으니, 이제 1930년 현재의 인원별 공장수를 제시한다면 공장총수 4천2백44개소 가운데 직공 5인 이상 50인 이내를 사용하는 공장이 4천19개소로 94%에 해당하며, 50인 이상 백인 이하가 백28개소로 3%, 백인 이상 2백인 이하가 54개소로 1.2%, 2백인 이상은 48개소로 1.1%에 불과하다.

그러나 조선노동계급은 비록 그 역량이 아직 미약하다고 할지라도 몰락하는 제국주의적 역사계단에 조응하여, 또한 소련을 선봉으로 하는 세계무산계급해방투쟁이 급속히 앙양하는 신정세에 조응하여, 그리고 야만 무쌍한 일본제국주의의 살인적 착취와 폭압에 대항하여, 세계자본주의의 발전적 초기의 노동계급에 대비하여서는 보다 철저하고 전투적인 혁명적 기질을 소유하고 있다. 이미 1919년 3·1운동이 전개되던 시기에 있어서 노동자들의 파업운동은 상당히 치열하였다. 3·1운동이 폭발되던 날부터 경성전기주식회사 종업원들의 파업을 비롯하여 동양연초회사 종업원, 충남 직산광산 노동자, 부산 조선와사전기회사 종업원, 평남 대동군 삼보산 삼척탄광 노동자, 원산제면소 노동자, 기타 지방에서의 노동자들의 반제노동파업투쟁은 치열(熾烈)을 극하였다.

이제 조선노동자에 대한 일제의 가혹한 착취를 제시하면 다음과 같다.

산업별 취업시간별 공장 급 노동자수 표(위는 공장수, 아래는 노동자수)

	8시간 이내	8~8.30	8.30~9	9~9.30	9.30~10	10~10.30	10.30~11	11~11.30	11.30~12	12시간 이상
방직업	1 33	— —	1 35	6 201	— —	20 1,035	3 383	16 1,162	4 215	89 14,132
금속업	1 11	5 200	— —	1 34	2 38	15 1,717	2 24	12 1,705	6 173	17 372
식료품 제조업	5 80	18 497	— —	19 1,118	3 45	86 3,816	4 88	79 1,705	3 48	255 9,4154
기타 합계	11 521	52 7332	4 102	84 5,977	18 527	266 12,008	28 1,258	204 6,919	30 866	93 30,689

(비고: 일제 총독부 학무국 사회과 조사 공장 및 공산에 있어서 노동상황 조사)
산업별 및 민족별 임금표(위는 남공, 아래는 여공)

이상의 숫자가 말하는 바와 같이 일본제국주의는 조선노동자들에게 대하여 전반적으로 가혹한 노동시간을 강요하였다. 그러나 여기에 특히 지적할 것은 유년공에 대하여 평균 10시간 이상의 노동을 강제하여 그들의 정상적인 생리적 발육을 위축하고, 불구 폐질을 조장한 사실이다.

이 같은 노동시간의 연장과 함께 다시 조선노동자들의 노동력을 얼마나 헐값으로 또 차별적으로 착취하였는가는 다음 표에 의하여 알 수 있다.

	조선인						일본인					
	성년공			유년공			성년공			유년공		
	최고	최저	보통	최고	최저	보통	최고	최저	보통	최고	최저	보통
방직공업	2.60	.15	.60	.70	.10	.34	3.30	.30	1.35	—	—	—
	1.50	.10	.41	.90	.06	.29	1.57	.30	.76	—	—	—
금속공업	3.32	.10	1.01	.90	.10	.29	5.00	.10	2.37	—	—	—
	1.00	.20	.55	—	—	—	1.71	.50	.96	—	—	—
화학공업	2.50	.20	.71	.64	.10	.34	3.95	.60	1.54	1.21	.45	.70
	2.50	.10	.51	1.20	.15	.33	1.81	.50	.90	.88	.45	.74
식료품제조업	4.80	.10	.75	.62	—	—	6.67	.20	1.89	.50	.30	.40
	1.64	.10	.39	.80	—	—	1.50	.50	.90	—	—	—
기타합계	4.80	.10	.80	1.00	.10	.33	7.15	.10	1.81	1.21	.25	.53
평균	2.50	.10	.44	1.20	.06	.29	1.81	.30	.87	.77	.45	.74

(비고: 일제 총독부 학무국 사회과 조사. 공장 및 공산에 있어서 노동상황 조사)

이와 같이 다대수의 조선노동자는 하루에 5~60전이라는 기아임금을 받았으며 그 중에도 부녀노동자는 평균 3~40전을 넘지 못하였다. 조선인노동자의 이 같은 파격적인 기아임금은 두말할 것도 없이 농촌 잉여인구의 대량적인 산업예비군 편성과 함께 공장 외의 영세적인 가내노동의 방대한 잔여(殘餘)로서 한층 더 조장되었다.

이 같은 노예임금과 장시간 노동의 조건 하에서 노동보호에 관한 대책은 더욱이 가망도 없는 일이었으니 유년노동과 부녀노동에 대한 보호는 물론, 안전시설의 결여와 전반적인 노동조건의 불비로 말미암아 불구 폐질은 속출하고 부상자 사망자의 증가율은 연년이 증가하여 갔다. 노동자들의 거주조건과 식생활은 말할 수 없이 열악하여 감옥과 흡사하였고 노동자들에 대한 벌금제와 강제적 저금, 의무적 의연금 등에 의한 공제액은 다달이 높아 갔다. 뿐만 아니라 경찰의 별동대인 공장 감시원의 철편 하에서 교담(交談), 통신, 외출 등 행동의 자유는 완전히 박탈되었다.

노동쟁의 건수(일본 총독부 경무국 발표)

년차	건수	인원수	년차	건수	인원수
1920년	81	4,955	1928년	119	7,658
1921년	36	3,403	1929년	102	8,293
1922년	46	1,799	1930년	160	18,972
1923년	72	6,41	1931년	205	17,114
1924년	45	6,751	1932년	152	14,824
1925년	55	5,700	1933년	176	13,835
1926년	81	5,984	1934년	199	13,098
1927년	94	10,523	1935년	170	12,187

소작쟁의 건수 급 참가인원 (일제 총독부 식산국통계 수자 조선연구에서 인용)

년차	건수	인원수	년차	건수	인원수
1920년	15	4,140	1926년	198	2,745
1921년	27	2,967	1927년	275	3,973
1922년	24	2,539	1928년	1,590	4,863
1923년	176	9,060	1929년	423	5,319
1924년	164	6,929	1930년	726	13,012
1925년	204	4,002			

때문에 조선노동자들은 이 같은 잔인한 착취와 가혹한 대우를 강제하는 강도 일본제국주의를 반대하여 어느 계급보다도 혁명적으로 또한 철저히 투쟁을 계속하게 되었으니, 즉 다음의 별표로서 농민의 소작쟁의와 함께 노동자의 파업투쟁이 조선인민의 반제투쟁의 핵심을 이루었다는 것을 알 수 있다.

위 표에 나타난 사실들이 입증하는 바와 같이 계급 자체로 보아 가장 철저하고 혁명적이며 새 사회의 담당자인 무산계급은 조선에 있어서 이미 역사적으로 형성되었을 뿐만 아니라 농민과의 동맹 위에 벌써 전투적 계급에로 옮아갔다는 것을 확증하여 준다. 일체의 생산요구(要具)와 생산수단을 상실하였고 따라서 일본제국주의의 가장 가혹한 착취대상으로 된 조선 무산계급은 그가 출현한 첫날부터 자기 해방을 위하여 가장 과감히 투쟁하였다.

주지하는 바와 같이 인간이 인간을 착취하며 압박하는 계급사회에 있어서 착취계급에 대한 피착취계급의 대립투쟁은 어느 시대에나 다 있었다. "노예주와 노예, 귀족과 평민, 영주와 농노, 두목과 도제" 한마디로 말하여 압박자와 피압박자는 모두 호상 경상적인 대립 상극 가운데에서 은연 공공연히 부단한 투쟁을 계속하여 왔으며 또 계속하면서 있다.

그런데 일본제국주의 기반 아래에서 같은 자본가들의 착취와 압박을 받으면서도 일본노동자로 말하면, 동일한 언어와 문자를 사용하고 동일한 전통과 습속을 가졌고 동일한 지역 내에 거주하여 동일한 화폐를 사용하는 처지에 있는 데 대비하여, 더 한층 악독한 식민지적 조건 하에 있는 조선노동자들은 외래 강탈자 일본자본가들의 철편 밑에서 계급적으로뿐만 아니라 민족적으로 2중3중의 착취와 압박을 받지 않을 수 없었다. 따라서 이러한 조건들은 조선노동계급으로 하여금 계급적 각성을 더욱 촉진시키며 민족해방 투쟁의식을 더욱 치열하게 한 직접 계기로도 되었다.

특히 1917년의 위대한 러시아 사회주의 10월혁명을 통하여 프롤레타리아트가 주권을 장악하고 자본가들에게서 생산요구와 생산수단을 탈취하여 처음으로 사회주의 소비에트국가를 창건한 세계사적 사실은 제1차 세계대전 후의 팽배한 혁명적 정세와 함께 조선무산계급을 크게 충동하지 않을 수 없었으니, 1919년 3·1운동을 분수령으로 하여 1920년 이후 조선무산계급은 조선민족해방운동 진영 내의 가장 철저하고 위력 있는 전투적 계급으로 출현하였으며 반제투쟁에 있어서 주도적 역할을 하게 되었다.

2. 사상단체와 대중단체의 조직활동

조선 무산계급이 자재적(自在的) 계급(무의식적 계급)으로부터 자위적(自爲的) 계급(의식적 계급)에로 추진된 지는 역사가 오래지 않았으니 그는 유혈의 3·1운동을 경과한 후 1920년부터였다.

그러나 조선 무산계급운동은 자기발전의 역사행정에서 노동계급의 전위적 부대이며 자각적 부대인 당을 가지기까지에는 조선의 사회적 역사적 제약에서 오는 그의 전단계적인 과정이 요구되었으니 여기에 조선에서 흔히 '사상단체'로 불리워지는 특징적인 결사운동의 출현을 볼 수 있다. 이와 같은 '사상단체'는 대체로 정치적 특성을 띤 반면에 또한 엄밀한 의미에 있어서 과학적인 맑스주의적 크루소크(서클)도 아니어서 범박(汎博)하게 말하자면, 팽배한 사회주의 신흥사조가 치밀려 오고 국내의 무산계급운동이 대두하기 시작한 주객관적 조건 하에서 선진적인 지식인들의 사상적 정치적 규합형태로서 표현된 크루소크적 단체였다. 따라서 이와 같은 '사상단체'의 조직활동은 무산계급투쟁과 결부된 대중단체의 조직활동과 불가분적으로 배합되어 온 것이 사실이다.

이제 국내외에서 급속히 전개되어 온 무산계급 진영 내의 각종 조직활동을 부문별로 또 연대적으로 개관하면 다음과 같다.

* 사상단체

러시아 10월혁명 이후로 사회주의를 지향하는 조선인들의 결사운동은 해외로부터 발단되었으니, 그는 사회주의국가 내에서 직접 생활체험을 하고 있던 사상가들로부터 개시되었다. 이제 즉 1918년에 당시 독립운동자로 지명(知名)하던 이동휘(李東輝) 일파는 노령 이르꾸쓰크에서 '한인사회당'을 조직하였으니 이는 곧 조선 무산계급운동사상에 있어서 사회주의 사상단체의 효시이다. 그 후 1921년 5월에 이동휘 등은 중국 상해에서 '고려공산당'을 조직하였고, 때를 같이하여 한명세(韓明世) 일파는 이르꾸쓰크에서 '고려공산당'을 조직하였다. 당시 그들은 각기 조직원을 조선에 파견하여 국내 운동자들과의 연계를 취하는 한편 세력부식을 급속히 하였다. 이때 국내정형은 3·1운동 실패의 뒤를 이어 무산계급운동이 발발하게 되었고, 따라서 진보적 지식인들은 개량주의적 민족운동자 진영으로부터 이탈하여 급속히 사회주의 진영에로 전환하던 시기였다. 이와 같은 사상전환의 시기에 있어서 당시 최팔용(崔八鏞) 등은 상해파(이동휘계)와 연계를 취하였고, 김재봉(金在鳳) 등은 이르꾸쓰크파(한명세계)와 제휴하고 각각 사회주의이념을 가진 동지 규합에 부심하였다. 이 시기에 김사국(金思國) 등은 독자적으로 사회주의자의 결합운동을 진행하였다.

그러나 당시 사회주의를 지향하는 그들의 사상적 결사운동은 일제경찰의 탄압 하에서 동지 규합이 광범한 사회적 범위에서 진행되지 못하고 협애한 친분관계에서 찾게 되었다. 따라서 비밀결사운동으로 전개된 사회주의 사상단체들은 주객관적 조건의 제약성에 의하여 당초부터 인물중심 형태의 분파적 결합방식으로 발족하게 되었다. 때문에 이러한 사상단체들은 무산계급운동의 일정한 발전과정에서 종파운동을 용이하게 산생(産生)시킬 수 있는 위험성을 벌써부터 내포하고 있었다.

위에 말한 바와 같이 사회주의를 지향하는 사상적 결사운동은 급격하게 또는 광범하게 일어나는 무산계급운동의 발전추세에 조응하여 급속히 육성되어 왔다. 그리하여 정치결사 형식으로 조성되어 온 비밀 사상단체들은 그의 장성과 함께 필연적으로 대중운동의 각 분야에 긍하여 지도적 역할을 요구하지 않을 수 없었다. 즉 자연생장적으로 일어나면서 있는 무산계급 대중운동은 이들 사상단체의 분파성에 의하여 분파적 체계를 조성하지 않을 수 없었다.

이 시기에 있어서 날로 정치적 성질을 강화하게 된 사상적 각 그루빠들은 단순한 비밀결사의 존재로서만은 대중운동을 영도할 수 없으니, 드디어 그들은 비밀결사의 외곽단체를 절실하게 요구하였다. 그리하여 1922년에 김사국 이영(李英) 등은 서울청년회의 간판을 이용하여 비밀결사의 외곽단체로 삼았고, 김재봉 구연흠(具然欽) 등은 신사상연구회의 간판을 이용하여 비밀결사의 외곽단체로 삼았다. 그 후 1924년 추(秋)에 신사상연구회는 명칭을 바꾸어 화요회로 발족하였고, 김약수(金若水) 정운해(鄭雲海) 등은 일본 동경에서 조직하였던 북성회(北星會)를 개편하여 북풍회(北風會)로 하고, 1925년 1월에 안광천(安光泉) 최익한(崔益翰) 박락종(朴洛鍾) 등은 일본 동경에서 사회주의 사상단체 일월회(一月會)를 조직하였고, 1926년 봄에 서울파 내부에서 통일운동파로 출현한 이인수(李仁秀) 김병일(金炳一) 등은 '레닌주의동맹'(세칭 엠엘파)을 조직하였다.

상술한 바와 같이 1920년 이후로 조선무산계급대중운동의 급속한 발전과 사회주의 사상단체들의 눈부신 진출에 따라서, 이외에도 1922년에 일부 지식인들로서 '무산자동맹'을 조직하였고, 1924년에 '노동당'이 조직되었으나 이 단체들은 아무런 군중적 토대를 가지지 못한 유명무실한 간판뿐이었다.

이 시기에 있어서 사회주의 사상단체들은 무산계급 전위당으로 공산당이 조직되지 못한 조건 하에서 그들은 분파적인 정치결사 형식으로 근로대중운동의 영도적 역할을 담당하여 왔던 것이며, 따라서 이 사상단체들의 지도적 영도 하에서 무산계급 대중운동은 불가피적으로 분파적 형태로 전개되었던 것이다.

* 노농단체

조선에 있어서 최초의 노동자단체로 출현한 것은 '조선노동공제회'이었다. 이 단체는 1920년 4월에 서울에서 노동자 출신인 차금봉(車今奉) 등에 의하여 조직되었다. 노동공제회는 조직 당시에 "조선 노동사회의 개조"라는 강령을 내세우고 경성 일대의 신문배달부, 전차종업원, 한강 어부, 인력거부, 운수노동자, 연초전매국 직공, 제조소 인부 등 잡다한 노동자를 망라하여 결성되었다. 그리하여 조직 당시로부터 서울에 근거를 두고 활동을 개시한 노동공제회는 불과 수개월이 못 되어 전국적으로 다수한 지방지부와 수많은 조직원을 옹유(擁有)하고 있었다.

그러나 노동공제회는 조선 무산계급대 중운동의 발생적인 초기 계단에서 조직되었던 것인 만큼 그의 지도부는 노동자군중 속으로부터 등용되지 못하고, 대부분이 개량주의적 민족운동자로 지목되어 오던 일부 지식분자들이 지도층을 구성하고 있었다. 당시 그들은 경제적 정치적으로 노동대중의 이익을 위하여 하등의 지도방침도 수립하지 못하고 다만 시대사조에 추수하려는 일종의 '행세'꾼들이었다. 그뿐만 아니라 그들은 분파운동을 전개하여 노동공제회의 내부분열을 감행하였다. 그러한 조건 하에서 당시 차금봉 등 노동자들은 지식분자의 배격운동을 전개하여, 노동공제회 내에서 이색분자 박중화(朴重華) 박이규(朴珥奎) 장덕수(張德秀) 등의 구축을 비롯하여 신백우(申伯雨) 등 일체 지식분자들을 축출하였다. 이렇게 파란곡절이 중첩한 노동공제회는 결국 순조롭게 육성 발달되지 못하고 한동안 정체상태에 빠지고 말았다. 이와 동시에 1922년 11월 노동공제회에서 구축당한 신백우 일파는 경성전차 종업원을 위시하여 일부 노동단체를 기간으로 하고 '조선노동연맹'을 조직하였다. 또 이병의(李丙儀) 등 일파는 '노동대회'라는 단체를 조직하였으나, 그는 거의 유명무실한 간판에 불과하였다.

위에 말한 바와 같이 1920년 이후로 우후죽순처럼 일어난 노동운동과 배합되어 농민운동이 전국적으로 대두하였다. 일제의 산미증산정책과 식량약탈은 조선인구 중 절대다수를 차지하고 있는 농민들로 하여금 반제반봉건운동으로 강도 일본제국주의와 봉건적 친일지주에게 투쟁의 예봉을 향하지 않을 수 없게 하였다. 1923년 봄에 전남 암태(巖泰) 소작쟁의를 비롯하여 순천, 진주 기타 각지에서 일어난 농민투쟁은 비록 일시적이며 국부적이나마 능히 일제의 통치질서를 교란하였고 봉건적 친일지주에게 타격을 주었던 것이다. 이러한 정세 하에서 1923년 추(秋)에 서울청년회를 위시하여 각 사회단체들의 주최로 '전조선노동대회' 소집을 준비하였고, 일본 동경에 근거를 두고 있던 '북성회'계의 김약수 등은 소위 '남선노농대회' 소집을 빙자하고 대중운동의 분열을 감행하였다.

그러나 일제의 가혹한 착취와 야만적 압박 하에서 혁명적 분노를 금할 수 없이 반제투쟁에 궐기한 광범한 근로대중은 각 정파 지도층의 분열주의적 분파행동을 극복하고, 1924년 4월 20일에 근로대중의 전국적 통일기구로서 '조선노농총동맹'을 조직하였다.

동년 12월 일본 동경에서 재일본조선노동총동맹이 또한 조직되었다.

* 청년단체

1919년 말부터 전조선 도·시·군·면 등 각 지방에서 노동자·농민운동과 때를 같이하여 청년운동이 발발하였다. 그러나 당시 청년운동은 도시와 농촌을 막론하고 일률적으로 지식청년운동이 주류로 되었다. 따라서 조직된 청년단체들은 대부분이 종교적 간판 하에서 조직된 청년단체가 아니면 개량주의적 민족운동자들로 조직된 청년단체이었다. 또 이 청년단체들의 강령은 대개 "지육 덕육 체육의 함양"이라는 즉 비전투적일 뿐 아니라, 완전한 개량주의적인 것이다.

1920년 11월에 일부 지식인들이 서울에서 130여 개의 지방 청년단체와 3만여의 청년들을 망라하여 '조선청년연합회'를 조직하였다. 그러나 당시 청년연합회의 간부층은 오상근(吳祥根) 장덕수를 비롯하여 대부분이 기독교신자 아니면, 노자(勞資)협조주의를 창도하는 개량주의적 지식분자들이었다. 따라서 그들은 신흥사조에 움직이는 청년대중들을 지도할 수 없었으며, 또 그들의 지도정신은 경제적 정치적으로 청년들이 요구하는 바와 일치될 수도 없었다. 이러한 조건 하에서 청년연합회는 조직된 지 오래지 않아서 지방적으로는 근로청년대중을 선두로 하여 좌우 양익의 진영으로 벌어지기 시작하였고, 중앙에서는 진보적인 전투적 지식분자와 개량주의적인 보수적 지식분자들 간에 사상적 대립 상극이 격화되었다.

그리하여 무산계급 대중운동의 급속한 발전과 사회주의 사상단체들의 급속한 육성과정에서 근로청년들과 진보적 지식인들은 개량주의적인 청년연합회에서 단연 이탈하여, 1923년 3월에 서울청년회 신흥청년회 등 기타 청년단체들을 망라하여 '전조선청년당' 대회를 소집하고, 청년단체의 간판 밑에 타락의 일로를 걸은 개량주의적 민족운동자들의 죄상을 폭로하였다. 그리고 전조선청년당을 청년운동의 상설기관으로 둘 것을 결의하여 진보적인 청년운동의 진영을 공고히 하였다.

그 후 진보적인 청년운동은 전조선청년당의 조직적 기초 위에서 양적 질적으로 급속한 발전을 가져왔다. 드디어 1924년 4월 27일의 개량주의적 청년단체인 조선청년연합회를 해소하고 노동청년 농민청년 및 진보적 지식청년을 중심으로 한, 즉 전조선적으로 진보적 청년운동단체를 총망라한 통일기구로 '조선청년총동맹'을 조직하였다.

이밖에도 1924년 5월 10일에 여성단체로 '조선여성동우회'가 조직되었고, 기타 봉건적 유제(遺制)인 신분제에서 해방되지 못한 '백정'(白丁)들로서 조직한 형평(衡平)운동단체도 출현하게 되었다. 그리하여 조선민족해방운동 진영 내에서 주도적 역할을 담당한 조선무산계급운동은 1920년 이후 1924년 봄에 와서 자기의 영도 하의 각 부문에 긍하여 대중단체의 조직적 전개로부터 그들의 전국적 통일기구를 승리적으로 형성하였다.

이 시기에 있어서 조선무산계급운동은 자기 발전과정에서 대중적 조직운동과 함께 필연적으로 사회주의사상을 보급하기 위한 선전출판물을 요구하지 않을 수 없었다. 즉 1922년에 김명식(金明植) 정백(鄭柏) 등은 잡지 '신생활'을 간행하였으니, 이는 조선에서 처음으로 출간된 사회주의 선전잡지였다. 당시 '신생활'은 한편으로는 일제식민지통치의 약탈적 경제정책과 경찰적 강압정책을 폭로하면서, 다른 한편으로는 개량주의적 민족운동자의 타락적 경향에 대한 사상투쟁을 맹렬히 전개하였다. 그리하여 '신생활' 잡지는 초창기의 사회주의 사상운동에 있어 막대한 공헌을 하였다.

그러나 '신생활'지는 1923년 봄에 일제의 탄압으로 말미암아 소위 출판법 위반이라는 명목으로 김명식 등이 검거 투옥된 후, 인차 강제 폐간당하고 말았다. 이러한 정형 하에서 당시 주종건(朱鍾鍵) 정백 등은 다시금 장도빈(張道斌)이 간행하던 '조선지광'지를 인수하여 사회주의 선전지로 개편하는 한편, '민중사'를 조직하여 사회주의 팜프레트를 편집하는 사업을 추진하였다. 이와 동시에 재일본 동경 유학생 중 사회주의사상 써클들로부터 '전진,' 잡지 '대중시보' '척후대' 등 간행하여 사회주의적 계몽사상운동을 전개하였다. 이밖에 1925년 이후로 일본에서 간행된 '사상운동' 잡지와 1927년 동지에서 간행된 조선공산당 기관지 '대중신문'과 '이론투쟁'잡 지는 당시 맑스 레닌주의적 선전지로서 많은 공헌이 있었던 것이다. 그러나 1924년 전기(前期) 국내에 있어서 사회주의선전을 목적한 출판물들은 일률적으로 일제의 야만적 탄압 하에서 발금(發禁), 압수, 폐간 등의 극도의 지장을 받았다.

상술한 바와 같이 1920년으로부터 1924년에 이르는 동안에 조선 프롤레타리아트는 조선의 특수한 사회적 역사적 제약을 받으면서도 '자위적 계급'으로 출현하였다. 당시 조선 프롤레타리아트는 자연생장적인 초기계단에서 계급진영 내에 비록 분파적 대립이 있었다 할지라도 기본상 반제반봉건적인 투쟁실천을 통하여 광범한 근로대중의 조직운동을 촉진하였다. 그리하여 조선무산계급은 대중적 조직역량의 토대 위에서 민족해방투쟁에 있어서의 선봉적 역할을 담당하여 왔었다.

제3절 조선공산당 결성

(1) 무산계급과 공산당

선진 자본주의국가에 대비하여 조선 무산계급은 그 역사가 연소하였고 그 역량이 유약하였으며 그 투쟁경력이 미숙하였음에도 불구하고, 1920년대에 들어서면서부터 일본제국주의의 식민지 팽창정책에 의하여 양적으로 증대됨과 아울러, 일제의 가혹한 착취에 대한 투쟁을 통하여 질적으로 제고되어 왔다. 또한 러시아 10월혁명의 위대한 승리와 아울러 사회주의 소비에트국가의 급속한 장성에 따라 앙양된 세계무산계급운동과 세계 피압박민족해방투쟁의 신시대를 조성한 데 조응하여 조선 무산계급운동은 양적 질적으로 그 성장 발전이 비교적 신속하였다.

벌써 조선 무산계급은 자기의 혁명적 당이 없이는 경제적 정치적으로 자기의 이익을 옹호하여 투쟁할 수 없으며, 식민지 무산계급의 처지에서 민족해방투쟁의 승리를 재래할 수 없다는 것을 명백히 깨닫게 되었다.

벌써 조선무산계급은 노동계급의 전위적 부대인 공산당이 없다면 잔인 포악한 일본제국주의와 투쟁할 수 없으며, 기회주의적이며 투항주의적인 민족운동자들과 투쟁할 수 없다는 것을 명백히 깨닫게 되었다.

벌써 조선 무산계급은 무산계급의 혁명적 정당이 없다면 혁명적 영도가 있을 수 없고, 무산계급의 혁명적 영도가 없다면 식민지 민족해방투쟁은 결국 실패로 돌아가고 말 것을 명백히 깨달았다.

위에서 이미 논급한 바와 같이 1920년 이후로 국내외에서 '사상단체'로 불리어질 특징적인 결사운동은 공산당 조직 전기에 있어서 당 조직운동의 과도기적 역할을 하여 왔다. 물론 당시 사상단체라는 것은 진정한 맑스주의적 크루소크로 되지 못하였던 점에서 허다한 크루소크들의 여일(如一)한 분파작용으로 인하여 당 조직운동에 많은 파란곡절과 실패를 거듭하지 않을 수 없었다.

이제 앞에서 보아 온 바와 같이 사회주의적 결사운동의 남상(濫觴)은 해외에서부터 시작되었다. 이는 망국시기로부터 1919년 3·1운동에 이르기까지 수많은 애국지사들이 국외로 망명하게 된 데다가, 위대한 러시아 10월혁명 이후로 소련을 선봉으로 하는 세계 무산계급 혁명운동과 식민지 민족해방운동이 급속히 앙양된 국제적 환경에서 그들이 직접 국제혁명 조류에 접촉할 수 있기 때문이었다. 그리하여 소련 연해주와 중국 상해 및 만주에 가 있던 조선인 가운데 신흥 무산계급사상을 받아들이게 된 선진적 인사와 혁명적 청년들은 조국의 해방을 위하여 새로운 결사와 운동을 개시하게 되었으며, 이래 조선 민족해방운동은 국내와 국외의 긴밀한 연계 위에 전개되어 왔다.

그러나 1920년 여름에 중국 상해와 노령 일크스크에서 이동휘계와 한명세계가 각각 조직하였던 '고려공산당'은 계급적 토대가 없는 국외환경에서 또 민족주의적 관념을 채 양기(揚棄)하지 못한 일부 망명 지식분자들로, 다만 객관적 정세에 추수하여 진행된 결사이었던 만큼 도저히 노동계급의 전위적 정당으로 될 수 없었다.

그 후 1923년 봄에 이동휘 한명세 등은 '고려국'을 조직하고 조선공산당 조직사업을 전개하였으나, 큰 성과를 거두지 못하고, 1년이 못 되어 고려국을 해소하였다. 1924년 봄에 이동휘는 남만춘(南萬春) 등과 '조직국'을 조직하고 조선공산당 조직사업을 추진하였으나, 당시 불리한 주객관적 조건에 제약되어 공산당 조직사업은 예기의 성과를 거두지 못하였다. 이와 같이 1920년 이후로 조선무산계급운동은 자기의 발전과정에서 근로대중운동의 장성과 함께 무산계급 전위부대인 공산당 조직운동을 부단히 지속하여 왔다.

1924년 봄에 와서 조선 근로대중운동은 좌익진영의 영도 하에서 그의 통일적 조직운동이 급속히 전개되었다. 앞에서 말한 바와 같이 당시 근로대중운동의 전국적 통일기구로서 '조선노농총동맹'의 조직을 비롯하여 '조선청년총동맹,' '조선여성동우회,' '조선형평사,' 기타 학생단체, 소년단체 등이 각각 조직되어 광범한 근로대중과 각 분야의 애국인민들의 반일적 혁명역량을 집결하였다. 그리하여 조선 무산계급은 그 운동이 일정한 계단에 도달하자 필연적으로 자기의 혁명적 정당을 요구하지 않을 수 없었다.

이러한 정세 하에서 1924년 말부터 제3국제공산당은 조선공산당 조직사업을 직접 지도하여 온 결과, 1925년 4월 17일 조선 무산계급의 전위분자는 노동계급의 조직적 토대 위에서 역사적인 조선공산당을 창조하였다. 그리하여 조선공산당은 1926년 3월에 제3국제공산당 조선지부로 승인되었다. 이제 조선공산당 조직운동과 수반되어 온 조선공산청년 조직운동도 해외로부터 발단되어 왔다. 말하자면 1920년 중국 상해에 있던 조선 좌익청년들은 국제공산청년동맹의 직접 지도하에서 고려공산청년운동을 조직 전개하였다. 그 후 그들은 국내에 진입하여 공산청년 교양사업과 조직사업을 부단히 전개하여 온 결과 1925년 4월 18일 공산당의 영도 하에서 고려공산청년 중앙총국으로 창건되었으며, 동시에 국제공산청년동맹 조선지부로 승인되었다.

1925년 4월 17일 창건된 조선공산당은 국제공산당의 직접 지도하에 당의 지반을 공고화하기 위하여 백방으로 노력하는 한편 반제반봉건투쟁을 가강(加强)히 전개하였으니, 1926년에는 반일 6·10만세운동을 과감하게 진행하였으며, 또 그러한 실제 투쟁을 통하여 반일민족통일전선의 결성을 촉진하였다.

이와 동시에 조선공산당과 그의 영도 하에 있는 고려공산청년 중앙총국은 실제투쟁을 통하여 광범한 근로대중 속에 자기 위신을 제고시키는 한편, 국제공산당의 지도방침에 의하여 당 밖에 있는 서울파의 콤그루빠에 대하여 통일공작을 추진하였다. 드디어 1926년 8월에 서울계의 공청그루빠는 고려공산청년 중앙총국에 편입되었고, 동년 11월에 서울계의 콤그루빠는 조선공산당 내에 들어오게 되었다. 여기에 조선공산당과 고려공산청년 중앙총국은 국제공산당의 정확한 영도 하에서 조선 무산계급운동의 전국적 통일을 더욱 강행하였다.

그러나 조선공산당과 고려공산청년 중앙총국은 일제의 야만적 폭압 하에서 창조된 지 반년이 못 되어 1925년 11월에 신의주에서 발단된 제1차 공산당 검거를 비롯하여, 1926년 6·10만세사건을 계기로 하여 제2차 공산당 검거, 1928년 2월 제3차 공산당 검거, 동년 8월 제4차 공산당 검거로 인하여 공산당과 공청은 그의 발전전도에 최대의 치명상을 받게 되었다.

즉 제1차 공산당 검거 시에는 당에서 김재봉 주종건 등과 공청에서 박헌영 등 전위당원 30여 명이 투옥되었고, 제2차 공산당 검거 시에는 당에서 강달영(姜達永) 등과 공청에서 권오설(權五卨) 등 전위당원 60여 명이 투옥되었고, 제3차 공산당 검거 시에는 당에서 김세연(金世淵) 등과 공청에서 이인수(李仁秀) 김강(金剛) 등 전위당원 30여 명이 투옥되었고, 제4차 공산당 검거 시에는 당에서 차금봉 등을 비롯하여 전국적으로 검거 투옥된 공산당원 및 공청원이 3백여 명에 달하였다. 이밖에도 조선공산당 만주총국 검거사건과 조선공산당 일본총국 검거사건으로 인하여 수많은 공산당원과 공청원들이 일제경찰의 독수에 체포 투옥되었다.

이와 같이 해마다 계속 확대되는 공산당 검거사건으로 인하여 거대한 희생을 내게 된 조선공산당은 당내로는 종파적 대립이 재현되어 무산계급 진영을 정비할 수 없었고, 당외로는 날이 갈수록 포악한 일제경찰의 탄압 하에서 종전의 조직체계로는 당이 조직사업을 지속할 수 없었고, 당의 혁명비밀을 보수(保守)하기 곤란한 형편에 처하게 되었다. 드디어 1928년 추에 제3국제공산당은 부득이 조선공산당의 해소를 명하고 조선 무산계급 해방운동의 신방침을 수립하게 되니, 이에 조선공산당은 창건된 이래 4개 성상을 경유하는 동안에 조선 민족해운동 진영 내에서 조국독립과 민족해방을 위하여 영용한 투쟁을 하였음에도 불구하고 당은 반제반봉건투쟁의 선봉적 역할을 끝까지 수행하지 못하고 자진 해소하게 되었다. 당은 비록 해소되었으나, 조선 무산계급은 역사적 임무를 수행하기 위하여 광범한 근로대중 속에 고도화한 비밀조직운동으로서 반제반봉건투쟁을 과감하게 전개하여 왔다.

(2) 반일민족통일전선과 신간회

이미 논술한 바와 같은 조선의 낙후한 반봉건적 식민지적 사회조건은 조선 무산계급으로 하여금 초기에 있어서 극히 유치한 단계에 저미(低迷)하게 하였다. 3·1운동 이후 1920년부터 겨우 대두하기 시작한 조선 무산계급운동은 그의 혁명적 이론과 실천에 있어서 선진제국의 무산계급운동에 대비하여 말할 수 없이 낮은 수준에 처하여 있었으며, 따라서 엄밀하게 말하여 그것은 주객관적 정세의 과학적 분석에 기초한 맑스 레닌주의적 전략전술에 입각하지 못하였다. 그러므로 초기의 조선무산계급운동은 다만 일반적 혁명적 정세의 앙양에 따르는 대중적 반제투쟁으로 전개되었을 뿐이며, 이 같은 대중운동이 필연적으로 요청하는 과학적이며 혁명적인 지도이론을 가지지 못하였다.

환언하면 1920년으로부터 1924년까지의 즉 공산당 조직 전기에 있어서 조선 무산계급의 지도층들은 자기들이 처하고 있는 조선사회 성질을 과학적으로 옳게 분석하지 못하였으며, 자기들이 담당하고 있는 조선혁명 임무를 맑스주의적으로 옳게 구명하지 못하였다. 당시 사상단체로 특징화한 각 정파의 지도자들은 일률적으로 이론과 실천에 있어서 사회주의라는 막연한 관념형태로 좌경적 경향에 흐르고 있었다. 따라서 그러한 경향들은 식민지 처지에 있는 조선무산계급으로 하여금 민족해방운동에 대한 옳은 정치노선을 수립하는 데 많은 지장을 주었으며, 반제역량을 규합하는 데 적지 않은 손실을 주었다.

그러나 조선 무산계급은 자기의 발전과정에서 그의 실천적 투쟁을 통하여 식민지 무산계급의 당면한 혁명적 과업이 민족해방투쟁에 있다는 것을 정확히 결론짓게 되었다. 그리하여 1924년 4월에 조선 무산계급의 영도 하에서 진행된 조선청년동맹 창립대회는 "혁명적 민족운동자와 제휴하자"라는 결의문을 채택하였다. 이 시기에 있어서 '혁명적 민족운동자'라고 말하게 된 것은 당시 민족주의를 표방하는 인사들 중에서 개량주의적 민족운동자는 배격하고, 일제와의 비타협적 민족운동자는 지지한다는 것을 의미한 것이었다. 이때로부터 조선 무산계급 진영 내에서는 반일민족통일전선 문제가 전면에 나서게 되었으며, 그에 대한 이론투쟁이 활발하게 전개되었다. 또 이때로부터 조선 사회주의자들은 맑스 레닌주의에 대한 연구가 한층 더 심각화하여졌고, 따라서 맑스 레닌주의적 국제혁명이론을 기계적 이식으로서가 아니라, 과학적으로 조선사회에 결부시키며 적용하려는 노력이 한층 더 제고되었다.

특히 1925년에 조선공산당이 결성된 이후로 조선 무산계급대중은 당의 영도 하에서 맑스 레닌주의적 정치의식의 급속한 침투와 장성을 제시하였다. 당시 공산당은 무산계급 진영 내의 반제반봉건 투쟁역량을 정비하는 한편, 식민지 조건 하에서 급속히 파산되어 가는 광범한 소자산계층의 일체 반일역량을 포괄하는 반일민족통일전선 결성을 촉진시키기 위하여 온갖 노력을 집중하였다. 그리하여 조선공산당은 대중적 반일투쟁을 추동시키는 데 기회를 놓치지 않았다. 예하면 1926년 6월 10일 즉 6·10만세사건이 그러하였다. 1926년 4월에 이조 최후의 왕 이척(李坧)의 주검은 마치 기부(其父) 이희(李熙)의 주검이 3·1운동 시기에 있어서 조선인민의 반일감정에 일종 충동을 주었던 것과 같이 당시 망국에 대한 원한과 일제에 대한 증오와 독립에 대한 열망이 절정에 달하고 있던 광범한 애국인민들의 반일감정에 일종의 충동을 주었다. 이러한 정세 하에서 공산당은 동년 6월 10일 이척의 장의일을 기하여 대중적 반일 시위운동을 진행하였다. 이에 6·10운동은 비록 그 규모에 있어서 국부적으로 진행되었으나, 그 운동의 정치적 성격은 높이 평가되어야 할 것이다. 왜 그런가 하면 6·10운동은 공산당의 직접 영도 하에서 진행된 반제투쟁일 뿐만 아니라, 반일민족통일전선에 대한 당의 정치노선을 실제투쟁으로 근로대중과 광범한 애국인민들 앞에 선포하였던 까닭이다.

이와 같이 조선공산당은 식민지 민족해방운동에 대한 옳은 정치노선을 수립하고 실제투쟁을 통하여 반일민족통일전선 결성에 분투하였다. 이러한 영향 하에서 1926년 말에 권태석(權泰錫) 송내호(宋乃浩) 등 일부 인사들은 '민흥회'를 발기하였고, 홍명희(洪命熹) 권동진(權東鎭) 등 일부 인사들은 '신간회'를 발기하였다. 당시 공산당은 이 두 개의 반일단체를 통일하여 1927년 2월에 신간회를 조직하고, 동년 5월에 공산당 영도 하에서 열린 전국사회단체중앙협의회의 대회석상에서 신간회를 반일민족통일전선 단체로 결정하였다.

이래 신간회는 공산당의 영도 하에서 일체 반일역량을 포옹하며 통일하기 위하여 분투하였다. 당시 민족주의를 표방하는 인사들로서 기독교 내의 이상재(李商在) 일파, 천도교 내의 권동진 일파, 불교 내의 한용운(韓龍雲) 일파를 비롯하여 일제와의 비타협적인 애국인사들은 신간회에 거진 망라되었다. 그리하여 신간회는 반일민족통일전선 단체로 출현한 지 수개월이 못 되어 수만의 회원을 옹유한 수백여의 지부가 국내외에 조직되었다. 그러나 당시 전형적 기회주의자들인 천도교 내의 최린(崔麟) 일파와 수양단의 이광수(李光洙) 일파와 동아일보의 송진우(宋鎭禹) 일파는 신간회에 참가하지 않았을 뿐만 아니라, 은연 공연히 신간회와의 대립형세를 취하고 있었다.

이제 반일민족통일전선 단체로서의 신간회의 조직체에 대하여 논평하면 신간회는 개인 단위의 정당형태로 조직되었다. 그리하여 공산당의 영도 하에 있는 노동조합, 농민조합, 청년단체, 여성단체 및 형평사 등 각종 사회단체에 포괄되어 있는 광범한 근로대중들은 개인자격으로 신간회에 참가하게 되었다. 그리하여 각 사회단체들은 형식적으로 존재하여 있었고, 신간회와 그의 지부들이 각종 사회단체들의 역할을 대체하는 경향에로 흐르고 있었다. 이러한 결과는 신간회를 민족단일당으로 인식하였고 또 일부 사람들은 신간회 내에 노동부, 농민부, 청년부, 부녀부 등을 설치하고 경제 정치 문화 등 일체 운동을 신간회에서 지도하려는 이론까지 전개하였고, 다른 일부 사람들은 노동조합 농민조합 등을 해소하고 일체 군로대중을 신간회에 편입시키려고 기도하였다. 그뿐만 아니라 어떤 사람들은 계급운동을 철회하고 민족운동만을 주장하였고, 다른 어떤 사람들은 당시 조선혁명은 부르주아 민주주의혁명인 까닭에 혁명운동의 '헤게모니'를 부르주아에게 주어야 한다고 역설하였다. 이러한 잡다한 반동적 이론들은 물론 좌익진영 내에서 개량주의적 민족운동자들과 결탁된 우경적 타협주의분자들의 이론들이었다. 당시 좌익진영 내의 이와 같은 분규의 허극(虛隙)을 타서 김성수(金性洙)계의 호남재벌을 배경으로 한 송진우 일파는 호남동우회를 조직하였고, 친일파 이각종(李覺鍾) 도배는 영남친목회를 조직하여 각각 반일민족통일전선 단체인 신간회에 대립하였다.

이러한 정세 하에서 당시 조선공산당 내의 열성분자들은 한편으로는 좌익진영 내의 비전투적인 타협주의분자들과 무자비한 투쟁을 전개하였고, 다른 한편으로는 개량주의적 민족운동자들의 반일민족통일전선의 파괴운동에 대하여 강력하게 투쟁하였다.

즉 당시 공산당 내의 일부 지도층인 안광천 김남수(金南洙) 등은 당내에서는 종파운동을 재현시키고, 당외로는 개량주의적 민족운동자들과 결탁하여 반일민족통일전선운동의 분열을 조장하였다. 특히 그들은 공공연하게 신간회를 민족단일당으로 선포하고 공산당의 지도권을 신간회에 양도하며 노동, 농민, 청년, 여성 등 각종 사회단체의 투쟁역할은 신간회 지부로 대체하려고 하였다. 그리하여 응당 민족해방투쟁의 선봉적 역할을 놀아야 할 조선공산당으로 하여금 신간회의 후면에 서 있게 하였으며, 따라서 공산당의 영도 하에 있던 각 사회단체들도 자기의 역할을 완전히 수행할 수 없게 하였다.

다시 말하면 당시 안광천 김남수 등은 반일민족통일전선에 대한 올바른 인식을 가지지 못하였으며, 그들은 당의 정확한 정치노선과 당의 조직적 강화로서만이 반일민족통일전선운동에 있어서 주도적 역할을 할 수 있다는 것을 전혀 파악하지 못하였다. 그들은 당의 영도 하에 있는 각종 사회단체를 토대로 하여 광범한 근로대중을 단결하고 추동함으로써만이 반일민족통일전선을 확대 공고할 수 있다는 것을 옳게 이해하지 못하였다. 그뿐만 아니라 그들은 반일민족통일전선 결성은 오직 반일적인 개인요소의 결합으로만 될 수 있고, 공산당을 위시하여 각 정파 및 사회단체들을 토대로 한 집단 간에서는 형성될 수 없는 듯이 착각하였던 것이다. 동시에 그들은 반일민족통일전선은 식민지 사회조건 하에서 각 계급은 각 계급 상호간의 이해관계보다 일제통치에 대한 각 계급의 민족적 이해감(利害感)의 공통점에서 실현될 수 있다는 것을 완전히 이해하지 못한 까닭에 계급 상호간의 결합에 있어서 정치적 사상투쟁을 회피하고 융화적 접근방식으로 이를 실현하려고 하였다. 이러한 사실들은 결국 당의 정치적 활동을 약화하였고 사회단체의 역할을 감소하였으며, 반일민족통일전선의 강화에 지장을 주었던 것이다.

그러나 당시 당내의 열성적 당원들과 노동자 농민 등 근로대중들은 한편으로는 반제투쟁을 과감히 전개하며, 다른 한편으로는 당내의 기회주의자와 당외의 개량주의적 민족운동자들과의 무자비한 투쟁을 전개하면서 당의 정치노선의 고수와 반제민족통일전선의 강화를 위하여 분투하였다. 동시에 공산당은 근로대중과 농민대중의 조직체를 일층 강화하기 위하여 1927년 8월에 종래의 노농총동맹을 노동총동맹과 농민총동맹으로 분립시키고 그의 투쟁대상과 강령을 명확히 규정하였으며, 청년총동맹은 종래의 좌경적 강령을 청산하고 종교 청년단체까지도 포괄하는 광범한 반일통일전선 형태의 청년조직체로 발전시켰다. 그리하여 당시 조선공산당은 노동자, 농민, 지식인, 학생 등의 대중적 운동을 정치적 반일투쟁에로 추진시키기에 백방으로 노력하여 왔다.

이 같은 대중적 반일투쟁의 계속적 앙양은 이미 전술한 바이나, 좌익진영에 대한 검거 투옥을 비롯하여 민족적 억압을 위한 일제의 포학(暴虐)이 가열하면 할수록, 또는 근로대중을 선두로 하는 광범한 애국인민들의 반일투쟁은 더욱 확대되었으며 치열하여 갔다. 여기에 특기할 것은 1929년 1월 13일 원산에서 대규모의 노동총파업이 발생되었고, 동년 11월 3일 광주에서 발단한 조일(朝日) 학생 간의 충돌은 구경(究竟) 전국적인 대규모의 학생반일운동으로 전개된 사실이다. 즉 원산 노동자총파업과 광주 학생반일운동은 1920년 이후에 있어서 최대의 노동자파업이었으며, 최대의 학생반일운동이었다.

그러나 반일민족통일전선 내에서 주도적 역할을 놓고 있던 조선공산당은 일제의 야만적 탄압 하에서 거대한 희생을 내었고, 동시에 광주 학생반일운동과 관련하여 신간회의 주요 간부 허헌(許憲) 홍명희 등을 비롯하여 많은 애국인사들이 일제경찰에게 검거 투옥당하게 되었다. 이러한 허극을 타서 전형적 기회주의자인 김병로(金炳魯) 일파는 신간회에 침입하여 지도적 지위에 등장되었다. 이때로부터 반일민족통일전선 단체인 신간회는 호남재벌 김성수계의, 즉 개량주의적 민족운동자들의 노리개로 되었을 뿐만 아니라 일제의 어용단체로 전환될 위험성이 농후하였다.

결 론

1920년 이후로 조선 무산계급은 식민지 민족해방운동에 있어서 그의 반제반봉건투쟁을 통하여 가장 선봉적 역할을 담당하여 온 주력군으로 등장하였다.

조선 무산계급은 그의 과감한 반제반봉건투쟁을 통하여 광범한 근로대중을 교육하였으며, 혁명적 노동대중을 조직하고 반일적 농민대중과 제휴하였으며, 혁명적 대중조직의 토대 위에서 무산계급의 전위부대인 조선공산당을 창당하였다.

1925년 4월 17일 역사적으로 건립된 조선공산당은 조선 민족해방운동의 선봉대로서 등장하였으며, 근로대중을 근간으로 하여 그의 주위에 일체 반일역량을 총집결시켰으며, 그의 영도 밑에 광범한 반일민족통일전선을 결성하고, 조국의 독립과 자유를 위하여 강도 일본제국주의의 조선 통치세력을 타도하는 영웅적 투쟁을 전개하여 왔다. 동시에 조선공산당은 조국의 완전독립을 조애(阻碍)하며 반혁명적 길을 걷는 개량주의적 민족운동자들과 무자비한 투쟁을 전개하였다.

그러나 1925년 11월 조선공산당 제1차 검거를 계기로 하여 공산당에 대한 일본제국주의의 야만적 탄압은 문자 그대로 풍광적(瘋狂的)이었다. 이래 계속 부단히 일어나는 공산당 검거사건에 수많은 당원이 피검 투옥되었을 뿐만 아니라, 혁명 비밀이 여지없이 탄로되었다. 이는 청소한 조선공산당에 있어서 거대한 타격과 손실이 아닐 수 없었다. 좌익진영에 대한 이 같은 일제의 탄압은 동시에 민족주의를 표방하던 개량주의자들의 반동적 도량(跳梁)을 조장하였다. 이러한 정세 하에서 조선 무산계급운동은 고도화할 비밀운동으로 몰려 돌아가지 않을 수 없었다. 그럼에도 불구하고 이미 앙양된 혁명적 대중운동은 더욱 확대되었으며 더욱 치열한 반제투쟁에로 추동되었으니, 일제의 야만적 탄압도 개량주의자들의 발호도 조선 무산계급의 앙양된 혁명운동의 전진을 막아낼 수는 없었다.

끝으로 지적할 것은 1920년으로부터 1930년에 이르는 동안에 조선 무산계급운동 진영 내에서 벌어진 분파대립의 역사는 매우 복잡하였다. 그러나 이 기간에 일어난 분파의 알력은 내용상으로 볼 때에는 오히려 단순한 편이었다. 왜 그런가 하면 그는 혁명운동 진영 내에서 흔히 발생될 수 있는 사상적 대립이라든가 전략전술에 관한 이론문제의 대립이 아니었고, 혁명운동에 유해한 종파이념에 기인된 단순한 인간문제였기 때문이다.

이러한 관점에서 우리는 당시 사상단체로 특징화한 분파의 대립을 논평할 때에 방법론상에 있어서 대립정파 간에서 발생된 시비문제로부터 발족할 것이 아니고, 분파대립을 가능하게 한 사상적 근거와 분파의 종파성을 구명하여야 할 것이다.

만일 각파 간의 대립을 계급적 입장에서 또한 혁명운동의 이해적(利害的) 관점에서 종파적 성격을 구명하지 않고 비과학적인 견해로 분파의 우수성을 논구한다면, 그는 언제나 정당한 결론을 내릴 수 없을 것이다. 왜 그런가 하면 당시 조선 무산계급 진영 내에서 일어난 각개 정파와 그의 호상간의 대립은 일양(一樣)으로 무원칙한 비맑스주의적인 종파이었기 때문이다. 그런 까닭에 우리는 먼저 조선 무산계급운동의 발단기에 있어서 동등한 성질을 가진 여러 개의 종파를 산생하게 한 사회적 근거를 구명하여야 할 것이다.

첫째, 당시 조선은 세계사적 관점에서 말한다면, 몇 세기를 뒤떨어진 낙후한 식민지 반봉건적 사회이었다. 이와 같은 후진국의 처지에 놓여 있는 조선 무산계급은 늦게 1920년에 와서 비로소 자위적 계급으로 발족하였던 것만큼 그 계급성원의 대부분은 현대 프롤레타리아적 성격을 구유(具有)하지 못한 소시민과 농민의 변신(變身)이었다. 노동대중의 생활의식은 일반적으로 전대(前代)의 사상 잔여(殘餘)를 완전히 양기하지 못하였을 뿐만 아니라, 그들의 생활환경은 가정으로부터 사회에 이르기까지 대체로 소농 및 소상적(小商的)인 경제체계를 이탈하지 못하였다. 말하자면 한 가정 내에서도 노동하는 제(弟)는 상점(商店) 보는 형과 농사하는 부(父)와의 불가분리적인 경제체계에 얽매여 있는 사실은 결코 드문 현상이 아니다. 이러한 조건하에서 당시 조선근로대중들에게는 소부르주아적인 인테리겐챠들의 봉건적 종파의식을 용이하게 극복할 수 없었다.

둘째, 이 같은 조선사회경제의 반봉건적 식민지적 낙후성은 불가피적으로 식민지 민족해방운동의 선구적 역할을 급진적 소부르주아적 인테리겐챠에게 담당시켰던 것이며, 조선 무산계급운동에 있어서도 초창기의 운동의 지도적 역할을 소부르주아적 인테리겐챠에게 내맡기지 않을 수 없는 정형(情形)에 놓여 있었다. 이 같은 인테리겐챠는 운동을 근로대중 속에 뿌리박으려는 것보다도 다만 사상운동으로 전개시켰다.

셋째, 이 같은 인테리겐챠들은 그 대부분이 농민, 소지주, 수공업자, 소상인 등의 잡다한 계급 출신이었으며 그의 생활의식은 전대적 봉건 이데올로기를 완전히 탈각하지 못하였다. 때문에 이 같은 낙후한 사상적 잔재는 과학적 축적이 없는 그들로 하여금 진정한 맑스 레닌주의를 파악하는 데 지장을 주었으며, 개인영웅주의적 또는 지방할거주의적 경향을 조장하였다.

넷째, 일제의 야만적 탄압으로 말미암아 최초부터 극단한 비밀형태를 취하게 된 결사운동은 불가피적으로 극히 제한된 근친(近親) 지우(知友) 간에서 수공업적 정실적 결합을 벗어나지 못하게 하였으며, 여기에 인물 중심의 종파구성이 얼마든지 가능하였다.

다섯째, 초기의 무산계급운동이 근로대중 속에 뿌리박지 못하고 따라서 근로대중의 정치적 사상의식이 비교적 낮은 수준에 처하여 있다는 조건은 이 기간에 지도층 사이의 지리멸렬한 분파운동을 비판 극복하지 못하고 말았다.

상술한 바와 같이 당시 조선 무산계급은 후진국의 처지로서 계급운동 진영 내에는 비무산계급적 성분인 이색분자가 잡다하게 혼입하였다. 동시에 계급 본신(本身)의 유약성과 지도역량의 빈약성은 계급운동 진영 내에서 야기된 분파대립을 신속히 극복하지 못하였다. 특히 일제의 야만적 탄압 하에서 언론 출판 집회 결사의 자유가 박탈된 조건은 계급진영 내에서 분파대립이 종파적 성격으로 악랄한 현상을 길게 지속하게 하여, 계급운동의 통일을 방해하였고 반제역량을 약화하였다.

이제 우리는 1920년 이래로 조선 무산계급운동 진영 내에서 지루하게 계속하여 온 종파대립을 당시 조선 사회조건에 일임한다거나, 혹은 혁명군중에게 전가하여서는 아니 될 것이다. 왜 그런가 하면 종파의 발생을 가능하게 한 물질적 근거는 그 사회의 발전정도에서 혹은 무산계급운동의 유약성에서 구명할 수 있다 할지라도, 그러한 조건들을 개변시키지 못하고 도리어 불리한 조건들에 무능하게 제약된 것은 당시 사회운동자들이 특히 각파 지도층 인물들에게서 그 책임을 추구하지 않을 수 없다. 또 군중은 언제든지 혁명적이었다. 이제 각파의 지도인물들은 계급적 이익을 위하여 엄격한 자아비판의 입장에서 응당 그 책임을 져야 할 것이다. 물론 누구나 없이 언제나 일하는 과정에서 과오 범하기를 원하지 않았다. 또 그는 정당한 원망(願望)일 것이다. 그러나 일하는 과정에서 과오를 아니 범한다고 단언할 수 없는 것이다. 그런 까닭에 과오를 범한 것은 큰 잘못이지만은 과오를 과오로 알고 고치는 것은 과감한 일이라고 할 수 있는 것이다. 또 이것이 잘못을 고치고 진보하려는 혁명자들만이 능히 할 수 있는 것이다.

2. 일본제국주의 대륙침략전쟁 행정에 있어서의 반일무장투쟁

제1절 일본 식민지통치의 제 3기

(1) 일제의 침략전쟁 수행에 있어서의 조선경제 수탈 강화

1931년으로부터 1941년에 이르는 즉 1931년 9·18만주강점을 계기로 하여 1937년 7·7중일전쟁, 1941년 12월 8일의 태평양전쟁에 이르는 동안 일본제국주의는 심각한 경제공황 타개의 혈로를 그의 무력적 대륙침략에 두었으며, 따라서 이 같

은 제국주의적 침략전쟁은 불가피적으로 식민지 반식민지 제 민족의 강력한 해방투쟁에 봉착하지 않을 수 없었다.

이 같은 과정에서 일본제국주의는 조선을 그의 원료 및 식량 공급시장으로 독점적 상품판매시장으로 그리고 자본의 수출시장으로 반봉건적 식민지 경영에 부심하여 온 것이 물론이나, 이 기간에 있어서 특징적인 것은 일본제국주의의 침략전쟁 수행 행정(行程)에서 소위 '대륙병참기지' '일만 쁠럭경제' '농공병진'정책 등 노골적인 침략적 구호 아래에 조선의 식민지적 예속화를 한층 강화시켰으며, 조선인민의 고혈을 최후의 한 방울까지 착취하려는 최후발악적인 식민지적 자원수탈을 강행한 데 있다.

일제의 급속한 제국주의적 팽창과 침략전쟁의 수행은 불가피적으로 그의 대(對)조선 경제정책에 있어서 커다란 전변을 가져오지 않을 수 없었으며, 무엇보다도 조선에 군수공업을 급속히 이식하는 결과를 초치하였다. 일본제국주의는 조선에 이 같은 군수공업을 추진시키면서 후안무치하게도 '조선공업화정책'이니, '조선의 산업혁명'이니 하는 허위선전을 펼쳐 놓았다. 그러나 이 같은 기만적 언사는 결국 소위 '농공병진'의 간판에 숨어서 조선의 인적 물적 자원을 한층 잔인하게 수탈하는 과정을 은폐하려는 것에 불과한 것이니, 이는 이 기간을 통하여 조선경제의 전반적 추이를 개관하는 데서 스스로 밝혀질 것이다. 이제 통계수자를 주로 하여 이를 아래에 제시한다.

조선 내 회사 및 공칭자본(단위 백만원)

년차	회사수	공칭자본
1931년	2,035	656
1937년	3,217	1,472
1939년	3,581	2,070

(일제 조선총독부 통계연보)

즉 8년간에 회사수는 1천5백여 개가 늘었으며, 공칭자본금은 3배 이상으로 격증되었다.

조선의 대외무역(단위 백만원)

년차	총대외무역: 수출	총대외무역: 수입	대일무역: 수출	대일무역: 수입
1931년	261	270	249	217
1937년	685	863	572	735
1939년	1,006	1,388	736	1,229

(일제 조선총독부 통계연보)

즉 8년간에 조선무역은 수출에 있어서 약 5배, 수입에 있어서 약 7배로 각각 비약적인 격증을 보이고 있다.

그러나 이 같은 일반적인 추세와 함께 가장 특징적인 것은 광공업의 전체 산업부문 가운데에서 차지하는 비중이 현저하게 높아졌으니, 이는 곧 군수공업의 발흥을 표시하는 것이다. 누년(累年) 각종 산업생산고와 그의 백분비를 표시하면 다음과 같다.

각종 산업생산고(단위 천원)

	1912년	%	1925년	%	1931년	%	1936년	%
농산물	403,609	87.7	1,213,510	72.7	702,855	63.1	1,208,911	51.9
임산물	20,372	4.4	53,486	3.2	59,413	5.3	118,046	5.1
수산물	13,072	2.8	85,825	5.1	77,562	6.9	164,003	7.0
광산물	6,185	1.4	20,876	1.3	21,742	11.0	110,429	4.7
공산물	17,153	3.7	295,204	17.7	252,924	22.7	730,806	31.3
합계	460,391	100.0	1,668,901	100.0	1,114,496	100.0	2,332,213	100.0

(조선경제연보)

물론 생산고에 있어서 의연히 압도적인 것은 사실이나, 각종 생산고에 대비하여 상대적으로 점차 저하하고 있음에 반하여 공산물 생산고의 증가율은 현저하며, 특히 군수공업에로의 전환기라고 할 수 있는 1931년을 계기로 하여 비약적인 발전을 엿볼 수 있다.

다시 기업상으로 자본투하가 공업에 집중하고 있는 경향을 표시하면 다음과 같다.

기업자본의 부문별 구성(단위 천원)

	1930년말 사수(社數)	1930년말 공칭자본	1930년말 불입자본	1937년말 사수(社數)	1937년말 공칭자본	1937년말 불입자본
농림업	181	71,680	43,493	279	146,203	80,790
수산업	32	14,307	5,988	59	23,300	12,624
광 업	31	24,079	12,584	126	135,186	107,866
제조공업	657	197,301	68,316	1,212	329,015	185,694
와사·전기업	57	31,294	27,185	21	217,403	133,617
은행업	17	101,475	61,081	10	99,175	772,731
금융·신탁업	158	26,385	11,186	196	42,345	22,088
운수업	316	105,755	33,267	482	169,692	67,355

창고업	34	7,470	2,371	35	10,876	3,817	
보험업	2	5,500	1,375	2	5,500	1,375	
상업 기타	1,432	115,884	64,225	2,860	261,717	166,016	
합계	2,917	702,132	331,074	5,282	1,440,416	853,988	

* 이 표에는 조선에 본점을 둔 것만 산입하였다.(조선경제연보)

이상에서 보는 바와 같이 와사·전기까지 포함한 공업에의 투하자본의 막대한 비율은 곧 공업의 비중이 높아 가고 있다는 것을 단적으로 말하여 주는 것이니, 조선 내에 본점을 둔 회사의 금융자본액에 대하여 광공업 및 와사·전기 등을 포함한 근대산업회사 자본액이 차지하는 백분비는 1931년 말에 37%이던 것이 1937년 말에는 47%로 증대되었다. 그리하여 이 기간에 있어서 조선공업 추세의 누년 경향을 보면 다음과 같다.

조선공업의 추세

년차	공장수	노동자수	공장생산액(단위 천원)
1931년	4,613	86,419	275,151
1932년	4,643	89,600	323,271
1933년	4,838	99,430	384,822
1934년	5,126	113,281	486,522
1935년	5,635	135,797	643,987
1936년	5,927	148,799	720,318
1937년	6,298	166,709	967,364
1938년	6,624	182,771	1,167,114
1939년	6,953	212,459	1,459,831
1940년	7,242	230,688	1,654,046

* 본 표에는 관영공장은 제외되었다.(일제 조선총독부 통계연보)

다시 조선 공장공업 구성에 변화를 보면 다음과 같다.

조선 공장공업 구성의 변화

	1930년						1931년					
	생산액	%	공장수	%	노동자수	%	생산액	%	공장수	%	노동자수	%
방직업	33,674	12.8	270	6.4	19,011	22.7	90,378	12.7	402	7.0	33,830	22.7
금속업	15,262	5.8	231	5.1	4,542	5.4	28,365	4.0	259	4.3	6,787	4.6

기계업	3,328	1.3	224	5.3	2,854	3.4	7,398	1.0	344	5.7	7.939	5.3
요업	8,348	3.2	314	7.4	5,366	6.4	19,032	2.7	336	5.7	8,269	5.5
화학업	24,676	9.4	515	12.1	4,720	17.5	162,462	22.9	1,425	24.2	41,972	28.2
제재업	7,037	2.7	163	4.0	2,629	3.1	19,230	2.7	271	4.6	4,906	3.3
인쇄업	8,184	3.1	215	4.9	4,146	4.9	12,426	1.8	286	4.7	6,273	4.2
식료업	152,054	57.8	2,088	49.1	17.055	32.2	320,580	45.2	2,258	38.0	32,617	21.9
전기업	6,432	2.4	35	0.8	525	0.6	39,988	5.6	50	0.9	812	0.5
기타	4,068	1.5	206	4.9	3,052	3.7	10,002	1.4	296	4.9	5,394	3.6
합계	263,064	100	4,261	100	83,900	100	709,865	100	5,927	100	148,799	100

(조선경제연보)

물론 이 표에 의하여 공업구성의 전모를 알기에는 미비한 점이 적지 않으며 특히 식료품공업에는 정곡업(精穀業)이 내포되어 미가(米價) 등귀에 좌우된다는 것을 고려하게 될 제, 화학공업의 발전이 가장 현저하며 방직공업과 함께 전기공업과 금속공업이 각각 확장되어갔다는 것을 엿볼 수 있다. 그리하여 종래의 미곡편중정책에 의하여 근대적 규모로서 경영되는 공장이라고는 겨우 십지(十指)로써 세일 수 있는 방직공업, 제당, 제분, 제지, 제철, 요업에 국한되었으며 기여(其餘)의 군소공장은 수공업에서 한 걸음 벗어난 유치한 것에 불과하던 것이 이 기간에 있어서 흥남 공중질소고정공업을 위시하여 유지공업, 석탄액화공업, 콘스타찌공업, 고주파공업, 마그네슘공업, 제련공업 등 신규공업이 발흥하여 완연히 일제의 병기창으로 된 현상을 정시(呈示)하였다.

그러나 일본제국주의는 이 같은 전쟁수행에 요구되는 군수공업의 이식행정에 있어서 조선에 대한 식민지적 약탈을 한층 강화하였으니, 군수공업의 이 같은 이식은 당초부터 조선민족 경제발전이라든가, 조선공업 전체의 유기적 균형적 발전에는 아무런 기여도 줄 수 없었던 것이다. 그의 실증으로서 1942년 초의 조선산업설비 자본투하비율은 일본산업자본의 직접 진출 74.0%, 조선 내 중요산업자본계(系) 18.0%, 기타 일반 조선 내 재적회사 8.0%, 합계 100%인바(*1942년 동양경제 시보사 간행 년간(年刊)조선에 의거함), 다시 조선 내 중요산업계의 지배율을 보면 특수회사 17.0%, 식산계 29.0%, 기타 일본인계 48.0%, 조선인계 6.0%, 합계 100.0%로서 여기에 특수회사란 동척, 조선은행, 조선신탁회사와 같은 관제회사를 말한 것이니 실지에 있어서 조선민족자본은 전혀 보잘 것 없으며 조선 산업경영구조의 99%가 일제의 수중으로 넘어갔다는 것을 알 수 있다.

이와 함께 조선산업의 식민지적 파행성은 의연히 일본에의 의존 예속을 강화하였으니, 조선의 산업은 소재공업 반제품 등이 지배적이었으며, 기계를 생산할 수 있는 기계공업은 전무하였다. 따라서 일상생활 필수품을 비롯하여 기계류는 그 전부를 일본으로부터 수입하였으니 이제 일본으로부터의 수입품 내용을 일별하면 다음과 같다.

종별	1940년(백만원)	1941년(백만원)	1942년(백만원)
식료품	160	99	83
섬유품	264	364	458
펄프 지류(紙類)	58	65	61
도자기 급 초자	29	36	31
잡품(雜品)	148	148	156
화학제품	99	95	89
광물 급 제품	62	65	63
광 급 금속류	129	115	86
금속제품	112	118	104
기계류	244	228	217
기타	30	28	26
합계	1,336	1,363	1,374

이상에서 보는 바와 같이 대일 수입총액 13억7천4백만원 가운데 경공업제품인 생활필수물자가 약 8억원을 차지하고 있으며, 그 나머지는 기계류를 비롯한 완제품으로 되어 있다. 그리하여 조선인이 소비하는 견(絹), 인견직물을 비롯하여 양지류(洋紙類) 심지어 내의, 식기에 이르기까지 이를 전부 일본에 의존하고 있는 것을 알 수 있다.

여기에 일제의 상품시장으로서 갖는 조선의 식민지적 역할은 이 기간에 한층 강화되었으니, 1939년의 일본 수출입 총액 가운데 조선의 점위(占位)하는 비중을 보면 다음과 같다.

일본 총수출액	금액 5,192	백분비 100.0	일본 총수입액	금액 4,209	백분비 100.0
대 조선	1,229	23.7	대 북미합중국	1.002	23.8
관동주	755	14.6	조선	736	17.5
북미합중국	641	12.4	대만	409	12.1
만주	535	10.3	만주	405	9.6

중화민국	455	8.8	중화민국	215	5.1
대만	357	6.9	영령 인도	182	4.3
영령 인도	210	4.1	독일	141	3.3
란영 인도	137	2.7			
영국	132	2.5			

(단위: 백만원)

즉 일본자본주의에 있어서 조선은 미국이나 기타 어느 나라보다도 세계 최대의 상품판매시장으로 되었으며 수입에 있어서도 자산동결 전의 미국보다는 떨어지나 세계 제2위를 차지하는바, 일본과 영국과의 통상관계가 파기된 후에 있어서는 한층 높은 비중을 차지한다는 것은 물론이다.

그러나 다시 일본에의 조선 수출내용을 통하여 의연한 식량 및 원료 공급지로서의 식민지 예속성을 간과할 수 없는 것이니, 즉 1941년의 대일수출 주요품을 열거하면 다음과 같다.(단위; 천원)

미(米); 152,776, 대두; 11,565, 수산물; 55,080, 석감(石鹼); 11,926, 약류(藥類); 16.709, 생사; 23,680, 석탄; 23,216, 광(鑛) 급 금속류; 193,400, 어분; 15,966, 유안(硫安); 14,772.

이 표에 제시된 바와 같이 일제의 전쟁 수행행정에 있어서 조선은 그의 군량 공급지로 되었을 뿐만 아니라 군수자원 공급지로 되었으니, 특히 광 급 금속류가 미곡의 수출액을 초과한 사실은 일제가 조선의 광업발전이란 간판 밑에 조선의 지하자원을 얼마나 무제한하게 약탈하였는가를 규지(窺知)할 수 있는 것이다.

실지에 있어서 이 기간에 일제는 조선의 인적 물적 자원을 자기들의 침략전쟁 수행 목적에 총동원하여 탕진하였으니,

첫째, 식량자원으로서 일시 중단되었던 산미증식계획을 부활 확장하여 15년간 1천백37만석의 증산목표를 세웠으며, 1938년 일본에의 미곡수출은 1천백만석을 초과하였다. 그러나 일제는 그 후에 있어서 강제공출제와 식량배급제를 조선에 실시하여 조선 산미의 거의 3분지 2 이상을 약탈하여 갔음에도 불구하고 이를 은폐하기 위하여 1939년 이후 대일 미(米)수출고 숫자 공표를 금지하였다.

둘째, 섬유자원으로 면화, 대마, 아마, 저마 외에 인견, 펄프 등을 세일 수 있으나 그 중에서도 면화와 마류(麻類)는 군수자원으로서 일제가 산미(産米) 이상으로 농가에 강요하였으며, 이를 통제하였다. 그리하여 1939년에는 면화 생산고 2억1천33만6천백24근, 대마 생산고 3백47만1천관, 아마 백73만5천관에 달하였으나 조선 농민들은 자기 살을 가리울 천감도 없으면서 생산비의 10분지 1도 안 되는 헐

값으로 일제에 강제 공출을 당하였다.

셋째, 광산자원으로서 일제는 금을 위시하여 철, 석탄, 텅크스텐, 흑연, 수은, 기타의 특수광물 개발에 전력하여 조선의 무진장한 지하자원을 약탈하여 갔으니, 전 일본 산금(産金)의 과반을 차지하는 금은 그만두고서도 일제는 군수용 특수광물인 텅크스텐 수요의 83.3%, 수은 수요의 74.1%, 코발트 수요의 100%, 흑연 수요의 100%, 운모 수요의 100%, 형석 수요의 96.8%, 석면 수요의 62.2%를 각각 조선에서 수요하였다.

넷째, 동력자원으로서 일제는 일찍부터 조선의 풍부 저렴한 수력전기 개발에 주력하여 왔으나, 전쟁에 수요되는 알미늄 경금속, 화학공업 등의 전력을 생명으로 하는 군수산업을 확장하기 위하여 전력통제를 강행하는 일방, 이의 적극적인 개발에 의하여 전기를 모조리 군수경금속 생산과 화학공업품 생산에 돌리었다. 이제 전기사업 통제 후 7개년간의 발전설비를 보면 다음과 같다.

발전설비 (단위 킬로와트)

	1931년 낙성	1931년 공사중	1931년 합계	1938년 낙성	1938년 공사중	1938년 합계
수력	109,355	274,789	384,144	522,350	798,300	1,320,650
화력	53,486	112	53,598	145,756	50,152	195,908
계	162,841	274,901	437,742	668,106	848,452	1,516,558

(조선경제연보)

다섯째, 인적 자원으로서 일제는 처음부터 조선을 노력공급시장으로 하여 식민지적 착취를 강화하여 왔으나, 이 기간에 있어서는 특히 노력자원의 강제공출에 총력을 집중하였다. 그리하여 조선의 저렴 무비(無比)한 노동력은 조선의 모든 부원을 약탈하여 가는 조선공업화의 추진력으로 되었을 뿐만 아니라, 일본과 만주로 건너가서 일본 중공업 확대 발전과 만주 농업 확충의 중요 인자로 되었으며, 마감에는 남양 각지에까지 펼쳐 놓았다. 즉 1933년으로부터 1939년에 이르는 동안 조선 내의 공장, 광산, 토목건축 노동자는 다음과 같이 격증되었다.

공장 광산 토목건축 노동자

년차	공장 노동자	광산 노동자	토목건축 노동자	합계
1933년	99,430	70,711	43,588	213,729
1934년	113,281	95,717	59,542	268,540

1935년	135,797	142,039	83,215	236,051
1936년	148,799	152,723	118,212	419,734
1937년	166,709	166,568	161,499	494,776
1938년	182,771	223,790	193,237	599,798
1939년	212,459	—	—	—

(식산 조사월보)

그리하여 이 3부문에서만 매년 10만인의 신규노동자를 흡수하고 있으며 1939년에는 약 68만인, 1940년에는 약 80만인에 달하였다.

이와 함께 일본에 거주한 조선인 수는 1934년에 53만7천인이던 것이 1935년 62만5천인, 1936년 69만인, 1937년 72만5천인, 1938년 76만8천인으로 누년 증가되었으며, 1942년에 와서는 백20만인을 돌파하였다. 그들의 대부분은 강제징용에 의하여 탄광 기타 기초산업 노동자로 된바, 매년 8, 9만인의 노동자를 대량 수출하게 되었다. 동시에 만주에는 1937년으로부터 1940년에 이르는 동안 12만7천인을 농지개척민의 명목 하에 수송하여 자유이민과 함께 이 같은 누년 증가는 1931년 재만 조선인 수 63만인이던 것이 1942년에 와서는 백20만인을 초과하게 되었다.

그러나 이같이 방대한 노동력의 원천을 조선농촌에 강요한 일제는 조선농촌 장·청년은 물론 심지어 처녀들에 이르기까지 강제 징용하기 위하여 온갖 만행을 다하였다. 여기에 종래의 농촌 과잉인구는 일변하여 농업노력의 부족을 초치하게 되었다.

일제는 이같이 하여 조선의 인적 자원을 남김없이 전쟁수행에 징발시킴과 동시에 조선노동자에 대하여 '총후 국민의 의무'라고 1일 평균 11시간 20분이라는 살인적 노동시간을 강제하였으며, 그 대가로서 1일 2원 내외의 기아임금을 지불하여 전시 악성 인플레로 물가가 전전 4~50배로 폭등된 조건 하에서 직접적인 생명의 유지조차 불가능하게 하였으며, 그 위에 소위 '생산증강'의 목표 하에 노동능률 증진, 노동시간 연장의 강화 등 무제한한 착취와 안전시설이 결여된 위험노동의 강제 취업은 징발된 노동자의 불구 폐질과 사망률을 말할 수 없이 높였으니, 일제의 고의적인 엄폐에도 불구하고 강제징용에 갔다 온 사람의 입으로부터 구사(九死)에 일생을 얻은 것같이 "염라왕의 사자에 붙들려 갔다 온 것 같다"는 말은 예사이거니와, 그들의 군사비밀 공역(工役)에 강제 '징용'된 청장년들을 그 공사가 필역(畢役)되면 저들 소위 군기보장의 이유로서 전원 비밀 학살하고 말았다는 것은 저간의 정형을 여실히 말하여 주는 것이라고 할 것이다.

일본제국주의의 이 같은 무제한한 인적 물적 자원의 가렴수탈은 무엇보다도 조선농촌을 황폐화시켰다. 강제'징용', 강제'공출'은 일제의 소위 '농촌진흥운동' '식량증산계획'에도 불구하고 1939년 이후로는 생산력의 급속한 저하를 초치하지 않을 수 없었으며, 그럴수록 일제의 최후 발악은 한층 격화하여 갔다. 그러나 이 같은 일제의 조선농촌 수탈과정은 곧 조선농촌경리에 있어서 반봉건적인 낙후성을 더욱 조장하여 극단의 영세(零細) 영농화와 무비의 고율 소작료로써 특징짓게 된다. 즉 자작농 및 자작 겸 소작농의 순소작농에의 전락은 다음의 표로서 명시된다.

(단위 천호)

년차	자작농	자작농 겸 소작	소작농	화전민	피용자	합계
1929년	507.4	885.6	1,284.5	34.2	—	2,711.7
1937년	549.6	737.8	1,581.4	72.9	117.0	3,058.7
1940년	550/9	711.3	1,616.7	66.0	101.6	3,046.5

(일제 조선총독부 통계연표)

다시 경지면적을 통하여 영세농화의 경향을 일별하면 1938년에 있어서 3단보 미만의 문자 그대로 손바닥만한 경지를 경작하는 농가는 자작농 약 7만2천호, 자작 겸 소작농 약 11만6천호, 소작농 30만1천호로서 거의 50만호에 달하며, 5단보 미만의 경작농가는 백10만2천호로 전 농가호수의 39%를 차지한다. 그리고 5단보 이상 1정보 미만의 경작농가는 71만3천여호로 전 농가의 25%에 해당한다. 그리하여 1정보 미만의 영세농가는 백81만5천호로서 실로 전 농가의 64%를 차지하는바, 이는 7만호를 산하는 화전민과 11만6천호를 산하는 농업노동자와 함께 조선농민의 계급구성에 있어서 최하층을 이루고 있는 것이다.

다시 5할로부터 8~9할에 달하는 고율소작료는 소위 산미증산대책으로 강요된 종자대, 비료대, 수리조합비, 토지개량수리비, 공출미, 소작미 등 외 하조(荷造)운반비와 함께 소작인에게 전담되었으니, 소작농 호당 경영비 2백88원 중에서 소작료는 그의 73%인 2백원에 달한다는 실례는(식산조사월보 제33호에 의함) 소작료가 얼마나 고율의 것이라는 것을 그대로 말하여 준다. 이와 같이 영세농의 지배와 토지소유의 집중화와 고율소작료는 일종의 전시수탈행정에서 더욱 강화되었으며, 조선농촌경리는 그의 봉건적 질곡에서 전면적인 파멸에로 이끌어 갔다.

이상에서 밝힌 바와 같이 강도 일본제국주의는 대륙침략전쟁을 수행하는 전 기간을 통하여 조선의 자원이란 자원은 모조리 약탈하려 들었으며, 심지어 견마나 초목까지도 성한 것이 없도록 강탈을 자행하였다. 그러나 그 중에서도 조선의 노동자와 농민은 그들의 가장 가혹한 착취대상으로 되었었다.

(2) 일제의 조선에 대한 파시스트적 식민지통치

일본제국주의는 대륙침략전쟁의 준비과정에 있어서 이미 후방 안전을 위한 조치로서 조선에 대한 식민지통치를 강화시켜 온 것이 사실이나, 1931년 9월 18일 만주 강점 이후로는 파시스트적 군사체제를 확립하고 조선 민족해방운동을 진압하고, 조선의 인적 물적 자원을 자기들의 침략전쟁 목적에 동원하려고 온갖 야만적 폭압수단을 다하였다.

만주를 강탈한 일본제국주의는 괴뢰 만주국을 수립하여 그의 독점적 식민지로 만들며 다시 중국침공을 계속하는 일방, 세계 유일한 소비에트 사회주의국가에 침공을 기도하였을 뿐만 아니라, 태평양상의 패권을 쟁취하기 위하여 그의 최대 경쟁자인 미국과의 제국주의전쟁을 기도하였다. 이같이 무제한한 제국주의적 팽창목적을 추구하는 일본제국주의는 그의 강도적 침략전쟁 수행을 위하여 무엇보다도 식민지 조선에 대한 경제적 정치적 진공을 강화하였으며, 그 결과에 조선을 완전히 파쇼적 군사적 지배체제 하에 두고서 그의 야만적인 약탈과 착취를 자행하였다.

일본제국주의는 만주사변 이후 그의 군사적 경찰력을 증강하여 소·만 국경지대에는 삼엄한 국경경비를 실시하고, 국내에는 고등경찰망을 확충하여 문자 그대로 경찰국가를 출현시킨 다음, 조선인민의 반제투쟁 특히 무산계급운동을 진압하기 위하여 언론 집회 출판 결사의 자유를 최극단까지 탄압하고 일체의 사회단체와 문화단체까지 강제 해산시켰으며, 조선의 애국적 혁명운동자를 추궁하여 계속 대량적인 검거 투옥 학살을 감행하였다.

경찰기구는 수차의 관제개혁을 통하여 확장되었으며, 경찰 인원수는 다음과 같이 증가되었다.

1930년 경찰 인원수 18,811, 1935년 19,409, 1939년 23,064.

일제는 경찰 인원수만 증가시켰을 뿐만 아니라, 기밀비 외에 공개적인 경찰비만으로서도 연 2천만원의 거액을 여기에 충당시켰으며, 경시(警視) 경부(警部) 등의 증원으로 경찰진용을 강화한 외에 그의 스파이망은 세균과 같이 불어 갔으며, 1939년에는 종래의 소방조(消防組)를 개조하여 공개적 경찰보조기관으로 만든 경방단(警防團) 수가 2천4백27개로서 단원수는 18만천2백21인에 달하였다.

이 같은 경찰정치 하에 피검거된 인원수 특히 사상범을 주로 하는 특별범 수의 증가는 다음과 같다.

년차	총검거 인원수	특별범 수
1930년	187,531	38,779
1934년	202,630	66,055
1938년	165,350	44,043

(일제 조선총독부 통계연보)

이와 함께 전국 수감자 수는 다음과 같다.
1930년 17,232
1934년 17,963
1938년 19,328
1941년 20,206
(일제 조선총독부 통계연보)

1941년의 재감자(在監者) 수는 1919년 3·1운동으로 최고 기록을 낸 재감자 수보다도 실로 2천3백여 명으로 초과하고 있다.

이에 우리가 특기하지 않으면 안 될 바는 1930년 중국 동북에서 발생한 5·30폭동사건이다. 이 사건은 일제경찰에 의하여 강압되면서 현지의 많은 학살자를 내었으며, 연루자 4백여 명의 투옥을 보았으며, 그 운동의 지도자 23명 중 2명의 무기형과 21명의 사형이 '선고'되어 1936년 8월 16일 경성 서대문 감옥에서 주현갑(周現甲) 이동선(李東鮮) 외 18명의 사형이 집행되었다. 이 참변은 조선혁명운동 사상 전무한 일이었다.

일본제국주의는 조선인에 대한 이 같은 학살을 자행하는 타방에 있어서 그의 기만정책으로서 '자력갱생'이니, '심전(心田) 개발'이니 하는 표어를 내세우고 소위 농촌진흥운동을 전개하였으나, 이는 결국 일제의 침략전쟁 수행을 위한 조선 자원 수탈을 목적하는 외에 전국 농촌 방방곡곡에 강제 조직한 농촌진흥회로 하여금 농민들의 팽배한 혁명운동을 제지하기 위한 방파제적 역할을 담당하게 한 데 불과한 것이었다.

일본제국주의는 1937년 중일전쟁을 개시하자 정치적 탄압을 한층 강화하는 일방, 종래 기만적이며 가면적인 정책을 일척(一擲)하고 노골적인 파시스트 정책으로 전환하여 '국체명징'(國體明徵)이란 간판 밑에 일제의 군국주의적 파쇼사상을 도입하고 일본어의 강제 사용과 소위 '황국신민 서사(誓詞)'의 게시와 구송(口誦)을 강제하여, 환언하면 조선인을 일본인으로 탈용시키겠다는 만고에 죄악적인 '황민화운동'을 가장 강압적인 수단으로 전개하였다. 그리하여 1938년 '국민정신 총동원연맹'을 결성하고 리(里) 동(洞)에 '애국반'을 조직함으로써 그의 파쇼체제를 완성하였으며, 이는 1940년 '국민총력연맹'으로 개변되어 일제가 패망하던 마감날까지 조선인민을 착취 억압하고 전쟁판으로 몰아넣는 데 있어서 파쇼 일제의 강력한 추진체로 되었었다.

일본제국주의는 1937년 독·이·일 방공협정을 체결하고 이미 국제적으로 반소반공의 선두에 나섰으나, 조선에 있어서 격앙된 공산주의운동의 진압과 함께 대소(對蘇) 진공을 위한 반소사상의 고취를 목적으로 1938년 반동적인 반공협회를 조직하고 주로 공장 회사 내에 그 지부를 두어 노골적인 파쇼사상을 주입하였으며, '녹기(綠旗)연맹' 기타 '방공협회' 유사단체들과 함께 특무(스파이)기관의 역할을 대행시켰다.

여기에 특기할 것은 이 같은 파시스트적 방공단체들의 조장과 함께 반일혁명운동을 압살할 목적으로 일제는 갖은 악법을 제정 실시하였으니 첫째, 1936년 사상범의 재범을 방지한다는 구실 하에 소위 사상범 보호관찰제를 제정하고, 경성 평양 대구 함흥 청진 신의주 광주 등 7개소에 보호관찰소를 개소하였다. 이는 순전히 치안유지법에 걸렸던 애국적 혁명운동자만을 대상으로 하여 공공연히 그들의 일거일동까지 구속 감시할 것을 사명으로 하였다.

이와 동시에 전쟁의 장기화와 정세의 핍박으로 말미암아 초조한 일본제국주의는 1941년 3월 사상범 예방구금령을 실시하여 하등의 법적 저촉이 없이도 수많은 조선애국자들을 무조건 투옥 감금하고, 저 악명 높은 치안유지법을 또다시 '개정'하여 아무나 극형으로 용이하게 처단할 수 있도록 한층 그 법령을 개악 강화하였다. 이밖에도 일제는 전쟁 수행에 따르는 방첩을 강화하기 위하여 종래의 군기보호법을 '개정'하고, 그도 부족하여 1941년 5월 새로이 국방보안법을 실시하여 군기(軍機) 외에도 외교 재정 경제 등 광범위에 걸쳐 이를 적용하여 개구(開口)만 하여도 이 법에 저촉되게 마련하였으며, 1941년 12월 태평양전쟁 발발을 계기로 하여 다시 조선 임시보안령을 공포하여 언론 출판 집회 결사에 대한 소위 초비상시적 취체를 더욱 가열 강화시켰다. 이 같은 파시스트적 제 악법에 의하여 조선의 수많은 애국적 혁명운동자를 비롯하여 수많은 인민들이 희생된 것은 물론, 조선 전역을 흡사히 질식할 일대 감옥으로 만들었던 것이다.

침략전쟁을 수행하려는 일본제국주의는 처음부터 소위 국토계획을 수립하고 전시국방체제 수립에 광분하여 왔으나, 1937년 중일전쟁 직후부터는 '국가총동원계획' 밑에 전시경제를 편성하여 물자 동원, 노무 동원 등으로 조선 사람의 시저(匙箸)까지 '공출'시키고 부녀자까지 '징용'하여 갔다. 일제는 소위 '헌금'과 '헌기(獻機)'라는 미명하에 공공연히 금품을 강제적으로 강탈하여 갔으니, 중일전쟁 이후 1941년 6월 말까지 불과 4개년 동안에 9백49만5백87원2전이라는 거액의 금전과 금제품 2천5백여 점, 군용미 6천여 석, 트럭, 군마(軍馬) 기타를 강압적으로 갹출시켰으며, 1941년 태평양전쟁 이후 9개월간에만 262기의 비행기 대금을 강제적으로 탈취하여 갔다.

일본제국주의는 또한 전쟁 수행과정에서 팽창하는 전비의 부담을 조선인에게 공공연히 가중시켰으니 다음 숫자는 이를 증시(證示)하고도 남는다.

1936년 조선 납세총액   75,391,990원
1939년 조선 납세총액   150,230,303원
1941년 조선 납세총액   242,385,876원(일제 조선총독부 통계연보)

그리하여 이 같은 격증된 세액을 태평양전쟁을 맞이한 1942년에는 실로 1936년의 3배를 초과하였다. 그러나 이외에도 일제는 '저축채권'이니, '보국채권'이니 하여 납세액 이상의 거금을 매년 탈취하여 갔다.

일본제국주의는 그의 강도적 침략전쟁을 강행하면서 조선의 자원, 금품, 노력 등을 무제한으로 착취 약탈하여 갔으나, 그 중에서도 조선인으로 하여금 그들 침략전쟁의 육탄으로 만들기 위한 조선 청년 자제에 대한 '지원병제' 및 '징병제' 실시는 잔인무도한 파시스트의 정체를 가장 노골적으로 표시하는 표식으로 되었다. 즉 강도 일제는 전쟁의 확대와 장기화에 따르는 병력보충의 원천을 조선인에 강요하기 위하여 1938년 4월 '육군특별지원병령'을 실시하였으나, 실상은 강제병(强制兵)으로서 이 해부터 조선의 무고한 장・청년들은 전쟁의 도살장으로 끌려갔다. 뿐만 아니라 전반적인 징병제 실시를 앞두고 일제는 1942년 조선청년특별연성(鍊成)제도를 창설하여 17세 이상 21세 미만의 청년은 의무적으로 또한 30세 미만의 청년은 '지원'에 의하여 군사훈련을 실시할 것을 규정하였다. 그리하여 1934년에는 '학도병제도'와 '해군특별지원병제도'를 실시하고, 1944년에는 전반적인 '징병제'를 실시하여 조선의 청년학도는 일제의 총검 밑에 전쟁터로 등 밀려 나갔으며, 구경(究竟)에는 피비린내 나는 도살장에서 수많은 무고한 희생자를 내게 되었다.

일본제국주의는 조선의 인적 물적 자원을 강탈하며 침략전쟁을 추진하는 일방, 그의 무제한한 강탈을 보장하기 위하여 조선인민으로부터 민족의식을 거세시키

며 고유한 민족문화를 완전히 말살시키려는 가장 야만적인 파쇼정책을 강행하였다.

일제는 먼저 교육부면에 있어 1938년과 1943년의 양차에 걸쳐서 교육령 개정을 실시하여 조선의 일체 교육기관을 일본의 교육제도에 준하게 하였으며, 소위 '국체명징' '내선일체' '인고단련' 등을 표방하여 '일본정신' 즉 군국주의적 파시즘을 주입하기에 광분하였다. 그리하여 그 형식과 내용에 있어서 소위 '국민교육'이라 하여 일본인교육을 실시한 후, 다시 전쟁수행에 수요되는 수업년한 단축과 법문과계통의 폐지 내지 대량 감축, 이공계통의 대확장 등 소위 '전시교육 비상조치'를 실시하였다. 그 실례로서 관립학교는 그만두고서도 경성보성전문, 연희전문학교 등은 1943년부터 경성척식경제전문, 공업경영전문학교 등으로 각각 강제 재편되었으며 이화전문학교는 여자청년연성소지도원 양성기관으로 개변되고 말았다. 동시에 '학도 전시동원체제'라고 하여 중등학교 이상의 조선학도들에게 군사훈련은 물론 강제적으로 전시 노무동원에 굴복하게 하였으며, 심지어 소학교 아동에게까지도 가혹한 노력착취를 감행하였다. 이와 함께 학생들에게는 학교에서뿐만 아니라, 가정과 사회에서까지 일체 조선어 사용을 금지하고 소위 '보도연맹'을 비롯하여 경찰의 공개적 감시가 부단히 뒤따랐다.

이같이 조선의 아동과 청년들로부터 그의 민족성까지 완전히 말살시키려는 일제의 악독한 군국주의적 파시스트 교육 실시는 군사적 훈련과 전시 노무동원의 강제와 함께 조선 청년 자제들의 지능적 수준을 말할 수 없이 저하시켰으며, 또한 그들의 학교생활에 대한 극단의 기피와 혐오를 조장시키지 않을 수 없었다.

일본제국주의는 학생들에게뿐만 아니라 전반적으로 조선인민에게 일본어를 강제하고 '황국신민서사' 제창과 '신사 참배' '정오 묵도'를 강요하였으며, 1939년에는 '창씨개명'을 강제적으로 실시하여 조선말과 조선 성(姓)까지 없애려는 폭거를 감행하였다. 이와 함께 일제는 모든 종교단체의 활동과 신앙의 자유까지 박탈하여 신사참배를 강제하였다.

뿐만 아니라 일본제국주의는 민족문화의 태반이라고 할 수 있는 조선어와 조선문자를 말살하기 위하여 1940년 8월 조선문자 신문인 조선일보와 동아일보를 폐간시켰으며, 기타 모든 출판물은 극단으로 통제하고 '방공 조선' '사상보국' 등 파시스트 출판물을 간행하였다. 동시에 조선의 문학 예술인들의 창작활동을 극단으로 탄압하는 일방, 1939년 일부 반동문인들을 규합하여 소위 조선문인협회를 결성하고, 1942년 다시 조선문인보국회로 추진시키면서 잡지 '인문평론' '문장' 등을 조일문(朝日文) 종합으로 간행시켜서 조선인민의 반제투쟁의식을 말살시키려고 하였다.

　일본제국주의의 이 같은 정치적 사회적 문화적 제 영역에 걸친 잔인무비한 파시스트 정책은 필연적으로 조선의 반동적 친일분자와 혁명전선에서 타락된 변절자들로 하여금 준동할 기회를 주었으니, 즉 전자는 흥아보국단과 임전대책협력회 등으로 1941년에는 임전보국단으로 종합되었으며, 후자는 1938년 시국대응전선사상연맹을 결성하고 1941년에는 대화숙(大和塾)으로 개편되었다. 그들은 전술한 조선문인보국단과 함께 수치스럽게도 강도 일제의 앞잡이로서 조선민족의 이익을 팔아먹기에 시종하였다. 그러나 조선의 근로대중을 비롯하여 진정한 애국적 인민들은 일제의 강탈과 박해가 광분하면 할수록, 친일분자와 반역도배들의 준동이 극렬하면 할수록, 조국의 독립과 해방을 지향하여 그들에 대한 적개심과 증오는 한층 고조되어 갔다.

제2절 반제투쟁의 전국적 앙양과 항일무장투쟁

(1) 노농운동의 계속적인 앙양

　1920년대 하반기로부터 급속히 앙양된 조선 무산계급운동은 30년대에 들어와서도 계속적인 전국적 앙양을 정시하였다. 특히 1931년 일제의 만주강점을 계기로 하여 조선 무산계급운동에 대한 탄압을 한층 강화하고 조선 민족해방투쟁역량을 섬멸시키기 위하여 온갖 기만수단과 분열정책을 실시하였음에도 불구하고 조선의 혁명적 노동자 농민의 반제투쟁은 계속 확대되었다.

　일본제국주의의 광폭(狂暴)한 경찰 테러정치는 쉴 사이 없이 대량으로 무산계급 진영의 전위분자들을 검거 투옥 학살하였으며, 모든 애국적 인사들을 추구 박해하였다. 그리하여 1928년으로부터 1935년에 이르기까지 일제가 소위 '사상사건'이라고 하여 검거 투옥한 수는 다음과 같으며 이는 1937년에 이르기까지 계속 증가하였다.

사상사건 건수 및 검거인원수

년대	건수	검거인원	송치	기소
1928	229	1,592	1,093	598
1929	252	1,742	1,109	627
1930	397	4,025	2,105	1,107
1931	436	3,659	1,842	1,104

1932	345	4,989	2,132	1,414
1933	214	2,641	1,108	706
1934	157	2,285	838	478
1935	178	2,021	628	486
계	2,208	22,955	10,853	6,521

(일제 경무국 최근의 치안상황)

일본제국주의의 이같이 광폭한 백색테러는 위에서 언급한 바와 같이 조선 무산계급의 전위당을 파괴하였으며 동시에 노동조합, 농민조합, 청년동맹, 문화단체 등 일체 사회단체들을 강제 해산하여 간판까지 떼었으며, 언론과 출판 집회의 자유를 완전히 박탈하여 모든 운동을 지하로 몰아넣었다. 따라서 이러한 조건들은 일부 소부르주아적 지식층으로 하여금 혁명전선으로부터 탈락하게 하였으며, 민족개량주의자들로 하여금 일제와의 전면적 타협에의 길로 들어서게 하였다. 즉 동요하는 소부르주아 지식청년들은 수치스럽게도 일제의 소위 '사상전향'에 강요되어 혁명전선으로부터 퇴각하였을 뿐만 아니라 적에게 매수되는 추태를 연출하였으며, 처음부터 민족부르주아지의 이해를 대표하여 나선 민족개량주의자들은 민족부르주아지 그 자체가 일제의 품안에 들게 됨에 따라서 그도 완전히 일제와의 타협의 길로 줄달음치게 되었다. 그리하여 전자의 실례로서는 일제에게 매수된 차재정(車載貞) 등이 일제의 조종 하에 밀정단체 '대동민우회'를 조직하여 민간 특무역할을 담당한 것을 볼 수 있으며, 후자의 실례로서는 허다한 민족개량주의자들의 전락을 들 수 있다. 즉 일찍이 최린, 김성수, 송진우, 조만식(曺晚植) 등으로 자치운동을 표방하여 조직되었던 '연정회'(研政會)는 전체 조선인민들의 맹렬한 공격 앞에 일시 그 자취를 감추었으나, 그들의 이 같은 투항주의적 코스는 의연히 지속되어 왔으며, 일제의 압력이 강화됨에 따라서 더욱 조장되었다. 그리하여 1933년 최린 일파는 '시중회'(市中會)운동을 더욱 노골화하여 일제의 대륙침략정책을 공공연히 구가하였으며, 일제에의 협력과 충성의 대가로서 소위 '참정권' 부여를 걸식하기에까지 이르렀다. 이와 동시에 일찍이 '물산장려'와 '토산(土産)애용'을 선전하던 민족개량주의자들은 다시 일제의 '자력갱생', '농촌진흥'운동과 장단을 같이하여 조선일보를 중심한 안재홍 등의 '생활개량운동', 윤치호(尹致昊) 이종린(李鍾麟)의 '연농회'(研農會)와 천도교 신파의 '농민사' 등의 농촌진흥운동, 신흥우(申興雨) 등의 '중앙진흥회' 등 일련의 책동은 모두 직접 간접으로 조선 근로대중의 앙양된 혁명적 투쟁을 거세시키며 침략전쟁 수행을 위하여, 조선의 인적 물적 자원의 수탈을 강화하려는 일제의 '농촌진흥'운동을 방조하며 추진시키는 반동적 역할을 놀게 되었다.

이상과 같이 당시의 환경은 일제의 야만적 폭압과 민족개량주의자들의 발호, 소부르주아 지식청년들의 '사상전향' 등 허다한 악조건들로 연쇄되었음에도 불구하고, 조선 무산계급운동은 한층 발전된 형태로 새로운 상모(相貌)를 띠고 전개되었다.

즉 1928년 12월 국제공산당으로부터 조선공산당 재건설에 대한 테제가 발표된 이후 조선공산주의자들은 조선민족해방운동과 조선혁명의 역사적 계단 및 그 성질, 동력, 투쟁방법 등의 정확한 파악으로부터 출발하여 이의 실천에 온갖 희생적 투쟁을 다하였다.

테제는 조선에 있어서의 혁명운동은 곤란한 위기의 길을 걷고 있으며, 계급의 적은 운동을 야만적 백색테러에 의하여 파괴할 뿐만 아니라, 내부로부터도 파괴하려고 한다는 것을 모두에서 지적한 다음 "내부적 분열상태에 의하여 결렬되고 있는 공산주의운동은 분산되고 있는 혁명가들과 노동대중과의 사이에 밀접한 연결이 성립되지 않는 한, 공산주의운동이 프롤레타리아트의 집합점에 있어서 강고히 되지 않는 한, 당이 그 영향을 농민대중 가운데서 조직 위에 공고히 되지 않는 한, 당이 민족혁명운동 위에 조직적 영향을 못 갖는 한, 혁명적 투쟁의 주창자가 되며 조직자가 되며 지도자가 될 수 없는 것이다"라고 강조하였다.

테제는 조선에 있어서의 혁명이 그 사회적 경제적 내용에 기초하여 일본제국주의에 대하여서뿐만 아니라, 조선의 봉건주의에 대해서도 향하여지고 있다는 것을 말하면서 "제국주의의 타도와 농민문제의 혁명적 해결과는 그 최초의 발전계단에 있어서의 조선혁명의 객관적 역사적 주요 내용이다"라고 혁명의 성질을 규정하였으며, 계급분석에 들어가서 "조선과 모든 식민지국가의 제 관계 아래에 있어서는 프롤레타리아트는 모든 계급 중에서 가장 철저한 반제국주의자이다. 노동계급 그리고 위선 첫째로, 공장노동자가 금후 점점 성장하고 조직되어 감에 따라 혁명운동에 있어서의 그 지도적 역할도 점점 증대하고 그리하여 공산주의운동의 발전을 위한 믿음직한 기초가 되는 것이다. 프롤레타리아트 이외에는 근로농민과 도시 소부르주아지의 대중이 혁명의 추진력이다. 부르주아지의 결정적 다대수는 이제는 벌써 특히 중국혁명을 경험한 후에는 겨우 일본제국주의의 민족적 개량주의적 반대파에 불과하며, 일방 대지주는 벌써 전부가 그대로 일본제국주의자의 장단에 맞추어 춤추고 있다"고 해명하였다. 그리하여 이 같은 제 관계 아래에서는 조선의 민족해방운동이 반제국주의적 및 반봉건적 운동일 뿐만 아니라, 동시에 제국주의와 봉건귀족과 토착 부르주아지에 대한 프롤레타리아트의 계급투쟁과 가장 밀접히 결합되고 있으며, 따라서 조선의 프롤레타리아트는 광범한 농민대중과 동맹하여 혁명에 있어서의 헤게모니를 확보할 것을 임무로 한 정치의 독자적 주체로서 정치무대에 진출하고 있다는 것을 지적하였다.

테제는 특히 "조선공산주의자로서 그들의 전 활동에 있어서 농업문제를 민족혁명과 조직적으로 결합시키는 것을 이해할 수 없을 때에는 조선의 프롤레타리아트는 민족혁명운동의 주체가 될 수 없다"고 확언하면서 조선에 있어서의 농업문제는 혁명적 '평민적' 방법에 의해서만이, 대지주의 토지를 몰수하는 것에 의해서만이 해결할 수 있다고 강조하였다.

그리하여 "현 계단에 있어서의 조선 공산주의운동의 근본방침은 일방에 있어서 프롤레타리아적 혁명운동의 확립에, 민족혁명운동의 소시민층에 대한 공산주의운동의 절대적 독립성의 보장에 있으며, 타방에 있어서의 민족혁명운동의 확립에 이 운동에 대한 계급성의 부여에 이 운동의 타협에 기울어지는 민족개량주의자를 탈퇴시키는 데 있다"고 결론지으면서, 당 재건문제에 들어가서 "조선에 있어서의 현재의 상태와 현재의 계급 제 관계는 조선공산주의자의 정치적 조직적 임무를 결정한다. 오랫동안의 내부적 분파투쟁은 그들의 발전을 방해하고, 따라서 그들로 하여금 대단히 곤란한 임무 앞에 서게 하고 있다. …" "과거에 있어서 조선공산당의 진열(陳列)은 거의 전부가 인테리겐챠와 학생 중에서 나왔다. 이런 지반 위에 섰던 공산당은 결코 볼셰비키적으로 단련되지 못하였고, 조직적으로 공고히 되지 못한다. 그렇기 때문에 조선공산당의 가장 긴급한 임무는 그 자체의 대오를 공고화할 일이다. 당의 사회적 구성 개선문제가 가장 긴급한 문제로서 제기된다. …" "조선공산주의자는 먼저 제일로 공장노동자를, 그 다음에 생산과 관련되어 있는 빈농을 그들의 진열에 획득하기 위하여 모든 노력을 바치지 않으면 안 된다. 그들 — 공산주의자는 인테리겐챠의 써클식의 케케묵은 조직방법을 피하고 볼셰비키적 당의 대중활동으로 향할 때만이 그들이 위선 첫째로, 공장과 노동조합 내의 활동에 그들의 노력을 보내는 때만이 이 커다란 임무를 완수할 수 있게 된다…"고 명시하였다.

때문에 당시 조선공산주의자들은 이 역사적인 문헌에 기초하여 자기의 과거의 병원(病源)을 극복하며 당을 재건 강화하는 방향으로 사업하였다. 그리하여 조선공산주의자들은 무엇보다도 먼저 종래의 합법운동을 버리고 지하투쟁으로 전환하였으며 공장으로, 광산으로, 운수교통기관으로, 또한 농촌으로, 어장으로 깊이 들어가게 되었다.

이에 비록 통일적인 당은 계속 존재하지 못하였을지라도 전국의 많은 지역들에서는 공산주의자들의 지도 밑에 혁명적 노동자 농민으로 된 비밀조직들의 맹렬한 활약이 광범히 전개되었다. 특히 노동자들의 파업투쟁과 농민들의 소작쟁의는 첨예한 반제적 정치적 성질을 띠고 대규모로 전개되었다.

이제 1931년~35년 사이에 일어난 노동파업 및 소작쟁의를 보면 다음과 같다.

년대	노동파업 건수	노동파업 인원수	소작쟁의 건수	소작쟁의 인원수
1931	205	21,180	57	5,486
1932	152	14,824	51	2,909
1933	176	13,835	66	2,492
1934	199	13,098	106	4,113
1935	170	12,058	71	2,795

특히 1932년의 어대진 반일농민폭동과 1933년의 전북 반일농민투쟁, 1934년부터 36년까지 계속 확대된 단천, 명천 등 함남북 각지의 반일농민폭동, 그리고 공도(工都) 흥남 부산을 중심한 수차의 적색노조사건을 비롯하여 각지의 적색농조사건들은 벌써 조선공산주의자들의 활동이 가두(街頭)로부터 공장과 농촌으로 깊이 침투하여 들어갔다는 것을 단적으로 표시하여 준다.

그러나 이 같은 치열한 노농운동의 전국적 앙양은 동시에 공산당 재건공작과 밀접하게 결부되었으니, 당 재건을 위한 공산주의자들의 써클과 그룹은 활발한 조직활동을 전개하였다. 이에 1928년 말 조선공산당이 적의 파괴를 받은 이래 이를 재건하기 위한 투쟁은 다음의 계속적인 피검사건으로서도 족히 이를 규지할 수 있다.

1929년	조선공산당 재건사건(세칭 후계당사건)
1931년	조선공산당 공작위원회 검거사건
	부산 적색노조사건
	흥남 적색노조사건(세칭 태평양노조사건)
1932년	조선공산주의자협의회사건
	흥남 적색노조사건
1933년	조선공산당 재건준비회사건
	함흥 조선공산청년재건사건
	부산 적색노조사건
	함남 적색노조사건

1934년~37년	조선공산당 재건사건(李載裕사건)
	함북 공산주의자 결사사건
1935년	흥남 적색노조사건
1937년	원산 적색노조사건
1940년	'경성 콤그룹'사건

이외에도 당 재건을 위한 대소의 검거사건은 해방 전일까지 이루 매거할 수 없으리만큼 빈번하게 속출하였던 것은 주지의 사실이다.

이와 같이 조선 무산계급운동은 일본제국주의의 군사적 지배체제와 야만적 테러정책 하에서도 그의 불굴의 영웅적 투쟁성을 발휘하면서 줄기차제 진전되었다.

그러나 일본제국주의의 파시스트적 전시체제의 계속적인 강화는 또한 조선 민족해방투쟁에 새로운 강압을 가하게 되었으며, 따라서 조선 민족해방운동도 그에 대응하는 보다 높은 계단으로 이행하지 않을 수 없었다.

(2) 반일민족통일전선의 확대와 항일무장투쟁에의 발전

1927년 조선공산당의 지도 밑에 신간회가 조직된 이래 반일민족통일전선에로 확대 발전시키기 위한 투쟁은 광범히 전개되었다.

그러나 1929년 이래 계속되는 공산당사건 검거로 전위적 분자들의 대부분이 피검 투옥 또는 지하로 몰려 들어감과 동시에 신간회 지도부 인사들의 투항으로 말미암아 신간회에 대한 영도적 활동도 갑자기 약화되지 않을 수 없었으며, 그 위에 민족개량주의자들의 도량은 적의 민족분열책동에 의하여 더욱 심해 갔다.

이와 같이 일제의 일방에 있어서의 탄압강화정책과 타방에 있어서의 민족분열정책은 한 방패(楯)의 양면으로서 반일민족통일전선의 공고 발전을 극도로 방해하였다. 그리하여 전장(前章)에서 언급한 바와 같이 기회주의분자인 김병로 일파가 신간회 지도부를 농단하기까지에 이르렀다.

위에서 이미 밝힌 바와 같이 본시 신간회 그 자체가 반일민족통일전선 조직체로서 조직상 결함을 가지고 있는 데다가 기회주의를 일체 부인한다는 강령을 들고 나온 신간회 지도부에 이와 같이 기회주의분자들이 공공연히 들어서게 된 사실은 신간회로 하여금 민족통일전선 대신에 민족개량주의자와 기회주의분자들의 집단으로 화하게 하였으며, 따라서 적에게 이용될 위험성이 농후하게 되었다.

다시 말하면 신간회 조직이 그 첫 출발부터 반일민족통일전선 조직체로서 반일적인 각 정당 사회단체를 성원으로서 망라한 것이 아니라, 개인을 성원으로 한

정당적 형태의 소위 민족단일당의 매개체로 만들었기 때문에 이 같은 조직체는 필연적으로 근로대중의 전위당인 공산당의 독자적 활동과 투쟁을 제한하게 되고 따라서 공산당으로 하여금 항상 신간회의 배후에 서 있게 하였던 것이다. 이와 같이 조직상 결함을 가지고 있는 신간회는 공산당에 대한 적의 탄압에 의하여 공산당의 지도적 영향이 미약하여짐에 따라서 그의 조직상 오류를 더욱 노골적으로 들추어냈던 것이며, 기회주의적 민족개량주의자들이 신간회 지도부를 농단하게 된 후로부터는 혁명적 대중투쟁의 진전과는 무연(無緣)한 그리고 오히려 브레이크(制動機)의 역할까지 놀게 되었다.

그리하여 벌써 일체의 합법적 운동이 용납되지 않는 적의 탄압 하에서 신간회가 이와 같이 그의 투쟁력을 완전히 상실하고 기회주의적 민족개량주의자들의 놀이터로 화하는 퇴영적 길을 밟게 되자 이에 신간회 해소문제가 제기되었으며, 1931년 5월 17일 드디어 전체대회에서 기회주의분자들의 반대를 물리치고 신간회의 역사적인 해소를 보게 되었다.

그러나 신간회의 해소로서 결코 반일민족통일전선운동이 종식된 것은 아니었으니, 그것은 새로운 조건 하에서 새로운 형태를 띠고 전개되었다. 전술한 바와 같이 신간회의 해소를 전후하여 청년총동맹, 노동총동맹, 농민총동맹, 근우회 등 대중단체들이 모두 간판을 떼고 지하로 들어감에 따라서 합법적 무대는 완전히 없어지고 운동은 전혀 비합법적 지하조직으로 전개되었으며, 전투적인 노동조합 농민조합을 위시하여 광범한 지하조직운동이 보편화하였고, 이에 집요하고도 치열한 반일투쟁이 광범히 전개되었다. 더욱이 일제의 노골적인 제국주의적 침략전쟁의 기도에 따라 이와 같은 새로운 정형 하에서 일제의 식민지통치를 반대하고 침략주의전쟁을 반대하는 조선인민들의 반일투쟁의식은 더욱 앙양되었으니, 여기에 반제동맹 기타 명칭을 달리하는 수많은 반일단체들이 조직되어 전국적으로 반제운동을 추진시켰다. 그리하여 이 같은 반제운동은 두말할 것도 없이 조선인민들의 각계각층을 망라한, 즉 일본제국주의를 반대하는 모든 애국적 역량을 총집결시키는 강력한 민족통일전선운동으로 전개되었다.

주지하는 바와 같이 국제적으로 1933년 히틀러의 나치스 도당이 독일정권을 장악하게 됨에 따라 파시즘의 위험은 세계를 휩쓸었으며, 이에 대응하여 파시즘을 반대하는 반파쇼 인민전선운동은 국제적 규모로 대두되었다. 특히 1935년 국제공산당 7차 대회에서 반파쇼 인민전선 결성이 결정된 이래 인민전선운동은 각국에 있어서 파시즘을 반대하고 민주와 평화를 수호하려는 광범한 인민대중을 포섭하게 되었으며, 1936년에는 불란서와 서반아에 있어서 인민전선의 대승리를 재래하였던 것이다.

 이 같은 국제적 정세 하에서 조선에 있어서의 반일 민족통일전선운동도 새로운 진전을 보게 되었으니, 일본제국주의를 반대하는 일체의 애국적 역량을 총집결함으로써 민족통일전선을 한층 확대 강화하는 투쟁을 광범히 전개하였다. 일본제국주의와 그의 동맹자인 조선의 봉건적 잔재세력을 투쟁대상으로 하는 조선 민족해방운동은 처음부터 극소수의 친일분자를 제외하고는 각계각층을 통일전선에 연합시킬 수 있는 물질적 토대를 가지고 있었던 것이 사실이나, 이 같은 통일전선의 확대 강화는 특히 국제적인 인민전선 결성운동과 또한 일제의 대륙침략전쟁에 따르는 조선인민과 일제와의 민족적 이해관계가 일층 첨예화되는 데서 촉진되었다. 소수 친일파를 제외하고 전체 인민들은 자기의 계급적 입장과 정치적 견해의 차이에도 불구하고 일본제국주의를 타도함으로써 조국의 독립과 해방을 쟁취하려는 공통적 투쟁전선에 연합되었다. 이에 반제동맹을 위시한 각종 반일조직체는 고도의 비밀을 보지(保持)하면서 실질적인 반일민족통일전선을 형성하였고, 일본제국주의의 침략전쟁이 장기적으로 계속 확대됨에 따라 일제의 가열한 강제 공출, 강제 징병·징용 등 포학한 수탈과 박해는 조선인민의 반일역량을 반일민족통일전선에 더욱 광범히 규합 축적하게 하였다.

 그러나 이상과 같은 반일민족통일전선운동과 함께 이 기간에 있어서 가장 특징적인 것은 반일민족해방투쟁이 벌써 무장투쟁형태를 취하게 되었으며, 따라서 운동의 중심이 그리로 옮아갔다는 사실이다.

 앞에서 본 바와 같이 9·18만주침공 이후 일제의 파쇼적 전시체제의 이행과 침략전쟁의 군사행동에 대비하여 후방 안전을 위한 적의 가혹한 탄압정책은 불가피적으로 조선민족해방운동으로 하여금 고도의 비밀조직 형태와 함께 직접적인 무장투쟁 형태를 취하지 않을 수 없게 하였다.

 그리하여 조선인민의 반일민족해방투쟁이 평화적 투쟁방법으로부터 무장투쟁의 형태로 발전된 것은 벌써 1931년 일제의 만주침공과 함께 시작되었다. 다만 이 같은 무장조직과 무장투쟁은 당시 주쇼관적 조건의 제약으로 말미암아 국내에서 보다도 만주와 국경지대를 무대로 하여 출현되었으며, 국내에서는 폭동으로서 이에 호응하였다. 다시 말하면 9·18만주침공을 계기로 강도 일본제국주의의 장기적인 침략전쟁이 개시된 반면에 조선인민의 대중적 반일투쟁과 혁명적 앙양이 고조에 달한 당시의 주쇼관적 정세로 보아 조선 민족해방운동은 필연적으로 제국주의 침략전쟁에 대응하는 보다 높은 무장투쟁계단으로 옮아가지 않을 수 없었던 것이며, 이 같은 항일무장투쟁은 그 무기조직과 투쟁을 최소한도나마 가능하게 하는 정치적 지리적 환경과 인적 물적 조건에 조응하여 만주와 국경지대를 배경으로 시작되었던 것이다.

그리하여 1931년 조선민족의 영웅 김일성 장군이 직접 조직하였고, 영도한 항일무장유격대는 조선 민족해방운동사상에 있어서 조선민족이 처음으로 가지게 된 인민무장유격대일 뿐만 아니라, 그의 영용한 항일무장투쟁은 일제가 패망하던 최후까지 원수 일제에게 심각한 타격을 주었던 것이며, 실지에 있어서 일제의 대륙침략전쟁 전 기간을 통하여 조선 민족해방투쟁의 주류를 이루었다.

따라서 김일성 장군의 영도 밑에 조직된 항일무장투쟁은 강도 일제에게 있어서 가장 큰 위협으로 된 반면에, 항상 조선인민들의 반일투쟁의식을 고무시켰으며, 이에 국내운동은 이 같은 무장투쟁에 호응하여 치열하고 광범한 폭동으로 발전되었다. 즉 전술한 반일농민폭동 특히 함・남북 일대를 휩쓴 수많은 농민폭동들은 김일성 장군의 항일무장투쟁에 직접 고무되고 호응하여 일제와 반동지주를 반대하는 과감한 폭력적 투쟁에 나섰던 것이며, 다대수의 농민은 낫(鎌)과 몽둥이(棍棒)를 들고 일제 경찰서와 군청, 면사무소, 금융조합 등을 습격하였고 일제 농장과 반동지주 가옥을 파괴하며 악질지주와 면장, 경관, 산림간수 등을 처단하였다.

반일무장유격대의 활동과 함께 이 같은 반일폭동의 발발과 확대는 일본제국주의로 하여금 극도로 낭패하게 하였으며, 이러한 농민폭동을 진압하기 위하여 일제의 경찰과 토벌대들은 피비린내 나는 활동을 전개하였다. 그럼에도 불구하고 명천 농민폭동 같은 실례는 1934년으로부터 1936년에 이르기까지 종식되지 않았을 뿐만 아니라, 폭동은 광산 교통운수기관에까지 파급되었다.

이러한 반일폭동은 물론 일제를 타도할 수 있으리만큼 충분히 무장되지 못하였으며 준비되지 못한 것이 사실이나, 이는 조선 민족해방투쟁이 벌써 종래의 평화적 투쟁에서 무장투쟁계단에로 이행하였다는 것을 특징지워 줌과 동시에 일제의 광폭한 파시스트적 통치 하에 있어서 어디까지나 조선인민의 불굴의 영웅적 해방투쟁을 증시(證市)하는 것이다.

그리하여 조선인민의 이 같은 반일무장투쟁은 조선 민족해방운동을 보다 높은 계단으로 제고시켜 조국의 독립과 해방을 쟁취하는 승리의 길로 인도하였으며, 특히 일본제국주의를 타도하는 대신에 일제에 아부하여 식민지통치의 개량과 '개선'을 요구하는 것이 고작이었던 기회주의적 민족개량주의자들을 대중으로부터 완전히 고립시키고 그들에게 결정적인 타격을 준 데 있어서 격별한 의의를 가지게 된다.

제3절 김일성 장군의 항일무장투쟁

(1) 만주에 있어서의 반일 조선독립운동의 장성

만주에 있어서 조선인민의 반일독립운동은 망국 직후로부터 일어났다. 조국이 강도 일제에게 강점되자 허다한 애국운동자들이 국외로 추방 또는 망명하게 되었으며, 수십만 인민들이 일제의 박해와 착취에 못 견디어 고국을 등지고 분산 유랑하게 될 제, 지리상 조선과 강 하나를 끼고 있는 만주지대는 조선인민의 반일 민족해방투쟁에 있어서 특별한 의의를 가지게 되었다.

특히 전 인구의 76.4%(1930년 통계)를 조선인민이 차지하고 있는 간도지방은 조선 내지(內地)의 연장이나 다름없는 데다가 직접적인 일본제국주의의 통치기반을 벗어나 있다는 조건은 이 고장으로 하여금 오래 전부터 조선인민의 반일독립운동의 책원지의 하나로 만들었다.

당시 만주는 장작림(張作林)을 수반으로 하는 군벌통치 밑에 있었으며, 관동주와 남만주철도를 장악한 일본제국주의는 만주의 자연 부원(富源) 수탈과 상품시장 개척에 여념이 없었을 뿐만 아니라, 만주를 장중(掌中)에 넣음으로써 전 중국과 소련 침공의 준비공작을 착착 진행시켰다. 그러나 일본제국주의는 이 같은 대륙침공에 앞서서 조선의 반일혁명운동을 진압하려고 부심하였던 것이며, 따라서 조선인민의 반일운동의 책원지의 하나이며, 일제의 조선통치에 직접적인 위협을 주는 간도지대를 장악하려고 온갖 침략정책을 다하였으며, 급기야는 1920년 조선인민의 반일투쟁을 진압한다는 구실 밑에 비법적으로 간도에 무력을 진주시켜 소위 '경술년 토벌'을 감행하고 만주침공의 촉수를 노골적으로 내밀었다.

일본제국주의는 이미 1907년 용정(龍井)촌에 소위 '총독부 임시파출소'를 개설하고 간도를 강점하려 하였다. 그 후 1909년 소위 '간도협약'에 의하여 통감부 임시파출소를 폐기한 대신, 용정촌에 총영사관을 설치하고 국자가(局子街), 두도구(頭道溝), 백초구(百草溝)에는 각각 영사관 및 통상지(通商地)를 개설하였으며, 1910년 조선 강점 이후에는 재만(在滿) 조선인에 대한 '영사재판권'의 강요와 '토지상조권'(土地商租權)의 확인을 위하여 중국정부에 대한 위법적인 압박을 가하여 왔다. 뿐만 아니라 일제의 경제적 침공은 벌써 1917년 조선은행 지점을 개설하고 간도의 상업금융과 무역을 완전히 장악하였으며, 1918년에는 동척(東拓)이 뒤이어 진출하였고, 1920년의 포학한 토벌과 함께 조선인민의 반일운동의 파괴와 직접적인 착취를 목적한 소위 조선인민회 금융부를 설치하였다.

이러한 사실들은 일제의 착취와 박해를 벗어나기 위하여 고국을 등지고 만주로 떠나간 조선인민에게까지 일제의 추급(追及)이 얼마나 악랄하게 뒤따랐는가를 단적으로 증시하여 준다.

그러나 일제의 이 같은 잔혹한 추급은 일본제국주의에 대한 조선인민의 복수적 투쟁의식을 날이 갈수록 치열화시켰고, 특히 제1차 대전의 종식과 러시아 10월혁명의 승리를 계기로 하여 반일독립운동은 새로운 발전을 보게 되었다. 즉 3·1운동 이전에 있어서도 간도를 중심으로 한 애국운동자들의 허다한 결사와 단체들이 활동하였다. 그러나 3·1운동을 계기로 만주에 있어서 조선인민의 반일투쟁은 국내운동과 호응하여 한층 확대되었으며, 1920년 일제의 야만적인 무력'토벌' 직전까지는 민족주의진영이 활기를 띠었었다. 특히 북만에 있어서 독군부(督軍部)의 홍범도(洪範圖), 군정서(軍政署)의 서일(徐一), 남만에 있어서 통의부(후에 정의부)의 김동삼(金東三) 등의 활동은 특출하였으며, 김동삼의 지도한 정의부와 오혁(吳爀)의 지도한 신민부 단체 내의 진보적 분자들은 3·1운동 이후 급속히 앙양된 신흥 무산계급운동에까지 합류하게 되었다.

실지로 민족주의진영은 3·1운동이 실패되고 또한 직접적으로는 1920년 일제의 포학한 '토벌'로 말미암아 오지로 퇴각하게 되고, 종교단체 또는 교육기관에 의거하여 잠행적 활동을 계속하게 되었으나 벌써부터 그 내부 분해를 피할 수는 없었다. 즉 러시아 사회주의 10월혁명의 직접적 영향은 만주에 있어서 조선인민의 반일민족해방투쟁에 새로운 역사적 전환을 초치하였으며, 호수같이 치밀려 들어온 혁명적 조류는 청년들의 머리를 휩쓸었으며, 애국적 반일독립운동은 여기에 신흥 무산계급사조를 주류로 하여 새로운 발전을 보게 되었다. 그리하여 새로이 대두한 무산계급진영과 민주주의진영 사이에는 초기에 있어서 사상적 대립으로 마찰과 알력이 계속되었으나, 민족주의진영 내부의 이청천(李靑天) 이범석(李範奭) 김좌진(金佐鎭) 등 투항주의적 탈락분자의 전락과 함께 그의 다대수의 진보적 층이 무산계급진영에 합류하여 반일독립운동을 전개하게 됨에 따라 만주에서의 신흥 무산계급운동은 급속도로 앙양되었다.

즉 1921년에는 이미 만주공산청년운동이 시작되었으며, 1923년에는 벌써 무산계급진영의 완전한 영도 밑에 반일투쟁을 추진시키게 되었다. 각 지방에는 공산주의자들의 지도하에 청년동맹과 농민동맹이 조직되었으며, 이 같은 대중단체의 육성과 함께 1926년에는 마침내 '조선공산당 만주총국'의 설립을 보게 되었다.

그리하여 '조선공산당 만주총국'은 만주에 있어서 조선인민의 반일 민족해방투쟁을 영도하여 강도 일제에 대한 과감한 반일운동을 전개하는 일방, 기회주의적 탈락분자에 대한 철저한 투쟁을 전개하였다.

그러나 처음부터 국내 무산계급운동과 직접적인 긴밀한 연계 위에 전개된 만주에 있어서의 무산계급운동은 역시 그 지도층 사이에 저주할 종파투쟁이 노골화하여 어느 곳에서보다도 내부 알력이 우심하였으며, 1925년 재만조선인청년총동맹의 결성과 1926년의 조선공산당 만주총국의 성립을 보아 일단 각파의 통일을 기하게 되었으나, 종파투쟁은 완전히 극복되지 못하였다.
  이상과 같이 초기의 민족주의진영과 무산계급진영 사이의 사상적 대립에 의한 알력과 무산계급진영 내부의 종파투쟁은 당시의 주체적 조건으로 보아 일반적 현상이었다고 할 수 있으나, 객관적으로 적에게 어부지리를 주었던 것이며, 따라서 당시의 지도자들 사이에 민족통일전선을 정확히 파악하지 못하고 또한 종파주의를 극복 청산하지 못한 데서 결과한 해독은 실로 막대하였다.
  그리하여 일제의 마수는 1927년 제1차 간도공산당사건 검거를 비롯하여 계속적인 검거 투옥을 감행하였으며, 탄압과 매수정책으로서 만주에 있어서의 조선인민의 반일 민족해방운동을 파괴하기에 광분하였다.
  그러나 대중의 혁명적 앙양과 운동의 발전은 필연적으로 종파주의의 청산과 함께 광범한 민족통일전선을 수요하게 되었으며, 특히 일본제국주의의 노골화한 만주침공 기도는 만주에 있어서의 조·중 양국 인민의 국제적 단결을 시급히 요청하게 되었다.
  여기에 만주에 있어서의 반일 조선독립운동은 중국공산당과의 국제적 연계를 가짐으로써 새로운 발전을 보게 되었으며, 1930년 간도 5·30폭동은 조선농민이 주체가 되어 중국인민과 연계하여 봉기한 것이었다.
  침략적 야망의 실현에 광분한 일본제국주의는 마침내 경제공황에 침륜(沈淪)한 자국 내의 위기를 제국주의전쟁에 의하여 타개하려는 일방, 소비에트 사회주의국가를 침공하며, 전 중국을 강점하기 위하여, 또한 불굴의 반일투쟁을 계속하고 있는 조선인민의 애국적 혁명운동의 책원지를 소멸시키기 위하여, 고의적으로 만보산사건을 일으키어 조·중 양국 인민들의 이간을 획책하고 폭동진압을 구실로 만주 침공정책을 노골화하였으며, 드디어 1931년 9월 18일 만주강점을 단행하였다.
  이에 강도 일제의 9·18 만주 진공을 계기로 정세는 급전하였으며, 이 같은 제국주의 침략전쟁의 개시에 대응하여 조선 민족해방투쟁도 필연적으로 보다 높은 무장투쟁계단에로 발전하게 되었다.

  (2) 김일성 장군의 항일무장투쟁

조선인민의 항일무장유격전의 창시자이며 조직자인 김일성 장군은 1912년 평양시에 인접한 만경대 마을에서 탄생하였다. 김일성 장군은 부친을 따라서 만주로 건너가 모아산(帽兒山)의 소학교에 입학하였다가 다시 길림(吉林)시로 전교하였으며, 소학교를 마친 후에 다시 길림 육문(毓文)중학교에 입학하여 1929년에 졸업하였다. 장군은 재학 중 1926년 15세 되던 해에 벌써 공산주의청년동맹에 참가하여 학생운동을 지도하였으며, 그의 불타는 애국적 정열과 투지는 탁월한 포용력과 함께 동료 학생들 가운데 열렬한 사랑과 심복을 받았다. 장군의 이 같은 혁명적 실천투쟁은 첫 출발부터 적의 광폭한 탄압을 받게 되어 1927년 길림감옥에 투옥되었다가, 8개월 만에 출옥하였다.

김일성 장군은 학교를 나온 후에 공청 비서 일을 책임 맡아 보면서 맑스 레닌주의학설에 대한 깊은 연구와 아울러 맑스 레닌주의를 당시 조선사회의 정치적 경제적 조건에 구체적으로 적용하는 문제, 여기로부터 출발하여 조국독립과 민족해방을 위한 투쟁의 천재적 조직과 이 같은 민족적 위업의 승리에 대한 열렬하고 견고한 확신을 가지게 되었다.

1931년 김일성 장군은 공산당에 가입하였다. 때마침 일본제국주의의 9·18 만주침공을 앞두고 험악한 공기 가운데 인민대중의 혁명적 반일기세는 급속히 앙양되었다. 이같이 엄중한 시기에 있어서 장군은 조선민족 해방운동의 승리를 쟁취하기 위한 새로운 전망을 가지고 과거 운동의 정확한 비판으로부터 시작하여 전략전술로부터 생기는 모든 문제에 이르기까지 심심한 배려를 돌리었다.

즉 이제까지 조선혁명운동의 대열의 거의 전부가 인테리겐차와 학생으로 구성되었기 때문에 이러한 지반 위에 선 당은 볼셰비키적으로 단련될 수 없으며, 조직적으로 공고화될 수 없었다. 그러므로 당 대열을 하루 속히 노동자와 농민의 기초 위에 세우고 광범한 근로대중 속에 깊이 뿌리박아야 할 것이며, 당을 파괴하며 전위와 근로대중 사이의 연결을 저해하는 내부적 분파투쟁을 하루 속히 극복 청산할 것이었다.

그리하여 당 대열을 이같이 공고화함과 동시에 일본제국주의와 결탁한 소수 친일주구를 제외하고, 근로대중을 선두로 하여 각계각층의 일체 반일애국역량을 규합하여 광범한 민족통일전선을 결성하고 반제반봉건투쟁을 더욱 적극적으로 전개할 것이었다. 그러나 이것으로서 문제의 전부가 해결된 것은 아니다. 모름지기 조선혁명이 강대한 일본제국주의와 국내의 방대한 반(半)봉건세력을 투쟁대상으로 하고 있다는 것을 알아야 하며, 따라서 반일투쟁이 가장 잔혹하고도 장기적 성질을 띠게 된다는 것을 인식하여야 할 것이며, 더욱이 이미 일본제국주의의 가혹한 탄압이 조선인민의 일체의 화평적 활동과 정치적 자유를 허용하지 않는 조건 하에서 조선인민의 반일투쟁은 벌써 화평적 방법으로서는 불가능하게 되었으며, 반드시 무장투쟁을 수요하게 되었다는 것을 인식하여야 할 것이다. 여기에 조선인민의 반일 민족해방운동은 항일무장투쟁 단계로 역사적 발전을 수행하여야 하며, 이 같은 무장투쟁은 또한 유격전투로 특징화되며 거기에는 반드시 항일무장투쟁의 공고한 근거지가 창설되어야 할 것이다. 이같이 조선인민의 반일 민족해방운동에 있어서 공산당의 공고화와 함께 광범한 반일민족통일전선 및 강력한 항일무장투쟁은 호상 분리할 수 없는 긴밀한 연계 위에 적을 최후까지 타승(打勝)하는 기본적 무기로 되어야 할 것이다.

이상은 맑스 레닌주의이론과 조선 민족해방운동의 실천적 통일에서 얻은 김일성 장군의 정확한 비판적 결론이며, 김일성 장군의 실천적 활동은 여기서부터 출발하였다.

강도 일본제국주의의 9·18만주침공이 개시되자, 만주의 통치군벌과 토호들은 그 대부분이 무력하게도 굴복과 타협의 추태를 연출하였다. 그러나 광범한 인민대중은 일본제국주의를 반대하여 궐기하였으며, 더욱이 조선인민의 항일투쟁은 치열하였다. 도처에서 농민들의 추수폭동이 계기(繼起)하였으며 혁명적 기운은 더욱 팽배하여 갔다.

이같이 반일적 혁명적 정세의 앙양 가운데 김일성 장군은 때를 놓치지 않고 활동을 개시하였다. 장군은 인민들의 비등한 반일의식과 앙양된 혁명적 역량을 규합하고 조직하여 모든 힘을 일본제국주의와의 투쟁에 총집중시키기 위하여 대중적 투쟁조직을 확대 강화하는 일방, 직접 일본제국주의와의 무장투쟁을 조직하였다.

김일성 장군은 일찍부터 조선인민의 반일민족해방투쟁의 책원지의 하나이었던 간도(間島)지대를 그의 정치적 사회적 조건뿐만 아니라 지리적으로 보아 항일무장투쟁의 근거지로 삼았으며, 여기에서 처음으로 김일성 장군의 인민무장유격 부대는 영웅적인 출현을 보게 되었다. 실지로 김일성 장군의 빨치산부대는 처음 무기 한 자루 없이 시작되었으니, 1931년 장군의 지도하에 있던 청년들이 장학량(張學良)의 부하이었던 일부 패잔병에게 무기를 탈취하고, 또한 동북 각지의 농촌 청년들이 궐기하여 일병(日兵)을 거꾸러뜨리고 무기 탄약을 탈취한 것이 장군의 빨치산부대의 무장적 기초를 쌓게 한 시초이었다. 그러나 수십만 명이 동원된 1931년의 간도농민항쟁은 조·중 양국 인민의 단결을 강화시키는 동시에 빨치산부대의 대중적 기반을 이루어 무장대오는 날로 장성하고 충실하여 갔다. 장군의 빨치산부대는 도처에서 일병을 기습하여 무장탈취에 성공하였으며, 장군의 탁월한 군략과 대원들의 영용한 전투는 김일성 장군 빨치산부대로 하여금 만주에 있어서 빨치산부대의 창시일 뿐만 아니라, 가장 강력하고 중추적인 전투부대로 등장시켰다.

이같이 하여 만주에 있어서 항일유격부대는 김일성 장군 빨치산부대를 중심으로 전개되었으며, 특히 북만 일대에서 활약한 김책(金策) 최용건(崔庸健) 등과 긴밀한 연락을 가지게 되어, 전 만주의 항일유격전투는 조선인민이 주동적 지도적 역할을 놀게 되었다.

그러나 만주 각지에서 육속(陸續)하여 일어난 인민무장유격대의 활동은 필연적으로 항일무장통일운동을 제기하였으며, 1935년에는 전 만주에 긍한 항일연군(聯軍)의 통일적 조직체를 가지게 되고, 장백산맥과 송화강 유역에는 장기적인 항일무장 근거지가 설정되었다. 그리하여 1936~37년 사이에는 만주에 있어서 유격전투가 최고조에 달한 시기이었으며, 그만큼 일제의 야수적 토벌도 가열(苛烈)을 극하였다. 매일같이 격전이 전개되고 적지 않은 병사들이 전투에서 희생되었다. 그러나 김일성 장군 부대는 도처에서 적을 궤멸시키고 사기를 앙양시켰을 뿐만 아니라, 전 만주를 치구(馳驅)하여 내외에 위신을 높였으며, 장백산을 넘고 두만강과 압록강을 연하여 국내에까지 보무를 내디딤으로써 국내 반일운동을 크게 고무 추동하였다. 특히 1937년의 보천보전투의 혁혁한 무훈은 일본제국주의를 전율하게 하였으며, 조선인민에게 승리에 대한 확고한 신심을 부식하였다. 또한 1938년 일제의 노골적인 소련침공의 도발로서 야기한 장고봉(長鼓峰)사건 당시에는 장군의 초인적 기략과 대원의 영용한 투쟁으로 일병의 배면(背面)을 충격하여 막대한 공훈을 세웠다.

그러나 전 동양을 제패하려는 끊임없는 야망 밑에서 일본제국주의의 단말마적 무력진공이 대규모로 진행됨에 따라 만주에 있어서의 항일유격부대는 일찍이 없던 곤란한 시기에 봉착하게 되었다. 이 가장 간고한 시기에 있어서도 최후까지 항일전투를 영웅적으로 계속한 것은 오직 김일성 장군 빨치산부대이었다. 조국의 독립과 민족의 해방을 위한 일념에 불타는 장군과 그 대원들은 장백산의 암혈(巖穴)과 칡뿌리에 의존하면서도 능히 적의 진공을 격퇴하였고, 북방의 설한풍을 무릅쓰면서도 인민대중과의 연계는 굳게 맺어졌었다.

김일성 장군 빨치산부대는 처음부터 공산당을 기간으로 하는 군정(軍政)연합의 핵심적 조직체로 되었으며 그의 주위에는 반제동맹, 반일회, 청년의용군, 농민협회, 농민자위대, 생산유격대, 부녀단체, 소년단들이 조직 집결되어 광범한 인민대중 가운데 확고한 뿌리를 박고 있었다. 이 단체들은 일방으로는 농업 교육 의료

군사훈련 등에 종사하며, 타방으로는 직접 빨치산부대에 협력하여 싸웠다. 때문에 김일성 장군 빨치산부대가 성풍혈우(腥風血雨) 가운데 동분서주하면서 몇 번이나 사선을 넘으면서도 일본제국주의가 멸망하던 최후의 날까지 그들에게 막능당(莫能當)의 위협적 존재로 되었으며, 조선민족의 영예를 끝까지 보존하게 된 것은 무엇보다도 장군의 천재적 군사통수와 함께 일제를 반대하고 조국의 독립을 찾으려는 열렬한 애국청년들이 앞을 다투어 빨치산부대에 집결하였으며, 또한 포연탄우 가운데에서도 항상 광범한 반일적 애국 인민대중 가운데 조직적 힘을 깊이 뿌리 박고 있었기 때문이다.

그러나 김일성 장군 빨치산부대가 1931년 창건 이래 정(正)히 고립무원한 가운데에서 강대한 일본제국주의 군대를 상대로 하여 8·15해방을 맞이하기까지 15년이란 빨치산투쟁의 기록적 역사를 가지게 된 것은 김일성 장군의 항일무장유격부대가 세계 빨치산투쟁사상에 남긴 불멸의 영웅성을 중시하여 주는 것이다.

이상에서 보아 온 바와 같이 일본제국주의의 가열한 침략전쟁 수행과정에 있어서 조국의 애국적 혁명전통을 계승하고 민족의 영예를 보존한 김일성 장군의 영웅적 항일무장투쟁은 무엇보다도 조선인민의 반일 민족해방운동이 무장투쟁계단에 들어선 역사계단에 있어서 최초이며, 또한 최후까지 계속된 항일무장투쟁으로서 조선민족해방운동의 정통적인 계승 발전을 의미한다. 동시에 김일성 장군의 무장유격부대는 화북에 있어서의 조선의용군과 함께 조선인민이 낳은 유일한 항일무장대오로서 일본제국주의에게 직접적인 타격을 주었을 뿐만 아니라, 해방 후 조국보위의 성새(城塞)인 조선인민군대의 골간으로 되었다.

(3) 조국광복회와 반일민족통일전선

김일성 장군의 영웅적 반일무장투쟁은 광범하고 공고한 반일민족통일전선의 결성과 불가분의 긴밀한 연계 위에 전개되었다. 만주에 있어서 반일민족통일전선의 공고 발전은 항일무장투쟁을 보장하는 물질적 토대로 되었을 뿐만 아니라, 항일무장투쟁과 함께 조선 민족해방운동을 보다 높은 단계에로 제고시킬 역사적 투쟁으로 되었다.

상술한 바와 같이 1931년 일제의 만주침공 이후 반제동맹, 반일회, 청년의용군, 농민협회, 농민자위대, 생산유격대, 부녀단체, 소년단 등의 대중적 반일단체가 이미 김일성 장군 빨치산부대를 핵심으로 하여 광범한 활동을 전개하였다. 그러나 일본제국주의는 조선인민대중 속에서 불길같이 일어나는 이 같은 혁명적 역량을 좌절시킬 목적으로 직접 무력'토벌'과 함께 소위 '집단부락'정책을 확대하여 '재향군인회' '청년단' 등 파시스트적 반동단체를 조직하고, 무기를 주어 일제의 앞잡이로서 반일혁명역량에 대한 방파제의 역할을 담당하게 하였다.

그러나 김일성 장군은 이 같은 일제의 단말마적 반동정책에 대하여 어디까지나 인민대중의 이익을 옹호하고 인민대중을 혁명적 반일사상으로 교육하여 애국심을 고취함으로써 일제의 주구적 반동단체들을 민중으로부터 고립시키고, 도리어 그들을 감시하게 하여 인민대중이 자각적으로 빨치산부대의 활동을 보장하도록 하였다. 김일성 장군은 일본제국주의의 잔혹한 침략전쟁과정에서 인민대중의 생활이 직접 위협을 받게 되고 따라서 인민대중의 반일적 기세가 고조될 때, 노동자 농민뿐만 아니라 학생 지식인 기업가 상인 종교가를 막론하고 일본제국주의를 반대하는 소유(所有)의 전 민족적 역량을 총집결시키기 위하여 광범한 항일민족통일전선의 형성에 전력을 다하였다. 그리하여 김일성 장군의 올바른 지도에 이미 1933년부터 만주에 있어서의 항일민족통일전선은 커다란 성과를 거두었다. 즉 종전의 운동에 있어서 가장 커다란 병폐이었던 항일진선(陣線) 내의 사상적 또는 분파적인 대립과 마찰을 극복하고 민족주의자나 종교가를 물론하고 일체의 반일적 애국역량을 규합하고 단결시키는 데 착착 성공하기 시작하였다. 그러므로 이 시기에 항일무장유격부대의 무장통일을 보게 된 것도 이 같은 항일민족통일전선 공작의 기초 위에서만이 가능하였던 것이다.

그러나 세계적으로 야만적 파시즘의 위협이 긴박하여지고 이에 조응하여 각국에 있어서 광범한 인민전선운동이 국제적 형태로 등장함에 따라서 만주에 있어서의 항일민족통일전선 운동은 보다 명확하고 강력한 조직적 발전을 보게 되었다. 즉 1935년에는 김일성 장군의 지도하에 이제까지의 민족통일전선의 경험 교훈과 그의 총화로서 또한 세계적 규모에서 전개된 광범한 통일전선운동의 일환으로서 역사적인 조국광복회가 창설되었다.

조국광복회는 극소수의 친일파 민족반역자를 제외한 전체 조선인민의 공통적 목표인 일본제국주의의 타도와 조국의 민주주의 독립국가 건설을 쟁취하기 위하여 다음과 같은 10대 강령을 내세웠다.

1. 조선민족의 총동원으로 광범한 반일통일전선을 실현함으로써 강도 일본의 통치를 전복하고 진정한 조선인민 정부를 수립할 것이다.

2. 조·중 민족의 친밀한 연합으로써 일본 급 그 주구 '만주국'을 전복하고 중국인민들이 자기가 선거한 혁명정부를 창설하여 중국 영토 내에 거주하는 조선인의 진정한 자치를 실행할 것이다.

3. 일본 군대, 헌병, 경찰 급 그 주구의 무장을 해제하고 우리 애국동지의 행동

을 원조하는 인민의 무장으로서 조선인의 진정한 독립을 위하여 싸울 수 있는 군대를 조직할 것이다.

4. 일본의 모든 기업, 은행, 철도, 선박, 농장, 수리기관 및 매국적 친일분자의 전 재산과 토지를 몰수하여 독립운동의 경제에 충당하며 일부분은 빈곤한 인민을 구제할 것이다.

5. 일본 급 그 주구들의 인민에 대한 채권, 각종 세금, 전매제도를 취소하고 대중생활을 개선하며 민족적 공·농·상업을 장애 없이 발전시킬 것이다.

6. 언론, 출판, 사상, 집회, 결사의 자유를 전취하고 왜노(倭奴)의 공포정책 실현과 봉건사상의 장려를 반대하며 일체 정치범을 석방할 것이다.

7. 양반, 상민, 기타 불평등을 배제하고 남녀, 민족, 종교 등의 차별 없는 일률적 평등과 부녀의 사회상 대우를 제고하고 여자의 인격을 존중히 할 것이다.

8. 노예동화교육의 철폐, 강제 군사복무 및 청소년에 대한 군사교육을 반대하며 우리말과 글로써 교육하며 의무적인 면비(免費)교육을 실시할 것이다.

9. 8시간 노동제 실시, 노동조건의 개선, 임금의 인상, 노동법안의 확정, 국가기관으로부터 각종 노동자의 보험법을 실시하며 실업(失業)하고 있는 모든 노동대중을 구제할 것이다.

10. 조선민족에 대하여 평등적으로 대우하는 민족 급 국가와 친밀히 연합하며 우리 민족해방운동에 대하여 선의의 중립을 표시하는 국가 급 민족과 동지적 친선을 유지할 것이다.

조국광복회의 이상과 같은 10대 강령은 당시 만주에 있어서 조선인민의 민족해방운동의 기본적인 투쟁강령이었을 뿐만 아니라, 실로 조선 민족해방운동사상에 있어서 획기적인 기본강령을 제시하였다. 이 강령은 정치, 경제, 문화, 군사 및 대외정책 등 모든 부면에 긍하여 당시 전체 조선인민의 절실한 이익과 요구를 구체적으로 표시하였으며 특히 처음으로 인민정권형태를 명시한 역사적 문헌으로 되었다. 그리하여 이 같은 10대 강령은 조국광복회의 활동뿐만 아니라, 당시 조선 민족해방운동의 정치노선과 함께 그 활동의 전모를 말하여 준다.

조국광복회는 어느 한 계급이나 한 계층의 이익만을 대표한 것이 아니라, 전체 인민의 절실한 요구와 이익을 직접 옹호하여 나섰다. 때문에 김일성 장군을 회장으로 하는 조국광복회는 김책, 최용건 등 제 혁명투사를 위시하여 저명한 애국투사들이 다수 집결하였으며, 이들 공산주의자 및 모든 애국적 인사들은 자기의 정치적 입장과 사상의 불일치에도 불구하고 다 같이 손을 잡고 공동의 적인 일본제국주의의 통치를 전복하고 조국의 민주주의 독립국가 건설을 쟁취하기 위하여 단결하였다. 그리하여 반일민족통일 전선조직체로서의 조국광복회는 노동자, 농민, 학생들뿐만 아니라 반일적인 기업가, 상인, 종교가 등 각계각층을 총망라하여 재만 조선인민의 혁명적 역량을 총집중하기에 성공하였으며 이 같은 조직적 역량의 비약적 발전은 마침내 20여만의 방대한 회원을 확보하기에 이르렀다.

조국광복회의 이같이 거대한 대중적 조직역량은 김일성 장군 빨치산부대의 항일무장투쟁의 밑받침으로 되었으며, 이 같은 공고한 군정연합의 표리일체적 조직과 활동은 강도 일제에게 최후까지 심각한 타격을 주었다. 그러나 이러한 반일민족통일전선 운동은 또한 처음부터 적과의 가혹한 투쟁 속에서 전개되었으니, 일제의 소위 '토벌'에 의하여 조국광복회의 애국적 인사들이 검거 투옥 내지 희생된 수는 수만에 달하였다.

전술한 바와 같이 김일성 장군은 일방에 있어서 무장유격전투를 조직하고 지도하며, 타방에 있어서 조국광복회의 반일민족통일전선을 영도하여 왔으나, 일본제국주의와의 이 같은 유혈적 투쟁을 전개하는 과정에 있어서, 또한 김일성 장군은 일방으로 만주에 있어서 중국인민과 긴밀히 제휴하여 항일통일전선을 견지하며, 타방으로 국내운동과의 조직적 연결과 지도에 백방으로 전력을 경주하였다. 즉 조국광복회는 만주에 있어서 중국인민의 반일역량을 총집결한 반일구국회와 제휴하여 조·중 양국 인민의 긴밀한 연합에 성공하였으며, 이를 기초로 하여 전 만주의 항일무장투쟁의 통일을 성취하였다.

또한 조국광복회는 국내에 주로 함경남북도, 평안남북도, 강원도 일대에 정치공작원을 파견하여 국내의 혁명투사들과 연락을 가지게 되고, 직접 혁명적 군중을 지도하게 되었다. 그리하여 국경지대인 갑산, 호인, 신갈파, 무산, 경성(鏡城), 명천, 단천, 신의주 등은 물론이요 함흥, 흥남, 원산, 성진, 철원 등 공장 중심지대에까지 조국광복회의 조직은 뻗치게 되고 거기에는 혁명적 노동자 농민을 비롯하여 수많은 애국투사들이 연결되어 있었다. 물론 조직체계는 획일적이 아니었으며 그 지방의 실지 정형에 따라서 민족해방자동맹, 반일청년동맹, 반일그룹, 소년탐험대, 구원회, 반일회, 부녀해방동맹 등 광범한 반일역량을 포섭할 수 있는 조직체를 만들었으며 이 같은 조직들은 그 지방의 군사시설, 군수공장 등을 파괴하며 생산기능을 저하시키어 일본제국주의의 전쟁수행에 직접 타격을 가하는 애국적 반일투쟁을 전개하는 일방, 김일성 장군 빨치산부대에 군수자재, 식량 및 신문 잡지 등을 밀송하며 정보를 제공하는 등 곤란하고도 중요한 임무를 수행하였다.

그리하여 조국광복회의 이 같은 조직적 발전과 치열한 항일투쟁은 부단히 인민대중의 항일의식과 애국사상을 고취하는 선전선동사업과 병행되었으니, 기관지 '3·1'월간과 '화전민'(국내 기관지)을 비밀 발행하는 외에 허다한 선전 소책자와 선전문을 등사 배포하여 강력한 선전공작을 전개하였다.

이상과 같이 김일성 장군의 영웅적 항일무장투쟁과 함께 반일민족통일전선 조직으로서 조국광복회의 활발하고 광범한 활동은 일본제국주의의 가장 광폭한 야만적 침략전쟁 수행에서 전개되었으며, 그의 혁혁한 성과는 조선민족의 영예를 세계사상에 떨치게 하였다.

그러나 김일성 장군은 이 같은 영웅적 항일투쟁을 계속하면서 식민지문제가 국제적 연관성을 떠나서 해결될 수 없으며, 특히 강력한 반제국주의적 세계 민주주의역량과 결부됨이 없이 피압박민족의 해방을 기할 수 없다는 것을 확인하고, 제2차 세계대전의 가열한 반파쇼 전쟁과정에서 세계 민주주의진영의 선두에 서 있는 위대한 소련과 그의 영웅적 군대만이 일본제국주의 기반으로부터 조선민족을 해방시킬 수 있다는 것을 예견하고, 급박한 신정세에 조응하여 세계 민주역량과의 국제적 연결을 한층 강화하는 데 진력하였다. 김일성 장군의 이 같은 명석한 예견과 기민한 활동은 마침내 위대한 소련군대의 결정적 역할로 말미암아 가져온 제2차 세계대전의 종언과 함께 역사적인 8·15조선해방으로 현실화되었다.

(4) 조선독립동맹과 조선의용군

만주에 있어서 영웅적인 김일성 장군 빨치산부대의 항일무장투쟁과 함께 때를 같이하여 중국 관내에 있어서 조선인민의 반일투쟁도 치열하여 갔다.

이미 3·1운동을 전후하여 중국 상해를 근거로 한 조선인민들의 반일독립운동이 활발히 전개되었으나, 일방으로는 국내운동의 영향과 타방으로는 중국혁명운동의 영향을 받아 극히 복잡한 환경 속에서 전개되었다. 중국에 있어서 조선인민들의 민족해방투쟁도 민족주의진영과 무산계급진영의 두 진영으로 나눠서 전개되었다. 1925~6년 조선혁명운동자의 대부분은 당시 중국 제1차 국공합작에 의하여 진행된 북벌혁명에 직접 참가하였으나, 1927년의 국공분열과 광동(廣東)폭동을 계기로 하여 조선혁명운동자들도 일부는 중국공산당 해방구로 가게 되고, 다른 일부는 상해 북평 등지에서 반제운동을 계속하게 되었다. 그러나 1937년 7·7중일전쟁을 계기로 항일전쟁은 확대되고 제2차 국공합작이 실현됨에 따라서 조선혁명운동자들의 활동도 활발하여 갔다. 더욱이 만주에 있어서 김일성 장군 빨치산부대의 혁혁한 항일무장투쟁의 성과에 고무되어 중국 관내의 조선청년들도 강력한 항일투쟁에 궐기하게 되었다.

1938년 무한(武漢)이 위기를 고하던 직전 당시 무한에 근거를 두고 활약하던 조선혁명단체 조선민족혁명당, 조선청년전위동맹, 조선민족해방동맹, 조선무정부주의자연맹 등이 연석하여 조선민족연합전선의 명의로 항일무장투쟁을 목적하는 조선의용군을 결성하였다. 그러나 동년 10월 23일 무한이 함락됨에 따라 민족혁명당은 광서(廣西) 계림(桂林)으로, 청년전위동맹은 낙양을 거쳐 협북(陜北) 연안(延安)으로 각각 분산하게 되었다. 협북 노상(路上)에 오른 조선청년들은 중국공산당의 배려를 받아 1940년 항일군정대학을 졸업한 조선혁명청년이 근 40명에 달하였으며, 이들은 중공 홍군시대로부터 싸워 온 조선혁명동지들과 합세하여 중국 8로군과 신4군의 활동지역 내 전선 각지에서 직접 항일무장투쟁을 전개하였다. 이같이 화북 화중의 최전선에서 직접 항일공작을 진행하는 과정에서 조선청년들은 자기 투쟁역량을 한층 강화할 목적으로 1941년 1월 진동남(晋東南) 전투환경 속에서 조선청년연합회를 조직하였다.

그리하여 조선청년연합회는 조직된 지 반년이 못 되어 중국 대후방의 중경과 낙양방면으로부터 들어온 조선혁명단체 청년들을 포섭하게 되었으니, 1941년 7월 다시금 조선의용군의 조직적 발족을 보게 되었다.

1941년 7월 조선청년연합회 제2차 대회는 항일무장투쟁의 주객관적 수요에 조응하여 조선청년연합회를 발전적으로 해소시키고 조선독립동맹을 결성하였다.

조선독립동맹은 이래 중국 관내 수십만 조선인민의 반일역량을 집결시키기 위한 반일민족통일전선 조직체로서 또한 그의 강령에서 선포한 바와 같이 '조선민족독립운동 진영 내의 일익'으로서 급속한 발전을 보게 되었다.

이상과 같이 조선독립동맹과 조선의용군은 처음부터 군정연합의 유기적 조직을 가지고 정치공작과 군사공작을 병행시키게 되었다. 그러나 주로 조선독립동맹에 있어서는 김두봉(金枓奉), 최창익(崔昌益), 한빈(韓斌) 그리고 조선의용군에 있어서는 무정(武亭), 박효삼(朴孝三), 박일우(朴一禹) 등 제 혁명투사들이 지도적 책임을 담당하고 중국공산당의 두터운 원호와 긴밀한 연계 위에 강도 일본제국주의의 무력을 상대로 과감한 항일전투를 조직 지도하였으며, 타방으로는 새로운 혁명간부를 육성하기 위하여 조선혁명군정학교를 개설하고 조선청년들에게 군사훈련과 반일애국사상을 고취하였다.

이제 당시의 조선독립동맹 강령을 제시하면 다음과 같다.

1. 강도 일본 파시스트 침략전쟁은 바로 최후 패망의 단계에 처하고 있다. 우리들은 전 조선인민을 동원해서 속히 민족해방을 쟁취하기 위하여

① 강도 일본제국주의의 조선에 대한 일체 통치를 철저히 소멸할 것.

② 조선 내에 있는 일본제국주의자와 친일적인 민족반역자 등의 일체 재산을

몰수할 것.

③ 일본제국주의자와 끝까지 결탁해서 조국독립사업을 방해하는 자는 엄중히 징벌할 것. 단 친일분자로서 과거의 죄과를 회오(悔悟)하고 진정한 조선 사람이 되려는 성의를 가진 자는 관용할 것.

2. 금일 조선민족은 식민지적 조건 하에서 이민족통치에 대한 민족모순이 민족 내 각 계급 간의 모순을 의연히 초과하고 있다. 그러므로 금일 조선민족의 선결문제와 절박한 임무는 민족의 적을 타도하는 데 있다. 우리들은 이를 위하여

① 반일민족통일전선 밑에 조국독립을 위해서 투쟁하는 각 계층, 각 당파, 각 개인의 모든 역량을 집결할 것.

② 민주원칙에 의해서 국내외의 통일된 민족해방운동 총영도기구의 건립을 촉진할 것.

③ 일본 파쇼통치 하에 있는 동방 각 피압박민족과 일본 반전반파쇼 인민과 긴밀히 연계하며 동시에 반파쇼 동맹국 군대의 대일작전에 긴밀히 배합할 것.

3. 금일 조선 민족해방투쟁에 있어서 무장투쟁은 가장 중요한 임무의 하나이다. 우리들은 전 민족의 반일무장투쟁을 전개하기 위하여

① 본 동맹의 기존한 무장역량을 확대 공고히 하기에 노력할 것.

② 국내와 중국 점령구 내에 각종 형식의 지하군 조직을 건립하기에 노력할 것.

③ 국내, 중국(만주와 관내), 소련, 미국 경내의 조선인 반일무장역량의 통일을 촉진해서 급속히 통일된 민족해방 군대의 건립을 도모할 것.

4. 우리들은 일본제국주의가 조선에서 실시하고 있는 모든 전시정책과 적극 투쟁하기 위하여

① 적이 강제로 실시한 창씨령을 반대하며 적의 조선어 급 조선문자 사용금지에 반대할 것.

② 적이 조선민족에 대한 징병, 징용, 공출, 배급, 증세, 헌금, 헌품, 근로봉사 등 모든 전시약탈과 전시복무를 반대할 것.

③ 적의 전시국가총동원법, 전시형사특별법, 신치안유지법, 사상보호관찰법, 사상예방구금법 등 모든 야만적 법령을 반대할 것.

④ 적의 조선인민에 대한 양식약탈, 식량소비 한제(限制), 경우(耕牛) 가축 등 강징(强徵)을 반대할 것.

⑤ 적의 조선인 노동자에 대한 전시노동자 이동금지와 야간노동을 반대하며 임금인상, 노동시간 단축, 노동보험 실시를 위하여 투쟁할 것.

⑥ 적의 조선인 자본가에 대한 재산관리권의 한제, 기업이윤 약탈을 반대하며

전시기업정비령에 의한 중소 상공업자의 영업폐지를 반대할 것.

⑦ 적의 조선인 지주에 대한 토지관리권의 한제, 가산물(家產物) 처리권의 한제, 지세 증가 및 기타 전시부담을 반대할 것.

⑧ 적의 조·중 양 민족의 우의를 이간하는 일체 음모를 폭로하며 중국 항일인민 항일군대와 긴밀히 연계해서 중국 경내 조선교포들의 생명 재산을 보장하도록 하며 그들로 하여금 조국독립사업에 참가하게 할 것.

5. 우리들은 자주독립 강성 번영한 조선민주공화국을 건립하기 위하여

① 조선국민의 보통선거에 의거해서 민주정치를 건립할 것.

② 국민의 언론, 출판, 집회, 결사, 신앙, 파공(罷工)의 자유를 건립할 것.

③ 국토방위를 위하여 필요한 군대와 군비를 충실히 보장할 것.

④ 국가의 경비로 국민의무교육을 실시할 것.

⑤ 적과 매국적(賣國賊), 친일적 민족반역자에게서 몰수한 은행, 회사, 공장, 광산, 철도, 항공시설 등 대규모의 기업을 국가에서 경영 관리할 것.

⑥ 적과 매국적, 친일적 민족반역자에게서 몰수한 토지를 농민에게 분급할 것.

⑦ 근로대중의 경제, 정치, 문화생활을 개선 향상시킬 것.

⑧ 조선민족의 자주독립권을 침해하지 않는 각 국가, 각 민족과 평등호혜의 원칙 하에서 우호관계를 맺을 것.

이상과 같은 조선독립동맹 강령은 조선독립동맹이 오직 일제의 포학한 침략전쟁과정에서도 일제의 패망이 멀지 않음을 확신하고, 조국독립사업을 위하여 일체를 바치면서 전 민족의 공동한 요구를 내세우고 더욱 광범한 반일역량을 집결하여 견결한 항일투쟁을 계속한 전모를 말하여 준다. 실지에 있어서 조선독립동맹과 조선의용군의 적극적 활동은 중국 관내 수십만 조선인민에게 항일의식을 고도로 앙양시켰을 뿐만 아니라, 강제징병에 나간 조선청년학도들에게 일제의 패망이 불가피한 것과 조국의 해방이 불원하다는 확고한 신심을 고취하여 총부리를 일제에게 돌리게 함으로써 강도 일제에게 심대한 타격을 주었다.

그리하여 조선독립동맹과 조선의용군의 항일전투는 만주에 있어서 김일성 장군 빨치산부대의 영웅적 항일무장투쟁과 함께 일제가 패망하던 최후의 날까지 계속 확대되었으며, 조선독립동맹은 2만의 맹원을 포섭하기에 이르렀다.

결 론

일본제국주의의 1931년 9·18만주침공을 계기로 조선 민족해방운동은 일제의

가혹한 탄압 밑에 일체의 합법적 활동을 박탈당하였으며, 1937년 중일전쟁 이후에 있어서는 조선 국내가 문자 그대로 지옥화하였다.

그러나 일본제국주의의 이 같은 파시스트적 탄압에도 불구하고 조선의 노농운동은 30년대에 들어와서도 계속적으로 앙양되었으며, 조선공산주의자들은 가두로부터 공장, 광산, 농촌 등 직접 생산직장으로 깊이 들어가 혁명적 노동조합, 농민조합 등 지하조직을 가지게 되었으며 이를 기초로 하여 당 재건공작을 추진시킴과 동시에 반제동맹 기타 반일조직을 통하여 반일민족통일전선 운동을 전개하였다.

그러나 이 기간에 있어서 조선 민족해방운동의 가장 특징적인 점은 무엇보다도 반일민족해방투쟁이 종전의 화평적 투쟁방법으로부터 무장적 투쟁방법으로 옮아간 사실과 국제적인 반파쇼 인민전선운동의 일환으로서, 또한 무장투쟁을 보장하는 물질적 토대로서 광범한 반일민족통일전선을 형성한 데 있다.

그리하여 일본제국주의의 가혹한 파시스트적 통치를 전복시키기 위한 이 같은 항일무장적 투쟁은 필연적으로 협애한 국내에서보다도 국외에서 전개되었으며, 여기에 조선민족의 영웅 김일성 장군의 영도 하에 만주에 있어서의 영용한 항일무장투쟁의 전개를 보게 되었다.

김일성 장군이 직접 조직 지도한 항일무장유격대와 조국광복회는 반일민족통일전선과 항일무장대오의 공고한 유기적 연계로서 강도 일본제국주의와의 유혈적 투쟁을 통하여 일제의 침략주의적 전쟁수행에 심대한 타격을 주었으며, 이 같은 영웅적 항일무장투쟁의 위훈은 조선인민들을 반일무장투쟁에로 더욱 고무 추동하여, 국내에 있어서 수다한 농민폭동과 중국 관내에 있어서 조선의용군의 항일전투 등 각처에서 호응 궐기를 보게 되었다.

이같이 조선민족해방투쟁이 보다 높은 무장투쟁계단에로 발전함에 따라서 반일민족해방운동의 중심은 국외로 옮아갔으며, 조선민족해방운동은 김일성 장군의 영웅적 항일무장투쟁과 공고한 반일민족통일전선 운동에 의하여 계승 발전되었다.

그리하여 조국의 해방과 민주주의 독립국가 건설을 지향하는 조선민족 해방운동은 벌써 일제의 패망을 확고히 예견하고 더욱 치열한 항일투쟁을 계속하는 일방 민주주의 조국 건설을 위한 구체적 강령(조국광복회와 조선독립동맹 강령)을 들고 투쟁하였다.

3. 쏘련의 대일전쟁과 조선해방

제1절 소독(蘇獨)전쟁

(1) 소련의 조국전쟁과 국제적 반파쇼전선의 형성

1941년 6월 22일 히틀러 독일은 배신적 군사행동으로 소련 영토 내에 불의의 진공을 개시하였다. 이날 히틀러의 독일군대와 비행기는 소비에트 변강(邊疆)을 침범하였고 일부 도시에 폭격을 가하였다.

파쇼 독일의 동맹국인 루마니아, 핀란드, 항가리아 등 여러 국가의 반동적 통치자들은 히틀러적 침략전선에 자기들의 군대를 수송하였고 파시스트 이태리는 소련에 선전을 포고하였다.

파쇼 독일의 소련에 대한 침략적 의도는 오래전부터 계획되고 있었다. 구라파의 여러 나라 오스트리아, 체코슬로바키아, 폴란드, 유고슬라비아, 덴마크, 노르웨이, 화란, 룩셈부르크, 불란서, 희랍 등 서구라파에 대한 정복은 파시스트 히틀러의 세계지배의 일부분이었다.

히틀러 독일은 전 세계를 자기의 식민지지배 하에 두려는 목적의 수행에 있어서 중대한 장벽이 되는 것은 소비에트국가의 위력 있는 존재였다. 그들은 사회주의국가 소련이 엄연하게 존재하는 한 세계정복이 달성되지 못할 것을 깨달았으며, 따라서 서구라파에 있어서 이때까지 약탈한 것까지도 또한 유지되지 못하리라는 것을 잘 알고 있었다. 그런 까닭에 소련에 대한 히틀러 독일의 침략전쟁은 그들의 세계제패에 있어서 최초부터 기본적인 전략의도의 하나이었던 것이다.

이제 소련의 반파쇼 조국전쟁을 계기로 하여 세계정세는 급격한 결정적 변화를 일으켰다. 파쇼 독일의 침략전쟁과 사회주의국가 소련을 근간으로 한 세계 반파쇼전쟁은 획기적으로 전개되었다. 위대한 소련군대의 반파쇼 조국전쟁에 있어서 영웅적 투쟁은 민주를 옹호하는 전 세계인민들에게 시각으로 변천되는 전선의 추이에 큰 관심과 반침략적 정의전쟁의 승리에 대한 심신을 고도로 앙양시키는 한편, 히틀러 독일의 배신적 군사침략에 대한 증오와 적개심을 극도로 격동시켰다. 따라서 히틀러의 침략전쟁은 한 개 국가나 몇 개 민족의 적대문제가 아니었고, 전 세계 인민의 불공대천의 원수로 낙인되었다.

소련영토 내에서 반파쇼적 조국보위전쟁이 개시된 이래로 소련군대의 영용한 항전으로 말미암아 히틀러의 군대는 공전의 타격과 거대한 희생을 내었음에도 불구하고 적은 천백만 병사를 전장터로 몰아냄으로써 계속 진공하였다. 이와 같은 전쟁정세 하에서 1941년 7월 3일 스탈린 대원수는 라디오로 전하는 자기의 연설에서 "우리들의 영예로운 붉은 군대가 파쇼 군대에게 여러 도시와 구역을 내어주게 됨은 어떻게 된 사실인가? 참말 독일 파쇼 군대가 허장성세의 파쇼 선전자들이 이에 대하여 간단없이 떠들 듯이 막능당의 군대인가? 물론 그렇지 않다. 역사는 막능당의 군대가 없으며, 또 기왕에도 없었던 것을 보였다. 나폴레옹 군대를 기왕에 막능당의 군대로 여겼으나 그 군대가 소군, 영군, 독군에게 번갈아 격파되었다. 제1차 제국주의전쟁 시기에 있어서 윌헤름 군대를 역시 막능당의 군대로 인정하였으나, 그 군대도 로군(露軍) 및 영·불군에게 수차 전패하였고, 결국에는 영·불군에게 격파되었다. 현금 히틀러의 독일 파쇼 군대에 대하여서도 이렇게 논급하여야 한다. 이 군대는 아직까지 구라파대륙에서 심중한 반항을 받지 못하였다. 오직 우리 경내에서만 심중한 반항을 겪고 있다. 그러면 이 항전의 결과로 독일 파쇼 군대의 우월한 사단(師團)이 우리 붉은 군대에게 타격되었은즉 이는 나폴레옹 및 윌헤름 군대가 분쇄되었던 바와 같이 히틀러 파쇼 군대도 분쇄될 수 있으며 또한 내두(來頭)에 분쇄되리라는 것을 의미하는 것이다"라고 말하였다.

히틀러 독일은 소련에 대한 침공을 위하여 1940년부터 면밀하고 간흉 무비한 작전계획을 작성하고 비밀리에 우수한 자기 군대를 대소공격의 작전기지에 집중하였다. 동시에 그들은 장래 소련에 있어서 자원약탈, 이권독점의 방법과 점령지대 및 그의 주민의 통치체제를 미리부터 확정하였다. 즉 볼가강 지역과 돈바스 유전지대는 '독일의 군사적 식민지'로 만들 것과 동부 까멜리아 지방은 핀란드에 분할하여 주고, 꼬라 반도는 자기들이 점령할 예정이었다. 그리고 일체 기계는 히틀러 독일로 운반하고 우랄 지방의 공장은 폭파해 버릴 것과 점령지대의 주민은 대부분 멸살시키고 최소한도로 스라브인 3천만 명은 지상으로부터 소탕해 버릴 계획이었다.

더욱이 히틀러는 소련 인민들의 반항을 고려하여 자기들의 명령과 약탈사업을 방해하며 또는 적의를 가지고 있다는 혐의 있는 사람이면 누구를 물론하고 재판이나 심의절차를 밟지 않고 즉시 총살할 권리를 최고사령부의 명의로서 전 장병에게 발령하였던 것이다. 인류 역사에 있어서 아무리 호전적 침략자라도 이렇게 무서운 계획을 세운 자는 없었고, 또 이렇게 자기의 침략을 준비한 자는 없었다.

그러나 히틀러 독일의 소련에 대한 침략전쟁에 대한 계획은 완전히 오산이었으며 망상이었다. 말하자면 히틀러는 서구라파에 있어서 용이하게 승리한 사실에 대하여 자기의 역량을 과신하는 한편, 소련의 국가적 성격과 인민적 단결과 군사적 실력에 대하여 명백한 무지의 오산으로부터 일거에 소련을 격파하고 최단기간 내에 대소침략전쟁을 승리적으로 결속지을 것을 망상하였던 것이다. 1941년 11월 6일 스탈린 대원수는 위대한 사회주의 10월혁명 24주년 기념연설에서 "독일 파쇼 독점배가 우리나라를 침공하면서 필경 12개월 이내에 저들이 소련을 '몰락'시키고 이 단기간에 우랄에까지 이르리라고 인정하였다. 독일인들은 이 같은 전격적 승리계획을 숨기지 아니하였음을 말하여야 되겠다. 그들은 도리어 이것을 백방으로 광포(廣布)하였다. 그러나 사실은 '전격'계획이 전부 경솔하고 근거 없음을 보이었다. 지금에는 이 망령된 계획이 아주 파탄된 것으로 인정하여야 하겠다"라고 말하였다.

히틀러 도배는 소련군대가 처음 타격을 받아서 첫 실패를 하는 경우에는 소련 내에서 노동자와 농민과의 사이에 충돌이 발생되어 소련 민족들 간에서 내분이 야기되며 폭동이 봉기되리라고 망상하였던 것이다. 사실은 정반대로 독일 강점자들의 타격과 폭행이 심하면 심할수록 소련의 노동자와 농민과의 간에 동맹은 더 한층 공고하여졌고, 소련 내의 제 민족 간에 단결은 더한층 강화되어졌으며, 소련의 육·해·공군의 역량은 더 한층 강대하여졌다. 그뿐만 아니라 소련의 반파쇼 조국전쟁이 진행될수록 소비에트 제도의 우월성은 더욱더 발휘되었으며, 소비에트 후방은 더욱더 견실하여졌으며, 독일 점령구역 내에 있어서 인민유격전은 계속 치열하였다. 그뿐만 아니라 히틀러 독일의 소련침공에 대하여 세계 근로대중을 비롯하여 자유를 애호하는 국가와 인민들의 반파쇼적 분노는 고도로 앙양되었다. 그들은 인류의 구적(仇敵)인 파시스트의 타도를 외치는 구호를 들고 사회주의 국가 소련의 반파쇼 조국전쟁을 원조하기 위하여 총궐기하였다.

원래 소련의 조국전쟁은 반파쇼 반침략전쟁이며, 파시스트의 주재 하에서 압제받는 인민과 민족들을 해방시키려는 정의전쟁인 점에서 세계 모든 인민들의 열렬한 성원과 지지를 받게 되었다. 1941년 7월 3일 스탈린 대원수는 자기 연설에서 "파쇼 독일과의 전쟁을 한갓 보통전쟁으로만 인정하여서는 아니 된다. 그는 비단 두 군대 간의 전쟁만이 아니다. 그는 동시에 독일 파쇼 군대를 대항하는 전 소련 인민의 위대한 전쟁이다. 파쇼 압박자들을 대치한 이 전 인민적 조국애호전쟁의 목적은 우리나라에 떠돌고 있는 위험만을 소멸할 것이 아니고, 독일 파시즘 기반 하에 신음하는 구라파 전체 인민을 원조하는 것이다. 이 해방전에 우리가 외롭게 있는 것이 아니다. 이 위대한 전쟁에서 우리가 구미 각국 인민과 같은, 그 중에는 히틀러 주재자(主宰者)들에게 압제받는 독일 인민과 같은 성실한 동맹자를 구하게 될 것이다. 우리 조국의 자유를 위한 우리 전쟁은 구미 각국 인민들의 독립, 민주, 자유를 위한 그들의 투쟁과 어울릴 것이다"라고 말하였다.

히틀러 독일의 소련에 대하여 배신적 진공을 개시한 즉후 영국과 미국은 소련 측에 가담할 것을 표명하였다. 그리하여 동년 7월 12일에는 소·영 간에 군사동맹이 협정되었고, 동년 11월 2일에는 모스크바 소·미·영 3국 외상회의에서 히틀러 독일의 침략전쟁을 분쇄하는 대책에 완전한 의견일치를 보게 되었다.

이와 같이 소·미·영 간에는 반히틀러적 협정이 승리적으로 협정되었고 따라서 독·이·일 파시스트의 압박과 침략 하에 있는 일체 민족과 전 세계인민들은 소련을 주력으로 한 세계 반파쇼전선에 참가하여 반파쇼 반침략전쟁에 총궐기하였다. 다시 말하면 자기 조국의 방위를 위하여 전선과 후방에서 영웅적으로 투쟁하는 소련의 전 인민과 전 민족들과 전 군대를 반파쇼전선의 근간으로 하고, 동남구라파의 여러 민족국가와 서구라파의 제 민족 및 영·미 집단은 독·이 파쇼 강점으로부터 자기 조국의 해방과 방위를 위하여 영용한 투쟁을 전개하였고, 동방에 있어서 조선 중국 대만 인도네시아 비르마 등 제 민족은 혹은 반제운동으로, 혹은 전쟁형식으로 일제 강점자들과 용감한 투쟁을 진행하였다. 그리하여 이 시기는 소련을 주력으로 한 반파쇼전쟁이 세계적 범주에서 전개되었을 뿐만 아니라, 이와 같은 반파쇼 반침략적 진영은 날이 갈수록 확대하여 갔으며 공고하여졌으며 또 승리의 일로를 걷게 된 반면에, 독·이·일 파시스트진영은 날이 갈수록 세계인민에게서 고립되어 갔으며 심각한 타격과 함께 패망의 일로를 걷게 되었다.

(2) 일본제국주의의 태평양 침략전쟁과 조선민족해방의 전야

앞에서 말한 바와 같이 일본제국주의는 1931년에 중국 만주의 공략을 계기로 하여 장기적 침략전쟁을 계속하여 왔다. 원래 일본 파쇼군벌은 만주를 대륙침략의 병참기지로 하고 1937년 7월 7일 중국 본토의 침공을 개시할 때에 그들은 3개월이면 지구의 14분지 1이며, 아세아주의 4분지 1을 차지하고 있는 중국대륙을 강점하고 4억5천만의 중국민족을 일제의 노예로 만들 것을 호언장담하였다. 그러나 7·7사변이 발생된 후로 중국에서는 국공합작이 재실현되었고, 중국공산당의 주도적 역할 밑에서 항일전쟁은 확대 공고하여졌고, 근로대중을 비롯하여 광범한 애국인민의 항일적 적개심은 고도로 앙양되었다. 이러한 정세 하에서 일본 군부파쇼의 속전속결의 침략전쟁론은 파탄되지 않을 수 없으며, 따라서 일본의 대중(對中) 침략전쟁은 장기전으로 막연한 연장성을 정시하게 되었다.

당시 일본은 이와 같은 만성적 전쟁정세에 비추어 그들의 야만적 전쟁의 목적을

어디까지나 '반소 반공'으로 가장하려는 수단방법으로 1936년에 체결된 독일과의 '방공협정'을 선전할 뿐만 아니라, 만주에 주둔하여 있는 소위 관동군으로 하여금 소련 변강을 침범하는 군사적 음모를 감행하여 왔다. 그리하여 1938년 7월 29일에 일본군 제19부대는 2만명의 병력과 포병전투부대의 엄호 하에서 장고봉 부근의 소비에트 영토를 침공하여 하산만(灣) 지방 급 배즈만 지방의 고지를 강점하였다. 동년 8월 6일에 소련군대는 피점령지대의 탈환전에서 강도 일본군대에 결정적 타격을 주어 섬멸 격퇴하였다. 그 후 일본군대는 1939년 8월 21일 몽고 국경관소 한힘골하(河) 연안 노몬한에 또다시 침공을 개시하였다. 당시 소련정부는 몽고인민공화국과의 동맹국의 입장에서 즉 '소몽(蘇蒙)협정'에 의하여 동 8월 22일 강도 일본 침략군에 대하여 총공격을 개시한 결과 8월 30일에 이르러 일본 강점자들을 격파 섬멸하였다. 다시 말하면 1938년 장고봉사건을 계기로 하여 1939년 9월에 이르기까지 일본제국주의군대는 소몽국경을 부단히 침범하였으나 일본군은 매번 격파 분쇄되었으며, 이제야 일본군대는 소비에트군대의 위력을 알게 되었고, 따라서 일본 '사무라이'의 호전적 정신은 망연자실하지 않을 수 없었다.

 그 후 1941년 6월 21일 히틀러 독일의 소련에 향하여 배신적 침공을 개시하게 되자, 당시 일본제국주의 파시스트들은 종래로부터 의도하고 있던 대규모적 세계침략전쟁의 계획에 있어서 '소위 북진이냐?' '남진이냐?'의 문제에 대한 결정적 결론을 내릴 시기라고 생각하였다. 당시 히틀러 독일은 일찍이 체결된 독·이·일 간의 군사동맹협정에 의하여 일군의 북진을 책동하여 소련에 대한 일·독군의 협공을 도모하였다. 그러나 일찍이 침공적 군사행동에서 소비에트군대의 위력 앞에 몇 번이나 실패를 체험하게 된 일본 군부 파시스트들은 '북진'을 주저하지 않을 수 없었다. 말하자면 1931년 9·18만주공략 이래 소만국경에 백만을 산(算)하는 무장병력을 배치하고 일령지하(一令之下)에 공격전을 개시할 것을 오랫동안 준비하여 왔음에도 불구하고 일본제국주의 군대는 그의 동맹자 히틀러의 요청인 대소 협공전에 응하지 못하였고 소독(蘇獨)전선의 동향을 관망하고 있었다.

 그러나 중국에 대한 장기적 침략전쟁의 위기에서 발을 빼지 못한 일본제국주의는 대중침략전쟁의 위기를 새로운 침략적 전쟁의 발동으로 모면하려는 모험적 전쟁계획을 수립하지 않을 수 없었다. 이제 일본 군부 파시스트는 소독전쟁이 가장 격렬한 위험계단에 이르고 히틀러 독일의 위협이 영·미에 가중해지는 시기를 이용하여 1941년 12월 8일 진주만 폭격으로 태평양 침략전쟁을 도발하였다. 이때에 일본은 전통적 침략전쟁의 상투적 수단으로 영·미에 향하여 불의의 공격을 개시하였다. 태평양전쟁이 폭발된 후 얼마 아니 되어 미국의 동방요새이라고 하던 비율빈은 일군에게 함락되고 난공불락이라고 하던 영국의 신가파(新嘉坡)는 일군에게 강점되었다. 이와 같은 전쟁정세 하에서 일본 파시스트 강점자들은 초기의 승전을 과시하여 영·미를 호령하였고, 중국 전장에서의 침공 도살을 한층 자행하였고, 소만 변경에서는 일본의 백만 군대가 의연히 히틀러를 도와 소련을 위협하고 있었다.

일제의 침략전쟁이 이와 같이 확대되고 가열해진 최후 시기에서 조선에 대한 일제의 폭행은 문자 그대로 최후 발악이었다. 말하자면 일제는 태평양 침략전쟁의 발동과 함께 '기업정비'라는 구실로서 조선인의 일체 경영활동을 정지상태에 함입하게 하고, '군비보충책'을 빙자하고 조선인의 생활용품인 유기(鍮器) 기타 금속품을 강제 징수하며, '정신일치'를 구실로 자기들에게 다소 불안의 의려(疑慮)라도 있을 만한 조선문 신문 잡지 등을 강제 폐간하며, '근로보국'이라는 구호를 걸고 조선인민을 전쟁부역에 징용하며, 마지막으로 징병제를 실시하고 태평양 침략전장과 중국 침략전쟁판에 몰아내게 되었다. 일제의 장기적 침략전쟁의 최후 계단에서 조선민족은 경제적 정치적으로 침략전쟁의 재난을 당할 대로 더할 나위 없이 당하고 있었다. 이제는 조선인에게 마지막으로 죽느냐, 사느냐 하는 최후의 문제가 남아 있었다. 이러한 시기에서 민족 패류(悖類) 최린, 이광수, 장덕수를 비롯한 수많은 민족반역자들은 파렴치하게도 소위 '대동아전쟁'을 찬미하며 일제의 '세계 제패'를 구가하며, 동시에 철면피적으로 '일선동조론'을 되풀이하였다.

그러나 일제의 기대와 같이 조선민족은 영원히 그들의 노예가 될 수 없으며, 친일분자들의 희망과 같이 일제의 침략전쟁은 영원히 승리할 수 없었던 것이다. 일찍이 레닌은 그의 저명한 소책자 '좌익소아병'에서 "혁명의 기본적 법칙은 곧 혁명을 하는 데는 착취를 당하고 압박을 받는 대중이 이전대로 살 수 없다 함을 의식하며 현상을 변경하기를 요구하는 것만으로는 불충분하고, 혁명을 하는 데는 반드시 착취자들도 이전대로 살아갈 수 없으며 통치하여 갈 수 없게 되었다는 것이 필요한 것이다. 다만 '하층민'은 이전대로 원하지 않고 '상층'은 이전대로 하여 갈 수 없는 그때에라야만, 오직 그때에라야만 혁명은 승리할 수 있는 것이다. 달리 말하면 이 진리는 전 국민적(착취받는 자들이나 착취하는 자들을 다 건드리는) 위기가 없이는 될 수 없는 것이라는 말로서 표현된다"라고 말하였다. 이제 조선민족은 일제통치 하에서 더 살 수 없는 시기에 봉착하였고, 또 일제는 종전의 식민통치방법으로 조선인민을 더 억압하여 갈 수 없는 시기에 박두하였다. 다시 말하면 이 시기에 있어서 조선민족은 종전과 같은 생활을 더 당하지 않으려 하며, 일제는 최후적인 약탈 억압 도살 등등의 방법이 아니면 식민지통치를 하루도 지속할 수 없는 역사계단에 들어서게 되었다. 이러한 정형 하에서 당시 조선민족의 살길은 오지 혁명적 방법 이외에는 아무런 길도 있을 수 없었다. 8·15해방 전야의 조선은 그러한 시기였으며, 또 이러한 시기는 즉 혁명의 폭발을 급속히 준비하는 시기였으며 혁명의 전야를 말하는 시기이었다.

그러나 이 시기에 있어서 한 민족의 해방문제는 고립무원한 단독적인 힘으로 해결할 수 있는 문제가 아니고, 국제적 관련성으로부터 세계 반파쇼전쟁의 승리적 결속과정에서 해결될 문제이다. 다시 말하면 독·이 파시스트의 패망이 없이 그들의 통치 하에 있는 여러 민족들과 그들의 침공을 받고 있는 여러 국가들이 해방될 수 없는 것이며, 그와 동양(同樣)으로 동방에서 일본제국주의가 침략전쟁으로부터 패망함이 없이 조선 중국 기타 일제의 통치와 침공을 받고 있던 민족국가들이 해방될 수 없는 것이다. 그러므로 각 민족국가에 있어서 일체의 반침략 반파쇼투쟁은 연합국의 반파쇼전쟁의 일익으로서 성립된 것이다. 그런 까닭에 이 시기에 있어서 조선민족해방 투쟁의 주력을 이룬 김일성 장군의 항일무장유격대와 조국광복회는 중국 화북지대에서 활동하던 조선독립동맹과 그의 대오인 조선의용군 및 국내에 있어서 일체의 반제투쟁은 소련을 주력으로 한 세계 반파쇼 반침략전쟁 진영 내의 일개 대오로서 세계사적 임무를 수행하여 왔다.

제2절 소련을 주력으로 한 국제 반파쇼전쟁의 승리적 총결

(1) 히틀러 독일의 패망과 약소민족 해방

1942년 11월 7일 스탈린 대원수는 "참말 붉은 군대의 강의(剛毅) 영용은 모스크바를 동쪽으로 포위하고 우리나라 수도를 후방으로부터 타격하려던 독일인의 계획을 파괴시켰다. 적군은 스탈린그라드 부근에 멈추어 있게 되었다. 그러나 스탈린그라드 부근에 조알(阻遏)되어, 그곳에 수많은 병졸과 장교를 벌써 매장한 원수(怨讐)가 최후 역량을 긴장하며 새 사단을 전투에 보내고 있다. 소·독전선상 투쟁이 더 한층 긴장해지고 있다. 소련국가의 운명, 우리 조국의 자유 독립이 이 투쟁의 결말에 달렸다"라고 자기의 명령에서 말하였다.

이와 같이 엄중한 전쟁정세 하에서 장엄하게 내린 명령을 받들어 영용하고 견인(堅忍)하며 강의한 붉은 군대의 장병들은 강철 같은 군사규율에 의하여 조국에 대한 책임감을 적과 용감하게 싸우는 데 옮기었다. 그리하여 1942년 동계 반공(反攻)을 개시한 이래 히틀러의 군대에 공전의 타격과 거대한 희생을 주었다. 소련군대는 단독적 힘으로 스탈린그라드의 전선에서 30만 이상의 히틀러 군대를 섬멸하였다.

소련군의 이와 같은 스탈린그라드 대승리는 히틀러적 파시스트 군대에 대한 전면적 공격의 계기로 되었다. 레닌그라드로부터 북(北) 코카사스에 이르기까지 부분적으로 독일의 방위진(防衛陣)을 분쇄하면서 소련군대는 영웅적 반공을 개시하였다. 1942년 1월 2일에 소련군대는 북 코카사스 거의 전부를 해방하였으며 또한 꾸르스크, 벨고로드, 하리꼬브가 해방되었다.

1943년 정월에 레닌그라드전선의 소련군대는 격렬한 공격으로 동시(同市)에 대한 파시스트 군대의 봉쇄를 돌파하여 볼호전선으로부터 공격하고 있는 군부대와 연락하였다. 동년 4월까지 소비에트군대는 더욱 찬란하게 진행한 공세적 동기(冬期)전선을 종결하였다.

이 기간에 있어 소비에트군대는 112사단의 파시스트군대를 타파하였으며, 적의 전사자와 포로자 각각 30만 이상을 내었다.

소비에트군대는 전체 인민들과의 영용한 투쟁에 의하여 위대한 조국전선의 행정에서 전 세계 반파쇼전선의 주력으로 급격하게 장성하였으며, 많은 전쟁경험을 얻었으며 또한 강화되었다. 수만 명의 지도관들의 개인적 용감성과 '야전에 있어서 군대를 지휘하는 기술'을 결부시키는 방법을 습득하였다. 또한 총후(銃後)의 인민들은 공산당의 지도하에 점점 많은 무기를 전선으로 공급하였으며, 파시스트를 타도할 수 있는 사회주의 전시경제체제의 위력을 발휘하였다.

동부전선에서의 이와 같은 소비에트군대의 영용한 전투와 빛나는 성과는 국제적으로 커다란 영향을 주었다. 말하자면 소비에트군대가 독일군의 주력을 동부전선으로 유인하였기 때문에 영·미 연합군은 북아프리카에서 상륙작전을 실현하였으며, 리비아와 트리포리타니아, 비데르마, 튜니스 지방에서 독·이 파시스트군대를 성공적으로 돌파할 수 있었다. 동년 여름에 소비에트군대는 재차 전 전선에 걸쳐 공격을 개시하였다. 8월 5일에는 벌써 독일군이 거의 2년 동안 강점하고 있던 소로트를 탈환하였다. 또 그 날 남쪽 일부에서는 벨로로드를 점령하였다.

이 날 소련의 수도 모스크바에서는 처음으로 대포의 일제사격으로서 용감한 군대에게 축포를 발사하였다. 이때로부터 소비에트군대의 승리를 기념하여 축포를 발사하는 관례가 계속되게 되었다. 즉 7월 5일부터 8월 5일까지 한 달 동안의 전투에 파시스트들은 전사자만 해도 12만 명 이상이 되었다. 이 하기공세는 파시스트 허위자들이 말하는바 소비에트군의 공격은 계절적이라는 우화를 철저히 분쇄하는 데 가장 정확한 실제적 대답을 주었다.

스탈린 대원수는 꾸르 부근에서의 소비에트군대의 승리를 다음과 같이 평가하였다. "만약에 스탈린그라드 부근의 격전이 독일 파시스트군의 몰락을 예고하였다면 꾸르 부근의 격전은 그를 파국의 전야에 인도하였던 것이다." 벨고르드 꾸르 격전은 소비에트군대의 공격에서 새로운 단계를 열어 주었다. 그것은 서(西)드비나로부터 꾸만까지 전개되었다. 소비에트군대는 돈바스를 해방시키고, 우크라이나 좌안의 적을 소탕하였으며, 1943년 말까지는 드네프르강(江)으로 진출하였다.

1943년 11월 6일 소비에트군대는 우크라이나 수도 키에프에 입성하였다. 스탈린 대원수는 1943년의 전과를 평가하면서 "붉은 군대의 성공적 공격은 근본적으로 파시스트 독일에 경제 군사 정치상태를 약화시켰으며 그의 전도에 지극히 심각한 위기를 주었기 때문에 전쟁과정에 있어서 1943년은 근본적 전환의 해"라고 하였다.

1944년 7월에 연합군인 영·미 육해군은 불란서 해안에 상륙작전을 개시하였다. 1942년에 벌써 전개하겠다고 약속하고 천연(遷延)을 거듭하던 대독(對獨) 제2전선은 이때에야 비로소 실현되었던 것이다. 그러나 영·미 등의 제2전선이 실행되던 때에는 벌써 소비에트군대가 파시스트군대에게 결정적 타격을 주었으며, 파시스트의 본거지를 능히 최후적으로 박멸할 준비가 다 갖추어 있었던 시기였다.

1944년 가을에 제3백러시아전선의 소련군은 독일군의 방어선을 돌파하고 동(東)프러시아에 돌입하였다. 동년 11월에 소비에트군대는 파시스트 파란(波瀾)에 대하여 공격을 개시하였다. 북·서·동의 3방면으로부터 합동공격에 의하여 소비에트군대는 파시스트군대에게 완전히 강점되었던 파란(波蘭)의 수도 바르샤바를 해방시켰다.

파란에서 독일군을 격파한 소비에트군대는 계속 전진하여 오데르강을 건너 독일국경으로 돌파하였다. 이와 함께 영·미 연합군은 서쪽에서 불란서의 해방을 종결하고 독일국경에 도착하였다. 독일의 패망은 멀지 않았다. 소·미·영 연합국 앞에는 인류의 원수들에 대한 처단문제가 일어났다.

1945년 2월 초순 크리미아에서 소·미·영 3국동맹 지도자회의가 개최되었다. 이 회의의 결정에는 "독일 군국주의와 나치즘을 근절하고 독일에 또다시 전 세계의 평화를 파괴할 수 없도록 보장하는 것이 우리의 불굴의 목적이었다"라고 쓰여 있었다. 또 3대 강국의 수뇌들은 나치스 독일의 무조건항복을 요구할 것을 약속하였다. 이때에 소비에트군대는 동프러시아를 완전히 점령하였다.

남쪽에서는 소련군대에 의하여 4월 13일 오스트리아 수도 빈 시(市)가 해방되었다. 소비에트군은 독일에 대한 최후의 공격준비를 완료하고 있었다. 히틀러는 아직도 민주주의 동맹국들의 반파쇼 연합전선을 분해하고 소련을 반대하는 합동 공격에 관한 조약을 미국과 체결하는 데 성공하리라는 일종의 기대를 품고 있었다. 그리하여 히틀러는 전력을 다하여 백림(伯林)방위에 광분하였다.

히틀러는 시내에 거주하는 모든 남녀들을 전선으로 동원시켰으며 군관학교 고등교육시설은 공격대대(大隊)로 편성되었다.

오데르강으로부터 백림까지의 전 지역은 방비선으로 폐쇄되었다. 깊은 대 전차호(戰車壕)와 무수한 화강암 방어책(防禦柵)은 공격군의 길을 차단하였다. 수백 개의 지뢰원(地雷源)이 백림으로 가는 소비에트군대의 앞에 놓여 있었다. 백림은 산산이 파괴되었다. 모든 가로는 폐쇄되고 십자로와 광장에는 지뢰가 부설되었고, 지하철도와 지하실은 방비시설로 변하였다. 이 부근에는 막대한 수량의 무기를 가진 50만 명이라는 대부대가 집결되어 있었다. 이와 같이 히틀러는 남은 전 역량을 이곳에 경주하였다. 소비에트 사령부는 최후작전을 극히 면밀하게 준비하였다. 백림 점령은 쥬코프 원수의 제1백러시아군 꼬네프가 지휘하는 우크라이나 전선군이 담당하였다.

4월 16일 각종 대포와 박격포 2만4천문의 포구는 일제히 벌어졌다. 전 지역이 마치 지뢰처럼 진동하였다. 4백대 이상의 전차가 돌진하였으며 1만7천대 이상의 비행기가 폭격하였다. 소비에트 군대는 원수들의 최후의 목숨을 끊기 위하여 대공격을 결행하였던 것이다.

히틀러 흉도(兇徒)인 게펠스는 백림 시민에게 수령을 믿으라고 호소하였다. 4월 18일에는 전 장병에게 "48시간 견딜 것을 요구하였다. 48시간 이후에는 전환이 올 것이며 우리는 반공(反攻)으로 전환할 것이다"라고 명령하였다.

그러나 운명이 결정된 독일에게는 아무런 기적도 없었고 새로운 전환도 없었다. 4월 30일 구독일 제국의회 위에 승리의 붉은 기발을 휘날리었다. 히틀러가 물러나가고 새 정부가 창건되었다. 그들은 백림지방에서만이라도 정권을 유지하려고 주장하면서 항복에 관한 교섭을 시작할 것을 제의하였다. 이에 소비에트 사령부는 무조건항복을 요구하였다. 야수들은 소비에트군의 사절을 학살하였다. 소비에트 사령부는 독일군에 대하여 최후의 결정적 공격을 명령하였다. 이제야 독일군은 백기를 들고 무조건 항복을 하였다. 5월 2일 연합군의 백림 점령은 끝났으며 5월 8일 독일 사령부는 무조건항복에 조인하였다. 이리하여 파쇼 원흉인 히틀러의 운명은 끝마치었다. 구라파에서의 반파쇼전쟁은 끝났으며 파시스트 히틀러 군대와 국가는 영원히 인류사회에서 소멸되었다.

소련의 반파쇼 조국전쟁에서 붉은 군대의 영용한 투쟁에 대하여 세계 인민들과 피압박민족들은 자기들의 해방과 승리를 확신하고 투쟁하였다.

그리하여 소련이 조국전쟁과정에서 파쇼 통치 하에 있던 민족들과 파쇼 침공을 받은 인민들의 투쟁은 격앙되었으며, 특히 매개 나라의 노동계급과 그의 전위부대인 공산당들의 투쟁활동은 가장 용감하였으며 혁명적이었다. 그들은 항상 전체 인민들의 선두에서 반파시스트적 민주역량을 광범하게 집결시키며 실제 투쟁으로써 광범한 대중 속에 자기의 위신을 수립하였다. 반파쇼투쟁이 가장 간고하고 가장 위험한 시기에 처할 때마다 여러 나라의 공산당과 공산주의자들은 영웅한 희생적 투쟁으로써 그 난국을 타개하지 못한 때가 없었던 것이다. 그리하여 그들은 파쇼 강점자들을 반대하는 민족해방투쟁을 지도하였으며, 파시스트의 야만적 횡포를 두려워하지 않고 반파쇼적 민족역량을 통일 집결시키고 광범한 인민들로 하여금 무장대오를 편성하여 용감한 전투행동을 조직하였다.

이제 독일 파시스트에게 강점되었었던 유고슬라비아, 파란, 체코슬로바키아, 불란서, 알바니아, 희랍, 백이의(白耳義), 화란, 노르웨이, 기타 여러 나라에서 공산당과 공산주의자들은 동양으로 반파쇼투쟁에 영웅적 활동을 전개하였으며 또한 파쇼 강점자들에게 거대한 타격을 주었다. 그러나 그렇다고 하여서 히틀러적 파쇼 침공 하에 있던 각 민족들이 자력으로만이 해방할 수 있었던가 하면 그는 앞에서 말한 바와 같이 생각할 수 없는 문제이었다. 만일 소련군대의 영웅적 투쟁이 아니었다면 히틀러적 파시스트군대는 소멸될 수 없었을 것이다. 만일 소련 조국전쟁의 위대한 승리의 총결과정이 없었다면 동남 구라파의 각 민족과 여러 나라들을 비롯하여 독·이의 파시스트의 강점자들의 기반 하에 있던 여러 민족국가들은 해방될 수 없었을 것이다. 그러나 사실은 인류의 구성(救星)인 위대한 스탈린의 영도 하에서 동남 구라파의 제 민족국가를 해방시키고 마지막으로 히틀러 독일의 백림을 점령하고 히틀러의 통치 하에 있던 독일 인민까지 해방하였다. 그리하여 소련의 조국전쟁은 반파쇼·반침략전쟁임과 같이 또한 약소민족의 해방전쟁이었으며, 정의전쟁이었다는 것을 소련은 조국전쟁의 승리적 총결로서 뚜렷하게 증명하였다.

(2) 일본제국주의의 패망과 조선민족해방

강도 일본제국주의는 역사적으로 침략주의 팽창정책의 실현을 시종일관하게 추구하여 왔으며, 주로 조·중 양 민족의 고혈을 착취한 영양소로서 장성하여 왔다.

그러나 일본제국주의의 만주침공 이후 중·일 침략전쟁을 야기하고 태평양전쟁을 도발함으로써 일본제국주의는 완강하고도 집요한 반격전에 조우하여 처음부터 전쟁의 장기화와 전선의 확대로 심대한 곤란을 겪게 되었다. 그리하여 일제는 독·이·일 추축국의 일원으로서 그의 유대를 강화하며 그에 의존함으로써 국면 타개를 꾀하여 왔다.

여기에 1941년 히틀러 독일의 소련에 대한 배신적 침공이 개시되자, 일본제국주의는 히틀러의 '전격작전'을 맹신하고 소련에 대한 동방으로부터의 공략계획을 짜내게까지 하였다. 즉 당시 일본 파쇼 군부는 대소전(對蘇戰)의 참모부를 구성하고 관동군에 신부대를 증원하고 무기를 정비하는 일방, 일본 침략자들은 히틀러 독일을 모방하여 침략적 의도가 실현될 것을 예기(豫期)하고 사전에 특별한 위원회를 설치하고, 장차 소비에트 영토를 점령한 후에 있어서의 통치에 관한 문제들을 연구하게 하였다. 또 히틀러는 어디까지나 일본으로 하여금 소련을 반대하여 협공할 것을 모책(謀策)하였다. 그리하여 비록 일본은 반소전쟁을 직접 일으키지 못하였다고 하더라도 언제나 히틀러 독일을 위하여 소만국경에 백만 병력을 집결하고 소련의 후방을 위협하고 있었다.

전술한 바와 같이 1941년 12월 8일 일본제국주의는 미국과 영국을 상대로 태평양 상에서 그의 전통적인 전법으로 불의의 침공을 개시하였다. 그리하여 일본은 간접적으로 소·독 전쟁의 서부전선에서 영·미 집단으로 하여금 서부 제2전선의 발동을 지연시키는 방법으로 히틀러 독일을 원조하는 한편, 직접적으로는 태평양 연안의 군소 제국을 정복하며 전쟁자원을 약탈하여 장기적 침략전쟁을 획책하였다. 이와 같이 일본은 자기 동맹국인 히틀러 독일을 원조하며 소련의 배후를 견제하는 것으로 소·독 전선에서 소련의 입장을 곤란하게 하였다.

1942년 7월에 히틀러 군대가 스탈린그라드를 침공하였을 때에 일본 파시스트는 이것을 호기회로 인정하고 대소침략전쟁을 가긴(加緊)하게 준비하며 전선의 변화를 관망하고 있었다. 그러나 소·독 전쟁의 운명을 결정할 수 있는 이 영웅적 도시의 공방전에 있어서 독일군대의 그 주력이 섬멸되자 이때에 일본제국주의는 그들의 주관적 기대가 이그러짐을 따라 감히 반소전쟁을 발동하지 못하였다. 이때로부터 소·독 전장에서 소련군대의 승리적 공격에 의하여 히틀러 군대는 패주의 도상에 오르게 되었고, 파쇼 독일은 파멸의 결정적 순간에 처하게 되었다. 그럴수록 일본제국주의는 그의 동맹자인 히틀러 독일을 위하여 소련에 대한 적대적 행위를 강화하며 소비에트 국가의 배후에 위협을 계속 강화하였다.

그러나 전술한 바와 같이 소련의 조국전쟁은 승리적 결말을 거둘 시기에 도달하였다. 소련 영토 내에서 히틀러 침략군대는 이미 완전히 소탕되었다. 소비에트

군대의 예봉은 벌써 백림에 박두하게 되었다. 이와 같은 전쟁정세 하에서 1945년 2월 11일 소·미·영 3국의 크리미야 회의의 결과 히틀러 독일의 최후 격파에 대한 협정과 아울러 극동문제에 대한 협정에서 독일의 항복과 혹은 구주(歐洲)전쟁이 결말된 후에 소련은 동맹국이 일본을 반대하는 전쟁에 가입할 것을 승인하였다. 그 후 몇 달을 지나 소련군대는 히틀러 독일의 수도 백림을 점령하였고 동년 5월 8일에 파쇼 독일은 무조건항복을 하였다.

이제 독·이의 파시스트는 소련을 주력으로 한 연합국의 앞에 무조건항복으로 완전히 패망되었고 구주의 반파쇼전쟁은 승리적으로 완전히 결말되었다. 이러한 정세 하에서 1945년 7월 26일 미·영·중 3국은 일본에게 무조건항복을 요구하였다. 그러나 일본제국주의는 이를 수락하지 않을 뿐만 아니라, 아직도 극동에 있어서 전쟁을 더 계속하려고 시도하였다. 그러나 제2차 대전을 조속히 종결짓고 전 인류를 전화(戰禍)로부터 구원할 것을 지망하는 소비에트 국가는 극동 제 민족이 일제 침략전쟁의 와중에서 장기간에 긍하여 참담한 희생을 당하고 있는 사실을 더 참을 수 없는 것으로 인정하였다. 드디어 소비에트 국가는 일본 파시스트의 점령 하에 있는 동방 제 약소민족의 해방을 위하여, 동시에 소·미·영 연합국의 크리미야 협정에 의하여 1945년 8월 8일에 일본에 대하여 선전포고를 내리었다. 이제 그 선전포고의 내용은 다음과 같다.

"동맹국은 일본이 무조건항복을 거절함으로써 소련에 대하여 반 일본침략전쟁에 참가를 요청하였다. 이것은 전쟁시간의 단축을 위하여, 희생인 수의 감소를 위하여, 또는 일반적으로 평화회복의 촉진을 위한 까닭이다. 소련정부는 동맹국에 대한 의무를 실천하기 위하여 동맹국의 요청을 접수하고 본년 7월 26일부 동맹국의 공고에 참가하였다. 소련정부는 소련정부의 이러한 정책은 실로 화평을 촉진하며 인민을 해방하여, 이 이상 더는 희생과 고통을 받지 않게 하기 위함이며, 또한 일본인에게 그들은 독일이 무조건항복의 거절로 인하여 조우한 위험과 파괴를 면할 기회를 주기 위함이다. 이상의 정형에 감(鑑)하여 소련정부는 8월 9일로부터 소련은 벌써 일본으로부터 교전상태에 들어갔다는 것을 선포한다. …"라고 소련 외상 모로토프는 일본 주소대사 좌등상무(佐藤尙武)를 접견하고 이와 같은 성명을 발표하였다.

소련의 이 대일선전포고와 함께 소·일 전쟁은 개시되었다. 그러나 전쟁 개시 첫날부터 만몽변경에 구축된 난공불락이라고 하던 일본군 방비선은 산산이 분쇄되고 백만으로 산(算)하는 관동군은 멸망의 위기에 임하였다. 이와 같은 전쟁정세 하에서 8월 10일 일본은 소련정부에 향하여 항복을 요청하였다. 소련군대는 벌써 주만(駐滿) 일군을 타도하고, 8월 13일에 조선 웅기항을 점령하고 이어 청진전투에서 일본군을 섬멸하고 함흥, 원산 등지에 진주하게 되니 8월 14일 일본은 소·미·영 연합국에 무조건 항복하였다.

1945년 9월 2일에 동경만에서 일본의 무조건 항복에 관한 조인이 실시되었다. 이때 스탈린 대원수는 제2차 세계전쟁의 성공적 종결에 관하여 소비에트 인민을 축복하는 연설에서 "세계적 파시즘과 세계적 침략의 두 발원지가 현시 세계전쟁 전야에 형성되었는데, 서방에서는 독일이었고 동방에서는 일본이었다. 이들이 제2차 세계전쟁을 일으키었다. 이들이 인류와 그의 문명을 파멸에 임하게 하였다. 서방에 있어서의 세계적 침략의 발원지는 4개월 전에 숙청되었는데, 그 결과에 독일은 부득이 항복하게 되었다. 그 후 4개월이 지나 동방에 있어서의 세계침략의 발원지도 숙청되었는데, 그 결과에 독일의 주요 동맹자이던 일본도 항복서에 서명하게 되었다. 이것은 제2차 세계전쟁의 종말이 도달한 것을 의미한다. 이제는 우리가 전 세계평화에 필요한 조건이 벌써 전취되었다고 말할 수 있다"라고 하였다.

이제 동방에 있어서 근 1세기 동안에 걸쳐 호전적 침략국가로 성장되어 온 일본제국주의는 위대한 소련군대의 무력 앞에 패망의 운명을 맞이하게 되었다.

따라서 반세기 동안에 걸쳐 조선민족을 박해하고 착취하여 오던 조선인민의 불구대천의 원수인 일본제국주의는 위대한 소련군대에 의하여 조선으로부터 구축되었으며 최후의 패망을 고하고 말았다.

이때로부터 조선민족은 일제의 철제 하에서 해방되었으며, 조선민족의 역사는 새로운 단계에 들어서게 되었다.

1945년 8월 15일은 조선민족이 재생한 날이며 조선 민주주의 조국이 창건의 길을 열어놓은 날이다.

결론

1941년으로부터 1945년에 이르기까지의 역사계단은 독·이·일 파시스트의 침략전쟁에 대하여 소련을 주력으로 한 세계 반파쇼전쟁의 역사행정이었다. 이 전쟁은 세계적으로 자본주의경제체계의 총파탄적 공황과 자본주의의 불균형적 발전의 결과로서 야기되었다. 그리하여 자본주의적 발전이 비교적 뒤늦은 독일, 이태리, 일본 등 파시스트 국가들은 이 같은 자본주의적 모순과 위기를 모면하기 위하여 무력적 수단에 호소하게 되었다. 이제 독·이·일 파쇼국가들로부터 도발된 침략전쟁은 세계자본주의체계 내부에서 부르주아 민주주의진영과 파쇼진영과의 대립을 형성하였고, 또 히틀러 독일이 소련에 대한 배신적 침공으로 말미암아 부르주아 국가들의 반히틀러적 반파쇼전쟁은 소련의 조국전쟁과 합세되지 않을 수 없었다.

그러나 사회주의국가인 소련과 자본주의국가인 영·미 집단은 그 체계가 본질적으로 다른 것만큼 따라서 전쟁의 목적이 같을 수 없었다. "이 연합국 참가자들 사이에는 전쟁목적을 규정하는 데 있어서 서로 다른 설정을 하였다. 소련은 전쟁의 기본과업을 독일, 일본제국주의를 분쇄하고 파시스트를 근멸시키고 구라파의 민주질서를 부흥 발전시키는 데 두었다. 미국은 영국과 함께 전쟁의 기본과업을 세계시장에서 독일 일본의 경쟁자를 배제하고 미국자본주의 독점의 지배적 지위를 공고화하려는 데 두었다."(소련의 전시경제, 2페이지) 그런 까닭에 연합국 진영 내에서 영·미 집단은 전쟁 진행과정에서 전쟁목적의 차이로부터 항상 불성실한 행동을 취하였던 것이다. 말하자면 소련의 조국전쟁이 가열하면 그 시기에 서부에 있어서 제2전선을 약속대로 조속히 개시하지 않고, 한없이 지연시킨 사실은 즉 소·독 간의 전쟁에서 소·독 간의 역량을 서로 상쇄시키고 전쟁의 과정에서도 또는 전후의 태세에 있어서 미제국주의자들의 세계제패를 꾀하는 데 있었던 것이다.

그러함에도 불구하고 제2차 세계전쟁은 자본주의체계 내부에서 부르주아 민주주의국가들과 파쇼국가들 간에 엄존한 모순은 영·미 집단으로 하여금 연합국의 진영에서 이탈하게는 못하였다. "이 모순은 사회주의국가의 독특한 예비로 되었다. 즉 이 예비를 히틀러 독일을 분쇄하는 데 이용하고, 다음으로 일본제국주의를 패배시키는 데 이용함은 소련 대외정책의 승리였다."(소련의 전시경제, 2페이지)

이 시기에 있어서 세계 피압박민족 해방운동은 소련을 주력으로 한 세계 반파쇼진영 내의 일환으로 편입되었으며, 또 약소민족 해방운동은 무장투쟁이 주력으로 되어 왔다. 그리하여 모든 피압박민족과 피침략국가의 정치문제는 소련의 조국전쟁과 함께 무력항쟁이 아니면 해결될 수 없었다. 또 실제로 소련의 반파쇼 조국전쟁의 승리적 결속과 함께 독·이·일 파시스트의 통치 하에 있던 모든 민족과 그들의 침공 하에 있던 모든 국가들은 파쇼전쟁의 재난(災亂)에서 구출되었으며, 파쇼통치의 참화에서 해방되었다. 그런 까닭에 소련의 조국전쟁은 피압박민족 해방을 위한 정의(正義)전쟁이었던 것이다.

白南雲·朴時亨·崔昌益 외, 『朝鮮民族解放鬪爭史』(金日成綜合大學, 1949), 279-438쪽

숙 청

1. 최창익·윤공흠·서휘·리필규·박창옥 동무들의 종파적 음모 행위에 대하여(전원회의 결정 1956년 8월 30일~31일)

1956년 8월 30일~31일에 진행된 당중앙위원회 8월 전원회의는 당중앙위원회 상무위원회 위원이며 당중앙위원회 위원인 최창익, 당중앙위원회위원인 박창옥·윤공흠·서휘, 당중앙위원회 후보위원인 리필규 등 동무들의 종파적 음모행위에 대하여 심의하였다.

최창익·윤공흠·서휘·리필규 등 동무들은 이미 오래 전부터 직위에 대한 불평불만을 품고 암암리에 그루빠적 행동을 계속하여 오던 차 특히 최근 공화국 정부 대표단이 형제 국가들을 방문하여 당과 정부의 중요 지도자들이 없는 틈을 리용하여 당과 정부의 지도부를 반대하는 종파적 음모를 로골적으로 감행하는 길에 들어섰다.

이들은 자기들의 흉악한 음모를 실현하기 위하여 우선 당의 정책을 비난하며 당과 정부의 지도자들을 중상 모해하며 우리 당과 형제적 당들을 리간시키는 각종 요언들을 날조하여 류포시킴으로써 민심을 혼란시키려 하였으며, 병원·휴양소·사택·사무실 등에서 빈번한 비밀회담을 진행하며 자기들의 측근자들과 불순분자들을 규합하며 반당적 음모를 조직하기 위한 비밀과업들을 주는 등 온갖 수단과 방법으로 반당활동을 계속하여 왔다.

이들은 자기들과 결탁한 평양시당위원회 내의 일부 추종분자들과 평양시내 일부 성·국 기관들에 있는 그들의 측근자들을 사촉하여 당중앙위원회 지시를 의식적으로 거부케 하였으며, 사업이 잘 진행되지 못하도록 암해행동을 감행하였으며, 심지어 서휘 동무는 직총 위원장의 직권을 람용하여 직맹 단체들을 행정관리측과 정권기관들에 대립시키려고까지 책동하였다.

뿐만 아니라 이들은 반당적 영향을 인민군대 내부에까지 침식시키려고 시도하였다. 그리하여 이들은 형제 국가들을 친선방문한 정부 대표단의 사업을 총화하는 당중앙위원회 8월 전원회의에서 당중앙위원회를 불의에 공격하기 위하여 비밀리에 공동적으로 작성한 반당적 토론을 들고 나왔으며, 만일 당중앙위원회에 혼란과 분열이 야기될 경우에는 자기들의 추종분자를 발동시켜 평양시에서 '당열

성자회의'를 소집케 하고 항해남도에서는 이에 호응하여 일제히 당과 정부의 지도부를 공격하고 나서게 하는 음모를 획책하였다. 이와 같이 반당적 음모의 기본 목적은 이들이 항상 야망하여 오던 당내에서의 '헤게모니야'를 쟁취하기 위한 것이였다.

이들의 음모와 구체적인 죄행은 다음과 같다.

1. 최창익·윤공흠·서휘·리필규 등 동무들은 아무러한 정책상 문제도 당에 조직적으로 제기하지 않고 당의 로선과 정책을 정면에서는 다 옳다고 지지하고 뒤에 가서는 이를 외곡하고 비방하고 다니였다.

이들은 해방 후 10년 동안 우리 당이 실시하여 온 제반 정책의 정당성과 우리 당의 령도 하에 우리 인민이 달성한 거대한 정치 경제 문화의 제 성과들을 무시하며 말살하려 하였으며, 인민생활의 향상을 위하여 당이 취한 제반 시책들과 그의 성과를 부인하고 가혹한 전쟁의 파괴로 인하여 우리 인민생활이 아직 곤난한 형편을 악용하여 "당이 인민생활에 무관심하다," "당의 경제정책이 류혈적이다"라는 등등 악질적 독설을 퍼트리며 지어는 "우리나라에서는 뽀즈난 사건이 없을 줄 아는가?"라는 반동적 언사로서 당을 위협하며 인민대중 속에서 당과 정부의 위신을 훼손시키며 당에 대한 대중의 불신임을 조성하려고 책동하였다.

2. 이들은 자기들의 반당적 음모활동을 정당화하기 위하여 개인숭배 문제를 들고 나왔다. 이들은 우리당 사상사업 분야에서 표현되었던 약간한 정도의 개인숭배에 대하여 정면에서는 "큰 문제 없다"고 하며, 최창익 동무는 "우리나라에서의 개인숭배에 대하여 전원회의 보고에서는 자기가 생각하는 것보다 더 강하게 지적되었다"라고까지 하였다.

그러나 뒤에 가서는 마치도 "엄중한 후과"가 있은 듯이 악선전하며 지어는 부분적인 사업상 결함들까지 고의적으로 개인숭배에 결부시킴으로써 당 지도부의 위신을 손상시키며 당의 규률을 파괴하는 무정부주의적 분위기를 당내에 조성하려고 책동하였다.

3. 이들은 자기들의 추악한 반당적 목적을 달성하기 위하여 아무 근거 없이 당과 정부의 지도간부들을 리간 중상 모해함으로써 해방 후 10년간 당에 의하여 육성되였으며, 당적으로 단련되고 검열된 당의 핵심을 헐어 버리려고 책동하였다.

그러기 위하여 이들은 "당의 간부정책이 잘못되였다," "당 핵심은 당중앙위원회 내에 있는 것이 아니라 당중앙위원회 밖에 있다," 또한 "당중앙의 간부들을 지지할 수 없다"라고 비방하면서 당중앙위원회의 지도간부들과 정부의 많은 성·국 지도간부들을 반대 공격하는 음모를 꾸미였다.

그들은 배후에서 로동자 출신 간부들에 대해서는 '무식하다'고 하며, 일제시기에 교육을 받은 기술자・인테리 간부들을 '친일파'라고 하며, 혁명투쟁에서 단련되고 당에 충실한 간부들을 '아첨분자'라고 중상하는 한편 자기들끼리 누구누구를 당중앙위원회와 정부의 지도적 직위에 배치할 것과 "전원회의 후에는 당과 정부의 현 지도부는 바뀐다," "멀지 않아 대대적인 간부이동이 있을 것이다"라는 등 요언을 류포시킴으로써 군중을 기만하며 당과 정부의 지도부를 반대하는 모략적 행동을 로골적으로 감행하였다.

4. 이들은 자기들의 반당적 종파행동을 합리화하기 위하여 반맑스주의적인 "종파의 유익설"을 류포시키며, 우리 당이 지난 시기에 당대렬의 통일 단결을 강화하기 위하여 계통적으로 진행한 반종파투쟁의 정당한 방침을 비방하며, 과거에 종파행동으로 인하여 당의 비판을 받고 옳은 길에 들어선 동지들을 찾아다니면서 '동정심'을 표시함으로써 자기편에 끌려 하며 일부 건전치 못한 불평분자들을 규합하여 자기들의 음모에 가담시키려고 비렬한 행동을 감행하였다.

박창옥 동무는 그가 지난 시기에 문학 예술분야에 대한 지도에서 범한 오유로 인하여 당중앙위원회 12월 전원회의와 당중앙위원회 제11차 상무위원회에서 받은 정당한 당적 비판을 겉으로는 접수한다고 하고 표리부동하게 뒤에서는 당에 대한 불평불만을 류포시키면서 최창익 및 기타 분자들과 결탁하여 그들의 당 지도부를 반대하는 음모에 가담하였으며, 그들의 당에 대한 도전적 행위를 추동하여 나섰다.

5. 이들은 이미 오래 전부터 당생활을 태공하며, 사생활에서 부화하며, 포동규률을 란포하게 위반하면서 위임된 사업을 고의적으로 태공하였을 뿐만 아니라 자기들이 맡아 보는 기관들에 불평분자들과 불순분자들을 규합하여 자기들의 음모에 리용하며 그 부문에서 당정책이 외곡 집행되도록 책동하였다.

당중앙위원회는 최창익・윤공흠・서휘・리필규・박창옥 등 동무들의 상술한 행동에 대하여 이미 알고 있었으므로 그들로 하여금 당을 반대하는 행동을 즉시 시정하고 옳은 길에 들어서도록 개별 담화 혹은 회의들을 통하여 꾸준히 설복 교양하였으며 그들이 시비하고 있는 일련의 문제들에 대하여 충분히 해설하여 주었다.

그리하여 이들은 겉으로는 다 납득한 듯한 태도를 취하였으나 자기들이 범한 엄중한 오유들을 반성하고 당의 충고와 비판에 성실히 순응할 대신에 뒤에서 오히려 당중앙위원회를 반대하는 횡포한 비방과 음모를 더욱 발악적으로 계속하였다.

특히 이들은 자기들 자신들도 찬동한 우리 당의 력사적인 제3차 대회의 사업과 결정들을 반대하여 나섰다.

그리하여 이들이 이미 공동으로 작성한, 윤공흠 동무의 토론에서 나타난 바와 같이, 이들은 쏘련 공산당 제20차 대회의 결정정신에 립각하여 우리 당 3차 대회에서 채택한 제반 정책들을 비방하며 마치도 우리 당중앙위원회가 "맑스·레닌주의에 충실치 않으며 우리 당 3차 대회가 소련 공산당 제20차 대회의 결정을 의식적으로 이단시하였다"고 악의에 찬 폭언을 던지면서 우리 당 3차 대회와 당중앙위원회를 모독하였다.

뿐만 아니라 윤공흠·서휘·리필규 동무들은 전원회의에서 여러 동지들의 정당한 비판을 접수하기는 고사하고 전원회의를 무시하면서 회의 도중에 퇴장하여 도주하였으며, 최창익·박창옥 동무들은 자기들의 죄과를 교활하게 변명하려고 시도하면서 자기비판을 거부하였다.

이들의 모든 행동은 우연한 것이 아니다. 이들은 오래 전부터 가지고 있었던 종파의 악습을 버리지 않고 정치적 야욕을 추구하여 오던 차에 마침 개인숭배를 퇴치할 데 대한 문제가 일부 형제 당들에서 토의되고 있으며, 더우기 국내 경제형편이 아직 곤난한 틈을 리용하여 당과 정부의 지도자를 반대하고 자기들의 추악한 정치적 목적을 달성하려고 하였다.

본 전원회의는 당의 통일 단결이 그 어느 때보다도 중요하게 제기되는 현 시기에 있어서 이러한 종파적 음모는 추호도 용납할 수 없는 반당적 행동이라고 규정하면서 다음과 같이 결정한다.

1. 최창익 동무를 당중앙위원회 상무위원과 당중앙위원회 위원으로부터 제명하며, 그를 내각 부수상의 직책에서 철직시킬 것을 내각에 제기한다.

2. 박창옥 동무를 당중앙위원회 위원으로부터 제명하며, 그를 내각 부수상과 기계공업상의 직책에서 철직시킬 것을 내각에 제기한다.

3. 윤공흠 동무를 당중앙위원회 위원으로부터 제명하며, 당대렬로부터 출당시키는 동시에 그를 상업상의 직책으로부터 철직시킬 것을 내각에 제기한다.

4. 서휘 동무를 당중앙위원회 위원으로부터 제명하며, 당대렬로부터 출당시키며, 직총 중앙위원회 위원장의 직책에서 철직시킨다.

5. 리필규 동무를 당중앙위원회 후보위원으로부터 제명하며, 당대렬로부터 출당시키는 동시에 그를 내각 건재공업국장의 직책에서 철직시킬 것을 내각에 제기한다.

6. 최창익·박창옥 동무들과 또한 이들과 직접 련계된 동무들을 당중앙위원회 검열위원회에서 계속 심의할 것이다.

금번 당내에 나타난 반당적 종파적 음모를 적발 분쇄함으로써 우리 당의 사상 의지 및 행동의 통일 단결은 더욱 강화되였다.

우리는 반당분자들을 반대하는 이 투쟁에서 해당한 교훈을 찾아야 한다.

전체 당원들은 우리나라 혁명운동에서 종파가 끼친 해독의 쓰라린 교훈을 항상 잊지 말아야 할 것이며, 아직 우리 당 내에 잔존하는 종파사상 잔재를 청산하기 위하여 계속 철저한 투쟁을 진행할 것이다.

당내에서 불순한 종파행동은 무조건적으로 금지되여야 하며, 그것이 어떠한 구실 밑에서 진행되던지 간에 또한 어떠한 사소한 것이라 할지라도 당의 통일을 와해하는 범죄적 행동으로서 단호하게 배격되여야 한다.

각급 당단체들은 우리 당 3차 대회의 결정에 근거하여 앞으로 계속 당원들의 당성을 강화하며 레닌적 당생활규범을 엄격히 준수하며 매개 당원들로 하여금 누구를 물론하고 당의 조직생활에 충실하게 하며 비판과 자기비판 특히 밑으로부터의 비판을 강화하기 위하여 계속 투쟁할 것이다.

그러나 "민주주의의 발양"과 "비판의 자유"라는 간판 하에서 당의 규률을 와해하며, 당의 중앙집권제를 무시하며, 당의 통일 단결을 약화시키는 일체 자유주의적 무정부주의적 행동은 맑스·레닌주의 당인 우리 당내에서 추호도 용납될 수 없다.

각급 당단체들은 당의 정책과 령도를 겉으로는 받들고 뒤에서는 비방 부정하며, 당 지도부의 위신을 훼손하며, 간부들을 중상 모해하며, 당중앙위원회를 분렬시키려는 반당적 행동을 반대하여 견결히 투쟁하여야 한다.

오늘의 국내외 정세는 우리 당의 사상의지의 통일과 단결을 그 어느 때보다도 강화할 것을 요구하고 있다.

정전상태에서 우리와 직접 대치하고 있는 적들은 우리에게서 조그마한 틈이라도 찾아내여 우리 당을 파괴하기 위한 적대행위에 리용하려고 책동하고 있다는 데 대하여 전당은 항상 혁명적 경각성을 견지할 것이다.

당중앙위원회는 전체 당원들이 당의 강철 같은 규률을 고수하며 혁명적 맑스·레닌주의의 사상으로 더욱 튼튼히 무장하며, 당중앙위원회 주위에 더욱 철석같이 결속하여 모든 력량을 조국의 평화적 통일과 공화국 북반부에서의 사회주의 건설의 성과적 수행에로 유감없이 조직 동원할 것을 확신한다.

1956년도 조선로동당 중앙위원회 전원회의·정치·상무·조직위원회 결정집
전원회의 결정; 國史編纂委員會 編, 『北韓關係史料集』 30(1998), 784-789쪽.

2. 최창익·윤공흠·서휘·리필규·박창옥 동무들에 대한 규률 문제를 개정할 데 관하여(전원회의 결정 1956년 9월 23일)

본 전원회의는 최창익·윤공흠·서휘·리필규·박창옥 동무들의 규률문제에 관한 당중앙위원회 8월 전원회의 결정을 재심의하였다.

이상의 동무들이 범한 과오는 물론 엄중하였다. 그러나 8월 전원회의가 이 동무들의 문제를 처리함에 있어서 응당한 심중성이 부족하였으며, 그의 처리방법이 간단하였으며, 그리하여 착오를 범한 동무들을 교양적 방법으로 시정시키기 위한 인내성 있는 노력이 부족하였다고 본 전원회의는 인정한다.

본 전원회의는 당내의 사상의지의 통일을 더욱 강화하며 우리 당의 단합된 모든 력량을 당면한 혁명과업 수행에 경주하는 것이 필요하다는 절실한 념원으로부터 출발하여 비록 이들의 과오가 엄중하다 할지라도 그들을 관대하게 포용하여 그들로 하여금 자기의 과오에 대하여 반성할 기회를 주며 그들이 과오를 시정하고 올바른 길에 들어서도록 계속 꾸준하게 교양하기 위하여 다음과 같이 결정한다.

1. 최창익·박창옥 동무들을 당중앙위원회 위원으로 회복시킨다.
2. 윤공흠·서휘·리필규 동무들의 당생활을 회복시킨다.

각급 당단체들은 8월 전원회의에서 채택된 "형제적 제 국가를 방문한 정부 대표단의 사업총화와 우리 당의 당면한 몇 가지 과업들에 관하여"의 결정서에서 제기된 과업들을 철저히 집행할 것이며, 특히 과오를 범한 당원들을 꾸준히 내심하게 교양하며 설복함으로써 그들의 잘못을 고쳐 주는 데 커다란 당적 주목을 돌릴 것이다.

동시에 당내 생활에서 제기되는 문제들에 대하여 조직적으로 더욱 활발하게 토론하는 분위기를 조성하며 비록 그릇된 문제가 제기된다 할지라도 조직 행정적 방법으로 처리할 것이 아니라 광범한 비판과 토론의 방법으로 사리를 규명하여 정확한 결론에 도달하도록 노력할 것이다.

당단체들은 당내 민주주의를 더욱 확대 발양시키며 당내 비판과 자기비판 특히 밑으로부터의 비판을 더욱 강화하며, 당원 대중의 적극성과 창발성을 백방으로 제고함으로써 당의 통일과 전투력을 더욱 강화하기 위하여 계속 투쟁할 것이다.

　　　1956년도 조선로동당 중앙위원회 전원회의·정치·상무·조직위원회 결정집
　　　전원회의 결정; 國史編纂委員會 編, 『北韓關係史料集』30(1998), 796쪽.

부록 3

중국 출판물

1. 조선에서 일본 침략자본의 현황

1931년 '9·18'사변이 발생할 즈음, 일본 침략자본은 일본 파시즘 군벌의 대륙침략정책에 힘입어 한반도에서 더욱더 그 이윤을 착취하기 시작하였다. 이러한 목적을 달성하기 위해 일본 파시즘은 그들의 식민지통치 방침과 연계하여 자유경쟁을 방지하기 위해 조선에서 통제경제를 더욱 강압적으로 실시하였다. 그리고 한편으로는 일본과 조선 경제의 일원화를 요구하였고, 다른 한편으로는 조선과 만주국 간의 급속한 경제왕래를 도모하였다. 결국 이러한 경제정책은 조선민족경제의 파괴를 더욱 신속히 초래하였다. 여기에서 우리는 민족을 단위로 한 조선경제의 현황에 대한 고찰을 통해서 조선에서 일본 침략자본의 독점형태를 알 수 있다.

조선에서 일본 침략자본의 현황을 말하자면 모든 철도를 조선총독부의 권한으로 직접 경영하는 것 외에도, 대중들의 소비품 — 담배, 소금 그리고 인삼(중국에 대한 수출품) 등도 역시 조선총독부의 전매법에 의해 관리된다. 술과 비료의 생산 및 판매도 역시 완전히 일본의 큰 재벌들의 수중에 놓여 있다.

특수회사들, 즉 일본제국주의가 조선을 통제하는 특별법에 의해 설립된 조선은행, 식산은행, 동양척식회사 및 조만(朝滿)척식회사 등 반(半)정부적인 회사들도 정부가 통제하는 범위 내에 있다. 그 외에 중요한 금융기관, 예를 들면 조선저축은행, 조선상업은행, 조선화재해상보험회사, 조선신탁회사와 조선제련회사, 조선거래소, 조선서적인쇄회사, 경춘(京春)철도회사 등과 같은 큰 회사는 식산은행이 대주주로서 지배하에 있었다. 민간이 소유하고 있는 유일하고 보편적인 금융기관, 즉 전 조선의 7백 개 이상의 금융조합 역시 식산은행 지배하에 있으며, 반관반민적인 대자본 집단의 구성원이 되었다. 중요한 산업부문, 즉 조선질소비료회사, 장진강(長津江)수력전기회사, 겸이포(兼貳浦)일본제철회사 등을 비롯한 화학공업 전기공업 및 군수공업 역시 조선총독부와 일본 육해군성의 협력과 지도하에서 일본 침략자본의 독점기업이 되었다.

앞에서 언급한 바와 같이 일본의 침략자본은 조선경제를 전체적으로 독점함으로써 조선 민족경제를 지배하고 있다. 특수한 금융기관과 산업기관은 물론 조선 내에 있는 일본의 대재벌기업을 놓고 보면 조선 민족자본이 도저히 경쟁할 수 없는 뿐만 아니라, 극단적인 압박으로 인해 급진적으로 몰락되는 과정에 있다. 1935년 1월 서울상공회의소의 보고에 따르면 조선 내에 주식회사 및 합명회사의 실정은 다음 표에서 알 수 있다.

조선 내 본점을 둔 회사 상황

민족별	회사 수	%	납부자본 금액(일본 元)	%
조선족	396	35	11,012,285	7
일본인	707	63	1,447,098	88
외국인	2	2	7,650,000	5
계	1,105	100	1,633,721,645	100

위의 표는 비록 회사소유자의 민족 구별만 표시할 뿐 자본구성의 민족별은 표시하지 않았지만, 조선경제의 일반적인 형세를 놓고 보면 일본인 자본의 독점세력을 쉽게 알 수 있다. 이러한 의미에서 총 회사수에서 63%를 점유하고 있는 일본인 회사와 35%를 차지하고 있는 조선인 회사를 비교하면 그리고 납입금액에서 88%를 차지하고 있는 일본인 자본과 7%를 차지하고 있는 조선인 자본과를 비교할 때 놀라운 차이가 보인다. 또한 두 개 외국인 회사의 납입자본과 비교할 때, 7 대 5라는 비율에서 조선 민족자본의 빈약성과 일본 침략자본의 독점적인 지배세력을 알 수 있다.

다시 1936년 6월 조선식산은행이 조사한 광업방면의 현황은 다음의 표와 같다.

비교적 대규모인 광업회사 수

민족별	조선인	일본인	외국인	계
회사 수	22	71	9	101
%	21	70	9	100
납입자본금(元)	5,137,400	54,346,200	18,625,000	78,108,600
%	7	69	24	100

위의 광업회사 총수를 볼 때 일본인 회사는 전체의 70%를 점하고 있으며, 조선인 회사는 21%밖에 되지 않고, 외국인 회사는 9%에 불과하다. 납입자본금 총액 78,108,600원 중에서 일본인 자본은 69%, 외국인 자본은 24%, 조선인 자본은 겨우 7%에 불과한 실정이다.

이뿐만 아니라, 1936년 8월 조선총독부 식산국의 조사에 따르면 일본 내에 본점을 설립하고 조선에서 광업권을 취득한 회사도 93개에 달하며, 그들이 소유한 광산 수는 738개나 된다. 이 모든 사실은 일본 침략자본이 조선광업을 독점하고 있는 상황을 설명하기에 충분하다.

다음은 조선 경제 중 농업부분을 알아보기로 하자. 이는 다음 표에 제시한 동양척식회사가 소유한 토지 수자로부터 유추할 수 있다.

동양척식회사 소유 토지면적 표

종류별	논 (水田)	밭(旱田)	주택지	산림	기타	계
단위(정보)	39,056	19,799	723	142,334	3,900	205,812

위의 표는 이 회사가 1934년 6월에 조사한 내용이다. 이 표에서는 이 회사가 조선의 제일 큰 지주라는 사실을 표명할 뿐만 아니라, 조선 토지경제가 급속히 일본자본가의 손에 집중되고 있다는 사실도 설명하고 있다. 사실 이 표는 조선의 토지경제가 일본 침략자본으로부터 점거된 현상의 일부분을 설명하고 있을 뿐이다. 그 외에 절대다수의 토지는 조선식산은행, 동아권업회사조합 및 기타 금융 대부기관에 저당잡힌 것이다. 우선, 동양척식회사에 저당잡힌 토지대출을 볼 때, 88,781,551원에 달하고 있으며 일본 침략자본이 의외로 조선토지의 80%를 점령하고 있음을 알 수 있다. 이로 인해 조선의 토지와 임야는 대출기관에 저당잡히고 점차적으로 일본인의 토지로 전락되고 있다는 것을 쉽게 알 수 있다.

이상의 내용은 조선 민족경제가 모든 면에서 몰락하고 있는 현황을 설명하기에 충분하다. 더욱이 일본의 상업자본은 조선민족에게 대량으로 상품을 공급하여 조선인 상업자본가들에 대한 억압과 파멸을 통해 높은 이윤을 얻었다.

화폐자본은 고리대금 형식으로 농촌과 도시에 있는 영세민의 피와 땀을 착취하고 있다. 상업자본과 관련해서 즉 독점공업, 광업 및 농업 등 일반적인 기업은 본토의 민족자본가를 압도함으로써 더욱 맹렬한 민족 착취를 하고 있다. 이와 같이 조선 민족자본의 급격한 몰락과 함께 일본제국주의의 침략자본은 오히려 정비례로 성장하게 되었으며 독점적인 지위를 갖게 되었다.

둘째, 조선 국내의 공업 실정을 검토해 보자. 최근 많은 통속적인 경제 평론가들은 '9·18사변' 이후 일본제국주의는 과거 조선에서 농업을 중시했던 정책에서 농업과 공업을 동시에 중시하는 정책으로 전환하였다고 생각하고 있다. 이것이 틀린 것은 아니다. 그러나 이러한 생각을 갖고 있는 평론가들의 주장은 일본이 당시 소위 공업을 진흥시킨 이유는 단지 조선의 풍부한 자원, 공업원료 및 값싼 임금, 그리고 군수공업의 팽창으로 인한 경기호황, 그리고 만주와 몽골의 자원과 가

깝다는 이유에서였다. 그러나 이러한 이유는 근본적인 원인이 되지 않는다. 이의 근본적인 원인을 알기 위해서는 조선경제의 중심이었던 농업경제를 검토하지 않을 수 없다.

1920년 사이토(齋藤) 조선총독시대에 산업을 개발하기 위해 조선에서 쌀 생산의 가치를 증가시키는 30년 계획안을 세웠으며, 토지 관개시설을 개량함으로써 결국 쌀의 생산량은 확실히 증가되었다. 그렇다면 이러한 정책의 목적은 과연 조선의 농촌을 개발하는 데 있었던 것인가? 그렇지 않다. 생산된 쌀의 소비시장을 놓고 볼 때 그 진실한 의도를 알 수 있다. 조선쌀의 생산량이 비록 증가하였지만 일본에 대한 수출도 이와 같이 정비례로 증가되었다. 1912년 생산된 쌀 총생산량은 10,865,056섬이었으며 1920년에는 14,882,351섬에 달하였는데, 이는 9년간에 3,017,299섬이 증산된 것이다. 또 1930년의 19,180,677섬과 1920년의 쌀 총생산량과 비교하면 11년간 298,325섬이 증가된 것이다. 최근 5년간 쌀 생산량과 일본에 대한 수출량은 다음의 표와 같다.

년도별	1932	1933	1934	1935	1936	계
쌀 생산량 (단위: 섬)	16,345,825	18,192,720	16,717,238	17,884,669	15,572,977	84,714,429
수출량 (단위: 섬)	7,596,837	7,972,219	9,425,836	8,856,722	9,443,422	43,285,036
차이 (단위: 섬)	8,775,988	10,220,501	7,291,402	9,027,947	6,112,555	41,429,393

위의 표와 같이 1921년부터 1936년 5년간의 쌀 생산량은 84.714.429섬으로 증가하였으나 같은 기간 내 일본에 대한 수출량도 역시 43,285,036섬으로 증가되었다. 즉 매년 평균 일본에 대한 수출량은 년 생산 총량의 51%를 차지했다. 이러한 대량적인 대일 수출은 일본 소비시장에서 일본쌀을 제압함으로써 일본 농촌으로 하여금 위협을 받게 하였다. 이러한 식민지적 쌀 생산정책은 의외로 침략국 농촌경제의 모순을 야기시켰다. 따라서 이러한 모순을 해결하기 위하여 미곡(米穀)통제법의 제정을 통해 조선쌀의 일본에 대한 수출을 제한했다. 그러나 이러한 통제법이 상술한 모순을 해결하지 못하자 1936년 11월 11일에 다시 미곡자치법을 제정함으로써 조선쌀의 일본에 대한 수출을 더욱 견제했다.

1926년 사이토(齋藤) 총독시대 수립한 쌀 생산증식안으로 인해 일본 농촌경제는 위협을 받게 되었다. 이 때문에 1931년에 미곡법을 제정하게 되었다. 이 법령은 여러 차례의 수정을 거쳤지만 이러한 모순을 해결하지 못했다. 따라서 1934년 우가키(宇恒) 총독시대 쌀 생산 증식정책 대신 남면북양 (南棉北羊)이라는 정책을 실시하였다. 즉 따뜻한 기후를 갖고 있는 조선 남부에서 목화를 재배하고 한랭한 기후를 갖고 있는 북방에서는 양을 기르도록 한 것이다. 이로써 종래의 쌀 생산 증식정책은 공업원료 생산 장려정책으로 전환되었다. 하지만 이러한 미곡통제법은 조선쌀의 일본에 대한 수출을 제한하기에 충분하지 못했다. 그리하여 일본에 대한 쌀 수출을 절대적으로 금지하기 위해 1936년 11월 1일에 미곡자치법안을 제정하였다. 오늘날 미나미(南) 총독시대에 들어서서는 농공병진(農工幷重)정책을 수립함으로써 적극적으로 조선경제를 통제하고 있다. 1936년 11월 조선총독부는 일본, 만주, 조선의 저명한 금융업자, 실업계 인사, 경제학자 및 조선 만주에 있는 육군 주요인물 등 70여명의 인사들이 포진한 농공 병진정책의 자문기관으로서 '산조미사회'(産調米査會)를 조직하였다. 이 회의에서 제의된 중요한 내용을 다음과 같다.
1. 공업원료가 되는 농산물의 증식
2. 중요한 광산물의 개발 및 합리화 경영에 대한 장려
3. 전력 통제를 철저히 실행
4. 국방공업 진흥정책의 특별 강구

그런데 일본제국주의 산업자본이 식민지 조선에 대해 종래의 중농정책에서 농공병진이라는 정책을 실시된 근본적인 원인을 무엇일까?

1. 일본제국주의의 산업자본은 조선에 대한 착취의 첫 단계에서 중농정책을 실시하였다. 즉 쌀 생산량의 증가로 일본에 대해 식량공급을 하는 역할을 조선이 하게 하였다. 결국 일본에 대한 조선쌀의 수출은 일본 농업자본을 압도하고 일본 농업경제를 위협하기 시작하였다. 따라서 일본은 부득이하게 조선쌀의 일본에 대한 수출을 제한하는 제2단계에 들어서게 되었다. 이번 농공병진정책 그리고 공업을 진흥하는 정책의 채택은 일본제국주의가 조선을 착취하는 더욱 구체적인 방법일 뿐이었다.
2. '9·18사변' 이후 일본제국주의가 대륙정책을 지속적으로 실시하는 과정에서 필연적으로 뒷날의 세계전쟁을 예상하고 있었다. 따라서 일본은 조선을 침략의 근거지로 보았으며 국방의 제1선 및 군수공업시설의 특별구로 정하였다.
3. 조선에서 공업진흥의 부차적 조건은 다음과 같다: 첫째는 풍부한 공업자원,

둘째는 지리적으로 편리한 만주와 몽골의 자원 이용, 셋째는 저렴한 공업원료 및 임금. 물론 조선공업의 발전에서 이러한 조건들은 유리한 조건이지만 첫 번째 조건과 두 번째 조건이 맞아야만 조선공업이 더욱 발전할 수 있는 것이다. 따라서 이상의 조건들이 일본 공업자본이 조선을 쉽게 착취할 수 있도록 유도하는 원인이 되었다.

요컨대 조선에서의 일본제국주의의 공업진흥정책의 실시는 첫 번째 및 세 번째 원인으로 인한 것이지만 조선의 자연적 사회적 조건은 농공병진정책의 실시에 더욱 유리한 것이었다. 그러나 이는 또한 제국주의 일본으로 하여금 조선에 대해 더욱 보편적이고 구체적인 착취를 추동하게 하였다.

이러한 조건 하에서 요 근년에 이르러 일본제국주의의 공업자본이 조선에서 더욱 적극적으로 급격하게 발전되었다.

최근 5년간 조선 내 각종 산업부문의 투자현황은 다음과 같다.

사업별	농림업	수산업	광업	제조공업	가스 및 전력	은행업	금융 및 신탁업	운수업	창고업	보험업	상업 및 기타	계
납입자본 1931년10월말	44,660	6,202	13,242	75,172	27,432	61,081	11,562	36,380	2,376	1,375	63,795	343,275
1935년10월말 단위: 천元)	52,028	6,398	57,788	117,253	50,000	59,892	14,041	48,739	3,701	1,375	108,423	519,628
증감	7,358 증	196 증	44,546 증	42,082 증	22,568 증	1,890 감	2,479 증	12,359 증	1,325 증	-	44,628 증	176,353 증

위의 표와 같이 최근 5년간 증가자본 중 사업부문에서 광업자본은 44,546,000원으로 증가되었으며 증식자본은 제1위를 차지하였다. 그리고 제조공업은 42,082,000원 증가되었으며 가스 및 전력공업은 22,568,000원 증가하였다. 이상의 세 부문에서 증가한 자본은 총 109,196,000원이었다. 여기에서 광업부문의 투자가 다른 사업부문의 투자보다 더욱 풍부하다는 점을 알 수 있다.

요컨대 오늘의 조선경제를 민족별로 고찰하면 일본제국주의 침략자본이 독점적인 지위를 차지하고 있다는 사실과 이는 조선 민족자본을 훼손하였으며, 또한 조선 토지면적의 80%를 점령하고 공업자본 및 금융자본과 상업자본의 90% 이상을 차지하고 있다는 사실을 분명히 알 수 있다. 이로 인해 조선 민족경제의 훼손 정도를 파악하는 것은 별로 어렵지 않다.

조선은 원래 농업국가이다. 인구의 80% 이상은 농업에 종사하고 있다. 그러나 기본적 생산수단인 토지의 대부분이 이미 일본 침략자본가에 의해 탈취되었다.

이러한 상황에서 조선 농민의 참담한 생활을 독자들은 짐작하고도 남음이 있을 것이다. 최근 몇 년 동안 소작인과 지주간의 쟁의사건에서도 조선 농민의 현황을 알 수 있다. 1935년 1월부터 10월까지 10개월 동안에 7천2백여 개 사건이 발생하였으며 이는 1934년의 1천8백여 건과 비교하면 4배나 증가된 셈이다. 물론 이 사건들에는 조선의 지주를 대상으로 발생한 쟁의도 포함되어 있지만 일본 침략자본이 대부분의 토지를 차지하고 있는 조선에서 쟁의의 주요 대상은 당연히 일본 침략자본가들이다. 쟁의의 수가 급증하였을 뿐만 아니라 질적인 면에서도 많은 변화를 이루었다. 즉 경제투쟁에서 정치투쟁으로까지 발전된 것이다. 구체적으로 조선 농민대중은 더욱 보편적으로 맹렬하게 일본제국주의를 반대하는 민족해방투쟁을 전개하였다. 그 중에서 비교적 큰 규모의 반제국주의운동은 지면의 제한으로 구체적으로 논하지 않겠다. 하지만 발생한 사건은 한두 개만이 아닌 것은 사실이다.

노자(勞資)투쟁과 관련해서는 자료의 부족으로 인해 구체적으로 소개하지 못함을 유감스럽게 생각한다. 단 한 가지 예만을 들고자 한다. 조선 군수공업 중심지대인 함경남도 흥남에서 1934년부터 1936년까지 조선 노동자와 일본인 공장주들 사이에 3년간 지속된 노자투쟁은 비밀결사 형식을 취하며 일본제국주의를 반대하는 정치투쟁으로 전환되었다.

이로 인해 체포된 사람은 4천7백여 명이 되었으며 투쟁사건은 127건에 달하였다. 특히 일본제국주의의 중국침략이 날로 확대되는 현 정세에서 조선민족에 대한 정치적, 경제적 압박은 더욱 강도적 살인적으로 심해져 가고 있었다. 1937년, '7·7노구교(蘆溝橋)사변'이 발생할 당시, 조선에서 6천여 명의 저명한 민족운동자 및 계급운동자들이 적발되었다. 그 이후 침략전쟁의 확대와 함께 급격히 발전되고 있는 반전운동을 탄압하기 위해 2만여 명의 혁명운동자와 노동자와 농민대중들을 검거하여 징역을 선고하였다.

오늘날 일본제국주의의 억압 하에 조선이 비록 인간지옥이 되었으나, 일본제국주의의 압력이 심해지면 질수록, 조선혁명의 조류는 더욱 거세어져 갔고 더욱 확대되어 갔다. 또한 이는 필연적인 역사적 흐름이었다.

다시 말해서 조선민족은 어느 누구를 불문하고 "일본제국주의를 타도해야만 민족의 행복을 얻을 수 있다"는 점을 깊이 인식하고 공감하고 있는 것이다.

"日本侵略資本在朝鮮的現勢,"『朝鮮民族戰線』창간호(1938년 4월 10일); 독립기념관 한국독립운동사연구소 편, 『韓國獨立運動史資料叢書』제2輯(1988), 156-158쪽.

2. 중한 민족 항일연합전선 문제

일본 파시스트 군벌이 중국에서 무장진공을 적극적으로 확대하면 확대할수록 동방 피압박민족의 항일혁명 임무는 갈수록 더욱 강대해졌다.

중국은 항일전쟁과정에서 신성하고 위대한 항일전쟁 실력으로 점차 국내의 갈등과 대립을 극복하였으며, 동시에 민족운동도 더욱 활발하게 전개해 나갔다. 그리하여 항일역량은 양(量)과 질(質) 모든 면에서 비약적인 증대를 나타내기 시작하였다. 중일전쟁이 발발한 후에 일본제국주의의 국내모순은 더욱 첨예해져 갔다. 파시스트 군벌과 반파쇼 인민전선의 대립, 노농계급의 제국주의 침략전쟁에 대한 반대운동과 당의 확대, 조선 민족해방운동의 고조는 모두 왜적 내부의 척박한 모습을 나타내기 시작한 것이다. 그리고 중국에 대한 침략전쟁은 태평양의 국제적 균형을 파괴하였다. 따라서 국제적인 반일세력은 갈수록 증대되었으며, 더욱이 영·미(英·美)는 극동정세의 위험을 느끼고 중국의 이권과 태평양에서의 방위를 보장하기 위하여 극동에서 군비를 확대하고 강화하기 시작하였다. 요컨대 일본제국주의의 중국에 대한 무장침략은 바로 자멸해가는 마지막 수(數)라고 할 수 있다.

일본 군사파시스트의 중국에 대한 침략전쟁 실패는 일본제국주의의 전반적인 괴멸뿐만 아니라 동양 피압박민족 해방의 주요 조건이다. 그러나 중국 항일전쟁의 최후의 승리는 중국 민족의 독자적인 항전 역량뿐만 아니라 전 세계의 모든 반일세력, 더욱이 동방의 피압박민족을 망라하는 항일연합전선의 공고와 확대를 기반으로 하여 일본제국주의 타도를 그 목표로 할 때에만 비로소 의미가 있는 것이다. 중한 양국 인민의 항일연합전선의 결성은 그들의 공통의 적 ─ 일본제국주의를 이기기 위한 요구에서 그리고 혁명적 이익이 결정한 필연적인 요구에서 기인한 것이다. 중한 양국 인민의 항일연합전선은 대일작전상 아주 중요한 전략적 문제이다. 그러나 사실상, 중일전쟁은 이미 9개월간 지속되었고 중국은 이미 제2 항일전쟁 단계에 진입하였다. 또한 로남(魯南) 태아장(台兒莊) 전투에서 전례 없는 대승리를 거두었으며 동시에 중국국민당 대회에서는 항일전쟁 건국강령을 선포하였고, 모든 반일민족세력과 연합하여 공동으로 분투할 것을 다짐하였는데 이는 다행스러운 일이었다. 이 기회를 타서 필자는 중한 양국 인민의 항일민족연합전선에 대하여 포괄적인 논술을 하고자 한다.

중한 민족 항일연합전선 문제는 결코 단순히 약소민족 해방혁명의 국제적 연관성에 있는 것이 아니라, 공동의 적에 대한 혁명이익의 구체적인 산생(產生)에 있는 것이다. 또한 자기 민족해방혁명의 특수성에 입각하는 것이며 항일전쟁의 전략과 전술로 채택되는 것이다. 바꾸어 말하면, 이민족 간 항일연합전선 결성의 주관적 인식은 중국 민족이 그의 항일역량을 강화하고 최후의 승리를 쟁취하기 위해 조선민족과 항일연합전선을 결성하는 것으로 해석이 가능하며, 또한 조선민족이 독립전쟁의 승리를 위하여 중국의 항일역량과의 연합전선을 구축함으로써 혁명역량을 증가하기 위한 것으로도 일면 해석이 가능하다. 그러므로 중한 양국 민족의 항일연합전선의 구축은 현 단계에서 혁명의 공통성에 기인한 구체적인 전략의 산물이라고 할 수 있다. 이러한 약소민족끼리의 항일연합전선은 반드시 각 민족 간 혁명적 신뢰감이 바탕이 되어야 하며 이러한 신뢰감은 반드시 민족해방혁명의 현실 동태에 의존하여야 한다. 목전, 중국 민족의 영광스럽고 위대한 항일전쟁은 국민들의 신임을 증대시켰을 뿐만 아니라 동방 피압박민족 연합전선의 중심세력을 확보하였으며, 중국 항일전쟁의 승리는 인국 약소민족의 민족해방운동에 위대한 혁명행동을 보여주었으며 또한 영도적 지위를 차지하게 하였다.

중한 민족이 항일연합전선을 구축한 전제 하에서 조선민족은 중국혁명에 구경(究竟) 어떤 신념과 행동을 주었는가? 조선의 정세는 중국과 매우 다르다. 조선은 일본제국주의의 독점적 식민지이며, 국가 민족의 독립주권이 없으며, 국가주권을 수호할 수 있는 정치적 자유와 무장군대는 더욱 없다. 또한 언론, 출판, 집회, 결사의 자유를 완전히 박탈당하였다. 한마디로 말하면 오늘의 조선은 일본제국주의의 광폭한 파시즘의 반동통치 하에서 생존의 권리를 완전히 잃어버렸으며, 세상에 전례 없는 비참한 절경으로 윤락되었다. 이러한 잔혹한 사회조건 하에서 조선의 혁명운동은 적 경찰과 적군의 잔혹한 탄압을 받았고 혁명 군중들은 끊임없이 도살되어, 전면적인 혁명투쟁은 하는 수 없이 지하운동으로 전환되었다. 즉 다시 말하면, 중국의 혁명운동은 목전 이미 사회의 합법적인 수단으로 성장하고 발전하여 가는 반면, 조선은 그와 반대의 상황이 조성되었다. 더욱이 '9·18사변' 이후 반일적 성격을 띤 모든 사회단체는 해산되고 말았다.

'9·18사변' 이후, 일본 파시즘이 그들의 대륙에 대한 기존의 침략정책을 실현하기 위해 식민지 정치압박과 경제착취는 더욱 창궐하고 가혹해져 갔다. 이의 특별한 표현은 경제방면에서 급속한 군수공업의 확대로 말미암아 대량으로 노동군중을 징집하였고, 농민들에 대하여 무제한적인 징벌을 강행하였으며, 가혹하게 식민지 노농군중에 대한 채찍질을 강행하였다. 또한 일본 파시즘과 결탁한 군수공업자, 고리대금업자, 상업자본가, 지주 등의 계급들은 이윤을 독점하기 위하여 노농 군중들의 피와 땀을 착취하였을 뿐만 아니라 조선 민족자본가와 지주들의 경제적 기초도 급속하게 파멸시켰다.

1928년부터 1935년까지, 체포되고 투옥된 혁명동지들이 1만6천여 명에 달하였는데, 이들은 모두 공산당 및 반제국주의동맹 비밀결사조직과 관계가 있는 사람들로서 치안유지법에 의하여 재판을 받은 숫자였다. 이 숫자로부터 우리는 조선 혁명군중의 반일정서의 드높음과 투쟁의 견결성을 추측하는 것은 어렵지 않다. 우리가 더욱 주목해야 할 것은 약 2만 명에 이르는 조직적인 군중들이 비록 희생되었으나 그 뒤를 이어 더욱 적극적이고 용감한 혁명 후계자들이 나타남으로써 군중들에게 혁명적 영향을 주었다는 사실이다. 우리는 각국의 혁명동지들, 더욱이 직접 일본 파시즘의 무장공격을 받는 중국의 항일 동포들은 일본제국주의 독점통치 하에 있는 조선의 실정을 상상할 수 있으리라고 믿는다.

중한 양국 민족의 항일연합전선 문제에 대하여 쌍방은 혁명의 동맹자적 의식을 갖고 구체적으로 인식하는 것이 절대적으로 필요하다. 이러한 인식은 결코 추상적인 개념에 의해서 정해지는 것은 아니다. 이는 반드시 중한 양국 민족이 항일전쟁과정에서 혁명의 공통성에 의해서 규정되는 것이다. 그러므로 동방 피압박민족의 항일연합전선의 중요성을 부인할 수는 없다. 그러나 우리는 인식에만 국한될 것이 아니라, 어떻게 이를 실천하는가 하는 문제이다.

중국혁명사상 조선인의 존재는 이미 수십여 년을 지속되어 온 것이며, 그 중 중국 동포들이 조선민족 독립운동을 동정하고 원조한 역사적 사실이 어찌 한두 가지만 있겠는가? 중한 양국의 혁명동지들 사이의 더욱 뜻있고 더욱 견고한 합작은 1926년 북벌시대부터 시작되었다. 당시 조선혁명의 견결한 혁명투쟁은 우리에게 아주 귀중한 경험, 교훈을 심어 주었다. 더욱이 '9·18사변' 이후, 동북에서 중한 양국 인민의 항일의용군의 합작은 완전히 피압박민족의 항일연합전선의 전략을 실천한 것이다. 그로부터 항일전쟁은 부단히 성장하고 발전하였으며 목전 중국의 전면적 항전의 형세 하에서 그 역량은 더욱 장대해졌다. 신성하고 위대한 중국 항일전쟁이 전면적으로 전개되었고, 이미 9개월이나 지속되었으며 이후에도 승리할 때 까지 계속 장대해져 갈 것이다. 이는 이미 동방 피압박민족 해방의 길을 열어 놓았으며, 이 위대한 시기에 중한 양국 민족이 공통의 적에 대한 공통의 원칙 및 항일연합전선의 결성은 필연적인 승리를 가져올 것이다.

1. 중국에서 조선의 혁명동지들은 중한 항일연합전선의 형식 하에 마땅히 직접

항일전쟁에 참가하여야 한다.

2. 중국은 마땅히 조선 혁명무장조직을 적극적으로 원조하며 그 독립적인 작전정신을 발휘하게 하여야 한다.

3. 중한 항일연합전선 세력은 약소민족의 혁명적 연관성과 공통의 적에 대한 공통의 투쟁의무에 입각하여야 하며 또한 마땅히 양국 민족의 혁명적 특수성을 고려하여야 한다.

"中韓民族抗日聯合戰線問題," 『朝鮮民族戰線』 제2기(1938년 4월 25일); 독립기념관 한국독립운동사연구소 편, 『韓國獨立運動史資料叢書』 第2輯(1988), 171-172쪽.

최창익 연보

1896년　함경북도 온성군 유포면 향상동 95번지 출생.
1917년　상경.
1919년　중앙고보 2년 재학 중 3·1운동에 참가한 혐의로 퇴학 처분.
1919년 12월　일본으로 도항.
1921년 7월 19일　학우회 강연단 일행으로 강연을 하기 위해 강경 도착. 황산 예수교회 부속 만동학교 여자부에서 동아일보 지국과 기독교청년회 공동후원으로 개최된 강연회에서 "문화교육"이라는 제목으로 강연.
1921년 7월 21일　전주에서 강연하던 중 불온한 언사가 있다고 하여 전주경찰서에서 구류 15일의 즉결 처분.
1921년 7월 25일　전주경찰서에서 전주 감옥으로 이감.
1921년 8월 6일　전주 감옥에서 만기 출옥.
1921년 8월 7일　강연을 계속하기 위해 군산으로 출발.
1923년 4월 26일　조선노동공제회 주최로 경운동 천도교당에서 개최된 강연회에서 "자본주의와 사회운동"이라는 제목으로 강연.
1923년 6월 16일　노동대회 주최로 경운동 천도교당에서 개최된 강연회에서 "무산자의 활로"라는 제목으로 강연.
1923년 8월 23일　인천에서 개최된 노동문제 강연회에 참석하여 "무산계급과 노동운동"이라는 제목으로 강연.
1923년 8월 25일　인사동에 있는 장안여관에서 북성회 회원 裵德秀, 孫永極, 金章鉉, 金若水, 李遴榮 등으로부터 구타당함. 북성회원은 구속.
1923년 8월 31일　최창익을 구타한 혐의로 鄭雲海 구속.
1923년 10월 1일　최창익을 구타한 사건으로 구속된 9인 중 金若水, 裵德秀, 孫永極 3인은 상해 및 가택침입죄로 기소. 鄭雲海, 宋奉瑀, 金章鉉, 金鍾範, 李遴榮, 李廷允 6인은 불기소 석방.
1923년 10월 18일　노동대회를 조직하고 여러 가지 문서를 작성했다는 이유로 종로경찰서에 구속되었다가 張日煥, 姜宅鎭, 李時琓 등과 함께 제령위반 혐의로 검사국에 압송.
1923년 10월 29일   노동대회를 조직했다는 이유로 송치되었던 4인 모두 증거불충분으로 석방.
1923년 11월 2일   경성지방법원 제6호 법정 崔昌益을 구타한 혐의로 기소된 金若水 등 3인에 징역 1년 구형.
1923년 11월 5일   崔昌益을 구타한 혐의로 기소된 金若水 등 3인에 징역 5개월 언도.
1923년 11월 10일   金若水, 裵德秀, 孫永極 3인 모두 1심 판결에 불복하여 항소. 金若水는 항소 포기.
1924년 3월 24일   서울청년회 주최로 개최된 청년당대회 1주년 기념 강연회에서 "조선 청년운동에 대하야"라는 제목으로 강연.
1924년 4월 23일   조선청년총동맹 창립대회 3일째 회의에서 임원 선거를 위해 구성된 전형위원으로 선출.
1924년 4월 24일   조선청년총동맹 제1회 임시대회에서 장문의 제안 발표.
1924년 7월 14일   조선청년총동맹과 노농총동맹 공동으로 주최한 암태도 소작쟁의 동정 기념 강연회에서 "소작인의 참상"이라는 제목으로 강연.
1924년 9월 20일   조선기근대책강구회 주최로 종로 중앙청년회관에서 개최된 연설회에서 "한재(旱災)와 농촌문제"라는 제목으로 강연.
1924년 10월 6일   반제국주의적 구호를 내건 서울청년회 기념식에 참석.
1924년 10월 7일   기념식장에서 안녕질서를 방해한 혐의로 韓愼敎와 함께 검속.
1924년 10월 9일   韓愼敎와 함께 석방.
1924년 11월 7일   경운동 천도교당에서 조선노동총동맹과 조선청년총동맹 공동으로 개최하는 러시아혁명 기념 강연회에서 "노농 노국(露國)과 세계무산계급"이라는 제목으로 강연할 예정이었으나, 경찰의 금지로 불발.
1924년 12월 6일   사회주의자동맹 발기인으로 참가하여 집행위원(총 21명)의 1인으로 피선. 이후 만주로 가서 신민부 가입.
1925년 4월   중국 동북지방의 영고탑에서 韓斌과 함께 북만주청년동맹을 결성하여 활동.

1925년 6월   서울콤그룹에서 결성한 고려공산동맹 중앙위원으로 피선.
1925년 9월   韓斌과 함께 영고탑을 출발하여 함경북도 회령으로 귀국.
1925년 10월 22일   종로경찰서 고등계는 만주에서 귀국한 崔昌益, 李英, 李京鎬 3명을 신민부와 관련된 혐의로 구속.
1925년 10월 29일   신민부사건으로 구속된 崔昌益과의 관계로 鄭栢 검거.
1925년 11월 3일   신민부사건 연루 혐의로 구속된 李英, 鄭栢, 李京鎬 3인 석방.
1925년 11월 10일   崔昌益 석방.
1925년 12월   코민테른에 파견할 서울파 대표자로 선임.
1926년 6월   동아일보 목포지국장 林玟鎬로부터 30원을 빌려 이를 여비로 하여 원산에서 배를 타고 비밀리에 모스크바로 출발(조선공산당을 코민테른 지부로 승인하는 문제에 대한 서울파의 견해를 코민테른에 전달하기 위해).
1927년 1월 초   모스크바에서 金錣洙의 권유로 조선공산당 입당한 것으로 발표됨.
1927년 12월   귀국 후 조선공산당(3차당) 중앙위원으로 피선.
1928년 2월 1일   자신의 집에서 야체이카 개최.
1928년 12월 2일   종로경찰서에 체포
1929년 10월 28일   변호사 李仁, 許憲 양인은 최창익 등 9인 면회.
1929년 11월 1일   3차 조선공산당(ML당) 사건으로 구속자 명단에 조선청년총동맹 집행위원, 서울청년회 회원으로 발표
1930년 1월 11일   변호사 金炳魯를 면회한 자리에서 자신은 예심종결 결정서에 있는 것처럼 공산당에 입당한 사실이 전혀 없다고 주장.
1930년 6월 25일   ML당 사건의 피고인들에 대한 치안유지법 위반혐의로 개정된 재판에서 崔昌益에 6년 구형.
1930년 8월 30일   경성지방법원 崔昌益에 징역 5년 언도
1934년   출소 후 1935년 8월까지 함남 영흥에서 활동.
1935년 8월 20일   도주 중인 중대 사상범과 연락한 혐의로 검거(이후 국내에서의 활동은 알려지지 않고 許貞淑, 韓斌 등과 함께 중국으로 망명하여 조선민족혁명당에 가입한 것으로 알려짐).
1938년 4월 10일   중국 漢口에서 발간된 반월간지 『朝鮮民族戰線』 창간호에 "조선에서 일본 침략자본의 현세"(日本侵略資本在朝鮮的現勢)라는 제목의 글

발표.

1938년 4월 25일 중국 漢口에서 발간된 반월간지『朝鮮民族戰線』제2호에 "중한민족 항일연합전선 문제"(中韓民族抗日聯合戰線問題)라는 제목의 글 발표

1938년 5월 17일 江陵에서 개최된 조선민족혁명당 중앙집행위원회 석상에서 동북노선 주장.

1938년 5월 30여 명과 함께 조선민족혁명당을 탈퇴하고 조선청년전위동맹 결성.

1938년 6월 10일 崔昌益을 지지한 49명 민족혁명당 당원 집단 탈당.

1938년 7월 4일 許貞淑, 金學武, 王志延(韓斌), 李相朝 등과 함께 崔昌益을 단장으로 하는 조선청년전시복무단으로 명칭 변경.

1938년 9월 재정문제로 곤란을 겪은 조선청년전시복무단은 조선민족혁명당으로 복귀했다가 다시 탈퇴.

1938년 10월 18일 조선의용대 설립. 9명의 지도위원 중 1인으로 선임.

1938년 12월 조선의용대를 탈퇴한 후 연안 도착.

1939년 1월 15일 제1전구에 배속된 조선의용대원에 조선혁명 전체의 시각에 입각하여 연안으로 오라는 내용의 편지를 보냄.

1939년 8로군 129사단 교도관으로 근무.

1941년 1월 10일 화북조선청년연합회 결성에 참여.

1941년 1월 연안의 '항일군정대학'에서 교육을 받음.

1942년 7월 10일 화북조선청년연합회 2차 대표대회에서 조선독립동맹으로 명칭 변경. 부위원장 취임.

1945년 9월 서울에서 재건된 조선공산당의 정치국원으로 발표

1946년 1월 초 김일성 부대 및 조선의용군 중견간부들의 좌담회에 옵서버로 참석한 후 통일문제 등에 관한 견해를 발표.『新天地』1권 2호(1946년 3월)에 게재.

1946년 4월 2일 평안남도 인민위원회 교육부 주최로 열린 교원강습회에서 교원들을 상대로 강연.

1946년 4월 26일 "토지개혁의 역사적 의의"라는 제목의 글을 3회에 걸쳐 <現代日報>에 연재 시작.

1946년 5월 21일 "연안시대의 독립동맹"이라는 제목의 글을 7회에 걸쳐 <獨立新

報>에 연재 시작.
1946년 5월 27일   "민주의원의 정체"라는 제목의 글을 2회에 걸쳐 <現代日報>에 연재 시작.
1946년 5월   『8·15 이전 조선 민주운동의 사적 고찰』이라는 제목의 단행본을 평양에서 출판.
1946년 6월 19일   "민주적 민족통일전선의 역사성에 대하야"라는 제목의 글을 <獨立新報>에 연재 시작.
1946년 7월   "봉건적 인습에 관하야"라는 제목의 글을 『人民評論』 2호에 게재.
1946년 8월 29일   북조선로동당 창립대회 제 2일째 회의에서 북로당 강령 초안 보고.
1946년 8월 30일   북조선로동당 창립대회 제 3일째 회의에서 "남조선 민주주의 3정당 합동에 관한 보고" 발표
1946년 11월   "당 장성문제로서의 세포생활"이라는 제목의 글을 『근로자』 제2호에 게재.
1947년 2월 17일   북한 최고 집행기관인 북조선인민위원회의 인민검열국장으로 취임.
1947년 5월   "인민검열국의 창설과 그 사업"이라는 제목의 글을 『人民』 제2권 4호에 게재.
1947년 9월   "인민은 역사의 기본 추진력"이라는 제목의 글을 『근로자』 제9호에 게재.
1948년 3월 30일   평양에서 3월 27일부터 개최된 북조선로동당 제2차 대회 4일째인 3월 30일 중앙위원으로 선출.
1949년 2월 28일   "3·1운동 30주년에 제하여"라는 제목의 글을 『근로자』 1949년 4호에 게재.
1949년 4월 19일   최고인민회의 제1기 3차 회의에서 "조선민주주의인민공화국 1948년도 국가종합예산 총결과 1949년도 국가종합예산에 관한 보고" 발표.
1949년 6월 25일   평양에서 개최된 조국통일민주주의전선 결성대회에서 99명으로 구성된 중앙위원회 위원으로 선출.

1949년 6월 30일 "절약은 중요한 경제적 과업의 하나이다"라는 제목의 글을 『근로자』 1949년 12호에 게재.
1949년 8월 15일 "조선인민은 조선민주주의인민공화국 기치 아래 조국통일을 위하여 분투 매진한다"라는 제목의 글을 『근로자』 1949년 15호에 게재.
1949년 11월 김일성종합대학에서 펴낸 『조선민족해방투쟁사』에 '무산계급운동' 과 '반일무장투쟁' 및 '소련의 대일투쟁과 해방'에 관한 부분 집필.
1950년 2월 25일 최고인민회의 제1기 5차 회의에서 "조선민주주의인민공화국 1949년도 국가종합예산 집행 총결과 1950년도 국가종합예산에 관한 보고" 발표.
1952년 11월 18일 부수상으로 임명.
1953년 4월 20일 최고인민회의 제7차 회의에서 "1950・1951・1952・1953년 예산집행 결산 및 1954년도 예산" 보고.
1953년 7~8월 노력훈장 수여.
1954년 10월 28일 최고인민회의 제8차 회의에서 도(道) 분할 및 신설과 시・군・리 변경에 관해 보고.
1956년 3월 10~13일 최고인민회의 제1기 11차 회의에서 "1956년 국가예산에 관한 보고"에 대해 토론.
1956년 3월 10일 최고인민회의 제11차 회의에서 1956년 예산안에 대해 토론.
1956년 4월 25일 조선노동당 제3차 대회 3일째인 회의에서 토론.
1956년 4월 30일 조선노동당 제3차 대회에서 당 중앙위원으로 선출.
1956년 8월 30일 전원회의에서 김일성 비판.
1956년 8월 31일 조선노동당 중앙위원회 전원회의에서 제명당함과 동시에 각종 공직에서 철직당함.
1956년 9월 23일 조선노동당 중앙위원회 전원회의는 최창익 등에 대한 8월 전원회의 결정 재심의하여 당 중앙위원회 위원으로 회복 결정.
1957년 9월 28일 崔昌益, 朴昌玉 등이 정부 전복음모를 하였다고 평양방송 보도

찾아보기

(ㄱ)

갑신정변 213
강진(康晋) 139
강화도조약 249
고등경찰제도 251
공산당 재건운동 191
공산주의운동 171
광주학생운동 188
9월 총파업 141
국공합작 238
국방청년단 257
국제청년데이 32
국토완정 153
권오설(權五卨) 179
김강(金剛) 47, 164, 180
김구(金九) 135
김규광((金奎光) 64
김단야(金丹冶) 49
김두봉(金枓奉) 56
김병로(金炳魯) 51
김사국(金思國) 40
김성수(金性洙) 21
김성현(金聖鉉) 51
김세연(金世淵) 50, 180
김영만(金榮萬) 44
김옥균(金玉均) 213
김원봉(金元鳳) 58
김일성 개인숭배 163
김재봉(金在鳳) 41, 179
김좌진(金佐鎭) 36
김준연(金俊淵) 24
김찬(金燦) 49
김철수(金錣洙) 45, 139
김학무(金學武) 62

(ㄴ)

나인영(羅寅永) 245
낙양관 사건 28
남궁억(南宮檍) 245
남녀평등법령 110
남만춘(南萬春) 173
남조선 대한국민대표 민주의원 135
노농대회 29
노동법령 110
농민계급 222

(ㄷ)

대동민우회 192
대진청년회 36
독립동맹 강령 94

독립촉성중앙협의회　135
동북노선　62, 67
동학농민전쟁　214, 242

(ㄹ)
러시아 10월혁명　152

(ㅁ)
모택동(毛澤東)　72
무단통치　246
무산계급　221
무정(武亭)　56, 76
문화통치　249
미코얀　166
민긍호(閔肯鎬)　245
민영환(閔泳煥)　245
민족 자산계급　219
민족개량주의자　208
민족단일당　186
민족부르주아지　208
민족통일전선론　224
민족혁명당　59
민주개혁　114
민주의원　136
민주주의민족전선(민전)　137
민흥회　185

(ㅂ)
박금철(朴金喆)　163, 264
박낙종(朴洛鍾)　53
박두희(朴斗熙)　36

박영효(朴泳孝)　213
박응칠(朴應七)　53
박중해(朴重海)　36
박창옥(朴昌玉)　162
박헌영(朴憲永)　41, 138
백남운(白南雲)　142
보호관찰법　257
부르주아 민주주의혁명 단계론　212
북로당　121
북성회　27, 41
북조선인민위원회　110
북조선인민회의　110
북조선임시인민위원회　110
북풍회　42
비상국민회의　136

(ㅅ)
사로당　138
사회주의자동맹　34
3당 합당　138
3상결정　90
3·1운동　151, 215, 247
서울청년회　30
서울파　40
서재필(徐載弼)　213
서휘　163
세포활동　123
소자산계급　223
송진우(宋鎭禹)　21
10월항쟁　141
10월혁명　105

시중회(時中會) 192, 257
신간회 183
신간회 조직 184
신간회 해소 186
신돌석(申乭石) 245
신만청년회 38
신민당 92
신민부(新民府) 35
신사상연구회 41
신익희(申翼熙) 62
신전술 141
신채호(申采浩) 245
신탁통치 90
12월테제 182, 210

(ㅇ)

아시아적 생산양식 204
안광천(安光泉) 47
안중근(安重根) 245
안창호(安昌浩) 245
암태도 소작쟁의 33
애국적 역량 229
애국적 혁명전통 234
양명(梁明) 49
여운형(呂運亨) 142
연안행 70
연정회 192
온낙중(溫樂中) 53
왕지연(王志延) 57
운양호 242
유자명(柳子明) 64

유휘(劉徽) 245
6·10만세사건 47
6·10만세운동 177
윤공흠(尹公欽) 163
을사5조약 243
의열단 58
의용군 행진곡 84
이강년(李康秊) 245
이건우(李健宇) 57
이경호(李京鎬) 37
이동휘(李東輝) 172, 245
이승만(李承晩) 135
이영(李英) 37
이유민(李維民) 76
이인(李仁) 51
이인석(柳麟錫) 245
이인수(李仁秀) 180
이재명(李在明) 245
이정윤(李廷允) 40, 142
이청천(李青天) 60
이필규 163
이효순(李孝淳) 264
인민검열국 118
인민위원회 109
인민전선론 218
인민항쟁 112
일월회 47
임민호(林玟鎬) 44
임시정부 137
임오군란 213, 242

(ㅈ)

자본주의혁명 203
자산계급 민주주의혁명 115
자산계급 민주혁명 115
자산계급성 민족민주혁명 133
자산계급성 민족민주혁명 계단 80
자산계급성 민주주의혁명 115
자산계급성 민주혁명 115
자위적(自爲的) 계급 232
장개석(蔣介石) 61
장기탁(梁起鐸) 245
장안여관 27
장안여관 사건 28
장안파 100
장인환(張仁煥) 245
장지연(張志淵) 245
재건파 100
재무한(在武漢)조선청년전시복무단 63
재한구(在漢口)조선청년전시복무단 63
적색노동조합 193
적색농민조합 193
전봉준(全琫準) 215
전시 국가총동원법 258
전시 동원체제 254
정미7조약 243
정백(鄭栢) 34, 37
정우회 선언 47
정의부(正義府) 35
정칙(正則)영어학교 20

정한론(征韓論) 242
조국광복회 102, 237
조국통일민주주의전선 154
조동우(趙東祐) 44
조두원(趙斗元) 45
조병세(趙秉世) 245
조봉암(曺奉巖) 44
조선공산당 검거 178
조선공산당 창당 175
조선공산당 해소 181
조선기근대책강구회 33
조선노농총동맹 174
조선노동공제회 26
조선노동총동맹 174
조선농민총동맹 174
조선민족전선연맹 64
조선민족혁명당 58, 60
조선신민당 94
조선신민당 선언 94
조선여성동우회 175
<조선의용군> 79
조선의용군 화북지대 79
조선의용대 60, 61
조선의용대 화북지대 76
조선청년당 175
조선청년당대회 30
조선청년연합회 30, 175
조선청년전위동맹 64, 65
조선청년총동맹 31, 40, 174
조선해방의 국제성 102
조선혁명당 60

572

조선형평사 175
조소앙(趙素昻) 59
주덕(朱德) 85
주종건(朱鍾鍵) 179
중요산업 국유화조치 110
지주계급 220

(ㅊ)

차금봉(車今奉) 27
참의부(參議府) 35
청일전쟁 242
최고정무위원회 137
최용건(崔庸健) 163
최익한(崔益翰) 51
최익현(崔益鉉) 245
최익환(崔益煥) 40
최창석(崔昌錫) 51

(ㅋ)

코민테른 39
쿠시넨 보고서 207

(ㅌ)

탈식민지론 207
토지개혁 110, 114
통일전선의 역사성 97

(ㅍ)

파리코뮌 204
8월 종파사건 157, 161
팽덕회(彭德懷) 166

(ㅎ)

하필원(河弼源) 47
학우회 23
『學之光』 23
한국대일전선통일동맹 58
한국독립당 59
한명세(韓明世) 172
한빈(韓斌) 38
한위건(韓偉健) 50
항일군정대학 72
항일무장유격대 102
항일연합전선론 73
허위(許蔿) 245
허정숙(許貞淑) 55
허헌(許憲) 51
혁명단계론 206
형평운동 201
홍범도(洪範圖) 245
홍영식(洪英植) 213
화북조선독립동맹 75, 78, 79
화북조선청년연합회 75, 76
화요회파 40
화폐개혁 145
황현(黃玹) 245

최창익 연구

제1쇄 찍은날: 2009년 2월 15일

지은이: 심 지 연
펴낸이: 김 철 미
펴낸곳: 백산서당

등록: 제10-42(1979.12.29)
주소: 서울 은평구 대조동 185-71 강남빌딩 2층

전화: 02) 2268-0012(代)
팩스: 02) 2268-0048
이메일: bshj@chol.com

값 28,000원

ⓒ 심지연 2009

ISBN 978-89-7327-431-4 93340